Myanmar

Impressum

Brigitte Blume
Myanmar
Birma Burma

erschienen im
Reise Know-How Verlag GmbH
Im Grund 12, 83104 Hohenthann

ISBN 3-89662-600-0

Zuschriften an:
Brigitte Blume
Görlitzer Str. 33
80993 München
T. und Fax: (0 89)1 41 86 39
E-mail: rkh-blume@hotmail.com

Umschlag: M. Schömann, P. Rump
Innengestaltung: Brigitte und Moritz Blume
Kapitel Gesundheit: Dr. N. Blume
Karten und Stadtpläne: A. Wagner
Fotos: Brigitte Blume, S. 36 Dr. B. Rieder
Druck, Bindung und Lithographie: Kösel, Kempten

Auslieferung für den Buchhandel:
BRD: Prolit Gmbh, Postfach 9, 35461 Fernwald (Annerod)
Schweiz: AVA-buch 2000, Postfach 89, CH-8910 Affoltern
Österreich: Mohr Morawa Buchvertrieb GmbH, Sulzengasse 2. A1230 Wien
Niederlande: Nilsson & Lamm BV, Postbus 195, NL-1380 AD Weesp

Brigitte Blume • **Myanmar** • Birma Burma

✓ MT. POPA = 327
✓ INLESEE = 341
✓ RANGON = 155
✓ BAGAN = 279
✓ MANDALAY = 361
~~AMARAPURA~~ = 393
✓ MINGUN = 412
✓ MAYMYO = 417
~~HSIPAW~~ = ~~443~~
~~LASHIO~~ = ~~445~~
✓ SAGAING 393/400
✓ PINDAYA 336
SOMMERZEIT: 4,5 +
WINTER: 5,5 +

Reise Know-How im Internet

Aktuelle Reisetips und Neuigkeiten
Ergänzungen nach Redaktionsschluß
Büchershop und Sonderangebote
Leserforum rund ums Reisen

http://www.reise-know-how.de/

Der
Reise Know-How Verlag
Brigitte Blume
ist Mitglied der Verlagsgruppe
Reise Know-How

Inhalt

Dieses Reisehandbuch ist gespickt mit unzähligen Adressen, Preisen, Tips und Informationen. Myanmar ist momentan von schnellen Veränderungen geprägt. Nur vor Ort kann überprüft werden, was noch stimmt und was sich verändert hat. Die Autorin dieses Buches ist zwar stetig unterwegs und versucht, alle zwei Jahre eine komplette Aktualisierung zu erstellen. Auf die Mithilfe von Reisenden kann sie aber nicht verzichten. Wir sind für zusätzliche Tips und Informationen, die Sie an die im Impressum genannte Anschrift schicken können, sehr dankbar und honorieren hilfreiche Zuschriften mit einem Freiexemplar der nächsten Auflage.

Myanmar als Reiseziel

Nach jahrzehntelanger Isolation beginnt sich Myanmar nun nach und nach dem Tourismus zu öffnen. Die lang andauernde und strikt gehandhabte politische, wirtschaftlich und kulturelle Abschottung hat dafür gesorgt, daß sich die Zahl der ausländischen Besucher bisher in engen Grenzen hielt - und es ist auf absehbare Zeit auch nicht zu erwarten, daß das Land zu einem Ziel des Massentourismus wird. Dafür ist die touristische Infrastruktur noch nicht ausreichend entwickelt; erst seit kurzem bemüht man sich um einen verstärkten Ausbau des Transportwesens und um die Ausweitung und Verbesserung des Hotelangebots. Immerhin ist es seit 1995 möglich, ein Touristenvisum für vier Wochen zu erhalten, davor war die Aufenthaltsdauer auf höchstens vierzehn Tage beschränkt.

Dank dieser Veränderungen ist es nun nicht mehr nötig, den Aufenthalt im Land schon vor Antritt der Reise bis ins kleinste Detail zu planen. Trotzdem sollten Sie sich darauf einstellen, daß Sie während der Hauptreisezeit von November bis Februar einen nicht unbeträchtlichen Teil Ihrer Energie und Zeit darauf verwenden müssen, Transportmöglichkeiten und Unterkunft zu beschaffen. Der Reiseplan sollte zudem so flexibel wie nur möglich gestaltet werden und immer auch Ausweichrouten vorsehen, da nach wie vor damit zu rechnen ist, daß vorgesehene Transportmittel einmal kurzfristig ausfallen können.

Aber auch gerade wegen der touristischen Unterentwicklung und der jahrzehntelangen Isolation erwartet den Reisenden eine ungeheure exotische Vielfalt in dem Land, das die Brücke zwischen dem indischen Subkontinent und Südostasien bildet.

Schon das Straßenbild der Hauptstadt Yangon (dem früheren Rangun) übt den verführerischen Reiz des Fremdartigen aus: Die männliche Bevölkerung trägt hier nicht, wie in nahezu allen Hauptstädten der Welt üblich, als Beinbekleidung die Hose, sondern den longyi (gesprochen: londschi), einen langen Wickelrock, der für Männer immer kariert und für Frauen geblümt ist. Frühmorgens ziehen die Mönche in roten, manchmal auch safrangelben Gewändern und ihren Bettelschalen stumm von Haus zu Haus, und in den zahlreichen Garküchen an den Straßen brutzeln vielfarbige, wundersam riechende Speisen.

Myanmar hat seit Ende des Zweiten Weltkrieges eine sozialistische Regierung. An der tiefen Religiosität seiner Bewohner hat auch das politische System nichts zu ändern vermocht. Der Buddhismus bestimmt noch immer die Lebensgestaltung der allermeisten Myanmaren, und die zahlreichen alten Kulturdenkmäler - die Stupas, Pagoden, Tempel und Buddhadarstellungen - genießen bei der Bevölkerung nach wie vor größte Verehrung.

Das für den Reisenden aus unseren Breitengraden noch weitgehend unbekannte Myanmar braucht den Vergleich mit seinen Nachbarn im Osten und Westen nicht zu scheuen. Es ist ein faszinierendes, geheimnisvolles Land mit einer liebenswürdigen Bevölkerung und unendlich vielen kulturellen Schätzen aus der Vergangenheit, die zugleich unverzichtbare Bestandteile der lebendigen Gegenwart sind.

Land und Leute

Myanmar im Überblick: Daten und Fakten

	Myanmar	BRD
Gesamtfläche	676 578 km²	356 957 km²
Ackerland	100 570 km²	
Gesamtbevölkerung (1994)	45 563 000	81 338 093
Städtische Bevölkerung	24,8 %	86 %
Einwohner/km²	67,3	228
Bevölkerungswachstum	8,9 %	0,2 %
Säuglingssterblichkeit	8,1 %	0,6 %
Lebenserwartung m/w	56,0/59,3	73/79
Einwohner je Arzt	3 306	370
Analphabetenrate	19,4 %	1 %
Touristen (1993)	11 500	14 510 000
Straßenlänge	24 325 km	
Streckenlänge der Eisenbahn	4 701 km	
Fernsprechanschlüsse je 1000 Ew.	2,0	
Fernsehgeräte (1991)	80 000	

Myanmar in Zahlen

Myanmar ist das größte Land Südostasiens. Die ehemalige Sozialistische Republik der Union von Birma nennt sich offiziell seit Juni 1989 „Union of Myanmar“. In der Landessprache heißt das Land „Pyi-daungsu Socialist Thammada Myanma Nainggnan“. Weiter wurden viele Namen für Städte und Flüsse geändert. Eine Liste finden Sie auf der Innenseite des vorderen Buchumschlages. Die Flagge von Myanmar ist rot, im blauen Übereck oben links befinden sich weiße Ähren und ein Rad, umkreist von 14 weißen Sternen. Die Sterne symbolisieren die 14 Volksstämme.

Die wichtigsten Städte sind die Hauptstadt Yangon mit über 4 Mio. Einwohnern, Mandalay mit über 600 000 Einwohnern, Mawlamyine mit 220 000 Einwohnern, Bago mit 200 000 Einwohnern, Pathein mit 160 000 Einwohnern und Taunggyi mit 100 000 Einwohnern.

Verfassung

Myanmar ist ein unabhängiger Staat. Staatsziel ist eine sozialistische Gesellschaft mit einem sozialistischen Wirtschaftssystem. Myanmar wird derzeit von einer Militärjunta regiert, obwohl bei den ersten freien Wahlen am 27. Mai 1990 die Opposition („Nationale Liga für Demokratie“, NLD) die Wahlen gewonnen hat. Zuvor gab es nur eine Partei, die „Burma Socialist Programme Party“ (BSSP), die eine Woche nach der Machtergreifung durch das Militär ihren Namen in „Nationale Einheitspartei“ (NUP) geändert hat. Außerdem operiert im Untergrund die verbotene Kommunistische Partei Myanmars (BCP), die von der VR China unterstützt wird. Der derzeit herrschende Militärrat will erst dann die Macht abgeben, wenn das neue Parlament eine Verfassung ausgearbeitet hat.

Alle Rohstoffe, Bodenschätze und der gesamte Grund und Boden befinden sich nicht mehr in Staatsbesitz. Die Produktionsmittel sind staatlich, jedoch sind auch private Unternehmen zugelassen. Für alle Bürger besteht unabhängig von Rasse, Glaubensbekenntnis und Geschlecht Gleichheit vor dem Gesetz. Das oberste Organ der Staatsgewalt ist ein in geheimen Wahlen auf vier Jahre gewähltes Parlament. Volksräte sind die lokalen Organe der Staatsgewalt mit der Zuständigkeit für Wirtschaft, Recht und Verteidigung. Das Parlament wählt einen 29köpfigen Staatsrat, dieser wiederum wählt aus seiner Mitte einen Vorsitzenden, der Präsident der Republik ist, und einen Sekretär. Der Staatsrat setzt die Bestimmungen der Verfassung in die Tat um, erläßt Gesetze, trifft wichtige außenpolitische Entscheidungen, kann das Parlament einberufen und militärische Verteidigungsaktionen anordnen. Der Ministerrat ist oberstes Organ der staatlichen Verwaltung mit dem von ihm gewählten Ministerpräsidenten. Der Rat der Volksrichter ist oberstes Rechtsorgan. Es gibt noch den Rat der Volksanwälte und der Volksinspektoren.

Wirtschaft

Myanmar ist durch eine lange Isolation und zentrale Planwirtschaft ökonomisch zurückgeblieben. Die Spannungen und bürgerkriegsartigen Auseinandersetzungen zwischen den verschiedenen Ethnien haben außerdem die wirtschaftliche Entwicklung des Landes erheblich gebremst. In Südostasien hat es mit 200 US$ das niedrigste Jahres-Pro-Kopf-Einkommen. 1988 erhielt Myanmar den Status eines „Least Developed Country“. Ohne den unkontrollierten schwarzen Wirtschaftssektor wäre die Versorgung der Bevölkerung mit notwendigen Gütern nicht immer sichergestellt. Durch die Öffnung Myanmars stieg die Wachstumsrate an. Myanmar ist mit 5 Mrd. US$ im Ausland verschuldet.

Landwirtschaft

Etwa 30 % der Landfläche sind

landwirtschaftlich nutzbar, aber nur die Hälfte davon wird bearbeitet. Die Landwirtschaft ist der wichtigste Wirtschaftszweig Myanmars. Zwei Drittel der Erwerbstätigen sind in diesem Sektor tätig. Die landwirtschaftlichen Erzeugnisse sind: Reis, Mais, Weizen, Hülsenfrüchte, Erdnüsse, Sesamsamen, Zuckerrohr, Jute, Tabak, Baumwolle. Exportiert werden Reis, Mais und Tabak. Zur Zeit der Könige war es verboten, Reis auszuführen. Erst im 20. Jh. wurde das Land zu einem der wichtigsten Reislieferanten; zwischen 1930 - 1940 kam über die Hälfte dieses Nahrungsmittels am Weltmarkt aus Myanmar.

Die Landwirtschaft hat häufig mit ungünstigen Naturverhältnissen zu kämpfen, so daß jährlich ein nicht geringer Prozentsatz der Ernten vernichtet wird. Die Bauern müssen einen Teil ihrer Ernten zu niedrigen Preisen an den Staat abliefern. Noch verbleibende Überschüsse dürfen die Bauern auf dem freien Markt verkaufen, jedoch nicht an Händler. Damit wird der inländische Bedarf gedeckt.

Forstwirtschaft

Mehr als die Hälfte der Gesamtfläche des Landes ist bewaldet. Ein Viertel davon ist als regierungseigene Forstreserve ausgewiesen. Illegale Brandrodungen reduzieren den Waldbestand rapide. Myanmar ist einer der größten Exporteure von Teak und tropischen Harthölzern. Es wird angenommen, daß Myanmar über ¾ der Weltreserven an Teakholz verfügt. Nach Reis und Erdöl war der Holzexport der drittgrößte Ausfuhrposten vor dem 2. Weltkrieg. Ein großes Problem stellt der Schmuggel von Harthölzern nach Thailand dar. Es wird geschätzt, daß mehr als ein Fünftel der Jahresproduktion auf diese Weise verlorengeht.

Fischerei

Die Seegebiete vor den ausgedehnten Küsten, besonders vor dem Rakhine-Staat, bieten ein immenses Nutzungspotential. Trotzdem ist der Fischfang noch relativ schwach entwickelt, da es noch an großen Fangbooten fehlt.

Geographie

Myanmar erstreckt sich von 10° bis 28° nördlicher Breite und 92° bis 101° östlicher Länge. Es ist in der jeweils größten Ausdehnung 1 920 km lang und 905 km breit.

Hauptregionen

Die **3 Hauptregionen** von Myanmar sind: das tropische *Niedermyanmar,* das größte Reisanbaugebiet der Welt; das kühlere, trokkenere *Obermyanmar,* wo Baumwolle und Gemüse angebaut werden und wo die Könige ihre Hauptstädte hatten; das *Hochland* entlang der Landesgrenzen, wo bis zu fünfeinhalbtausend Meter hohe Berge, reißende Gebirgsströme und undurchdringliche Dschungel auch heute noch den Verkehr erschweren und wo Teakwälder stehen und Mineralien und wertvolle Edelsteine gefunden werden.

Berge und Flüsse

Die höchsten **Berge** sind der Hkakabo Razi mit 5 881 m und der Gamlang Razi mit 5 835 m (Ausläufer des Himalaja) und der Mount Victoria mit 3 053 m bei Bagan.

Die größten **Flüsse** sind der 2 1000 km lange Ayeyarwady (kommt aus dem Altindischen und heißt „Die Erquickende“) mit seinen Nebenflüssen Chindwinn und Sittoung und der Thanlwin.

Bodenschätze

Myanmar ist berühmt für seine Edelsteine. Besonders schöne Rubine findet man in den Tälern bei Mogok. Daneben gibt es noch Saphir, Topas, Jade und Bernstein. Das Land verfügt zudem über reiche Vorkommen an Erdöl, Erdgas, Steinkohle, Blei, Zink, Kupfer, Wolfram, Silber und Gold.

Klima

Myanmar gehört zum tropischen, asiatischen Monsungebiet. Bis auf den äußersten Norden herrscht dementsprechend Monsunklima (Süd-West-Monsun). Dieses Klima wird jedoch nicht unwesentlich von den Landschaftsformen bestimmt und ist demnach je nach Landesteil unterschiedlich.

Die 3 Jahreszeiten

Regenzeit: Ende Mai bis Mitte Oktober, 22 °C - 30 °C
Kühle Saison: Ende November bis Ende März, 16 °C - 25 °C
Heiße Saison: April/Mai und Oktober/November, 25 °C - 40 °C

Die größte Hitze herrscht kurz vor dem Beginn der ersten Regenfälle. Die meisten Niederschläge fallen im Westen in Rakhine und im Südosten in Tenasserim. Westlich von Mandalay im zentralen Tiefland befindet sich, entstanden durch die Leelage, ein Trockengebiet. In der kühlen Zeit sind geringe Niederschläge, eine weite Fernsicht, farbenprächtige Sonnenuntergänge und ein strahlend blauer Himmel zu erwarten.

Durchschnittliche Anzahl der Regentage:

Jan.	1	Juli	23
Febr.	1	Aug.	24

März	1	Sept.	20
April	2	Okt.	11
Mai	13	Nov.	4
Juni	23	Dez.	1

Pflanzen- und Tierwelt

In den Bergen und an den Küsten findet man tropischen Regenwald, im Ayeyarwadydelta Mangrove. Der feuchte Monsunwald besteht aus Teak und Bambus (70 verschiedene Sorten). Im Tiefland ist Trockenwald und Dornstrauchsavanne vorherrschend.

Der **Teakholzbaum,** auch indische Eiche genannt, wird bis zu 60 m hoch. In frischem Zustand enthält er ein Öl, das als sog. Leinöl verwendet wird. Die Blüten sind weißlich und stehen in großen Rispen. Die großen Blätter beinhalten einen purpurroten Saft, der zum Einfärben von Seide und Baumwolle benutzt wird. Der **Palisander** oder Jacaranda wird sehr hoch und hat hellgrüne, doppelgefiederte Blätter. Die trompetenförmigen Blüten sind blau. Der **Banyan-Baum** zählt zur Familie der Feigenbäume und kann bis zu 200 Luftwurzeln ausbilden. Während der kühlen Jahreszeit blühen viele Büsche und Bäume, wie z. B. der **Hibiskus** und der meist baumhohe **Weihnachtsstern.** Besonders schön sind die leuchtendroten Kronen des **Diamantenblütenbaumes** oder Flammenbaumes. Die Blüte beginnt am blattlosen Baum, und erst später treiben die feingefiederten hellgrünen Blätter aus. Die **Frangipani-Bäume,** auch unter dem Namen westindischer Jasmin bekannt, sind 3 bis 7 m hoch und tragen sehr wohlriechende, cremefarbene Blütenkelche. Ältere Bäume werfen die Blätter zwischen Dezember und März ab, und man sieht dann nur noch die leuchtendroten Blütendolden. Der Saft von Stamm und Blüte ist giftig. Er wird in der Pharmazie für Rheumamittel und für Heilsalben gegen Hautkrankheiten verwendet.

Neben vielen buntschillernden Vogelarten und exotischen Fi-

schen leben in den Wäldern Myanmars viele **wilde Tiere:** Elefanten (ca. 10 000), Tiger (ca. 2 000), Leoparden, Rhinozerosse, Hirsche, Affen, Himalaja-Bären, Wasserschildkröten, Schlangen (Kobra, Viper, Python. Skorpion) und im Deltagebiet Krokodile. Im Norden an der Grenze zu Tibet haben sich die meisten Tierbestände erhalten. Als **Haus- und Arbeitstiere** werden Zebus, Wasserbüffel, Elefanten (mit ca. 6 000 Exemplaren besitzt Myanmar den weltweit größten Bestand von Arbeitselefanten), Pferde, Hunde und Geflügel gehalten.

Bevölkerung

50 % der Einwohner sind jünger als 20 Jahre, lediglich 4 % sind 65 Jahre und älter. 75 % der Bevölkerung leben auf dem Lande in den fruchtbaren Ebenen von Mittel- und Niedermyanmar, also in dem Gebiet, das auch die „Reisschüssel" Myanmars genannt wird.

Kinderarbeit ist offiziell verboten. Es gibt eine 44-Stunden-Woche. Alle Arbeitnehmer haben Anspruch auf eine staatliche Altersrente, die etwa 30 % des Verdienstes ausmacht.

Es besteht keine Wehrpflicht. Das Militär zählt eine 400 000 Mann starke Armee, die aus Berufssoldaten gebildet wird.

Da die Tätigkeit der Bauern wetterabhängig ist, gibt es in ihrem Leben jedes Jahr einen Wechsel zwischen Perioden schwerer körperlicher Arbeit und Perioden der Entspannung. Offenbar wissen die Myanmaren die Zeit der Muße gut zu nutzen. Ein Präsident von Amerika, Herbert Hoover, der als junger Ingenieur in Myanmar arbeitete, sagte einmal: „Die Menschen in Myanmar sind das einzig wirklich glückliche Volk in ganz Asien". Dieses Glück scheint seine Wurzeln in der Wesensart des Volkes zu haben, in den Lehren des Buddhismus und in der Tatsache, daß es Raum und Nahrung für jedermann gibt.

Die Birmanen bewohnen vorwiegend das Ayeyarwady-Stromgebiet und die Küsten, während die Minderheiten eigene „Staaten" in den Berggebieten bilden. Seit Jahrzehnten ist die ethnische Vielfalt Myanmars Ursache für Spannungen und bürgerkriegsähnliche Auseinandersetzungen. Dadurch wurde auch die wirtschaftliche Entwicklung des Landes erheblich behindert. Es entstanden sogar über ein Dutzend sog. Unabhängigkeitsarmeen, die für einzelne Volksgruppen kämpfen. Auch im Opiumhandel und Schmuggel formierten sich bewaffnete Gruppen, in denen oft junge Männer aus den ärmeren Bergvölkern als Söldner dienten.

Anteil der verschiedenen Volksgruppen an der Gesamtbevölkerung:

Birmanen	69,0 %
Shan	8,5 %
Karen	6,2 %
Rakhine	4,5 %
Mon	2,4 %
Chin	2,2 %
Kachin	1,4 %
Inder	0,9 %
Kaya (Karenni)	0,4 %
Chinesen	0,6 %

Restvölker:
Wa 300 000, Naga 25 000, Lahu und Lisu je 40 000, Akha 65 000.

Religion

Der Buddhismus ist in Myanmar nicht Staatsreligion. Trotzdem werden viele Klöster und Pagoden staatlich unterstützt. In den Klöstern leben heute etwa 100 000 Mönche. Die Verfassung garantiert Glaubensfreiheit.

Verteilung der verschiedenen Religionen:

Theravada-Buddhismus	88,3 %
Hinduismus	0,5 %
Islam	3,4 %
Christentum	4,3 %
Baptisten	3,1 %

Hinzu kommen noch die animistischen Stammesreligionen der Bergvölker.

Gesundheitswesen

Das Gesundheitswesen ist in den Städten relativ gut entwickelt. Es besteht aber immer noch ein beträchtliches Gefälle in der medizinischen Versorgung zwischen Stadt und Land. Deshalb hat die traditionelle Heilkunde auf dem Land nach wie vor eine erhebliche Bedeutung. 1993 gab es 722 Krankenhäuser mit ca. 28 000 Betten. Dazu kommen noch 88 Ambulatorien, 1 475 ländliche Gesundheitszentren und 350 Entbindungs- und Kinderstationen. Die medizinische Betreuung und Behandlung ist kostenlos.

Die verbreitetsten Krankheiten sind: Typhus, Cholera, Amöbeninfektionen, Durchfallerkrankungen, Tuberkulose, Malaria, Wurmkrankheiten, Geschlechtskrankheiten und Lepra.

Aids breitet sich auch in Myanmar - von der Weltöffentlichkeit unbemerkt - aus. Die Militärregierung schweigt diese Problematik tot. Die Übertragung erfolgt hauptsächlich durch Heroininjektionen und Prostitution (nicht in Nachtklubs, Diskos oder Massagesalons, sondern in Bordellen und auf dem Straßenstrich), aber auch durch medizinische Verfahren (Blut für Transfusionen wird selten überprüft, und Einwegspritzen sind schwer erhältlich) ist die Bevölkerung gefährdet. Ein unvermuteter Weg für die Verbreitung des Aids-Virus sind bestimmte Gebräuche, wie z. B. das sehr beliebte Tätowieren und das Ohrlochstechen bei Kindern. Dies wird selten mit sterilen Instrumenten vorgenommen. Kondome aus China oder Thailand gibt es inzwischen in allen größeren Orten zu kaufen.

Schulwesen

Myanmar hat eine der niedrigsten Analphabetenraten von ganz Süd- und Südostasien. Der Grund dafür liegt zum einen in der langen Tradition der buddhistischen Klosterschulen und zum anderen in dem Umstand, daß bereits zur Kolonialzeit ein gut ausgebautes Schulwesen existierte. Heute sind alle Schulen, mit Ausnahme einiger Privatschulen, staatlich.

Es gibt folgende Schultypen: Grundschule vom 6. - 10. Lebensjahr, Mittelschule vom 10. - 14. Lebensjahr, Oberschule vom 14. - 19. Lebensjahr sowie Colleges und Universitäten.

Diese Gliederung der Ausbildung ist von den Engländern eingeführt und von den Myanmaren übernommen worden. Mit Ausnahme der Universitäten und Oberschulen ist der Schulbesuch kostenlos. Vom 6. bis 10 Lebensjahr besteht Schulpflicht. Unterrichtssprache ist an den Grundschulen Birmanisch. An den Mittel- und Höheren Schulen sowie an den Universitäten wird jetzt als zweite Pflichtsprache Englisch gelehrt.

Medien

Presse

Die Pressefreiheit ist immer noch eingeschränkt. Fast alle größeren Zeitungen wurden verstaatlicht.Es gibt sechs Tageszeitungen, davon drei in Englisch („The New Light of Myanmar", „Working People's Daily", „Daily Guardian") und eine in Birmanisch und Englisch.
Das monatlich erscheinende Heft „Today" und „Welcome to Myanmar" enthält Artikel über die Kultur und den Tourismus in Myanmar, Listen von Hotels, Restaurants, Botschaften, Reisebüros, Festen und nützliche Telefonnummern. Erhältlich sind die Hefte in MTT-Büros, Hotels und am Flughafen.

Rundfunk

1946 wurde der staatliche „Burma Broadcasting Service" (BBS) gegründet. Er sendet in Birmanisch, acht Minderheitensprachen und Englisch. Englischsprachige Nachrichten werden täglich um 8.30 Uhr, 13.00 Uhr und 21.15 Uhr ausgestrahlt. Die kommunistische Untergrundorganisation betreibt in der südchinesischen Provinz Yünnan den Sender „Voice of the People of Myanma".

Fernsehen

Seit 1983 sendet die „Myanma Television Transmission" ab 17.30 Uhr bis Mitternacht. Neuerdings gibt es über Satellit noch sechs weitere Kanäle, einer davon ist BBC News in englischer Sprache (Nachrichten um 21.15 Uhr).

Zeitrechnung

Die Zeitrechnung Myanmars wurde im Jahre 638 n. Chr. durch den König von Bagan, Popa Sawrahan, eingeführt. Sie beruht auf einem Mondjahr mit 354 Tagen und 12 Monaten, die wechselweise 29 oder 30 Tage umfassen. Das neue Jahr beginnt Mitte April. Alle zwei oder drei Jahre wird ein Monat verlängert. Die Engländer haben als wöchentlichen Ruhetag den Sonntag eingeführt.

Monate in Myanmar:

Tagu	März/April
Kason	April/Mai
Nayon	Mai/Juni
Waso	Juni/Juli
Wagaung	Juli/August
Tawthalin	August/September
Thadingyut	September/Oktober
Tazaungmon	Oktober/November

Nadaw	Nov./Dezember
Pyatho	Dezember/Januar
Tabodwe	Januar/Februar
Tabaung	Februar/März

Verkehr

Bis 1979 war in Myanmar Linksverkehr üblich - ein Überbleibsel der britischen Kolonialzeit. Es wird erzählt, ein Astrologe habe Ne Win, dem damaligen Regierungschef, prophezeit, daß er bei einem Unfall auf der linken Straßenseite sterben werde. Ne Win ließ daraufhin von einem Tag auf den anderen den Linksverkehr in Rechtsverkehr umändern.

Maße und Gewichte

Gallone = 4,55 Liter: für Benzin und viele andere Flüssigkeiten
Mile = 1,61 km: für Straßenentfernungen; Furlongs = 201 m: nach Mile die nächstkleinere Einheit
Yard = 0,91 m
Feet = 30,48 cm
Gewogen wird in Myanmar in viss = 3,6 pounds = 1,63 kg. Ein viss entspricht 100 ticals = 16,33 g.

Sprache

Amtssprache ist Birmanisch, doch dürfen laut Verfassung auch Minderheitensprachen gelehrt werden. Das Birmanische hat mit den Sprachen der Nachbarvölker keine Gemeinsamkeiten.

In Myanmar gibt es 110 Dialekte. Englisch ist weit verbreitet und hat als Handelssprache seine Bedeutung.

Jedes Wort besteht nur aus einer Silbe, die in vier unterschiedlichen Tönen gesprochen werden kann und dadurch ihre Bedeutung ändert. Das gesprochene Birmanisch wirkt sehr stark rhythmisiert. Die Birmanen sagen, daß man als Ausländer Birmanisch nur gut aussprechen könne, wenn man Betel kaut.

Schrift

Die Birmanen schreiben von links nach rechts. Zwischen den Wörtern werden keine Zwischenräume gelassen. Bei Beginn eines neuen Satzes setzt der Schreiber vier kurze senkrechte Striche in zwei Paaren. Die Hauptelemente der aus dem Sankskrit kommenden Schrift sind Rundungen und Kreise oder Kreissegmente. Das Alphabet ist aus 11 Vokalen und 32 Konsonanten gebildet.

Das früheste datierte Beispiel von geschriebenem Birmanisch ist die im Jahre 1113 n. Chr. entstandene Steininschrift namens Rajakumar, die auch als Myazedi- oder Kubyaukkyee-Inschrift bekannt ist. Sie wurde in Zentralmyanmar gefunden. Besonders in Rakhine entdeckte man einige auf Stein oder gebranntem Ton geschriebene Sanskrittexte.

Ferner wurden Berichte über das heute ausgestorbene Pyu-Volk gefunden. Die Pyu waren dem birmanischen Volk nahe verwandt und entwickelten im 9. Jh. n. Chr. in Zentralmyanmar eine eigene Schrift.

Zahlen

Sie kommen auch ohne birmanische Sprachkenntnisse mit etwas Englisch gut über die Runden, Zahlen aber sollten Sie sich aneignen, z. B. um Busnummern erkennen zu können. Auf den Geldscheinen sind mittlerweile auch arabische Ziffern gedruckt.

Die birmanischen Zahlen bauen wie die arabischen Ziffern auf dem Zehnersystem auf.

1	tit	20	na sair
2	nit	25	na sair ngar
3	thone	30	thone sair
4	lay	40	lay sair
5	ngar	50	ngar sair
6	chak	60	chak sair
7	kun nit	70	kun na sair
8	shit	80	shit sair
9	ko	90	ko sair
10	ta sair	100	ta yar
11	sair tit	200	na yar
12	sair nit	500	ngar yar
13	sair thone	1000	ta taung

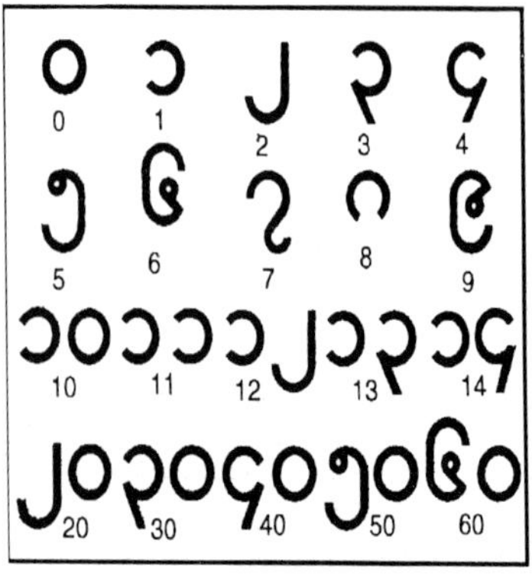

Birmanisches Alphabet

က KA / KA'	ခ KHA / KHA'	ဂ GA / GA'	ဃ GHA / GA'	င NA / NIA'
စ ČA / SA'	ဆ CHA / SHA'	ဇ JA / ZA'	ဈ JHA / ZA'	ည ÑA / NIA
ဋ TA / TA'	ဌ THA / THA'	ဍ DA / DA'	ဎ DHA / DA'	ဏ NA / NA'
တ TA / TA'	ထ THA / THA'	ဒ DA / DA'	ဓ DHA / DA'	န NA / NA'
ပ PA / PA'	ဖ PHA / PHA'	ဗ BA / BA'	ဘ BHA (PHA' / BA')	မ MA / MA'
ယ YA / YA'	ရ RA / YA'	လ LA / LA'	ဝ WA / UA'	သ SA / θA'
	ဟ HA / HA'	ဠ LA / LA	အ A / A'	

Geschichte

Vorgeschichte

Prähistorische Funde bezeugen, daß das Gebiet des heutigen Myanmar schon in der Altsteinzeit vor 400 000 Jahren besiedelt war.

Die Volksstämme der Karen und Mon und verschiedene tibetobirmanische Stämme aus Osttibet waren wahrscheinlich seine allerersten Bewohner. Sie dürften aus dem Norden auf den großen Flüssen nach Myanmar heruntergekommen sein. Die Mon siedelten sich vor allem im Süden und Südwesten des Landes an. Im 3. Jh. v. Chr. übernahmen sie den Buddhismus von Missionaren aus Indien, wo damals der bedeutende Förderer des Buddhismus, König Ashoka, wirkte.

Die Birmanen, die aus indo-chinesischen Völkern hervorgegangen sind, bildeten schon im 1. Jh. n. Chr. ein Reich am oberen Ayeyarwady. Für das 3. Jh. n. Chr. ist die Existenz eines Khmer-Königreiches, Funan genannt, belegt.

5. - 10. Jh. n. Chr.

Im 5. Jh. begannen die Inder auf dem Seeweg nach Myanmar vorzudringen. Das Land lag nördlich von den wichtigsten west-östlichen Meeresrouten und südlich von den bedeutendsten Karawanenstraßen. Da sich Myanmar schon damals (und noch bis Mitte des vorigen Jahrhunderts) selbst versorgen konnte, hatte es kein Interesse an der Seefahrt und am Handel. Am königlichen Hof wurden ausländische Händler verächtlich als „schwarze Inder“ bzw. als „weiße Inder“ bezeichnet, womit Europäer gemeint waren.

Von 500 - 800 n. Chr. wanderten die Birmanen aus den weniger fruchtbaren Gegenden Nordasiens ein. Ihnen folgten die Shan, die Kachin und die Chin sowie die Südchinesen.

Noch heute besteht in Yangon eine chinesische Kolonie, der vorwiegend bedeutende Geschäftsleute angehören.

Im 6. - 10. Jh. lebten die kunstsinnigen Mon. Ursprünglich kamen

sie aus dem östlichen Indien. Ihre Bildhauerei zeigt deutliche Einflüsse aus der späten Gupta-Epoche Indiens.

Die Hauptstadt der Mon war im Gebiet um das heutige Thaton.

Aus überlieferten Urneninschriften des Pyu-Volkes weiß man, daß im 8. Jh. eine Stadt namens Pyay existierte, die größer als jede andere Stadt Myanmars gewesen sein soll. Die Herrscherdynastie der Pyu trug den Namen Vikrama. Anhand der Kunst und Architektur der Pyu geht man davon aus, daß sie eine Mischung aus dem Theravada Buddhismus und dem Hinduismus praktizierten und ein eigenes Alphabet besaßen.

Reste der Stadtmauer sehen Sie noch in Sri Ksetra, dem früheren Thayekhittaya bei Pyay. Von den Pagoden wurden bis heute keine Spuren gefunden. Weitere Städte der Pyu in Zentralmyanmar sind Beikthano und Halin.

Aus dem Chinesischen ist uns die **Schilderung einer Pyu-Stadt** aus der Zeit um 800 n. Chr. überliefert (Übersetzung von H. Luce):

„Die mit glasierten Ziegelsteinen eingefaßte Stadtmauer weist einen Umfang von 160 li auf. Auch die Böschung des Stadtgrabens ist mit Ziegelsteinen verschalt. Innerhalb der Mauer befinden sich über 100 buddhistische Klöster mit Höfen und großzügigen Räumlichkeiten; sie alle sind mit Gold und Silber dekoriert, mit Zinnober und anderen leuchtenden Farben angestrichen und mit bestickten Teppichen behangen. Ihre Bewohner lieben das Leben und hassen das Töten. Im Alter von 7 Jahren werden den Knaben und Mädchen die Haare geschnitten. Dann treten sie in ein Kloster oder einen Konvent ein. Dort leben sie bis zum 20. Lebensjahr. Falls sie in der Zwischenzeit die buddhistische Lehre nicht erleuchtet hat, lassen sie die Haare wieder wachsen und werden gewöhnliche Bürger. Seide trägt man nicht, weil die Herstellung den Tod eines Lebewesens, der Seidenraupe, bedeuten würde. 12 Tore mit Pagoden an den vier Ekken zieren die Mauer. Das Volk wohnt innerhalb der Einfriedung. Sie kennen die Astronomie und erfreuen sich der Gesetze des Buddha. Sie tragen Kopfbedeckungen mit goldenen Blumen dekoriert und Mützen mit Eisvogelfedern. Im Königspalast hängen zwei Glocken, eine aus Silber und eine aus Gold. Beim Anrücken von Feinden verbrennen sie Weihrauch und läuten die Glocken, um daraus ein Omen des zu erwartenden Schicksals während der bevorstehenden Schlacht zu erhalten.“

Nach dem Fall des Pyu-Reichs um 830 wanderten die Birmanen im 8. und 9. Jh. aus dem östlichen Teil des Himalajas ein. Sie verdrängten die Pyu aus Zentralmyanmar. Als die Birmanen dann das ganze Land regieren wollten, kamen sie mit den Mon in Konflikt.

11. - 13. Jahrhundert

Nach dem Fall von Pyay übersiedelten die Einwohner nach Bagan (früher Pagan), das sich in diesem Zeitraum zur neuen Hauptstadt von Myanmar entwickelte. Zugleich wurde sie kultureller und religiöser Mittelpunkt. 13 000 Tempel entstanden in dieser Zeit, von denen heute noch die Reste von 5 000 stehen.

König Anawrahta, der erste birmanische König, regierte in Bagan von 1044 - 1077. Ihm gelang es, das kleine Fürstentum zu einem starken Königreich zu erweitern. Er nahm die Mon-Stadt Thaton ein und verschleppte die königliche Familie zusammen mit vielen Theravada-Mönchen und den erfahrensten Handwerkern und Baumeistern nach Bagan. Sie schufen zusammen mit den Birmanen eine neue Stadt. Von den Mon übernahmen die noch recht primitiven Birmanen außerdem die Schrift und den buddhistischen Glauben.

König Kyansittha war der Nachfolger von König Anawrahta und regierte von 1084 - 1112. Mit seiner Herrschaft begann das Zeitalter der großen Tempelbauten. Er verheiratete seine Tochter mit einem Mon-Prinzen, um sich die Loyalität seiner Mon-Untertanen zu sichern.

Alaungsithu war der Sohn dieses Paares und wurde zum Kronprinzen erhoben. Seine Regentschaft dauerte von 1112 - 1167. Unter ihm wurden alle Tempel im Mon-Stil erbaut und alle Inschriften in der Mon-Sprache abgefaßt. Er führte einheitliche Gesetze ein und ließ Bewässerungsanlagen bauen.

König Narapati Sithu folgte von 1173 - 1210. Während seiner Regierungszeit wurde der eigentliche birmanische Stil in der Baukunst entwickelt.

Der letzte König von Bagan, **Narasihapati,** herrschte von 1254 - 1287. In dieser Zeit wurde Myanmar von den Mongolen unter Kublai Khan überfallen. Die Birmanen erlitten trotz des Einsatzes von Kriegselefanten eine Niederlage. Auf Anordnung des Königs wurden etliche Heiligtümer in Bagan abgerissen, um aus den Steinen Verteidigungsanlagen zu bauen. Aber noch bevor die Truppen Kublai Khans Bagan erreichten, flüchtete König Narasihapati in den Süden. 1287 wurde Bagan von den Mongolen eingenommen und verwüstet. Diese Zerstörungen sowie die Überschwemmungen des Ayeyarwady und Erdbeben waren der Grund für die Vernichtung vieler Pagoden.

13. - 18. Jahrhundert

In diesem Zeitraum gab es fünf unabhängige Königreiche: In-Wa, Toungoo, Rakhine, Bago und Pyu.

Das **Königreich von In-Wa,** das Reich der Shan, galt damals als das birmanische Machtzentrum. Es bestand von 1287 - 1555. König Thihathu griff Bago an und wurde durch einen Pfeil getötet. Sein Sohn Ngasishin wurde verschleppt. Nach heftigen Kämpfen mit den umliegenden Königreichen wurde In-Wa von Nawratha und einigen portugiesischen Soldaten erobert.

Das **Königreich von Toungoo** bestand von 1280 - 1531. In dieser Zeit wurde Toungoo von 28 Königen regiert. König Thinhkaba (1347 - 58) kümmerte sich besonders um die Verbesserung der Landwirtschaft. Sein Sohn Pyanchi (1368 - 77) ließ viele Pagoden und Klöster bauen. Es folgten u. a. Sawluthinhkaya (1421 - 36) und Sithukyawhtin (1471 - 82), der sehr grausam gewesen sein soll. Der letzte König war Minkinyo (1486 - 1531).

Das **Königreich von Rakhine** wurde regiert von den Königen: Minhti bis 1374, Narameikhla 1404 - 34, Ali Khan 1434 - 59, Basawpyu 1459 - 82, Minbin 1531 - 53, Minyazagyi 1593 - 1612, Minhkamaung 1612 - 22, Thirithudamma 1622 - 38, Narapatlgyi 1638 - 45, Sandathudamma 1652 - 84, Sandawizaya von 1710 - 31 und zuletzt Thamada 1782 - 1805. Mrauk U wurde zur Hauptstadt von Rakhine ernannt.

Der Buddhismus erreichte das am Golf von Bengalen gelegene Rakhine früher als das Innere von Myanmar. Auch dem Islam gelang es, in Rakhine Fuß zu fassen.

Zeitweise verbündete sich Rakhine mit dem Königreich Toungoo gegen das Reich Bago. Gemeinsam drangen sie dort ein und plünderten es. Schließlich wurde Rakhine von Bodawpaya überfallen und besiegt.

Das **Königreich von Bago,** das Reich der Mon, kämpfte 1306 mit Siam. 1348 wurde Sinbyu-Yin König von Bago. 1385 bestieg König Yazadiyit den Thron und starb 1423. Seine Tochter bestieg als einzige Königin den Thron. 1550 marschierte König Tabin-Shwe-ti gegen In-Wa und wurde zurückgeschlagen. 1754 zogen die Birmanen gegen Bago, erstürmten die Stadt und setzten den König gefangen. 1775 wurde der letzte König, Binnya Dala, ermordet.

Die Schlacht von 1287

Marco Polo berichtet

Der König von Myanmar versammelte eine gewaltige Armee mit vielen Elefanten, welche auf ihren Rücken Türme von Holz mit einer Besatzung von zwölf bis sechzehn Soldaten trugen. Mit dieser zog er nach Unciam und schlug unweit der Armee des Großkhans sein Lager auf. Als Nestardin, der Befehlshaber der Tartaren, davon erfuhr, geriet er in große Besorgnis, denn er hatte den 60 000 Soldaten nebst Elefanten des Feindes nur 12 000 Mann gegenüberzustellen. Trotzdem stieg er in die Ebene von Unciam hinab und nahm eine Stellung ein, in der seine Flanke durch einen dichten Wald gesichert war, in den sich seine Soldaten zurückziehen sollten, falls sie dem wütenden Angriff der Elefanten nicht standzuhalten vermochten.

Als der König von Myanmar sah, daß die Tartaren in die Ebene hinabgestiegen waren, setzte er seine Armee sofort in Bewegung, stellte seine Elefanten an die Front und die Reiterei und das Fußvolk dahinter auf, doch ließ er zwischen ihnen einen bedeutenden Raum. Hier stellte er sich selbst auf und feuerte seine Leute an, mutig zu fechten. Darauf rückte er mit seiner ganzen Armee gegen die Tartaren vor, welche keine Bewegung machten, sondern sie an die Verschanzungen herankommen ließen. Dann brachen sie hervor, und die tatarischen Pferde, die den Anblick solch ungeheurer Tiere mit Türmen nicht gewohnt waren, schreckten zurück und machten kehrt. Als der kluge Nestardin diese unerwartete Unordnung bemerkte, befahl er seinen Leuten, abzusteigen und ihre Pferde in den Wald zu führen, wo sie an den Bäumen festgebunden wurden. Sie rückten nun zu Fuß gegen die Elefantenlinie vor und schossen ihre Pfeile gegen sie ab, während die feindlichen Soldaten in den Elefantentürmen das Schießen heftig erwiderten. Die Tartaren schossen vor allem auf die Elefanten, so daß diese bald mit Pfeilen bedeckt waren und sich auf die eigenen Leute stürzten. Als sie die Verwirrung der Feinde sahen, holten sie ihre Pferde wieder, und der blutige Kampf begann von neuem. Als die Pfeile auf beiden Seiten verschossen waren, griffen die Männer zu ihren Schwertern. Als der König von Myanmar sah, daß der größere Teil seiner Truppen entweder tot oder verwundet war, ergriff er mit den Trümmern der Armee die Flucht.

Das **neue birmanische Reich** wurde 1753 von dem 38jährigen Dorfvorsteher **Alaungpaya** gegründet, der zu einem der größten Nationalhelden von Myanmar wurde. Er vertrieb zunächst die Mon aus Obermyanmar und machte Shwebo zu seiner Hauptstadt. Schließlich eroberte er dann ganz Myanmar. 1755 nahm er Pyay und Dagon ein, das er Yangon (d. h. „Ende des Konfliktes") nannte. Nach seinem Tod während eines Feldzuges in Ayuthya eroberten seine Söhne Chiangmai, Ayuthya und Rakhine. Die Hauptstadt dieses Großreiches wurde In-Wa.

König Bodawpaya, ein Sohn Alaungpayas, kam 1782 an die Macht. Er dehnte das Reich etwa auf die heutige Größe von Myanmar aus. 1783 ließ König Bodawpaya in Amarapura eine neue Hauptstadt erbauen. Die Bewohner der bisherigen Königsstadt In-Wa mußten nach Amarapura umziehen. Mit der Eroberung Rakhines 1784 stießen Myanmar und die britischen Kolonialherren in Indien zum ersten Mal aufeinander.

19. Jahrhundert

In den eroberten Gebieten, an der Grenze Britisch-Indiens, führten immer wieder auftretende Unruhen zu Schwierigkeiten mit den Briten. 1824 brach der 1. britisch-birmanische Krieg aus, in dem Myanmar Rakhine, Assam, Manipur und Tenasserim verlor. 1826 wurde ein Friedensvertrag geschlossen. Myanmar mußte eine Million Pfund an Großbritannien zahlen, die westlichen Grenzprovinzen abtreten und einen Handelsvertrag akzeptieren. 1852 kam es zum 2. britisch-birmanischen Krieg, in dem die Briten Niedermyanmar einnahmen. 1862 wurde Niedermyanmar mit Rakhine und Tenasserim in der Provinz Britisch-Burma zusammengefaßt.

König Mindon (1853 - 1878) übersiedelte mit seinem Hof 1861 von Amarapura nach Mandalay. Er beendete den Krieg mit den Briten. Unter seiner 25jährigen Herrschaft blühte das Land wirtschaftlich und kulturell auf. Sein Nachfolger ist **König Thibaw.** Er hatte den größten Teil seines Lebens im Kloster verbracht und galt als sehr gebildet. König Thibaw nahm Verbindung mit den Franzosen auf, was den Interessen der Briten zuwiderlief. Diese fielen daraufhin 1885 in Mandalay ein und besetzten es. 1886 wurde König Thibaw in eine alte Festung an der Westküste Indiens in die Verbannung geschickt, wo er während des 1. Weltkrieges gestorben ist.

Myanmar verlor seine Unabhängigkeit und wurde 1886 eine **Provinz Britisch-Indiens**. Die Briten begannen Monopole für die

See- und Flußschiffahrt, die Eisenbahnen, den Reisexport, für Teakholz, die Zinn- und Kupferbergwerke und die Erdölquellen aufzubauen. Sie setzten außerdem ein zentral verwaltetes Regierungssystem durch. Grund und Boden mußte im Namen eines Individuums registriert werden. Im Gegensatz dazu hatte in der Zeit der Könige nie eine Einzelperson ein verbrieftes Recht auf Land besessen, aber jedermann wußte bis auf den Zentimeter genau, welche Familie Anspruch auf welches Feld hatte. Die Briten untergruben damit die Tradition der Verantwortlichkeit der Familie für alle Mitglieder. Darüber hinaus wurden die alten Schulen der Mönche nun durch britische Schulen ersetzt.Die britischen Kolonialherren verstärkten die britisch-indischen Militär- und Polizeieinheiten auf über 40 000 Mann, um Aufstände in allen Teilen von Myanmar zu unterdrücken.

20. Jahrhundert

Myanmar ist zu einem der wichtigsten Reisexportländer der Welt geworden. Durch den Suez-Kanal gelangte der Reis nach Europa.

1905 wurden die ersten „Vereine buddhistischer junger Männer" (Young Men's Buddhist Association = YMBA) gegründet. Sie bestanden aus Studenten, die zu religiösen Diskussionen zusammenkamen. Birmanen, die im Regierungsdienst standen, wurde die Mitgliedschaft vorenthalten.

Im **1. Weltkrieg** arbeiteten deutsche Kriegsgefangene am Bau der Eisenbahn von Mektilla in die südlichen Shanstaaten. Mit dem Ausbruch des 1. Weltkrieges kamen die Reisexporte fast völlig zum Erliegen. Die auf den Reisverkauf angewiesenen Gebiete gerieten in eine tiefe wirtschaftliche Not.

1921 schlossen sich die Vereinigungen der buddhistischen jungen Männer mit mehreren nichtbuddhistischen Gruppen zur Bildung eines Generalrats myanmarischer Vereinigungen zusammen. Gleichzeitig nahm die politische Tätigkeit der Mönche weiter zu. Diese reisten durch das Land und predigten gegen die Engländer.

1929 wurde deshalb der Mönch U Wisara von den Briten ins Gefängnis geworfen. Er starb dort im Hungerstreik.

In den 30er Jahren waren mehr als ¾ der Bauern verschuldet; die Zinssätze gingen bis zu 400 %. Besitzlos geworden, strömten diese Bauern nach Yangon. Außerdem wanderten durchschnittlich 400 000 Inder pro Jahr nach Yangon ein, von denen die meisten die niedrigstbezahlte Arbeit, das Verladen der Reisballen auf Schiffe, übernahmen.

1930 im Mai streikten einige indische Kulis gegen die britischen Reeder, um höhere Löhne durchzusetzen. Die Arbeitsplätze wurden daraufhin von Myanmaren besetzt, die aber ungeeignet für die Löscharbeiten waren. Die Reeder kamen daraufhin rasch mit den Streikenden zu einer Einigung und stellten die Inder wieder ein. Die Myanmaren wurden von den Indern verspottet, und als Antwort auf diese Provokation kam es dann zu einer zwei Tage dauernden Schlacht, bei der Hunderte getötet und verwundet wurden.

1932 brach ein Aufstand im Bezirk von Tharrawaddy aus, der fast zwei Jahre dauerte. Die Briten zogen zur Verstärkung zwei Kampfdivisionen aus Indien heran, die zusammen mit den Karen und anderen Minderheiten den Sitz des Rebellen und ehemaligen Mönchs Saya San stürmten. Er wurde wegen Hochverrats angeklagt und gehängt. Das Nationalgefühl der Myanmaren wurde immer stärker und die Abneigung gegen die Briten und Karen immer größer.

1935 bekam Myanmar zumindest teilweise seine Identität zurück, nachdem es 50 Jahre völlig im Indischen Reich Großbritanniens aufgegangen war. Das Volk von Myanmar war nun berechtigt, alle Mitglieder des Unterhauses und die Hälfte des Oberhauses zu wählen, aber der Rest wurde vom britischen Gouverneur nominiert. Die Außenpolitik, die Verteidigung und die Währungspolitik war weiterhin den Briten vorbehalten.

Mitte der 30er Jahre betraten die Studenten die politische Bühne. Es formierte sich z. B. die Gruppe der „Studenten-Union“, zu der auch U Nu und am Rande U Thant, der spätere Generalsekretär der UNO, gehörte. Nach ein paar Jahren wurden die ehemaligen Studenten Mitglieder der kleinen politischen Partei „Thakin“. Das Wort „Thakin“ bedeutet „Herr“ und wurde im Norden des Landes als Anrede für die Engländer verwendet. Die Thakins lasen revolutionäre Schriften, z. B. von Marx, und versuchten, diese auf die Verhältnisse in Myanmar anzuwenden.

1936 wurden allgemeine Wahlen angesetzt.

1937 wurde Myanmar eine selbständige britische Kolonie.

Zu Beginn des **2. Weltkrieges** gingen 2 Mitglieder der „Thakin“ - Aung San und Ne Win - nach Japan und ließen sich dort militärisch ausbilden. Als Japan in Myanmar eindrang, stellten Aung San und seine Anhänger Streitkräfte auf, die sich „Birmanische Unabhängigkeits-Armee" nannte. Aung San wurde unter der japanischen Regierung Kommandeur der Streitkräfte. Als die Briten nach Yangon vorrückten, verbündete er sich mit ihnen.

1942 gingen die japanischen Truppen in die Offensive und überrannten alle britischen und amerikanischen Stellungen. Zehntausende von Soldaten starben in einem erbitterten Dschungelkrieg. Die Briten und Amerikaner mußten sich nach Indien zurückziehen. Mit ihnen flohen 400 000 in Myanmar lebende Inder aus dem Land. Die Japaner und die birmanischen Nationalisten bauten eine neue Verwaltung auf. Die Thakin übernahmen darin eine führende Position.

1942 verließen die Briten Myanmar. Als Kolonialmacht war es ihnen gelungen, das Kommunikations-, Verkehrs- und Erziehungswesen zu verbessern, Krankheiten durch Impfungen und Versorgung mit gutem Trinkwasser einzudämmen und den Raubbau an den Waldgebieten durch eine Forstverwaltung zu stoppen.

1943 wurde Myanmar formell unabhängig. Dr. Ba Maw war erster Regierungschef, Aung San Verteidigungsminister und U Nu Außenminister. Japanische Truppen hielten das Land aber weiter besetzt.

1945 wurden die Japaner aus Myanmar vertrieben.

1946 gründete Thakin Soe die kommunistische „Rote Flagge".

1947 wurde Aung San zusammen mit sechs Ministern ermordet.

Am **04.01.1948** konstituierte sich die **„Union of Burma"**. Die Verfassung sah eine parlamentarische Demokratie vor. Als dominierende politische Führergestalt erwies sich U Nu und Ne Win. Von zwei kurzen Unterbrechungen abgesehen war U Nu bis 1962 als Premierminister im Amt.

In den Jahren von **1948 - 1950** versuchten die Kommunisten die Macht gewaltsam mit 25 000 Guerillas an sich zu reißen. Die Karen wollten die Krisensituation ausnützen, um einen Karen-Staat zu gründen. Sie hätten beinahe Yangon erobert.

Von **1950 - 1958** versuchte U Nu ein Industrialisierungsprogramm zu verwirklichen. Das Land war nationalisiert, und den Bauern wurden Besitzrechte gegeben. Die Regierung kaufte Reis von den Bauern billig ein und verkaufte ihn in Übersee zu den hohen Weltmarktpreisen. Der Gewinn wurde für das Industrialisierungsvorhaben verwendet. U Nu ließ eine pharmazeutische Fabrik, eine Jutefabrik, einige Zuckerfabriken, ein Zementwerk und eine Baumwollfabrik errichten.

1958 trat U Nu zurück. Unter General Ne Win kam eine Militärregierung an die Macht.

1959 fanden im Februar Wahlen statt. U Nu versprach dem Volk, den Buddhismus zur Staatsreligion zu erheben. Er gewann die Wahl und wurde erneut Ministerpräsident.

1962 übernahm Ne Win nach einem Staatsstreich wieder die Macht, löste das Parlament auf und bildete eine Militärregierung. Er führte eine Kampagne gegen ausländische Einflüsse durch. Alle Kontakte mit dem Ausland kamen fast ganz zum Erliegen.

1964 wurden alle Parteien verboten, außer der regierenden „Burma Socialist Programme Party“ (BSPP).

1966 mußten fast alle Ausländer das Land verlassen.

1967 besuchte der damalige deutsche Bundeskanzler Kiesinger Myanmar.

1968 besuchte Ne Win die Bundesrepublik Deutschland.

1968 erklärte U Nu den Buddhismus zur Staatsreligion.

1978 wurde Ne Win wiedergewählt. Bei den Wahlen waren freilich keine Oppositionsparteien zugelassen. 250 000 Muslime wurden aus Rakhine nach Bangladesch vertrieben.

1978 kämpften die Birmanen gegen die Karen an der chinesischen Grenze.

Bis Ende 1978 hatte sich die Bundesrepublik Deutschland mit ca. 430 Millionen DM an technischen Projekten beteiligt, wie z. B. dem Bau von Motoren-, Werkzeugmaschinen-, Kunstdünger-, Glas- und Textilfabriken, sowie Ziegeleien und dem Ausbau der Schiffahrt auf dem Ayeyarwady.

1979 trat Myanmar aus dem Kreis der blockfreien Staaten aus. Myanmar begann allmählich sich wieder dem Ausland zu öffnen.

1981 trat Ne Win zurück. Er wollte Myanmar neutral halten und pflegte ein enges Verhältnis zu China und eine distanzierte Freundlichkeit zur Sowjetunion. Ne Win blieb Parteivorsitzender der BSPP (Burma Socialist Programme Party), neuer Präsident wird U San Yu.

1983 wurden der stellvertretende Generalsekretär der BSPP und der Innenminister Bo Ni wegen Korruption ihrer Stellungen enthoben und inhaftiert.

Im Oktober 1983 explodierte während einer Staatsvisite von südkoreanischen Regierungsmitgliedern eine Bombe und tötete 20 Personen, darunter vier südkoreanische Minister. Im November 1983 wurden die diplomatischen Beziehungen zu Nordkorea abgebrochen.

Im **August 1985** wurde Ne Win für weitere vier Jahre Parteichef der BSPP. Sein Stellvertreter war Staatschef U San Yu.

Im **Februar 1987** stattete Bundespräsident Richard v. Weizsäkker Myanmar einen Besuch ab.

Vom **30. - 31. Oktober 1987** besuchte U San Yu mit seiner Frau Than Shein Bonn und München.

Die wirtschaftliche Situation von Myanmar hatte sich inzwischen so verschlechtert, daß es bei den Vereinten Nationen in die Liste der am wenigsten entwickelten Staaten der Welt aufgenommen wurde. Der Krieg gegen Guerilla-Verbände in verschiedenen Landesteilen verschlang einen großen Teil des Staatshaushaltes.

Im **September 1987** wurden die Universitäten und Oberschulen nach Studentendemonstrationen geschlossen. Anlaß für die Proteste war die Bekanntmachung der Regierung, daß über Nacht alle Geldscheine mit höherem Wert ungültig geworden sind.

Im **Juli 1988** nahm die BSPP den Rücktritt des Parteivorsitzenden Ne Win auf einem Sonderkongreß an. Er war seit 1962 unangefochtener Machthaber.

Sein Lwin wurde zum Nachfolger von Ne Win ernannt. Er war Brigadegeneral und seit dem Militärputsch im Jahre 1962 verantwortlich für die rücksichtslose Unterdrückung jeglichen Widerstands. Bei der Opposition ist er der meistgehaßte Mann in der Führungsriege.

Nach dem Bekanntwerden des Führungswechsels kam es im ganzen Land zu Demonstrationen. Die Proteste richteten sich in erster Linie gegen die Gewaltherrschaft der BSPP und die Lebensmittelknappheit. Sogar das Hauptnahrungsmittel Reis wurde rationiert.

Bei den Zusammenstößen mit der Polizei wurden einige Hundert der Demonstranten - vorwiegend Studenten - getötet und mehr als tausend in Gefängnisse abtransportiert. Sein Lwin verhängte nach den schweren Zusammenstößen das Kriegsrecht über Yangon. Es gab trotzdem weitere Studentendemonstrationen mit z. T. 10 000 Teilnehmern. Die Studenten organisierten sich in der „Liga demokratischer Studenten Birmas".

Im **August 1988** blieb die Lage explosiv. In Yangon wurden ein nächtliches Ausgehverbot und ein Versammlungsverbot verhängt. Schulen und Universitäten wurden geschlossen. Es kam weiterhin zu Ausschreitungen, in deren Verlauf eine wütende Menge Autos in Brand setzte, Häuser mit Steinen bewarf und Molotow-Cocktails gegen die mit großer Härte vorgehenden, schwerbewaffneten Armeesoldaten schleuderte.

Am **12. August** mußte sich Sein Lwin dem Druck der Demonstranten beugen und trat von allen Ämtern zurück.

Amnesty International beklagte massive Menschenrechtsverletzungen durch das Militär. Es wird von Exekutionen ohne Verurteilung und grausamer Folter berichtet.

Am **19. August** wurde der ehemalige Justizminister Maung Maung zum Nachfolger von Sein Lwin ernannt. Er gilt als politisch flexibel, auch wenn er als Befürworter des Einparteiensystems angesehen wird. Im ganzen Land wurde zu einem Generalstreik aufgerufen. Die Demonstranten, darunter auch buddhistische Mönche, verlangten in Sprechchören die Wiedereinführung der Demokratie und eine Beendigung des 1974 etablierten Einparteiensystems.

Im **September 1988** fanden weitere Großdemonstrationen für eine Demokratisierung statt. In den größeren Städten wurden die Ämter geschlossen, und die Bürgermeister traten zurück. Ihren Platz nahmen buddhistische Mönche, Einwohner und streikende Polizisten ein. Durch den andauernden Eisenbahnstreik wurde der Transport von Lebensmitteln sehr erschwert. Auch die Banken und Fluglotsen nahmen am Streik teil. Beobachter verglichen diese Protestwelle mit der Volksbewegung von 1946, die das Ende der britischen Kolonialherrschaft erzwungen hatte. Viele Demonstranten trugen Bilder des verstorbenen Generals Aung San, der im 2. Weltkrieg den Widerstand gegen die britischen Kolonialherren angeführt hatte, sowie seiner Tochter Aung San Suu Kyi, die auf der Seite der Regimekritiker steht.

Wegen der anhaltenden Unruhen hat die deutsche Bundesregierung die Verhandlungen über den geplanten Erlaß von rund 900 Millionen DM Schulden nicht aufgenommen. Bisher hat die Bundesregierung 1,2 Milliarden DM an Entwicklungshilfe gewährt. Sie flossen vor allem in landwirtschaftliche Projekte, in die Energieversorgung und Facharbeiterausbildung.

Am **12. September 1988** lehnte die Opposition die Abhaltung freier Wahlen unter der derzeitigen Regierung ab und forderte erneut, eine Übergangsregierung zu bilden. Wieder fanden Massendemonstrationen gegen die BSPP und die Regierung von Präsident Maung Maung statt.

Am **18. September 1988** übernahm nach den monatelangen Demonstrationen und Streiks das Militär die Macht und Präsident Maung Maung stürzte. Saw Maung heißt der Befehlshaber der Militärs. Die Putschisten ließen mitteilen, daß das Ziel der Machtübernahme die Wiederherstellung von Recht und Ordnung, Frieden und Ruhe im Land seien.

Um den Ausbruch neuer Unruhen zu verhindern, verstärkte das Militärregime die Truppenpräsenz in der Hauptstadt Yangon weiter.

Am **24. September 1988** gründeten drei führende Oppositionelle (unter ihnen auch Aung San Suu Kyi) die „Nationale Liga für Demokratie" (NLD) und ließen die Vereinigung als Partei eintragen.

Auch die USA strichen nun die gesamte Finanzhilfe in Höhe von 12,2 Millionen Dollar und begannen mit dem Abbau des Botschaftspersonals.

Im **Oktober 1988** nahmen unter dem Druck der Armee die meisten Arbeitnehmer in Yangon ihre Arbeit wieder auf. Inzwischen war die Zahl der neu gegründeten Oppositionsparteien auf neun gestiegen. Die Popularität von San Suu Kyi beunruhigte die Militärs so sehr, daß sie die Politikerin mit rüden Methoden in Verruf bringen wollten. Aber wenn sie durchs Land reiste, standen überall die Menschen an den Straßenrändern und jubelten ihr zu.

Im **Januar 1989** schlossen sich die mittlerweile 22 Oppositionsparteien zur Demokratischen Allianz zusammen. Diese forderte die internationale Gemeinschaft auf, die Militärregierung in Yangon weiter zu isolieren.

Am **2. Januar 1989** wurde unter großer Anteilnahme der Bevölkerung die Witwe des Nationalhelden Aung San in Yangon beigesetzt.

Im **Juni 1989** erhielten die Vereinten Nationen die offizielle Mitteilung, daß sich Birma von nun an „Union Myanmar" nennt. Die Hauptstadt heißt nicht mehr Rangun, sondern Yangon. Auch eine Reihe von anderen Städte- und Flußnamen wurde geändert. Die Regierung hatte sich zu dem Schritt der Namensänderung entschieden, um nicht die ethnische Mehrheit der Birmanen vor den Hunderten von anderen ethnischen Gruppen des Landes zu bevorzugen.

Im **Juli 1989** wurde Aung San Suu Kyi unter Hausarrest gestellt.

Am **27. Mai 1990** fanden die ersten freien Wahlen seit 30 Jahren statt. Es bewarben sich fast

Aung San Suu Kyi

2 500 Kandidaten um die 489 Sitze der Nationalversammlung. Weder ausländische Wahlbeobachter noch ausländische Journalisten durften dabeisein. Seit dem 14. Mai konnten auch keine Touristen mehr einreisen.

Die Opposition siegte deutlich. Die „Nationale Liga für Demokratie“ errang 397 Sitze. General Saw Maung, der Chef der Militärregierung, wurde die Macht allerdings erst nach einiger Zeit übergeben.

Am **30. Mai 1990** befahl die Militärregierung den Abbruch des Dorfes Bagan, mit Ausnahme der staatlichen Gebäude. Die Besitzer der Privathäuser mußten für die Kosten des Abrisses und den Abtransport ihrer Habseligkeiten selbst aufkommen.

Am **10. Juli 1991** wurde Aung San Suu Kyi mit dem „Sacharow-Preis für die Freiheit des Geistes“ geehrt. Die Auszeichnung wurde in Straßburg ihrem Ehemann Michael Aris überreicht, da San Suu Kyi seit 2 Jahren unter Hausarrest stand.

Am **10. Dezember 1991** wurde Aung San Suu Kyi der Friedensnobelpreis verliehen. Ihr Sohn Alexander nahm in Oslo den Preis entgegen.

Nach zweitägigen Demonstrationen für die Demokratie und für die Freilassung Aung San Suu Kyis wurden die Hochschulen geschlossen.

Ab **Februar 1992** ging die Militärregierung monatelang rigoros gegen die moslemische Minderheit in den Grenzgebieten vor. Seit 1991 sind über 80 000 Muslime nach Bangladesch geflohen. Die UNO beschloß, einen Gesandten nach Myanmar zu schicken.

Im **April 1992** wurde der Vorsitzende der Militärjunta, General Saw Maung, entmachtet. An seine Stelle trat sein Stellvertreter U Than Shwe.

Im **Juli 1992** fuhren vier Mitglieder des entwicklungspolitischen Ausschusses des deutschen Bundestages zu einem Informationsbesuch nach Myanmar.

Von **April bis Oktober 1992** ließ die Junta 900 politische Gefangene frei.

Im **Februar 1993** protestierten sieben Friedensnobelpreisträger in Thailand an der Grenze zu Myanmar gegen den Hausarrest von Aung San Suu Kyi. Sie durfte erst seit kurzem von ihrem Ehemann und ihren Söhnen besucht werden.

Im **Oktober 1993** wurde das Militärgericht abgeschafft.

Im **November 1993** schloß das Hochkommissariat der Vereinten Nationen für Flüchtlinge mit der Regierung von Myanmar ein Abkommen über die Rückkehr der 300 000 Flüchtlinge aus Bangladesch. Danach sollen alle Rückkehrer eine Eingliederungshilfe erhalten.

Im **Februar 1994** begann eine militärische Offensive gegen den Opiumkönig Khun Sa, der von den Amerikanern gesucht wird. Sechs Heroinraffinerien wurden von den Militärs zerstört.

Im **Juli 1994** flohen rund 4 000 Angehörige des Minderheitenvolks der Mon nach Thailand, nachdem das Militär ein Flüchtlingslager im Grenzgebiet angegriffen hatte. Im Juli war Myanmar erstmals Gast bei einer ASEAN-Ministersitzung.

Im **November 1994** beendete die Rebellengruppe der Paoh aus der Volksgruppe der Shan ihren Kampf gegen die Zentralregierung in Yangon. Die Regierung teilte mit, daß seit 1988 13 Rebellengruppen die Waffen niedergelegt hätten.

Im **Februar 1995** eroberten Regierungstruppen nach zweimonatiger Belagerung den letzten Stützpunkt der Karen. Nach dreistündigem Artilleriebeschuß und mit Kampfgas wurden 1 400 Rebellen zum Rückzug gezwungen. Zwei Wochen zuvor fingen die Rebellen 72 Soldaten in Fischernetzen, erschossen sie und hängten sie zur Abschreckung an der Frontlinie auf.

Im **März 1995** entließ die Militärregierung aus Anlaß des 50. Tages der Streitkräfte zwei Oppositionsführer und 30 andere politische Gefangene aus der Haft.

Am **10. Juli 1995** wurde der Hausarrest von Aung San Suu Kyi nach fast sechs Jahren aufgehoben. Bereits eine Woche danach begann sie mit dem Wiederaufbau ihrer Partei, der „Nationalen Liga für Demokratie“ (NLD).

Im **November 1995** traf sich der Nationalkonvent, um die Verfassung so zu ändern, daß Aung San Suu Kyi und ihre Partei keine politische Führungsrolle übernehmen kann.

Im **Januar 1996** ergab sich der Drogenkönig Khun Sa. In der USA war gegen ihn schon 1989 Anklage erhoben worden. 60 % des in den USA vertriebenen Heroins stammt aus Myanmar.

Im Januar 1996 starb der frühere Präsident San Yu. Von 1981 - 1988 verfolgte er eine sozialistische Strategie und eine Politik der Isolierung von der Außenwelt.

Im **April 1996** räumten Karen-Rebellen nach tagelangen schweren Angriffen der Armee ihre letzte Bastion.

Im **März 1998** überfielen Mitglieder der „Democratic Karen Buddhist Army“ mehrere Flüchtlingslager in Thailand und setzten sie in Brand. Es waren Tote und Verletzte zu beklagen.

Myanmar ist Mitglied der großen internationalen Organisationen: UNO, UNCTAD, UNESCO, WHO, UNICEF und FAO (Food and Agriculture Organization), und seit dem 24. Juli 1997 Vollmitglied der ASEAN-Staaten.

Aung San Suu Kyi - die Hoffnung von Myanmar

Im Oktober 1991 gab das Nobelpreiskomitee in Oslo bekannt, daß Aung San Suu Kyi der Friedensnobelpreis verliehen wird. Damit erhielt diese mutige Frau die internationale Anerkennung, die ihr für den Kampf um Freiheit und Menschenwürde in Myanmar gebührt. Sie engagiert sich für den friedlichen Kampf für Demokratie und Menschenrechte. Vor die Wahl zwischen verschärftem Hausarrest und lebenslangem Exil gestellt, entschied sie sich dafür, in ihrem Land zu bleiben. Bei den ersten Massendemonstrationen 1988, die gegen die lange staatliche Repression und die willkürliche Gewalt des Militärs gerichtet waren, war Aung San Suu Kyi die Führungsfigur.

Sie wurde am 19. Juni 1945 als Tochter von Aung San geboren. Ihr Vater ist der Nationalheld von Myanmar. Sein Ziel war ein freies und demokratisches Land. Am Vorabend des Unabhängigkeitstages, am 19. Juli 1947, wurde er während einer Sitzung des Exekutivrates zusammen mit sechs Ministern erschossen. Aung San Suu Kyi war damals gerade zwei Jahre alt. Aung Sans legendärer Ruf trug auch dazu bei, daß seine Tochter San Suu Kyi die Hoffnung der Bevölkerung wurde und große öffentliche Anerkennung genießt. Die Mutter von San Suu Kyi war Botschafterin von Myanmar in Indien. San Suu Kyi ging dort zur Schule und studierte dann Politik an der Universität Delhi. Mahatma Gandhi und Martin Luther King waren ihre Vorbilder. Später studierte sie an der Universität von Oxford Philosophie, Politik und Wirtschaftswissenschaften. 1972 heiratete sie den englischen Tibetologen Michael Aris. Das Ehepaar lebte zunächst in Bhutan, wo ihr Mann als Hauslehrer der königlichen Familie arbeitete. 1974 und 1977 wurden ihre Söhne in England geboren. Sie schrieb eine Biographie ihres Vaters und einige Studien zur sozialen und politischen Lage Myanmars. „Mit meinen Gedanken habe ich mein Land und mein Volk niemals verlassen", sagte sie in einem Interview der BBC.

Von 1988 - 1989 trat Aung San Suu Kyi in vielen öffentlichen Versammlungen in Yangon auf. Sie gründete die „Nationale Liga für Demokratie" (NLD). Ihr zentrales Anliegen ist die gewaltlose Wiedereinführung der Menschenrechte. 1990 gewann San Suu Kyi's Partei 397 von 489 Sitzen in der Nationalversammlung. Dies entspricht 72 % der abgegebenen Stimmen. Die Militärregierung errang 10 Sitze. Doch das Militär weigert sich bis heute, ihr die Macht zu übergeben.

Volksgruppen

In Myanmar findet man vier Hauptgruppen, die hauptsächlich vom Norden eingewandert sind: die Mon-Khmer, repräsentiert heute von den Wa, Intha, Palaung, Padaung und Mon; die Tibeto-Birmanen, von denen heute die Volksstämme der Rakhine, Chin, Kachin, Lishu, Akha und Lahu in Myanmar leben; die Thai-Chinesen, die von Yünnan in den heutigen Shan-Staat einwanderten; die Karen, die sich in viele kleine Gruppen und in die Kayah unterteilen.

Birmanen

Die Birmanen machen zwei Drittel der Gesamtbevölkerung von Myanmar aus. Sie werden der mongoliden Rasse zugerechnet und zählen zur tibeto-birmanischen Sprachgruppe. Einst wanderten aus dem südwestlichen China ein. Als sie sich im zentralen Tiefland, dem fruchtbaren Ayeyarwady-Tal niederließen, mußten sie zuerst das Volk der Pyu vertreiben. Die Birmanen lebten vom Ackerbau, Sammeln und Jagen, eine städtische Kultur entwickelten sie aber erst später. Heute sind die Birmanen kulturell und politisch dominierend.

Karen

Die Karen haben schon seit Jahrhunderten ihren Lebensraum in Myanmar. Man nimmt an, daß sie bereits schon in der ersten Hälfte des 1. Jahrtausends n. Chr. von der Südostecke Tibets nach Yünnan gezogen und später den Mekong und den Thanlwin (früher Salween) abwärts bis nach Untermyanmar südlich von Mawlamyine (früher Moulmein) vorgedrungen sind. Vor der militärischen Überlegenheit der Birmanen wichen die Karen dann in die weniger fruchtbaren Bergregionen im Osten zurück, wo sie vom Ackerbau lebten. Die Karen nutzten die britische Kolonialzeit, um sich von der Beherrschung durch die Birmanen zu befreien. Dabei arbeiteten die Karen eng mit den Briten zusammen und wurden Christen, vor allem Baptisten. Sie waren in der britischen Armee, in der Verwaltung und im Bildungs- und Gesundheitswesen tätig. Als nach der Unabhängigkeit die Birmanen wieder an der Macht waren, versuchten die Karen durch einen Guerilla-Krieg ihre Eigenständigkeit zu behaupten. Bis heute kämpfen die Karen-Guerillas in den Waldgebieten an der thailändischen Grenze für ihre Autonomie. Insgesamt leben etwa 2 - 3 Mio. Karen in Myanmar. Nach den Birmanen und

Shan sind sie die drittgrößte Bevölkerungsgruppe (6,2 %).

Es gibt insgesamt 11 verschiedene Gruppen, die vier großen Volksgruppen zuzuordnen sind:

Die **Pwo (Po, Pho)** und die **Sgo (Sgaw, Sgau)** bilden die beiden südlichen Hauptgruppen. Sie sind die zahlenmäßig stärksten Karenvölker und gelten als die eigentlichen Karen. Im Volksmund werden sie als „Weiße Karen" bezeichnet.

Die **Paoh (Taungthu, Tongsu)** leben um Taunggyi am Inle See. Sie tragen quergestreifte, bunte Röcke.

Die **Bre (Bwe, Bghai)** kamen als letzte Gruppe nach Myanmar. Ihre wichtigste Untergruppe sind die **Kayah oder Karen-ni** = „Rote Karen". Der Name kommt daher, weil sich ihre helle Gesichtsfarbe im Sonnenbrand rötlichbraun färbt und die vorherrschende Farbe der Kleider rot ist. Die Bre und Kayah sind bekannt für die Pferdezucht und leben im Osten Myanmars, südlich vom Inle See und im Westen Nordthailands.

Die Sprachen der Karen sind unterschiedlich, so daß sich die Mitglieder verschiedener Karen-Gruppen gegenseitig nicht verstehen. Insgesamt gehören sie zur tibeto-birmanischen Sprachgruppe.

Die Mehrzahl der Karen in Myanmar ist ab 1825 durch amerikanische Baptisten christianisiert worden. Den Baptisten wurde ihre Missionsarbeit durch eine Stammesüberlieferung der Karen erleichtert, die besagt, daß ihre verlorengegangene heilige Schrift ihnen von Boten aus dem Westen zurückgebracht werden würde. Die Missionare behaupteten nun, daß die Karen der verschollene 10. Stamm Israel seien, und gaben vor, sie brächten ihnen ihre heilige Schrift wieder. Auf diese Weise konnten sie die Karen leicht zum Christentum bekehren. Der schon bestehende nationale Gegensatz zu den buddhistischen Birmanen wurde somit noch mehr verschärft.

Trotz der weiten Verbreitung des Christentums sind viele Karen auch heute noch Geistergläubige, vor allem die im Nordosten lebenden Kayah. Sie lesen die Zukunft aus Hühnerknochen und den Härtegraden der Hühnergalle.

Die Karen sind klein und gelten als ein kriegerisches und humorloses Volk. Sie datieren den Beginn ihrer Geschichte auf das Jahr 739 v. Chr. Die Karen sind vorwiegend Bergbauern, die Brandrodungsfeldbau betreiben und außerdem flache Wasserreis-Terrassen anlegen und mit von Wasserbüffeln gezogenen Pflügen bearbeiten. Daneben pflanzen sie noch Gemüse, Süßkartoffeln, Gurken, Pfeffer, Baumwolle und Tabak an. Um das Dorf stehen Bananenstauden und Obstbäume. Jagd, Fischfang und Sammeln von Dschungelpflanzen ergänzen die Nahrungsmittel. Schweine, Hühner und Hunde werden als Haustiere gehalten. Bekannt sind die Karen für ihre Geschicklichkeit im Fangen und Zähmen wilder Elefanten.

Die Karen wohnten früher in Langhäusern (ähnlich denen der Iban auf Borneo und der Kachin in Obermyanmar), in denen bis zu 20 Familien Platz fanden. Jetzt dienen sie meist nur noch als Vorratshäuser. Heute leben die Karen in Pfahlhütten aus Bambus, die mit Gras oder Blättern gedeckt sind. Sie leben auf einer Höhe von 600 - 1000 m. Als Handwerk üben die Frauen das Weben aus.

Die Karen wählen als Namen für ihre Kinder gerne Begriffe wie „Freude“, „Hoffnung“, „Tiger“ usw. Diese Namen werden entweder beibehalten oder später durch Bezeichnungen persönlicher Eigenschaften ersetzt wie „Vater der Schlauheit“ oder „Mutter der Vorsicht“. Die Frauen werden mit Naw, die Männer mit Saw angesprochen.

Der Kayah-Staat gehört zu den landschaftlich schönsten Teilen Myanmars mit waldreichen Gebirgen, Wasserfällen und stillen Seen. Die Kayah sind vorwiegend Bergbauern. Nach der Unabhängigkeit Myanmars 1948 bildeten

Mann und Frau eines Karenstammes, um 1850

die Kayah einen eigenen Staat, den Kayah-Staat. Diesen Status verloren sie 1959. Die übrigen Karen leben in dem südlich sich anschließenden viel größeren Karen-Staat.

Am unteren Thanlwin hat sich ein Fürstentum der Kayah erhalten. Die männlichen Mitglieder dieses Stammes tätowieren sich in roter Farbe eine Linie von Schulter zu Schulter auf den Rücken, die den Horizont darstellen soll; in deren Mitte wird die aufgehende Sonne angedeutet. Die Frauen tragen ungewöhnlich schweren Messingschmuck in Form von Ringen um die Unterschenkel. Sie sind dadurch gezwungen, beim Sitzen ihre Beine gerade auszustrecken und beim Gehen weit voneinander zu halten, was von den Nachbarvölkern als unfein empfunden wird.

Eine weitere Untergruppe der Kayah ist der kleine Stamm der **Padaung** (s. auch Farbbild). Die etwa 7 000 Angehörigen dieses Stammes leben in der Gegend um Loikaw. Die Padaung-Frauen, auch **„Giraffenfrauen“** genannt, tragen mehrere, bis zu 9 kg schwere Messingringe um den Hals und an den Waden. Den jungen Mädchen werden solche Messingringe nach und nach um den Hals geschmiedet, bis der Hals 20 cm lang ist. Mediziner der Universität Yangon erklären dies damit, daß durch das Gewicht der Ringe die Schultern nach unten gedrückt werden und dadurch der Hals verlängert erscheint. Es wird behauptet, daß ohne diese Ringe der Hals den Kopf nicht mehr tragen kann, da sich keine Muskeln entwickeln konnten. Ein Entfernen der Ringe soll dann den Erstickungstod durch Genickbruch bedeuten und früher als Strafe für Ehebruch verhängt worden sein. Nach Aussage von Medizinern sind die Muskeln durchaus entwickelt. Auch die Halswirbel sind nach röntgenologischer Darstellung nicht krankhaft verändert. Nach Entfernen der Ringe sollen keine wesentlichen Gesundheitsschäden zurückbleiben. Es wird auch gesagt, daß die Ringe vor Tigerbissen schützen sollen. Die Regierung hat diesen Brauch zwar verboten, aber trotzdem tragen auch junge Frauen wieder die Halsringe.

Die Kleidung der verheirateten Kayah-Frauen besteht aus einer Jacke, die im Oberteil dunkelblau und weiter unten rot gefärbt ist und mit den länglichen, weißen Samen wilder Hiobstränen in sternförmigen Mustern bestickt ist. Dazu tragen sie einen roten Rock mit sechs weißen Querstreifen. Die unverheirateten Mädchen sind an der langen, hemdartigen weißen Kutte mit einem breiten roten Bruststreifen zu erkennen.

Die Kleidung der Paoh-Frauen besteht ebenfalls aus Jacke und

Rock bei den verheirateten und aus einer langen Kutte bei den ledigen Frauen. Im Unterschied zu den Kayah-Frauen ist die Jacke mit Rautenmustern und die Kutte mit Stickereien und vielen langen Fransen versehen. Die Paoh tragen grüne und orangefarbene gewickelte Turbane.

Die Männer haben in der Regel hüft- bis knielange Hemden an. Diese sind entweder naturfarben mit roten oder blauen Streifen oder rot mit weißen, gelben und grünen Streifen. Dazu werden entweder ein weißer bzw. roter longyi mit blauen Streifen oder schwarze Hosen getragen. Als Kopfbedekkung tragen die Männer häufig Turbane aus Frotteetüchern.

Auf Schmuck legen alle Karen-Frauen gesteigerten Wert. Bei den Pwo ist der Armschmuck besonders auffallend. Früher präsentierten sich die Männer und Frauen der Pwo mit bis zu 10 cm langen Ohrpflöcken aus Elfenbein. Die Sgo bevorzugen Ketten aus zahlreichen Schnüren mit kleinen Perlen und silberne Ohrringe mit bunten Wollquasten. Die Frauen der Kayah tragen schwere Messingringe um die Unterschenkel. Viele Karen-Frauen tätowieren sich eine Swastika (altind. Sonnen- und Fruchtbarkeitszeichen in der Form eines umgedrehten Hakenkreuzes) als Glückszeichen auf den Handrücken.

Shan (gespr. Schan)

Die Völker und Stämme der Shan, die eng mit den Thais verwandt sind, können auf eine jahrtausendealte Geschichte zurückblicken. Schon in vorchristlicher Zeit und dann im 3. Jh. n. Chr. sind Shanhorden in Myanmar eingefallen. Als Teil einer größeren Völkerwanderung zogen die Shan zusammen mit den Thais im 13. Jh. von den südlichen Himalajaausläufern nach Süden. 1284 schlossen sie sich der Mongoleninvasion unter Kublai Khan an und eroberten mit deren Unterstützung kurzfristig ganz Zentralmyanmar. Sie zerstörten die alte Königsstadt Bagan. Nach zahlreichen Kämpfen wurden sie im 15. Jh. in das östliche Bergland an der Grenze zu Thailand abgedrängt. Noch bis zum 16. Jh. waren Shanfürsten Herrscher über Bago (früher Pegu). Als die Briten 1948 Myanmar verließen, fügten sich die etwas über 3 Millionen (8,5 % der gesamten Bevölkerung) Shan nur in den neuen Staat ein, weil sie die Zusage erhielten, sich nach zehn Jahren aus der Union von Myanmar lösen zu können. Als dieses Versprechen 1959 nicht eingelöst wurde, begannen die bewaffneten Auseinandersetzungen, die z. T. mit dem Opiumanbau und -schmuggel finanziert werden.

Shangruppen finden sich in Assam, an der West- und Nordwestgrenze Myanmars, im Osten und Nordosten bis zur chinesischen Provinz Yünnan, an der Grenze zu Laos und Thailand und im Gebiet um den Inle See. Die Shan leben vorwiegend in einer Höhe von etwa 1000 m, in Gebieten, die sich gut für Gemüseanbau und Blumenzucht eignen. Heute gibt es noch 48 Shan-Bezirke, die sich in 12 nördliche und 36 südliche Gruppen aufteilen. Die Shan sind stark hierarchisch gegliedert. Bis ins 19. Jh. gab es 34 Fürstentümer.

Die Shan besitzen einen höheren Zivilisationsstand als beispielsweise die Chin, Kachin und Nagas, weil ihre Anführer in englischen Schulen oder in England ausgebildet wurden. Der bekannteste Shan ist heute der Opiumkönig Khun Sa.

Im Gegensatz zu den meisten anderen Bergvölkern sind die Shan Buddhisten. Trotzdem hat sich der Animismus bis heute bei ihnen erhalten. Vielweiberei ist erlaubt. Die Shan begraben ihre Toten, nur Priester und Häuptlinge werden verbrannt.

Die Shan sind kräftiger und kleiner als die Birmanen und gelten als gutmütig und heiter; sie sind bescheiden, arbeitsam und zuverlässig. Den Frauen sagt man nach, besonders emanzipiert zu sein. Die Shan haben eine ausgeprägte Veranlagung zum Handel, betätigen sich aber auch als hervorragende Handwerker, Viehzüchter und Ackerbauern (Tee-, Kaffee und Tabakanbau). Sie sind außerdem bekannt für ihre schönen Webmuster, ihre Töpfereien und für die mit Blattgold verzierten Lackarbeiten.

Shan am Inle See

Die Shan besitzen seit Jahrhunderten eine eigene Schrift.

Die Männer tragen die weite chinesische Hose, eine seitlich geschlossene, kurze weiße oder blaue Baumwolljacke und einen großen Schlapphut aus Reisstrohgeflecht. Dazu gehört noch die in ganz Myanmar verbreitete gewebte Umhängetasche.

Die Kleidung der Frauen besteht aus einer langen, hochgeschlossenen blauen Baumwolljakke, einem halblangen Rock und der gewebten Umhängetasche. Unter einem Turban, der heute meist aus einem Frotteehandtuch gewickelt wird, sind die Haare zu einem Knoten aufgesteckt. An schön gemusterten Stirnbändern tragen sie Körbe.

Chin (gespr. Tschin)

Heute gibt es noch ca. 350 000 (2,2 %) Chin. Sie leben ziemlich isoliert in den abgelegenen Wäldern Nordwestmyanmars an der Grenze zwischen Myanmar, Assam und Bengalen bis in einer Höhe von 3000 m. Die wirtschaftliche Entwicklung dieser Region blieb hinter der in anderen Landesteilen zurück. Viele Chin wurden Baptisten, andere blieben ihrer traditionellen Naturreligion treu. Sie leben vom Anbau von Mais, Reis, Hirse sowie Baumwolle.

Die Chin gehören sprachlich zur tibeto-birmanischen Sprachgruppe, sprechen aber keine gemeinsame Sprache. Allein die Chin in Myanmar haben 44 eigenständige Sprachen. Die Chin tragen ein kurzes Lendentuch, eine Decke und einen Turban. Meist haben sie einen Nikotinwasserbehälter aus Bambus bei sich. Die Gesichter der Frauen sind oft tätowiert. Die Chin stehen in dem Ruf gerne Alkohol zu trinken.

Arakanesen (o. Rakhine)

Die 2 Mio. Arakanesen leben im südwestlichen Teil Myanmars. Sie bekennen sich überwiegend zum Buddhismus und zu einem geringeren Teil zum Islam. Während der 350 Jahre andauernden Mrauk U-Dynastie (1430 - 1780) blühte der Handel und das Handwerk.

Wa

Von den wenig zivilisierten Wa leben rund 300 000 im nordöstlichen Teil des Shanstaates (bei Lashio). Sie sollen vor Jahrzehnten Opium aus dem „Goldenen Dreieck“ an den CIA geliefert haben. Es wird behauptet, daß von dem Erlös aus dem Weiterverkauf die Söldnertruppen des Vietnamkrieges bezahlt worden seien.

Heute bauen die Wa Tee und Kaffee an, Reis hauptsächlich zum Brennen von Alkohol. Früher waren die kriegerischen Wa als Kopfjäger berüchtigt. Die Köpfe reihten sie an Straßen nahe ihrer Dörfer auf.

Palaung

Die Palaung sind mit den Wa nahe verwandt. Sie sind Animisten. Die Frauen tragen blaue Jacken mit roten Krägen. Früher gehörten noch ein Reifrock und Gamaschen dazu. Die Palaung wohnen heute oft noch in Langhäusern in der Gegend um den Inle See und Kalaw.

Kachin-Mädchen, Bhamo

Mon

Die Mon kamen schon vor dem 5. Jh. aus Osttibet und gründeten das Königreich Thaton. Sie beherrschten bis ins 11. Jh. den südlichen Teil von Myanmar. Dann wurden sie von den Birmanen besiegt. Die Mon sind mit dem Volk der Khmer in Thailand und Kambodscha verwandt.

Die Mon übten mit ihren Sitten und Gebräuchen einen großen Einfluß auf die Kunst und Kultur Myanmars aus, vor allem mit ihren Tänzen, ihrer Musik und ihren Gesängen. Sie sind Buddhisten. Ihre Sprache ist völlig eigenständig. Heute leben noch etwa 1,3 Mio. Mon. Ihre Hauptsiedlungsgebiete sind die Regionen um die Städte Mawlamyine und Bago.

Kachin (gespr. Katschin)

Die Kachin bewohnen die Berge des äußersten Nordens im Bereich von Kengtung, Lashio, Putao und Myitkyina. Ihre Hauptstadt ist Myitkyina. Sie pflegen einen engen Kontakt mit den 3 Mio. benachbarten Kachin in Indien (Assam) und China (Yünnan). Die Kachin sollen vor 1 200 Jahren von Tibet nach Nordmyanmar gekommen sein, einige Stämme wanderten in die fruchtbareren Ebenen. Kachin-Re-

Die Sage der Kachin erzählt folgendes (nach L. u. Ch. Schermann):

Als der große Geist einstmals die Schrift verteilte, gab er sie den Birmanen und den Shan auf einem Palmblatt, den Chinesen und den Europäern auf Papier, den Kachin auf Pergament. Der Kachin trug das lederne Schriftstück unter dem Arm fort und schwitzte dabei so sehr, daß es ganz durchnäßt wurde und zum Trocknen über das Feuer gehängt werden mußte. Da erwischten es die Ratten, verschleppten es in einen Reiskorb und zernagten es. Man meinte den Inhalt der Schrift zu retten, indem man den Reis einweichte und das Wasser trank. Daher betrinkt sich noch heute jeder Dumsa (= Priester) mit Reisschnaps, bevor er seine Prophezeiungen beginnt, um so das Wissen in sich aufzunehmen.

Als nun der große Geist später wieder alle Volksstämme zu sich berief, suchten die Shan, Birmanen und die Fremden in ihren Büchern nach dem Grund der Einberufung und erkannten, daß es sich um die Verteilung von Gold, Silber und Reichtümern handeln werde. Sie nahmen darum große Körbe mit. Die Kachin, die keine Bücher mehr hatten, wußten von nichts und rückten bloß mit ihren kleinen Umhängetaschen an. Natürlich zogen sie mit karger Ausbeute von dannen und blieben arm, während die anderen mit den ihnen zugeteilten Schätzen ihren Reichtum begründeten.

Bald darauf erfolgte wieder eine Zusammenberufung. Die mit Büchern versehenen Völker ersahen aus diesen, daß Nats verteilt werden sollten und versorgten sich mit Blumen, um diese zu ehren. Die Kachin erwarteten sich wieder Schätze und zogen diesmal mit großen Tragekörben aus. Als alle vor dem großen Geist versammelt waren, gebot er jenen, nach ihrer Heimkehr den ihnen zugewiesenen Nat die Blumen zu opfern. Den Kachin aber füllte er die Körbe mit Nats an. Unterwegs wurde ihnen die Last zu beschwerlich, und so ließen sie von Zeit zu Zeit einen Nat am Wege zurück, brachten aber immerhin die Körbe noch halb voll heim. So müssen sie nun nicht allein dem Nat daheim, sondern auch noch den unterwegs zurückgelassenen, in Wäldern, Felsen, Schluchten und Strömen hausenden Geistern opfern.

bellen kämpfen auch heute noch gegen die Zentralregierung, um eine größere Eigenständigkeit durchzusetzen. Die Kachin besaßen bis vor 100 Jahren noch keine Schrift.

Der Name „Kachin“ ist eine birmanische Bezeichnung. Die Kachin selbst nennen sich nach ihren **5 großen Volksgruppen:** Jingpho oder Sinpo; Longvo oder Maru; Lachi oder Lashi; Szi oder Ssi; Yoyin oder Lisu.

Die 62 Stämme unterscheiden sich nach Dialekt, Sitten und Entwicklungsstufe. Ursprünglich waren alle Kachin Animisten (Geistergläubige), heute sind große Teile des Volkes von Baptisten, Katholiken und Anglikanern missioniert.

Die Animisten verehren eine Unzahl von *Nats* (Dämonen und Schutzgeister). So sieht man heute noch in von Kachin bewohnten Regionen sternförmige Bambusgitter als Geisterschutz hängen und Bambusaltäre an den Wegen im Wald mit Opfergaben in Form von Reisschnaps, Früchten und Blumen. An hohen Masten sind Körbe angebracht mit Hühnern als Opfer darin. Dreikantige Holzpfosten, schwarz bemalt mit Darstellungen von Reisähren, Waffen und Frauenschmuck, werden zur Saatzeit am Dorfeingang aufgestellt, um damit symbolisch um gute Ernte, Jagdglück und Reichtum zu bitten. An kreuzförmig oder H-förmig gestalteten Balkengerüsten werden die Büffelschädel der vorausgehenden Büffelopfer aufgehängt. Außerdem fehlt in keinem Haus der Geisteraltar.

Die Kachin sind klein: die Männer erreichen nur eine Körpergröße von 1,60 m, die Frauen von 1,50 m. Die Hautfarbe variiert von hellbraun bis fast schwarz. Die Kachin sind Bergbauern, sie kultivieren Reis auf Brandrodungen oder auf bewässerten Terrassenfeldern. Daneben pflanzen sie Kokospalmen, Papaya und Bananen an. Sie halten sich Wasserbüffel, Zeburinder, Schweine, Hunde und Hühner.

Die Kleidung der Kachin besteht aus blauen, bestickten Wadenstrümpfen, einem weiten, blauen, bunt bestickten Kittel, der bis zu den Waden reicht, und einem blauen oder schwarzen Jäckchen mit buntem Ärmelbesatz. Die Frauen tragen schwere Silberringe um den Hals, Silberröhrchen in den Ohrläppchen und einen blauen oder schwarzen Turban.

Typisch für die Kachin ist das Langhaus mit weit vorragendem, von drei Pfosten getragenem Giebel über der Vorhalle. Es steht auf etwa 1 ½ m hohen Pfählen. Der Raum unter dem Haus dient nachts als Schweinestall. In den Langhäusern wohnen Großfamilien. Jedes Ehepaar mit Kindern hat ein eigenes Abteil, das auf einen breiten Gang hin offen ist. An der Zahl der als Treppen dienenden Kerbholzaufgänge zu den kleinen Türen längsseits des Hauses ist abzulesen, wie viele Familien darin wohnen. Der väterliche Besitz wird von dem jüngsten Sohn geerbt. Das Häuptlingshaus ist verziert mit vom Giebel hängenden Figuren und Schnitzereien, die Sonne, Mond, Elefantenstoßzähne und Rinderhörner darstellen. Die Enden eines Querbalkens im Hausinnern sind oft mit dem Kopf des Nashornvogels verziert. Vor dem Haus stehen Nataltäre und Gabelpfosten für Büffelopfer.

Die Kachin üben eine Art von Doppelbestattung durch. Die Leiche wird kurz nach dem Tod begraben, das eigentliche Totenfest mit der Wegsendung der Totenseele *(tsu)* zum Ahnenland findet jedoch erst viel später, nach Monaten oder gar Jahren, statt. Eine Totenfeier kann für mehrere Dorfbewohner zugleich abgehalten werden. Auf dem Platz vor dem Hause des Festgebers steht ein Nataltar. Darauf legt der Priester in Bananenblätter gewickeltes Büffelfleisch und mit Reisschnaps gefüllte Bambusröhrchen. Der Kopf des Opferbüffels wird mit den Hörnern nach unten aufgehängt. An einer Querstange unter dem Vordach des Hauses hängen drei große Gongs, die von jungen Leuten in einem bestimmten Rhythmus geschlagen werden. Den Festplatz begrenzen vier Bambusstangen, von denen jeweils eine weiße Fahne weht.

Nachdem die anwesende Menge den Reisschnaps getrunken hat, tanzen alle auf dem Platz. Inzwischen schnitzt der Festgeber das über 2 m hohe Firststück des neuen Grabmals und bemalt es mit schwarzen und roten Motiven: konzentrische Kreise, schräg gekreuzte Vierecke, Schlangen. Am nächsten Tag beginnt der Zug zum Grabmal. Vorne geht ein Mann mit dem Firststück, dahinter werden die vier Stangen mit den weißen Fahnen und zuletzt Bambusstangen getragen, an denen Körbe mit den geschlachteten Opferhühnern hängen. Stangen mit aufgesteckten Schädeln der geopferten Büffel werden zusammen mit den Stangen mit den Opferhühnern vor dem Grabmal aufgepflanzt. Die Dorfbewohner folgen dem Zug zum Totenmal, um das ein Graben gezogen worden ist, um den Totengeistern das Überschreiten zu verwehren. Mit einem letzten Tanz vor dem Hause des Festgebers endet die Totenfeier. Der Grund für die zum Teil sehr lange Verschiebung der Bestattung liegt zum einen sicher in der Kostspieligkeit solcher Veranstaltungen. Es kann aber auch sein, daß man mit dringenden saisongebundenen Arbeiten beschäftigt ist oder daß die Geladenen von weither kommen.

Kleinere Völker

Einige der kleineren Völker sind erst im Laufe des letzten Jahrhunderts aus Südwestchina eingewandert, wie z. B. die Akha und Lahu.

Akha

Im Nordosten von Myanmar leben heute etwa 65 000 Akha. Sie sind das rückständigste und ärmste Bergvolk. Die Akha kennen keine Schrift und sind Animisten. Ihre Dörfer liegen in höheren Regionen und umfassen 10 - 30 Hütten. Sie leben von Reis, Mais, Gemüse und betreiben etwas Viehzucht.

Die Frauen tragen schwarze Blusen und knielange Röcke. Sie schmücken sich mit Silber- und bunten Perlenketten und tragen Kappen, die mit Silberschmuck, Münzen und roten Federquasten behangen sind. Die Männer tragen schwarze Hosen und Jacken.

Lahu

Das Siedlungsgebiet der Lahu (40 000) ist der Nordosten um Kengtung. Sie leben von der Viehzucht und dem Gemüseanbau. Sie sind Animisten, einige Christen.

Die Frauen tragen roteingefaßte schwarze Jacken mit großen Silberschnallen, einen schwarzen longyi mit roten Streifen, Gamaschen sowie Arm- und Halsreife und Finger- und Ohrringe aus Silber.

Die Männer tragen schwarze Jacken, die an der Seite geschlossen werden, Gamaschen und dreiviertellange Hosen, für junge Männer in blau oder grün und schwarz für ältere Männer. Dazu kommt noch eine rote, reich bestickte Schultertasche und ein Turban.

Naga

Etwa 25 000 Naga leben im Grenzgebiet zu Indien am oberen Chindwin. Sie waren früher Kopfjäger und gelten heute noch als kriegerisches Volk. Die Naga sind vor allem in Indien beheimatet und bilden eine eigenständige Gruppe mit verschiedenen Sprachen.

Das Zentrum der meisten Dörfer bildet ein Haus, in dem sich die Dorfältesten treffen, um wichtige Ereignisse und Entscheidungen zu besprechen. Hier steht auch der Dorfgong, der aus einem längs halbierten, ausgehöhlten Baumstamm besteht und an seinen Enden mit geschnitzten Figuren versehen ist. Während der Erntezeit finden Feste mit Tänzen statt.

Intha

Die Intha leben in 200 Dörfern in Pfahlhäusern um und auf dem Inle See. Sie bauen Gemüse auf schwimmenden Gärten an und fangen Fische. Die Intha beherrschen die besondere Art des Ruderns mit einem Bein (siehe auch beim Kapitel Inle See).

Religion

Der Buddhismus

Die Entstehung des Buddhismus

Prinz Siddhartha Gautama wurde als Sohn eines Adeligen um das Jahr 563 v. Chr. in Lumbini, im Süden des heutigen Nepal, geboren. Sein Vater versuchte ihn von den häßlichen Realitäten des Lebens fernzuhalten, weil ihm ein Astrologe prophezeit hatte, daß dem Prinzen ein ungewöhnliches Schicksal bevorstehe. Als junger Mann heiratete Siddhartha Gautama eine schöne Prinzessin und wurde Vater eines Sohnes. Die entscheidende Wende in seinem Leben vollzog sich, als er auf Ausflügen einen hinfälligen Greis, einen Kranken und einen Toten erblickte. Da erkannte er die Vergänglichkeit des Daseins als ein Unheil. Mit 29 Jahren verzichtete er auf Reichtum, Lebensgenuß, Frau und Kind und verließ nachts heimlich das Haus. Sechs Jahre lebte er in Einsamkeit als Asket, um das Heil zu suchen. Unter einem Bodhi-Baum, einer Pappelfeige, erlangte er die Erleuchtung und die Einsicht in das Wesen des Daseins und den Weg zu seiner Überwindung. Diese Erleuchtung verkündete er in den **„Vier Heiligen Wahrheiten“:**

1. Das menschliche Leben ist dem Leiden unterworfen.
2. Die Ursache dieses Leidens ist die Begierde nach persönlicher selbstsüchtiger Lust.
3. Das Leid wird aufhören, wenn diese Begierde überwunden ist.
4. Dieses Ziel kann erreicht werden, wenn man den „Heiligen achtgliedrigen Pfad“ beschreitet.

Dieser Weg der Mäßigung wird auch als der **„Mittlere Weg“** bezeichnet. Seine drei Hauptbestandteile sind:

- ethische Lebensführung/Moral
- geistige Disziplin/Meditation
- Wissen /Weisheit

Die **drei Hauptlaster** im Buddhismus sind:

- Sucht oder Gier
- Haß oder Zorn
- Selbsttäuschung o.Unwissenheit

Die Anhängerschaft von Siddhartha Gautama, nun Buddha („Erleuchteter“) genannt, wuchs sehr schnell, und bald gründete er eine Mönchsgemeinde (*Sangha*). Mit 80 Jahren starb Buddha im Jahr 483 v. Chr. in Kushinagara, wahrscheinlich an der Ruhr.

Die Lehre des Buddhismus

Buddha setzte keine Nachfolger ein, sondern er hinterließ seine Lehre (*Dharma*). Weder von Buddha selbst noch von einem seiner Jünger gab es schriftliche Aufzeichnungen. Die mündlichen Überlieferungen wurden erst etwa vier Jahrhunderte nach seinem Tod in Pali (der heiligen Sprache des Hinayana) auf Palmblätter geritzt und in drei Körben aufbewahrt. Daher bekam der Kanon seinen Namen **„Tripitaka"** = Dreikorb. Diese ersten Schriften sind etwa vier Jahrhunderte nach seinem Tod entstanden.

Die einflußreichste von Buddhas Lehren ist in Myanmar die von der grundlegenden Gleichheit aller Personen: „Der Priester ist vom Weibe geboren und ebenso auch der Kastenlose. Mein Gesetz ist ein Gesetz der Gnade für alle ohne jede Ausnahme, für Männer, Frauen, Knaben, Mädchen, für arm und reich."

Ein Aspekt dieser Gleichheit ist der Zyklus der Wiedergeburt, dem alle Kreatur unterworfen ist. Diese Verwandlung bedingt, daß jeder, der gelebt hat, lebt und leben wird, mit allen anderen verwandt ist. Es ist das Ziel des Buddhisten, die Besserung des eigenen Ich durch Meditation, Weisheit und gute Werke zu erreichen. So arbeiten manche Familienoberhäupter in Myanmar nicht länger, als bis sie angemessen für ihre Familienangehörigen und Abhängigen vorgesorgt haben und ziehen sich dann zurück, um sich geistig auf ihre nächste Wiedergeburt vorzubereiten.

Gute Werke sind im Buddhismus ein Mittel, spirituelle Verdienste zu erwerben. Das kann z. B. der Bau einer kleinen Pagode, das Errichten einer Wasserstelle, das Zurückkaufen eines Tieres vom Schlachthof oder der Eintritt für eine gewisse Zeit in ein Mönchs- bzw. Nonnenkloster sein.

Verdienste erwirbt man auch, indem man die **fünf Gebote für Laien befolgt:**

1. Schonung des Lebens
2. Nicht stehlen
3. Meiden des Ehebruchs
4. Wahrhaftigkeit
5. Meiden von Alkohol

Weitere Verdienste werden durch die Pflege der **vier Haupttugenden** erlangt: Gleichmut, Wohltätigkeit, Mitgefühl, Freude.

Im Buddhismus gibt es eine letzte Realität, aber keine oberste Gottheit. Buddha ist nicht gleichbedeutend mit Gott. Buddha zeigte, wie das Leben gelebt werden sollte, um Leiden zu vermeiden und letztlich ins *Nirwana* einzugehen. Nach seiner Lehre beginnt die Geschichte eines Individuums nicht mit seiner Geburt und sie endet auch nicht mit seinem Tode. Es gibt keinen Zufall, nichts Nebensächliches. Das Gesetz des *Karma* stellt den Menschen über sein endliches Leben hinaus in eine Beziehung von Ursache und

Wirkung: Der Charakter und die Lage eines Menschen sind weitgehend bestimmt durch das, was er in früheren Leben getan oder unterlassen hat. Er kann die Folgen seiner Taten in der Vergangenheit durch bewußtes Handeln in der Gegenwart ändern. Karma oder Handeln ist ein fortdauernder Prozeß. Die Zukunft eines Menschen hängt völlig von dem ab, was er aus der Gegenwart macht. Er muß sich auch vor keinem Gott für seine Taten verantworten.

Im Buddhismus ist der Mensch folglich Herr seines Schicksals. Der Buddhismus ist eine alle Bereiche des Daseins durchdringende Lebensweise. Für das Individuum bedeutet dies eine strenge Disziplin gegenüber sich selbst und große Toleranz anderen gegenüber.

Die Verbreitung der buddhistischen Lehre - eine Legende

Jedesmal, wenn dem Herrscher von Suvannabhumi ein Sohn geboren wurde, tauchte ein grausamer weiblicher Dämon aus dem Meer hervor, um das Kind zu verschlingen. Und so geschah es, daß zwei indische Mönche, die von Kaiser Ashoka ausgesandt wurden, um das Volk zum Buddhismus zu bekehren, gerade in dem Augenblick erschienen, als die Dämonin aus der See auftauchte, um sich ihr grausiges Mahl zu holen. Ihre Leibwache bestand aus einer Schar Teufel, von denen jeder aus zwei Löwenkörpern mit einem einzigen Kopf bestand. Die Mönche, die auf der Stelle doppelt so viele Ungeheuer herbeizauberten, schlugen die Dämonin in die Flucht. Dann hielten sie eine buddhistische Predigt.

Der über den glücklichen Ausgang des Kampfes sehr erleichterte König bekehrte sich zu der neuen Lehre und mit ihm eine große Volksmenge.

Die Schulen des Buddhismus

Durch König Ashoka wurde der Buddhismus im 3. Jh. v. Chr. in ganz Indien verbreitet. Unter ihm wurde der Buddhismus zur Staatsreligion. Er entsandte Missionare nach Kaschmir, Afghanistan, Nepal, Indochina und Sri Lanka, um die neue Lehre bekanntzugeben.

Bei dem 2. buddhistischen Konzil 383 v. Chr. wurde die Lehre in die „Alte Weisheitsschule" oder Theravada (thera bedeutet alt, angesehen) und die „Neue Weisheitsschule" unterteilt.

Die **„Alte Weisheitsschule" (Theravada-Buddhismus)** hielt an der ursprünglichen Lehre fest und sprach sich gegen Neuerungen aus. Sie kennt folgende fünf Tugenden: Glaube, Kraft, Aufmerksamkeit, Sammlung, Weisheit. Einzig durch die Weisheit vermöge sich der Mensch das *Nirwana* zu sichern. Der Theravada-Buddhismus breitete sich besonders stark im 11. Jahrhundert in Myanmar aus und zählt auch heute noch die meisten Anhänger.

Später, um die Zeitenwende, bildete sich eine Richtung heraus, die sich „Hinayana" nannte.

Hinayana heißt „kleines Fahrzeug" oder der „kleine Weg", d. h. eine Methode der Erlösung, die nur wenigen Menschen dienen konnte. Es gibt keine Hinayana-Schule, sondern dies ist der Name für die verschiedenen Richtungen des sog. südlichen Buddhismus.

Eine Weiterentwicklung und Vertiefung der buddhistischen Ideen führte zu der **„Neuen Weisheitsschule"**. Die „Alte Weisheitsschule" hatte sich ausschließlich mit der persönlichen Befreiung vom Leiden befaßt. Ihr Ideal war der *Arhat*, der asketische Weise. Die „Neue Weisheitsschule" dagegen hatte nun nicht mehr den egoistischen Arhat, sondern den altruistischen *Boddhisattva* als Ideal. Der *Boddhisattva* half den Menschen und man konnte ihn in Gebeten anrufen.

Das „große Fahrzeug" oder **Mahayana** folgte der Lehre der Neuen Weisheitsschule. Es stellte den leichteren Weg der breiten Masse dar, das *Nirwana* zu erlangen und fand deshalb großen Anklang. Die Schulen des Mahayana stellten das Mitleid an die Spitze der Tugenden.

In Tibet ist die „Neue Weisheitsschule" als **Lamaismus** bekannt. Ende des 14. Jh. wurde in Tibet das niedere Niveau des Glaubens reformiert. Tsong-kha-pa gründete die Sekte der sog. Gelbmützen. Ihm folgten die Dalai Lamas.

Die Bezeichnungen Mahayana und Hinayana meinen keine einzelne Schule, sondern sind eine Gesamtbezeichnung für eine Vielzahl von Schulen mit besonderen Glaubensüberzeugungen.

Das Mahayana stützt sich auf eine in Sanskrit verfaßte Schrift, das Hinayana auf die über mündliche Überlieferung in singhalesischer Sprache ins Pali übersetzten Texte.

Um 600 n. Chr. erlangten die **tantrischen Schulen** an Bedeutung. Die Tantras lehren die Aneignung übersinnlicher Kräfte, da zur Errettung von den Leiden des Daseins paranormale psychische Kräfte nötig sind. Die angewandten Methoden seien:

- Mantras = mystische Silben
- Mandalas = magische Anschauungsbilder
- Mudras = symbolische Gesten

Das **Mantra** wirkt Wunder allein durch sein Aussprechen. Das **Mandala** kann auf Stoff oder Papier gemalt sein, es besteht aus der symmetrischen Anordnung von Kreisen oder Quadraten um einen Mittelpunkt und ist eine Darstellung des Universums. Wer es meditiert, gewinnt die wahre Erkenntnis. Die **Mudras** werden von einem Lehrer (*Guru)* weitergegeben, der für die Schüler die Stelle des Buddha einnimmt (s. auch Kapitel „Die Buddhadarstellung).

Der Buddhismus übernimmt die indische Zyklenlehre. Jedes Zeitalter dauert gemäß dieser Lehre einen in seiner Dauer nicht zu berechnenden *Kalpa.* Der *Kalpa* umfaßt so viele Jahrtausende, wie man zur Beseitigung der ganzen Himalaja-Kette benötigte, wenn man in jedem Jahrhundert nur einmal mit einer Feder darüberstriche. Während eines *Kalpa* entwickelt sich ein ganzes Weltensystem von seiner anfänglichen Verdichtung bis zur endlichen Auflösung. Jedes System folgt aus dem vorhergehenden und ist die Ursache des folgenden usw., ohne Anfang und ohne Ende. Zur Erlösung der Lebewesen in jedem System bedarf es der Buddhas und der Boddhisattvas. Es gibt sechs Arten von Wesen: Götter, Dämonen, Menschen, Gespenster, Tiere und Höllenwesen.

Das im vorhergehenden Leben erworbene Verdienst bestimmt die nachfolgende Wiedergeburt. Das Heil liegt nur im *Nirwana.* Dieser Volksglaube entsteht um das 1. Jahrhundert n. Chr. Durch Gebete und Verehrung von Statuen versucht der Gläubige ein Erleuchteter *(Arhat)* oder ein Erretter *(Boddhisattva)* zu werden, der zur Rettung seiner Mitmenschen auf die Erde zurückkehrt.

> Niemals in dieser Welt wird Haß
> durch Haß gestillt.
> Durch Liebe wird er überwunden -
> das ist ein ewiges Gesetz.

Der Buddhismus in Myanmar

Ab 638 n. Chr. verbreitete sich der Mahayana-Buddhismus in Myanmar. Besonders die Kunst wurde davon nachhaltig beeinflußt. So entstanden in dieser Zeit Bildnisse der Göttin Tara, die in 21 verschiedenen Arten dargestellt wird. Die bedeutendste Darstellung ist die sog. weiße Tara in Tibet.

Im 11. Jh. wandte sich die Bevölkerung von Bagan unter König Anawrahta dem Theravada-Buddhismus zu. Der buddhistische Mönch Shin Arahan gewann den König für diese Richtung. Im Mon-Königreich Thaton war zu dieser Zeit noch der Mahayana-Buddhismus verbreitet. Im Bestreben, seinen Einflußbereich auszuweiten, schickte König Anawrahta Missionare nach Thaton. Da man sich dort nicht der neuen Theravada-Lehre anschließen wollte, marschierte König Anawrahta in das Mon-Reich ein, belagerte die Hauptstadt drei Monate lang und nahm den Hofstaat und die Mönche nach Bagan mit. König Anawrahta setzte so den Theravada-Buddhismus im ganzen Land durch.

Als Beute kamen nach der Eroberung buddhistische Schriften nach Bagan, nämlich die Geschichten der früheren Leben Buddhas, die *„Jataka*“ genannt werden. Sie liegen einem großen Teil der Literatur in Myanmar zugrunde.

Im 13. - 16. Jh. drangen Thai-Stämme (Shan) in Myanmar ein, ermordeten viele buddhistische Mönche, verbrannten ihre Schriften und zerstörten Tempel und Pagoden.

Im 17. Jh. ließ König Thalun die buddhistischen Schriften aus dem Pali in die birmanische Landessprache übertragen.

Im 19. und 20. Jh. wurde zur Klärung von Fragen der buddhistischen Lehre das 5. Konzil in Mandalay und das 6. Konzil in Yangon abgehalten.

Das 5. Konzil fand 1871 in Mandalay statt und wurde von König Mindon einberufen. 2 400 Mönche kamen nach Mandalay. Nach dem Konzil wurden buddhistische Texte in 729 Marmortafeln graviert, die heute in der Kuthodaw Pagode in Mandalay zu sehen sind.

Das 6. Konzil wurde am nördlichen Stadtrand von Yangon im Jahr 1954 abgehalten. Man errichtete dafür einen steinernen Berg, in dessen Innerem sich ein riesiger Saal befindet. Der Bau wird „Heilige Höhle“ (Maha Pasana Guna) genannt. In der Nähe wurde die „Pagode des Weltfriedens“ (Kaba Aye Pagode) erbaut. Das Konzil begann am 17. Mai 1954, am Tag des Vollmondes im ersten Monat des myanmarischen Jahres (*Kason*). Auf diesen Tag soll die Geburt, die Erleuchtung und der Tod von Buddha gefallen sein. Die Eröffnungszeremonie des Konzils dauerte drei Tage. Die Heilige Höhle bietet ca. 10 000 Menschen Platz. Ihre Bauzeit betrug 14 Monate. Außerdem wurden noch vier Hotels für ca. 10 000 Mönche, ein Speisesaal für 1 500 Mönche, eine internationale buddhistische Bibliothek, ein Krankenhaus und eine Druckerei erbaut. Die Gebäude beherbergen nun eine buddhistische Universität.

U Nu leitete in den letzten Jahren eine Reform des Buddhismus in Myanmar ein. Die verfallenen Pagoden und Buddha-Bildnisse wurden restauriert, das Studium der buddhistischen Lehre wurde gefördert, die Gebote des Buddha sollen respektiert werden. Heute sind in Myanmar ca. 85 % der Bevölkerung Theravada-Buddhisten.

Der Buddhismus prägt die gesamte Kultur und das alltägliche Leben. Er ist mehr als eine Religion - er verkörpert eine Lebensform. Die Dörfer haben eigene kleine Klöster mit Klosterschulen. Der Buddhismus bestimmte in Myanmar nicht nur das Leben des einzelnen Menschen, sondern beeinflußte die gesellschaftliche Struktur insgesamt. Die Ablehnung des Kastensystems durch den Buddhismus bewirkte, daß sich in Myanmar ein sozialer Austausch zwischen der großen Mehrheit der Bevölkerung, den Bauern, und der dünnen Oberschicht vollzog.

Alltag, Brauchtum, Sitten

Wer redet, weiß nicht.
Wer weiß, redet nicht.
(buddhistische Weisheit)

Geisterglaube

Bei einigen Volksgruppen und den einfachen Leuten in Myanmar ist der Geisterglaube noch immer weit verbreitet.

Die Nats

Die Geister, die gut- oder bösartig sein können, werden *Nat* genannt. Das Wort kommt aus dem Sanskrit „nath": bedeutet Meister, Herr. Der König der *Nats* ist *Thagya*, der zu Beginn des myanmarischen Jahres auf die Erde kommt und drei Tage bleibt. Außerdem gibt es die *Nats* des Hauses, der Luft, des Wassers, des Waldes und der Steine. Die *Nats* residieren am Berg Popa, einem erloschenen Vulkan bei Bagan.

Der *Nat*kult ist im Buddhismus integriert - in vielen Pagoden und Tempeln und in den Dörfern steht ein *Natsin,* ein Schrein für die *Nats* mit Figuren, die mit Stoff und buntem Tüll bekleidet sind. Ihnen werden Blumen, Wasser und Reis geopfert. In Myanmar werden 37 verschiedene *Nats* verehrt. Der tolerante Buddhismus hat diesen Relikten des Animismus bis heute einen Platz in der religiösen Welt eingeräumt.

Der **Nat des Hauses**, *eing saung nat*, hält sich gewöhnlich auf den obersten Spitzen der Gegenstände im Haus auf, die deshalb mit einem weißen Baumwolltuch bedeckt sind. Am Ende der Veranda wird ein Wassergefäß aufgestellt, dessen Wasser einmal im Monat gewechselt wird, bei Gefahr auch öfter.

Der **Nat des Dorfes**, *ywa saung nat*, hat seinen Schrein am Ende des Ortes. Bevor man einen Bissen ißt, hält man zuerst den Teller in die Luft und betet zum Dorfnat. Alle drei bis vier Jahre muß ein Fest zu Ehren dieses *Nats* abgehalten werden. Es wird dann eine Frau, die *Nat-kadaw,* zur Gemahlin des *Nats* ernannt. Bei diesen „Vermählten" der *Nats* handelt es sich um Frauen, die den *Nat*kult „professionell" betreiben. Sie sind zugleich Wahrsagerinnen. Bei den *Nat*festen führen sie vor der *Nat*-statue Tanzorgien auf. Im Tanz können die *Nat* mit diesen Worten herbeigerufen werden: „Du bist unser Herrscher und unser Beschützer. Dir gehört der Mount Popa. Wir sind deine Diener, und ich begrüße dich dreimal. Beschütze uns von deinem *Nat*-Palast aus

und sorge für unser Wohlergehen." Die anmutigsten *Nat*-Tänzer sind häufig Männer in Frauenkleidern. Weibliche *Nats* fahren, so heißt es, gerne in männliche Körper und umgekehrt.

Bricht eine Epidemie aus, findet folgende Zeremonie statt:

Die Figur eines Gespenstes wird in einen gewöhnlichen Tonwassertopf eingeritzt. Wenn es dunkel wird, machen die Einwohner so viel Lärm wie nur möglich, um den Geist, der das Unglück gebracht hat, zu vertreiben. Dies wird an drei Nächten wiederholt. Dann wird Buddha angerufen und angebetet. Die Dorfbewohner gehen in den Dschungel, wo sie die Krankheit verlassen soll. Bevor sie zurückkehren, gehen die Mönche durch die Straßen und lesen die Lehren Buddhas. Danach stellen sie neue Gaben in den Schrein der *Nats*. Die Leute kehren zu ihren Häusern zurück, entzünden ein Feuer und kochen Reis für neue Opfergaben für die *Nats*.

In den Bergen sieht diese Zeremonie folgendermaßen aus:

Wenn ein bekannter Mann erkrankt ist, wird ein großes Fest abgehalten, wobei gekochter Reis, Fleisch und geröstete Enten auf einem Podium außerhalb des Dorfes dargeboten werden. Einige Dorfangehörige treten als Hunde und Schweine verkleidet auf. Nach dieser Vorstellung kommen die Bewohner und lassen durch einen Erwählten verkünden, daß die bösen Geister mit den Geschenken zufrieden seien. Die Bewohner eilen mit wallenden Tüchern in den Wald, die sie nach ihrer Rückkehr über den Patienten breiten.

Im Ayeyarwady-Delta findet ein *Nat*-Fest vor der Ernte statt. Die Figur einer Frau, behängt mit Tüchern und Teilen weiblicher Kleidung, kommt in einen Karren, der in einer Prozession rund um die reifen Reisfelder gefahren wird. Die Figur wird dann im Reisfeld aufgestellt.

Geht ein geistergläubiger Myanmare auf eine Reise oder macht er eine Fahrt, hängt er ein Bündel Bananen an den Karren oder das Boot, um die Geister zu versöhnen.

Personen, die eines gewaltsamen Todes gestorben sind, werden *Nats* und besuchen immer wieder den Ort, wo sie getötet wurden.

Es werden nicht alle *Nats* auf dieselbe Art verehrt. So schätzt die kleine Ma Nemi vor allem Spielzeug und Bonbons. Den beiden Brüdern Shwe Byin Gyi und Shwe Byin Lay darf keinesfalls Schweinefleisch angeboten werden, da ihr Vater Mohammedaner war. Dem Gebieter vom Großen Berg sind als Geschenk Kokosnüsse stets willkommen, da deren Milch den Schmerz von Brandwunden stillen soll. Es wäre völlig unpassend, Minhkaung von Taungu Zwiebeln anzubieten, da er beim Überqueren eines Zwiebelfeldes vor den Toren seiner Stadt erstickte.

Auf Zeugnisse dieser Geisterverehrung triff man in ganz Myanmar. Auf dem Land findet man oft Holzhüttchen mit kleinen Gaben wie Bananen, Mangofrüchte usw. Felsen am Strand des Meeres sind mit Gold- und Silberpapier übersät oder mit Gemüse bedeckt. Die Wellen tragen die Gaben fort, mit denen die Fischer die Geister der Küste gnädig zu stimmen suchen. Tieropfer (früher Kopfjagd) werden nur den übelwollenden *Nats* zur Versöhnung dargebracht.

Die Mönche von Myanmar sind offiziell Gegner der *Nat*verehrung. Trotzdem helfen sie mit beschwörenden Gebeten, dem von den Geistern drohenden Unglück entgegenzuwirken.

Kult der Naga

Der Kult der *Naga* (Schlange) ist ein vorbuddhistischer Brauch, der heute so gut wie verschwunden ist. Die *Naga* kann einen Menschen zu Asche machen, wenn sie verärgert ist. Die Myanmaren glaubten, daß die *Nagas* auf dem Grund von tiefen Flüssen, Seen und Meeren leben. Sie können sogar in der Luft fliegen.

Die *Naga*-Tradition hat auch im Buddhismus fortgewirkt, wie eine legendenhafte Episode aus dem Leben von Buddha belegt. Danach verbrachte er sieben Wochen ununterbrochen in Meditation unter dem Bodhi-Baum bei einem See. Eines Tages blies ein sehr starker Sturm. Der *Naga*-König, der in einem nahen Baum lebte, beschützte Buddha, indem er sich siebenmal um Buddhas Körper ringelte und seinen Kopf über den von Buddha hielt. Dies wurde ein sehr beliebtes Motiv in der Buddha-Darstellung.

Religiöses Leben

Kloster, Mönche und Nonnen

Gewöhnlich ist ein Kloster aus Teakholz gebaut, manchmal sind es auch Ziegelgebäude. Es ist rechteckig und hat zum Innenhof hin überdachte Säulengänge. Das Klostergebäude ist grundsätzlich einstöckig, weil nach dem Gesetz niemand über einem anderen sein kann; der Kopf soll das Heiligste und Oberste eines Menschen bleiben. Die Dachkonstruktion besteht aus drei übereinander gestaffelten Dächern. An deren Rändern sind jeweils Glöckchen aus Kupfer, Silber oder Gold angebracht. Die Unterkünfte für die Mönche sind sehr einfach. An einer Stirnseite des Klosters steht in der Mitte eine große Buddhafigur nebst Kerzen, Blumen und Gebetsfahnen, und zu beiden Seiten sind kleinere Figuren aufgereiht. Meistens befindet sich im Klostergelände noch ein kleines Haus auf einem hohen Sockel, das die Bibliothek beherbergt.

Der **Eintritt ins Kloster** ist das wichtigste Ereignis im Leben eines Myanmaren. Mit etwa 12 - 15 Jahren wird ein Junge als Novize (= *Samanero*) ins Kloster aufgenommen. Der Tag dafür wird von einem Astrologen bestimmt. Daraufhin gehen drei oder vier Mädchen, Schwestern oder Freunde der Familie, bekleidet mit schönster Seide und geschmückt mit Juwelen, durch die Stadt und verkünden den Verwandten und Freunden, wann das *Shin Byu*-Fest stattfindet. Diese schicken dann Geschenke. An dem Festtag kleidet sich der junge Novize wie ein Prinz, sorgfältig geschminkt und legt den Schmuck der Familie an. Die flammenartigen Verzierungen an den Handgelenken und Schultern symbolisieren geistige Kräfte. So ausgestattet, wird er in einer Prozession durch den Ort geführt (siehe auch Farbteil). Voran geht eine Musikgruppe, es folgen alle seine Verwandten und Freunde, er selbst reitet auf einem Pony oder wird in einem reich verzierten Karren gezogen. Ein goldener Schirm spendet ihm Schatten. Nach dem Umzug findet im Elternhaus ein großes Mahl statt. Danach nehmen die Mönche dem Jüngling seine schönen Kleider und seinen Schmuck ab, kleiden ihn mit einem Stück weißen Tuches ein und rasieren ihm seine Haare ab. Dann wird der Kopf mit Safran eingerieben. Der Novize erhält seine safrangelben oder roten Kleider, den Gürtel und seine Essensschale. Dann bittet er, als Novize aufgenommen zu werden. Andere schon im Kloster lebende Novizen nehmen ihn mit ins Kloster und helfen ihm beim Tragen der Geschenke. Die Mutter verbeugt sich vor ihrem Kind, wenn es die Robe trägt. Im Elternhaus wird noch bis Sonnenuntergang gefeiert.

Es ist bis heute Brauch, daß ein Knabe für einige Zeit in ein Kloster eintritt. Er kann jederzeit, auch als Erwachsener, ins Kloster zurückkehren. Dort ist der Novize der Diener der Mönche. Er bringt ihnen Trink- und Badewasser und sorgt für Ordnung, lernt aber auch lesen und schreiben.

Der **Mönch** oder *Pongyi* (d. h. großer Ruhm) ist der Hüter der Lehre. Er gelobt Zölibat und Armut. Seine Mitgift beim Eintritt in das Kloster sind drei safrangelbe oder rote Gewänder, eine Almosenschale, eine Hüftschnur, ein Rasiermesser, Nadel und Faden, ein Sieb zum Filtern des Wassers, eine Matte, ein Fächer und ein Schirm. Zu allen Vollmondfesten erhalten die Mönche Gewänder und Schirme geschenkt. Frauen sollten sich höchstens auf zwei Schritte einem Mönch nähern, da ihm jede Berührung mit dem Weiblichen verboten ist.

Beim Eintritt in ein Kloster werden dem Mönch eine Reihe von Fragen gestellt, wie z. B.: Bist du ein menschliches Wesen? Bist du ein Mann? Bist du frei von Bindungen? Bist du frei von Schulden? Bist du frei von Hautkrankheiten?

Nur wenn er diese Fragen bejahen kann, wird er in die Mönchsgemeinde aufgenommen.

Es gibt vier Todsünden, die die Ausstoßung aus dem Kloster zur Folge haben: Unkeuschheit, Töten, Stehlen, Lügen.

Das **Leben im Kloster** beginnt um 5.30 Uhr oder kurz vor Sonnenaufgang. Die Mönche bereiten ihr Trinkwasser für den Tag zu, gießen die heiligen Bäume, meditieren und opfern Blumen vor der Pagode. Dann wird die erste Mahlzeit des Tages eingenommen, es folgt eine Stunde Studium. Danach ziehen die Mönche in kleinen Prozessionen los, um bei den Gläubigen Essen zu holen. Der *Pongyi* bedankt sich nicht für das, was er erhält, der Gebende muß vielmehr dankbar sein, daß er mit seiner Großzügigkeit gegenüber Mönchen etwas für sein Seelenheil tun konnte. Im Kloster wird ein Teil der Geschenke Buddha geopfert. Nach der letzten Mahlzeit um 11.30 Uhr beginnt die Arbeit: Unterricht, Lesen alter Texte oder Diskutieren. Gegen Abend findet die allgemeine Konversation über Fragen der

Schwenandaw Kyaung, Mandalay

Lehre statt. Mit Einbruch der Dunkelheit wird zu Bett gegangen.

Die buddhistische Fastenzeit dauert drei Monate. Sie beginnt mit dem Vollmond im Juli (*Waso)*. Am Morgen dieses Tages bekommen die Mönche das Morgenmahl von den Gläubigen gebracht. Mit Musikinstrumenten gehen Leute durch die Straßen und sammeln Lebensmittel und Früchte, um sie vor Sonnenuntergang vor den Buddhabildnissen zu opfern. Die Mönche dürfen während der Fastenzeit keine Reise über mehrere Tage antreten. Zu Beginn der Fastenzeit werden den Mönchen Geschenke gebracht, wie z. B. neue Roben, Kerzen, Schirme.

Die Mönche haben in Myanmar kein Stimmrecht. Dennoch geschieht nichts im Dorf, ohne daß sich die Dorfvorsteher nicht mit der mönchischen Gemeinschaft (*sangha)* besprochen hätten. Die Maßnahmen der Regierung werden von den *Pongyis* mit kritischer Aufmerksamkeit verfolgt, und sie schonen sich auch nicht, ihrem Mißfallen in öffentlichen Demonstrationen Ausdruck zu geben. In einzelnen Fällen nahmen sie sogar an gewalttätigen Auseinandersetzungen teil. Diese Einmischung in die Politik hat durchaus Tradition: In der Geschichte Myanmars trifft man immer wieder auf rebellische Mönche, die gegen (oder auch für) die Könige mit nicht nur friedlichen Mitteln stritten. Die Mehrheit der Mönche freilich praktiziert die volle Entsagung vom weltlichen Leben und den Verzicht auf Gewalt.

Im öffentlichen Leben bekommt der Mönch immer den besten Platz zugeteilt und kann häufig die Verkehrsmittel umsonst benutzen.

Bei der **Beerdigung eines Mönches** steuert jeder seinen Anteil an den sehr hohen Kosten bei. Der Leichnam wird gewaschen, die Eingeweide werden herausgenommen und in einer ruhigen Ecke des Klosters bestattet. Der Magen wird mit heißer Asche aufgefüllt, und die Leiche wird dann, nachdem man sie wieder zugenäht hat, wie eine Mumie mit Stoffbändern umwickelt und mit Holzöl besprüht. Die Arme werden auf die Brust gelegt. Der Körper kommt daraufhin in einen Sarg, dessen Sockel aus Holz geschnitzt ist und eine Naga darstellt. Diese Schnitzerei ist farbig bemalt, vergoldet und manchmal auch mit Glasmosaik bedeckt. Der Sarg steht auf einem Podium in einer Art Aufbewahrungshaus. In der Zwischenzeit wird Geld für die Leichenfeier gesammelt. Der Leichenzug beginnt zur Mittagsstunde des lang vorher bestimmten Tages. Festlich gekleidete Männer und Frauen kommen zu Hunderten mit reichen Opfergeschenken, Mädchen und Jungen tanzen und singen, Orchester, spielen, Geschichtenerzähler treten auf, man zieht mit lebensgroßen Elefanten und Drachen aus Papier durch die Straßen. Ein Holzstoß mit dem Leichnam wird in Brand gesetzt. Der reich verzierte Sarg wird nicht mitverbrannt, sondern ins Kloster zurückgebracht. Wenn das Feuer erloschen ist, suchen die Mönche nach evtl. übriggebliebenen Knochen, die sie dann in der Nähe der Pagode bestatten.

Die **Nonnen** oder *Methila* stehen in der religiösen Hierarchie und in der gesellschaftlichen Reputation weit unter den Mönchen. Viele sind Analphabeten. Sie tragen rötlich-gelbe oder rosarote Gewänder, die in der Form denen der Mönche entsprechen. Das Kopfhaar ist wie bei den Mönchen geschoren. Einmal wöchentlich ziehen die Nonnen mit einem Korb oder einer großen Schale auf dem Kopf zum Sammeln von Lebensmitteln für ihren Unterhalt aus. Sie führen kein durch strenge Ordensvorschriften geregeltes Klosterleben und befolgen eine ähnliche Lebensweise wie die Wanderasketen und Eremiten.

Astrologen oder Ponnas

Ihre Macht übertraf oft die der Mönche. *Ponnas* werden auch heute noch in allen möglichen Lebenslagen befragt. Sogar die Stunde der Unabhängigkeit von Myanmar im Jahr 1948 wurde von Astrologen festgesetzt: auf Punkt 4.20 Uhr.

Handleser in der Sule Pag., Yangon

Stupas und Pagoden

Der Stupa, der oft glockenförmige buddhistische Kultbau, dient zumeist der Aufbewahrung von Reliquien. Die Pagode ist ein turmartiger, mehrstöckiger Tempel auf quadratischem Grundriß. Die quadratische Form symbolisiert das Universum, die runde Form steht für das himmlisch-geistige Prinzip. Stupas und Pagoden werden von links nach rechts, also im Uhrzeigersinn, umschritten. Diese Richtung symbolisiert den Lauf der Sonne, der eine segensreiche Wirkung zugeschrieben wird.

Glocken

Jeder Besucher einer Pagode darf eine Glocke dreimal mit einem Stück Holz anschlagen, um den *Nats* anzuzeigen, daß man einen guten Vorsatz gefaßt hat oder verreisen will. Danach klopft man einmal auf den Boden, damit die Hüter der Erde von den verdienstvollen Taten erfahren.

Schirm oder hti

Er gilt als Symbol des Himmels. Je mehr Schirme übereinander gestaffelt sind, desto näher kommt man dem Himmel.

Schlangen

Die Buddhisten töten grundsätzlich kein Lebewesen, einzige Ausnahme bilden die Schlangen. Grund dafür mag folgende Legende aus dem Leben Buddhas sein:

Die Krankheit, eine Schlange, kam aus dem Norden nach Myanmar herab. Buddha erschlug sie und hieb ihr den giftigen Kopf ab, der dann in Niedermyanmar liegenblieb, der Schwanz dagegen in Obermyanmar. Daher wimmelt es besonders in Niedermyanmar von giftigen Schlangen, während es in Obermyanmar nur wenige gibt.

Soziales Leben

Volkserziehung

Seit 1949 gab es Schulungskurse für Volksbeamte (Mass Education Officer = MEO), deren Aufgabe darin bestand, Erziehungsprogramme für breitere Bevölkerungsschichten durchzuführen. 1950 wurden die ersten MEOs in die Dörfer geschickt. Sie arbeiteten nach einem von den Chinesen übernommenen 4-Punkte-Programm, das durch Sinnbilder veranschaulicht wurde: ein offenes Buch stand für Schulunterricht, der Pflug für rationellere Landwirtschaft, ein rotes Kreuz für Gesundheitspflege und drei Ringe für das Gemeinschaftsleben. Der MEO wohnte in einer Bambusrohrhütte im Dorf, erstellte eine Mustertoilette, legte Ablaufkanäle an und bohrte einen Musterbrunnen. Der MEO sollte durch sein gutes Beispiel wirken. Seine Hütte wurde zum Mittelpunkt des Gemeinschaftslebens. Er hatte eine Zeitung abonniert, die er den Dorfbewohnern vorlas. Er teilte Medikamente aus, organisierte Fußballspiele, besorgte Bibliotheksbücher und kümmerte sich um den Bau von Schulen. Die MEOs dienten auch als Verbindungsmänner zwischen Dorf und Regierung.

Ehe

Die Einehe ist die Regel, obwohl der Buddhismus die Polygamie nicht verbietet. Nur Fürsten durften früher mehrere Frauen haben. Die Ehe gründet sich auf die Gleichberechtigung beider Partner und ist zivil, nicht religiös. Die Frau behält nach der Heirat ihren Namen. Die Kinder haben die Eltern zu ehren und ihre Entscheidungen zu achten, auch wenn sie schon erwachsen sind.

Die Hochzeit findet zu einem vom Astrologen errechneten Zeitpunkt im Hause der Braut statt. Alle Verwandten und Freunde werden zu dem großen Fest eingeladen. Früher legten Braut und Bräutigam in der Vermählungszeremonie ihre rechten Hände zusammen, Handfläche auf Handfläche, dann aßen sie Reis aus einer gemeinsamen Schüssel und fütterten sich gegenseitig. Heute ißt und trinkt man meist nur noch zusammen. Wenn die Neuvermählten in ihr Schlafzimmer gehen, ist es Brauch, safrangelben Reis über sie zu schütten. Nach der Heirat zieht der Ehemann in das Haus seiner Schwiegereltern und arbeitet für diese. Erst wenn ein Kind erwartet wird, nimmt sich das Paar eine eigene Wohnung.

Auf dem Land sind noch zwei alte Bräuche lebendig:

Bei dem einen spannt man ein Band über die Straße, die ein Brautpaar zu seinem Haus gehen muß. Es kommt in einer Prozession mit allen Freunden, die das Hab und Gut des Brautpaares tragen. Der andere Brauch ist älter. In der Hochzeitsnacht werfen Junggesellen Steine auf das Dach des Hauses des Paares. Der Bräutigam muß diesen dann Geld geben, das sog. Steingeld, das in der Pagode als Opfer dargebracht werden sollte.

Scheidung

Die Scheidung ist leicht zu vollziehen. Die Frau nimmt das von ihr Mitgebrachte und das in der Ehe Erworbene mit, das gemeinsame Gut wird geteilt. Von den Kindern bleiben die Knaben beim Vater, die Mädchen bei der Mutter. Oft übernimmt die Mutter auch die Sorge für alle Kinder.

Die Frau

Rechtlich ist die Frau dem Mann gleichgestellt, nicht aber in religiöser Hinsicht: Sie kann zwar ins *Nirwana* kommen, aber nicht als Buddha zurückkommen. Es ist daher der heiße Wunsch jeder Myanmarin, bei ihrer nächsten Geburt als Mann auf die Welt zu kommen. Nach buddhistischer Überzeugung ist die Geburt als Frau das Ergebnis eines weniger guten Lebenswandels im letzten Leben.

Im 19. Jahrhundert waren die Frauen Myanmars die freiesten in Asien, und sie sind es wahrscheinlich auch heute noch. Sie werden auch als „das Rückgrat des Landes" bezeichnet. Die meisten Kleinhändler in Myanmar sind Frauen. Sie gelten als fleißig und selbständig und sind als Mutter der Mittelpunkt des Haushaltes. Die Tochter erbt in gleichem Umfang wie ihre Brüder.

Die Sitte des Schminkens ist allgemein üblich. Besonders die Frauen in den Städten tragen oft Puder und Schminke übermäßig auf. Die ländlichen Schönen gebrauchen statt Puder eine Mischung aus gemahlenem Sandelholz, gelber Baumrinde und Wasser, **thanaka** genannt. Diese Paste ist nicht nur ein Verschönerungsmittel, sondern schützt auch vor Sonnenbrand. Manchmal wird beim Schminken unter dem Haaransatz ein Streifen frei gelassen, wodurch die Stirn niedriger und viereckig erscheint.

Das Haus

Ein Haus sollte nie gebaut werden, bevor sich nicht ein Wahrsager das Fundament angesehen hat. Er entscheidet, ob es ein günstiger Platz zum Bauen ist. Arme Leute errichten ihr Haus aus Bambus mit geflochtenen Matten als Wände, reichere Leute verwenden Teakholz. Das Dach ist mit Palmblättern gedeckt. Auf dem Land findet man in den Häusern fast keine Möbel, man sitzt und schläft auf harten Bambuskissen. Gekocht wird in der trockenen Zeit im Freien über einem viereckigen Behälter, in dem das Holz brennt, und in der Regenzeit im Haus. Das Geschirr besteht aus zwei oder drei Ton- oder Blechtöpfen. Ein Lacktablett ersetzt den Tisch. Meist besitzt jede Familie eine Reismühle, die von den Frauen bedient wird. Als Haustiere werden Hunde, Hennen und Katzen gehalten. Das Haus ist zum Schutz gegen wilde Tiere von einem Zaun umgeben.

Mädchen mit Thanaka

Anreden

Maung	für einen Jüngling
U	Onkel oder für einen bedeutenden Mann/Herr
thakin	Meister oder Titel unter den Nationalisten
Ko	junger Mann oder Bruder
Ma	Fräulein, jüngere Frau
Daw	Tante oder für eine ältere, würdige Frau
Me	ältere Frau
Mi	jugendliches Mädchen

Zwei gleiche Namen hintereinander genannt, z. B. Sun Sun, bedeutet die Anrede eines Mädchens. Ein junger Mann nennt seine Geliebte Mi Mi.

Name

In Myanmar unterscheidet man die Namen nicht in Vor- und Nachnamen. Die Namen werden nach dem Wochentag der Geburt und astrologischen Einflüssen bestimmt. Nach der Heirat behält die Frau ihren bisherigen Namen. Die Kinder erhalten weder den Namen des Vaters noch den der Mutter. Der Name entspricht auch nicht unbedingt dem Geschlecht der Person. Durch ein einfaches Zeitungsinserat kann man seine Namensänderung bekanntgeben. Oft wird durch einen Namenswechsel versucht, ein Unglück oder eine Krankheit abzuwenden.

Innerhalb einer Familie werden oft Namen gewählt, die sich aufeinander reimen. An den Anfangsbuchstaben kann man erkennen, an welchem Wochentag der Namensträger geboren wurde. Da es für jeden Wochentag nur eine beschränkte Anzahl von passenden Namen gibt, tragen viele den gleichen Namen. In dem folgenden Kinderreim werden die Anfangsbuchstaben der auszuwählenden Namen den einzelnen Wochentagen zugeordnet:

Montag	Ka, kha, ga, gha, nga, Taninla
Dienstag	Sa, hsa, za, zha, nya, Ainga
Sonntag	Ta, hta, da, dha, na, Sane
Donnerstag	Pa, hpa, ba, bha, ma, Kya-thabade
Mittwoch	La, wa, Boddahu
Mittwoch	Ya, ya, Yahu
Freitag	Tha, ha, Thauk-kya
Samstag	A, Taninganwe

Nach dieser Vorgabe bekommen die Kinder, die am Montag geboren wurden, einen Namen mit den Anfangsbuchstaben K, Kh, G, Gh oder Ng, z. B. Ngwe Khaing. Die „Dienstagskinder" erhalten einen Namen mit den Anfangsbuchstaben S, Z, Zh oder Ny, z. B. San Nyun. Der Mittwoch von Nachmittag bis Mitternacht gilt als ein gesonderter Tag, der Yahu genannt wird.

Weit verbreitetet ist der Glaube, daß der Charakter eines Menschen sich nach dem Wochentag der Geburt richtet. Den Wochentagen sind die folgenden Eigenschaften zugeordnet:

Montag	eifersüchtig, neidig
Dienstag	höflich
Mittwoch	kurzweilig, ruhig
Donnerstag	mild
Freitag	gesprächig
Samstag	hitzig, streitsüchtig
Sonntag	sparsam

Außerdem wird jedem Wochentag ein Tier als Symbol zugewiesen:

Montag	Tiger
Dienstag	Löwe
Mittw.vorm.	Elefant mit Stoßz.
Mittw.nachm.	Elefant o. Stoßz.
Donnerstag	Ratte/Maus
Freitag	Meerschweinchen

Samstag	Schlange/Drachen
Sonntag	Kalon (halb Vogel, halb Bestie)

Nachfolgend stehen die Bedeutungen von beliebten Namen:

Aung	erfolgreich
Aye	ruhig, friedlich
Chit	liebenswert
Gyi	groß
Hla	schön, hübsch
Htun	Schein, Glanz
Htut	Spitze
Khin	freundlich
Ko	älterer Bruder
Kyaw	berühmt
Kyi	klar, rein
Lay	klein
Min	Prinz, Regierender
Mya	Smaragd
Myat/Myint	edel
Myo	Rasse
Naing	Sieger
Ngwe	Silber
Nu	sanft
Nyoin	ruhig
Nyo	braun
San	außergewöhnlich
Sein	Diamant
Shwe	Gold
Suu	(ver)sammeln
Than	10 000
Thein	100 000
Thiha	Löwe
Win	strahlend

Tätowieren

Das Tätowieren ist für einen Myanmaren beinahe so wichtig wie der Eintritt ins Kloster. Früher wurde der ganze Körper einschließlich des Gesichtes mit dunkelbraunen Tätowierungen bedeckt. In der Kolonialzeit brachte ein Mädchen, das sich tätowieren ließ, damit zum Ausdruck, daß es einen Engländer heiraten wollte. Als Motive waren alle Arten von Tieren (Elefanten, Katzen, Tiger, Schlangen, Affen) gefragt, die von Buchstaben eingerahmt wurden. Für die schmerzhafte Prozedur wurde Opium genommen. Die Tätowierungen dienten nicht nur ästhetischen Zwekken, die jeweils abgebildete Figur soll auch vor Unheil schützen, z. B. vor einem Schlangenbiß.

Betelnußkauen

Viele Männer pflegen die Sitte des Betelnußkauens. Dafür wird die Betelnuß - die Frucht der Betelnuß- oder Arekapalme - zerkleinert und in ein Stück Palmblatt vermischt mit Kalk, Tabak oder Anis gewickelt. Je nach Mischung ist die Wirkung anregend oder beruhigend. Der Speichel färbt sich beim Kauen rot und wird immer wieder ausgespuckt. Nach jahrelangem Kauen verfärben sich die Zähne rot bis schwarz.

Gaungbaung

Dies ist eine inzwischen sehr selten gewordene Kopfbedeckung.

Eine Art steifer Hut ohne Rand, aus leichtem Rohr geflochten, ist mit feiner, meist rosafarbener, gelber oder weißer Seide so umwickelt, daß ein Zipfel auf einer Seite des Kopfes - wie das Ohr eines Hasen - niederbaumelt.

Gaungbaung

Sportveranstaltungen

Sie sind im ganzen Land sehr beliebt. Bei allen Veranstaltungen, außer beim Fußballspiel und beim Boxen, werden von Männern und Frauen Wetten abgeschlossen. Es gibt Pferderennen, Bootsrennen, Hahnenkämpfe, Fußball, Marathonläufe, Boxkämpfe, Karate.

Die **Bootsrennen** finden meist im Oktober statt. Es wird zunächst flußabwärts gerudert, dann gewendet und wieder zum Startplatz zurückgerudert. In dem oft verzierten Boot sitzen 10 - 15 Ruderer.

Chinlon ist der Nationalsport Myanmars. Die aus sechs Spielern bestehende Mannschaft stellt sich in einem Kreis von etwa sechs Meter Durchmesser auf. Die Spieler versuchen, einen Rattanball so lange wie möglich in der Luft zu halten, wobei der Ball nur mit den Füßen hin und her gespielt wird.

Beim **Boxen** geht es rauh zu. Die Boxer können jedes Körperteil zum Kämpfen benutzen. Der Kampf wird wie in Thailand von einer Musikgruppe begleitet. Verlierer ist derjenige, der zuerst blutet.

Sprichwörter

Wenn du schnell gehen willst, gehe den alten Weg.
Je mehr man weiß, desto mehr Glück wird man haben.
Mönche und Eremiten sind schön, wenn sie mager sind, vierbeinige Tiere, wenn sie fett sind, Männer, wenn sie gelehrt sind und Frauen, wenn sie verheiratet sind.

Arbeitswelt

Reiskultur

In den Reisanbaugebieten folgt der Jahresablauf der Menschen dem immer gleichen Rhythmus. Im August werden die kleinen Pflan-

Bootsrennen auf dem Ayeyarwady

zen von den Frauen und Kindern eingesetzt. Der Monsunregen überflutet die Felder. Im November wird der Reis geschnitten und in die Dörfer gebracht. Die Felder werden abgebrannt, und mit dem nächsten Regen dringt die Asche als Dünger in den Boden ein. In den Dörfern wird der Reis gedroschen, dabei wird ein Baumstamm auf einer Seite so getreten, daß er wie eine Schaukel niederfällt. Der nächste Reis wird im Januar angebaut und ist Ende Mai reif.

Abgabesystem

Pro 100 a müssen 100 Körbe Reis an die Regierung abgetreten werden. Für Gemüse ist eine kleine Summe Geld zu zahlen, und für Fische muß der Fischer pro Netz einen geringen Betrag entrichten oder Fischpaste abgeben.

Teakholz

Teakholz ist immer noch ein wichtiger Exportartikel. Die Bäume wachsen in den Mischwäldern im Norden von Myanmar in einer Höhe von 600 - 900 m. Wenn ein Baum gefällt werden soll, schneidet man zuerst die Rinde am Fuße des Stammes ringförmig weg. Der Baum stirbt dann ab und trocknet aus. Nach etwa drei Jahren wird er umgesägt. Elefanten ziehen die Stämme zum nächsten Fluß (grünes Teakholz würde nicht schwimmen), von wo aus sie während der Monsunmonate werden die Stämme bei Hochwasser ins Tal geschwemmt werden. Auf den Hauptflüssen fügt man die Stämme zu Flößen zusammen und läßt sie bis Mandalay oder Yangon treiben. Dort werden sie zersägt und als Teakholzbalken in alle Welt verschickt.

Arbeitselefanten

Die Zeiten, als in den Sägewerken in Yangon Elefanten zum Aufschichten von Teakholzstämmen beschäftigt waren, sind vorbei, aber besonders in den unwegsamen Gebirgsregionen werden auch heute noch Elefanten eingesetzt. Sie schieben und ziehen die dicken, schweren Teakholzstämme bis zum nächsten Fluß.

Anfangs wurden zu dieser Arbeit wilde Elefanten, die es auch heute noch in den riesigen Wäldern von Nordmyanmar gibt, gefangen und abgerichtet. In der Gefangenschaft geborene Tiere lassen sich jedoch leichter zähmen und abrichten. Gezähmte Elefanten vermehren sich in der Gefangenschaft nur, wenn sie in ihrem natürlichen Milieu leben. Ein einziges dieser Rüsseltiere frißt 300 kg Grünfutter pro Tag.

Den Elefantenreiter nennt man *Oozie*. Jeder Elefant trägt eine vom *Oozie* gefertigte Glocke (= Kalouk). Dafür wird ein Teakholzstück ausgehöhlt, in das man zwei Klöppel hängt. Morgens bringt der *Oozie* seinen Elefanten ins Lager. Dort wird er im Bach gewaschen und in sein Geschirr gespannt. Nach der Arbeit am Nachmittag wird dem Elefanten sein Geschirr wieder abgenommen, und es werden ihm Fesseln angelegt, mit denen er langsam in den nahegelegenen Dschungel verschwindet, um sich dort sein Futter zu suchen.

Ein sehr wichtiges Arbeitstier ist der **Wasserbüffel.** Er wird wegen seiner Kraft und Gutmütigkeit geschätzt und gibt obendrein noch eine reichhaltige Milch.

Zeremonien, Feste, Feiertage

Ohrlochen

Für ein Mädchen ist das Ohrlochen so bedeutend wie für einen Knaben der Eintritt ins Kloster: Durch diese Zeremonie wird das Mädchen offiziell als Frau in die Gesellschaft eingeführt. Wenn es 12 - 13 Jahre alt ist, wird von einem Astrologen ein günstiger Tag und eine glückliche Stunde bestimmt. Ein großes Fest *(Nadwinfest)* wird vorbereitet, zu dem alle Verwandten und Freunde der Familie eingeladen werden. Die Gäste sitzen auf Matten um das herausgeputzte Mädchen herum und warten, bis der Astrologe ein Zeichen gibt. Daraufhin durchsticht ein Mann das Ohrläppchen mit einer goldenen Nadel. Eine Musikgruppe spielt währenddessen vor dem Haus, um die herzzerreißenden Schreie des Mädchens zu übertönen.

Haarwasch-Zeremonie

Dieser historische Brauch ist mit dem Niedergang des letzten Königreiches 1886 verschwunden. An dem Tag, an dem der König der Götter, *Thagyamin*, zu seinem alljährlichen Besuch zum Jahreswechsel Mitte April auf die Erde kommt, wuschen sich die Leute ihre Haare mit einem süß schmekkenden Shampoo, das aus Baumrinde hergestellt wurde, badeten sich und kleideten sich in ihre feinsten Seidenkleider. Bei dieser Zeremonie wurden die Leute in drei Kategorien eingeteilt:

1. diejenigen, die am Tag der Ankunft des Gottes Geburtstag haben
2. diejenigen, die am Tag der Rückkehr des Gottes Geburtstag haben
3. alle anderen

Die erste Gruppe muß im Neuen Jahr besonders achtgeben, daß das Unglück sie nicht trifft. Sie muß die Haarwasch-Zeremonie deshalb zwei Tage lang durchführen.

Die zweite Gruppe wird viel Glück im Neuen Jahr haben, das noch größer sein wird, wenn sie die Haarwasch-Zeremonie an dem Tag der Rückkehr des Gottes absolviert.

Der dritten Gruppe wird weder besonderes Glück noch besonderes Unglück vorausgesagt. Ihre Mitglieder können sich das Glück aber gewogen machen, wenn sie

ihre Haare am Tag der Ankunft des Gottes waschen.

Für die birmanischen Könige war die Zeremonie des Haarewaschens ein sehr wichtiges Fest.

Die neun Götter

Die Zeremonie der neun Götter wird gewöhnlich abgehalten, wenn in einem Haus jemand krank ist. Wie alle Zeremonien in Myanmar

beginnt auch diese mit der Einladung an die Verwandtschaft und die Freunde. Außerdem wird ein weiser Mann oder *saya* bestellt. Er verbringt den ganzen Tag damit, ein Modell eines Klosters aus Bananenstengeln und Papierschirmen anzufertigen. Am Abend kommt er in das Haus und stellt sein liebevoll gefertigtes Klostermodell so vor die Tür, daß die Vorderseite nach Westen schaut. In die Mitte des Modells plaziert er eine Statue von Buddha, darum herum weitere sieben Statuen seiner Jünger. Diese sind:
Sariputta: er kam Buddha mit seiner Weisheit am nächsten
Mogganlana: er war wegen seiner übergroßen Kräfte berühmt
Kodanna: er war ein brahmanischer Astrologe, der Buddhas Vater die Zukunft seines Sohnes weissagte
Ananda: war ein Cousin Buddhas
Revata und Gavampati: sie besaßen übernatürliche Kräfte
Rahula: er war der einzige Sohn von Buddha

Der *saya* stellt nun die Gottheiten zu den jeweils dazugehörenden Planeten. Man kennt in Myanmar folgende Planeten: Sonne, Mond, Mars, Jupiter, Merkur, Venus, Saturn, Rahu und Kate. Kate ist der König aller Planeten. Der *saya* verteilt weitere fünf Figuren, die die fünf großen Gottheiten Thurathati, Sandi, Paramay-thwa, Maha-Peinne und Peikthano repräsentieren. Auf dem Dach des Modellklosters sind neun kleine Gebetsfahnen und neun kleine goldene Schirme aufgesteckt. Dann bringt der *saya* neun kleine Blumentöpfe, neun kleine Bettelschalen und neun Bienenwachskerzen, die er entzündet. Anschließend rezitiert er aus den Schriften Buddhas. Inzwischen sind auch die Gäste eingetroffen. Sie knien vor dem Kloster, und man reicht ihnen Erfrischungen wie z. B. Tee, Eis und Kuchen. Gegen 9 oder 10 Uhr gehen die Gäste wieder, der *saya* betet noch bis Mitternacht. Eine Stunde vor Sonnenaufgang bereitet er das Essen für die neun Gottheiten zu, das aus drei Sorten Obst - meist Bananen, Kokosnuß und Pflaumen - und Reis besteht. Damit ist die Zeremonie der neun Götter abgeschlossen.

Tod und Bestattung

Nachdem der Körper eines Verstorbenen in den zentralen Raum des Hauses gebracht wurde, unterrichtet man das Kloster und die Verwandten und Freunde von dem Todesfall. Der Leichnam wird gewaschen, und zwei Zehen und die Daumen werden mit Haarlocken des Sohnes oder der Tochter zusammengebunden. Man zieht ihm die besten Kleider an. Zwischen die Zähne wird ein Stück Gold oder

Silber gelegt, damit der Tote den Weg zum mystischen Fluß bezahlen kann. Diese Münze wird gewöhnlich heimlich von den Totengräbern entfernt.

Beim Leichenzug schreiten Personen voran, die auf ihrem Kopf Almosen für die Mönche tragen, ihnen folgen Verwandte und Freunde, eine Musikgruppe, Mönche und zuletzt der Sarg. Am Friedhof werden die Almosen vor den Mönchen abgesetzt, und die Musik hört auf. Der Sarg wird dreimal vor und dreimal über dem Grab von den Verwandten hin und her geschwungen und dann hinuntergelassen. Jeder wirft etwas Erde hinein, bevor die Totengräber das Grab zuschaufeln.

Nach sieben Tagen beginnt die Trauerfeier im Haus. Alle Kondolierenden kommen, essen, trinken und vergnügen sich. Die Tage davor haben sie gefastet. Wird der Leichnam verbrannt, dann werden die Gebeine sieben Tage danach bestattet. Über diese Stelle wird eine kleine Pagode errichtet. Manchmal werden die Knochen zu Pulver zermahlen und mit Holzöl vermischt. Diese Paste wird in einem Abbild von Buddha aufbewahrt.

Ehrerbietungstage

Es handelt sich um vier Tage in jedem Mondmonat, an denen alle Gläubigen in die Pagode zum Beten gehen. Diese vier Tage sind: der 8. Tag des Halbmondes, der Vollmond, der 8. Tag des abnehmenden Mondes und der Neumond. Ganze Familien brechen abends mit Matten und Essen zur Pagode auf. Dort schlagen sie den Gong, um den vier Welten ihre guten Taten anzuzeigen. Kurz vor Tagesanbruch wird das Essen gekocht. Die Mönche kommen dazu, und man betet gemeinsam. Für den Rest des Tages besucht man Freunde, raucht eine *cheroot,* kaut Betelnüsse oder tut nichts. Vor Sonnenuntergang treten die Pilger ihren Heimweg an.

Theater

pwe

Ein Fest ist ein *pwe*, umfaßt Theater, Tanz, Musik, Gesang. Es gibt ein *zat-pwe* und ein weniger aufwendiges *anyein-pwe.*

Der *zat-pwe* erfordert gewaltigen Aufwand. In endlosen Folgen werden während einer Theateraufführung Bilder einer Legende oder das Leben Buddhas, vermischt mit den Ruhmestaten der *Nats* und der Könige von Myanmar, dargestellt. Ein *zat-pwe* kann eine ganze Nacht dauern. Ein *anyein-pwe* ist bescheidener. Zur Unterhaltung treten zwei lustige Burschen, eine

Art Clown, sowie zwei oder drei Tänzerinnen und Sängerinnen auf.

Schauspiel

Das Theater widmet sich den traditionellen historischen und religiösen Themen, bei denen wie Könige, Helden aus Indien und das Leben Buddhas im Mittelpunkt stehen. Die Vorstellungen werden unter freiem Himmel gegeben. Sie dauern eine ganze Nacht. Das Spiel oder *pwe* beginnt mit dem Eintreffen der Musikgruppe. Die Vorbereitungen der Akteure geschehen vor dem Publikum. Die am weitesten verbreitete Form des Theaters ist das Puppenspiel.

Nattha - ein himmlisches Wesen

Puppenspiel

Das birmanische Marionettentheater (*Jokthe Poe*) hat sich relativ selbständig und unabhängig von den kulturellen Einflüssen der anderen Länder dieses Raumes, in denen vorwiegend das Schattentheater gepflegt wird.

Erst ab etwa 1800 wird das Marionettentheater in vielen Quellen erwähnt. Dies hat zu der Annahme geführt, daß der damalige Minister für Theaterwesen, U Thaw, der Begründer des Marionettenspiels sei.

Es hatte jedoch bereits eine lange Entwicklung hinter sich. Das Marionettentheater genoß bei der herrschenden Schicht wie beim Volk hohes Ansehen. Verdiente Puppenspieler wurden geadelt und reich beschenkt.

Themen der Aufführungen sind Episoden aus den früheren Existenzen Buddhas (*Jatakas)* und Dramen aus der nationalen Geschichte. Die Figuren sind aus Holz geschnitzt, 30 - 60 cm groß und werden mit mindestens 9, manche auch mit über 20 Fäden bewegt.
Die **Hauptfiguren** sind:
die *Natkadaw:*
Sie eröffnet die Vorstellung mit ihrem Tanz, durch den sie den Segen der Geister für die Vorstellung erfleht. Sie trägt ein rotes Stirnband und eine Schärpe. Häufig hat sie auch eine Opferschale dabei.

das *Pferd (myin)*:
Diese große Figur wird oft von zwei Spielern geführt. Es springt von links auf die Bühne und galoppiert dreimal hin und her. Das Pferd ist immer weiß und symbolisiert das Betreten der Erde nach der Schöpfung.
der *Affe (myout):*
Er sitzt meist zunächst in einem Baumwipfel, steigt dann herab und läuft vor seinem eigenen Schwanz weg. Er tanzt schließlich vor Freude, wenn er erkennt, daß dieser zu seinem eigenen Körper gehört.
der *Menschenfresser (bilu):*
Meist treten zwei *Bilus* auf. Sie tragen jeder zwei Kurzschwerter und führen wilde Tänze und Kämpfe vor. Sie haben vor ihrem eigenen Schatten Angst. Die *Bilus* besitzen ein furchterregendes Gesicht mit starken Hauern und roten Augen. Sie sind grün angemalt und tragen vorwiegend grüne Kleidung. Die weibliche Form heißt *Biluma.*
der *Elefant (hsin):*
Er tritt zusammen mit dem Tiger auf, ist schwarz und kann nur den Rüssel bewegen.
der *Tiger (tcha):*
Er kämpft mit dem Elefanten oder bedroht die alte Frau, die im Wald Holz sucht. Sein Maul kann er mit Hilfe eines gesonderten Fadens weit aufreißen.
der *Zawgyi:*
Er sucht den Stein des Weisen, kann fliegen und wird durch die Meditation mehrere Millionen Jahre alt. Seine Kleider sind rot, in den Händen hält er einen Zauberstab.
die *Minister (hwingyileba):*
In der Regel gibt es vier Minister. Sie bewegen sich würdevoll, tragen rote oder grüne Umhänge, die Gesichtsfarbe ist rosa oder weiß. Als Kopfbedeckung tragen sie den sog. „*Gaungbaung*". Sie beraten zusammen mit dem König die Staatsangelegenheiten.
der *Prinz (mintha)* und die *Prinzessin (minthamee):*
Sie treffen sich im Wald (dargestellt durch einen Bambuszweig auf der Bühne) und sind die Stars der Vorstellung. Ihre Gewänder sind mit Pailletten und Glassteinen bestickt.
der *Eremit (yathe):*
Er trägt ein braunes Gewand, dessen oberer Teil über die Schulter geschlagen wird, und einen Hut. Er besitzt unter anderem die Fähigkeit, mit den Tieren zu sprechen.
der *ältere Prinz (minthagyi):*
Zu unterscheiden ist bei dieser Figur der rotgesichtige (böse) und der weißgesichtige (gute) Prinz.
die *Clowns (lubyet):*
Sie erheitern das Publikum mit Scherzen, verfügen oft über bewegliche Unterkiefer und bewegliche Augen und haben manchmal einen schiefen Mund. Die Sprecher dieser Figur erreichen oft nationalen Ruhm dank ihrer ungewöhnlichen Schlagfertigkeit.

die *alten Leute (apogyi und apagyi):*
Ihre Kleidung ist oft zerrissen. Sie tanzen in gebeugter Haltung.
der *Nat:*
Er wird durch einen kleinen, dickbäuchigen Mann mit Schnurrbart verkörpert und hilft den Helden, die in Not geraten sind.

Die **Marionettenbühnen** sind traditionsgemäß Wandertheater. Zum Ensemble gehören vier Puppenspieler, sieben Musiker, drei Sänger und ein Techniker. Die wichtigsten Figuren werden von den besten Spielern bewegt, die aber nicht dazu sprechen und singen. Weniger wichtige Rollen werden von einer einzigen Person gespielt und gleichzeitig gesungen.

Die **Kulissen** sind sehr einfach. Die Spieler stehen hinter einem Vorhang auf der Bühne. Die Aufführungen dauern bis zum Morgengrauen. Im ersten Teil wird die Aufmerksamkeit des Publikums durch verschiedene Belustigungen auf die Vorstellung gelenkt und der zweite Teil ist dem eigentlichen Schauspiel gewidmet.

Der allgemeine Niedergang des Marionettentheaters in Myanmar begann nach der Absetzung des letzten Königs. Heute werden vor allem in Bagan, aber auch in Mandalay, am Inle See und in Yangon für Touristen Puppenspiele aufgeführt. Manchmal sieht man außer den traditionellen Themen auch „moderne" Darstellungen mit z. B. Jägern in Tropenanzügen, Fußballer im Sportdress, Europäerinnen mit Schoßhündchen.

Tanz

Beim Tanz kennt man eine erzählende Form und den Ausdruckstanz. Die erzählende Form wurde aus Thailand übernommen und ergibt sich aus den Rhythmen der Musik und aus der Handlung, die z. B. Episoden aus dem indischen Epos Ramajana aufgreift. Bei den Ausdruckstänzen sind Jagd-, Blumen-, Dämonen-, Trommel-, Schwerter-, Puppen- und Lichtertänze beliebt.

Musik

Die birmanische Musik wurde im 16. und 18. Jahrhundert von malaiischen und thailändischen Einflüssen geprägt. Bis vor wenigen Jahren kannte diese Musik keine Noten und bezog ihren Reiz in der Improvisation.

Musikinstrumente

Die birmanische Musik wird hauptsächlich geschlagen. Zu einem **Orchester** gehören folgende Instrumente:
kyi-waing: eine Reihe von Gongs, die an einem Rahmen aus vergol-

detem Holz in Drachenform hängen; *saing-waing:* ein Reifen kleiner Trommeln, die der Musiker mit den Fingerspitzen schlägt; *patala:* ein Xylophon aus Bambus

Diese drei Hauptinstrumente werden unterstützt von Zimbeln und riesigen Klappern aus dicken, in zwei Teile gespaltenen Bambusröhren. Als Träger der Melodie wirken ein bis zwei Blasinstrumente: *pulway:* eine schrill tönende Flöte *hne:* eine Klarinette mit gelenkigem Schalltrichter in Form einer Glocke

Rinnenklappern: Ein Bambusrohr wird so weit gespalten, daß nur der unterste Abschlußknoten das Ganze zusammenhält. Die Hände oder Füße des Spielers ziehen die Hälften auseinander und lassen sie rhythmisch zurückschnellen.

Becken: Es gibt sie in vielen verschiedenen Gefäßen mit einem Gesamtdurchmesser von 9 - 29 cm. Sie besitzen einen platten Rand und einen großen Buckel.

Gabelbecken: Zwei kleine Bronzebecken sind mit Riemen innen an die Zinken einer Bambusgabel lose angebunden.

Schlagplatte: Sie ist aus Bronze gefertigt, von dreieckiger Grundform, flach, mit zerrissener Kontur und wird mit einem Holzhammer angeschlagen. Diese Schlagplatten sind Abkömmlinge der uralten chinesischen Schlagsteine und als Kultinstrumente hoch geschätzt.

Schlitztrommel: Sie besteht aus Holz, hat einen angeschnitzten Griff und eine Gesamtlänge von ca. 48 cm.

Gong: Der Gong wird im Orchester eingesetzt, hat in der Fläche einen kleinen Buckel und einen niedergebogenen Rand. Das Instrument gilt als Symbol für Rang und Wohlstand des Besitzers. Die Gongs können auch in einem Halbkreis angeordnet sein, der Spieler sitzt dann in diesem Halbkreis und schlägt mit hellblau lackierten Holzschlegeln die 18 verschieden großen Gongs an.

Kesselgong: Auf der Veranda der Karen-Häuser hängt oft ein Kesselgong vom Balken herab, der zum kostbarsten Besitz eines Karen gehört und einen hohen Tauschwert bei Brautkauf und ähnlichen Anlässen darstellt.

Der Kessel ist ca. ½ m hoch, mit welligem Profil und ebener Platte. Er ist aus Bronze in einem Stück gegossen. Der Spieler kauert am Boden und schlägt den zentralen

Stern mit einem Schlegel und die Wand mit einem Bambusstäbchen. Die Platte gibt einen dunklen Hauptton, die Wand einen hel-

leren Beiton. Das birmanische Wort für Kesselgong ist *hpa-zi,* was „Zylinderfrosch" bedeutet, weil der Gong an der ebenen Platte mit den vier kleinen bronzenen Fröschen verziert ist.

Glocken: Sie werden bei den Shan den Packochsen umgehängt. Das erste und das letzte Tier in einer Karawane trägt jeweils eine solche Glocke. Die Bienenkorbform und der ovale Querschnitt sind für Ostasien typisch.

Schellen: Sie sind aus Eisen und aus Holz und können bis zu drei Klöppel haben.

Maultrommeln: Ihr Ursprungsland ist Hinterindien. Die Maultrommel ist ein schlanker, rechteckiger Stab mit einem haarfeinen Dorn zum Zupfen. Sie wurde als ein Instrument, das zur Liebeswerbung eingesetzt wurde, von Missionaren verboten.

Röhrentrommel: Alle Röhrentrommeln sind aus Holz, an beiden Enden mit Fell bespannt und haben eine Länge von ca. 150 - 200 cm. Je nach ihrer Form heißen sie: Zylindertrommel, Faßtrommel, Kegeltrommel und Bechertrommel. Ihre Form erinnert an eines Trinkglases mit Stiel und Fuß. Die Trommeln haben eine Gesamthö-

he von 90 - 130 cm und einen Durchmesser von 20 - 40 cm.
Krokodilzither: Dies ist eine gekantete Holzröhre, hinten mit einem Schlitz geöffnet, in stilisierter Krokodilform, mit dem Schwanz als Wirbelstock und dem Kopf am entgegengesetzten Ende. Von den elfenbeinköpfigen Wirbeln gehen die drei Saiten - eine aus Messing, zwei aus Seide - zu einer angeschnitzten Öse. Alle Holzteile sind mit rotem Lack und mit Gold überzogen. Als Untersatz dient eine rotlackierte Bank mit Silberbezug. Die Krokodilzither ist gewöhnlich etwa 110 cm lang, 13 cm breit, 8 cm hoch und nur noch sehr selten zu sehen.
Spießgeige: Das Instrument besteht aus einem Fruchtkorpus mit Bodenöffnung, einer Tierhautdekke und einem Holz- oder Rohrspieß. Sie hat nur eine Saite aus Haar oder Seide.
Kurzlauten: Es gibt zwei, aus verschiedenen Regionen stammende Varianten:
Khasi-Gruppe: Ihre Kurzlauten haben einen würfelartigen Wirbelklotz, zwei Saiten und stammen aus Vorderindien.
Shan-Kachin-Gruppe: Diese Instrumente haben einen sichelförmigen Wirbelklotz, drei Saiten und stammen aus Borneo.
Kurz-Geige: Am Wirbelkasten des violineähnlichen Instruments befinden sich geschnitzte stilisierte Vogeldarstellungen. Die Geige besitzt 3 Saiten.
Trompeten: Es handelt sich um konische Holzröhren oder Büffelhörner mit meist abgeschrägten Mundenden.
Harfe: Die berühmte birmanische Harfe ist mit dem Untergang des Hofes von Mandalay fast ganz verschwunden. Am Korpus ist eine Hirschhautdecke aufgeklebt. Die Harfe hat 13 Saiten, die mit roten Wollschnüren gespannt werden. Sie wird nur von Frauen als Begleitung zum Gesang gespielt.

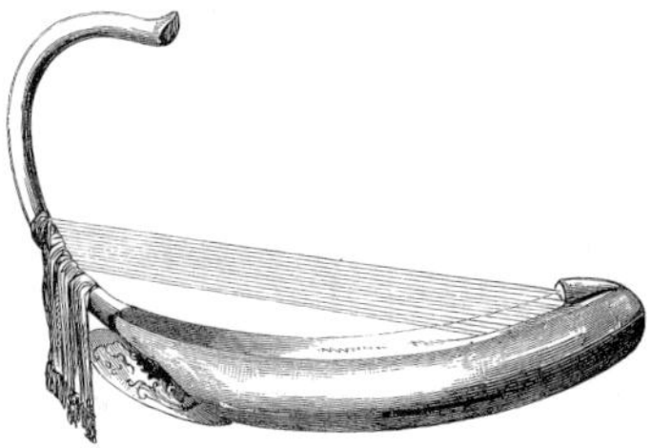

Längsflöten: Die Längsflöte ist aus Bambus und ohne Griffloch. Die Bündelpanflöte besteht aus vier verschieden großen Längsflöten, die zu einem Bündel zusammengefaßt werden. Bei der Panflöte werden bis zu 20 Pfeifen zusammengebunden.
Querflöten: Sie sind aus Bambus gefertigt und besitzen unterschiedlich viele Grifflöcher. Es gibt auch Doppelflöten mit Grifflöchern zu beiden Seiten des Mundlochs.

Ringflöten: Sie bestehen aus Rohr oder Bambus und haben meist fünf Grifflöcher, von denen eines hinten und vier vorne sind. Nahe der Mündung sitzen sieben Stimmlöcher.

Oboe: Ihr Ursprungsland ist Vorderindien. Die Oboe hat bis zu sieben Grifflöcher vorne und eines hinten, eine konische Form und ist meist mit Schnitzereien verziert oder bemalt.

Pfeifen: Das Zungenhorn ist für die Kachin typisch. Die Laute werden nach einem Prinzip hervorgebracht, das dem unserer früheren Automobilhupe entspricht. Die Mundorgel ähnelt unserer Mundharmonika. Die Zungenpfeife gibt es als Einzel-, Doppel- und Dreierpfeife.

Feste und Feiertage

Der Feiertagskalender in Myanmar richtet sich nach dem dort gültigen Mondjahr, was zur Folge hat, daß die allermeisten Festtage von Jahr zu Jahr auf andere Daten nach unserem Kalender fallen.

Monatsanfang ist jeweils am ersten Tag des Vollmonds.

Die Daten für die Vollmondfeste können Sie nach den jeweiligen astronomischen Gegebenheiten errechnen. Genaue Termine sollten Sie bei der Tourismusbehörde MTT erfragen.

Januar/Februar

- *Vollmond von Tabodwe:* Vollmondfest im Ananda Tempel in Bagan, in der Shwedagon Pagode in Yangon und in der Shwenattaung Pagode in Pyay;
- *4. Jan.:* Unabhängigkeitstag, große Paraden und Umzüge im ganzen Land
- *12. Febr.:* Tag der Einheit zur Erinnerung an die Gründung der Union of Myanmar 1947, Paraden in Yangon mit den verschiedenen ethn. Gruppen in ihren Trachten
- *Reiserntefest (Tamane Hto-thi)*

Während des Vollmonds ziehen einige Knaben zu jungen Männern und Müttern mit jungen Töchtern, geben ihnen Tee und bitten sie zum Erntefest. Bei diesem Fest ißt man eine spezielle Speise, *htamane* genannt, bei der Reis mit Kokosraspeln, Sesamsamen, Ingwer, Zwiebeln und Pfeffer gekocht wurde. Dazu trinkt man Tee, raucht *cheroots*, kaut Betel, lacht und redet. Nach einer Stunde beginnen die Männer damit, den Reis von der Spreu zu trennen, indem sie den Reis in die Luft werfen. Die Mädchen müssen das Geschirr säubern. Danach trägt ein Sänger alte überlieferte Lieder vor, Geschichten werden erzählt und Diskussionen entstehen. Um Mitternacht teilen Mädchen zu Hause Essen, verpackt in Bananenblättern, für Freunde aus. Die Mönche bekommen von jedem Bauern etwa 20 Körbe Reis gebracht.

Februar/März

• *Vollmond von Tabaung*
Im ganzen Land finden lokale Pagodenfeste finden statt.
• *2. März:* Tag des Bauern, Paraden in Yangon
• *27. März:* Tag des Widerstandes, Feuerwerk und Paraden in Yangon

April/Mai

• *Vollmond von Kason*
Dieses Fest ist dem Gedenken an Buddhas Geburt, Erleuchtung und Eintritt ins *Nirwana* gewidmet. Blumengeschmückte Mädchen, Männer und Frauen jeden Alters gehen in die Pagode und begießen die heiligen Bodhi-Bäume.
• *1. Mai*: Tag der Arbeit
• *Thingyan oder „Wasserfest"*
Dieses Fest wird Mitte April vor dem Beginn des Neuen Jahres in Myanmar gefeiert und dauert drei Tage. Man singt, tanzt, besucht die Verwandten und überschüttet sich gegenseitig mit Wasser (daher der Name „Wasserfest"). Von Sonnenaufgang an stehen junge Mädchen und Burschen mit Eimern voll Wasser auf der Straße und übergießen damit die Passanten. Nur die Mönche und Kranken werden verschont. Oft entstehen regelrechte Wasserschlachten.

Das Fest hat seinen Ursprung in Kulthandlungen der „Regenbeschwörung". Mitte April, zum Ende der Trockenzeit, ist die Erde ausgedorrt, die Bauern warten jetzt darauf, die Reissamen aussäen zu können. Ein „Regenmacher" fleht die guten Geister an, endlich den Regen zu senden. Die älteren und religiösen Leute gehen an diesen Tagen in die Pagode zum Beten. Viele kaufen lebende Fische, setzen sie in nahegelegenen Seen und Flüsse aus und beten für ein langes Leben. Den Eltern, Alten und Lehrern werden Blumen, Früchte und Kerzen geschenkt.
• *Neues Jahr in Myanmar*
Nach dem Volksglauben verbringt Thagyamin die letzten zwei Tage des alten Jahres auf der Erde. Genau in dem Augenblick, in dem Thagyamin die Erde wieder verläßt, beginnt das Neue Jahr. Auf das dreitägige Wasserfest folgt nun das Neujahrsfest. Die alten Leute fasten und gehen zu den Klöstern und Pagoden, um dort Almosen zu geben. Zu Hause bereitet die Hausfrau kühle Getränke und süße Kuchen zu, die den Nachbarn geschenkt werden. Vor jeder Haustür steht ein Neujahrstopf mit Blumen und Blättern, um den Gott willkommen zu heißen.

Der genaue Zeitpunkt der Ankunft und des Fortgangs der Gottheit wird durch Kanonen- und Gewehrschüsse angezeigt.

Juni/Juli

• *Vollmond von Waso*
Beginn der dreimonatigen buddhistischen Fastenzeit
Das Einsetzen des Monsuns markiert den Anfang der Fasten- und Meditationszeit. Während dieser Zeit finden keine Feste, Tänze, Theater und Hochzeiten statt. Den Mönchen werden jetzt neue Roben geschenkt. Auch der Eintritt in ein Kloster fällt auf diesen Termin. Für die Jungen, die im Alter zwischen 7 und 10 Jahren oder zwischen 12 und 15 Jahren für eine bestimmte Zeit ins Kloster gehen, wird die•
*Anfang Juli: Nat*fest am Mt. Popa
• *19. Juli*: Märtyrertag zur Erinnerung an den 1947 ermordeten Bogyoke Aung San, der Vater der Unabhängigkeit Myanmars
• *Shin Byu*- oder Haarschneide-Feier veranstaltet.

Juli/August

• *Vollmond von Wagaung*
In dem Ort Taungbyon bei Mandalay findet ein *Nat*fest statt. Neben einem Umzug findet auch ein sehenswerter Jahrmarkt statt. Siehe auch Kapitel „Ausflüge von Mandalay"

September/Oktober

• *Vollmond von Thadingyut*
Ende der buddhist. Fastenzeit
Bootsrennen finden überall auf Flüssen und Seen statt.
• Vollmondfest in der Shwedagon Pagode in Yangon und in der Shwesandaw Pagode in Bago
• *Phaung Daw U Pagodenfest*
Besonders sehenswert ist die mehrtägige Prozession auf dem Inle See, bei der die Buddhastatuen der Phaung Daw U Pagode in einem Schiff in Form eines großen Vogels von Ort zu Ort gebracht werden. Siehe auch unter der Ortsbeschreibung „Inle See".
• *Dewali oder „Lichterfest"*
Dieses Fest dauert drei Tage und findet zur gleichen Zeit wie das Thadingyut-Fest statt. Es kann in drei verschiedenen Arten begangen werden: als Veranstaltung, bei der die Dorfbewohner verkleidet als Tiere tanzen; als Fest der Lichter, bei dem Öllampen und Wachskerzen entlang der Straßen und in den Häusern als Geschenke für die Götter entzündet werden; als Fest der Narren, bei dem die jungen Männer nachts umherstreifen, stehlen und vieles durcheinanderbringen.
In Obermyanmar wird das Fest mit Tiertänzen und Rowdytum begangen. Seit der Zeit von König Anawrahta dürfen in diesem Teil des Landes Kerzen nämlich nur noch zur Ehrung Buddhas verwendet werden. In Niedermyanmar jedoch wird dieses Fest nach wie vor als Lichterfest gefeiert.

Überall in Myanmar begeht man mit diesem Fest das Ende der Fastenzeit. Man bedankt sich auch bei den Lehrern, Eltern und Alten mit einem kleinen Geschenk.

• *Elefantentanz-Fest in Kyaukse*
Knapp 35 km südlich von Mandalay liegt Kyaukse. Alljährlich findet hier zur Zeit des Lichterfestes der „Elefantentanz" statt. Ein lebensgroßer Elefant aus weißem Papier trägt auf seinem Rücken eine Nachbildung einer heiligen Zahnreliquie des Buddha. Ein schwarzer Elefant, der fröhlich zur Musik tanzt, bildet das Ende der Prozession. In jedem Papierelefant sind zwei Männer, die die Figur tragen und bewegen.
Inzwischen wird der Elefantentanz nicht mehr nur in Kyaukse aufgeführt, sondern bildet auch in vielen anderen Orten den Höhepunkt des Lichterfestes.

Oktober/November

• *Vollmond von Tazaungmon*
Vollmondfest in der Shwezigon Pagode in Bagan und nochmals
• *Mitte bis Ende Nov.*: Nationaltag
• *Lichterfeste*
Bei diesem Fest werden den Mönchen in einer Prozession Roben und kleine Geschenke überreicht. Außerdem werden in einem Tag Roben (*Mathothingan*) gewebt, die dann vor den Buddhastatuen als Opfergaben niedergelegt werden.

November/Dezember

• *Vollmond von Nadaw*
• *4. Dez.:* Nationalfeiertag zum Gedenken an den großen Studentenstreik von 1920 (Wegbereiter zur Unabhängigkeit)
• *25. Dez.:* Weihnachten

Dezember/Januar

• *Vollmond von Pyatho*
Neujahrsfest der Karen
Zu Aufführungen mit Volkstänzen und Gesang tragen die Karen ihre traditionelle Tracht. Besonders große Feste finden in Insein, nördlich von Yangon, und in Hpa-an statt.

bei Bago

Kunst und Kunsthandwerk

Baukunst

Die Architektur in Myanmar ist bislang noch kaum Gegenstand einer detaillierten Untersuchung gewesen. Die Archäologen und Kunsthistoriker beschäftigen sich traditionsgemäß vor allem mit der indischen Baukunst. Hinzu kommt, daß die wichtigsten bereits erzielten Forschungsergebnisse nur in Birmanisch veröffentlicht wurden und insofern dem westlichen Leser in der Regel nicht zugänglich sind. Innerhalb des von Indien maßgeblich beeinflußten südostasiatischen Kulturraumes erscheint die Baukunst in Myanmar am eigenständigsten. Das wichtigste Baumaterial bilden Ziegelsteine, Natursteine sind eher selten, und als Dekor wird Stuck verwendet. Die beiden wichtigsten Gebäudetypen sind der Stupa (oder Chedi, Pagode) und der Tempel.

Stupa

Ein Stupa ist ein glockenförmiger Bau, der zur Aufbewahrung von heiligen Reliquien dient. Im Laufe seiner Entwicklungsgeschichte wird der architektonische Rahmen immer differenzierter ausformuliert: der Stupa wird auf einem reich verzierten quadratischen oder polygonalen Stufensockel errichtet und von einem stilisierten Sonnenschirm überragt. Die späteren Stupas stehen zuweilen im Zentrum einer komplexen Anlage (z. B. Shwedagon Pagode in Yangon).

Die verschiedenen **Typen** von Stupas:

Bupaya Pagode, Bagan

Typ 1: zwiebelförmiger Stupa, im 9. Jh. entstanden, chinesischer und tibetischer Einfluß.

Shwesandaw, Bagan

Myinbagan

Typ 2: glockenförmiger Stupa, der obere Teil endet in Gesimsen, die den Sonnenschutz darstellen, geht auf die in Pyu übliche Form zurück, ist im 12. und 13. Jh. entstanden.

Myinbagan

Typ 3: glockenförmiger Stupa, auf halber Höhe von Gesimsen umgeben, runder oder oktagonaler Sokkel, nicht begehbare Terrassen, geht auf die Mon-Bauweise zurück.

Nyang U

Typ 4: glockenförmiger Stupa, ohne Gesims, runder, mehrstufiger Sockel, nicht begehbare Terrassen, Nachahmung der auf Sri Lanka verbreiteten Form.

Der Stupa als ein Reliquienschrein hat eine gleichsam spirituelle Erinnerungsfunktion. Er fordert den Gläubigen zur Andacht auf und gemahnt ihn an das *Nirwana*. Der religiösen Sammlung dienen auch die Tonplatten, die manchmal rund um das Fundament angeordnet sind und Szenen aus früheren Existenzen von Buddha darstellen.

Der terrassenförmig gestufte Unterbau erinnert an die Kosmologie der Inder: ihr erhabener Berg Meru erhebt sich in der Mitte der Erdplatte. An seinem Fuß liegen die Kontinente und Inseln, umgeben vom weiten Ozean. Der Berg Meru war von sechs Gebirgsketten und Meeren eingeschlossen. Auf seinen terrassenförmigen Hängen wohnten Geister und Fabeltiere, und auf dem höchsten Gipfel lebten die Götter.

Die Treppen, die zu den Terrassen hochführen, werden von Geländern in Form eines Drachen oder einer Schlange *(naga)* flankiert. Wie der Regenbogen, der dem Drachen gleichgestellt wird, symbolisieren sie die Leiter, die von der Erde in die himmlischen Gefilde führt. Die oberste Terrasse versinnbildlicht das Paradies und den Wohnsitz der Götter.

Einen Stupa auf einen Hügel zu bauen stellte ein hohes Verdienst dar. Noch größer war das Verdienst, wenn man zuerst einen künstlichen Berg anlegte und dann den Gipfel mit einem Stupa krönte. Mit seiner juwelengeschmückten Spitze, die die Sonnenstrahlen reflektiert, sollte der Stupa seine wohltätige Wirkung im ganzen Umkreis verbreiten. Stand der Stupa auch noch auf einer Terrasse, vervielfachte sich seine Reichweite.

Tempel

Die Tradition des Tempelbaus steht in Myanmar in engem Zusammenhang mit der uralten Gepflogenheit heiliger Männer, in Höhlen zu leben. Die äußerste Ruhe und das kühle Halbdunkel, die in ihnen herrschen, bieten zusammen mit dem Verzicht auf alle Bequemlichkeit beste Bedingungen für die Meditation. Wo keine natürlichen Höhlen vorhanden sind, graben sich die Meditationswilligen eine höhlenähnliche Behausung in den Berg.

Am Thamiwhet Umin stieß man auf eine Höhlengruppe, die in einen Berghang eingegraben und mit Backsteingewölben verstärkt war. Hier deutet sich bereits der freistehende Tempelbau an, der mit Hilfe architektonischer Maßnahmen gleichsam einen künstlichen Berg anlegt und in seinem Inneren einen höhlenartigen, spirituellen Raum schafft.

Bei den Tempeln findet man den viereckigen Saaltyp, manchmal mit einer Vorhalle und in den massiven Mauern Nischen für Figuren. In einigen Tempeln ist ein Tonnengewölbe mit Keilsteinen zu sehen, eine sonst in Südostasien unbekannte Technik. Strahlenförmige Bogen, die an die Gotik erinnern, und das aus ihnen entwickelte Gewölbe sind in den Tempeln sehr verbreitet. Im Gegensatz zur Gotik strebt dieser Baustil jedoch nicht in die Höhe. Das Bindemittel zwischen den Ziegeln bestand aus Schlamm und Leim und wurde möglichst dünn aufgetragen.

Pagode oder Tempel?

Eine Pagode ist eine Kultanlage um einen Stupa (oder *Chedi, Dagoba*), der meist auf einem terrassenförmigen Sockel errichtet ist. Der Stupa beherbergt eine Reliquienkammer und dient als Erinnerungsmal. Man kann nicht hineingehen.

Der Tempel ist eine Nachbildung einer Höhle, die der Meditation dient. Von außen symbolisiert er den Berg Meru. In Tempel kann man hineingehen.

Plastik

Die Bildhauerkunst in Myanmar, die sich fast ausnahmslos buddhistischer Motive annimmt und insofern religiösen Zwecken dient, ist noch wenig untersucht. Die verwendeten Materialien sind Stein, Bronze, Ziegel mit Stuck, Ton und Holz. In den frühen Arbeiten dominieren der südindische und singhalesische Einfluß in der Haltung und Faltengebung.

Der künstlerische Höhepunkt wird in der Blütezeit von Bagan erreicht. Nach dem Fall von Bagan entstehen verschiedene regionale Schulen. Der Kopfschmuck der Statuen wird immer prächtiger, der Ausdruck der Figuren wirkt geziert, und die Faltengebung erinnert an chinesische Vorbilder.

Bronze- und Holzstatuen werden hauptsächlich für Bildnisse des stehenden Buddha und der Hauptjünger verwendet. Sie sind von höherer Qualität als die Steinfiguren.

Buddhas, Holz, Mandalay-Stil, 19. Jh.

Ornamentik

Im Gegensatz zu dem üppigen Dekor der Holzgebäude bleibt der skulpturale Schmuck an den Steingebäuden nüchtern. Bei diesen beschränken sich die Verzierungen auf die Gesimse, Fenster- und Türrahmen und Pfeiler. Bagan ist bekannt für seine kunstvoll durchbrochenen steinornen Fenstergitter.

Die **Gesimse** bestehen aus mehreren Reihen scharfkantiger, geometrischer Figuren und zwei oder drei Reihen mit Lotos-Ornamenten. Beim Mon-Stil sind die Gesimse klar abgegrenzt, beim birmanischen Stil werden diese zahlreicher und ungenauer.

Beim **Kapitell** verlaufen dreieckige Blumenmotive abwärts, während andere ihnen vom Sockel entgegenstreben. Schielende Kobolde oder Fratzen in einem Winkel sollen die bösen Dämonen abschrecken.

Giebel, Fenster, Nischen und Tore werden oft von vielblättrigen Verzierungen gekrönt. Die hochgebogenen Enden sind mit realistisch dargestellten oder stilisierten Krokodil-Drachen-Köpfen versehen. Die beiden Hälften der bogenförmigen Verzierung stellen ihre Körper mit Stachelkamm dar.

Der Drache ist das Symbol für fließendes Wasser, Ströme und Kanäle und für die Himmelsleiter. Aber sein Element ist nicht allein das Wasser. Mit feuriger Energie geladen, speit er Feuer, spuckt Salamander mit Löwen- oder Stierköpfen aus, und aus den Stacheln seines Rückenkammes bersten Feuerstrahlen.

Fenstergitter des Nanpaya T., Bagan

Oft bestehen die Verzierungen aus Darstellungen von Salamandern, Wildgänsen und anderen Vogelleibern. Die üppigen Schnörkelverzierungen über den Bögen von Toren, Fenstern, Nischen und an den Wandpfeilern bedeuten sowohl Laub wie Flamme. Laub, weil der Bogen einen Höhleneingang in einer Waldlandschaft versinnbildlicht, und Flamme, weil dieser Höhleneingang durch die feurige Kraft des meditierenden Buddha im Höhleninnern erleuchtet wird.

Herstellung von Bronzefiguren

Der Metallguß genießt besonders in Obermyanmar seit langem ein hohes Ansehen. Er wird vorwiegend für die Herstellung religiöser Figuren verwendet. Beim Guß folgt man dem im Orient bekannten Wachsausschmelzverfahren, bei dem für jedes Stück die ganze Lehmform neu hergestellt werden muß. Die Gußmischung enthält rund 54 % Messing, 40 % Zinn und 6 % Zink. Der Tonkern, über den die Figur geformt wird, besteht in den innersten Schichten aus grobem, mit gehackten Reishülsen und Sand vermischtem Ton. Man beginnt mit dem unteren Ring für den Sockel, dann wird dieser selbst mit dem Unterkörper aufgesetzt. Als nächstes kommt der

Oberkörper und zuletzt der Kopf, der mit einem Holzstäbchen mit dem Rumpf verbunden wird. Über diese Grundform wird nun feiner, mit Pferdedung vermischter Ton aufgetragen und darüber wird eine noch feinere Tonschicht aufgelegt, in der die Einzelheiten ausgearbeitet werden. Das Ganze bestreicht man mit einer Flüssigkeit aus pulverisierter Holzkohle und Pferdedung. Bei Figuren bis etwa 85 cm Höhe werden Gesichtszüge, Nase, Mund, Haare, Gewandung usw. erst bei dem folgenden Wachsüberzug geformt. Die Finger sind stets, auch bei großen Figuren, ganz aus Wachs, werden also Vollguß. Die Hand, die aus der Körperfläche heraustritt, wird eigens gegossen und der Figur zuletzt angesetzt.

Nun wird die Wachsmischung (Bienenwachs und Baumharz im Verhältnis 4 : 3 und etwas Petroleum) in der beabsichtigten Stärke des Gußmetalls gleichmäßig über den Tonkern gelegt. Der Künstler modelliert dann alle Feinheiten in der fügsamen Masse aus. Über das Wachsmodell wird jetzt nochmals die schon erwähnte Kohle- und Pferdedungmischung gestrichen. Dann folgt eine Schicht des feinen Tones. Nägel werden eingetrieben, damit sich die Tonwände beim Guß nicht verschieben. Die gröbere Ton- und Reishülsenmischung bildet den abschließenden Überzug. Ist die Form fertig und mit Kanälen für das Eingießen des Metalls, das Entweichen der Hitzegase und das Abfließen des Wachses versehen, dann bringt man sie in ein Feuer, damit das Wachs schmilzt. Noch heiß stellt man die Form mit dem Eingießloch am unteren Sockelrand nach oben gekehrt auf und gießt das flüssige Metall ein, das sich in den warmen Hohlräumen in alle Winkel einschmiegt.

Nach dem Abkühlen wird die äußere Tonschale abgebrochen, die Figur gereinigt, mit Meißel und Feile bearbeitet und blank poliert.

Die Buddhadarstellung

Die Zahl der Buddhadarstellungen ist im tief religiösen Myanmar schier unübersehbar, die Formen und Haltungen der Figuren beschränken sich dagegen auf einige wenige, immer wiederkehrende Muster.

Der **liegende Buddha** kommt hauptsächlich für Kolossalfiguren in Betracht und ist meist aus Ziegel gebaut und mit Stuck überzogen. Gewöhnlich werden diese Skulpturen freistehend errichtet und mit einem Dach oder in einer eigenen Halle auf dem Klostergelände vor Regen geschützt. Die Hand des liegenden Buddha ist unter das Haupt gelegt - in dieser

Stellung soll der Buddha ins Nirwana eingegangen sein.

Die **stehenden und sitzenden Buddhafiguren** sind entweder aus Holz geschnitzt oder Messing- bzw. Bronzegüsse. Steinfiguren sind eher selten.

Kleinere Buddhafiguren werden meist nicht einzeln, sondern in einer großen Menge aufgestellt. Mit jeder neu hinzugekommenen Statue vermehrt sich das religiöse Verdienst des Stifters. Daraus erklärt sich auch das relativ geringe Interesse der Myanmaren an der Restaurierung älterer Statuen und Denkmäler. Buddhastatuen, die Gegenstand der Verehrung sind, werden von den Gläubigen in der Regenzeit mit einer safrangelben Schärpe geschmückt und in der kalten Jahreszeit ganz mit Tüchern umhüllt. Es ist Brauch, kleinere Buddhastatuen in Heiligtümern in heiligem Wasser zu baden.

Symbolik der Buddhadarstellungen

Die Buddhafigur wird in verschiedenen Grundformen dargestellt: in Mönchstracht stehend, liegend, oder sitzend, seltener in fürstlichem Schmuck.

Die bevorzugte Darstellung beim stehenden Buddha ist die Schrittstellung mit schützend erhobener rechter Hand. Der liegende Buddha soll meist den Erleuchteten in Ruhestellung, seltener den toten Buddha wiedergeben. Bei den sitzenden Posen sieht man häufig die Figur mit untergeschlagenen Beinen auf einem Lotosthron ruhen, zuweilen auch auf dem Thron einer siebenmal geringelten Schlange, die ihren Kopf über den der Figur hält. Der Kopf der Buddhafiguren ist von kleinen erhabenen Knoten bedeckt; diese sollen Schnecken darstellen, die den Kopf Buddhas gegen die Sonneneinstrahlung geschützt und gekühlt haben.

Die Darstellungen Buddhas wie auch anderer Gottheiten folgen bestimmten Schemata, bei denen die Beinstellungen oder *Asanas* und die Handhaltungen oder *Mudras* jeweils eine festgelegte Bedeutung haben.

Buddha mit Geste der Erdberührung

Mudras (Symbolische Handhaltungen)

Abhaya
Schutz, Segen der Furchtlosigkeit. Rechter Arm erhoben, leicht gebeugt, Hand in Schulterhöhe, alle Finger ausgestreckt, Handfläche nach außen.

Anjali
Begrüßung. Beide Arme sind über dem Haupt erhoben, Handflächen nach oben, Finger ausgestreckt. Vor allem eine tantrische Ausdrucksform.

Bhumisparsa
Zeugnisanrufung, Erdberührung. Rechter Arm hängt über dem rechten Knie herunter mit der Handfläche innen und den Fingern nach unten, berührt den Lotosthron.

Bhutadamara
Ehrfurchteinflößend. Hände sind vor der Brust gefaltet. Dieses Mudra wird auch „Trailokyavijaya" genannt nach dem Beherrscher der drei Welten.

Dhyana oder Samadhi
Meditation. Beide Hände mit den Handflächen nach oben liegen im Schoß.

Buddhasramana
Begrüßung. Rechte Hand in Kopfhöhe, Finger nach außen, Handfläche nach oben.

Dharmacakra
Predigt, das Rad der Lehre drehend. Die rechte Hand auf der Brust, die linke bedeckt sie, es wird mit den Fingern gezählt.

Karana
Die Hand ist ausgestreckt, Zeigefinger und kleiner Finger sind ausgestreckt.

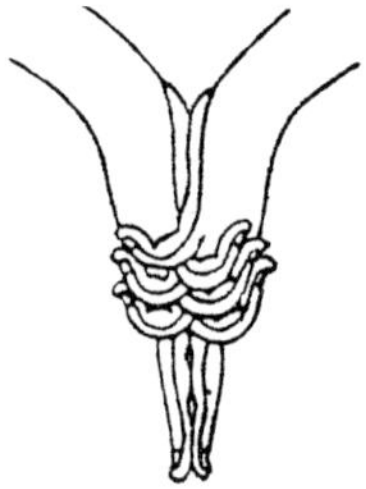

Ksepana
Die Geste der Ambrosia-Verteilung. Hände sind zusammengefaltet, Zeigefinger nach unten.

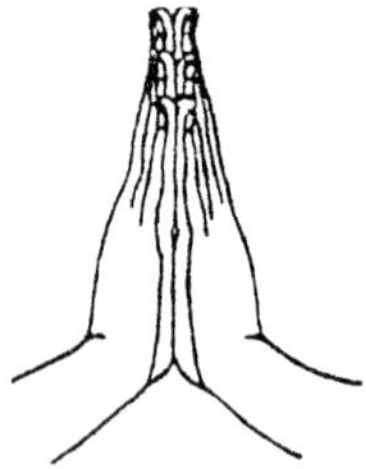

Namaskara
Gebet. Gefaltete Hände.

Tarjani
Zeigefinger ist ausgestreckt in drohender Form.

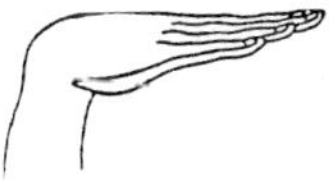

Tarpana
Verehrung. Arm in Schulterhöhe, Handfläche nach unten, Finger ausgestreckt, aber leicht gebeugt zur Schulter gedreht.

Uttarabodhi
Vollendung. Finger gefaltet, Zeigefinger ausgestreckt nach oben.

Vajrahumkara
Oberster Buddha. Hände vor der Brust gekreuzt, halten vajra und ghanta (Donnerkeil und Glocke).

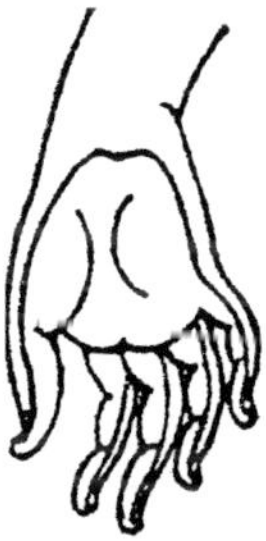

Varada oder Vara
Mitleid, Barmherzigkeit. Arm hängt herunter, alle Finger ausgestreckt, Handfläche nach außen.

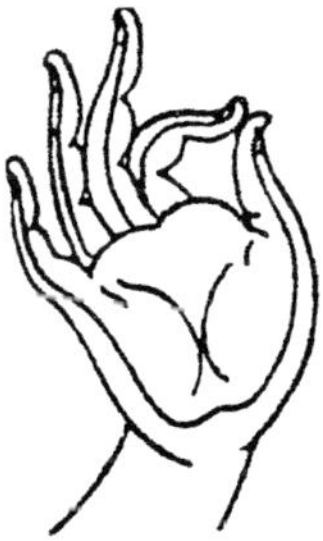

Vitarka
Argumentation. Der Arm ist gebeugt, alle Finger sind ausgestreckt, leicht gebogen, der Zeigefinger berührt den Daumen.

Asanas (Beinstellungen bzw. Körperhaltungen)
Dhyanasana, auch Vajrasana oder Vajraparyankasana (Meditationsstellung): Beine verschränkt, Sohlen nach oben, übliche Stellung der Buddhafiguren
Sattvasana: Beine verschränkt, Sohlen kaum sichtbar, Stellung einiger Bodhisattvas
Lalitasana: Ein Bein in der üblichen Haltung der Buddhas, das andere herunterhängend
Alidhasana: Stehend, nach links schreitend
Pratyalidhasana: Stehend, nach rechts schreitend
(Die Beschreibungen der Mudras und Asanas sind nach Andreas Lommel.)

Bedeutende Buddhadarstellungen

Die schönste Steinfigur wird in einer Kapelle bei der berühmten Ananda Pagode in Bagan aufbewahrt. Sie soll nach der Eroberung des an der Südküste von Myanmar gelegenen Königreiches Thaton im 11. Jahrhundert dorthin gekommen sein und weist deutlich das Gepräge des vorderindischen Stils auf, das ihr die aus Indien gerufenen Künstler gegeben haben.

In der Shwezigon Pagode in Nyaung U befinden sich vier Kapellen, in denen jeweils ein 3 ½ m hoher Buddha aus Bronze steht. Das Gesicht zeigt einen rein indischen Typ, der Körper tritt plastisch aus der durchsichtig gedachten Gewandung hervor, die sich nur durch die von den Armen niederhängenden Stoffteile des Überkleides andeutungsweise bemerkbar macht. Die Figuren sind an einer bogenförmigen Rückwand befestigt, der Kopf ist vollrund, der Körper hohl und nur vorne ausmodelliert, hinten dagegen offen. Die angesetzten Unterarme sind skulptural ausgearbeitet, die Hände sind Vollguß und die Füße aus Stuck. Diese Buddhafiguren stammen aus dem 11. Jahrhundert.

Am berühmtesten ist die Mahamuni-Statue in der Mahamuni oder Arakan Pagode in Mandalay. 1785 hatte sie König Bodawpaya nach einem siegreichen Kriegszug aus Rakhine gebracht. Die Mahamuni Pagode wurde eigens zur Aufnahme dieser Statue errichtet. 1884 beschädigte ein Brand die Bronze so stark, daß ihr ein neuer Kopf aufgesetzt werden mußte. Die Statue soll in drei Teilen gegossen sein.

Dreißig weitere Bronzen sind aus Rakhine verschleppt worden, aber nur sechs davon haben Mandalay erreicht. Diese stehen nun in der Mahamuni Pagode an der Hofmauer. Sie stammen aus der Beute eines Feldzuges gegen Thailand und wurden 1564 aus Ayuthia nach Bago gebracht, von wo sie wiederum im Jahre 1600 nach Mrauk U, der Hauptstadt von Rakhine, gelangten.

Wandgemälde

Die Wandgemälde oder Fresken im Inneren der Tempel stellen in Legenden überlieferte Episoden aus den 550 Wiedergeburtsperioden Buddhas oder Szenen aus dem täglichen Leben dar. Die Hauptfarben sind ein stumpfes Ockergelb, ein tiefes Braun, ein zartes Hellgrün und ein feuriges Rot.

Die Methode ist die gleiche wie bei der europäischen Freskomalerei. In technischer Hinsicht weisen die ältesten gefundenen Fresken das höchste Maß an Vollendung auf. Der durch den Hintergrund freigelassene Umriß der Figur wird durch eine Schattenuntermalung gerundet, wodurch die Glieder eine reiche Natürlichkeit erhalten. Dann erst erfolgt das Auftragen der Farben der Gewänder, des Schmukkes usw. Zum Schluß werden Haare, Augen und Schnurrbart mit schwarzer Farbe hinzugesetzt., und die Finger und Zehen erhalten ihre Konturen.

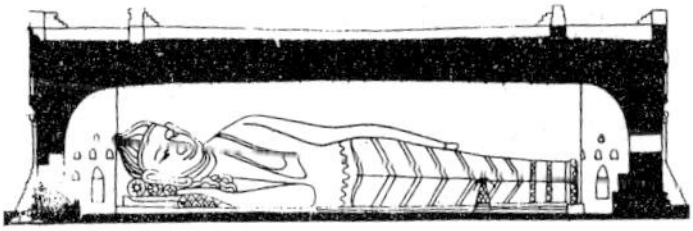

Lackkunst

Vom Chindwinn der Bambus,
Aus dem Shan-Land der Lack,
Aus China der Zinnober,
Nachdem sie nach Bagan gekommen,
Und miteinander vereinigt sind,
Entsteht Bagan'sches Lackgerät.

Geschichtliches

Schon im 13. Jh. berichtet Marco Polo über die Verwendung von Lack in der Innenarchitektur und bei der Herstellung von vielen Gebrauchsgegenständen in Peking (dem damaligen Cambaluk). Genauere Nachrichten über dieses Kunsthandwerk erreichten Europa erst im 16. Jh. durch Kaufleute und Missionare, dann aber hatte sich bereits um 1700 in Europa eine Vorliebe für ostasiatische Lackarbeiten entwickelt.

Archäologische Funde aus China zeigen, daß Lackarbeiten schon in der Shang-Zeit (18. - 11. Jh. v. Chr.) in Gebrauch waren; der Lack wurde allerdings hauptsächlich zu technischen Zwecken eingesetzt wie beispielsweise der Erhöhung der Haltbarkeit von Holz. Das Bemühen um eine künstlerische Gestaltung im Lackhandwerk wird erst in der Chou-Zeit (11. - 3. Jh. v. Chr.) erkennbar. Die gefundenen Lackarbeiten waren Grabbeigaben oder der Sarg selbst. In der Han-Zeit (206 v. Chr. - 221 n. Chr.) verbreitete sich die Lacktechnik in die umliegenden Gebiete des östlichen Asien, wie Korea, die Mongolei und Yünnan. Auch in Nordthailand und Laos scheint es frühe Zentren dieser Kunst gegeben zu haben. In der ersten Hälfte des 17. Jahrhunderts ist die Lacktechnik durch die Expeditionen des Königs Anaukpetlun nach Chiangmai und nach Laihka, einem südlichen Shan-Staat, gelangt.

In Myanmar kennt man zwei verschiedene **Typen** von Lackarbeiten:

- vergoldete Relieflacks auf Holzbasis
- bunter geschliffener Flachlack auf der Basis von Bambus- und Pferdehaargeflechten

Vergoldeten Relieflack findet man bei Opfer- und Altargefäßen wie z. B. auf Buchdeckeln für religiöse Texte und bei Buddhastatuen, aber auch bei ganzen Altären und Thronsesseln.

Der bunte geschliffene Flachlack wird fast ausschließlich bei der Fertigung von Gefäßen und Behältern des profanen Bereiches, z. B. Speisegefäßen, Wasserbehältern, Teedosen, Beteldosen, Tellern, Tabletts usw. verwendet.

Die wichtigsten Zentren des Lackhandwerks in Myanmar sind heute Bagan, Nyaung U und Laihka. Daneben sind auch die rote und schwarze unverzierte Ware von Kyaukka (in der Nähe von Monywa) und Maungdaung bekannt.

Herstellung der Gefäße

Der Lack wird als Saft des Baumes Melanorrhoea usitatissima gewonnen. Dieser hohe Baum hat große ovale Blätter und trägt von Januar bis März cremefarbene Blüten, die auch zur Herstellung eines Curry verwendet werden. Der Lackbaum wächst wild in den Bergen, wo die Bevölkerung den Stamm einschneidet und ein Bambusgefäß an die Schnittstelle zum Auffangen des Saftes hängt. Zuerst ist der Lack hell, wird dann dunkler und schließlich schwarz, wenn er getrocknet ist. Alle Lackarbeiten besserer Qualität haben einen Kern aus Pferdehaargeflecht, die einfacheren aus Bambusgeflecht. Der Gegenstand wird über einer Holzform geflochten.

Das fertige Geflecht wird mit einer ersten Schicht von Lack überzogen und getrocknet. Nach 3 - 4 Tagen werden die verbliebenen Unebenheiten und Fugen des Geflechtes mit einer Paste aus Holzmehl, Lack und Reiswasser verkittet. Das Geflecht wird geschliffen, erneut mit Lack bestrichen, getrocknet und wieder geschliffen. So entsteht ein Gefäß von glänzendem Schwarz. Es wird dann ein Muster aus dickflüssigem Lack aufgetragen, so daß es sich reliefartig abhebt. Nach dem Trocknen wird das ganze Gefäß mit einer Schicht aus rotem Lack überzogen, getrocknet und vorsichtig abgeschliffen. Dabei wird von den erhabenen Ornamenten die rote Schicht zuerst weggenommen und der schwarze Untergrund freigelegt. Sind die Muster auf die gleiche Ebene mit der roten Lackschicht heruntergeschliffen, treten sie ganz deutlich schwarz auf rotem Grund hervor.

Eine weitere Art der farbigen Verzierung wird dadurch erzielt, daß man mit einem Stichel das gewünschte Muster in die glatte, schwarze Oberfläche des Gefäßes eingraviert. Der Gegenstand wird dann mit einer farbigen Lackschicht überzogen, getrocknet und so lange abgeschliffen, bis die schwarze Grundfarbe wieder sichtbar wird. In den eingravierten Vertiefungen bleibt die Farbe als Ornament sichtbar.

Um vielfarbige Gefäße zu bekommen, werden diese Vorgänge der ersten und zweiten Methode mehrmals mit verschiedenen Farben wiederholt. Man spricht dann von einer ein-, zwei- und dreischichtigen Ornamentik.

Ist die Arbeit beendet, wird das Gefäß noch mit Sesamöl eingerieben und mit Büffelleder poliert, um ihm Glanz zu verleihen und es vor dem Austrocknen zu schützen.

Für die Qualität der Arbeit ist die Elastizität und Leichtigkeit maßgebend. Bei einem Lackgefäß erster Güte (aus Pferdehaar) muß

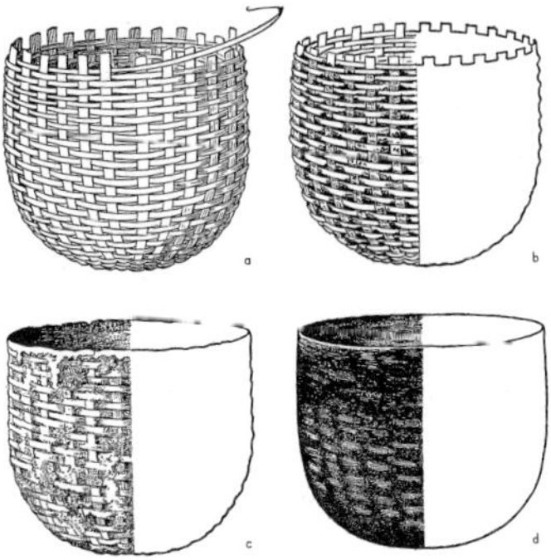

a) Geflecht als Kern des Gefäßes
b) Geflecht nach der 1. Lackierung
c) Geflecht nach dem Verkitten
d) Gefäß nach dem Schleifen und Lackieren

f) Fertiges Gefäß vor dem Anbringen

man die Ränder zusammenbiegen können, ohne daß der Lack springt oder das Gefäß bricht.

Form und Inhalt der Ornamentik

1. Bei der einfachsten Form der Ornamentik ist die beherrschende Farbe rot, das Muster schwarz mit feinen gelben Punkten. Ein typisches Motiv für das Muster ist das Kleeblatt. Am Boden des Gefäßes ist ein Stern bzw. keine Verzierung.
2. Die Ornamentik ist reicher als

bei Variante 1. Der Dekor des Hintergrundes gewinnt an Bedeutung und füllt alle Flächen aus. Auch figürliche Darstellungen können auftreten. Die Farben sind dieselben wie oben bei Punkt 1 beschrieben. Am Boden befindet sich eine Vogelfigur, die entweder einen Pfau oder eine Ente darstellt.

3. An die Stelle der Kleeblattbogenmotive ist hier das Medaillonfries getreten. Als Farben werden Rot, Gelb und Schwarz verwendet. Die Bodenverzierung ist wie bei Version 2.

4. Die Ornamentik wird von figürlicher Darstellung abgelöst. Die Bodenverzierung ist dieselbe wie bei Variante 2. Die figürliche Darstellung bei Lackwaren ist typisch für Myanmar.

Detail von Deckel und Seitenwand einer Beteldose

Reise-vorbereitungen

Verhalten als Tourist

Wenn Sie nach Myanmar reisen, sollten Sie sich vor Augen führen, daß die jetzige Regierung seit Jahrzehnten die Bevölkerung von der Außenwelt abgeschottetet hat. Eine Folge davon war eine starke Einschränkung, ja Behinderung des Tourismus. Erst seit kurzem ist eine langsame Öffnung des Landes zu beobachten.

Die Bevölkerung ist aber noch nicht an einen Massentourismus gewöhnt; dies sollten Sie als Gast stets bedenken. Begegnen Sie deshalb den Menschen zurückhaltend und bescheiden. Das gilt insbesondere beim Umgang mit Behörden, mit dem Militär und der Polizei.

Denken Sie stets daran, daß die Myanmaren in jeder Situation ihr Gesicht wahren wollen. Ersparen Sie also sich und ihrem Gegenüber Peinlichkeiten. Manchmal kann auch das Bemühen um unbedingte Freundlichkeit sogar dazu führen, daß auf Ihre Fragen falsch geantwortet wird. Irgendeine Antwort ist für die Myanmaren besser als gar keine.

Wer als Tourist respektvoll behandelt werden möchte, sollte auf korrekte Kleidung achten. Für Frauen empfiehlt sich eine knie- und schulterbedeckende Bekleidung. Badekleidung sollte nur am Strand oder Hotelpool getragen werden. Für Männer sind lange Hosen und kurzärmelige Hemden angemessen.

Die Schuhe müssen in Tempeln und Pagoden (gilt auch für Ruinen) oft schon im Aufgangsbereich ausgezogen werden. Auch in Privathäusern ist es üblich, vor der Eingangstüre die Schuhe abzulegen. Es gilt als unhöflich, wenn Sie ihre nackten Fußsohlen auf andere Personen richten.

Der Kopf gilt als besonders heiliger Teil des Körpers. Man berührt z. B. niemals ohne besonderen Grund den Kopf eines Kindes.

Zum Gruß werden die Hände vor dem Gesicht gegeneinandergelegt, und man verneigt sich gleichzeitig. Händeschütteln ist aus hygienischen Gründen nicht beliebt, denn man berührt nicht gerne den Schweiß des anderen. Deshalb halten die Einheimischen auch beim Tanz Abstand.

Bevor Sie sich in Ihre Reisevorbereitungen stürzen, sollten Sie sich in aller Ruhe die folgenden Empfehlungen durchlesen und möglichst auch beherzigen.

Diese „12 Tugenden“ sind dem „Touristenkompaß für Reisen in die Dritte Welt“ entnommen, der vom Bundesministerium für wirtschaftliche Zusammenarbeit herausgegeben wurde.

12 Tugenden für Dritte-Welt-Reisen

1. Beginnen Sie Ihre Reise mit dem Wunsch, mehr über das Land und seine Menschen zu erfahren.
2. Respektieren Sie die Gefühle der gastgebenden Bevölkerung. Bedenken Sie, daß Sie durch Ihr Verhalten auch ungewollt verletzen können. Dies betrifft vor allem das Fotografieren.
3. Machen Sie es sich zur Gewohnheit, zuzuhören und zu beobachten, anstatt nur zu hören und zu sehen.
4. Halten Sie sich vor Augen, daß andere Völker oft andere Zeitbegriffe haben. D. h. nicht, daß diese schlechter sind - sie sind eben verschieden.
5. Entdecken Sie, wie interessant und wertvoll es sein kann, eine andere Art des Lebens kennenzulernen.
6. Machen Sie sich mit den örtlichen Sitten und Gebräuchen vertraut.
7. Legen Sie die Gewohnheit ab, auf alles eine Antwort parat zu haben. Seien Sie mal derjenige, der eine Antwort haben möchte.
8. Denken Sie daran, daß Sie nur einer von Tausenden von Touristen im Land sind. Beanspruchen Sie keine besonderen Privilegien.
9. Wenn Sie etwas günstig eingekauft haben, denken Sie daran, daß Ihr Vorteil vielleicht nur deswegen möglich war, weil die Löhne in Ihrem Gastland niedrig sind.
10. Machen Sie niemandem Versprechungen, wenn Sie nicht sicher und willens sind, sie auch zu halten.
11. Nehmen Sie sich täglich etwas Zeit, um Ihre Erlebnisse zu verdauen.
12. Wenn Sie es genauso wie zu Hause haben wollen - verschwenden Sie Ihr Geld nicht fürs Reisen.

Visum

Touristenvisum

Alle erwachsenen Besucher und Kinder ab 7 Jahren benötigen ein Visum. Ein Kind darf nur in Begleitung eines mit einem gültigen Paß versehenen Erwachsenen einreisen. Der Kinderausweis muß auch bei Kindern unter 10 Jahren mit einem Lichtbild versehen sein.

Visa werden *nicht* erteilt

- an Geistliche und Personen mit kirchlichen Berufen. Diese Personen benötigen eine Sondererlaubnis aus Myanmar.
- an Journalisten (im Normalfall)
- an Inhaber eines Reisepasses aus Taiwan, sofern sie nicht im Besitz einer besonderen Genehmigung sind, die von einer diplomatischen Vertretung von Myanmar ausgestellt sein muß.

Ein Touristenvisum wird derzeit für 28 Tage ausgestellt und kann nur in Myanmar für einen kürzeren Zeitraum verlängert werden. Seine Gültigkeitsdauer beträgt 3 Monate ab dem Datum des Stempels.

Eine Verlängerung des Visums um wenige Tage kostet US$ 3 pro Tag, eine Verlängerung um 2 Wochen US$ 36. Der Antrag muß bei MTT zusammen mit einem Paßfoto gestellt werden und wird dann in den Paß eingetragen.

Für ein längeres Touristenvisum brauchen Sie eine Einladung aus Myanmar, am besten von einem dort lebenden Verwandten. Solch ein Antrag ist frühzeitig zu stellen, da die Bearbeitung viel Zeit in Anspruch nehmen kann.

Verpassen Sie Ihr Flugzeug für die Ausreise aus einem wichtigen nachweisbaren Grund, dann verlängert sich das Visum bis zum nächsten Abflug. Dafür müssen Sie allerdings Formulare gegen eine Gebühr beim Ministry of Immigration, Strand Road, Yangon, T. 7 41 39, ausfüllen.

Im Falle einer schweren Krankheit, die Sie zu einer Verlängerung Ihres Aufenthaltes zwingt, müssen Sie sofort eine staatliche Gesundheitsstelle aufsuchen, die Ihnen bestätigt, daß Sie reiseunfähig sind. In Yangon ist dafür das Ministry of Foreign Affairs, Pyay Road, T. 22 28 44, 22 28 45, Fax: 22 29 50, 22 17 19, zuständig.

Formulare für ein Visum sind in der Bundesrepublik zu beantragen bei der
Botschaft der Union von Myanmar
Schumannstr. 112
53113 Bonn
T.: (02 28) 21 00 91/92
Telex: 8 86 95 60
Telefax: (02 28)21 93 16
Sprechz.: Mo - Fr 9.30 - 13.00 Uhr

Außer an den gesetzlichen Feiertagen bleibt diese Vertretung noch am 4. Januar, dem Unabhängigkeitstag, und Mitte April, dem Neujahrsfest, geschlossen.

In Myanmar gibt es kein Visum bei der Einreise!

Staatsangehörige von *Österreich, Belgien* und der *Niederlande* beantragen ihr Visum auch bei der myanmarischen Botschaft in Bonn.

Für die Ausstellung des Visums werden benötigt:
1 gültiger Reisepaß
1 arrival report form (Formular erhalten Sie von der Botschaft)
2 application forms for tourist visa (Formular erhalten Sie von der Botschaft)
3 Paßphotos
1 frankierter Rückumschlag für ein Einschreiben

Die Visumgebühr beläuft sich auf DM 20,00. Der Betrag muß bei Antragstellung mit Verrechnungsscheck oder Postanweisung (Postbeleg in Kopie beifügen) bezahlt werden. Die Bearbeitung des Visumantrages dauert im Normalfall 1 bis 2 Wochen.

Geschäftsreisevisum

Ein Geschäftsreisevisum wird für 4 Wochen von der Botschaft in Bonn ausgestellt und kann in der Regel problemlos verlängert werden bei der staatlichen Myanma Export and Import Services, 577 Merchant Str., Yangon, T. 27 33 49 oder beim Ministry of Immigration,

Government Office Com-plex, Strand Rd, Yangon, T. 28 44 04.

Bei der Antragstellung benötigen Sie in diesem Fall ein Schreiben Ihres Unternehmens in englischer Sprache mit genauer Angabe des Reisezwecks, der Aufenthaltsdauer und der zu besuchenden Stelle/n mit Anschrift. Die Visumgebühr beträgt DM 60,00. Bezahlung siehe Touristenvisum.

Transitvisum

Ein Transitvisum gilt 24 Stunden und muß vor Antritt der Reise bei einer Botschaft von Myanmar beantragt werden. Die Botschaft in Bonn stellt allerdings keine Transitvisa aus; Sie müssen es sich unterwegs besorgen bzw. in Bonn ein Touristenvisum ausstellen lassen.

Botschaften

Botschaften von Myanmar

Ägypten: 24, Mohammed Mazhar Street, Zamalek, Kairo, T. (20 2) 3 40 41 76, Fax: (20 2) 3 41 67 93

Australien: 22, Arkana Str., Canberra ACT 2600, T. (61 62) 2 73 38 11, Fax: (61 62) 2 73 43 57

Bangladesch: 106, Gulshan Avenue, Gulshari, Dhaka 1212, T. (880 2) 60 14 61, 60 19 15, Fax: (880 2) 88 37 40

China: 6, Dong Zhi Men Wai Str., Chaoyang Distrikt, Beijing 10060, T. (86 1) 5 32 15 84, 5 32 14 25, Fax: (86 1) 5 32 13 44

Frankreich: 60, Rue de Courcelles, 75008 Paris, T. (33 1) 42 25 56 95, Fax: (33 1) 42 56 49 41

Großbritannien: 19 A, Charles Str, London WIX 8 ER, T. (44 71) 6 29 69 66, Fax: (44 71) 6 29 41 69

Hongkong: Room No. 2424, Sun Hung Kai Centre No. 30, Harbour Road, Wanchai, HK, T. (852 0) 28 27 79 29, Fax: (852 0) 28 27 65 97

Indien: 3/50 F, Nyaya Marg, Chanakyapuri, New Delhi 110021, T. (91 11) 60 02 51, Fax: (91 11) 6 87 79 42

Indonesien: 109, Jalan Haji Agus Salim, Jakarta, T. (62 21) 32 76 84, Fax: (62 21) 32 72 04

Israel: 26, Hayarkon Street, Tel Aviv 68011, T. (97 23) 5 17 07 61, Fax: (97 23) 5 17 14 40

Italien: Via Vincenzo Bellini 20, Interno. 1, 00198 Rom, T. (39 6) 8 54 93 74, Fax: (39 6) 8 41 3167

Japan: 8-26, 4-chome, Kita-Shinagawa, Shinagawa-ku, Tokio 140, T. (81 3) 34 41 92 91, Fax: (81 3) 34 47 73 94

Korea: 723-1, 724-1, Hannamdong, Yongsan-ku, Seoul 140-210, T. (82 2) 7 92 33 41, Fax: (82 2) 7 96 55 70

Laos: Sok Palaung Road, P. O. Box 11, Vientiane, T. (856 21) 31 49 10, Fax: (856 21) 31 49 13

Malaysia: 5, Taman U Thant Satu, 55000 Kuala Lumpur, T. (60 3)2 42

40 85, Fax: (60 3)2 48 00 49
Nepal: Chakupat, Patan Gate, Lalipur, Kathmandu, P. O. Box 24 37, T. (97 71) 52 17 88, Fax: (97 71) 52 34 02
Pakistan: 12/1, Street No. 13, Sector F-7/2, Islamabad, T. (92 51) 82 24 60, Fax: (92 51) 22 12 10
Philippinen: 4th Floor, Basic Petroleum Bldg., 104, Carlos Palanca Jr Street, Legaspi Village, Makati, Manila, T. (63 2) 8 17 23 73, Fax: (63 2) 8 17 58 95
Schweiz: Mission of the Union of Myanmar to the UN, 47 Avenue Blanc, 120 Genf, T. (41 22) 7 31 75 40, Fax: (41 22) 7 38 48 82
Singapur: 15, St. Martin's Drive, Singapur 1025, T. (65) 2 35 87 63, Fax: (65) 2 35 59 63
Sri Lanka: 17, Skelton Gardens, Colombo 5, T. (94 1) 58 76 07, Fax: (94 1) 58 04 60
Thailand: 132, Sathorn Nua Road, Bangkok 10500, T. (66 2) 2 33 72 50, Fax: (66 2) 2 36 68 98, Bearbeitungsdauer 1 - 4 Tage, Gebühr: US$ 13.
Beachten Sie die Feiertage in Bangkok, besonders das Chinese New Year. Es sind dann die Reisebüros und Ämter oft tagelang geschlossen.
Vereinigte Staaten von Amerika: 2300 S Street, N. W. Washington DC 20008, T. (1 202) 3 32 90 44, Fax: (1 202) 3 32 90 46
Vietnam: Building No. A3, Ground Floor, Vanphuc, Diplomatic Quarter, Hanoi, T. (84 4) 5 33 69, Fax: (84 4) 5 24 04

Ausländische Botschaften in Myanmar

Bundesrepublik Deutschland: 32, Natmauk Rd, Kandawgyi, Yangon, P. O. Box 12, GPO, Yangon,T. (0095 1) 54 89 51, 54 89 62
Telefax: (0095 1) 3 88 99
Sprechz.: Mo - Fr 7.30 - 14.00 Uhr
Australien: 88, Strand Rd, T. 28 07 11
Bangladesch: 56, Kaba Aye Pagoda Road, T. 54 95 56
China: 94, Kha Yay Pin Road, T. 22 12 80/81
Frankreich: 102, Pyidaungsu Yeiktha Road, T. 28 21 22
Großbritannien: 80, Strand Road, T. 28 17 00
Indien: 545 - 547, Merchant Street, T. 28 25 50
Indonesien: 100, Pyidaungsu Yeiktha Road, T. 28 17 14
Italien: 3, Inya Myaing Road, Golden Valley, T. 52 71 00
Japan: 100, Natmauk Road, T. 54 96 48
Korea: 97, University Avenue, T. 52 71 42
Laos: A-1, Diplomatic Quarters, Tawwin Road, T. 22 24 82
Malaysia: 82, Pyidaungsu Yeiktha Road, T. 22 02 48/49
Nepal: 16, Natmauk Yeiktha Lane, Tamwe Township, T. 55 06 33
Niederlande (Honorarkonsulat):

53 - 55, Maha Bandoola Garden Street, T. 7 28 10
Österreich (Honorarkonsulat): 63, 157th Steet, Tarmwe Township
Philippinen: 50, Pyay Rd, 6 1/2 Mile, T. 66 40 12
Singapur: 326-B, Pyay Road, T. 52 56 88
Sri Lanka: 34, Tawwin Road, T. 22 28 12
Thailand: 45, Pyay Road, 6 1/2 Mile, T. 52 56 70
USA: 581, Merchant Street, T. 28 20 55
Vietnam: 36, Wingaba Road, T. 54 89 05

Einreise

Luftweg

Die übliche und immer genehmigte Einreise erfolgt auf dem Luftweg nach Yangon.

Landweg

Jedoch gibt es auf dem Landweg Möglichkeiten, sofern gerade keine Grenzunruhen herrschen. Für diese „Grenzgänge" benötigen Sie in der Regel auch ein Visum, oder Sie müssen Ihren Reisepaß hinterlegen. Ein angemessener Pflichtumtausch ist vorgeschrieben. Diese Grenzgänge sind mehr als Ausflüge von Thailand aus gedacht, da Sie über die gleiche Grenze zurück müssen. So ist zur Zeit die Einreise auf dem Landweg im Rahmen einer Package Tour und als Individualtourist bei folgenden Grenzstationen möglich:

- Von der thailändischen Grenze via **Mai Lar** (Mae Sai) **nach Tachilek** und dann weiter nach Kengtung (Kyaing Tong), Pflichtumtausch US$ 200;
- Von der chinesischen Grenze via **Muse, Namkhan, Kutkai und Konlone nach Lashio,** Pflichtumtausch US$ 100.
- Im Süden Thailands kann man von **Ranong** aus mit dem Boot in einer halben Stunde **nach Kawthaung („Victoria Point")** fahren. Die Boote legen alle 10 Minuten ab. In einem kleinen Zollhaus müssen sich ausländische Touristen melden und den Paß hinterlegen. Für US$ 5 können Sie bis zum Abend bleiben. Das letzte Boot fährt vor Sonnenuntergang zurück. Bei einem ebenfalls möglichen Aufenthalt von drei Tagen wird ein Pflichtumtausch von US$ 50 fällig (einschließlich einer geführten Besichtigung). Ein Reiseführer wartet meist schon im Grenzhäuschen. Von Kawthaung aus ist auf einem nahegelegenen Berg ein Tempel zu besichtigen. Eine dreistündige Besichtigungsrundfahrt kostet ca. US$ 10.

Weitere Einreisemöglichkeiten:

- Von **Mae Sot nach Myawaddy** und **Mawlamyine** als Tagesausflug von Thailand aus; dafür wurde 1993 mit dem Bau einer 430 m langen rund 5 Millionen DM teuren „Thai-Burmese-Friendship-Bridge" begonnen, über die der Verkehr dann von Thailand aus auf einer vierspurigen Straße zum 200 km entfernten Mawlamyine fließen soll (sie soll als Teilstück des 6 500 km langen „Asian Highway" dienen, der nach UNO-Plänen von Europa bis nach Vietnam führen wird).

- Von **Phra Chedi Sam Ong** über den historischen **„Drei-Pagoden-Paß"** als Tagesausflug;
- Von **Kanchanabur nach Dawei** (Tavoy);

Darüber hinaus gibt es von der chinesischen Provinz Yünnan aus noch zahlreiche kleine Übergänge nach Myanmar, besonders im Gebiet der Städte Wanding und Ruili, doch sind diese nur für den grenznahen Warenverkehr der dortigen Bevölkerung zugelassen.

Einige Reisebüros in Bangkok bieten Touren über 5 - 6 Tage mit einem Charterflug von Chiang Mai (Nordthailand) nach Bagan und Mandalay an.

Seeweg

Auf dem Seeweg können derzeit nur Seeleute (mit gültigem Reisepaß und unter den normalen Visabestimmungen) einreisen, dazu noch Teilnehmer an Kreuzfahrten.

Seit 1996 wird von dem Londoner Unternehmen „Eastern & Oriental-Express" eine Luxusreise mit dem ehemaligen Flußschiff „Elbresidenz", jetzt „Road to Mandalay", angeboten. Das Schiff bietet auf 4 Decks in luxuriösen Kabinen 138 Passagieren Platz. Es ist mit einem Swimmingpool, einer Bibliothek und Satelliten-Fernsehen ausgestattet. Die 6-Tage-Reise beginnt und endet in Bangkok, inbegriffen sind Flug nach Yangon, 2 Nächte im Luxushotel in Yangon, Fahrt mit dem Schiff nach Mandalay mit geführten Besichtigungen, Vollpension (US$ 1 980). Diese Schiffsreise können Sie buchen bei Eastern & Oriental Express, Oststraße 122, 40210 Düsseldorf, T. (02 11) 16 21 06.

Von Singapur aus kann man mit dem gleichen Unternehmen in dem nostalgisch zurechtgemachten Luxuszug Eastern & Oriental Express nach Bangkok reisen (Schlafwagen US$ 1 170 - 1 640, Suite US$ 3 400) und von dort aus nach Yangon fliegen. Ebenfalls ab 1996 plant die Reederei Seabourn Cruise eine Kreuzfahrt von Singapur nach Yangon.

In allen größeren Städten in Deutschland gibt es Billigflugreisebüros. Beachten und vergleichen Sie die Anzeigen in den größeren Tageszeitungen, Stadtzeitungen und in der Zeitschrift „Flieg und Spar". Vor allem nach Bangkok werden viele und günstige Flüge angeboten. In Bangkok selbst gibt es zahlreiche Reisebüros, z. B. auch in größeren Hotels, die Flüge nach Yangon günstiger anbieten, als Sie es von zu Hause aus buchen können. Wenn Sie aber nur wenig Zeit zur Verfügung haben, ist es besser, den Anschlußflug nach Yangon im voraus zu buchen.

Wenn Sie von Bangkok nach Yangon reisen, müssen Sie die Uhr eine halbe Stunde zurückstellen!

Fluggastgebühr

Beim Abflug von **Yangon** wird bei internationalen Flügen eine Gebühr in Höhe von 10 US$ oder 10 FEC erhoben. Halten Sie das Geld richtig abgezählt bereit, da am Flughafen möglicherweise nicht gewechselt werden kann. Befreit von dieser Abgabe sind Transitreisende, die mit dem gleichen Flugzeug weiterreisen.

In **Bangkok** beträgt die Fluggastgebühr bei einem Flug nach Yangon zur Zeit 200 Baht.

In jedem Fall sollten Sie sich bei der Ankunft im Flughafen von Yangon nach der aktuellen Fluggastgebühr erkundigen. Lassen Sie sich außerdem unbedingt gleich bei Ihrer Ankunft im Flughafen am Schalter Ihrer Fluggesellschaft den Rückflug bestätigen (bei Thai Air nicht mehr zwingend).

Adressen der Fluggesellschaften in Yangon

Aeroflot: 290-A, Pyay Road, Sanchaung Township, T. 3 53 17
Air China (CAAC): 15-D, Padonmar Str., Dagon Tsp., T. 8 71 21
Air France: 69, Sule Pagoda Rd, Kyauktada Township, T. 7 41 99
Air Mandalay: 209-C, Shwegondine Road, 1. Stock, Bahan Township, T. 3 85 54, 3 80 39
Biman: 106, Pansodan Str., Kyauktada Tsp., T. 7 58 82, 6 27 20
Indian Airlines: 4-G/F, FMI Centre, T. 24 81 75, 27 56 99
KLM: 104, Strand Road, Kyauktada Township, T. 7 44 66
Myanma Airways: 104, Strand Rd, Kyauktada Tsp., T. 28 95 83
Myanma Airways International: 123, Sule Pagoda Road, Pabedan Township, T. 8 97 72, 6 59 87
Silk Air: 537, Merchant Street, Kyauktada Township, T. 8 46 00, 8 26 53, 6 52 79
Thai Airways International: 441 - 445, Maha Bandoola Street, Pabedan Township, von 10.00 - 18.00 Uhr geöffnet, T. 7 59 88, 7 49 22, 6 26 61
Yangon Airways: 22/24, Pansodan Str., T. 28 07 53, 28 61 96

Folgende Gesellschaften werden von der Myanmar Airways Corporation vertreten: Air India, British Airways, Cathay Pacific, Japan Airlines, Lot, Lufthansa, Royal Nepal Airlines, S.A.S.

Landkarten

Myanmar, Nelles Verlag, München, APA-Press, Maßstab 1 : 1 500 000. Diese Karte ist empfehlenswert. Sie ist überall in Europa, in Bangkok und vereinzelt auch in Myanmar erhältlich!
Asia, South-East, Bartholomew, Maßstab 1 : 5 800 000
Operational Navigation Chart, ONC J-10, Maßstab 1 : 1 000 000
TPC-Karte 310 A, C, D, Maßstab 1 : 500 000
Satellitenkarte, International Mapping Unlimited, 4343 - 39. St., N. W., Washington, D. C. 20016
Myanmar, Central Intelligence Agency, Maßst. 1 : 3 990 000

Devisen

Einheimische Währung darf weder ein- noch ausgeführt werden. Fremde Währung kann unbeschränkt eingeführt werden, muß aber bei der Einreise auf einem Formblatt deklariert werden. Auch Travellerschecks und Kreditkarten sind darin aufzuführen.

Im Moment ist noch dringend zu empfehlen, Dollarnoten, vor allem auch in kleinen Beträgen, mitzunehmen, da sie zum einen schwarz tauschen können und zum anderen mit ihnen auch direkt bezahlen können (z. B. Hotels, Souvenirs, Mietauto, Flug, Bahn, Eintritte usw.). Die Dollarnoten werden nur angenommen, wenn sie sich in einem völlig einwandfreien Zustand befinden (am besten neu)! In Kyat, der einheimischen Währung, sollten Sie z. B. kleinere Einkäufe (Lebensmittel, Getränke usw.), Mahlzeiten und kleinere Transporte (Stadtbusse, Taxi, Fahrrad- bzw. Motorrikscha) bezahlen sowie kleine Trinkgelder geben. Offiziell können Sie auch noch Pfund Sterling, franz. Franc, DM und Baht tauschen, allerdings oft zu einem schlechteren Kurs.

Travellerschecks

Sie werden bei MTT und in bestimmten Banken und dann nur in größeren Orten eingelöst. Man erhält als Tourist nur FEC. Sie müssen die Kaufabrechnung mit den eingetragenen Schecknummern beim Einlösen vorlegen!

Kreditkarten

In Myanmar sind sie noch kein gängiges Zahlungsmittel. Momentan werden sie, hauptsächlich die *American Express-, Visa- und Master-Karte*, akzeptiert bei den Myanmar Travel & Tours Büros, den Tourist Department Stores, beim Myanmar Jewel House in Yangon, bei der Air Mandalay und bei allen staatlichen und teureren Hotels. Bei einem Geldumtausch mit der

Kreditkarte in einer Bank bekommt man als Tourist nur FEC! Manche Läden erheben zusätzlich eine Gebühr von 4 - 10 %.

Jeder offizielle Geldumtausch wird immer noch auf dem Formblatt eingetragen, das aber nur ganz selten bei der Ausreise kontrolliert wird.

Rücktausch

Nicht verbrauchte Kyat können manchmal in eine Auslandswährung, dann aber nur zu einem Viertel des zuletzt offiziell eingewechselten Betrags zurückgetauscht werden.

Pflichtumtausch

Er beläuft sich derzeit auf 300 US$, egal wie lange Sie bleiben. Befreit davon sind Touristen, die an einer vorausbezahlton Gruppenreise teilnehmen, Inhaber eines Geschäftsvisums, Transitpassagiere, Kinder unter 12 Jahren und Inhaber eines Diplomatenvisums.

Bei diesem Mindestumtausch erhalten Sie seit dem 4. Februar 1993 die sogenannten **„Foreign Exchange Certificates" (FEC).** Dieses Touristengeld erinnert an die Geldscheine vom Monopolyspiel. Es wird in Einheiten (units) von 1, 5, 10 und 20 US$ ausgegeben. Sollten Sie die FEC über Travellerschecks tauschen wollen, bekommen Sie für 300 US$ nur 298 FEC! Am Flughafen ist ein eigener Schalter für den Umtausch der FEC eingerichtet. Die FECs können überall in Myanmar ausgegeben werden. Man kann sie sogar schwarz in Kyat und mit etwas Verlust auch in Dollarnoten eintauschen.

Währung

1 Kyat (gespr. tschat) = 100 Pyas. Derzeitiger offizieller Kurs (Stand Oktober 1998):
1 US$ = 6,40 K, 1 DM = 3,55 K

Schwarztausch

Inoffiziell bekommt man für den US$ (1998) 340 - 360 K. Tauschen Sie noch nicht gleich im Flughafen, sondern informieren Sie sich bei anderen Touristen über die momentane Umtauschrate. In Yangon ist der Schwarzkurs höher als in den anderen Städten. Travellerschecks werden nicht schwarz getauscht. Weiche Währungen, z. B. Thai Baht, sind nicht gefragt; auch die DM ist praktisch nicht schwarz zu tauschen. Selbstverständlich sollte deklariertes Geld nicht inoffiziell getauscht werden, da Sie sonst bei der Ausreise Schwierigkeiten bekommen könnten. Der Schwarztausch ist zur Zeit in Myanmar üblich, es gibt sogar

„offizielle Geldwechsler" bei der Sule Pagode und im Scott Market. Ansonsten gilt: Tauschen Sie nicht auf offener Straße, sondern z. B. im Hotel, Café, Taxi, Laden. Bedenken Sie, daß für die Einheimischen der Schwarztausch illegal ist und hohen Strafen unterliegt! Zählen Sie die Kyat zuerst nach, bevor Sie Ihre Dollar aus der Hand geben! Noch sind Scheine zu K 15, 45 und 90 im Handel, das erschwert das schnelle Durchzählen.

Sie können auch mitgebrachte Waren verkaufen oder noch besser gegen einheimische Artikel (Souvenirs) tauschen. Der einst lukrative Verkauf von Whisky und Zigaretten lohnt sich allerdings nicht mehr. Gefragt sind neue Markenartikel aus Europa, z. B. Parfums und Kosmetikartikel (Lippenstift, Make-up, Lidschatten). Nachgemachte Waren aus Thailand eignen sich eher als Geschenke. Parfum- und Kosmetikproben sind ebenfalls begehrte kleine Aufmerksamkeiten.

Münzen sind nicht mehr im Umlauf. Früher gab es Münzen zu 1 Kyat, 50 Pyas, 25 Pyas, 10 Pyas, 5 Pyas und 1 Pya. Auf den Münzen sind nur myanmarische Zahlen geschrieben.

Etwas verwirrend ist, daß alte und neue Scheine kursieren. Die alten Scheine zu K 90, 45, 15, 10, 5 und 1 sind momentan noch gültig. Die neuen Scheine sind in Einheiten zu K 500, 200, 100, 50 und 20 im Umlauf. Auf den Geldscheinen stehen myanmarische und arabische Zahlen. Höhere Geldbeträge werden in Lakh (= K 100 000) und Crore (10 Mio K) ausgedrückt.

Der Kyat wurde 1952 anstelle der myanmarischen Rupie zur Währungseinheit erklärt. In letzter Zeit wurden zweimal neue Banknoten gedruckt. Einmal war es für die Bevölkerung besonders tragisch, als die alten Noten von einer Stunde zur anderen wertlos wurden.

Reisebudget

Da die Inflation in Myanmar momentan sehr hoch ist, muß mit beträchtlichen Preisverschiebungen gerechnet werden. Die nachfolgend angegebenen Preise beziehen sich auf Ende 1998.

Öffentliche Busse und das Essen sind sehr billig, wenn Sie mit schwarzgetauschten Kyats bezahlen. Für eine Mahlzeit in einem einheimischen Lokal zahlen Sie ca. K 150 - 300 (das ist etwas weniger als ½ - 1 US$), in einem touristischen Lokal K 400 - 700 und in einem gehobenen Restaurant ab US$ 10.

Für die Unterkunft müssen Sie durchschnittlich pro Person und Nacht mit mindestens US$ 6 bei der einfachsten Kategorie (Gemeinschaftsbad, Fan und meist ohne Frühstück), US$ 9 - 15 (mit Du und WC, Fan bzw. AC und in der Regel mit Frühstück), US$ 16 - 30 (mit Du und WC, AC, TV, Frühstück) und ab US$ 90 (Luxusklasse) rechnen. Nur in sehr entlegenen Orten können Sie manchmal noch in Kyat bezahlen (K 1 000 - 2 500). Viele teurere Hotels berechnen 10 % Hoteltaxe und 10 % Bedienungszuschlag.

Für den Transport benötigen Sie im Durchschnitt pro Tag (gerechnet bei 28 Tagen) US$ 5 (öffentliche Busse und Züge) bzw. US$ 10 (private Expreßbusse und zwei Inlandsflüge). Dazu kommen noch Eintrittsgebühren von US$ 3 - 10 pro Sehenswürdigkeit..

Zollbestimmungen

Zollfreie Einfuhr

Gegenstände des täglichen Bedarfs sowie
1 Fotoapparat mit Filmen
1 Filmkamera mit Filmen oder
1 Videokamera mit Leerkassetten
1 Kofferradio
1 Reiseschreibmaschine
1 Kassettenrecorder
1 Diktiergerät
1 Taschenrechner
1 Fernglas
Sportgeräte
Diese Gegenstände sowie evtl. mitgeführter Schmuck und Elektroartikel müssen bei der Einreise schriftlich deklariert werden. Die deklarierten Gegenstände sind bei der Ausreise wieder vorzulegen. Geldbeträge über US$ 2 000 müssen ebenfalls deklariert werden.

Zollfrei dürfen noch von Reisenden ab 17 Jahren eingeführt werden: 200 Zigaretten oder 50 Zigarren oder 225 g Tabak; 1 Liter alkoholische Getränke; 500 ml Parfüm bzw. Kölnisch Wasser.
Waffen und Munition dürfen nicht mitgeführt werden.

Nicht ausgeführt werden dürfen

Antiquitäten (= Gegenstände älter als 75 Jahre), archäologisch bedeutsame Funde und andere wertvolle Objekte, wie: Fossilien, alte Münzen, alte Gewichte in Tierformen, Bronze- und Tonpfeifen, ältere Inschriften auf Palmblättern, Gold- und Silbertafeln, historische Dokumente, religiöse Bilder und Statuen (Buddhastatuen!), Skulpturen aus Bronze, Stein und Holz, alte Schnitzereien, Porzellan und Töpferwaren, Elfenbeinartikel.

Die Zollbeamten kontrollierten in letzter Zeit wieder genauer. Sie ersparen sich viel Ärger, wenn Sie sich an die vorgegebenen Regeln halten. In Zweifelsfällen sollten Sie sich vom „Archaeological Department" in Yangon eine Unbedenklichkeitserklärung gegen eine geringe Gebühr ausstellen lassen. In diesem Fall müssen Sie mit dem Gegenstand hinfahren.

Bei Artikeln, die in den Gift Shops der Hotels, im Diplomatic Store oder bei lizensierten Juwelieren gekauft wurden, sind keinerlei Schwierigkeiten zu erwarten. Die dort erhaltene Rechnung enthält bereits die Ausfuhrerlaubnis. Dies gilt auch für Edelsteine.

Neue Gegenstände (Ausnahme: Buddhastatuen) dürfen in unbegrenzter Zahl ausgeführt werden. Sie unterstützen dadurch die Pflege des Kunsthandwerks.

Zeit

Der Zeitunterschied beträgt MEZ + 5 ½ Stunden, während der europäischen Sommerzeit + 4 1/2 Stunden. D. h.: Wenn es bei uns 12.00 Uhr ist, ist es in Yangon 17.30 Uhr, in Kathmandu 16.30 Uhr, in Bangkok 18.00 Uhr und in Singapur 18.30 Uhr.

Sonnenuntergang in Myanmar ist zwischen 18.00 und 19.00 Uhr!

Reisezeit

In Myanmar herrscht typisches Monsunklima mit drei unterschiedlichen Jahreszeiten:

- den trockenen und kühlen Monaten November bis Mitte Februar
- den heißen Monaten März bis Mitte Mai
- der Regenperiode mit hoher Luftfeuchtigkeit von Mitte Mai bis Ende Oktober

Die angenehmste Reisezeit dürfte von Mitte Oktober bis Mitte Februar sein. Während dieser Monate kann es in der Nacht auch empfindlich kühl werden.

Wer nur in den europäischen Ferienmonaten Juli/August/September verreisen kann, braucht trotzdem nicht auf einen Besuch Myanmars zu verzichten. Auch während der Regenzeit wird es nicht ununterbrochen regnen. Der Himmel ist im Süden zwar meist grau und verhangen, die Tage sind trüb, und es herrscht eine sehr hohe Luftfeuchtigkeit bei durchschnittlich 35 ° C tagsüber und 25 °C nachts. Nach Norden zu, z. B. in Mandalay und besonders in Bagan, trifft man aber durchaus auch während der Regenzeit einen strahlend blauen Himmel an.

Die unangenehmste Zeit ist kurz vor Beginn des Monsuns, etwa Ende April oder Anfang Mai, da es dann brütend heiß sein kann.
Einige Temperaturbeispiele:
Yangon und Deltagebiet im Sommer tagsüber 30 - 39 °C, nachts 25 °C, im „Winter" 20 - 24 °C.
Mandalay und Zentralmyanmar im Sommer 36 - 39 °C, im „Winter" 9 - 22 °C, im Bergland ist es kühler.

Wenn Sie die Möglichkeit haben, sollten Sie Ihre Reise nach Myanmar so planen, daß Sie einige Tage um den Vollmond dort sind. Während dieser Zeit finden in Myanmar überall kleinere oder größere Feste statt.

Kleidung

Zu empfehlen ist über das ganze Jahr eine leichte, gut waschbare Sommerkleidung aus Baumwolle oder Viskose. Die Kleidung sollte gepflegt wirken. Tragen Sie als Frau keinen Minirock oder kurze Hosen. Während der kühlen Jahreszeit sind leichte Jacken und Pullover nötig. Als Regenschutz ist ein Schirm am besten geeignet, da man in Regenjacken und -umhängen leicht schwitzt. Plastiksandalen sind in der Regenzeit sinnvoll und auch für die Besichtigung von Pagoden, da man dort nur barfuß laufen darf und Sandalen sich leichter abstreifen lassen.

Denken Sie auch an den Sonnenschutz - eine gute Sonnenbrille, Sonnenschutzmittel, evtl. Kopfbedeckung.

Fotoausrüstung

Filme und Videofilme können Sie mittlerweile in Yangon und Mandalay kaufen, die Filme sind aber oft alt und vor allem in der feuchten Hitze nicht sachgerecht gelagert. Ich empfehle Ihnen, in jedem Fall ausreichend Filme mitzunehmen. Sie können die Filme in den genannten Städten entwikkeln lassen, die Ergebnisse sind jedoch von schlechter Qualität.

Solange die Filme noch eingeschweißt sind, ist ein Schutz vor Feuchtigkeit gegeben. Die bereits geöffneten Filme können Sie mit Kieselgel und dichten Behältern vor Feuchtigkeit schützen. Notfalls helfen auch Reiskörner vor dem Feuchtwerden. Filme sollten Sie nicht zu lange in der Kamera lassen. Beachten Sie auch, daß die Filme vor Hitze geschützt werden sollen. In Zentralmyanmar ist es zudem während der heißen Saison sehr staubig!

Besonders in den Entwicklungsländern sind immer noch an den Flughäfen überstarke Röntgenkontrollgerate im Einsatz. Führen Sie deshalb Ihr Filmmaterial grundsätzlich im Handgepäck mit. Zusätzlich können Sie die Filme in dem sog. „Filmshield“ (in Fachgeschäften erhältlich) vor Röntgenstrahlen schützen.

Nützliche Informationen zu Ihrer Fotoausrüstung und über das Fotografieren finden Sie in

- „Die Welt im Sucher“ von H. Herman (Reise Know-How Sachb.).

Grundsätzlich gilt: Gehen Sie beim Fotografieren von Menschen behutsam vor! Fragen Sie höflich, bevor Sie die Kamera auf Personen richten! Es ist im ganzen Land verboten, militärische Anlagen, Brücken, Bahnhöfe und Flughäfen zu fotografieren.

Sicherheit

Myanmar ist kein gefährliches Reiseland. Auch als Frau ohne männliche Begleitung können Sie sich relativ unbesorgt - wie in Mitteleuropa - bewegen. Diebstahlgefahr ist bei Bahn- und Busfahrten, besonders bei Nacht, gegeben, daß wirklich etwas entwendet wird, ist aber selten. Verstecken Sie Ihre Wertsachen möglichst gut, z. B. am eigenen Körper: Tragen Sie Geld, Reiseschecks, Paß, Tikkets usw. in einem Brustbeutel, Bauchgurt oder einem Wadenbeutel und schützen Sie Geld und Dokumente mit einem Plastikbeutel vor Schweiß. Nicht benötigte Wertgegenstände könnten Sie auch in größeren Hotels im Hotelsafe zurücklassen. Schmuck nehmen Sie am besten gar nicht mit. Manchmal gibt es in den Hotels an den Zimmertüren Vorrichtungen für ein Vorhängeschloß. Nehmen Sie nur Taschen mit, die aus einem festen Material und gut (wasserdicht bei Reisen während des Monsuns) zu verschließen sind. Für den Fall, daß Ihnen Dokumente gestohlen werden, sollten Sie immer Fotokopien davon mitnehmen, die sie natürlich getrennt von den Originalen aufbewahren.

Stromspannung

Sie beträgt 220/240 Volt Wechselstrom, 50 Hertz. Da die Stromversorgung nicht zuverlässig ist, sollten Sie auf die Mitnahme elektrischer Geräte möglichst verzichten. Flachstecker passen in die meisten Steckdosen; manchmal gibt es auch große runde, dreipolige Steckdosen (englische Steckdosen). In den abgelegeneren Orten wird der Strom meistens zwischen 22.00 und 6.00 Uhr abgestellt. Stromausfälle sind an der Tagesordnung, aber die meisten größeren Hotels haben für diesen Fall ein eigenes Aggregat.

Öffnungszeiten

Banken
Mo - Fr 10.00 - 14.00 Uhr
Außerhalb der Geschäftszeiten können Sie in allen größeren Hotels offiziell wechseln.
Regierungsbüros
Mo - Fr 9.30 - 16.30 Uhr
Büros
Mo - Fr 9.00 - 17.00 Uhr
Regierungsläden
an einem Wochentag geschlos-

sen, abwechselnd geöffnet von 8.00 - 15.00 Uhr oder von 10.00 - 17.00 Uhr oder 14.00 - 20.00 Uhr

Private Läden

öffnen werktags zwischen 9.00 und 10.00 Uhr und schließen zwischen 18.00 und 22.00 Uhr

Restaurants

Lokale für Einheimische schließen schon zwischen 19.00 und 20.00 Uhr! Die Hauptessenszeiten sind mittags zwischen 10.00 und 12.00 Uhr und abends zwischen 17.00 und 18.00 Uhr.

Die Öffnungszeiten von **MTT**, der **Hauptpost** und des **Telegraphenamtes** können Sie den nächsten Abschnitten entnehmen.

MTT oder Myanmar Tours & Travel

MTT ist zuständig für Buchungen von Flug- und Zugreisen, Hotelreservierungen sowie für alle touristischen Fragen. Zu den Hauptreisezeiten werden auch mehrtägige Besichtigungsfahrten und Stadtrundfahrten angeboten. MTT vermittelt zudem offizielle Führer. Fahrpläne für Bahn, Flug, Bus oder Schiff hängen dort aus, außerdem können Sie einen Stadtplan und Ansichtskarten kaufen. Manchmal sind auch Prospekte von den Hauptsehenswürdigkeiten vorrätig. Insgesamt sind die Angebote von MTT teuer. Tickets können mittlerweile direkt bei den Flugbüros, am Bahnhof, in den Büros der Busunternehmen oder bei privaten Reisebüros gekauft werden.

MTT und Myanmar Hotels and Tourism Services
P. O. Box 559
77 - 91, Sule Pagoda Road
Yangon, Union of Myanmar
T. 0095/1/27 75 71, 27 75 71
Fax: 0095/1/8 25 35
täglich geöffnet von 8.00 bzw. 10.00 Uhr - 20.00 Uhr

Außer der Geschäftsstelle in Yangon gibt es Zweigstellen in Mandalay, Bagan und Taungyi.

Post und Telefon

Hauptpost (General Post Office)

Strand Rd, Ecke Bo Aung Kyaw Str., ganz in der Nähe vom Strand Hotel, T. 28 54 00, 28 54 40
geöffnet Mo - Fr 9.30 - 16.00 Uhr
Sa 9.30 - 12.30 Uhr, So und Fei geschlossen

Gebühren: Postkarte nach Europa K 25, Luftpostbriefe K 35

Die Post nach Europa geht jeden Montag und Freitag ab. Sondermarken gibt es nur in der Hauptpost. Wenn Sie Ihre Post in einen Briefkasten werfen, müssen Sie damit rechnen, daß sie nie ankommen wird. Geben Sie deshalb Ihre Post selbst im Postamt ab und lassen Sie sie vor Ihren Augen abstempeln.

Postlagernde Sendungen sind unter folgender Adresse an die Hauptpost in Yangon zu richten:

Vorname Name
Poste Restante
GPO (General Post Office)
Strand Road
Yangon
Union of Myanmar

Diese können kostenlos im 1. Stock abgeholt werden.

Paketsendungen auf dem Luft- bzw. Seeweg verschicken Sie am sichersten mit:

Myanmar International Moving Services, 14 A-1 Lane, A-1 Compound, Mile 9, Pyay Road, T. (01) 6 70 57, Fax: 6 70 58

Mercury Air Cargo, Nr. 46, 31. Street, T. (01) 7 60 95

Overseas Courier Service, 147, 40. Street, 1. Stock, T. (01) 7 40 45

DHL Worldwide Express, 524-B Merchant Str., T. (01) 7 13 85, 8 54 75

Telefon, Telegramm, Telefax

Internationale Gespräche von und nach Myanmar sind möglich, nachdem im Zuge umfassender Modernisierungen 1991/92 die Bauarbeiten für eine Satelliten-Bodenstation des digitalisierten internationalen Telefonverkehrs abgeschlossen wurden und im März 1994 eine weitere Satelliten-Bodenstation fertiggestellt worden ist. Myanmar ist damit an das internationale Netz angeschlossen und kann von 40 Ländern aus direkt angewählt werden. Früher wurden die Gespräche handvermittelt, was eine lange Wartezeit zur Folge hatte. Internationale Telefongespräche, Faxsendungen und Telegramme können Sie nur von Hotels und vom Telegraphenamt ausführen lassen. Internet gibt es in Myanmar nicht, soll aber in den kommenden Jahren ermöglicht werden. Telefonhäuschen kennt man nicht in Myanmar. Viele Läden haben ein Telefon, das gewöhnlich am Eingang steht. Für K 10 - 15 können Sie dort ein Ortsgespräch führen.

Ein Gespräch nach Europa kostet handvermittelt K 210 für 3 Minuten. Die Wartezeit beträgt zwischen einer halben und 3 Stunden. Über einen IDD (International Direct Dial)-Anschluß kostet 1 Minute US$ 10, hier gibt es keine Wartezeit. Faxgebühren für eine Minute US$ 10.

Von Myanmar aus wählt man nach Deutschland 49, nach Österreich 43, in die Schweiz 41 und in die Niederlande 31 vor.

Central Telegraph Office
Maha Bandoola Str., Ecke Pansodan Str., T. (01) 28 37 37
geöffnet tägl. von 7.00 - 20.00 Uhr

International Business Centre
88, Pyay Road, T. (01) 6 71 33

internationale Gespräche, Fax und Büroservice

Vorwahlnummern

Landesvorwahl: 00 95

Aunglan	69
Bagan	65
Bago	52
Chaungtha	42
Chauk	61
Hinthada	44
Lashio	82
Loikaw	83
Magway	63
Mandalay	2
Mawlamyine	32
Meiktila	64
Minbu	65
Monywa	71
Myingyan	66
Myitkyina	74
Pakokku	62
Pathein	42
Pyay	53
Pyinmana	67
Pyin Oo Lwin	85
Sagaing	72
Sittwe	43
Taunggyi	81
Toungoo	54
Thanlyin	65
Thayet	68
Yangon	1
Yenangyaung	60

Nützliche Telefonnummern
Ambulanz (Rotes Kreuz): 29 51 33
Polizei: 1 99, 28 25 11
Auskunft: 1 00
Tourist Information: 28 20 75
Flughafen in Yangon: 66 26 92

Ausrüstung

Kleidung

lange, leichte Baumwollhose, Rock, T-Shirts, Blusen, Hemden, Jacke/Pullover, bequeme Schuhe, Plastiksandalen für die Dusche und den Monsunregen, saugfähige Strümpfe, Unterwäsche, Badebekleidung, Schirm/Regenumhang, Hut als Sonnenschutz, Sonnenbrille...

Dokumente

Paß (muß bei Einreise noch weitere 6 Monate gültig sein), evtl. Impfpaß; Fotokopien von allen Dokumenten und Visum, Bargeld, Kreditkarte, Reiseschecks, Flugtikkets, Landkarten, Reiseführer

Hygieneartikel

In den größeren Orten in Myanmar inzwischen ist alles erhältlich; Handtuch, Zahnbürste, Zahnpasta, Seife, Haarshampoo, Nagelschere, -feile, Rasierzeug, Toilettenpapier (auch anstelle von Papiertaschentüchern zu verwenden), Erfrischungstücher, Tampons, Kondome

Sonstiges

Wasserflasche (neuerdings kann man auch Trinkwasser in Plastikflaschen industriell abgepackt kaufen), Taschenlampe, Taschenmesser, wasserfeste Streichhölzer, Nähzeug und Sicherheitsnadeln, Ersatzschuhbänder, Vorhängeschloß, Wecker (wichtig, weil viele Transportmittel sehr frühmorgens abfahren!), Ersatzbrille, Moskitospiralen und Autan, Alarmsirene fürs Gepäck, Kernseife/Waschpulver, Bürste, Schreibzeug, Notizbuch mit Kalender, leichter Schlafsack, Traubenzucker, Bonbons, Kaugummi, zusätzliche Reisetasche oder ähnliches, falls Sie einen Teil des Gepäcks an einem Ort zurücklassen wollen.

Dinge zum Verschenken

gebrauchte Briefmarken von zu Hause, Modeschmuck, Kosmetikproben, bunte Haarspangen, deutsche Geldstücke, Kugelschreiber, Lippenstifte, Nagellack, Parfums, Schokolade, Kaugummi, Kaubonbons, Bonbons, Luftballone.

Fotoausrüstung

mit Styropor ausgelegter Behälter, Kieselgel, genügend Filme, Filmshield

Reiseapotheke

verpackt in mehreren eckigen Plastikdosen, Grundausstattung s. „Gesundheitliche Vorbereitung“

Essen und Trinken

Die Küche von Myanmar ist stark beeinflußt von den Nachbarländern China, Indien, Bangladesch und Thailand. Die heutige gängige Küche ist eine Mischung aus einerseits indischen (kräftige Gewürze) und andererseits chinesischen Gerichten. Es ist oft recht schwierig, typisch birmanisches Essen in Restaurants zu erhalten. Auf den Speisekarten dominiert meistens die chinesische Küche. Fragen Sie nach birmanischen Gerichten, oft gibt es sie trotzdem. In größeren Städten ist auch die indische Küche sehr beliebt, verbreitet ist außerdem japanisches und europäisches Essen.

In Mandalay und in der Gegend um den Inle See finden Sie **Shan-Gerichte**, die den Erzeugnissen der nordthailändischen Küche sehr ähnlich sind.

Mon-Gerichte gibt es von Bago bis Mawlamyine. Hier finden Sie eine größere Auswahl an Curries als in der birmanischen Küche, ansonsten sind sie ihr sehr ähnlich.

Die **Küche in Rakhine** ist sehr beeinflußt von der in Bangladesch. Neben den sehr scharfen Curries werden insbesondere Meerestiere angeboten.

Die normalen **Essenszeiten** für Einheimische sind in Myanmar von 10.00 - 12.00 und von 17.00 - 18.00 Uhr. Birmanische Restaurants schließen relativ früh, zwischen 19.00 und 20.00 Uhr! Restaurants mit Speisen anderer Nationalitäten können bis 22.00 Uhr geöffnet sein. Speisekarten verzeichnen in den touristischen Orten die Gerichte auch in englischer Sprache. In birmanischen Lokalen steht das Essen in Töpfen aufgereiht, so daß Sie auch durch Deuten Ihre Gerichte auswählen können.

Üblicherweise essen die Myanmaren ohne Besteck. Der Reis wird mit der Soße zu kleinen Bällchen geformt und mit den Fingern zum Mund geführt. In der bereitstehenden Schüssel mit lauwarmem Wasser werden die Hände gewaschen. Als Tourist erhält man unaufgefordert Löffel und Gabel. In einem traditionellen Haushalt gibt es keinen Tisch und Stuhl, man sitzt auf Bastmatten. Sollte doch ein Tisch vorhanden sein, dann ist er rund und ganz niedrig, und man kniet beim Essen auf Bastmatten.

Das **Frühstück** für Einheimische besteht aus Tee oder Kaffee, sowie Nudeln oder Reis mit einer würzigen Soße *(mohinga)*. Dies wird meist von einem nahegelegenen Markt oder einer Garküche geholt. Als Europäer bekommt man automatisch Toast, Butter, Marmelade und Eier, dazu Tee oder Kaffee serviert. Eine alltägliche Mahlzeit besteht aus Suppe, Reis, etwas Fisch, Fleisch oder Gemüse - jeweils in einer mehr oder weniger scharfen Curry-Soße. Bei allen Gerichten, in denen das Wort *„hin“* vorkommt, ist Curry dabei (*hin* heißt Curry). Dazu wird meist ein Schälchen mit *Ngapi* gereicht, das ist eine Fischpaste mit Chillies.

Die myanmarische Küche ist im Vergleich zur chinesischen schwerer und viel stärker gewürzt. Grundlage eines jeden Essens ist Reis. An Gewürzen werden verwendet: Chili, Pfefferkörner, Paprika, Ingwer, Anis, Nelken, Curry, Kreuzkümmel, Zitronengras, Tamarinde, Knoblauch, Kurkuma, Fischpaste, Shrimppaste, Sojasoße.

Die **Curries** sind scharfe Gerichte aus Fleisch oder Fisch mit Reis. Sie können aus Huhn, Ente, Schwein, Rind, Lamm, Hammel, Muscheln und anderen Meerestieren (es gibt besonders große Garnelen, die aber hauptsächlich für den Export bestimmt sind) oder Fisch (Katzenfisch, Aal, Karpfen, Scholle) gekocht werden.

Gemüse werden frisch je nach Saison verarbeitet, es gibt: Zwiebeln, Frühlingszwiebeln, Auberginen, Zucchini, Blumenkohl, Weißkraut, Kartoffeln, Mais, Bohnen, Erbsen, Gurken, Paprika, Sojabohnen, Bambusspitzen, Tomaten, Pilze.

An **Früchten** sind erhältlich: Orangen von Oktober bis Februar; Avocados, als süße Paste, von Oktober bis April; Erdbeeren aus den bergigen Regionen von Dezember bis April; Mangos von April bis Juni; Wassermelonen von November bis April; Jackfruit von Juni bis September; Mangosteen von Mai bis September; Durian (große stachelige Frucht, übler Geruch), genannt „die Königin aller Früchte“, von Mai bis September; Ananas von Juni bis September; Zimtäpfel (wie eine große Orange mit vielen Kernen) von August bis Oktober; Pfirsiche von Juni bis August, Guave von Juni bis Oktober; Pomelo (eine große Zitrusfrucht, ähnlich der Grapefruit); Rambutan (ähnlich wie Lychees, aber pinkfarben); Papayas (am schmackhaftesten mit Limonensaft beträufelt), übers ganze Jahr; Bananen in allen Größen und Geschmacksrichtungen, übers ganze Jahr; Kokosnuß.

Ein vollständiges **Menü** besteht aus gekochtem Reis mit mindestens einem Currygericht, einer Suppe (gleichzeitig zum Hauptessen serviert), Salat (nach Saison, roh, kleingeschnitten), gekochtem Gemüse, Gurkenstreifen oder gekochten Bambusspitzen zum Dippen in eine Tomaten-Shrimp-Soße, Crisps (ähnlich wie Chips) aus Kartoffeln, Bohnen, Reis.

Die **Nationalgerichte** sind *mohinga* (Reisnudeln mit gekochtem

Fisch in stark gewürzter Suppe), beliebt auch als Frühstück, und *ohno khaukswe* (Nudeln mit Kokosnuß und Hühnercurry). Beliebte Nachspeisen sind *sanwin makin* (süßer Grießpudding), Bananenkuchen und *kyaukkyaw* (Seetanggelee).

Weitere Gerichte:

hingha: Suppe aus Gemüse und Fischpaste; *khaukswe gio*: Nudeln, weiße Bohnen, Schweine- oder Entenfleisch, Rührei, Zwiebeln; *ohno khaukswe:* Nudeln mit Hühnerfleisch in einer Soße mit Curry und Kokosmilch; *khowsen:* Shan-Reisnudeln mit verschiedenem Fleisch; *khowsen kho:* gebratene Shan-Reisnudeln mit Schweinefleisch; *kyasan chet:* Glasnudeln mit Pilzen und anderen Gemüsen mit Huhn; akyaw: dies sind Gerichte (Gemüse, verschiedene Teigwaren), die in Öl schwimmend ausgebacken werden; man tunkt sie dann in die verschiedenen Soßen ein; *balauchaung:* Fischpaste aus gebratenen Zwiebeln, Knoblauch, Chillies und getrockneten Garnelen, wird in Öl gebraten, dazu ißt man Reis; *ngapi:* Dies sind Fischpasten, von denen es verschiedene Varianten gibt. Die 3 Hauptsorten sind: *ngapi gaung, ngapi yecho, ngapi seinsa.* ngapi gaung ist die teuerste und wird in Payagyi in der Nähe von Yangon hergestellt. Eine große Menge ganzer Fische wird dabei in einen hölzernen Behälter gelegt. Man rührt dann mit einer großen Bürste, um die Fische zu säubern. Sie werden danach gesalzen und in Bambuskörbe gelegt, in denen sie 24 Stunden bleiben. Schließlich werden sie in der Sonne getrocknet, wieder gesalzen und zu einer Paste zerdrückt. *ngapi yecho:* Fischpaste mit Bohnen; *ngapi seinsa:* Paste aus Shrimps und kleineren Fischen; *wet tha hin:* Schweinecurry; *tschet tha hin*: Hühnercurry; *ahma tha hin:* Rindercurry; *nga hin:* Fischcurry; *pazoon hin:* Shrimpcurry; *nga talaung paung:* gekochter Fisch; *lethok:* kleingeschnittener Salat nach Saison, angemacht mit einer Fischsoße, Salz, Sojasoße oder Shrimppaste, Sojabohnenpulver oder Essig, Tamarinde und jeweils Sesam-, Erdnuß- oder Sojaöl; *lethok son:* Reissalat, fleischlos, wird hauptsächlich bei Festen gereicht; die Zutaten (grüne Papaya, Kartoffeln, Bohnen, Zwiebel, Seetang u. ä. und Gewürze) werden einzeln bereitgestellt. Man kann sich seinen Salat selbst zusammenstellen. *lepet:* gepreßte, auch eingelegte Teeblätter, wirken stimulierend, ähnlich wie Koffein; *lepet thok*: Salat aus Teeblättern mit getrockneten Shrimps und scharfen Gewürzen; *thagu-pyin:* Sago mit Palmsirup mit Kokosnußcreme; *kauknyintok:* geschnittene Bananen mit Reis und Kokosnußmilch in Bananenblätter gewickelt und gedämpft;

htamanes: süßer Reiskuchen mit Banane; *rakhine nget pyaw paung:* gekochte Banane mit Kokosmilch *sanwin makin:* Grießpudding mit Kokosmilch gekocht, wird oben goldbraun, man serviert ihn auch in einem Päckchen aus Bananenblättern.
Nüsse aller Art, z. B. Erdnüsse, Cashewnüsse; getrocknete und gesalzene Samen von Sojabohnen, Erbsen, Sonnenblumen, Melonen, Kürbis.

Preisbeispiele

Fried Rice/Noodles K 100 - 150, Hauptgericht chinesisch K 200 - 300, birmanisch K 250 - 350, leerer Reis K 50, Suppen 100 - 150, Früchte als Nachtisch K 50 - 100, Kuchen und Nachtische K 50 - 150.

Zum Essen trinkt man traditionell Tee oder Wasser, die Jüngeren nehmen auch Limos und Bier.

Als **alkoholfreie Getränke** werden einheimische Limonaden und Soda (K 45 - 60), Trinkwasser (Flasche K 40) und frisch gepreßter Zuckerrohrsaft (K 10) angeboten. Außerdem gibt es schwarzen Tee mit Milch oder Zitrone (K 50) und Kaffee (K 50). Der grüne chinesische Tee wird überall kostenlos gereicht und steht oft schon am Tisch. Für diesen grünen Tee stehen umgedrehte Teeschälchen am Tisch, die ohne Abspülen von jedem immer wieder benützt werden. Meines Erachtens hilft dieser Tee am besten gegen Durst. Ausländische Limonaden, z. B. eine Dose Coca Cola, kosten K 200 - 300.

Einheimische **alkoholische Getränke** sind Palmwein (toddy), Reisschnaps, Orangenschnaps (zwischen Kalaw und Taunggyi), Whisky, Gin, Rum und verschiedene Sorten (große Flasche Mandalay Beer K 300 - K 350). Vorsicht mit Eiswürfeln!

Trinkgeld

In den größeren Hotels werden 10 % Bedienung und darüber hinaus oft noch 10 % Tax auf die Rechnung gesetzt. Zusätzliche Trinkgelder sind üblich. Gepäckträger erhalten ca. K 30 pro Gepäckstück. Taxifahrer erwarten für besonders lange Fahrten ein Trinkgeld. Bei einem gemieteten Auto erwartet der Fahrer US$ 2- 3 pro Tag.

Kleiner Sprachführer

Siehe auch Kapitel „Sprache“ und „Schrift“.

Die Aussprache ist für den Europäer sehr schwierig, da Birmanisch eine Tonhöhensprache ist und sich je nach dem Tonfall der Sinn ändert. Die unten angegebene Übersetzung beruht auf der englischen Aussprache.

Wenn Sie mehr Birmanisch lernen wollen, können Sie zum „Lehrbuch des modernen Burmesisch“ von Eberhardt Richter, früher VEB Verlag Enzyklopädie, Leipzig, greifen oder zum Kauderwelsch Band 63: Burmesisch für Globetrotter, auch mit Tonbandkassette zum Buch. In Myanmar ist weiterhin ein für Touristen nützliches Büchlein erhältlich: „Practical Myanmar“

G. Morgen	mingala ba
G. Abend	mingala ba
Auf Wieders.	thwa bi
ja (weibl. Spr.)	houke khin bya
ja (männl. Spr.)	houke shin
nein	hin in/ma hou pu
bitte	tahsei lau kye zu
danke	kyei zu amya gyi tin ba de
ich verstehe	na le ba de
ich verstehe n.	na ma le bu
sie sind willk.	la ba la ba
Entschuldig.	sei mashi ba ne
ich spreche n. myanmarisch	myanma lo mat hpu
wie weit ist es?	ba lau wei tha le
wieviel?	ba lau le
wo ist...?	...be ma shi tha le
wie geht es?	nay gaun ye lah
mir g. es gut	nay gaun ba day
wo ist...?	beh mah lay
wie viel...?	be lauk lay
zu viel	myar day
gut	gaun bo
was ist ihre Nationalität?	ba lu myo le
ich bin Deutscher	lu myo ba gyaman
Flughafen	lei zei
Bushaltest.	bas aka gei
Bahnhof	buda youn
Fahrrad	sekbeing
Auto	twe, ka
Polizeistation	yeh sa khan
Krankenhaus	a thu sheiyoung
Arzt	shayawung
Restaurant	sar thow sai
Hotel	ho tay
Bett	ei ya
Bad	yei cho gan
Seife	hsa pya
Bank	ban daik
Visum	biza
Fotoapparat	kinmara
Gepäck	dwe
Rucksack	boueit
Moskitonetz	chingdaung
Briefmarke	dazei gaung
Markt	zei
gibt es..	..shi the la
ich esse...	...sa me
Brot	paun moun
Toast	paun moun gin
Sandwich	sandawich
Butter	thobat
Marmelade	you
Milch	no
Quark	nou ge
Käse	deing ge
Yoghurt	deing jing
Tee	la hpet yei
Kaffee	kaw hpi
Wasser	yei
Mineralw.	soda yei
Trinkwasser	thow yei
Eiswasser	yei yei
Zucker	tha jar
Kuchen	kei moun
Zitronensaft	than bya yei
Omelette	chet ou chor
Nudeln	kau hswe
Reis	hsan
Reis gekocht	ta min
Suppe	hin jo

Ei	kyet u
Hühnerfleisch	kyet thar
Fisch	nga
Schweinefl.	wet tha
Krabben	ga nab
heiß	pu de
Obst	thit thee
Bier	biya

Toilette

ကျား	မ
Männer	Frauen

Souvenirs

Am besten können Sie Souvenirs an den Ständen in den Aufgängen zu den Pagoden oder auf den Märkten kaufen. Weitere, aber vergleichsweise teure Einkaufsmöglichkeiten haben Sie in den größeren Hotels, im Flughafen und in den staatlichen Läden. In Yangon gibt es alles, billiger ist es aber auf jeden Fall, die Souvenirs an ihrem jeweiligen Herstellungsort zu kaufen. Im einzelnen:

Lackwaren: direkt in den Fabriken in oder um Bagan oder in der Mahamuni Pagode in Mandalay

Schirme: überall in den größeren Pagoden und am Bogyoke Markt in Yangon

Umhängetaschen: in den Dörfern der Shan um den Inle See oder überall auf den Märkten

Steine (Rubine, Jade, Smaragde): nur in staatlichen Läden oder Geschäften mit amtlicher Lizenz, vor allem in Yangon und Mandalay. Ohne Quittung von solchen Läden dürfen Steine nicht ausgeführt werden! In Mandalay werden sie auch in Hotels angeboten - aber dabei ist Vorsicht geraten! Bei Steinen sollten Sie sich auskennen.

Holzschnitzereien: vor allem in Mandalay, aber auch in Yangon in der Shwedagon Pagode

Opiumgewichte: in Mandalay und Bagan größere Auswahl, sonst überall im ganzen Land

Marionetten: in der Mahamuni Pagode in Mandalay, in Bagan und in der Shwedagon Pagode in Yangon

Messinggefäße: vor allem in Mandalay in der Mahamuni Pagode

Gongs: vor allem in Mandalay in der Mahamuni Pagode

Silberwaren: in und um Sagaing, in Mandalay im Zegyo Markt und der Mahamuni Pagode

Brokatwandbehänge: vor allem in Mandalay, in Pyin Oo Lwin und auch in Yangon

Longhi-Stoffe: überall im ganzen Land auf den Märkten oder direkt von den Webereien

Gegenstände aus der Kolonialzeit: auf den Märkten in Mandalay, Pyin Oo Lwin und Yangon

Gesundheitliche Vorbereitung

Gesundheit und Wohlbefinden auf Reisen hängen unter anderem auch von einer gewissenhaften gesundheitlichen Vorbereitung (Impfungen, Malariaprophylaxe etc.), von täglicher Körperpflege und umsichtigem Verhalten in Hitze und Sonne, von der Rücksichtnahme auf die eigene Leistungsfähigkeit und vom Verhalten bei kleineren oder größeren medizinischen Problemen ab. Natürlich ist die Liste der Tropenkrankheiten lang und wirkt auf den Leser bedrohlich. Dennoch sollte es mit ein bißchen Glück und angemessener Vorsorge gelingen, das Reiseabenteuer in Myanmar ohne größere Blessuren zu überstehen.

Zur gesundheitlichen Vorbereitung gehören auch Überlegungen, ob es nicht sinnvoll ist, eine Auslandskrankenversicherung abzuschließen. Dies gilt vor allem für Mitglieder von gesetzlichen Krankenkassen (Pflicht- und Ersatzkassen), da diese Krankenkassen in der Regel Rechnungen aus dem Ausland nicht erstatten. In diesem Fall hilft eine entsprechende Zusatzpolice, abgeschlossen bei der Krankenversicherung, bei der man bereits Mitglied ist. Eine solche Zusatzversicherung ist meistens vergleichsweise billig zu haben. Sie kann auch mit einer Krankenrücktransportversicherung kombiniert werden. Hier sind die Modalitäten von Versicherung zu Versicherung ganz unterschiedlich. Sie sollten sich also mit ihrer Krankenkasse in Verbindung setzen.

Privat-Versicherte können auch Arztrechnungen aus dem Ausland bei ihrer Versicherung zur Erstattung einreichen. Empfehlenswert ist allerdings auch für Privat-Versicherte eine kurze Rückfrage bei ihrer Versicherung über den Umfang des versicherten Risikos bei einer Reise nach Myanmar.

Wenn irgend möglich, sollten Sie nur gesund abreisen. Für alle, die regelmäßig Medikamente benötigen ist es natürlich wichtig, einen ausreichenden Vorrat dieser Medikamente mitzunehmen.

Anleitung zu Hilfe und Selbsthilfe in allen Situationen, die die Gesundheit und Hygiene betreffen, gibt das Buch von David Werner „Wo es keinen Arzt gibt", erschienen bei RKH.

Allgemeine Hinweise

Impfungen und Medikamente sind ein wertvoller Schutz gegen einige Infektionskrankheiten, sie sind aber kein Ersatz für Hygiene, Vernunft und Vorsicht. Es gibt z.

B. gegen die Darminfektionskrankheiten Cholera, Typhus, Paratyphus und Ruhr keine sicheren Schutzimpfungen. Diese Krankheiten sind in Ländern mit niedrigem Hygienestand stark verbreitet.

Vermeiden Sie das Baden in Binnengewässern, auch wenn das Wasser noch so klar und verlokkend aussieht. In Seen und Flüssen können Blase und Darm von Erregern der gefährlichen Wurmkrankheit Bilharziose befallen werden. Dagegen gibt es keine medikamentöse Prophylaxe.

Seien Sie besonders vorsichtig bei Trinkwasser. Verwenden Sie zum Trinken und auch zum Zähneputzen nur in Flaschen abgefülltes oder selbst (z. B. mit Micropur) desinfiziertes Wasser, abgekochtes Wasser oder Tee. Nicht abgekochtes Wasser, z. B. in Eiswürfeln und Speiseeis, kann gefährlich sein.

Meiden Sie rohe Milch, Salate, und ungeschältes Obst. Fische, Krebse und andere tierische Lebensmittel müssen immer vollständig durchgebraten oder gargekocht sein.

Zum Schutz gegen Insektenstiche sind lange Hosen, Hemden mit langen Ärmeln und hochgeschlossene Schuhe sowie Mittel zum Einreiben (z. B. Autan) zu empfehlen. Moskitos stechen vor allem bei Einbruch der Dämmerung und am Abend. Nachts schützen Sie sich am besten durch ein Moskitonetz oder durch Verbrennen von sog. „Coils". Der Boden sollte nie mit bloßen Füßen betreten werden.

Impfungen

Derzeit sind von der nationalen Gesundheitsbehörde in Myanmar keine Impfungen vorgeschrieben, es sei denn, Sie kommen aus einem Epidemiegebiet.

Gelbfieber

Die Impfung ist nur vorgeschrieben für Reisende, die sich innerhalb der letzten 6 Tage vor der Ankunft in Myanmar in Infektionsgebieten aufgehalten haben. Davon ausgenommen sind lediglich Kinder unter einem Jahr. Endemische Zonen für Gelbfieber finden sich in Afrika und Südamerika, sowie Mittelamerika.

Cholera

Bei der Ausreise aus Myanmar brauchen Reisende eine Impfbescheinigung, falls sie in Länder reisen, die solche Bescheinigungen immer noch verlangen.

Wundstarrkrampf (Tetanus)

Die Wundstarrkrampfimpfung ist nicht nur für eine Fernreise sondern auch zu Hause eine sinnvolle Vorsorge. Die Auffrischimpfungen sind routinemäßig alle 10 Jahre nötig. Liegt im Verletzungsfall die letzte Impfung weniger als ein Jahr zurück, kann auf eine Auffrischimpfung verzichtet werden.

Kinderlähmung (Polio)

Die Schluckimpfung gewährleistet einen sicheren Infektionsschutz für 7 Jahre. Auch Erwachsene können an Kinderlähmung erkranken. Beachten Sie, daß die Impfung nicht gleichzeitig mit der Typhusimpfung und in einem Abstand von mehr als einem Monat vor oder nach einer Gelbfieberimpfung durchgeführt wird.

Hepatitis A (Gelbsucht A)

Die Hepatitis A wird durch das Hepatitis-A-Virus verursacht. Die Übertragung erfolgt durch verunreinigte Nahrung oder verschmutztes Trinkwasser sowie über mangelhaft gereinigte Eßbestecke und schmutzige Handtücher.

Die Gammaglobulininjektion ist keine Impfung, sondern sie stärkt die Abwehrkraft gegen Hepatitisviren. Eine Injektion von 5 ml Impfstoff etwa eine Woche vor dem Abreisetermin gewährt Schutz für etwa drei Monate.

Seit dem 04.12.1992 gibt es auch eine aktive Immunisierung (zwei Impfungen mit einem Mindestabstand von 14 Tagen, eine dritte Impfung nach sechs Monaten, Präparatenamen: Havrix), die Schutz für etwa fünf bis zehn Jahre bieten.

Hepatitis B (Gelbsucht B)

Die Hepatitis B, ebenso eine Viruserkrankung, gehört nicht zu den typischen Tropenerkrankungen. Sie wird durch Bluttransfusionen, unsterile Spritzen, aber auch durch Geschlechtsverkehr übertragen. Im Gegensatz zu Hepatitis A kann Hepatitis B in ein chronisches Stadium übergehen. Gegen Hepatitis B ist eine aktive Immunisierung möglich. Vorwiegend lassen sich Beschäftigte im medizinischen Bereich gegen Hepatitis B impfen.

Gegen **Hepatitis A + B** bietet sich der Kombinationsimpfstoff Twinrix an. Twinrix muß, um einen ausreichenden Schutz zu bieten, im Abstand von vier Wochen zweimal vor der Abreise verabreicht werden. Eine Boosterimpfung ist nach weiteren sechs Monaten vorgesehen. Der Schutz hält mehr als fünf Jahre vor.

Typhus

Empfohlen wird die Typhoral L Schluckimpfung, vier Wochen vor

Reisebeginn, je eine Kapsel am 1., 3. und 5. Tag. Gegen Paratyphus ist eine Impfung mit TAB-Impfstoff möglich. Ein verläßlicher Schutz ist nicht gewährleistet. Beachten Sie, daß die Typhusimpfung nicht gleichzeitig mit der Polioimpfung durchgeführt werden darf!

Besser wirksam ist die neu auf den Markt gekommene Injektionsimpfung Typhim Vi.

Japanische Enzephalitis

Diese Gehirnentzündung tritt vor allem in den ländlichen Gebieten von Myanmar in den Monaten Juni bis September auf. Eine Impfung (2 Injektionen) müßte zwei Wochen vor Abreise erfolgen, der Impfschutz hält ca. 1 Jahr an. Derzeit ist in Deutschland kein Impfstoff zugelassen. Es wird darauf hingewiesen, daß die Impfung mit relativ hohem Erkrankungsrisiko belastet ist. Sie ist also nur bei mehrwöchigem Aufenthalt in ländlichen Endemiegebieten zu empfehlen.

Malaria

In Myanmar kommt hauptsächlich die bösartige Form Plasmodium falciparum vor. Malariaschutz ist in den nachfolgend aufgeführten Gebieten unter 1 000 m erforderlich:

Ganzjährig im Kayin(Karen)-Staat
Von **März - Dezember** in den Staaten Chin, Kachin, Kayah, Rakhine, Mon und Shan, in der Bago Division und in den Städten Hlegu, Hmawbi und Taikkyi in der Yangon Division.
Von **April - Dezember** in ländlichen Gebieten der Tanintharyi Division.
Von **Mai - Dezember** in der Ayeyarwady Division und in ländlichen Gebieten der Mandalay Division.
Von **Juni - November** in ländlichen Gebieten der Magway Division und der Sagaing Division.
(Karte mit den Staaten und Divisionen siehe auf der danebenliegenden Seite)

Malaria ist eine Infektionskrankheit, die durch den Stich der Anopheles-Mücke von Mensch zu Mensch übertragen wird. Sie ist in Südostasien weit verbreitet und hat in den letzten Jahren stark zugenommen. Obwohl es gegenwärtig noch keine Impfung gibt, kann man sich durch gewissenhafte Einnahme von Tabletten gegen den Ausbruch der Malaria schützen.

Allerdings ist wegen der Zunahme von Resistenzen gegen Antimalariamittel vor Antritt der Reise eine kurzfristige Überprüfung der Empfehlungen, die zur Prophylaxe und Therapie der Malaria gegeben werden, anzuraten. Sachkundige Auskunft geben die Tropeninstitute.

VR. CHINA
BHUTAN
INDIEN
BANGLADESCH
Kachin
Myitkyina
VR. CHINA
Sagaing
Hakha
Sagaing
Mandalay
Chin
Shan
Mandalay
Taunggyi
Magway
Sittwe
Magway
LAOS
Rakhine
Loikaw
Kayah
Golf von Bengalen
Bago
Bago
Yangon
Apa-an
Pathein
Yangon
Kayin
(Kayin)
Ayeyarwady
Mawlamyine
THAILAND
Mon
Golf von Martaban
N
Dawei
Taninthayi
(Tenasserim)
ANDAMANEN
(ind.)
Andamanen See
VERWALTUNGSGLIEDERUNG
Golf von Thailand
0
100
200
300 km

Ein wichtiger Grundsatz der Malariaprophylaxe ist, sich gegen den Stich der Anophelesmücke zu schützen. Vor allem abends und nachts werden die Mücken aktiv. Die Gefahr des Mückenstichs kann durch geeignete Kleidung, helle, langärmelige Hemden, lange Hosen, Strümpfe etc., durch Verwendung von Moskitonetzen und durch insektenabwehrende Stoffe (z. B. Autan, Bonomol) vermindert werden.

Zur **medikamentösen Grundprophylaxe** sollte nach wie vor Chloroquin (Resochin) genommen werden. Erwachsene: 300 mg der Base, 1 x pro Woche (z. B. 2 Tabletten Resochin).

Beginn: 1 Woche vor Reiseantritt. Bei Kindern muß eine individuelle Dosierung vorgenommen werden. Sie beträgt 5 mg/kg Körpergewicht pro Woche. Da Myanmar zu den Gebieten mit Chloroquin-Resistenz gerechnet wird und, wie fast ganz Südostasien, als Malariagebiet mit multiresistenter Malaria tropica gilt, muß zusätzlich Proguanil (Paludrine) in der Dosis von zwei Tabletten täglich genommen werden (in Deutschland nicht zugelassen, erhältlich über internationale Apotheken).

Als **Alternativprophylaxe** wird Mefloquin (Lariam) 1 Tablette (250 mg) 1 x wöchentlich angeboten, für Kinder 5 mg/kg Körpergewicht pro Woche (häufige Nebenwirkungen: Schwindel, Übelkeit, Schlafstörung, Unruhezustand, nicht anwenden bei Schwangerschaft, nicht bei kleinen Kindern). Bei der Prophylaxe mit Mefloquin (Lariam) muß berücksichtigt werden, daß beim fliegenden Personal wegen der Gefahr zentralnervöser Störungen zeitweilige Fluguntauglichkeit eintreten kann. Grundsätzlich sollten auch Reisende mit verantwortungsvoller Tätigkeit und solche, bei denen besondere Anforderungen an die räumliche Orientierung und Feinmotorik gestellt werden, keine Prophylaxe mit Mefloquin (Lariam) vornehmen. Das trifft auch auf Gerätetaucher, Fahrpersonal, Monteure und bestimmte Sportarten zu.

Die Malariaprophylaxe beginnt eine Woche vor der Abreise und endet vier Wochen nach der Rückkehr.

Bei **Malariaverdacht** trotz vorangegangener regelrechter Resochinprophylaxe (unregelmäßiges Fieber, ähnlich einem schweren grippalen Infekt, Kopfschmerz, häufig sehr stirnbetont, Gliederschmerzen, trockener Husten) nehmen Erwachsene eine einmalige Dosis von 4 Tabletten Lariam. Bei Schwangerschaft darf Lariam nicht eingenommen werden. Weibliche Reisende müssen also strikt auf Konzeptionsverhütung achten, da die frühen Embryonalstadien besonders gefährdet sind.

Alternativ ist als Reservemittel zur Therapie bei Malariaverdacht Halofantrin (Halfan) geeignet (3 x 500 mg = 2 Tabletten in 6stündigen Intervallen, Kinder 3 x 8 mg/kg Körpergewicht). Halfan ist nicht zur Malariaprophylaxe geeignet, sondern lediglich Reservemittel, das bei malariaverdächtigem Fieber und nicht erreichbarer ärztlicher Hilfe eingenommen wird (sog. „stand-by"-Behandlung).

Bei Fieber nach Aufenthalt in Malariagebieten muß auch nach korrekt durchgeführter Prophylaxe eine Malaria durch die direkte Blutuntersuchung (dicker Tropfen, Blutausstrich) ausgeschlossen werden.

Impfplanung

Absolut wichtig und notwendig ist die Malariaprophylaxe. Hier sollte man sich keine Nachlässigkeit leisten. Tetanus- und Polioimpfung sind auch für unsere Breitengrade eine sinnvolle Vorsorge. Zusätzliche, überlegenswerte Vorsorgemaßnahmen muß jeder nach seinen persönlichen Verhältnissen für sich entscheiden.

Nachfolgend eine Empfehlung zur Planung für Reiseimpfungen:

Vier Wochen vor der Abreise: Tetanusauffrischimpfung, Polioauffrischimpfung (falls keine Typhusschluckimpfung vorgenommen wird), Hepatitis A + B (1. Teil), Typhusschluckimpfung (drei Kapseln in fünf Tagen) oder Typhusinjektion, Gelbfieberimpfung (eine Impfung ausreichend), Cholera (1. Teil).

Zwei Wochen vor der Abreise: Polioauffrischimpfung (falls zu Beginn der Impfplanung eine Typhusschluckimpfung durchgeführt wurde).

Eine Woche vor der Abreise: Cholera (2. Teil), Beginn der Malariaprophylaxe, Hepatitis A + B (2.Teil).

Sechs Monate nach der ersten Impfung Hepatitis A + B (3. Teil).

Sexuell übertragene Krankheiten

Nur Abstinenz gibt absoluten Schutz vor sexuell übertragenen Krankheiten. Der richtige Gebrauch von Kondomen kann ähnlich hohen Schutz gewährleisten.

Gonorrhoe und Syphilis sind die verbreitetsten dieser Art von Erkrankungen. Die Behandlung von Gonorrhoe und Syphilis geschieht durch Antibiotika. Auch für viele andere sexuell übertragenen Erkrankungen gibt es Behandlungsmöglichkeiten, nicht aber für Aids/HIV.

Die Infektion mit dem HIV-Virus verbreitet sich auch in Myanmar. Offizielle Zahlen hierzu gibt es praktisch nicht. Schätzungen sprechen von bis zu 300 000 Infizierten in Myanmar. Die Übertragung des HIV-Virus geschieht durch homo- und heterosexuelle Kontakte, aber auch durch unsterile Nadeln bei Spritzen, Impfungen, Akupunktur, Tätowierungen und beim Stechen der Löcher für Ohrringe oder Nasenschmuck.

Schlangenbisse

Zur Vorbeugung gegen Schlangenbisse, Blutegel, Insekten- und Skorpionstiche wird festes Schuhwerk empfohlen. Sollte es dennoch zu einem Schlangenbiß kommen, darf die Bißstelle nicht mehr bewegt werden. Wenn möglich, sollte für einen raschen Transport in ein Krankenhaus gesorgt werden. Falls dies nicht möglich ist, muß eine Notbehandlung erfolgen:

Gerader Schnitt mit einer Rasierklinge o. ä. durch die Bißwunde, ca. 5 mm tief, Wunde ausbluten lassen oder aussaugen, Körperteil 15 cm oberhalb der Bißstelle mit Gürtel, Binde oder Damenstrumpf abbinden, um den Rückstrom von vergifteter Lymphe zu verhindern. Es muß aber noch Blut in den abgebundenen Körperteil hineinfließen können! Daher Pulskontrolle an Hand- oder Fußrükken, gegebenenfalls Unterbindung lockern. Dann Krankenhaustransport organisieren.

Zur Auswahl des richtigen Antiserums ist eine genaue Beschreibung der Schlange wichtig!

Vorschlag für eine kleine Reiseapotheke

Antibiotika: Penicillintabletten, z. B. Isocillin 20 T. à 1,2 Mega, bei Penicillinunverträglichkeit z. B. Orelox 100, Elobact 250;
Breitbandantibiotikum, z. B. Doxycyclin 100 mg (bei der Anwendung auf Sonnenschutz achten)

Durchfall: die Aufnahme von sehr viel Flüssigkeit ist wichtig, speziell salz- und glucosehaltige Lösungen, z. B.1 l Orangensaft, 1 Teelöffel Kochsalz, 2 Eßlöffel Zucker oder 1 l schwarzer Tee, 1 Teelöffel Kochsalz, 2 Eßlöffel Zucker, Saft von 2 Orangen.

Handelspräparate: Elotrans, Santalyt

Zusätzlich sinnvoll: Perenterol, Immodium

Durch Bakterien oder Parasiten hervorgerufene Durchfälle benötigen eine spezielle Therapie. Hierzu ist ärztlicher Rat einzuholen. Wenn kein Arzt aufgesucht werden kann, sollte bei fiebrigen oder hartnäckigen Durchfällen eine antibiotische Behandlung begonnen werden, z. B. Bactrim forte 2 x 1 Tbl.

Wasserdesinfektion: chemisch mit Micropur, Romin, Chlorina, Jod oder abkochen des Wassers

Sonstiges:
verdauungsfördernde Medikamente: z. B. Mexase
Insektenschutzmittel: z. B. Autan, Bonomol
Präparate zum Ausgleich des Salzhaushaltes bei starkem Wasserverlust durch Schwitzen: z. B. Kochsalztabletten, Oralpädon
leichte Schmerzmittel: z. B. Aspirin 0,5 g, ASS, Benuron 1000 mg
Beruhigungsmittel: z. B. Valium 5
entzündungshemmende Salbe, anwendbar bei Verstauchungen oder anderen Schwellungen, z. B. Tanderil-Creme, Reparil-Gel, Voltaren Emulgel
Mittel zur Desinfektion von Wunden: z.B. Merfen
provisorisches Zahnfüllungsmittel: z. B. Gutta Percha
Mittel gegen Kopf- und Filzläuse, z. B. Jacutin
Pilzhemmende Salbe: z. B. Daktar
Verbandskasten mit:
Hansaplast, Leukoplast, Mullbinden, elastischen Binden, Dreieckstuch, Schere, Pinzette, Fieberthermometer, steril verpackten Mullkompressen.
Medikamente in Zäpfchenform sind wegen der Hitze ungeeignet.

• Hilfreich ist das Merkblatt Nr. 23, „Ratschläge zur Erhaltung der Gesundheit in tropischen und subtropischen Ländern", herausgegeben vom Bundesverwaltungsamt in Köln.
• Deutsche Ges. f. Tropenmedizin: http://www.tropmed.dtg.org

Reisen in Myanmar

Das Reisen in Myanmar - auch selbst organisiert - ist in der letzten Zeit viel einfacher geworden. Die Tickets für Zug, Bus, Flug oder Schiff müssen jetzt nicht mehr bei einem Büro von Myanmar Tours & Travel (= MTT) gekauft werden. Sie können die Tickets entweder bei einem der privaten Reisebüros oder für die Bahn am Bahnhof, für Überlandbusse in den Büros der Busgesellschaften und für Flüge direkt in den Airline-Büros erwerben. Autos mieten Sie im Hotel oder in Reisebüros.

MTT ist ein staatliches Fremdenverkehrsamt und Reisebüro. Dort sind Stadtpläne und Postkarten erhältlich, ebenso manche Tikkets. Sie können Fahrpläne für die Hauptrouten der Züge, Flüge und Schiffe und eine meist unvollständige Hotelliste einsehen, einen Guide für Besichtigungen engagieren (zu teuer) und - völlig überteuerte - Besichtigungstouren buchen. Die Auskünfte von MTT sind außerdem oft unvollständig, nicht aktuell oder falsch.

In Myanmar ist auf dem touristischen Sektor alles im Umbruch: Hotels (vor allem große und teure) werden in rasantem Tempo hochgezogen. Allein für das „Visit Myanmar Year 1996“ waren über 30 Hoteleröffnungen vorgesehen, alle mit 300 - 700 Betten und von ausländischen Investoren erbaut. Ältere Hotels werden renoviert und verlangen danach viel höhere Preise. Die neuen Fluggesellschaften Air Mandalay (Sitz in Singapur) und Yangon Airways bedienen die Hauptrouten im Inland; durch diese zusätzlichen Flüge sind jetzt die Engpässe in der Hochsaison weitgehend beseitigt. Es gibt zudem sehr viel mehr Personenautos, so daß es kein Problem ist, ein Auto mit Fahrer zu mieten.

In der Hochsaison (November bis März) sollten Sie trotz aller Verbesserungen Zug-, Flug- und Schifftickets zwei bis drei Tage vorher kaufen. In dieser Zeit ist es auch empfehlenswert, ein Zimmer für ihre Rückkehr in Yangon zu reservieren, bevor Sie Ihre Rundreise antreten. Grundsätzlich sollten Sie beachten: Gestalten Sie Ihren Aufenthalt nicht wie eine Hetzjagd. Genießen Sie die freundlichen Menschen. Setzen Sie sich Schwerpunkte.

Der folgende Überblick soll Ihnen für eine grobe Zeitplanung helfen. Planen Sie flexibel. Genaue Zeitangaben zu den Transportmitteln finden Sie bei den Ortsbeschreibungen. Die angegebenen Tage bezeichnen jeweils das Minimum, das für eine Strecke oder einen Ausflug zu veranschlagen ist. Die Straßen sind sehr schlecht und Reifenpannen nicht selten. Sie müssen mit einer Durchschnittsgeschwindigkeit von 30 - 40 km/Std. rechnen. Für die Fahrzeiten wurde das Reisetempo von pick-ups bzw. gemieteten Autos zugrunde gelegt.

Yangon: je 1 Tag am Anfang bzw. Ende Ihres Aufenthaltes

Yangon -Bago	1 Tag
Yangon - Tanyin	½ - 1 Tag
Yangon - Twante	1 Tag
Yangon - Kyaikhtiyo P.	1 - 2 Tage
Goldener F. - Thaton - Mawlamyine	2 - 3 Tage
Yangon - Rakhine	3 - 4 Tage
Bago - Goldener F. - Thaton - Mawlamyine	3 - 4 Tage
Pyay und Srikshetra	2 Tage
Pyay - Srikshetra - Beikthano - Bagan	3 Tage
Bagan	2 Tage
Bagan - Mt. Popa - Thazi - Kalaw	1 Tag
Kalaw - Pindaya - Inle See	1 Tag
Inle See (Besichtig.) - Taunggyi	1 Tag
Inle See bzw. Kalaw - Loikaw	2 Tage
Taunggyi - Mandalay	1 Tag
Mandalay Stadtbes.	1 - 2 Tage
Mandalay - Minqun	1 Tag
Mand. - Taungbyon	½ Tag
Mandalay - Amarapura, In-Wa, Sagaing	1 Tag
Mandalay - Ywataung - Kaunghmudaw P.	½ Tag
Mandalay - Ywataung - Kaunghmudaw P. - Monywa	1 Tag
Mandalay - Ywataung - Kaunghmudaw P. - Monywa - Phowin Taung - Salingyi	2 - 3 Tage
Mand. - Pin Oo Lwin	1 Tag
Mand. - Pin Oo Lwin - Anikasan- oder Wetwun-Wasserfälle	2 Tage
Mand. - Pin Oo Lwin - Lashio	3 Tage

Reisemöglichkeiten in Myanmar

Organisierte Reisen

Myanmar Tours & Travels (MTT) 77 - 91, Sule Pagoda Rd, T. 27 79 66, 27 75 71, Fax: 28 25 35

MTT in Yangon bietet organisierte Reisen oder mehrtägige Ausflüge an. Näheres können Sie nur an Ort und Stelle erfahren und buchen. Diese Touren müssen Sie in US$ bzw. FEC bezahlen. Die Preisangaben verstehen sich für eine einzelne Person, bei Gruppen reduziert sich der Preis bis zur Hälfte, je nach Anzahl der Teilnehmer.

Angebote von MTT (über private Reisebüros ist es wesentlich billiger!) sind beispielsweise:

Stadtrundfahrten: morgens, nachmittags oder abends: je 4 Std., US$ 15; Highlights von Yangon: 8 Std., US$ 33; Umgebung von Yangon: 4 Std., US$ 18; Gärten und Parkanlagen: 3 ½ Std., US$ 22; Hlawga Wildlife Park: 4 Std., US$ 22; Shwedagon Pag.:

abends 2 ½ Std., US$ 13; Tan-yin: 4 ½ Std., US$ 33; Twante: 7 Std., US$ 75; Bago: 7 Std., US$ 75

Reisebüros in Yangon

Mittlerweile gibt es allein in Yangon über 100 private Reisebüros mit Lizenz. Sie organisieren Ihnen geführte Reisen in jeder gewünschten Länge, auch für eine Person (das ist natürlich etwas teurer), vermieten Autos, besorgen alle Arten von Tickets und ermöglichen manchmal sogar Ausflüge in gesperrte Gebiete. Sie können sich nach Ihrer Ankunft in Yangon oder bereits von zu Hause aus eine Tour ausarbeiten lassen. Die unterschiedlichen Preise begründen sich meist durch die verschiedenen Hotelstandards. Anfragen per Fax sind noch immer ein Problem, da die Leitungen oft überlastet sind. Falls Sie sich von zu Hause aus an ein Reisebüro wenden: in Druckbuchstaben, „Yangon" und „Myanmar" schreiben (nicht die alten Namen!), den Brief mit Luftpost oder Eilpost senden. Wenn Sie das „Package Tour Visa" beantragen wollen (damit sind Sie vom Pflichtumtausch von US$ 300 befreit), brauchen Sie eine Bestätigung des Reisebüros über Ihre Tour. Wenn Sie in Yangon erst eine Tour buchen wollen, können Sie natürlich mit den FECs bezahlen. Eine Auswahl empfehlenswerter Agenturen:

Adventure Travel & Tours: 68, 32. Str., T. 28 45 30, Fax: 52 55 36, fast neben dem Thai Airline Büro, dem Besitzer gehört auch das Motherland Guest House

Airborne Travels & Tours C.: 140, 15. Str., Lammadaw Tsp. (Tsp. = Township), T. 22 60 29, Fax: 22 25 19, vermietet vor allem Autos und Busse

Asia Global: 66, 16. Str., Lammadaw Tsp., T. 22 11 73

Bam Travel & Tours: 44, Shan Rd, Sanchaung Tsp., T. 51 03 80, Fax: 28 99 60, 28 97 41

Blue Bird Travel & Tours: 27, Wadan Str., 1. Stock rechts, Lanmadaw Tsp., T. 22 15 15, Fax: 28 99 60, 8 99 61, eigenes schönes Hotel in Bagan

Bon Voyage: 339, Bo Aung Kyaw Str., Kyauktada Tsp., T. 24 55 23

Columbus Travels & Tours: Yangon: 586, Strand Rd, Ecke 7. Str., T. 22 18 81; 121, Sule Pagoda Rd, T. 27 67 78; Bangkok: 491/31 - 32, Silom Plaza, Silom Rd, 3. St., T. (6 62)2 35 53 17, 2 31 47 35, Fax: 2 31 55 39

Diethlem Travel & Tour: 1, Inya Rd, T. 52 71 10

Exotissimo Travel: 395, Ecke Bo Aung Kyaw und Bogyoke Aung San Str.,T. 24 56 06, 24 55 72

Free Bird Tours: 357, Bo Aung Kyaw Str., Kyauktada Tsp., T. 29 49 41, Fax: 27 56 38, 28 99 60, vermietet vorwiegend Autos, organisiert aber auch Touren

Golden Express Tours: 56, Wardan Str., Lanmadaw Tsp.,T. 22 14 79, Fax: 22 76 36, eigene Hotels in Bagan, Mandalay und Nyaungshwe
Golden Land Travel Services: 214, 2 A, Bo Aung Kyaw Str., Boh tahtaung Tsp.,T. 28 38 98
Green Leaf Travels & Tours: 87, Room 1, 51. Str., Pazundaung Tsp., T. 29 31 18
Horizon Tours: 134, 37. Str., Kyauktada Tsp., T. 29 36 61
Myanmar Pilgrimage Tours: 120, Thanlwin Str., Bahan Tsp., T. 53 17 82, Fax: 52 64 00
Mya Thiri Travel & Tours: 80 E, Thanlwin Rd, Golden Valley, Bahan Tsp., z. Hd. Anita, T. 52 65 93, Fax: 52 63 25; Direktkontakt München, T. (0 89)4 30 90 55, Fax: 4 39 13 84; E-Mail: Jochen.Thuermer@munich.netsurf.de, Anz. i. Anhang
Orchestra Travel: 319, Bogyoke Aung San Str., Room 19, T. 27 81 38, Fax: 24 01 09
Ruby Land Tourism Services: 16, Aung San Stadium, T. 28 75 71
Sa Khan Thar Travels & Tours: Yangon: 30 (B), 3. St., Yaw Min Gyi Rd, Dagon Tsp., T. 24 99 30, 24 17 91; Mandalay: 24, 28. Str., zwischen 71 u. 72 Str., T. (02)2 10 66
Sri Asia Tourism Service: 55, 17. Str., Latha Tsp., T. 22 59 15, Fax: 22 71 27
Success Travels & Tours: 93, Kyundaw Street., Sanchaung Tsp., T. 53 26 68, Fax: 66 54 99
Tour Mandalay: 15, 194 - 196, Maha Bandoola Str., 2. Stock, Pazundaung Tsp., T. 29 47 29, Filialen in Mandalay, Bagan, Taunggyi
Woodland Travels: 24, Yaw Min Gyi Str., Dagon Tsp., T. 27 25 00, Fax: 24 03 77, Spezialist für Ecotours

Reisebüros in Bangkok

(Vorwahl 6 62)
Apex: T. 2 38 12 07, Fax: 2 37 68 98, 109, Surawong Rd, CCT Bldg., 4. St.
Asia Voyage: T. 2 34 98 00, Fax: 2 36 83 70, 293/3, Surawong Rd
Golden Pyramid Int. Services: T. 2 35 53 17, Fax: 2 31 55 39, 491/31, Silom Plaza, 3. St., Silom Rd, arbeitet mit Columbus Travel in Yangon zusammen
Diethelm Travel: T. 2 55 91 50 - 70, Fax: 2 56 02 48, 2 56 02 49, 2 54 90 18, Kian Gwan Bldg., 140/1, Wireless Rd, Bkk 10330
Skyline Travel Service: T. 2 35 97 80/81, Fax: 2 36 65 85,491/39 - 40 Silom Plaza, 2. St., Silom Rd
Mandalay Myanmar Tours: 491/39 - 40, Silom Plaza
Lanna Air Tours: T. 23 56 07 56, Fax 23 75 31, 946/41, Rama IV. Rd, Bkk 10500

Inlandsflüge

Die Inlandsflüge können nur in Myanmar selbst gebucht werden.

Es gibt drei Fluglinien: **Myanmar Airways** (Abkürzung UB, kommt von dem ehemaligen Namen „Union of Burma Airways"), **Air Mandalay** und **Yangon Airways.** Myanmar Airways verfügt über mehrere ältere Fokker (F 27, F 28), die in letzter Zeit vor allem für die „touristischen" Routen durch neue Maschinen ersetzt wurden. Myanmar Airways ist nicht immer verläßlich - Flugpläne werden nicht eingehalten und Reservierungen verschlampt. Air Mandalay hat eine ganz neue Flotte, ist aber etwas teurer und fliegt nur die touristischen Hauptorte an. Yangon Airways ist die jüngste Fluggesellschaft und liegt preislich etwas günstiger als Air Mandalay. Es ist in jedem Fall Air Mandalay bzw. Yangon Airways zu empfehlen. Tikkets dieser beiden Gesellschaften können in Reisebüros wesentlich billiger sein als bei dem Airline-Büro. Durch das größere Angebot ist es jetzt viel leichter geworden, einen Flug zu bekommen. Höchstens während der Hochsaison im November bis März können Engpässe entstehen. Dann haben Regierungsangehörige, Militärs und Gruppen den Vorrang.

Der Flugplan ist immer wieder Änderungen unterworfen, und manchmal werden abgelegenere Orte dann gar nicht angeflogen. Selbstverständlich können Sie nur Flüge für die Orte buchen, die auch für Touristen freigegeben sind oder für die sie eine Erlaubnis vorzeigen können. Die Inlandsflüge buchen Sie mindestens einen Tag vorher direkt in den jeweiligen Büros der Airline, bei MTT, in großen Hotels oder in Reisebüros. Die Flugtickets müssen Sie in US$ bzw. FEC bezahlen. Die meisten Hotels und Guest Houses bieten einen kostenlosen Transfer zum Flughafen an. Ansonsten kostet ein Taxi US$ 5 vom Flughafen in das Zentrum von Yangon und den umgekehrten Weg K 700 - 800.

Myanmar Airways

Yangon: 104, Strand Rd, T. 6 27 12, 8 45 66, i. d. Nähe v. Strand H.
Mandalay: 82. Str., zwischen 25. und 26. Str., T.(2) 2 25 90, 2 37 36
Taunggyi: Ye Htwet Oo Str., Ye Aye Kwin Ward, T. (81) 2 15 65

Air Mandalay

Yangon: 146, Dhammazedi Rd, westlich der Shwegondine Ward, Bahan Tsp., T. 52 54 88
Mandalay: Unit G-23, 82. Str., zw. 26. u. 27. Str., T. (2) 7 12 58 42
Bagan: Main Str., Bagan City, T. (65) 8 90 01
Bangkok: Mekong Land, 399/6 Soi Thonglor 21, T. 7 12 58 42, 3 81 08 81, Fax: 3 91 72 12
Singapur: MAS Travel Centre, 19, Tanglin Rd, Tanglin Shopping Centre, T. 2 35 44 11, 7 37 88 77, Fax: 2 35 30 33

Yangon Airways

22/24, Pansodan Str., T. 28 07 53

Züge

1877 wurde die erste Eisenbahnstrecke (Yangon - Pyay) eröffnet. Inzwischen ist die Streckenlänge auf 4 701 km angewachsen. Die Spurweite beträgt 1 m, und nur wenige Strecken sind zweigleisig. Neben der staatlichen Gesellschaft „Myanma Railways" existiert noch seit kurzem die private Gesellschaft „Dagon Mann", die mit ihren Expreßzügen allerdings nur die Strecke Mandalay - Yangon und zurück bedient. Zwei weitere private Gesellschaften fahren von Mandalay nach Myitkyina. Die von ihnen eingesetzten Bahnen sind schneller, aber auch teurer als die staatlichen Züge.

Die Zugkarten erhalten Sie entweder bei MTT, direkt am Bahnhof oder in einem Reisebüro. Alle Zugkarten müssen mindestens einen Tag im voraus gekauft werden! Der Kindertarif gilt für Kinder bis 12 Jahren und macht etwa 2/3 vom Erwachsenentarif aus. Es gibt eine 1. Klasse mit Schlafsessel (Upper with Sleeper), eine 1. Klasse (Upper) und eine 2. Klasse mit Holzbänken (Ordinary). Außerdem verkehrt ein Spezialzug von der Gesellschaft „Dagon Mann" zwischen Yangon und Mandalay. Dieser Zug hat zwei Liegewagen mit vier Abteilen für je vier Personen (in jedem Abteil Air-condition, Video, Kühlschrank), drei special upper-class-Wagen, zwei upper-class-Wagen, einen 1. Klasse Wagen, einen Speisewagen und einen Wagen für die Zugbegleiter. Bei allen anderen Zügen müssen Sie für Essen und Trinken selbst sorgen. Das ist freilich kein Problem, da an allen Zwischenstationen von Händlern Obst, Tee und Kleinigkeiten zum Essen angeboten werden. In den Wintermonaten kann es in der Nacht kühl werden! Die Diebstahlgefahr in den Zügen ist gegeben! Es ist unbedingt erforderlich, daß Sie auf Ihr Gepäck gut aufpassen.

Es besteht auch die Möglichkeit, sich einen ganzen Waggon zu mieten. Diese Salonwagen sind mit einer Dusche, Toilette, Schlafraum, Küche (mit Geschirr usw. voll eingerichtet) und einem Aufenthaltsraum ausgestattet. Der Waggon wird an den normalen Zug angekoppelt und an den Bahnhöfen, an denen Sie bleiben wollen, auf ein Nebengleis gestellt. Diese Art, mit dem Zug zu fahren, ist allerdings nicht ganz billig, z. B. muß man für acht Tage ca. US$ 1 000 - 1 500 rechnen. Näheres erfragen Sie bitte bei MTT, im Bahnhof von Yangon oder bei einem Reisebüro.

Kartenverkauf in Yangon:
Railwaystation, Bogyoke Aung San Str., T. 27 40 27, geöffnet täglich von 6.00 - 10.00 Uhr und von 13.00 - 16.00Uhr, oder bei MTT (Preise sind gleich)

Upper Class sollten Sie in der Hochsaison zwei Tage, Nachtzüge drei Tage, sonst einen Tag im voraus buchen! Der „Dagon Mann" hat in Yangon und Mandalay im Bahnhof einen eigenen Schalter.

Busse

Die staatlichen Busse (Road Transport Enterprise) sind immer überfüllt, äußerst unbequem und eng, aber billig. Die Straßen sind schlecht, meist ist nur die Breite einer Fahrspur geteert. Bei Gegenverkehr muß auf den mit Schlaglöchern versehenen Randstreifen ausgewichen werden. Alle paar Stunden wird die strapaziöse Fahrt für ein Essen usw. unterbrochen. So kommt es, daß eine Fahrt von Yangon nach Mandalay 16 - 20 Stunden dauern kann.

Will man es bequemer haben, mietet man zu mehreren ein Auto oder nimmt die Expreßbusse mit AC der neuen privaten Busgesellschaften. Sie verkehren von Yangon nach Meiktila, Pyay, Mandalay, Bagan und Taunggyi. Bei der derzeitigen Benzinknappheit können sich die Buspreise immer wieder ändern. Es hängt davon ab, ob der Fahrer das Benzin zum staatlichen Preis oder zum Schwarzmarktpreis kaufen konnte.

Die Busfahrkarten kaufen Sie mindestens einen Tag im voraus. Erkundigen Sie sich dort auch nach der genauen Abfahrtszeit und der Abfahrtsstelle. Da die Busse oft sehr früh morgens abfahren, müssen Sie am Abend davor ein Taxi oder eine Fahrradrikscha bestellen. Nachtfahrten sind immer anstrengend und ermöglichen kaum Schlaf. Wenige Busgesellschaften bieten einige Liegen im hinteren Teil des Busses gegen Aufpreis an. In den Buspreisen sind oft alle Mahlzeiten, die auf der Strecke ausgegeben werden, enthalten.

Busunternehmen

in Yangon

Ticketverkauf: gegenüber dem Bahnhof, in den Büros der jeweiligen Gesellschaften, über das Hotel oder über Reisebüros

Private Busunternehmen:

Arrow Express: 19 - 25, Aung San Stadium, südl. Flügel, Mingala Taungnyunt Tsp., T. 27 42 94, 24 01 02

Bagan Express: 4/4 (A), Saw Bwa Gyi Gone Highway Bus Station, T. 64 11 41

Kyaw Express: 8/4, Saw Bwar Gyi Gone Centre, T. 64 13 66

Leo Express: 21, Aung San Stadium, T. 24 95 51, empfehlensw.

New Orient Express: 216/222-A-2, Maha Bandoola Str., Ecke Bo Myat Tun Str., T. 29 74 32

Skyline Express: 284 - 286, Seikantha Road, Kyauktada Tsp., T. 27 17 11

Staatliche Unternehmen:
Trade Express: 9, Yaw Min Gyi Str., Dagon Tsp., T. 27 11 11
Highway Passenger Transport Division: Sawbwagyigon bus terminal, Insein Tsp., T. 4 16 57 oder Hsinmalike bus terminal, Hledan, Kamaryut Tsp., T. 8 65 88
in Mandalay (Vorwahl 02)
Arrow Express: 337, Ecke 83. und 32. Street, T. 2 34 04
Leo Express: 388, 83. Str. zwischen 32. und 33. Str., T. 3 18 85
Skyline Express: 24. Str., zwischen 81. und 82. Str.
Trade Express: 200, 83. Str., zwischen 27. und 28. Str.
in Bagan (Vorwahl 35):
Arrow Express: beim Ayar Aung Busterminal in Nyaung U, T. 1 48
Bagan Express: bei der Shwezigon Pagode in Nyaung U, T. 33
in Taunggyi (Vorwahl 81):
Skyline Express: 40, Bogyoke Aung San Rd
in Meiktila (Vorwahl 64):
Skyline Express: T. 2 10 70

Sammeltaxis

Die gleichen Routen wie die Busse fahren fast immer auch Sammeltaxis, sog. **pick-ups**. Sie sind etwas schneller und teurer, aber nicht bequemer als Busse. Man sitzt eng auf niedrigen Holzpritschen, wenn dort kein Platz mehr ist, werden nach und nach kleine Holzschemel in den „Gang" gestellt, und die letzten Fahrgäste stehen außen auf den Trittbrettern oder sitzen auf dem Dach beim Gepäck. Man fährt in einer Abgas- und Staubwolke, und bei Regen kann es eine nasse Angelegenheit werden, weil die Plane selten dicht ist. Man kann sich vorstellen, daß solch eine Fahrt äußerst strapaziös und eher für kürzere Strecken geeignet ist. Es lohnt sich, um den besten Platz in der Fahrerkabine für den dann etwa doppelten Preis zu bitten. Das geht allerdings nur, wenn keine Mönche mitfahren, da sie immer in der Fahrerkabine sitzen dürfen.

Schiff

In Myanmar können ca. 8 000 km auf Flüssen befahren werden. Die Schiffe brauchen drei- bis viermal so lange wie die Transportmittel auf der Straße (Ausnahme: das Expreßschiff Mandalay - Bagan).

Die Inland Water Transport Co. besitzt etwa 500 Flußschiffe. Die Fahrkarten kaufen Sie in der Regel bei MTT, im Reisebüro, über Ihr Hotel oder in einem Büro von Inland Water Transport (IWT). Diese Gesellschaft hat zwei Hauptgeschäftsstellen: für den südlichen Landesteil: 50, Pansodan Str., Yangon, T. 22 24 72, Ticketverkauf auch in der Nähe des Kaingdan Jetty; für den nördlichen Landesteil: 36. Str., Sein Pann Ward, Mandalay, T. 22 11 44, 2 14 67. Fahrkarten können notfalls bei kurzen Fahrten auch auf dem Schiff gekauft werden.

Touristen werden hauptsächlich für die Strecken Mandalay - Bagan, Mandalay - Mingun und Mawlamyine - Hpa-an ein Schiff benutzen.

Anfragen für Schiffreisen von/ nach Myanmar nach/aus Europa, Hongkong, China, Japan, Singapur, Malaysia, Thailand, Indonesien, Indien sowie nach Rakhine sind zu richten an:
Myanma Five Star Line
132, 136, Theinbyu Rd, Yangon, P. O. Box: 12 21, T. 29 52 79, 29 52 80, 29 52 81 und 29 56 58/59, Fax: 29 76 69, 29 51 74.

Mietwagen

Mietwagen mit und ohne Fahrer sind überall in den größeren Städten zu bekommen. Fast alle Reisebüros vermitteln Autos mit Fahrer, auch einige Hotels haben eigene Mietautos oder sind bei der Vermittlung behilflich.

Es ist nicht empfehlenswert, selbst zu fahren, da die Straßen sehr schlecht sind und der Verkehr mittlerweile recht dicht ist. In den letzten vier Jahren hat sich durch die aufgehobene Einfuhrsperre die Anzahl der Autos verdoppelt. Die Straßen sind oft nur einspurig geteert, zu beiden Seiten schließt sich je eine halbe Fahrbahnbreite ungeteerten Weges mit grobem Kies und Schlaglöchern an. Tiere bleiben offenbar gerne auf der Straße stehen, und die Leute bewegen sich ebenfalls unberechenbar auf der Fahrbahn. Die Autofahrer untereinander verhalten sich rücksichtsvoll. Lkws geben immer Blinkzeichen, wenn man überholen kann. Daneben gibt es einige für uns eigenwillige Gepflogenheiten: Schaltet vor einer Kreuzung der Fahrer den Warnblinker ein, heißt dies, daß er geradeaus über die Kreuzung fährt. Vor Ortschaften stehen oft Leute mit kleinen Fahnen und einer großen Metallschüssel, in denen Geld klappert (obwohl es jetzt gar keine Münzen mehr gibt). Aus Lautsprechern dröhnt laute Musik. Diese Leute sammeln - z. B. für die Renovierung einer Pagode. Die Autofahrer werfen zusammengeknüllte 5- und 10-Kyat-Scheine ohne anzuhalten aus dem Fenster. Diese Geldpäckchen liegen schon vorbereitet im Auto. Auch den Leuten, die die Straße reparieren, wird Geld zugeworfen.

Das Tanken ist eine ganz eigene Angelegenheit: Es gibt immer noch nur wenigeTankstellen in unserem Sinn. Am Straßenrand steht z. B. ein Tischchen mit ein paar Ölkannen. Irgendwoher von hinten wird ein Eimer Benzin gebracht, der wieder in einen anderen umgefüllt wird, aus dem dann das Benzin durch ein Stoffsieb in den Autotank gegossen wird. Es ist durchaus üblich, mit einer brennenden Zigarette daneben zu ste-

„Tanken“

hen. Benzin wird in geringen Mengen zugeteilt, ansonsten dann auf dem Schwarzmarkt und kostet K 500 pro Gallone.

Brücken sind immer bewacht und nur gegen Gebühren (in unterschiedlicher Höhe) zu benutzen. Die Kontrollposten wollen oft auch Ihre Papiere einsehen. Momentan entstehen zahlreiche neue Brükken, die die Fähren ersetzen werden und somit viel Zeit ersparen.

Die Wegweiser an den Straßen fehlen oft, außerdem sind sie fast immer noch in der Landessprache und -schrift.

Reifenpannen sind an der Tagesordnung. Außerdem müssen Sie sich auf ein langsames und anstrengendes Fahren einstellen. Sollten Sie jetzt immer noch selbst am Steuer sitzen wollen, beachten Sie, daß Sie einen gültigen internationalen Führerschein mit einer Bestätigung der Polizeidirektion in Yangon benötigen. Mietwagen für Selbstfahrer sind kaum erhältlich und sehr teuer. Die Anmietung erfolgt am besten über Ihr Hotel oder ein Reisebüro.

Erholsamer und risikoloser ist es, ein Auto mit Fahrer für einen oder mehrere Tage zu mieten. Ein viersitziger Pkw mit Fahrer kostet für 1 Tag etwa US$ 45 - 60. Je weiter Sie fahren wollen, desto teurer wird das Auto. Handeln Sie den Preis in jedem Fall vorher aus. Die Leute sind ehrlich und halten sich an den ausgemachten Preis. Bezahlen Sie nie im voraus. Der Fahrer will zwischen 11.00 und 13.00 Uhr ein Mittagessen, Sie können ihn dazu natürlich einladen. Für seine Übernachtungen müssen Sie nicht aufkommen. Die Übernachtungspreise für Einheimische liegen weit unter den Touristenpreisen. Der Fahrer übt oft auch die Funktion des Fremdenführers aus. Achten Sie darauf, daß der Fahrer einigermaßen Englisch spricht. Ein zusätzlicher Fremdenführer mit Lizenz kostet US$ 35 pro Tag.

Mieten eines Motorrads

Es ist im allgemeinen sehr schwierig, eines zu mieten. Manche Motorradgeschäfte vermieten auch. Pro Tag müssen Sie mit ca. US$ 20 rechnen. Eine Gallone Benzin kostet K 500. Sie benötigen einen Internationalen Führerschein. In Rakhine, im Mon-Staat und im Kayin-Staat gibt es kaum einen Schwarzmarkt für Benzin.

Fahrräder

In Hotels und Guest Houses in allen touristischen Orten können Sie Fahrräder für K 150 - 300 pro Tag mieten. In kleineren Orten ist der Verkehr gering, so daß Sie keine Schwierigkeiten haben dürften. Bevor Sie ein Fahrrad mieten, sollten Sie die Bremsen und den Zustand der Reifen kontrollieren.

Sie können mittlerweile auch das eigene Fahrrad problemlos mitbringen. Es muß beim Einreisen deklariert werden. Einfache chinesische, indische oder thailändische Fahrräder können Sie in Myanmar für US$ 40 - 150 kaufen.

Taxi

Taxis stehen in der Regel vor größeren Hotels und im Stadtzentrum. Sie kosten ca. K 300 - 500, pro Stunde ca. K 500 - 700, abends etwas mehr. Bei einer Anmietung für einen ganzen Tag ist der Preis vorher auszuhandeln. Kleinere pick-ups fungieren auch als Taxi und sind billiger als ein Pkw.

In Mandalay benützt man als Taxi kleine blaue pick-ups oder kleine orangefarbene dreirädrige Autos, *thaungbein* genannt. Sie kosten etwa K 350 - 500 pro halben Tag.

Fahrrad-Rikscha *(sai-kaa)*

Dieses Transportmittel, auch Trischa genannt, ist vor allem für kürzere Strecken geeignet. In Yangon sind sie schon fast aus dem Straßenbild verschwunden, in kleineren Städten sind sie dagegen noch eines der wichtigsten Verkehrsmittel. Eine Stunde kostet etwa K 100 - 200, ein Tag etwa K 300 - 500. Beim Preis muß meistens zäh gehandelt werden.

Pferdekutschen *(myint lei)*

Man findet sie vor allem in Bagan, Pyin Oo Lwin, In-Wa und in ländlichen Gebieten. Ein Tag kostet etwa K 500.

Erlaubte und nicht erlaubte Orte

In letzter Zeit ist ein großzügiges Vorgehen der staatlichen Stellen bei der Schaffung von Zugangsmöglichkeiten zu touristischen Sehenswürdigkeiten zu beobachten. Dennoch gibt es nach wie vor Gebiete, die nur mit einem Führer und einer Erlaubnis (z. B. Mogok) vom **Tourism Regulation Department** 77 - 91, Sule Pagoda Rd, Pabedan Tsp., Yangon, T. 28 60 24, 28 66 64, oder im Rahmen einer organisierten Tour bereist werden dürfen. Sondergenehmigungen sind in der Regel schwer zu erhalten und erfordern einen großen Zeitaufwand. Reisebüros können dies in der Regel für Sie schneller erledigen. Es gibt immer wieder abenteuerlustige Touristen, die ohne Genehmigung in Sperrgebiete fahren. Dies ist z. B. mit einem Lastwagen auch möglich. Es gibt jedoch an den Straßen und bei fast jeder größeren Brücke Kontrollen. Spätestens im Hotel dürfen Sie damit rechnen, von der Polizei aufgegriffen und mit der nächsten Gelegenheit zurückgeschickt zu werden.

Orte, für die keine Genehmigung und kein Führer erforderlich sind

Yangon und Umgebung, Bago, Toungoo, Tanyin, Twante, Goldener Felsen, Hpa-an, Mawlamyine, Rakhine, Chaungtha, Pathein, Thandwe, Ngapali, Pyay, Srikshetra, Shwedaung, Beikthano, Bagan und Umgebung, Pakokku, Magway, Mount Popa, Meiktila, Thazi, Mandalay und Umgebung, Sagaing, Amarapura, In-Wa, Mingun, Pyin Oo Lwin, Monywa, Salingyi,

Taungbyon, Kyaukse, Taunggyi und Umgebung, Nyaungshwe, Inle-See, Shwe Nyaung, Kengtung, Kalaw, Pindaya, Loikaw (abhängig von der politischen Situation). Fahrten nach Kyaikhtiyo, Thaton und Mawlamyine sind zur Zeit ohne Erlaubnis möglich; je nach politischer Situation (Rebellengebiet) und manchmal während des Monsuns braucht man eine Erlaubnis. Es ist deshalb ratsam, sich für diese Gebiete vorher bei MTT oder in Reisebüros zu erkundigen.

Orte, für die evtl. eine Genehmigung erforderlich ist

Lashio, Mogok, Myitkyina, Bhamo, Putao, Dawei und Umgebung, Myeik und der Archipel. Es ist allerdings im Gespräch, daß wenigstens einige dieser Orte in naher Zukunft ohne Genehmigung zugänglich werden sollen.

Hotels

In letzter Zeit wurden, besonders in Yangon, jede Menge neue Hotels gebaut und ältere aufwendig renoviert. In der Hauptstadt haben ausländische Investoren Hotels der gehobenen Klasse mit 300 - 700 Betten errichtet. Die Hotels entsprechen allerdings auch in der gehobenen Klasse nicht immer mit dem internationalen Standard. Die Übernachtungen werden in

Reisen im Monsun

US$ bzw. FEC bezahlt. Zusätzlich zu den Hotelpreisen werden in den teureren Hotels noch 10 % Bedienungsgeld sowie eine Hotel- und Gaststättensteuer von 10 % erhoben.

Guest Houses sind oft sehr einfach und im Vergleich mit Thailand teurer. Es gibt auch Guest Houses, die keine Lizenz für die Aufnahme von Ausländern besitzen - sie sind nur für einheimische Gäste gedacht. Dies erkennen Sie daran, daß es nur in birmanischer Schrift angezeigt ist. Es ist nicht gestattet, bei einer einheimischen Familie zu übernachten. Im äußersten Notfall nehmen manche Klöster Touristen für eine Nacht auf. Es wird dann eine Geldspende erwartet.

Durch das angestiegene Angebot an Hotelzimmern sinken die Preise eher wieder. Bei teuren und Mittelklassehotels kann man fast immer den Preis herunterhandeln, ganz besonders während der Monsunzeit.

Hotels habe ich jeweils am Ende der Ortsbeschreibungen angegeben. Preisbeispiele für eine Übernachtung für ein Doppelzimmer in US$ bzw. FEC:

Hotels:
Luxusklasse: 150 - 300
1. Klasse: 80 - 150
Standard: 40 - 80
Economy: 15 - 40
Guest Houses: ab 6 - 15

Abfertigung im Mingladon Flughafen, Yangon

Die einzelnen Schritte bei der Abfertigung:

1. Kontrolle von Paß und Visum.
2. Ausfüllen einer Zolldeklaration, dann können Sie den „Green Channel" passieren.
3. Ausfüllen des Devisenformulars und Geldumtausch in FEC.
4. Gepäckkontrolle
5. Fragen Sie nach der aktuellen Flughafentax für Ihre Ausreise (zur Zeit US$ 10)

Wenn ein voll besetztes Flugzeug ankommt, kann die Abfertigung schon mal eine Stunde dauern. In der Flughafenhalle geht es quirlig zu. Viele Anbieter von Guest Houses und kleineren Hotels, die zum Teil keine Lizenz haben (was nichts ausmacht, sie können trotzdem reell sein), wollen dort ihre Zimmer an die Touristen vergeben. Wenn Sie sich für eines dieser Angebote entschließen, ist die Fahrt dorthin normalerweise kostenlos. Falls Sie schon ein Hotel im voraus gebucht haben, sollten Sie darauf achten, daß Sie am Flughafen kostenlos abgeholt werden.

Außerhalb der Flughafenhalle werden Sie dann von Taxifahrern abgefangen. Ein Taxi in die Stadt kostet US$ 5, offizielle Taxis verlangen pro P. US$ 3 (lohnt sich nur, wenn Sie alleine fahren sollten).

Reiseteil

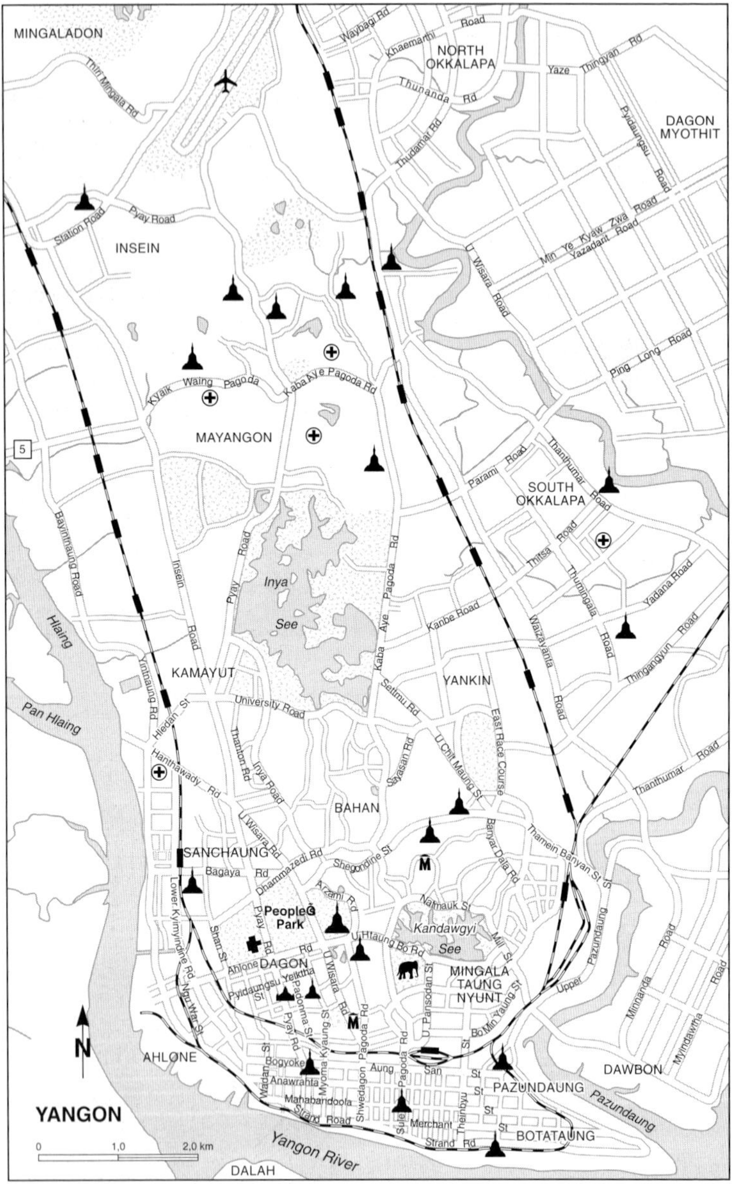

MINGALADON
NORTH OKKALAPA
DAGON MYOTHIT
INSEIN
MAYANGON
SOUTH OKKALAPA
Inya See
KAMAYUT
YANKIN
BAHAN
SANCHAUNG
People's Park
Kandawgyi See
DAGON
MINGALA TAUNG NYUNT
AHLONE
PAZUNDAUNG
BOTATAUNG
DAWBON
DALAH
Yangon River
Hlaing
Pan Hlaing
Pazundaung
Pyay Road
Station Road
Kaba Aye Pagoda Rd
Kyaik Waing Pagoda
University Road
Insein Road
Parami Road
Thanthumar Road
Shwedagon Pagoda Rd
Sule Pagoda Rd
Strand Road
Mahabandoola
Anawrahta
Bogyoke
Merchant
YANGON
0
1,0
2,0 km
N

Yangon

Yangon, die Hauptstadt von Myanmar, hat fast 5 Mio. Einwohner. Sie verfügt über einen Hafen am Meer, der auf der linken Seite des Yangon-Flusses liegt. Im 12. Jh. befand sich an dieser Stelle ein Dorf namens Dagon, was so viel heißt wie „Goldene Pagode". Dagon wurde 1755 in Yangon (d. h. „das Ende des Streites") umbenannt. Der zu einer kleinen Stadt angewachsene Ort fiel 1841 einem Feuer zum Opfer. Die neue Stadt gleichen Namens wurde etwas weiter weg vom Fluß gebaut, im 2. Krieg mit den Briten 1852 aber schon wieder weitgehend zerstört. Die Briten bauten dann die Stadt wieder auf und verliehen ihr eine für Kolonialstädte dieser Zeit typische Struktur.

Dieses alte koloniale Stadtbild ist heute noch erhalten, wenn auch inzwischen die Gebäude etwas schimmlig und moosbewachsen sind. Leider wird jetzt begonnen, solche alten Häuser abzureißen, um Hotels zu bauen. Leutnant A. Fraser nahm die Sule Pagode als Mittelpunkt der Stadt und legte fünf Straßen parallel zum Fluß an: die Bogyoke Aung San Street, die Anawrahta Street, die Maha Bandoola Street, die Merchant Street und die Strand Road. Die Querstraßen wurden im rechten Winkel dazu gebaut, so daß sich das bekannte Schachbrettmuster mit breiten Straßen, die von Nord nach Süd und von Ost nach West verlaufen, ergab.

Die Stadt ist heute Sitz der Regierung mit zahlreichen öffentlichen Gebäuden und das wichtigste Wirtschafts- und Handelszentrum des Landes. So verwundert es nicht, daß der Verkehr auf den Straßen rasant zunimmt. Privatautos sind jedoch nach wie vor eher selten, da sie immer noch sehr teuer sind. Es fahren hauptsächlich Lkws, Taxis, Sammeltaxis, Busse, Rikschas, Motorräder und Fahrräder. Die erste Straßenbahn fuhr bereits 1884, ist aber schon lange von den Straßen verschwunden.

Die klimatischen Verhältnisse in Yangon sind nicht gerade ideal - in der Regenzeit ist es besonders feucht und in der Trockenzeit windstill und heiß.

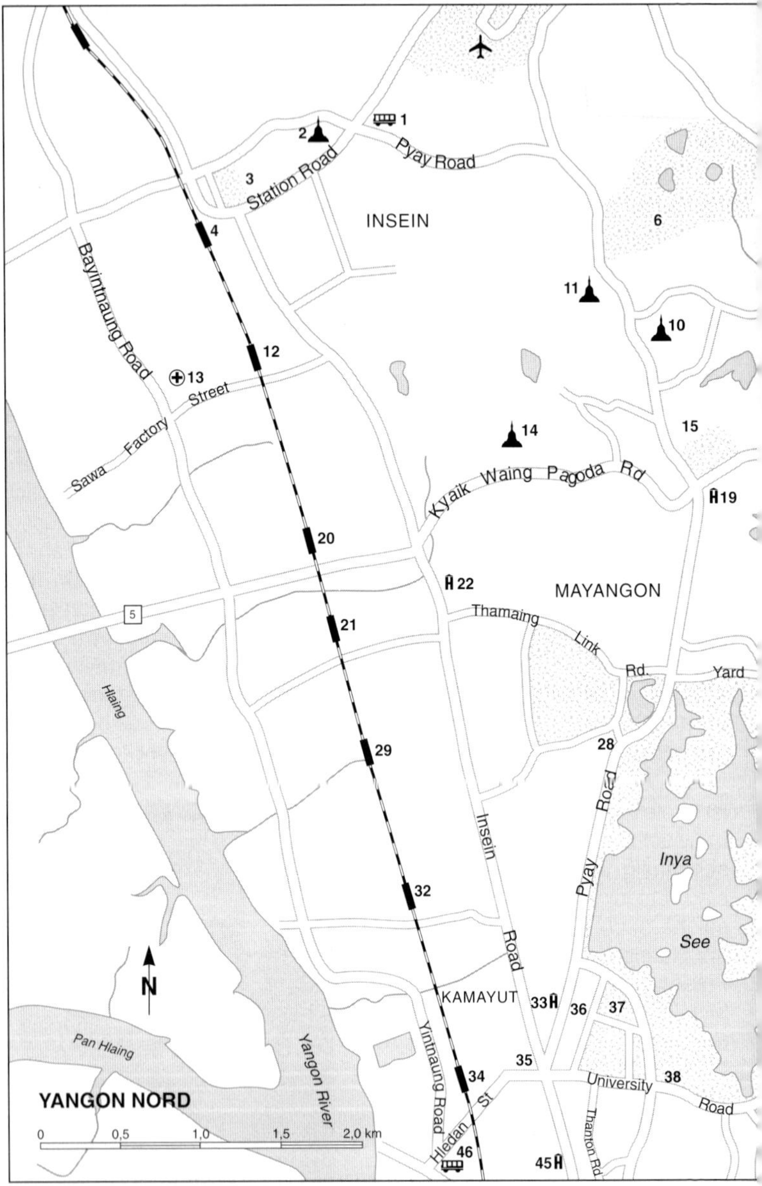

YANGON NORD
INSEIN
MAYANGON
KAMAYUT
Pyay Road
Station Road
Bayintnaung Road
Sawa Factory Street
Kyaik Waing Pagoda Rd
Thamaing Link Rd.
Yard
Insein Road
Pyay Road
Yintnaung Road
Hledan St
University Road
Thanton Rd
Hlaing
Pan Hlaing
Yangon River
Inya See
N
5
1
2
3
4
6
10
11
12
13
14
15
19
20
21
22
28
29
32
33
34
35
36
37
38
45
46
0
0,5
1,0
1,5
2,0 km

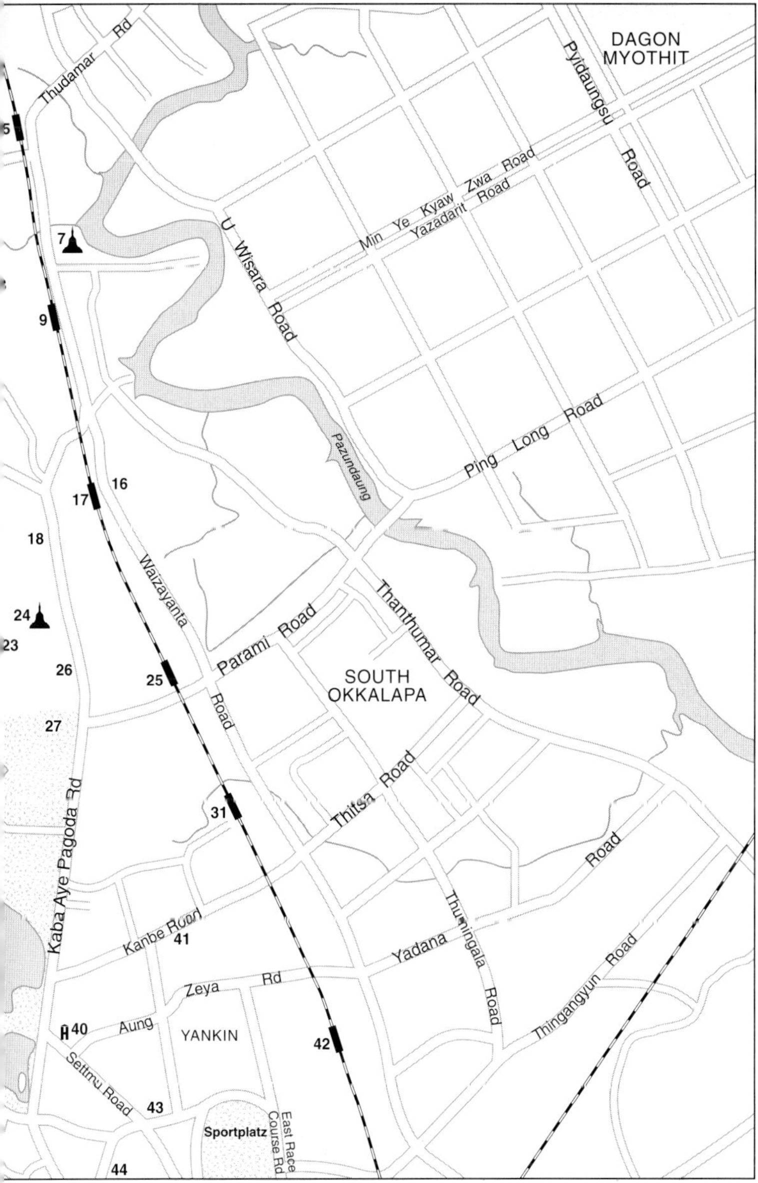
DAGON
MYOTHIT
Pyidaungsu Road
Thudamar Rd
Min Ye Kyaw Zwa Road
Yazadarit Road
U Wisara Road
Pazundaung
Ping Long Road
Waizayanta Road
Thanthumar Road
Parami Road
SOUTH
OKKALAPA
Thitsa Road
Road
Kaba Aye Pagoda Rd
Kanbe Road
Yadana
Thuwingala Road
Zeya Rd
Aung
YANKIN
Thingangyun Road
Settmu Road
Sportplatz
East Race Course Rd
5
7
9
16
17
18
24
23
26
25
27
31
41
40
42
43
44

Yangon Nord
1 Highway Bus Centre
2 Arleing Nga Sint Pagode
3 Insein Park
4 Insein Zughaltestelle
5 Kyaukyedwin Zughaltestelle
6 Myanmar Golf Club
7 Mailamu Pagode
8 Naga Cave Pagode
9 Tadagale Zughaltestelle
10 Nagayon Pagode
11 Shan Kyaung (Kloster)
12 Gyogone Zughaltestelle
13 Department of Health (Malaria)
14 Kyaukwaing Pagode
15 Myaing Haywun Park
16 Rundfunkstation
17 Yegu Zughaltestelle
18 Department of Religious Affairs
19 Yangon City Hotel
20 Thamaing Zughaltestelle
21 Okkyin Zughaltestelle
22 Nawarat Concorde Hotel
23 State Pariyatti Sasana Univ.
24 Kaba Aye Pagode
25 Parami Zughaltestelle
26 Myanma Gems Enterprise
27 Chanmyay Yeiktha Meditationszentrum
28 Philippinische Botschaft
29 Thirimyaing Zughaltestelle
30 New World Inya Lake Hotel
31 Kanbe Zughaltestelle
32 Kamayut Zughaltestelle
33 Novel Garden Hotel
34 Hledan Zughaltestelle
35 Hledan Zei Markt
36 Judson Baptist Church
37 Universität
38 UNICEF
39 Botschaft von Südkorea
40 Mya Yeik Nyo Deluxe Hotel
41 Post
42 Bauktaw Zughaltestelle
43 Sanpya Markt
44 Salathai Restaurant
45 Aurora Hotel
46 Hsimmalaik Bus Centre (nach Bago, Pathein, Kyaikhtiyo)

Yangon Süd
1 Orthopaedic Hospital
2 San Pya Fischmarkt
3 Myanma TV
4 Mya Yeik Nyo Royal Hotel
5 Mya Yeik Nyo Supreme Hotel
6 Mahasi Meditationszentrum
7 Kyaukhtatkyi Pagode
8 Tamwe Zughaltestelle
9 Thuwunna Brücke
10 Ngadatkyi Pagode
11 Air Mandalay
12 Post
13 Italienische Botschaft
14 Vietnamesische Botschaft
15 Comfort Inn
16 Botschaft von Singapur
17 Liberty Hotel
18 Kyemyindaing Zughaltestelle
19 Yuzana Supermarkt
20 Kohtatgyi Pagode
21 Botschaft von Malaysia
22 Martyrs' Mausoleum
23 Beauty Land Hotel
24 Bogyoke Aung San Museum
25 Bagan Inn
26 Fame Hotel
27 Nepalesische Botschaft
28 Eye, Ear, Nose and

Throat Hospital
29 Tamwe Zughaltestelle
30 Diplomatic Hospital oder Kandawgyi Clinic
31 Mingala Zei Markt
32 Baiyoke Kandawgyi Hotel
33 Zoo
34 Aquarium
35 Maha Wizaya Pagode
36 Golden View Restaurant
37 Summit Park View Hotel
38 Shwedagon Pagode
39 Pyithu Hluttaw (Nationale Versammlungshalle)
40 Panhlaing Zughaltestelle
41 Thirimingala Zei Markt
42 Ahlone Road Zughaltestelle
43 Myanma Fisheries Enterprise
44 Myanma Timber Enterprise
45 Chinesische Botschaft
46 Thailändische Botschaft
47 Ein Daw Yar Pagode
48 (neues) Nationalmuseum
49 Botschaft von Laos
50 Children's Hospital
51 American Center
52 Ministry of Foreign Affairs
53 Nationaltheater
54 National Swimmingpool
55 Defence Services Museum
56 Infectious Diseases Hospital
57 Theinbyu Zei Markt
58 Sunflower Inn
59 Bahnhof
60 Aung San Stadion
61 Sakantha Hotel
62 Thamada Hotel
63 Myanma Railways Office
64 Bogyoke Aung San Markt
65 St. Mary's Cathedral
66 New General Hospital
67 Thayettaw Kyaung (Kloster)
68 Yangon General Hospital
69 Sri Kali Tempel
70 Sikh Tempel
71 Salvation Army Church
72 Shwephonebywint Pagode
73 Cozy Guest House
74 City Hall
75 Myanmar Airways
76 Sule Pagode
77 MTT
78 Theingyi Zei Markt
79 Pick-ups nach Bago
80 Inland Water Transport Ticket Büro
81 Wadan St Jetty
82 Kaingdan St Jetty
83 Lan Thit St Jetty
84 Hledan St Jetty
85 Pongyi St Jetty
86 Sin Oh Dan St Jetty (Autofähre nach Dalah)
87 White House Hotel
88 Garden Hotel
89 Unabhängigkeitsdenkmale
90 Central Telephone and Telegraph Office
91 YMCA
92 General Hospital
93 Euro Asia Hotel
94 Botataung Pagode
95 Botataung Jetty
96 Hauptpostamt (GPO)
97 The Strand Hotel
98 Myanma Airways
99 Pansodan St Jetty (Passagierfähre nach Dalah)

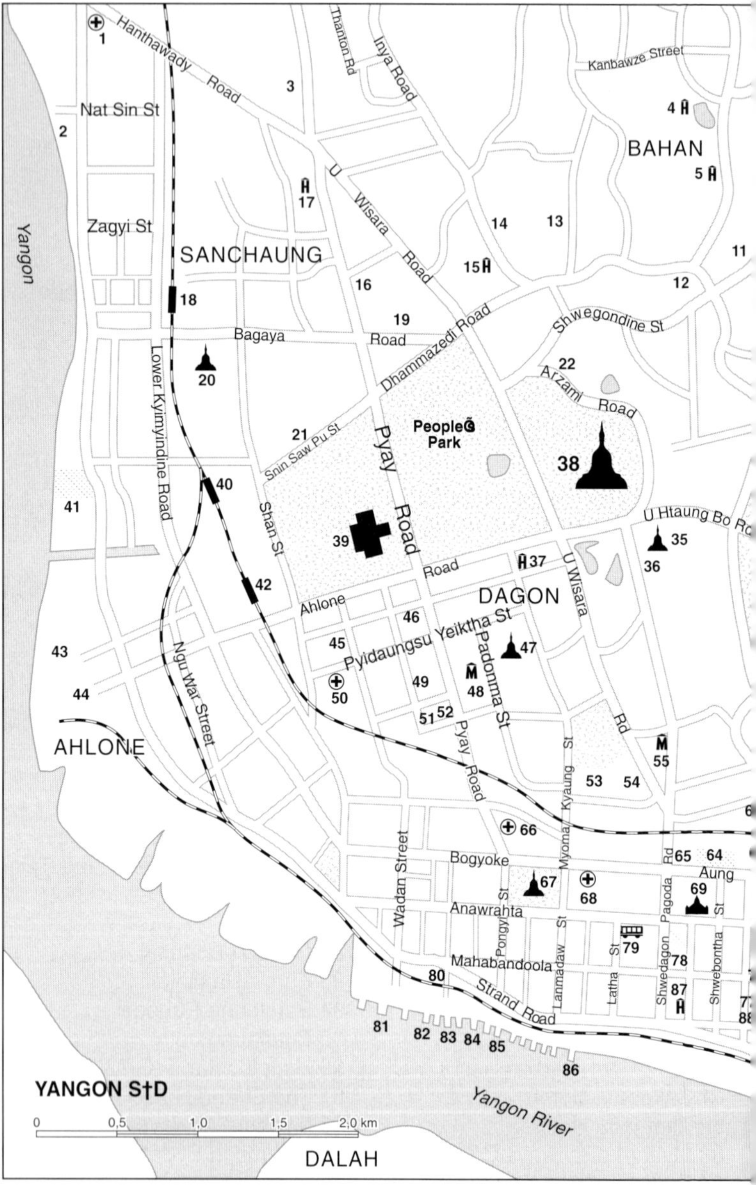
YANGON S†D
0
0,5
1,0
1,5
2,0 km
Hanthawady Road
Thanton Rd
Inya Road
Kanbawze Street
Nat Sin St
Zagyi St
BAHAN
U Wisara Road
SANCHAUNG
Dhammazedi Road
Shwegondine St
Bagaya Road
Arzami Road
Lower Kyimyindine Road
Snin Saw Pu St
Pyay Road
People's Park
Shan St
U Htaung Bo Road
Ahlone Road
DAGON
U Wisara Rd
Pyidaungsu Yeiktha St
Padonma St
Ngu War Street
AHLONE
Myoma Kyaung St
Wadan Street
Bogyoke Aung
Pongyi St
Anawrahta
Lanmadaw St
Latha St
Shwedagon Pagoda Rd
Shwebontha St
Mahabandoola
Strand Road
Yangon
Yangon River
DALAH

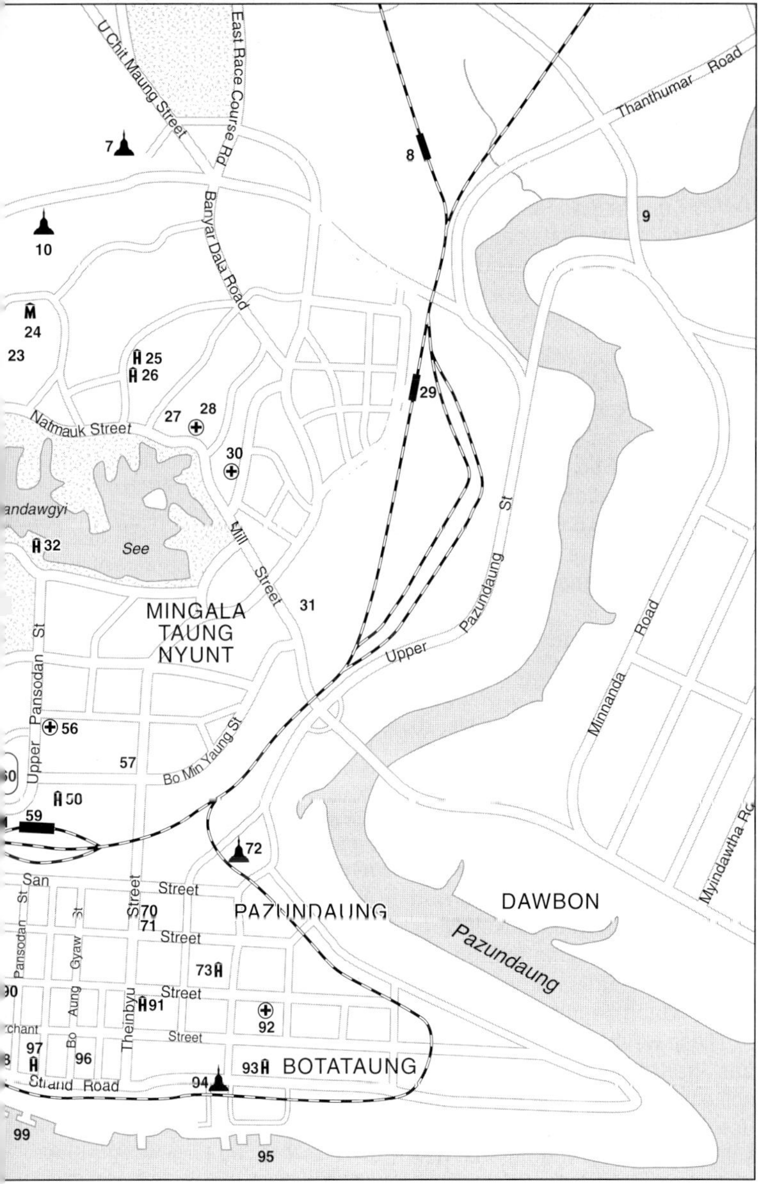
U Chit Maung Street
East Race Course Rd
Thanthumar Road
Banyar Dala Road
Natmauk Street
andawgyi
See
Mill Street
MINGALA
TAUNG
NYUNT
Upper Pazundaung St
Upper Pansodan St
Bo Min Yaung St
Minnanda Road
Myindawtha Rd
San Street
Pansodan St
Gyaw St
Theinbyu Street
Aung
Bo
Street
Street
Street
chant
Strand Road
PAZUNDAUNG
DAWBON
Pazundaung
BOTATAUNG
7
8
9
10
23
24
25
26
27
28
29
30
31
32
56
57
50
59
70
71
72
73
90
91
92
93
94
95
96
97
99

Besichtigung von Yangon

MTT an der Sule Pagode arrangiert täglich Stadtbesichtigungen und Ausflüge. Näheres finden Sie im Kapitel „Reisemöglichkeiten in Myanmar - Organisierte Reisen". Sie können sich auch einen Führer nehmen (US$ 35/Tag) oder aber sich selbst auf den Weg machen.

Aung San Suu Kyi hält je nach politischer Situation samstags oder sonntags um 15.00 Uhr in der University Avenue No. 54 ein öffentliche Kundgebung ab.

Shwedagon Pagode

gespr. Schwedagon
Zu erreichen mit dem Bus Nr. 10 oder 37 von MTT aus, K 5
Geöffnet tägl. von 5.00 - 21.00 Uhr
• Eintritt: US$5, Lift: frei

Besonders schöne Lichtverhältnisse bieten sich häufig am späteren Nachmittag. Achtung - es wird schon ab 18.00 Uhr dunkel! Nehmen Sie Ihre Schuhe mit, da Sie vielleicht am Rückweg nicht denselben Gang benützen!

Diese weltberühmte Pagode ist das Wahrzeichen der Stadt und sollte auf jeden Fall besichtigt werden. Bei klarem Wetter sehen Sie schon vom Flugzeug aus die goldene Kuppel. Da die Shwedagon Pagode das höchste Bauwerk der Stadt bleiben sollte, gibt es in Yangon noch kaum Hochhäuser.

Die erste Pagode in diesem Gebiet soll schon um 585 v. Chr. erbaut worden sein. Sie stand damals nahe am Meer auf dem Singuttara-Hügel. Die Baumeister der Shwedagon Pagode sind unbekannt. Es existieren auch keine Zeichnungen.

Legende

Der Legende nach öffneten sich dort am Ende der letzten Weltperiode die Blüten von fünf Lotosknospen und gaben geweihte Mönchsroben frei. Ein großer Vogel ließ sich daraufhin auf dem Hügel nieder und legte ein Ei, aus dem ein Karaweik schlüpfte, der mit den geweihten Roben zum Himmel flog. Dieses Omen sagte das Erscheinen von fünf Buddhas voraus. Nach vielen Jahren der Unruhen und Verwirrungen konnte man die Pagode endlich errichten und den ersten Buddha (Kakusandha) empfangen. Er hinterließ auf dem Hügel seinen Stab.

In der Zeit des vierten Buddhas (Gotama) lebte auf dem Hügel ein riesiger Skorpion, der jeden Tag einen Elefanten verschlang. Die Stoßzähne seiner Opfer standen wie ein Zaun um seine Behausung. Eines Tages entdeckten Seefahrer von der nahen Küste aus den weißen Schein des Elfenbeins und gingen an Land. Als sie ihr Schiff mit dem wertvollen Schatz beluden, sahen sie den Skorpion auf sich zukommen. Sie flohen mit ihren Schiffen aufs Meer, wo ein gewaltiger Krebs seine Scheren aus dem Wasser stieß.

Es gelang ihnen jedoch, zwischen den Scheren hindurchzukommen.Der Skorpion folgte den Seefahrern und geriet in eine Krebsschere, die ihn zerdrückte. Daraufhin starb der Krebs an dem giftigen Fleisch des Skorpions. Nun war der geweihte Hügel von seinen Schrecken befreit.

In späterer Zeit lebte dort, so wird berichtet, ein gläubiger und sehr reicher Kaufmann namens Tha-Kele. Er erhielt von König Okkalapa viele Ehrungen und Geschenke für seine Verdienste. Tha-Kele hatte zwei Söhne, Po (= Taube) und Ta-paw (= viel). Als diese beiden Söhne von einer großen Hungersnot in Bengalen hörten, sammelten sie eine große Schiffsladung Reis und segelten dorthin. Nach einiger Zeit erreichten sie die Gangesmündung. Von ihrem Schiff gingen sie in die Stadt Zamdawa und mieteten 500 Karren, um den Reis in die Stadt zu bringen. Als sie mit den beladenen Karren unterwegs waren, begegneten sie einem *Nat,* der in seiner früheren Existenz ihre Mutter gewesen war. Der *Nat* fragte Po und Ta-paw, ob sie sich goldene oder silberne Schätze wünschten. Sie aber antworteten: himmlische Schätze. Darauf führte der *Nat* die Brüder zu Buddha, der zu jener Zeit unter einem Bodhi-Baum in Gaya nahe Patna predigte. Buddha sagte ihnen, daß ein Jünger in Bago ein Wassergefäß, ein Badegewand und einen Stab zurückgelassen habe, welche unter einem Ölbaum auf dem Singuttara-Hügel vergraben seien. Dann gab er jedem der Brüder vier Haare seines Hauptes mit dem Auftrag, diese geheiligten Haare mit den anderen Reliquien eingemauert aufzubewahren. Als die Brüder diese Gabe in ihren Händen hielten, sandten die Haare helle Strahlen durch den Wald und über die Berge. Die Namen der Brüder benannte Buddha um in Tapussa und Bhallika. Sie verwahrten die Haare in einer goldenen Schatulle und traten die Heimreise an, während der ihnen zwei davon abverlangt wurden. König Okkalapa war sehr glücklich, als er von der Ankunft der heiligen Haare hörte. Er ließ längs der Straße vom Hafen bis zum Palast Bananenstauden, Kokospalmen und Zuckerrohr pflanzen. Als der König die goldene Schatulle öffnete, waren wunderbarerweise alle acht Haare Buddhas darin. Er legte seine mit 16 000 Edelsteinen besetzte Krone zu den Reliquien. Die Brüder fanden mit Hilfe von *Thagyamin*, dem König der *Nats*, den Singuttara-Hügel und auch den geheiligten Baum. Als dieser gefällt war, blieb er horizontal in der Luft schwebend. Die Reliquien wurden mit der goldenen Schatulle in eine Kammer, bestehend aus sechs verschiedenfarbigen Marmorplatten, eingemauert. In den vier Ecken der Reliquienkammer stellten die *Nats* vier Wachskerzen auf, deren Licht nie erlosch. Außerdem schütteten sie sieben Arten von Edelsteinen in die Kammer, bis der Boden ganz bedeckt war.

Über diesem Schrein errichteten die Gläubigen einen Stupa aus Gold, der von einem Silberstupa eingeschlossen wurde. Diesen wiederum verkleidete man mit je einem Stupa aus Zinn, Kupfer, Blei, Marmor und Ziegeln. Die beiden Brüder traten in das Kloster ein, in dem Buddha gepredigt hatte.

Soweit die Legende. Historisch verbürgt ist, daß die Baugeschichte der Shwedagon Pagode sich über viele weitere Jahrhunderte erstreckt. Im Laufe der Zeit entstand um den Stupa eine Stadt, die aber zusammen mit der Pagode wieder verfiel. Erst 1446 n. Chr. überbaute und vergrößerte Königin Shinsawbu die Pagode, die daraufhin eine Höhe von 35 m aufwies. König Bayinnaung veranlaßte 1564, daß der von einem schweren Erdbeben beschädigte Stupa erneut aufgebaut, vergoldet und mit einem neuen Schirm versehen wurde. Verschiedene nachfolgende Herrscher vergrößerten und verschönerten das Heiligtum, bis es 1773 seine heutige Höhe von 107 m erreichte. 1776 spendete König Shinbyushin einen Schirm, der mit Gold- und Silberglöckchen behängt war, und ließ ebenfalls den Stupa vergolden. Das dabei verbrauchte Gold hatte genau das Gewicht des Herrschers, nämlich 162 Pfund. Durch zahlreiche Sammlungen und Stiftungen wurde das Edelmetall für weitere Vergoldungen in den Jahren 1834 und 1871 aufgebracht. 1824 landeten die Engländer in Yangon und besetzten den Singuttara-Hügel, den sie als wichtigen strategischen Punkt erkannten. In den folgenden Jahren wurde die Shwedagon Pagode zu einem von den Engländern gefürchteten Zentrum des Widerstands. Das Grabmal des Nationalhelden Aung San in der Nähe des Nordaufgangs erinnert an die Zeit des Kampfes um nationale Unabhängigkeit.

Die Shwedagon (shwe = golden, shwedagon = der goldene Tempel) steht auf einer 60 m hohen Erhebung, eben dem Singuttara-Hügel. In jeder Himmelsrichtung führt ein Aufgang hinauf. Der prächtigste davon befindet sich an der Südseite mit einem überdachten Treppenaufgang (104 Stufen), der von je einem grünen Krokodil an beiden Seiten flankiert ist. Am Eingang stehen zwei fast 10 m hohe Figuren: ein *chinthe* (Löwe) und ein *ogre* (Riese als menschenfressendes Ungeheuer).

chinthe vor der Shwedagon Pagode

Warum stehen vor Stupas Löwenfiguren?

Astrologen weissagten der Tochter des Königs von Bengalen, daß ein Löwe sie zur Frau nehmen würde. Eines Tages verreiste die hübsche Königstocher mit ihrem Gefolge. Im dichten Wald überfiel ein Löwe die Karawane. Alle flohen, nur die Königstochter ließ sich von dem Löwen in eine Felsenhöhle tragen. Dort gebar sie nach einem Jahr Zwillinge, einen Sohn und eine Tochter. Nach einiger Zeit beschlossen die drei zu fliehen. Der Löwe folgte den Flüchtenden und wurde dann von ihrem Sohn getötet. Eines Tages erkrankte dieser so schwer, daß ihm keiner der Ärzte helfen konnte. Die Wahrsager empfahlen ihm, die Figur eines Löwen anzubeten. Er befolgte ihren Rat und wurde geheilt. Seitdem werden vor allen Eingängen von heiligen Gebäuden Löwenfiguren, *chinthes* genannt, als Wächter vor dem Einfluß des Bösen aufgestellt.

Dieser Aufgang wurde 1995/96 renoviert. Alle Läden, die sich in ihm befanden, wurden in Hütten am Fuße des Hügels ausgelagert. Auf halber Höhe ist eine Plattform mit einem herrlichen Torbogen in gotischer Form, der überreich mit Reliefs von *Nats, Devas, Bilus* und anderen mythischen Gestalten geschmückt ist. Darüber erhebt sich ein siebenstöckiger Turm (pyathat) aus Teakholz. In den Treppenaufgängen befinden sich Läden, in denen man nette Souvenirs kaufen kann, z. B. Pappmaché-Figuren, Holzpferdchen als Marionetten, Schirme, Bronzegegenstände, Holz- und Elfenbeinschnitzereien, Messingartikel.

Neben dem Südaufgang befindet sich ein Lift (geöffnet bis 20.00 Uhr, auch im Lift muß man die Schuhe ausziehen). Der Ostaufgang ist der längste. Beiderseits des Weges, der zu diesem Aufgang führt, sind Handwerker bei der Arbeit zu beobachten, gibt es kleine, einfache Läden und Teestuben; hinter dieser „Ladenreihe" liegt ein kleiner, ursprünglicher Markt für Gemüse und andere Lebensmittel. Der Westaufgang war von 1852 - 1930 geschlossen. Jetzt ist er renoviert, Läden findet man dort nicht, dafür Rolltreppen über die ganze Länge. Meistens funktioniert eine von ihnen wegen Stromausfall oder anderen Gründen nicht.

Die Treppenaufgänge führen zur 60 000 m² großen Plattform, die mit schwarzen und weißen Marmorplatten ausgelegt ist. Führen Sie die Besichtigung wie die Myanmaren im Uhrzeigersinn aus. Alle myanmarischen Heiligtümer sollten Sie in einem runden Bogen umschreiten. Der Kreis gilt als Symbol der magischen Kraft, als Sinnbild des Schicksals, der Urkraft und des Urrhythmus, die den Menschen und den Alltag umschließen und zur Kreismitte führen.

In der Mitte der Plattform ragt auf einer achteckigen Basis von 500 m Umfang und 7 m Höhe der goldene Stupa mit dem kostbarsten hti (= Schirm) empor, der jemals im Land angefertigt wurde. Auf dem Außenrand der Basis stehen vier größere (jeweils an den Ecken) und 64 kleinere Stupas. Zwischen manchen der kleineren Stupas befindet sich eine freistehende Säule; dabei handelt es sich hier um Wimpelsäulen. Ursprünglich soll König Ashoka schon 200 v. Chr. überall Säulen aufgerichtet haben, um den Sieg des Buddhismus anzuzeigen.

Die acht Ecken der Basis symbolisieren acht Kompaßpunkte. An jedem der acht Ecken ist ein Platz für einen Planeten, der durch ein Tier an einer roten Säule dargestellt wird. Jedem Tier wird ein Wochentag zugeordnet (s. auch die entsprechenden Abschnitte im Kapitel Alltag, Brauchtum, Sitten). Zum Beispiel ist dem Montag als Tier ein Tiger zugeordnet. Alle Personen, die am Montag geboren sind, bringen Opfergaben an dieser Stelle und überschütten die dort aufgestellte Buddhastatue mit Wasser.

Auf der Plattform sind 64 kleinere Tempel und Andachtshallen (ähnlich Kapellen) rund um den Stupa angeordnet. An jeder Seite steht jeweils noch ein großer Tempel, und in den vier Ecken ist je eine Sphinx, umgeben von zwei Löwen. Dazwischen stehen noch Opferaltäre und Pavillons zum Beten (tazaung) und Rasten (zayat). Da Sie in einen Stupa nicht hineingehen können, ersetzen die Andachtshallen den Innenraum. In ihnen finden die Heiligenfiguren Platz, die sonst in den Tempeln untergebracht wurden, und sie bieten den Gläubigen die Möglichkeit zur Meditation.

Die drei abgestuften Terrassen leiten zur sog. Rundbandzone über, aus der der glockenförmige Stupa in konkaver Kurve ansteigt. Den oberen Teil der „Glocke" - von den Birmanen auch „umgestürzte Almosenschale" genannt - trennt ein „Brustband" vom unteren Glockenteil. Eine Blumengirlande mit 16 Gehängen schmückt die „Almosenschale". Über der Glocke folgt die Lotoszone (Lotos gilt als Blume der Reinheit und der Schöpfung), der sich die „Bananenknospe" anschließt. Der 1,25 t schwere Schirm oder *hti* (bestehend aus sieben übereinander gelagerten Schirmen) mit der Wetterfahne, die mit 1 090 Diamanten und 1 338 Rubinen und Saphiren besetzt sein soll, und die „Diamantenknospe" bilden den Abschluß. Die „Diamantenknospe" ist ein Hohlkörper von 25 cm Durchmesser, der mit 4 350 Diamanten und 93 anderen kostbaren Steinen besetzt ist. Am Rand der Schirme hängen 1 065

Glöckchen aus Gold, die mit jedem Windhauch klingeln. Die Spitze bildet ein 76karätiger Diamant.

Das Gewicht der 13 000 Goldplatten, mit denen der Stupa verkleidet wurde, wird auf 60 t geschätzt.

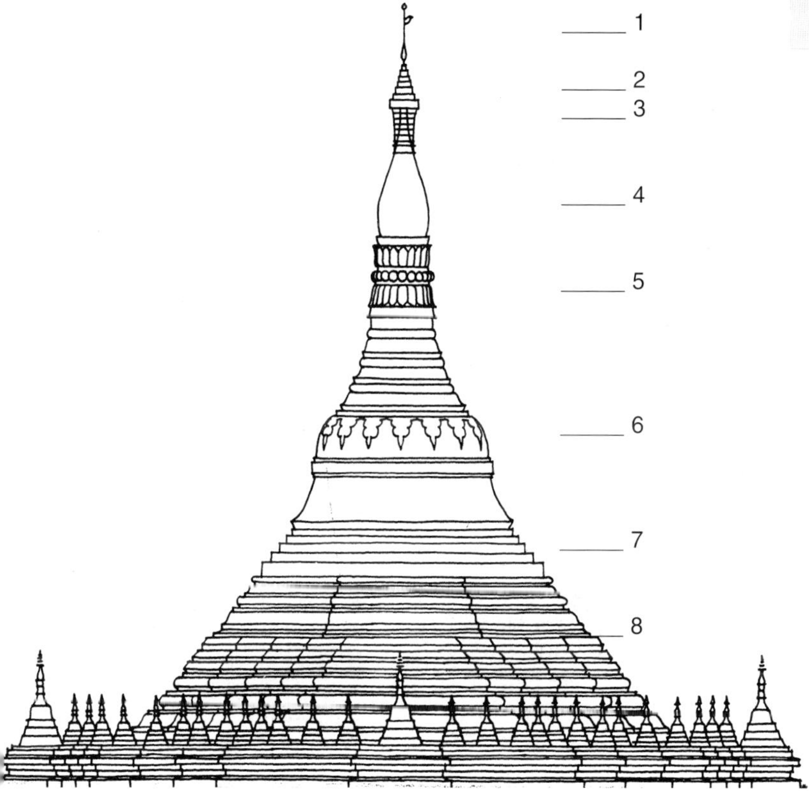

1 Windfahne mit Diamanten
2 sieben Schirme
3 Gold- und Silberglöckchen
4 Ornament der Banenknospe
5 Ornament der Lotosblüte
6 Zone der Glocke
7 Terrassen
8 achteckige Terrassen

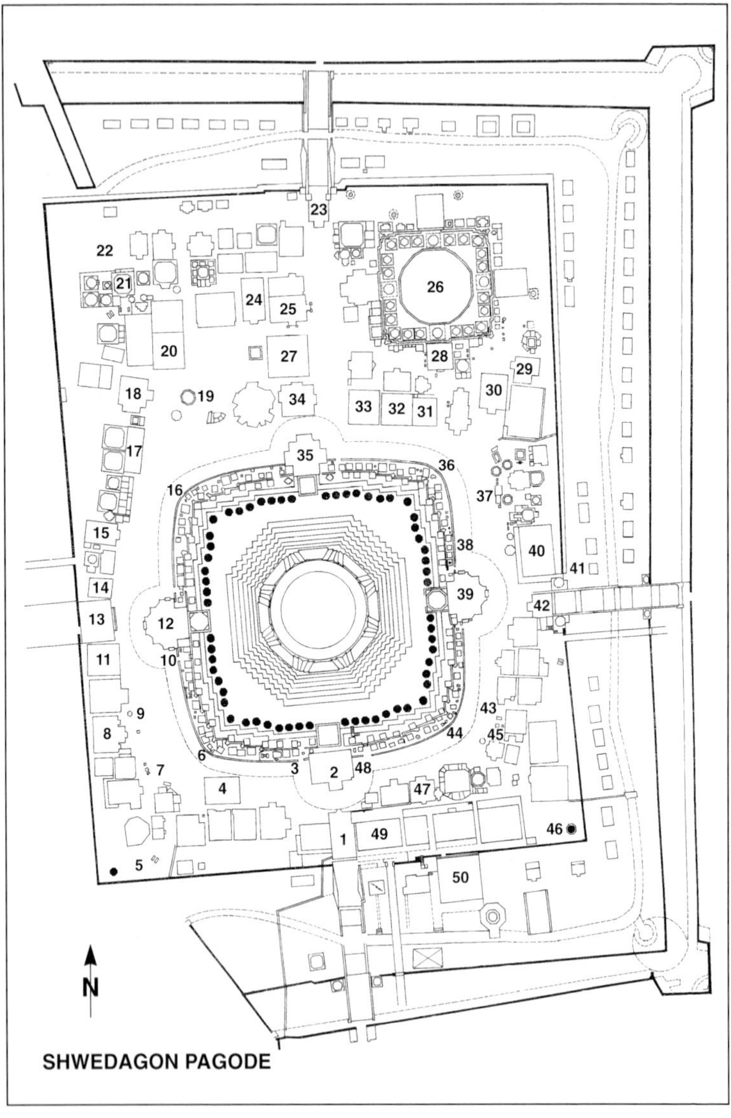
1
2
3
4
5
6
7
8
9
10
11
12
13
14
15
16
17
18
19
20
21
22
23
24
25
26
27
28
29
30
31
32
33
34
35
36
37
38
39
40
41
42
43
44
45
46
47
48
49
50
N
SHWEDAGON PAGODE

1 Südaufgang
2 Tazaung (tazaung = offene Andachtshalle) mit Buddha Konagamana
3 Tierkreispfosten für am Mittwoch geborene Personen
4 Tazaung einer buddhistischen Vereinigung
5 Banyan-Baum
6 Planetenpfosten für Saturn
7 Wimpelsäule
8 Rakhinesischer Pavillon
9 Schutznats der Shwedagon Pagode
10 Figuren von Thagyamin und Mai La Ma
11 Tazaung mit Holzschnitzereien
12 Tazaung mit Buddha Kassapa
13 Westaufgang
14 Two Pice Tazaung
15 Tazaung mit auffallend hohen Säulen
16 Planetenpfosten für Rahu
17 Tazaung als Langhaus
18 Tazaung mit der Maha Ganda Glocke
19 Planetenstupa
20 Tazaung
21 Wundervollbringender Buddha
22 Nordwest(Rahu)-Ecke
23 Nordaufgang
24 Chinesischer Tazaung
25 Chedawya Tazaung
26 Naungdawgyi Stupa
27 Tazaung einer buddhistichen Vereinigung
28 Assagona Tazaung
29 Tazaung mit schönen Holzschnitzereien
30 Tazaung mit der Maha Tissada Glocke
31 Tazaung mit Orakelstein
32 kleiner vergoldeter Stupa
33 Mahabodhi Tazaung
34 Sandawdwin Tazaung
35 Tazaung des Buddha Gotama
36 Planetenpfosten für Sonne
37 Wimpelsäulen u. Kopie des *hti*
38 Shan-Schirme
39 Tazaung des Buddha Kakusandha
40 Tazaung mit liegendem Buddha
41 Dhammazedi-Steine
42 Ostaufgang
43 Hölzerner Pfosten mit Mönchsfiguren
44 Planetenpfosten für Mars
45 Glocke
46 Banyan-Baum
47 Pavillon mit schönen Schnitzereien
48 Treppe zum oberen Rundgang
49 kleines Museum
50 Büro der Treuhänder

Hier eine kurze Beschreibung der auffallendsten Gebäude (Rundgang im Uhrzeigersinn, beginnend beim Südaufgang):

Nr. 8 Rakhine (Arakan) Pavillon: Er steht neben der Halle mit dem ruhenden Buddha (8 m lang) und ist mit schönen Holzschnitzereien verziert. Dieser Pavillon wurde von Pilgern aus Rakhine gespendet.

Nr. 12 Buddha Kassapa Tempel: Dieser Tempel wurde 1931 durch ein Feuer zerstört und vier Jahre später neu aufgebaut. Die Statue stellt Kassapa, den dritten Buddha, dar.

Nr. 14 Two Pice Tazaung: Auch er wurde 1931 durch ein Feuer zerstört. Die Händler des Marktes von Yangon stifteten täglich zwei Münzen für die Errichtung.

Nr. 18 Maha Ganda Glocke (= große Stimme): In einem Pavillon hängt die 23 t schwere, 2,10 m hohe und 30 cm dicke Maha Ganda Glocke. König Singu spendetete sie 1778, sie gilt somit als die älteste Glocke auf dem Gelände. 1825 versuchten britische Truppen diese Glocke aus dem Land zu bringen. Das Schiff, auf dem die Glocke verladen worden war, versank jedoch im Fluß. Nach dem Abzug der Engländer 1826 aus Yangon bargen die Birmanen die Glocke, was ihnen zur Überraschung der Engländer auch gelang. In einer festlichen Prozession wurde die Maha Ganda Glocke zu ihrem Platz zurückgebracht.

Nr. 29 Naungdawgyi Stupa: Hier wurden die heiligen Haarreliquien von Buddha aufbewahrt, bevor sie in die Reliquienkammer in dem Stupa gebracht wurden.

Nr. 30 Maha Tissada Glocke (= großer süßer Klang): Sie ist die größte der 29 Glocken rund um den Stupa. Die Glocke wiegt 42 t , ist 2 ½ m hoch und 30 cm dick. Sie wurde 1841 gegossen und von König Tharrawaddi gespendet. Diese Glocke ist die zweitgrößte im gesamten Land. Sie wird von zwei überlebensgroßen, aus Holz geschnitzten und bemalten Figuren getragen. Besonders nach der Gebetsandacht rufen die Gläubigen durch ein hartes Anschlagen mit einer Holzstange die Geister des Himmels, der Luft und der Erde als Zeugen ihrer vollbrachten Tat an.

Nr. 33 Mahabodhi Tazaung: Er ist dem Mahabodhi-Tempel in Varanasi in Indien nachgebaut worden.

Nr. 34 Sandawdwin Tazaung: Hier wurden die Haare von Buddha in einer Quelle gewaschen, bevor sie in einen Schrein gegeben wurden. Nach einer Legende soll die Quelle mit dem Wasserspiegel des Ayeyarwady steigen und fallen.

Nr. 39 Tazaung des Buddha Kakusandha: Er brannte 1931 ab, wurde dann wieder aufgebaut und beherbergt heute eine Statue des ersten Buddha Kakusandha.

Nr. 41 Dhammazedisteine: 1485 wurde die Geschichte der Shwedagon Pagode in Pali, Mon und in birmanischer Sprache in diese Steine eingemeißelt.

Nr. 46 Banyan-Baum: Er soll ein Ableger des heiligen Bodhibaumes sein, unter dem Buddha erleuchtet wurde.

Nr. 49 Museum: Hier werden als Geschenk überreichte Devotionalien, unter anderem ein schöner goldener Mantel eines Ministers aus dem 19. Jh., ausgestellt.

Maha Wizaya Pagoda

Im Mai 1980 begann man auf Anweisung von General Ne Win mit dem Bau dieser neuen Pagode auf dem Dhammarekkhita Hill, direkt gegenüber dem Südaufgang der Shwedagon Pagode. Am 15. Mai 1984 wurde während einer großen Feierlichkeit mit Prozession ein heiliger Bodhi-Baum gepflanzt. Der Bau kostete 350 Mio Kyats. Die Spitze des wohlproportionierten Stupa ist gekrönt von einem elfstöckigen Schirm.

Sule Pagode

Die Sule Pagode steht im verkehrsreichen Zentrum der Stadt. Von ihr aus werden die Kilometerentfernungen in Richtung Norden gemessen. Sie ist umgeben von Läden, direkt gegenüber liegt das Büro von MTT, einige private Reisebüros und Geldwechsler. In den Aufgängen und den Fluren entlang der Außenmauer warten Handleser und Astrologen auf Kundschaft. Die Pagode wird zu jeder Tageszeit stark von Gläubigen besucht.

Eine Buddhafigur wird am Planetenpunkt mit Wasser übergossen

Der Bau wurde 235 v. Chr. begonnen. Anfangs hieß das Heiligtum Kyaik Athok (= Pagode mit der Haarreliquie). Der Name stammt von den Mon und weist darauf hin, daß die Pagode ein Haar und andere Reliquien Buddhas birgt, die die buddhistischen Missionare Sona und Uttara aus Indien mitbrachten. Sie schenkten diese Reliquien dem Minister von Dagon, Maha Sura, der dann dafür die Sule Pagode bauen ließ. Der heutige Name Sule leitet sich vom Sule *Nat,* dem bewachenden Geist des Singuttara-Hügels ab. Die Pagode ist 46 m hoch und in der seltenen oktogonalen (= 8eckigen) Form erbaut. Jede Ecke symbolisiert einen Wochentag mit dem dazugehörigen Tier. Im letzten Krieg wurde sie zerstört und im alten Stil mit Hilfe von Spenden wieder aufgebaut.

Ganz in der Nähe, an der Ecke Sule Pagoda Road und Maha Bandoola Street, ist die City Hall (Rathaus), ein gut erhaltener Bau im britischen Kolonialstil. Unweit davon erstreckt sich der

Maha Bandoola Park

• Eintritt: K 3

Er ist nach einem General aus dem 1. Britisch-Birmanischen Krieg benannt. In der Mitte steht ein 46 m hoher Obelisk, das Unabhängigkeitsdenkmal. Es ist umgeben von fünf Säulen, die die ehemaligen Staaten der Shan, Kachin, Karen, Kayah und Chin symbolisieren. An der Ostseite des Parks befindet sich in einem Backsteinbau der **Oberste Gerichtshof.**

Botataung Pagode

Für den Besuch dieser Pagode in der Nähe des Strand Hotels empfiehlt sich der späte Nachmittag. Im Anschluß an die Besichtigung können Sie den Sonnenuntergang über dem Hafen betrachten. Die Pagode steht an der Hafeneinfahrt. *Bo* bedeutet Offizier und *tataung* tausend. Vor mehr als 2 000 Jahren sollen 1 000 Offiziere Spalier gestanden haben, als an dieser Stelle indische Mönche Reliquien von Buddha an Land brachten.

Die Botataung Pagode wurde im 1. Jh. n. Chr. von König Okkalapa errichtet. Am 8. November 1943 wurde sie von Bomben zerstört und ist jetzt wieder im ursprünglichen Stil aufgebaut. Die Pagode ziert eine vergoldete Spitze und ist 40 m hoch. Das Ungewöhnliche an dieser Pagode ist, daß man in das heilige Innere hineingehen kann. Vom Grundriß her ist sie tortenstückartig aufgeteilt. Zur Mitte laufen die Räume spitz zu. Dies sind die Meditationsecken. Alle Räume sind von oben bis unten mit Spiegelmosaiken verkleidet. In einem Raum sind die vier Haarreliquien von Buddha in einem Tresor aufbewahrt, den man hinter Glas besichtigen kann. Mädchen, die sich ihre Haare abschneiden lassen, können sie hier opfern. Im Innenhof an der Nordseite befindet sich eine Halle mit einer vergoldeten Buddhastatue. Ursprünglich wurde sie im Palast von König Thibaw in Mandalay aufbewahrt. Als er von den Briten ins Exil nach Indien geschickt wurde, verschleppten sie diese Statue nach London. Erst 1951 kehrte die Buddhastatue nach Myanmar zurück.

Innerhalb des Tempelgeländes ist ein Teich mit Wasserschildkröten.

Wenn man sie füttert, begeht man, so heißt es, eine gute Tat.

Gegenüber dem Osteingang befindet sich ein kleiner Markt. Wenige Schritte von der Botataung Pagode können Sie am Botataung Jetty die Schiffe auf dem Yangon River beobachten.

Kaba Aye Pagode

geöffnet täglich von 9.00 - 16.30 Uhr (gilt auch für das Museum)

Sie liegt 11 km nördlich der Stadt zwischen dem Inya See und dem Flughafen. Kaba Aye heißt übersetzt „Weltfrieden". Die Pagode wurde 1952 von U Nu für das 6. Buddhistische Konzil erbaut, das 1954 dort abgehalten wurde, um den 2 500. Geburtstag Buddhas zu begehen. Die Pagode ist 34 m hoch, der Basisumfang mißt ebenso 34 m. Der Innenraum wird von vier großen Buddhastatuen beherrscht. In der inneren Reliquienkammer wird eine berühmte, 500 kg schwere Buddhastatue aufbewahrt. Die Bibliothek beherbergt außerdem Tausende von wertvollen Palmblattschriften. Neben der Pagode liegt die

Maha Pasana Guna

eine Versammlungshalle, die 10 000 Menschen fassen kann und eine künstliche Grotte darstellt. Sie ist 139 m lang und 113 m breit und von 28 Bodhibäumen umgeben. Der Pagode ist noch ein kleines Museum angegliedert, das

Buddhist Art Museum

Es wurde ebenfalls 1952 erbaut und enthält wunderschöne Exponate wie Palmblattschriften, Bettelschalen, Reliefs, hölzerne Buddhastatuen aus dem 18. - 20. Jh., die acht Requisiten eines Mönches (Gürtel, Bettelschale, Rasierer, Nadel und Faden, Wasserfilter, Unterwäsche, Mönchsrobe) und Modelle, die die Entwicklung der Pagoden zeigen.

Das Museum wird oft nur auf Anfrage aufgesperrt (9.00 - 16.30 Uhr).

Kyaukhtatkyi Pagode

Diese Pagode nahe der Shwegondine Road ist als große offene Halle gebaut, die einen 70 m langen liegenden Buddha beherbergt. Er ist einer der größten liegenden Buddhas von Myanmar. Die Originalfigur entstand 1907, wurde durch das ungünstige Klima im Laufe der Jahre zerstört und in langwieriger Arbeit von 1966 - 73 nachgebildet. In den Gebäuden ringsherum sind buddhistische Schriften ausgestellt. Etwa 600 Mönche wohnen im angegliederten Kloster. Auch Handleser finden sich hier oft ein.

Die Besichtigung des liegenden Buddha ist zu empfehlen, wenn Sie nicht nach Bago fahren werden.

Ngadatkyi Pagode

Sie steht zwischen der Shwegondine Rd und der Ngadatkyi Rd, etwas südlich zur Kyaukhtatkyi Pagode. In der Pagode können Sie eine etwa 10 m hohe sitzende Buddhafigur besichtigen. Daneben befindet sich ein bemaltes Haus im chinesischen Stil für Äbte.

Mailamu Pagode

Sie ist zwischen dem Inya See und dem Flughafen in der Waizayanta Road in einer Satellitenstadt zu finden. Es stehen zahlreiche riesige Buddhafiguren darin: Buddha auf dem Weg der Erleuchtung, Buddha predigt zu seinen fünf Jüngern, Buddha ruhend, vier große Statuen in verschiedenen Haltungen, je ein Bildnis von seinen Jüngern Shin Thiwali und Shin Upagok, Buddha umringt von zwei Rivalen, zwei Bildnisse vom meditierenden Buddha und schließlich der Einsiedler Thumayda, der sich so legt, daß er für Buddha eine Brükke über den Fluß bildet.

Kyaukwaing Pagode

Sie befindet sich in der Kyaukwaing Pagoda Road zwischen der Insein Rd und Pyay Rd nördlich vom Inya See. Das Wort „waing" heißt übersetzt „spielen". Die Legende erzählt, daß Buddha mit dem *ogre* Verstecken spielte und dabei folgende Verabredung traf: Falls der *ogre* von Buddha gefunden wird, sollte er seine Predigten anhören, andernfalls dürfte der *ogre* Buddha auffressen.

Arleing Nga Sint Pagode

Sie steht an der Hline River Rd, etwas südlich des Flughafens, nahe dem Busbahnhof. Der Abt Seiwunkaba Sayadaw hatte 1958 den Grundstein gelegt. Im Innern befindet sich eine grüne Buddhastatue.

Shwephonebywint Pagode

In dieser Pagode im Osten von Yangon, in Yegyaw im Pazundaung Township, beten und meditieren Buddhisten, um die Erleuchtung zu erlangen. In der Pagode gibt es einen Fußabdruck Buddhas und Schreine von erleuchteten Menschen sowie in einem eigenen Bezirk Darstellungen von *nats*. Die Pagode soll von König Okkalapa nach der Shwedagon Pagode gegründet worden sein. Sie beherbergt eingemauerte Haarreliquien.

Statue von Aung San

Die Statue steht direkt an der

Natmauk Road am nördlichen Ufer des Kandawgyi Sees, dahinter in Richtung See schließt sich der Bogyoke Aung San Park an. Vom Park aus haben Sie einen schönen Blick über den See. Bei den einheimischen Jugendlichen und Kindern ist der Park wegen seiner Picknickplätze und Spielplätze beliebt.

Arzani o. Martyrs' Mausoleum

Es liegt nördlich von der Shwedagon Pagode an der Arzani Road. In dem Mausoleum ist das Grab von Aung San und sieben seiner Mitstreiter für die Unabhängigkeit von Myanmar. Es ist einmal im Jahr geöffnet, am Märtyrer-Tag am 19. Juli. Ganz in der Nähe, etwas nördlich vom Arzani Mausoleum, können Sie das

Memorial To The Fallen Heroes

besichtigen (Eintritt US$ 3).

Meditationszentren

Auch Europäer können in einigen Klöstern meditieren, z. T. gibt es auch Aufenthaltsmöglichkeiten mit Übernachtung und Mahlzeiten. Sollten Sie sich dafür interessieren, fragen Sie am besten beim jeweiligen Kloster oder bei MTT an.

Das bekannteste Meditationszentrum ist das **Mahasi Meditation Centre** (in birmanisch: Mahasi Thathana Yeiktha), 16, Thathana Yeiktha Rd (nördl. v. Kandawgyi See).

International Meditation Centre, 31 - A, Inya Myaing Road (im Golden Valley, ruhig gelegen).

Panditarama (Yeiktha) Golden Hill Meditation Centre, 80 (A), Shwetaunggya Road (sehr groß).

Chanmyay Yeiktha Meditation Centre, 55 (A), Kaba Aye Pagoda Rd.

Mingun Tawya Kloster oder Mingun Meditation Centre

Dieses bekannte buddhistische Kloster liegt nördlich der Shwedagon Pagode an der Transport Road im sog. „Golden Valley". Es verfügt über Räume für Besucher, die sich hier eine kürzere Zeit mit dem Studium heiliger Schriften beschäftigen oder meditieren wollen. Für Ausländer nicht geeignet!

Sunlun Gu Vipassana Centre, Thingangyun, T. 50 50 23

In diesem sehr schönen Meditationscentre wurde für Ausländer ein neues Haus mit AC errichtet.

Gotteshäuser anderer Religionen

Htain Hoke Chinese Temple: 800 m östlich vom Strand Hotel

Cantonese Joss: in der Maha Bandoola Street

Sre Durga Tempel: 307, Bo Aung Gyaw Street

Kali-Tempel: Ecke Fraser/Edward Street. Er wurde im 19. Jh. erbaut und 1980 renoviert.
Katholisch: St. Mary Cathedral, 372, Bo Aung Kyaw Str., und St. Augustine Church, 64, Inya Rd

Inya See

Der Inya See ist künstlich angelegt und fast fünfmal größer als der Kandawgyi See. Im November finden Bootsrennen statt. An seiner Südseite liegt die University of Arts. In der Nähe befinden sich einige Kunstgewerbeläden.

Kandawgyi oder Royal See

• Eintritt: K 4
Gebühr für Fotoapparat: K 25

Um den nicht weit vom Stadtzentrum entfernten See zieht sich der Bogyoke Aung San Park hin, der bei der Bevölkerung gern zum Picknicken aufgesucht wird. Von hier haben Sie einen schönen Blick auf die Shwedagon Pagode. Im See liegt das Karaweik-Restaurant; es wurde 1970 in Form der königlichen Barke gebaut. Karaweik ist ein Vogel aus der indischen Mythologie. Von der Karaweik Hall kann man für K 15 mit einer Seilbahn zum Bogyoke Aung San Park fahren.

In der Nähe des Sees haben sich zahlreiche Botschaften, Hotels und Kliniken angesiedelt.

Zoo

Öffnungszeiten: täglich von 8.00 - 18.00 Uhr
• Eintritt: US$ 5, Gebühr für Fotoapparat: K 15, Videokamera K 150
Lake Road, T. 7 42 61

Er wurde 1906 von den Briten angelegt und 1909 eröffnet. Der insgesamt nicht sehr sehenswerte Zoo befindet sich beim Kandawgyi See an der südwestlichen Ecke an der Alaungpaya Pagoda Road (früher King Edward Avenue). Bis 1979 war dort ein berühmter weißer Elefant zu besichtigen. Es besteht die Möglichkeit, mit einer Miniatur-Eisenbahn und Pferdekutsche durch das 70 Ar große Gelände mit künstlichen Seen zu fahren. Am Wochenende und an Feiertagen kann man auf Elefanten reiten und Schlangentänzen zuschauen.

Botanischer Garten

Öffnungsz.: 8.00 - 16.00 Uhr tägl.
Er liegt beim Zoo in der Lake Rd.

People's Square und People's Park

Öffnungszeiten: Di - So von 7.00 - 19.00 Uhr
• Eintritt: US$ 3, Gebühr für Kamera US$ 3, für Videokamera US$ 6

Dieses 130 Ar große Terrain ist zwischen der Shwedagon Pagode und dem Parlament (Pyithu Hluttaw) gelegen. Auf dem Gelände steht ein Museum mit lebensgroßen Figuren in den verschiedenen Landestrachten und mit originalgetreuen Nachbildungen der einheimischen Flora und Fauna. In einem Restaurant werden myanmarische, chinesische und europäische Gerichte angeboten.

Hlawga Wildlife Park

Zum Hlawga Wildlife Park müssen Sie von der Stadt aus etwa 45 Minuten fahren. Der Park ist über 1 650 Ar groß, auf seinem Gelände befindet sich ein See. Es sind 70 verschiedene Tierarten und 90 Vogelarten zu sehen. Die Besucher können auf Elefanten reiten, Boot fahren oder fischen.

Schwimmbäder

Kandawgyi Swimmingpool: am Kandawgyi See; Kokine Swimming Club: Sayasan Rd; National Swimmingpool: U Wisara Road, Eintritt: US$ 5;
evtl. Swimmingpool im Traders Hotel gegen Eintrittsgebühr

Museen

National-Museum

Öffnungszeiten: Di - So 10.00 - 15.00 Uhr, Mo u. Fei geschlossen
• Eintrit: US$ 5

Das National-Museum befindet sich seit 1996 in der Pyay Rd. Nr. 66 - 74 in einem schönen großen Neubau in der Nähe der Indonesischen und Französischen Botschaft.

Im Erdgeschoß befindet sich das berühmteste Ausstellungsstück, der Löwenthron aus dem Palast von Mandalay. 1886 wurde er nach England gebracht, 1964 zurückgegeben. Er ist 8 m hoch, aus Holz geschnitzt und mit Gold und Lack bedeckt. Außerdem sind hier noch Möbel und Sänften untergebracht. Im 1. Stock wird die Geschichte des Landes mittels Zeichnungen, Fotos, Reproduktionen von Wandmalereien, Ausgrabungsstücken und Waffen dargestellt. Im 2. Stock sehen Sie Marionetten, Musikinstrumente, Kunsthandwerk, Gebrauchsgegenstände, Lackarbeiten und silberne Reliquien aus dem 7. Jh. n. Chr.Im 3. Stock sind alte Handschriften und Gemälde ausgestellt. Im 4. Stock stehen Puppen in den Nationaltrachten der verschiedenen Völker und der 5. Stock enthält eine Sammlung von Buddhastatuen.

Nature History Museum

Öffnungszeiten: täglich von 8.00 - 16.00 Uhr

Es befindet sich beim Zoo in der Lu-O-Yon Street. In der archäologischen Abteilung werden Funde aus der Frühgeschichte Myanmars ausgestellt. Die Sammlung zeigt außerdem noch Mineralien, Gesteine und die Flora und Fauna des Landes.

Agricultural Museum
Myay Padaetha Kyun, Natmauk Rd
Öffnungszeiten: Di - So von 9.30 - 16.00 Uhr

Aquarium
Kanpart Road, Kandawgyi
Öffnungszeiten: Di - So von 9.00 - 16.00 Uhr, • Eintritt: K 50

Bogyoke Aung San Museum
Bogyoke Museum Street
Öffnungszeiten: Sa - Mi von 10.00 - 15.00 Uhr

Defence Services Museum
Shwedagon Pagoda Road
Öffnungszeiten: Mo - Fr von 9.00 - 16.00 Uhr, • Eintritt: US$ 3

Darstellung der Armee, Marine und der Luftwaffe. Die verschiedenen Ministerien erläutern ihren jeweiligen Arbeitsbereich. Die einzelnen Divisionen und Provinzen zeigen ihre Produktionen und Kultur. Daneben werden noch geplante Projekte vorgestellt.

Planetarium
Ahlon Road
Öffnungszeiten: Sa und So von 9.30 - 16.30 Uhr

Edelsteinmuseum (Gems Emporium) und -markt
nahe der World Peace Pagode (Bus Nr. 43 und 44 ab Sule Pagode), daneben ist die Versteigerungshalle, nicht so sehenswert
• Eintritt: US$ 5 (zu teuer)

Bibliotheken

University Central Library: auf dem Universitätsgelände
National Library: im Rathaus
International Institute of Advanced Buddhist Studies: in der Kaba Aye Pagode
Library and Archives of Buddhism: Westl. Eingang der Shwedagon Pagode, Öffnungszeiten: Di - Do und Sa, So von 9.00 - 16.00 Uhr

Sonstiges

State School of Music and Drama
Öffnungsz.: tägl. v. 8.00 - 16.30 Uhr

Sie befindet sich an der Shwedagon Road in der „Jubilee-Hall“, der größten Veranstaltungshalle Myanmars. Von Juni bis August werden dort birmanische Theaterstücke, Marionettentheater und Volkstänze aufgeführt. Genaue Termine erfragen Sie bitte bei MTT.

Hafen

Dort sind die originellen Ruderboote „sampan“ zu beobachten. Im Hafenviertel liegt auch der **Khielly Fischmarkt.**

Post und Telefon

General Post Office (Hauptpost)
Strand Rd/Ecke 43, Bo Aung Kyaw Str., in der Nähe des Strand Hotels, T. 28 54 99, 28 58 40, Poste Restante im 1. Stock

Öffnungszeiten: Mo - Fr 9.30 - 16.00 Uhr, Sa 9.30 - 12.30 Uhr, So und Fei geschlossen

Central Telegraph and Telecommunication Office

125, Pansodan Str./Ecke Maha Bandoola Str., T. 28 37 37

Öffnungszeiten: täglich von 7.00 - 20.00 Uhr; Anmeldung eines Gesprächs nach Übersee: T. 1 30, 1 31, 65 74 44, 65 75 55, 65 79 99

Banken

Myanma Foreign Trade Bank

80/86, Maha Bandoola Garden Str., T. 28 49 11, Fax: 28 95 85, Traveller Cheques und ausländigsche Währung können in FEC gewechselt werden, Visa und Mastercard, evtl. auch American Express Card, werden gegen 4 % Gebühr akzeptiert

Myanma Investment & Commercial Bank

170/176, Merchant Str./Ecke Bo Aung Kyaw Str., T. 29 08 74, ähnliche Bedingungen wie MFT Bank

Deutsche Bank

Room 201/205, IBC (International Buisiness Center), T. 66 77 62, Fax: 66 78 74

Wichtige Telefonnummern

Rotes Kreuz: 29 51 33
Ambulanz: 1 92
Polizei: 1 99, 28 25 11
Feuerwehr: 1 91, 27 42 11
Tourist Information: 28 20 75
Yangon Airport (Inform.): 66 26 92
Immigration Office: 28 64 34
Telefonauskunft: 1 00

Verkehrsmittel

Stadtbusse sind meist sehr voll, aber sehr billig (K 2 - 3). Die Busse sind nur mit birmanischen Zahlen gekennzeichnet. Einige Buslinien und ihre Fahrrouten:

Nr. 3 von der Innenstadt (Latha Rd) zur Shwedagon und Kyaukhtatkyi Pagode

Nr. 5 zur Peace Pagode

Nr. 7 von der Shwedagon Road zwischen Maha Bandoola und Strand Road zum Inya See

Nr. 8 vom Maha Bandoola Park über die Sule Pagode nach Insein

Nr. 9 von der Sule Pagoda Road nach Mingaladon. Von der Endstation zum Flughafen mit dem Taxi (ca. K 50)

Nr. 12 von Htin Pon Ze über die University Avenue nach Kokaing beim Inya See

Nr. 37 und 10 von der Sule Pagode zur Shwedagon Pagode

Nr. 38 fährt zum Thida Jetty (Tanyin-Syriam-Fähre)

Nr. 46 fährt um den Royal Lake

Nr. 51 und 9 fahren zum Flughafen

Neben den Stadtbussen bedienen pick-ups die gleichen Routen. Ihre Preise sind etwas höher als die der Busse.

Taxifahrten kosten etwa K 200 - 400 (nachts mehr) für eine Strecke in der Innenstadt. Auf alle Fälle müssen Sie den Preis vorher aushandeln. Trischas sind im Zentrum von Yangon nicht mehr erlaubt.

Einkaufen

Bogyoke Aung San Markt
Öffnungszeiten: Di - So von 9.30 - 16.30 Uhr, Mo und an Feiertagen geschlossen

Er liegt in der Nähe des Hauptbahnhofes in der Bogyoke Aung San Street. Das Gebäude wurde 1926 von C. Scott erbaut und ist auch heute noch unter seinem alten Namen „Scott Market" bekannt. In rund 2 000 kleinen Läden werden Waren des täglichen Gebrauchs und auch kunsthandwerkliche Gegenstände, wie Lackwaren, Elfenbein, Teakholzgegenstände, Messingartikel, Umhängetaschen, Perlmuttartikel, Perlen, Silber- und Goldschmuck, Körbe, Schirme der Mönche, Longyi-Stoffe usw. angeboten.

New Bogyoke Aung San Markt
Er befindet sich direkt gegenüber dem Bogyoke Aung San Markt. Hier werden importierte Textilien, Haushaltsgegenstände und Medizin verkauft.

FMI
Dieses luxuriöse, Mitte 1995 eröffnete Kaufhaus befindet sich in der 380, Bogyoke Aung San Rd, neben dem Bogyoke Aung San Markt. In dem 11stöckigen, voll klimatisierten Haus sind viele kleinere Läden, vor allem Schmuckläden, untergebracht.

Theingyi Zay Markt oder Indischer Markt
Er liegt zwischen der Konzaydan Str./24. Str. und der Anawrahta /Maha Bandoola Str. Neben Haushaltswaren und Textilien werden Kräuter und Medizin aus Myanmar sowie Schlangenfleisch verkauft.

Chinesischer Markt
Er liegt in der Chinatown am südlichen Teil der Lanmadaw Str.

Lanmadaw Market
Ungefähr südlich der Wardan Str. Ecke Mahabandoola Str. gelegen. Hier ist der größte Fischmarkt von Yangon.

Thirimingala Market
am nördlichen Ende der Strand Rd am Yangon River in Ahlone Tsp. Hier werden Gemüse, Früchte und Fleisch verkauft.

Nagar Glass Factory
152, Yawgi Kyaung Str., T. 24 91 98, bei der Insein Rd, nordwestlich vom Inya Lake, Hlaing Tsp., T. 52 60 53, Verkauf und Besichtigung Mo - Fr 10.00 - 15.00 Uhr.

Familienbetrieb mit mehreren Schmelzöfen, sehr interessant; liegt in idyllischer und tropischer Umgebung.

San Pya Fish Market
etwas weiter nördlich des Thirimingala Markets am Fluß gelegen.

Süd- und Osteingang der Shwedagon Pagode

Erhältlich sind hier religiöse Gegenstände, Marionetten, Metallwaren, Silberwaren, Schirme, Körbe, Elfenbein.

Tourist Department Store (früher Diplomatic Store)
geöffnet: Di - Sa 9.30 - 16.30 Uhr

Er befindet sich in der Sule Pagoda Rd nahe dem Büro von Tourist Myanmar. Sie können dort westliche und einheimische Erzeugnisse kaufen. Bezahlung nur in US$ bzw. FEC.Kunsthandwerkliche Gegenstände sind teuer. Gute Auswahl von Edelsteinen.

Nachtmärkte

Sie werden nach Einbruch der Dunkelheit aufgebaut. In Yangon findet man sie im chinesischen und indischen Viertel.

Gemälde

Golden Valley Art Centre: 54-D, Golden Valley, T. 3 38 30, tägl. von 9.00 - 18.00 Uhr geöffnet, Ölgemälde, Aquarelle, Bleistiftzeicn.

Yadanabon Art Gallery: 37 (B) 7 ½ Mile, Pyay Rd, T. 24 77 99 und Inya Lake Hotel, T. 66 28 66, tägl. von 9.00 - 18.00 Uhr geöffnet, Bilder, Kunsthandwerk, Antiquitäten

Orient Art Gallery: 121 (E), Thanlwin Rd, Kamayut Tsp., T. 53 08 21, tägl. 9.00 - 18.00 Uhr, Gemälde

Seven + Seven Art Gallery: 77, Shin Pu Rd, T. 51 02 26, Gemälde und Skulpturen

Sunflower Art Gallery: 72, Aung Min Gaung, Windermere, T. 53 02 71, im 1. St., 9.00 - 17.00Uhr, Gemälde

Antiquitäten

Mme Thair: 220, Edwards Str., sehr große und gute Auswahl von Antiquitäten, teuer

Nan Aung Art Gallery: 5/7, Room B, Botataung Str.

Myanmar Elephant House: 12, Inya Rd, T. 53 02 63, tägl. von 9.30 - 21.00 Uhr, Rattan-Möbel, Lackwaren, Holzschnitzereien

Mr Augustins: 23 A, Attia Rd, Seitenstraße von der Pyay Rd in Höhe der Kreuzung Pyay/Insein/University Rd, Kamayut Tsp., Möbel, Silber- und Bronzegegenstände,

Lackwaren

Daneben gibt es noch mehrere kleinere Läden in der Kaba Aye Pag, Rd, nahe dem Inya Lake H.

Pflanzen

Myanmar Orchid and Flora Centre: 119, Sule Pagoda Rd, T. 7 21 15, verkauft frische und künstliche Blumen, Orchideen und Samen.

Filme

Entlang der Anawrahta Str., zwischen der Sule Pagoda Rd und Maha Bandoola Garden Str., sind viele Läden, die Dia- und Farbnegativfilme verkaufen. Reparatur von Fotoapparaten und Uhren unten in der Sule Pagode.

Buchläden

Bagan Bookshop: 100./37. Str. Sehr gute Auswahl von Büchern über Myanmar in englischer Sprache, auch gebundene Kopien von vergriffenen Büchern.

Mandalay Book Agency: 80 (M) Kanbawza Lane, Bahan Tsp., T. 5 34 68, auch Bücher in engl. Spr.

Inwa Book Store: 232, Sule Pagoda Rd, zwischen Anawrahta und Bogyoke Aung San Str., Bücher in englischer Sprache.

Sarpay Beikman Book Centre: Merchant Str., zwischen 37. und 38. Str. auch vom Staat herausgegebene Bücher über Myanmar.

Lantern House Book Centre: 18, Sabeyon Lane, Mingy Rd, Bücher über die Kultur und das Leben Myanmars

Außerdem gibt es einige kleinere Buchläden in der 33. Str. zwischen der Anawrahta und Bogyoke Aung San Str. und gegenüber dem Bogyoke Markt.

Karten

Bei MTT erhalten Sie für wenige Kyats die Yangon City Map, Yangon Guide Map, Yangon Tourist Map und manchmal auch Pläne von Bagan und Mandalay.

Abendunterhaltung

Das Abend- und Nachtleben ist nicht besonders aufregend. In „New Light of Myanmar" können Sie die täglichen Veranstaltungen nachschlagen.

Kinos

Die Myanmaren sind sehr kinobegeistert. Es werden vor allem Liebes- und Kriegsfilme vorgeführt. Kinos findet man hauptsächlich in der Nähe der Sule Pagoda Rd und in der Bogyoke Aung San Str. Inzwischen gibt an die 50 Kinos in Yangon, trotzdem steht man in einer langen Warteschlange an. Im American Center (14, Taw Win Str., T. 22 31 06) und im British Council (80, Strand Rd, T. 28 17 00) werden englischsprachige Spielfilme gezeigt. Neu ist das Mingala Kino Center in der Shwedagon Pag. Rd.

Folklore Shows

Folklore Shows finden vor allem in Restaurants statt. Während der Vorführung können Sie essen und trinken. Eine Show beeinhaltet Ausschnitte aus verschiedenen traditionellen Tänzen, Akrobatik, Puppenspiel, religiöse Rituale und Musik aus Myanmar. Einheimische hängen den Darstellern, die ihnen besonders gefallen haben, farbige Lamettakränze (K 100) um. Zum Ende der Show folgt oft Karaoke.

Karaweik Hall: Im Karaweik am Royal See werden manchmal traditionelle Tanz- und Musikdarbietungen gezeigt. Sie beginnen um 20.00 Uhr und dauern 50 Minuten. Man kann dort nach der Speisekarte essen oder als Gruppe an einem Buffet teilnehmen. MTT organisiert die Vorführungen. Kartenverkauf b. MTT, T. 28 33 63 o. direkt im Karaweik, T. 29 28 00.

Golden View: Gegenüber dem südlichen Eingang der Maha Wizaya Pagode. Tel. Tischreservierung ist in der Hochsaison zu empfehlen (T. 24 80 20). 1998 wurde das Lokal geschlossen. Eine Wiedereröffnung an einer anderen Stelle ist denkbar. Ab 19.00 Uhr fand dort täglich zu chinesischen Gerichten ein Folklore-Programm statt. Es wurde keine Eintrittsgebühr erhoben, dafür war das Essen etwas teurer. Man saß in einer offenen Halle und hatte einen schönen Blick auf die nachts angestrahlte Maha Wizaya Pagode.

Lone Ma Lay Restaurant: In der Natmauk Rd am Kandawgyi See, T. 55 03 57. Zu chinesischem Essen sehen Sie von 19.30 - 21.30 Uhr klassischen Tanz und Folklore, später gibt es Pop-Musik.

Pandonman-Stage: Sangaung Tsp. In diesem open-air Theater finden zu offiziellen Anlässen Marionettenaufführun-gen und traditionelle Tänze statt. Eintritt K 100, ab 19.00 Uhr, nicht touristisch.

Nationaltheater: Myoma Kyaung Str., nordwestlich des Bogyoke Aung San Markets. Hier werden klassische Tänze, open-air-Aufführungen von traditionellen Gruppen und Popkonzerte dargeboten. Das Programm erfragen Sie entweder direkt am Theater oder im Hotel.

Golden Gong: 15, Inya Myaing Rd, Bahan Tsp., bei der University Avenue Rd, T. 53 39 54Mo, Mi und Sa ab 18.30 Uhr traditionelles birmanisches Marionettentheater.

Dolphin Seafood: Liegt am Kandawgyi See beim Aquarium, Kann Yeiktha Str., T. 25 02 40. Pop-Musik und Folklore Shows

Karaoke

Ayar Restaurant, Ambassador und Smile World: Alle drei sind auf dem Dach des Theingyizei Plaza in der Shwedagon Pagoda Rd in Chinatown und mit dem gleichen Lift erreichbar, bieten chinesisches Essen, Pop-Musik und oft Tanz.

BMB Club: 126, Dhammazedi Rd, Bahan Tsp. **Enken Karaoke:** 129, Seikkantha Str. **Kandawgyi Palace Hotel:** Kan Yeiktha Str., Mingala Tsp. The **Cave Music Pub** im Kandawgyi P. Hotel, T. 24 92 55. **Pegasus:** 5, Kaba Aye Pagoda Rd, Ecke Thukhawaddy Str., Yankin Tsp. **Singa Restaurant:** 70-C, West May Kha Str., Lane 3, 7-Mile, Mayangon Tsp. **Summit Parkview Hotel:** 350, Ahlone Rd, Dagon Tsp., T. 22 79 66

Bars

In allen großen teureren Hotels finden Sie Bars, in denen sich vor allem die Geschäftswelt trifft.

Strand Hotel: 92, Strand Rd, T. 28 15 33, tägl. bis 21.00 Uhr geöffnet. **Kandawgyi Hotel:** Kan Yeiktha Str., Mingala Taungnyunt Tsp., T. 24 92 55, mit schönem Blick über den Royal See. **Inya Lake Bar:** im Inya Lake Hotel, Kaba Aye Pagoda Rd, Mayangon Tsp., T. 66 28 58, Live-Musik, **Mr. Guitar Café:** 158 - 168, Maha Bandoola Garden

Str., wurde im Sommer 1998 geschlossen. **Narawat Hotel:** 257, Insein Rd, Hlaing Tsp., T. 66 78 88, in der hübschen Zawgyi Lounge täglich Live-Musik. **Summit Park Viewhotel:** 350, Ahlone Rd, Dagon Tsp., T. 22 79 66, Live-Musik, **The Escapade:** 143/149, 2. Stock, Sule Pagoda Rd, High-Tech Disco, Live-Musik, DJ, teuer. **Galaxy City:** Theingyi Bazaar C Shed, T. 24 66 38. **Harbour Point Recreation Club:** Mya Nandar Park, Pansodan Jetty, T. 28 46 63

Unterkunft

Seit 1994 sind auch privat geführte Hotels und private Guest Houses mit Lizenz zugelassen. Das Übernachten in Privatunterkünften, die keine Lizenz besitzen, ist für Touristen nicht erlaubt. Zusätzlich zu den Hotelpreisen werden manchmal 10 % Bedienungsgeld sowie eine Hotel- und Gaststättensteuer von 10 % erhoben. Während der Regenzeit kann man in den meisten Hotels den Preis herunterhandeln. Ein Frühstück ist mittlerweile fast immer im Übernachtungspreis eingeschlossen.

Hotels über US$ 100 pro Pers.

Die Übernachtungen in allen Hotels dieser Kategorie verstehen sich incl. Frühstück. Die Zimmer sind mit AC, Du/meistens Badewanne, warmes Wasser, WC, Haarfön, IDD-Telefonanschluß, TV, Kühlschrank, Safe ausgestattet, außerdem gibt es einen Wäscheservice.

• Vorwahl: 01

The Strand

92, Strand Road, T. 28 15 32, 28 15 34, Fax: 28 98 80, 32 renovierte Zimmer, DZ US$ 220 - 270, Suite US$ 600 - 650. 39 noch nicht renovierte Zimmer im hinteren Teil sollen ab 1996 erneuert werden, derzeit EZ US$ 42 - 48, DZ US$ 54- 60, Du und WC, AC. Strand Bar geöffnet von 11.00 - 21.00 Uhr, Strand Café 6.30 - 21.00 Uhr (14.30 - 18.00 Uhr teatime, US$ 14, verschiedene Teesorten und Snacks), The Grill 18.00 - 21.00 Uhr, Lobby Lounge 9.00 - 21.00 Uhr

Das Hotel im Kolonialstil wurde 1901 eröffnet und gehört jetzt zu der Hotelkette Amanresorts. Die mehrjährige Renovierung für insgesamt US$ 36 Mio wurde im November 1993 beendet. Es gibt eine Bar, einen Laden, ein Café, Restaurant und eine Gepäckaufbewahrung. Das Hotel hat schon viele illustre Gäste beherbergt, unter anderem ist hier Somerset Maugham abgestiegen.

Pan Sea Hotel

35, Taw Win Rd, T. 22 14 62, Fax: 22 82 60, 2 Family Suiten US$ 250 (max. 5 Personen), 2 Pan Sea Suiten US$ 250 (max. 3 P.), DZ US$ 180, jeweils zuzügl. 20 %, im Botschaftsviertel, sehr ruhig, 50 Zimmer, neue, wunderschöne Anlage im traditionellen Stil in Teakholz, Garten mit Teichen, Swimmingpool, Restaurant, Bar, Fitness Centre mit Massage

Traders Hotel

223, Sule Pagoda Rd, T. 24 28 28, Fax: 24 28 00, e-mail: tradershotel.yn@mtpt

400.stems.com, EZ US$ 130, 150, DZ US$ 150, 170, Suiten US$ 220, 350, 450, 800, zuzügl. 20 %, Extrabett US$ 35, 22 Stockw., sehr zentral gelegen, gegenüber Bogyoke Market, gehört z. Shangri-La Hotelkette, schöne Zimmer, Nov. 96 eröffnet, Business Centre, Konferenzräume, sehr aufmerks. Service, Swimmingpool auf einer Terrasse i. 5. Stock, Fitness Centre, Sauna, versch. Restaurants, s. gute Buffets, Bar, Café

Kandawgyi Palace Hotel
Kan Yeiktha Rd, T. 24 92 55, Fax: 28 04 12, 24 27 76, 200 Zimmer, DZ ab US$ 150, 2 Bungalows mit eigenem Swimmingpool, Junior Suite, Standard. Das vollständig renovierte Haupthaus war ursprünglich das britische Bootsclubhaus, an das ein neuer Flügel angebaut wurde. Restaurant (Essen wird am Tisch zubereitet), Café, Bar, Cave Music Pub (21.00 - 1.00 Uhr), sonntags Teatime. Sehr schön am Kandawgyi See gelegenes Hotel aus Teakholz mit Blick auf die Shwedagon Pag.

The Central Floating Hotel
1 - 2, Wahdan Jetty, Seikan Township, T. 22 72 88, Fax: 22 75 77, 133 Zimmer, DZ US$ 150 - 180, Suite US$ 260, zuzügl. 20 %. Dieses Hotelschiff ist ein umgebautes, schön renoviertes Kreuzfahrtschiff. Die Zimmer sind nicht sehr groß. Es gibt Restaurants, Bars, Whirlpool, Sauna, Swimmingpool, Sonnendeck, Business Centre

New World Inya Lake Hotel
37, Kaba Aye Pagoda Road, T. 66 28 57, 66 28 58, 66 28 66, Fax: 66 59 64, 229 Zimmer, Deluxe, Suite, Junior Suite, Standard, US$ 60 - 350. Das einstmals staatl. Hotel ist neu renoviert. Es wurde 1961 von den Sowjets erbaut und liegt am Ufer des Inya-Sees in einem tropischen Garten. Swimmingpool, Tennisplatz, Café, chinesisches Restaurant, Friseur, Läden. 8 km außerhalb der Stadtmitte auf dem Weg zum Flughafen.

Summit Park View Hotel
350, Ahlone Rd, T. 22 79 66, Fax: 22 79 93, 252 Zimmer, EZ US$ 80 - 100, DZ US$ 100 - 140, fünfstöckiges Gebäude (1995 erbaut), gehört zur Regional Hotelkette, Singapur, mit deutschem Manager, Restaurant mit internationaler und vor allem chinesischer Küche, Café, Bar, Business Centre, Fitness Centre, Swimmingpool, Friseur, Läden. Vorwiegend Geschäftsreisende steigen hier ab.

Nawarat Concorde Hotel
257, Insein Rd, T. 66 78 88, Fax: 66 77 77, 80 Zimmer, EZ US$ ab 120, DZ US$ ab 140, Melting Pot Café mit birmanischen, thailänd., malaysischen, chinesischen und europ. Gerichten, Lounge, Business Centre, Tennisplätze und Swimmingpool sind geplant.

Mya Yeik Nyo Royal
20, Pearl Rd, Bahan, T. 54 83 10 - 9, Fax: 66 50 52, 54 83 18, Mayor Suite DZ US$ 420, Royal Suite EZ US$ 240, DZ US$ 300, Deluxe Suite DZ US$ 320, Suite EZ US$ 180, DZ US$ 220 - 240, Junior Suite EZ US$ 120, DZ US$ 140 - 160, Extrabett US$ 50. Swimmingpool, Tennisplatz, Driving Range für Golfer (wird extra berechnet)

Mya Yeik Nyo Deluxe
16-B, Thukhawaddy Rd, Yankin, T. 56 65 29, 66 31 96, Fax: 66 50 52, 54 83 18, Suite EZ US$ 80, DZ US$ 100, Junior Suite EZ US$ 60, DZ US$ 80, Standard EZ US$ 40, DZ US$ 70, Extrabett US$ 30

Mya Yeik Nyo Supreme
23/25, Kaba Aye Pagoda Rd, T. 55 38 18 - 9, 55 14 64, Fax: 66 50 52, 54 83

18, Suite EZ US$ 100, DZ US$ 120, Junior Suite EZ US$ 80, DZ US$ 100, Superior EZ US$ 40, DZ US$ 60, Extrabett US$ 30

Diese drei Hotels gehören zur Mya Yeik Nyo Hotelgruppe und liegen nahe beieinander. Das Mya Yeik Nyo Royal steht auf dem zweithöchsten Hügel von Yangon und bietet eine schöne Aussicht. Alle drei Hotels sind von einer gepflegten Parkanlage mit Rasen und Teichen mit Lotosblumen umgeben.

Savoy
129, Dhamazedi Road, T. 52 62 89, 52 62 98, Fax: 52 48 91, 52 62 92, DZ US$ ca. 120, schönes, kleineres Hotel, an einer befahrenen Straßenkreuzung, Swimmingpool

Hotels zwischen US$ 40 - 100

Die Hotels dieser Preisklasse bieten Frühstück, AC, Du und WC, warmes Wasser, TV, Kühlschrank, IDD-Telefonanschluß und häufig freien Flughafentransport.

Yangon City Hotel
1 (A), Kaba Aye Pagoda Rd, T. 66 77 55, Fax: 66 77 63, pro P. US$ 80 - 95, 80 Zimmer, 1994 eröffnet, Business und Fitness Centre

Novel Garden Hotel
615, Marlar Lane, bei der Pyay Rd, T. 3 49 40, Fax: 3 38 79, pro Person US$ 60, 22 Zimmer, 2stöckiges Gebäude an einem Teich gelegen, schöner Eß- und Frühstücksraum in eigenem Gebäude

Mingalar Garden Hotel
30, Inya Myaing Rd, Bahan Tsp., T. 52 44 50, 52 54 93, Fax: 53 23 88, EZ US$ 50, DZ US$ 70, 3-B.-Zi US$ 90, zuzügl. 20 %, Business Centre, Konferenzräume, beim Inya Lake, nicht zentral

Alfa Hotel
41, Nawaday St, Dagon Tsp., T. 24 01 27 - 33, Fax: 24 01 34, EZ US$ 50, DZ US$ 60, Junior Suite US$ 80, zuzügl. 20 %; 90 Zimmer, zentral gelegen nahe der Shwedagon Pag., auf die man einen schönen Blick hat; angenehme Atmosphäre, Business Centre, Restaurant, Café

Bagan Inn
29, Po Sein Rd, Tamwe Tsp., T. 55 04 89, Fax: 54 96 60, EZ US$ ab 40, DZ US$ 60 - 85, 25 Zi, Restaurant, sauber, relativ teuer, schöner Garten, drei 2stöckige Gebäude, Faxservice mögl.

Central Hotel
335 - 357, Bogyoke Aung San St., T. 24 10 07, Fax: 24 80 03, pro Person US$ 50, unter chinesischer Leitung, sterile Atmosphäre

Classique Inn
53-B, Golden Valley, T. 53 09 64, 52 55 57, Fax: 52 52 18, 5 Zimmer, EZ US$ ab 50, DZ US$ ab 60

Summer Palace Hotel
437, Pyay Rd, beu der University Avenue, T. 52 72 - 11, 12, 13, Fax: 52 72 14, DZ US$ ca. 60 - 70, Haus im Kolonialstil mit schönem Garten und See, Restaurant, große, saubere Zimmer

Welcome Hotel
93 (G), Thanlwin Rd, T. 52 59 62, Fax: 52 59 66, EZ US$ 40 - 65, DZ US$ 60 - 75, gepflegt, freier Flughafentransport

Hotels unter US$ 40

Wenn nicht anders vermerkt, sind diese Hotels mit Frühstück, AC, Du und WC, warmen Wasser, häufig mit TV, Kühlschrank und freiem Flughafentransport.

Windermere Inn
15 (A), Aung Mingaung Pagoda Rd, T.

53 38 46, Fax: 28 99 60, EZ US$ 35 - 45, DZ US$ 50 - 70, stilvolle Zi, Bungalow mit schönem Garten, sehr freundlich, sauber, empfehlenswert, etwas außerhalb

Comfort Inn

4, Shwe Li Str., Kamaryut Tsp., nahe der Shwedagon Pagode, gehört zu Columbus Travel, T. 52 68 72, 53 33 77, Fax: 52 42 56, 52 51 34, EZ US$ 25 - 35, DZ US$ 40 - 60, schöne Zimmer, sauber

Highland Lodge

7 ½ Mile, Pyay Rd, No. 1 Highland Avenue, T. 66 06 95, Fax: 66 61 52, pro Person US$ ca. 20 - 30, sehr schön in einer Villa, freundlich, etwas außerhalb

Thirinda Lodge

3, Wingaba Lane, Bahan Tsp., T. 54 97 17, Fax: 54 36 81, pro P. ab US$ 25, sehr schön, sauber, freundlich, nahe der Shwedagon P.

Sharp Hotel

2, Pho Sein Rd, Bahan Tsp., T. 55 18 65, 54 95 58, DZ ab US$ 50, nahe dem Royal Lake, Bungalows, kleiner Swimmingpool, Restaurant

Beauty Land I Hotel

9, Bo Cho Rd, Bahan Tsp., T. 55 16 25, 54 00 92, Fax: 54 97 91, 54 97 91, 4 Zimmer, EZ US$ 35 - 45, DZ US$ 45 - 50, familiäre Atmosphäre

Beauty Land II Hotel

188 - 192, 33. Street, Kyauktada Tsp., T. 24 39 32, 55 15 25, 54 00 92, 54 97 72, Fax: 54 97 91, nahe der Sule Pagode und dem Bahnhof, EZ US$ 10, 20 und 30, DZ US$ 25, 35 und 40, Extrabett US$ 10, auch Zimmer auf der Dachterrasse, sehr schön

Pleasant Motel

105 (A), Oak Str., West Shwegondine, Bahan Tsp., T. 55 33 42, EZ US$ 36, DZ US$ 48, nicht zentral (in d. Nähe des liegenden Buddha)

Yoma Hotel

146, Bogyoke Aung San St, T. 29 77 25 - 26, Fax: 29 79 57 - 58, 16 Zimmer, DZ US$ 35 - 45 (im obersten Stock am billigsten), zentral, sauber, freundlich, empfehlensw., Rest. am Dach

Aurora Hotel

37 (A), Thirimingala Str., Kamayut Tsp., T. 52 59 61, Fax: 52 54 00, Zi von US$ 10 - 35, französische Leitung, Restaurant, Bar

Liberty Hotel

343, Pyay Rd, Sanchaung Tsp., T. 53 00 50, 53 22 43, EZ US$ 25 - 30, DZ US$ 35 - 50, Villa im Kolonialstil, sauber, etwas außerhalb, zuzüglich 20 %

Euro Asia Hotel

374, Strand Rd, Ecke 69. Str., T. 29 67 31, EZ US$ 20 - 30, DZ US$ 35 - 45, s. zentrale Lage, 6stöckiges Haus, chin. Leitung, sauber, einfache Zimmer, von der Dachterrasse schöner Blick über die Stadt

Snow White Inn

12 (B-I), Kokine Avenue, Golden Valley, Bahan Tsp., T. 54 84 95, DZ US$ 35 - 45, freundl., sauber, etwas außerh.

Sakantha Hotel

Yangon Railway Station, Kun Chan Street, T. 24 95 18, EZ US$ 36, DZ US$ 42, 3-B.-Zi US$ 54, 17 Ziimmer, neu renoviert, zur Bahnstrecke etwas laut, düstere Räume, Restaurant; praktisch für Reisende, die den Zug um 6.00 Uhr nehmen.

Winner Inn

42, Thanlwin Rd, T. 53 12 05, 52 43 87, DZ US$ 48, schöner Garten, etwas außerhalb

Lai Lai Hotel

783, Maha Bandoola Rd, Lanmadaw Tsp., T. 22 78 78, 22 59 13, Fax: 22 73 42, EZ US$ 35, DZ US$ 45, 3-B.-Zi

US$ 55, in China Town, unter chin. Leitung, 8stöckiges Gebäude, Dachrest.

Fame Hotel
28 (A), Po Sein Rd, neben dem Bagan Inn, T. 55 01 79, 54 30 52, 54 25 39, Fax: 54 95 50, EZ US$ 25, DZ US$ 45, 4-B.-Zi US$ 60, für d. Preis relativ einf.

Silver Star Inn
213 - 215, Botataung Pagoda Rd, T. 29 70 07, Fax: 29 19 32, EZ US$ 15 - 25, DZ US$ 25 m. Gemeinschaftsbad, US$ 36 m. Du und WC, neu, sauber, ordentlich, preisgünstig, zentrale Lage

Three Season Hotel
83/85, 52. Str., Pazundaung Tsp., T. 29 33 04, Fax: 29 79 46, DZ ab US$ 30, schönes Hotel

Barani Hotel
71, Minyekyawswa Rd, Ahlone Tsp., T. 22 08 54, 22 31 04, Fax: 22 31 04, DZ US$ 40, nicht zentral, sehr ordentlich

Orchard Inn
563, Pyay Rd, Kamayut Tsp., T. 52 69 76, 51 28 69, Fax: 52 69 82, p. P. US$ 15 - 20, Villa im Bungalowstil mit Garten, gepflegt, sauber, nicht zentral, beim Inya Lake

Yuzana Hotel
130, Shwe Gon Dine Rd, Bahan Tsp., T. 54 96 00, 54 33 67, Fax: 54 49 98, neues Hotel, DZ US$ 36, komfortables Hotel, weit außerhalb

Green Hill Hotel
12, Pho Sein Str., bei der Natmauk Rd in der Nähe der deutschen Botschaft, T. 55 03 30, Fax: 54 93 88, EZ US$ 15, DZ US$ 20 - 35, kleiner Swimmingpool, sehr ordentlich, nicht zentral

Fair View Inn
16, Saw Mahar Str., Kandawgyi Tsp., T. 55 35 26, Fax: 28 33 60, DZ US$ 25 - 35, fam. Atmosphäre, schöner Garten, sauber, etwas außerhalb, Busshuttle in die Stadt

Ruby Inn
23, Bawga Lane, 9 Mile, Mayangone Tsp., T. 66 25 36, Fax: 66 65 70, 10 DZ, EZ US$ 15 - 25, DZ US$ 25 - 35, in Flughafennähe, s. freundl., sauber

Sunflower Inn
59, Ecke Pho Kya Rd und Bo Min Yaung Rd, in Bahnhofsnähe, T . 27 56 28, EZ US$ 10, DZ US$ 20 o. Bad, US$ 30 m. Du und WC, sauber, empfehlenswert, ind. Besitzer

Hotel Bahosi
63/64, Bahosi Housing Estate, Lanmadaw Tsp., T. 22 58 12, 22 29 69, Fax: 22 21 32, DZ US$ 15 (Geimeinschaftsbad), DZ US$ 30 und 35, Du und WC, Suite US$ 45, Extrabett US$ 10, Zimmer befinden sich im 3. bis 6. Stock, zentrale Lage, bei d. Bahosi-Klinik, neu, sauber, gemütlich, sehr empfehlensw.

Asia Villa 1 Hotel
55, Inya Myaing Rd, T. 53 35 36, DZ US$ 20, Fan, Gemeinschaftsb.

Mann Shwe Gon
59/2, U Pho Kyar Str., neben der Sunflower Inn, T. 24 00 15, pro Person US$ 10, Gemeinschaftsbad, Fan

Future Inn
101/5, Thanlwin Rd, T. 52 44 99, DZ US$ 20, Fan, schön gelegen, einfach

Dagon Hotel
256/260, Sule Pagoda Rd, gegenüber dem Traders Hotel, T. 28 93 54, 12 Zimmer, EZ US$ 12, DZ US$ 18, Gemeinschaftsbad, Fan; EZ US$ 15, DZ US$ 25, Du und WC, AC; sehr zentrale Lage

Myanmar Holiday Inn
379, Ecke Maha Bandoola Rd und 37. Str., Kyauktada Tsp., T. 24 00 16, 24 05 81, saubere, freundliche Zimmer, EZ US$ 12, DZ US$ 22, o. Frühst., EZ US$ 15, DZ US$ 25, m. Frühst., jeweils mit Gemeinschaftsbad, Fan; DZ US$ 40, AC, Du und WC

YMCA
265, Maha Bandoola Rd, T. 29 41 28, 29 64 35, 19 Zimmer, wird gerade renoviert, Standard EZ US$ 30, DZ US$ 40, AC, Du und WC, k/w Wasser, Kühlschrank; Economy EZ US$ 10 - 15, DZ US$ 20 - 25, Fan, Gemeinsch.b.; war früher der Travellertreff, im EG Restaurant, für YMCA-Mitglieder 5 % Discount

YWCA
119, Bo Galay Bazaar Str., nur für Frauen, wird gerade renoviert, zunächst nur zwei 4-Bett-Zimmer

Motherland Inn
99 (O), Thanlwin Rd, T. 53 02 89, 52 55 36, Fax: 52 55 36, pro Person US$ 10 - 15, Fan, Gemeinschaftsbad, nicht ganz zentral, Villa mit nur wenigen Zimmern, einfaches Essen mögl., freundl., sauber, empfehlensw., organisiert auch Touren u. Mietwagen durch die eigene Adventure Myanmar Travels & Tours

Motherland Inn II
433, Lower Pazundaung Rd, T. 29 13 43, 2 km östlich vom Zentrum beim Syriam Jetty, EZ US$ 10, DZ US$ 12, Fan, DZ US$ 18, AC

Golden Smiles Inn
044, Merchant Rd, Ecke Shwebontha Str., in der Nähe des Bahnhofs, T. 27 35 89, 52 65 93, Fax: 52 63 25, DZ US$ 10, Gemeinschaftsbad, DZ US$ 15, Du und WC, jeweils mit AC und Frühstück, zentrale Lage, Zi im 1. Stock

Guest Houses

Cozy Guest House
126, 52. Str., Pazundaung Tsp., T. 29 16 23, 29 67 23, 5 kleine Zimmer, EZ US$ 20, DZ US$ 30, AC, w. Wasser, Gemeinschaftsbad, Familienbetrieb, freundlich, sauber, freier Flughafentransport

Pyin Oo Lwin Guest House
183, Maha Bandoola Garden Str., Ecke Anawrahta Rd, nahe der Sule Pag., Kyauktada Tsp., T. 24 00 22, Fax: 24 00 58, EZ US$ 10 im 2. St., US$ 15 im 1. St., DZ US$ 15 - 20, 3-B-Zi US$ 14 (muffig u. fensterlos), AC, Gem.sch.b.

Pyin Oo Lwin Guest House II
gegenüber Pyin Oo Lwin Guest House, EZ US$ 8, DZ US$ 12

Garden Hotel (früher Garden Guest House), 73/75, Sule Pagoda Rd, neben dem Büro von Thai Airways, 16 Zi, EZ US$ 6, Gemeinschaftsb. und US$ 10, Du und WC, DZ US$ 8, Gemeinschaftsb. und US$ 16, Du und WC, jeweils m. Fan, s. zentr. Lage an der Sule Pag., Zimmer um einen Aufenthaltsraum angeordnet, z. T. nur m. Holzwänden abgeteilt (hellhörig), sehr einfach

Zar Chi Win Guest House
59, 37. Str., südlich der Merchant Str., im 1. Stock, T. 27 54 07, EZ US$ 8, DZ US$ 16, Gemeinschaftsbad; DZ US$ 40, AC, Du und WC, m. Frühstück (o. Frühst. ca. US$ 3 billiger), kleine, saubere Zimmer, zentrale Lage, hilfsbereiter, freundlicher ind. Besitzer

West End Guest House
788, Bogyoke Aung San Str., Lanmadaw Tsp., T. 22 34 25, zentrale Lage b. Scott Market und Bahnhof, EZ US$ 10, DZ US$ 20, AC, Du und WC

Yangon Guest House
317/323, Bo Sun Pat Str., T. 27 20 05, 27 62 99, im 1. Stock, 16 Einzel- und 5 Doppelzimmer, pro Person ab US$ 10, m. Frühst., AC, w. Wasser, Du und WC, TV, sehr zentral in einer Seitenstraße von der Bogyoke Aung San Str. auf Höhe des FMI Einkaufszentrums (beim Bogyoke oder Scott Market), nicht immer sauber, hellhörig, freier Flughafentransport

White House Guest House
69/71, Konzedan Str. (Seitenstraße von der Merchant Str.), Pabedan Tsp., T. 27 15 22, 9 Zimmer, EZ US$ 8 - 15, DZ US$ 16 - 30, m. Frühst., Fan, Du und WC, zentrale Lage, einfach, sauber, kleine, teilweise gekachelte Zimmer

Daddy's Home
107, Konzedan Str., beim White House Guest House, T. 25 21 69, 25 21 70, Fax: 25 20 61, EZ US$ 8, DZ US$12, Schlafsaal US$ 3 pro Person

Polo Guest House
240, Anawratha Str., Ecke 30 Str., DZ US$ 14, w. Wasser, Gemeinschaftsbad, m. Frühst., nicht immer sauber

U.S.A. Guest House
82, 32. Str., T. 24 59 30, in Chinatown zw. Strand Rd, Maha Bandoola und Latha Str. beim chin. Tempel, DZ US$ 12, Fan, Du und WC, Schlafsaal US$ 4, Fan, Gemeinschaftsbad, Restaurant

Win Guest House
10, Zay Str., Kamayut Tsp., nahe d. Sinmalite Bus Terminal, EZ US$ 5, DZ US$ 10, Fan, Gemeinschaftsbad, sehr einfache Zimmer

Mahabandoola Guest House
32. Str., gegenüber dem Garden Guest House, pro Person US$ 3, sehr einfach

Restaurants

Das Essen nimmt in Myanmar einen sehr wichtigen Platz ein. Überall finden Sie kleine Lokale und Stände an den Straßen. Das indische und birmanische Essen ist schmackhaft und billig. Gehen Sie frühzeitig zum Abendessen, zwischen 18.00 und 20.00 Uhr, danach schließen viele Lokale.

Birmanische Küche

Die meisten der aufgeführten Restaurants liegen in der mittleren Preisklasse zwischen K 200 - 500 pro Gericht. Es ist üblich, daß die Töpfe mit den Gerichten sichtbar aufgereiht stehen. Bei einer Bestellung eines Curry bekommen Sie ganz selbstverständlich eine Suppe, Reis und meist auch eingelegte Gemüse (alles gleichzeitig) dazuserviert. Viele birmanische Lokale schließen schon ab 19.00 Uhr!

Green Elephant: 12, Inya Rd, T. 53 02 63, exklusive Ausstattung des Lokals, sehr gut, teuer

Hla Myanmar Htamin Zai: 27, 5. Str., West Shwegondine, Bahan Tsp., einfaches Lokal mit sehr gutem Essen für K 200 - 300

Mya Kan Tha: 70, Natmauk Lanthwe, T. 55 27 12, sehr gut

Aung Thuka: 17 (A), 1. Str., zwischen Shwegondine Str. und Dhammazedi Rd, einf. Lokal mit sehr gutem Essen

Lone Malay: Bogyoke Aung San Park, Natmauk Rd, T. 55 03 57, am Royal Lake gelegen, gut, Folklore-Show

Kone Myint Thar: 69 (A), Pyay Rd,7 ½ Mile, Mayangon Tsp., T. 66 59 00, nahe dem Inya Lake, sehr gut, in einem eigenen Gebäude wird chinesisches Essen serviert

Danubyu Daw Saw Yi Restaurant: 175/177, 29. Str., T. 27 53 97, 24 89 77, nicht weit von der Sule Pag., existiert seit 30 Jahren, gut

i. d. gleichen Straße finden Sie weitere kleine Restaurants m. birman. Küche

Shweba: Aung Thu Ka, Shwegondine Rd, bei der Shwedagon Pagode, reiche Auswahl an Curries

Khauk Swai: 130 (B), 34. Str., hinter der City Hall, Shan-Gerichte, vor allem Nudelgerichte, sehr gut und billig

Thit Mwe: 247, Maha Bandoola St, bei der 24. Str., Shan-Gerichte, gut
Shan Daung Tan: 535 C, Pyay Rd, Shan-Gerichte, gut
„203": 203, 327. Str., Kyauktada Tsp., einf. Lokal mit schmackhaften Gerichten, vor allem Einheimische essen dort
Aung Thu Kha: 17 (A), 1. Str., West Shwegondine, Bahan Tsp., T. 52 51 94, gute, einfache Küche
ATT Attractive Fast Food: 144, Shwedagon Pagoda Rd, T. 28 40 48, Selfservice im europäischen Sinn mit AC, sauber, gut, preiswert

Chinesische Küche

In Chinatown an der Lanmadaw Str. finden Sie zahlreiche einfache und gute kleinere Lokale.
Central View Revolving Restaurant: an d. Hle Dann Junction (Kreuzung) im obersten St. d. Pyi-Myanmar-Department-Store-Turmes, einziges Drehrestaurant in Myanmar, sch. Aussicht a. d. Stadt, samstags Live-Musik, teuer
Mya Kan Tha: 70, Natmauk Rd, b. Royal Lake, s. teuer, Spezialität Hummer
Bamboo House: Shin Saw Pu Str., westlich von der Shwedagon Pag., gut
Ruby: 50, Bo Aung Gyaw Str., um die Ecke vom General Post Office, T. 29 51 32, gut und preiswert
Nyein Chan Restaurant: 234, Sule Pagoda Rd, T. 27 65 42, in der Nähe des Dagon Hotels, gut und preiswert
Nan Kaung Sett Restaurant: in Seitenstraße neben dem Thai-Büro, sauber, gut und preiswert
Panda Restaurant: 205, Wardan Str., Ecke Keighley Rd und St. John's Rd, T. 22 11 52, gut, Karaoke
Shan Kan Restaurant: Kantaw Mingalar Garden, T. 24 43 36, s. schöne Aussicht auf die Shwedagon Pag., gut
Furusato Restaurant: 137, Shwegondine Rd, T. 55 22 65, gegenüber dem chinesischen Tempel, gut
Fu Sun Restaurant: 160, Kaba Aye Pagoda Rd, T. 54 90 05, gut
Haikhin Restaurant: 252, Sule Pagoda Rd, T. 28 22 64, preisgünstig
Dolphin Restaurant: Kandawgyi, Kan Yeiktha Str., T. 28 50 84, Veranda über den Kandawgyi See gebaut, gute Fischgerichte, mittlere Preisklasse
Nan Yu Restaurant: 81, Pansoedan Str., T. 27 77 96, Meeresfrüchte, kein Rindfleisch, gut
Rainbow Restaurant: 160, Bogyoke Rd, T. 29 40 88, neben d. Yoma H., gut
Yan Kin: Ecke Kaba Aye Pagoda Rd und Kanbe Rd und in der Nähe des Inya Sees, bei den Einheimischen beliebt
Royal Garden: Kandawgyi Kann Pat Lan, T. 29 77 16, in der Nähe des Karaweik Restaurants, gut, preiswert

Japanische Küche

Japanisches Restaurant am Aung San Stadium, Nordflügel, Gyophyu Rd, gut, mittlere Preisklasse

Indische Küche

Westlich der Sule Pagode an der Anawrahta Str. im indischen Viertel finden Sie zahlreiche kleine ind. Lokale.
Ashoka Indian Restaurant: 77, Pyidaungsu Yelk Tha Rd, T. 22 11 34, Fax: 22 77 70, sehr gut, teuer, ein mehrgängiges Gericht kostet ca. US$ 20
In den folgenden Restaurants kosten die Gerichte K 150 - 400:
Nila Briyane Shop: Anawrahta Str., zwischen 31. und 32. Str., gut, schließt schon um 19.00 Uhr
Simla: 222/224, Anawrahta Str., zwischen 31. und Bo Sun Pat Str., neben dem Nila Briyane Shop, gut

New Dehli: 262, Anawrahta Str., zwischen 29. und Shwebontha Str., T. 27 54 47, einfach, bei Travellern s. beliebt, reichhaltige Auswahl, preiswert und gut
Bharat: Maha Bandoola Str., Ecke Seikkantha Str., gut und billig
Golden City: 170, Sule Pagoda Rd, nördlich von der Sule Pagode, sehr gut

Thailändische Küche
Salathai: 56, Saya San Rd, T. 54 86 61, Teakholzgebäude im Thai-Stil, man kann auch im Freien an einem Teich sitzen, gut, relativ teuer
Malai Restaurant: 75, Thanlwin Rd, T. 53 35 00, gut, teuer

Internationale Küche
In allen großen Hotels wird neben chinesischer auch die internationale Küche angeboten.
Karaweik Hall: Kan Yeiktha Rd, T. 29 28 00, Myanmarisches, chinesisches und europäisches Essen
Strand Hotel: 92, Strand Rd, birman., chin. und europ. Essen zu internat. Preisen; chin. Essen wird in einem extra abgeteilten Raum serviert, Mittagessen: 12.00 - 14.30 Uhr, Abendessen: 18.00 - 21.30 Uhr, Hotelbar bis 21.00 Uhr, tägl. ein 5-Sterne-Menü, s. teuer
Kandawgyi Hotel: Kanyeiktha Rd, am Kandawgyi S., sch. Atmosphäre, gut

Snacks
Dream Burger & Snacks: Wardan Str., Lanmadaw Tsp.
Burgerbusters Fast Food: 114/B, Inya Rd, täglich von 9.00 - 20.00 geöffnet
Green Snack Bar: 205, Pansodan Rd, auch Milchshakes
Home Sweet Home: Ecke Maha Bandoola und 52. Str., verschiedene Burgers und Menüs bis zu K 600

Food Centres
In einer Art Markthalle reihen sich verschiedene Essensstände aller Geschmacksrichtungen mit preisgünstigem Essen aneinander.
Singapore Food Centre: neu, Bahan Sports Ground, Bahan Tsp.
Halle neben dem Scott Market: viele einfache Essensstände
Pazadaung oder Garden Market: Halle Ecke Pazandaung Str. und Maha Bandoola Str., täglich außer an Vollmond von 7.00 - 19.00 Uhr geöffnet, sehr original, gutes, sehr preiswert

Coffee und Tea Shops
Sei Taing Kya: Pyay Rd, in der Nähe der Botschaft von Sri Lanka, und in der 130, Anawrahta Rd, guter Tee, mohinga, kleine Kuchen
Theingy Shwe Yee: 265, Seik Thar Str., Seitenstraße von der Bogyoke Aung San Street, T. 28 95 42, guter Tee und Kuchen
Pepsi Shop: 151, 46. Str., Botataung Tsp., Eiscreme u. schmackh. Süßsp.
Nilar Win's Cold Drink Shop: 377, Maha Bandoola Str., zw. 37. und 38. Str., existiert schon sehr lange, wurde von einem berühmten birmanischen Boxer gegründet, verschiedene Yoghurtsorten und Milchshakes, Fruchtsalat, Toasts, in letzter Zeit nicht mehr empfehlenswert
Pearl: 5, York Rd, beim Thamada Hotel, Snacks und Kuchen
Hawai: Maha Bandoola Str., verschiedene Eissorten, Eiskaffee, Snacks
Yoghurtshop: Kamayut Markt, Insein Rd, Ecke Pyay Rd, nur vormittags
Ruby Land Café: gegenüber dem Hotel Bahosi, einfache Mahlzeiten
Let Ywe Sin: 128, Sule Pagoda Rd, T. 24 63 13, gute u. reichl. Kuchenausw

Diamond White Coffee Shop: 335 - 357, Bogyoke Aung San Rd, T. 24 10 07, neben dem Central Hotel, gut

Krankenhäuser

Deutsche oder deutschsprechende Ärzte gibt es in Myanmar nicht. Gemessen am europäischen Standard lassen die hygienischen Verhältnisse in den Krankenhäusern zu wünschen übrig. Medikamente und Verbandsmaterial sind sehr knapp. Ernstere Erkrankungen, auch Zahnbeschwerden, sollten in Bangkok behandelt werden. Für die Behandlung leichter Erkrankungen und für Notfälle ist vor allem das Diplomatic Hospital, auch Kandawgyi Clinic genannt, geeignet. Empfehlenswert ist in jedem Fall, die für Sie zuständige Botschaft anzurufen.

Diplomatic Hospital o. Kandawgyi Cl.: Kyaikkasan Rd, T. 5 01 49
Bahosi Medical Centre: 31/36 Bahosi Housing Estate, Lanmadaw, T. 22 46 67, 22 43 01
Yangon General Hospital: Bogyoke Aung San Str., T. 28 14 47
Infectious Diseases Hospital: 58, Upper Pansodan Str., T. 27 24 97
Eye, Ear, Nose and Throat Hospital: 30, Natmauk Rd, T. 55 39 57
University Hospital: University Avenue, T. 53 15 41
Central Women Hospital: Minye Kyawzwa Rd, Lanmadaw Tsp., T. 22 28 04
Children Hospital: 2, Pyidaungsu Yeiktha Rd, T. 22 28 07
Orthopaedic Hospital: 132, Hanthawaddy Rd, T. 53 01 20
Dental Clinic: JV. 7. Kan Thargar, Oo Yin Rd

Zahnärzte

Prof. Dr. Paung Soe, Kanthayar, JV7 Hospital, Natmauk Rd, Mo - Sa 17.00 - 19.00 Uhr, spricht englich und etwas deutsch

Apotheken (Drugstores)

Apex General Trading: 380, Maha Bandoola Str.
Tun Thit Sa: 261, Ecke Anawrahta und 8. Str.
May Shopping Centre: 542, Merchant Str.

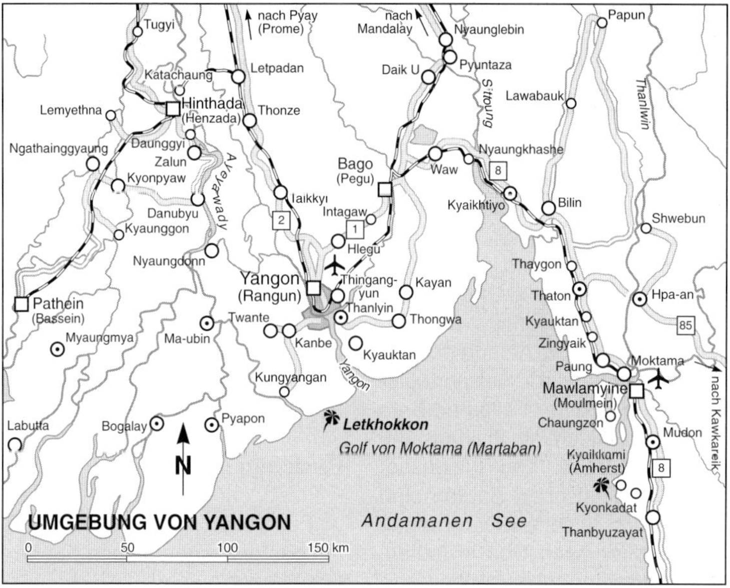

Ausflüge von Yangon

Tanyin o. Tanlyin (Syriam)

Anfahrt

Schiff: vom Thida (Syriam) Jetty in Pazundaung halbstündlich von 5.30 bis 20.45 Uhr, K 10, Fahrzeit 45 Minuten, letzte Fahrt von Tanyin nach Yangon gegen 18.00 Uhr. Da jetzt eine Brücke gebaut wurde, soll die Schiffsverbindung möglicherweise eingestellt werden.

Auto: Seit 1992 gibt es eine neue Brücke (die längste Brücke in Myanmar, mit chinesischer Hilfe gebaut) über den Pazundaung Creek, so daß es mit dem Auto nur 15 Minuten bis nach Tanyin dauert. Die Benutzung der Brücke kostet für einen Pkw K 25 und für einen Fußgänger K 10.

Bus Nr. 9 oder 12 vom Bogyoke Aung San Markt, oder

Bus Nr. 38 und große pick-ups von der Sule Pagoda Rd gegenüber der City Hall für K 10

Transport in Tanyin:

Pferdekutsche ca. K 100 pro Std.

von Tanyin zur Kyauktan Pag.: Sammeltaxi K 10 - 15, Taxi K 250 - 350 pro Std., Fahrzeit 1 Stunde
Tanyin hat keine Hotels!

Tanyin hat eine wechselvolle Geschichte: Es war längere Zeit in der Hand der Portugiesen und im 17. und 18. Jh. ein wichtiger Hafen mit Lagerhäusern von Holländern, Franzosen und Engländern. Ursprünglich war Tanyin eine Siedlung der Rakhine. Anfang des 17. Jahrhunderts wurde der portugiesische Abenteurer Felipe de Brito ausgeschickt, um ein Zollhaus und ein Fort zu bauen. Die Ruinen dieser portugiesischen Bauten sind heute noch zu sehen. Dann segelte er weiter nach Goa in Indien. Während seiner Abwesenheit wurde Tanyin für acht Monate von den Mon besetzt. Als Felipe de Brito mit mehreren Schiffen zurückkehrte, akzeptierten ihn die Mon 1603 als König von Niederbirma. Unter seiner Herrschaft mußten 100 000 Mon zum Christentum übertreten. Er plünderte überall Reliquienkammern und stahl die Glocke, die der Mon-König Dhammazedi im 15. Jh. für die Shwedagon Pagode gestiftet hatte. Schließlich wurde er von den Mönchen verdammt. König Anaukhpetlun griff de Brito an und konnte Tanyin für einen Monat besetzen. De Brito wurde mit einem Pfahl durchbohrt und starb nach drei Tagen furchtbarer Qualen. Die führenden Portugiesen wurden hingerichtet. Die übrigen Gefangenen mußten als Diener im Palast von In-Wa arbeiten. Als König Alaungpaya 1756 die Stadt einnahm, wurde sie die bedeutendste Hafenstadt im ganzen Land.

Heute ist Tanyin eine Industriestadt mit 20 000 Einwohnern und viele davon stammen aus Indien. Als im 19. Jh. die Reisausfuhr boomte, wurden unter der Regierung der Briten viele Arbeiter aus dem Nachbarland herbeigeholt.

Besichtigung

Für diesen Ausflug müssen Sie mindestens einen halben Tag veranschlagen.

Kyaik Khauk Pagode

Sie liegt auf einer kleinen Anhöhe etwa 4 km südlich der Stadt. Der goldene Stupa ist über das flache Land weit sichtbar. Vor der Pagode stehen zwei wuchtige *chinthe*. In dem Stupa ist eines der zwei Haare von Buddha eingemauert, die 24 Einsiedler bei ihrem Besuch in Tanyin erhielten. Die Pagode ist der Shwedagon Pagode in Yangon sehr ähnlich. Auf dem Pagodengelände stehen 4 Pavillons mit 4 sitzenden Buddhafiguren. Vor der Anlage liegen die zwei Gräber der berühmten birmanischen Schriftsteller Natshin-aung und Padethayaza. Sie schrieben über das gewöhnliche Volk in der Ava-Periode und wurden von den Mon gefangengenommen.

Nach ein paar Minuten Autofahrt kommt man zu einem kleinen Hügel, Natsingone genannt, mit dem verfallenen Stupa **Manawmaya**. Daneben ist das Grab des Abtes Sayadaw U Dewatay-miza, der über 100 Jahre alt geworden sein soll, und ein von zwei Drachen umringter Fußabdruck Buddhas aus Marmor. Außerdem befindet sich dort noch das Kloster Manawmaya.

Bagagyi Pagode

Kurz bevor Sie die Kyauktan Pagode erreichen, passieren Sie die völlig neu renovierte Bagagyi Pagode. Am Hauptaufgang stehen zwei gewaltige *chinthes*. Im Inneren der Pagode sehen Sie eine riesige sitzende Buddhafigur.

Kyauktan Pagode

Diese Pagode steht 20 km südlich von Tanyin im Ort Kyauktan. Auf dem Weg dorthin fährt man vorbei an Pfahlbauten in Bambus- und Palmenwäldern. An der Straße und im Hinterland sehen Sie immer wieder kleinere Pagoden.

Der vollständige Name ist Kyauktan Ye Le Paya Pagode, d. h. „Pagode in der Mitte des Flusses". Sie wurde auf einer Insel in einem Seitenarm des Yangonflusses erbaut und ist heute ein beliebter Wallfahrtsort. Die Legende erzählt, daß der Wasserspiegel nie so hoch steigen wird, daß die Pagode überflutet wird, selbst wenn die Umgebung unter Wasser steht. Die Pagode kann nur mit einem Boot (K 5 pro Person) erreicht werden. Der Weg von der Bushaltestelle zum Bootsablegeplatz ist gesäumt von Läden. Kinder bieten etwas aufdringlich weiße Popcornknödel als Fischfutter für ein paar Kyat an. Im Wasser schwimmen nämlich bis zu 1 m lange Katzenfische. Die Fütterung ist in der Tat ein sehenswertes Schauspiel.

Die Pagode soll über 1 000 Jahre alt sein und ist gerade neu renoviert worden. Sie wird von zwei *ogres* bewacht. In einem reich verzierten Pavillon steht hinter Glas eine wertvolle Buddhastatue und an den Wänden hängen Gemälde von den wichtigsten Pagoden von Myanmar.

Restaurant

Green Garden Restaurant: 23, Sinkan Nath, Kyauktan, T. (0 56)2 50 32. Kurz vor dem Ort nahe an einem Stausee befindet sich dieses Lokal. Man sitzt sehr schön unter Betel- und Kokosnußpalmen. Geöffnet von 7.00 - 19.00 Uhr.

Twante

Anfahrt

Tourist Myanmar organisiert Schifffahrten nach Twante. Der Ausflug dauert sieben Stunden und kostet für eine einzelne Person US$ 73, in der Gruppe geteilt durch die Anzahl der Personen.

Will man den Ausflug auf eigene Faust machen, läßt man sich vom Pansodan Jetty (gegenüber dem Strand Hotel) mit einem kleinen Boot (sampan) oder mit der Fähre (K 2), Fahrzeit 20 Minuten, über den Yangon River bringen und erreicht dann **Dalah.** Von dort aus fahren dunkelgrüne Jeeps jede ¾ Stunde nach Twante, K 20 werktags und ca. K 30 am Wochenende. Sie können auch für ca. K 400 einen Jeep mieten. Es ist ebenfalls möglich die gesamte Strecke mit dem Auto zu fahren.

Oder Sie fahren alles mit dem Schiff (dauert 2 Stunden). Etwa 2 km westlich vom Strand Hotel legen die Linienschiffe am Twante oder Kaingdan Jetty um 12.00, 13.00, 14.00, 15.00 und 16.00 Uhr ab. Die Rückfahrt erfolgt stündlich bis spätestens 17.00 Uhr. Eine einfache Fahrt kostet US$ 1.

Für einen Tagesausflug ist es meiner Meinung nach am sinnvollsten, mit dem Schiff hinzufahren, in Twante für die Besichtigung eine Pferdekutsche (K 500) zu mieten und mit dem Auto nach Yangon zurückzufahren. Die Fahrt mit dem Schiff bietet eine gute Gelegenheit, das Leben entlang des Kanals zu beobachten.

Twante liegt 24 km von Yangon entfernt an dem gleichnamigen Kanal. Der kleine Ort ist bekannt für seine Töpfereien und Baumwollwebereien.

Besichtigung

Twante ist eine alte Stadt der Mon; Reste der alten Stadtmauern sind noch zu sehen. Früher hatte der Ort auch einen Palast.

Shwesandaw Pagode

Ursprünglich wurde sie 577 v. Chr. für einen Schrein mit drei Haaren Buddhas errichtet. In dieser Region soll Buddha zwei seiner früheren Inkarnationen, als Elefant und als *thamin* (= eine Art Hirsch), durchlebt haben. Der glockenförmige Stupa mißt 75 m. Nahe dem südlichen Eingang steht eine hundert Jahre alte Bronzestatue eines sitzenden Buddhas.

Töpfereien

Südlich des Twante Kanals siedelten sich viele Töpfereien an. Man kann die Gefäße direkt in den Werkstätten oder auf dem Markt kaufen. Die oft riesigen Töpferwaren werden auf Töpferscheiben hergestellt. Nach dem Trocknen brennt man die Gefäße in riesigen Öfen aus Ziegeln, die mit Holz beheizt werden.

Markt

Neben dem Alltäglichen verkauft man aus eigener Produktion Longyi-Stoffe, Töpferwaren, Räucherstäbchen und Bambusmatten.

Letkhokkon

Anfahrt

Autofähre über den Yangon River (eine Brücke ist geplant) nach Dalah vom Sin Oh Tan Jetty oder Boot (nur Personen) vom Pansodan Jetty, dann mit dem Bus oder pick-up, Fahrzeit: ca. 3 Std., oder gemietetes Auto.

Der am nächsten gelegene Strand von Yangon ist bei dem Fischerdorf Letkhokkon. Hier befindet sich auch ein Kloster. Das Wasser ist wegen der nahen Flußmündungen nicht immer klar.

Unterkunft

Letkokkon Beach Hotel: T. 22 43 46, 22 34 09, Bungalows am Strand, DZ ca. US$ 40, AC, Du und WC, Restaurant bietet Fischgerichte an.

Deltaregion

Pathein (Bassein)

Pathein liegt 190 km westlich von Yangon am Ufer des Pathein oder Ngawun Rivers. Für einen Ausflug von Yangon aus sollten Sie zwei Tage veranschlagen.

Anfahrt

Flug: Pathein besitzt zwar einen Flughafen, wird aber im Augenblick von keinem Flugzeug angeflogen. Der Flughafen soll gerade renoviert werden.
Bus: *Öffentlicher Bus* vom Highway Bus Centre in Yangon, K 180, Fahrzeit ca. 8 Stunden, Weiterfahrt nach Chaungtha (2 - 3 Std., K 100) möglich
Privater Bus vom Hsimmalaik Bus Centre, K 250, Abfahrt 5.00 Uhr, täglich, Fahrzeit ca. 6 Stunden
Zug: nach Pyay und dann zurück nach Pathein, Fahrzeit 14 Stunden, indiskutabel!
Auto: *von Yangon*: Fahrzeit 5 - 6 Stunden, zuerst 70 km nordwestlich nach Nyaungdon oder Yangdon an das Ayeyarwadyufer (1 ½ - 2 Std.), dann mit der Fähre übersetzen (von 6.00 - 18.00 Uhr alle 1 - 2 Stunden) oder über die gerade fertiggestellte Brücke, danach 120

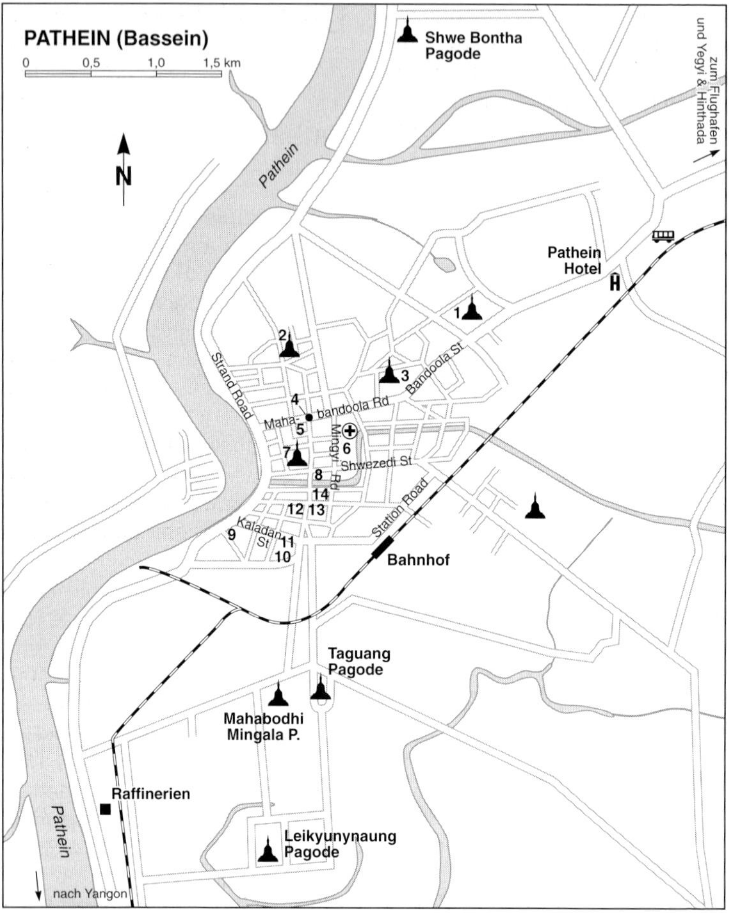

1 Settayaw Pagode	8 Myanmar Commercial Bank
2 Shwezigon Pagode	9 Moschee
3 Twenty-Eight Pagode	10 Hindu Tempel
4 Uhrturm	11 Erawan Guest House
5 Post	12 Koumudra Guest House
6 Krankenhaus	13 Zee Bae Inn
7 Shwemoktaw Pagode	14 Delta Guest House

km weiter nach Pathein (2 ½ - 3 Std.). Sie passieren einige Brükken mit Wachposten, die manchmal den Paß kontrollieren!
von Pyay: etwas nördlich von Pyay mit der Fähre oder auf der Brücke über den Ayeyarwady, parallel zum Fluß in Richtung Taungup, bei der ersten großen Kreuzung nach Süden in eine neue Straße nach Myanaung abbiegen und weiter nach Pathein. Auch auf dieser Strecke sind einige Kontrollposten!
Schiff: Doppeldecker-*Expreßschiff:* Abfahrt tägl. um 4.00 Uhr, Ankunft in Pathein etwa 16 Stunden später, von Pathein nach Yangon Abfahrt 4.00 Uhr. Platz auf dem Deck K 48 - 54, K 165 pro P. in einer Kabine mit zwei Betten (für Touristen wird der Fahrpreis zukünftig in US$ erhoben, er dürfte dann etwas höher sein als beim Linienschiff, s. u.).
Linienschiff: Abfahrt täglich in beiden Richtungen um 9.00 Uhr (12 Stops, 24 Std.), 15.00 Uhr (3 Stops, 19 Std.), 17.00 Uhr (2 Stops, 16 Std.). Deck US$ 7, Kabine US$ 21, 1. Klasse Kabine US$ 42. Tickets bei Inland Water Transport, 50, Pansodan Str., Yangon, T. 28 40 56, Fax: 28 65 00 oder im Büro am Lan Thit Jetty. Kabinenplätze sollten 1 Woche, Deckplätze 1 - 2 Tage im voraus gebucht werden.

Wenn Sie mit dem Auto fahren, sollten Sie einen kurzen Aufenthalt in **Nyaungdon** einplanen. Sie sehen dort die *Nangangaye hpayagyi Pagode* mit einem riesigen Buddhabildnis, den *Mahazedi Stupa* mit seinen zwei bemalten, großen *chinthes* davor und die *Mohoke hpayagyi Pagode* mit zwei kleineren *chinthes.*

Pathein ist die Hauptstadt des Ayeyarwadydeltas mit einem bedeutenden Hafen. Die Stadt ist von Reisfeldern umgeben. Sie ist ein Zentrum für die Verarbeitung von Fisch und Krabben, daneben ist Pathein für seine Schirmherstellung bekannt. Die schönen Pagoden, die Märkte und die malerische Lage am Wasser machen diesen Abstecher lohnend.

Besichtigung

Der Name der Stadt soll von dem birmanischen Wort „pathi" für Moslem abgeleitet sein, weil früher hier viele arabische und indische Moslems lebten. Pathein ist angeblich 1249 von einer Talaing-Prinzessin gegründet worden.

Im 2. Britisch-Birmanischen Krieg 1852 diente Pathein den Briten als wichtiger Stützpunkt.

Shwemokhtaw Pagode

Die Pagode mit ihrem goldenen, glockenförmigen Stupa steht im Zentrum der Stadt. An dieser Stelle soll schon 305 v. Chr. von König Ashoka ein kleiner Stupa mit heiligen Reliquien errichtet worden sein.

Eine andere Legende erzählt, daß Prinzessin Onmadandi von jedem ihrer drei Liebhaber verlangte, sie mögen ihr zu Ehren eine Pagode stiften: daraufhin entstanden die Shwemokhtaw, die Tagaung und die Thayaunggyaung Pagode.

Historisch verbürgt ist, daß der jetzige Stupa von König Alaungsithu 1115 erbaut und von König Smodagossa und Prinzessin Onmadandi auf 40 m erhöht wurde. Nach einer Renovierung wurde der ursprüngliche Schirm (*hti*) durch einen größeren ersetzt, so daß die Pagode heute fast 47 m hoch ist. Der *hti* besteht in der unteren Reihe aus Bronze, in der mittleren aus reinem Silber und in der obersten Reihe aus 6,3 kg Gold mit 829 Diamanten, 843 Rubinen und 1 588 anderen wertvollen Edelsteinen.

Im südlichen Schrein steht die berühmte sitzende Buddhafigur Thihoshin Phondawpyi. Sie soll eine der vier Statuen sein, die König Ashoka von Sri Lanka aus auf vier Flößen über das Meer schickte, um den buddhistischen Glauben zu verbreiten. Diese Statue strandete in dem 90 km südlich von Pathein liegenden Fischerdorf Phondawpyi. Von dort wurde sie 1445 von der Mon-Königin Shinsawpu nach Pathein gebracht. Die anderen drei Statuen stehen in Kyaikhtiyo, Kyaikkami (Amherst) und Dawei (Tavoy). Sie sollen aus Ästen des heiligen Banyan-Baumes, vermischt mit Zement, gefertigt worden sein.

Im April/Mai findet während des Vollmonds ein großes Pagodenfest statt.

Twenty-Eight oder Hpaya kozu Pagode

Sie beherbergt 28 sitzende und 28 stehende Buddhafiguren. Ganz in der Nähe finden Sie den größten Schirmhersteller des Ortes.

Settayaw Pagode

Auf dem Pagodengelände steht eine 11 m hohe Buddhastatue. Außerdem ist noch ein Fußabdruck des Erleuchteten zu sehen.

Neben der Settayaw Pagode befindet sich die 1992 erbaute **Shwe-kyinmyint Pagode.**

Tagaung Mingala Pagode

Die 984 erbaute Pagode steht etwa 3 km südlich vom Zentrum. Auf einer weißen Basis erhebt sich der silberne Stupa. Um ihn sind acht Pavillons angeordnet, von denen einer eine große sitzende Buddhafigur enthält.

Mahabodhi Mingala Pagode

Sie wurde dem berühmten Stupa in Bodhgaya (Indien) nachgebaut. Der Stupa ist mit Glasmosaik bedeckt.

Leikyunynaung Pagode

Sie wurde 1990 nach dem Muster des Ananda Tempels in Bagan renoviert.

Nigyawday Pagodenfest

Jedes Jahr am 27. Dezember findet in Pathein das Nigyawday Pagodenfest statt. Es erinnert an eine der Jataka-Erzählungen, die von 550 Shan-Händlern berichtet, die auf dem Weg ausgeraubt wurden und trotzdem kamen, um die Predigt Buddhas zu hören. Viele Leute ziehen ihre traditionellen Trachten an, tanzen, singen und amüsieren sich. In einer Prozession wird ein Buddhabildnis durch den Ort getragen, ihm folgen Darsteller seiner 28 Schüler, der Shan-Händler auf Ochsenkarren und der Räuber. Während des Zuges durch die Stadt führen die Räuber immer wieder ihren Überfall vor.

Schirmwerkstätten

Etwa 25 Werkstätten gibt es in Pathein, die vorwiegend im nördlichen Teil der Stadt in der Nähe der Twenty-Eight Pagode angesiedelt sind. Die Schirme sind verschiedenfarbig und mit Blumen und Vögeln verziert. In vielen Werkstätten sind Sie ein willkommener Zuschauer.

Nachtmarkt

Zwischen 18.00 und 19.00 Uhr werden täglich die Stände entlang der Strand Road aufgebaut. Hier werden Waren des alltäglichen Bedarfs verkauft.

Weitere Märkte (sonntags geschlossen) finden Sie südlich der Shwemoktaw Pagode.

Unterkunft

- **Vorwahl: 0 42**

Pathein Hotel
Maha Bandoola Rd, T. 2 11 62, 2 25 99, EZ US$ 40, DZ US$ 55, AC, Du und WC, w. Wasser, TV; EZ US$ 30, DZ US$ 40, Fan, Du und WC, jeweils m. Frühst., 2 km vom Zentrum zwischen Golfplatz und Busbahnhof gelegen, L-förmiger, zweistöckiger Bau ohne Atmosphäre, zu teuer

Golden Dove Hotel und Restaurant
7, Merchant Str., T. 2 22 90, EZ US$ 5, DZ US$ 10, einige Zi m. AC, Du u. WC

Delta Guest House
44, Mingyi Rd, T. 2 21 31, US$ 5 pro P., Gemeinschaftsbad, Fan; US$ 15 pro P., Du und WC, AC, nicht sauber

Koumudra Guest House
Ecke Merchant und Myenu Str., US$ 5 pro P., Gemeinschaftsbad, Fan, soll geschlossen worden sein

Erawan Guest House
Ecke Merchant und Kaladan Str., ehemaliges japan. Krankenhaus aus dem 2. Weltkrieg, wurde gerade renoviert, soll nur noch Einheimische aufnehmen
Kanthya oder New Pathein Hotel
Kanthonesint, T. 2 17 83, voraussichtlich inzwischen fertiggestellt, EZ ca. US$ 40, DZ ca. US$ 50

Restaurants

Shwezinyaw Restaurant: 24, Shwezedi Str., bei der Merchant Str., birmanische und indische Gerichte, von 8.00 - 21.00 Uhr geöffnet, gut
Myanmar Restaurant: birmanisches Essen, gut
Zee Bae Inn: Merchant Str., chin. Gerichte, von 10.00 - 19.00 Uhr, gut
Morning Star Restaurant: Mingyi Rd, chinesische Gerichte, sehr gut
Shuginthat Tea Shop oder Golf Restaurant: Maha Bandoola Str., gegenüber dem Golfplatz, Tee und Snacks
Golden Dove Restaurant: 7, Merchant Str., chin. und birman. Gerichte
Kanthya Tea Garden: Maha Bandoola Str., beim Fluß, Tee und Snacks

Diamond Island

Von Pathein können Sie auf dem Pathein River bis zur Mündung in das Andanamische Meer fahren. Ein- bis zweimal pro Woche legt ein Schiff vom Pathein Jetty um 6.00 Uhr ab und erreicht **Mawdin** 6 Stunden später.

In Mawdin findet während des Vollmonds im Februar/März ein großes Fest statt. Dann verkehren auch täglich Schiffe von Pathein. Der Strand ist sandig, das Wasser durch die na-he Flußmündung nicht sauber. Mawdin besitzt noch keine Unterkunft, die Ausländer aufnehmen darf!

Diamond Island liegt mitten in der breiten Mündung des Pathein Rivers. Hier legen Wasserschildkröten ihre Eier im Sand ab. Die Schildkröteneier gelten in Myanmar als Delikatesse.

Chaungtha

Etwa 40 km westlich von Pathein, am Golf von Bengalen, liegt Chaungtha.

Anfahrt

Auto: Fahrzeit ca. 2 Std. (von Pathein aus)
Bus: vom Pathein Busbahnhof täglich um 7.00 und 11.00 Uhr, K 80, Fahrzeit 3 - 4 Std.
pick-up: fahren in der Nähe der Shwemokhtaw Pagode, Pathein, täglich um 7.00, 9.00 und 13.00 Uhr ab, K 100, 2 - 3 Std.

Nach einer guten halben Stunde Fahrt von Pathein aus erreichen Sie **Shwemyintin**, wo Sie den Pathein River mit der Fähre überqueren müssen (eine Brücke ist geplant). Die Fähre verkehrt täglich von 6.00 - 18.00 Uhr stündlich. Auf dem anderen Ufer liegt Thanlyetsun. Von dort fahren Sie auf einer schlechten Straße weiter und überqueren auf einer Brücke den U Do Kanal. Danach passieren Sie bis zu 300 m hohe, bewaldete Hügel. In diesen Wäldern sollen Affen, Elefanten und Leoparden leben.

Chaungtha und die Küste sind erst seit kurzem für Touristen geöffnet. Es erwartet Sie deshalb noch ein unberührtes Küstenparadies mit feinem Sandstrand, einsamen Buchten und einem Korallenriff. Die Bevölkerung lebt vorwiegend vom Fischfang (riesige Garnelen), vom Kokosnußanbau und von der Herstellung von Rattanmöbeln.

Besichtigung

Kyaukpahto Pagode

Sie steht malerisch auf einem Felsen am Ende des Strandes und beherbergt eine Buddhastatue. Kinder suchen hier nach Muscheln und Krabben und springen vom Felsen in das Meer.

Theinbyu und Hpokkala Inseln

Diese zwei Inseln, die von Fischern bewohnt sind, können für wenige Kyat mit dem Boot erreicht werden. Auf der Hpokkala Insel steht eine etwa 10 Jahre alte Pagode.

Markt

Er ist besonders lebendig zwischen 6.00 und 9.00 Uhr. Abends wird noch ein kleiner **Nachtmarkt** aufgebaut, wo man Muscheln erstehen kann.

Unterkunft

• Vorwahl: 0 42

Chaungtha Beach Hotel
T. 2 25 87, kann auch in Yangon gebucht werden, T. (01)8 75 89
EZ US$ 40 - 50, DZ US$ 55 - 65, 3-B.-Zi US$ 60 - 80, 4-B.-Zi US$ 80 - 90, Du und WC, AC, TV, Kühlschrank, m. Frühstück, zu teuer

Bungalows neben dem Chaungtha Beach Hotel; DZ US$ 25, 4-Bett-Zi pro Person US$ 10, Du und WC, sauber, einfach, empfehlenswert

See Sein Beach Hotel
US$ 10 pro P., o. Frühst., US$ 12 mit Frühst., schöne Bungalows

Delta 2
DZ und 3-B.-Zi, pro Person US$ 8 - 10, neu, Du und WC, sauber

Pearl Guest House
US$ 5 pro Person

Diamond Guest House
in der Nähe des Marktes, hat wahrscheinlich noch keine Lizenz für Aufnahme von Ausländern

Restaurant

Die Hauptstraße vom Strand in das Dorf ist gesäumt von ein paar Fischlokalen, wie z. B. Pearl (gut und preiswert), Golden Sea, May Khalar.

Nördlich von Yangon

Bago (Pegu)

Bago liegt 85 km nordöstlich von Yangon. Für diesen Ausflug benötigen Sie einen Tag. Starten Sie am frühen Morgen! Oder unterbrechen Sie, wenn Sie auf dem Rückweg von Mandalay oder auf dem Weg zum Goldenen Felsen sind (am besten beim Rückweg).

Anfahrt

Zug: ab 4.00 - 16.00 Uhr stündlich Züge von Yangon, letzter Zug von Bago nach Yangon um 20.00 Uhr, 1. Kl. US$ 5, 2. Kl. US$ 2

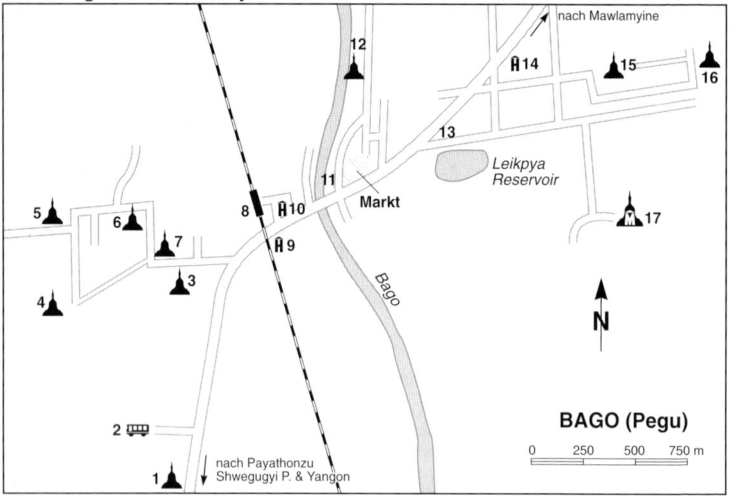

1 Kyaikpun Pagode	10 Emperor Motel
2 Busbahnhof	11 Markt
3 Kalyani Sima	12 Kha Khat Wain Kyaung
4 Shwegugale Pagode	13 Uhrturm
5 Mahazedi Pagode	14 Shwewatun Hotel
6 Shwethalyaung Pagode	15 Shwemawdaw Pagode
7 Kyaikpun Pagode	16 Hinthakhone Pagode
8 Bahnhof	17 Kamboza Thadi Palast und Museum
9 San Franzisco Guest House	

Expreßzug: 6.00 und 7.00 Uhr
Abstecher nach Bago auch möglich als Zwischenstop auf der Bahnstrecke Yangon - Mandalay, empfehlenswert allerdings nur, wenn Sie aus Mandalay anreisen (falls Sie keinen Sitzplatz bekämen, ist die Fahrt nach Mandalay zu lange)
Bus: ab 5.00 - 17.00 Uhr halbstündlich vom Highway Gate, K 200, Fahrzeit 1 ½ - 2 Stunden. Es ist ratsam, einen Tag im voraus zu buchen. Bei der Ankunft in Bago kaufen Sie sich gleich eine Rückfahrkarte! Außerdem halten alle Überlandbusse von Mandalay und Taunggyi in Bago. Sie müssen allerdings, wenn Sie vorher aussteigen, die ganze Strecke bezahlen.
Minibus: ca. K 250, Abfahrt wie Busse, Fahrzeit 1 ½ Std.
pick-up: K 300, Abfahrt wie Busse wenn das Auto voll ist
Taxi: für einen Tag etwa US$ 40, hat den Vorteil, daß Sie in Bago zu den Sehenswürdigkeiten gebracht werden, die oft etwas weit auseinander liegen
in Bago:
Taxis, Pferdekutschen und Trischas stehen am Bahnhof bzw. an der Busendhaltestelle. Die Fahrer der Pferdekutschen und Trischas bieten oft eine Besichtigungstour an, für einen Tag ca. K 500
Taxis kosten etwa K 300 pro Stunde, Pferdekutschen und Trischas K 100- 150.

Geschichte

Bago wurde 825 n. Chr. von den zwei Mon-Brüdern Thamala und Wimala aus Thaton gegründet. Der Legende nach beobachteten die Brüder eine heilige Gans (*hantha*) dabei, wie sie ihr Nest auf einer kleinen, nahegelegenen Insel baute. Dies war für die Brüder ein Zeichen, daß sie die Stadt Hanthawaddy nennen sollten. Bagos Symbol ist heute noch der mystische *Hintha*-Vogel. Im 13. Jh. war Bago die Hauptstadt des Mon-Königreichs, die später nach In-Wa verlegt wurde. Bis zum 17. Jh. war Bago eine wichtige Hafenstadt. Erst als sich der Ayeyarwady ein neues Flußbett suchte, verlor die Stadt ihre einstmalige Bedeutung. Heute ist Bago auch für seine *cheroot*-Industrie bekannt.

Besichtigung

Fährt man mit dem Bus oder Taxi von Yangon aus, so kommt man etwa nach 10 km am Flughafen vorbei. Etwa 35 km hinter Yangon befindet sich auf der rechten Seite der Heldenfriedhof von **Htaukkyant** oder Taukkyan. Dort sind 27 000 alliierte Soldaten aus dem 2. Weltkrieg begraben. Schräg gegenüber liegt die **Naga Yone Phya Kloster**anlage mit einer großen spiegelmosaikbe-setzten *Naga* (Schlange). Der Kopf der

Kobra erhebt sich schützend über einer sitzenden Buddhafigur. In der Anlage gibt es noch acht Planetenposten mit den dazugehörigen Tieren. Am Weg steht außerdem der *Shwenyaungbin*, ein alter Banyan-Baum, in dem die Schutzgeister dieses Highways wohnen sollen. *Nat*gläubige Autofahrer halten hier und geben eine Spende. Etwa eine Stunde von Yangon entfernt fährt man linker Hand an dem von den Chinesen gebauten Ort **Yebo** vorbei. Kurz vor Bago liegt das Myanma Agriculture Service Vegetables & Fruits Research & Development Centre (Eintritt US$ 2). Auf diesem Gelände werden viele verschiedene Früchte und Gemüsearten angebaut. Bis Bago ist die Straße immer wieder von Pfahldörfern mit kleineren Pagoden gesäumt. Etwa 5 km vor Bago zweigt links ein Weg ab zur sehr sehenswerten

Kyaikpun Pagode, Bago

Kyaikpun Pagode

- Eintritt: Spende wird erwartet

Auf einem Sockel sitzen vier 30 m hohe Buddhafiguren Rücken an Rücken und weisen in die vier Himmelsrichtungen. König Dhammazedi ließ sie 1476 errichten. Die Figuren stellen dar:

Im Norden - Gautama
Im Süden - Konagamana
Im Osten - Kakusandha
Im Westen - Kassapa

Konagamana, Kakusandha und Kassapa sind Vorgänger von Gautama (Buddha). Alle vier erwarten die Ankunft des fünften und letzten Buddha. Jeder Buddha hinterließ ein Relikt: Kakusandha seinen Stab, Kassapa einen Teil seiner Kleidung, Konagamana seinen Wasserfilter und Gautama seine acht Haare, die in dem ersten Bau der Shwedagon Pagode eingemauert sind. Die Figur im Westen wurde 1930 von einem Erdbeben zerstört und wieder neu aufgebaut.

Phya Tone Su

Kurz vor Bago sehen Sie rechter Hand drei Stupas aus dem 10.

Jh. Sie sind fast bis zur Spitze zugewachsen. Im Zuge der allgemeinen Restaurierungswelle werden auch diese wieder hergerichtet.

Kuan Yin Tempel

neuer chinesischer Tempel an der Straße von Yangon

Shwemawdaw Pagode

• Eintritt: US$ 2

Diese große goldene Pagode liegt nördlich des Bahnhofes (30 Min. zu Fuß). Sie kann auf eine mehr als tausendjährige Geschichte zurückblicken. Ursprünglich wurde sie von zwei Kaufleuten erbaut, um einige Haarreliquien von Buddha in ihr aufzubewahren. In den Jahren 982 und 1385 wurde je ein heiliger Zahn dazugefügt. Anfangs hatte die Pagode eine Höhe von 23 m, 825 n. Chr. wurde sie auf 25 m erhöht, 982 n. Chr. und 1385 wurde jeweils ein Dach darüber gebaut, so daß sie 84 m Höhe erreichte. 1896 ließ sie König Bodawpaya auf 91 m heraufsetzen. In den Jahren 1912 und 1917 wurde sie durch Erdbeben beschädigt, 1930 dann durch ein schweres Erdbeben ganz zerstört und 1952 wiederaufgebaut. 1954 erhielt sie einen mit Diamanten besetzten Schirm. Heute ist die Pagode 115 m hoch und damit ca. 10 m höher als die Shwedagon Pagode.

Vier Aufgänge mit jeweils zwei weißen *chinthes* als Wächter mit Mönchsfiguren in den Mäulern führen zur Plattform hinauf. Mit der Renovierung sind die Verkaufsstände im Hauptaufgang verschwunden. Für K 10 kann man eine Glocke für die Pagode spenden.

Der Stupa steht auf einer achteckigen Basis und hat an jeder Ecke einen Gebetsplatz mit dem jeweiligen Planeten. Der Stupa soll mittlerweile mit eineinhalb Tonnen Gold bedeckt sein. In einem kleinen Museum auf der Plattform sind Buddhabildnisse aus Stein und Bronze aus verschiedenen Epochen ausgestellt, die von der originalen, beim Erdbeben zerstörten Pagode erhalten geblieben sind.

Zum Vollmond im März/April findet ein großes Pagodenfest statt.

Hinthakhone Pagode

Östlich von der Shwemawdaw Pagode befindet sich der Hinthakhone Hügel mit der Hinthakhone Pagode aus dem Jahr 1807. Die Legende erzählt, daß sich an dieser Stelle zwei *hintha*-Vögel niedergelassen haben. Im Hauptschrein der Pagode ist eine Darstellung von ihnen zu sehen, bei der der männliche Vogel den weiblichen trägt. Oben auf der rechten Seite des Aufgangs steht ein *Nat*-Schrein, der bei der Bevölkerung sehr populär ist. In der Pagode sind in drei übereinanderliegenden Reihen Tafelbilder aufgehängt, die sehr anschaulich verschiedene Legenden und Ereignisse aus der Herrschaftszeit der Portugiesen und Mon darstellen.

Von dieser Pagode bietet sich Ihnen ein sehr schöner Blick auf die Shwemawdaw Pagode.

Liegender Buddha von Shwethalyaung

• Eintritt: US$ 2

Von der Shwemawdaw Pagode aus gesehen, befindet er sich am anderen Ende der Stadt (1 km vom Bahnhof an der Straße nach Yangon).

Diese liegende Buddhafigur ist die bedeutendste Sehenswürdigkeit von Bago. Buddha wird im Augenblick seines Todes, beim Eintritt ins *Nirwana*, dargestellt. Bei der Bevölkerung genießt diese Figur große Verehrung. Sie entstand im Jahre 994 und wurde während eines Krieges im Jahre 1757 beschädigt. Die Figur wuchs in den folgenden Jahren zu und geriet, versteckt im Dschungel, in Vergessenheit. Als 1881 eine neue Bahnlinie gebaut wurde, entdeckten britische Ingenieure durch Zufall die Buddhafigur, die dann restauriert wurde. 1906 baute man zu ihrem Schutz eine eiserne Halle darüber. 1948 wurde sie erneut renoviert. 1995 wurden weitere Renovierungen abgeschlossen. Auf der Rückseite der liegenden Figur sind dabei neue bunte Relieftafeln angebracht worden, die die Geschichte dieser Figur sehr anschaulich zeigt. Außerhalb der Halle stehen an zwei Seiten kleine Häuschen mit beschriebenen Steintafeln.

Vor dem Eingang finden Sie Verkaufsstände mit verschiedenen Souvenirs, Lackwaren und Holzschnitzereien.

Die Ausmaße der Figur:
Länge 55 m
Höhe 16 m
Gesicht 7 m
Ohr 4,50 m
Augenbraue 2,30 m
Nase 2,30 m
Lippen 2,30 m
Hals 2,30 m
kleiner Finger 3 m
Handteller 6,70 m
Fußsohle 7,80 m
große Zehe 1,50 m

Nördlich des Shwethalyaung-Buddha haben sich *Mon-Weber* angesiedelt.

Kalyani Sima (Ordinationshalle)

Sie befindet sich in der Nähe des liegenden Buddha und wurde 1476 von König Dhammazedi errichtet. Bei einem Erdbeben 1930 wurde sie zerstört und 1954 wiederaufgebaut. Neben der Halle steht ein Kloster.

Liegender Buddha von Shwethalyaung

Westlich der Kalyani Sima wurden 1476 auf Geheiß von König Dhammazedi 10 Steintafeln aufgestellt. Acht Tafeln sind beidseitig, zwei nur einseitig beschrieben. Die ersten drei Tafeln weisen Pali- und die restlichen Mon-Inschriften auf; sie enthalten genaue Informationen zur Geschichte des Buddhismus in Myanmar.

Auf der gegenüberliegenden Straßenseite sehen Sie einen großen Kubus mit vier Rücken an Rücken stehenden Buddhafiguren. Daneben sind im sog. „Buddhagarten" 28 sitzende größere Buddhastatuen im Schatten von Bäumen verstreut, die auf die Ankunft des 29. Buddhas warten.

Es gibt über 10 *cheroot*(Zigarren)-Fabriken in Bago. Eine davon finden Sie gegenüber der Kalyani Sima.

Mahazedi Pagode

- Eintritt: US$ 2

Etwa 700 m westlich der Kalyani Sima steht die Mahazedi Pagode. Sie wurde 1560 von König Bayinnaung erbaut. Die Pagode diente der Aufbewahrung einer Zahnreliquie, die der König von Sri Lanka mitgebracht hatte, und einer Smaragdschale mit weiteren Reliquien. Als die ehemalige Hauptstadt Bago an Bedeutung verlor, wurden die Reliquien 1599 in die neue Hauptstadt Toungoo, dann nach In-Wa und schließlich von

König Thalun in die Kaunghmidaw Pagode in Sagaing gebracht. Der schrecklich wütende portugiesische Herrscher Felipe de Brito hatte den Schirm von dem Stupa entfernt und alle Edelsteine geraubt. König Thalun ließ wieder einen neuen Schirm aufsetzen. Die Pagode wurde mehrfach von Erdbeben zerstört und immer wieder aufgebaut. Das letzte Erdbeben, das die Pagode in Trümmer legte, war 1930. Erst nach mehreren Jahrzehnten nahm man eine erneute Rekonstruktion in Angriff. 1982 wurde auf dem glockenförmigen Stupa während einer großen Feierlichkeit mit Musik und Tanz ein neuer Schirm angebracht. Damit ist sie jetzt ca. 100 m hoch. Es ist nur Männern erlaubt, die äußeren Treppen hinaufzusteigen.

Shwegugale Pagode

Sie befindet sich in der Nähe der Mahazedi Pagode. Ihr Grundriß ist achteckig. Sie wurde 1494 von König Byinnya erbaut. Im Innern laufen kreisförmig dunkle Gewölbegänge mit 64 sitzenden Buddha-Figuren. Die kleinen Bogenöffnungen dienen als Plätze zum Meditieren.

Shwesugyi Pagode

Wer von der Shwegugale Pagode über eine kleine Brücke geht, gelangt zu dieser beschaulichen Pagodenanlage. Auf dem Gelände um die Pagode stehen viele verschiedene Steintiere (Stier, Affe, Schildkröte, Ratte, verschiedene Vögel usw.) mit kleinen Stupas darauf.

Kamboza Thadi Palast

- Eintritt: US$ 4

Der Palast des Königs Bayint Naung wurde 1551 anläßlich seiner Ernennung zum König gebaut. Der eigentliche Name des Königs war Shin Ye Htut Bayint Naung, das bedeutet „der ältere Bruder des Königs". Seit 1990 sind Ausgrabungsarbeiten mit Hilfe der UNESCO im Gange, die jetzt weitgehend abgeschlossen sind. Die Palastanlage ist von einer Mauer mit einer Seitenlänge von jeweils 1,8 km und insgesamt 20 Toren umgeben. Innerhalb der Anlage befanden sich eine Audienzhalle, die Paläste der beiden Königinnen Chantra und Kusuma sowie das Gemach des Königs Bayint Naung. Bei den Ausgrabungen wurden 6 goldene Blumen, 24 Goldstücke, 10 geschliffene Rubine, 3 heilige Statuen und 29 britische Goldmünzen aus dem 19. Jh. gefunden.

Ein kleines **Museum** zeigt Buddhafiguren verschiedener Stilrichtungen, Pfeifen, Waffen, Bronzegewichte, Waffen, Waagen und Fundstücke der Ausgrabungen.

Khakat Wain Kyaung

Dieses Kloster gehört zu den drei größten Klöstern in ganz Myanmar. Am frühen Morgen ziehen die Mönche und Novizen in Scharen mit ihren Bettelschalen aus.

Markt

Ein lebendiger Markt befindet sich zwischen der Hauptstraße und dem Fluß. Es werden hauptsächlich Produkte für den täglichen Bedarf angeboten.

Unterkunft

• Vorwahl: 0 52

In Bago sind die meisten Unterkünfte ohne Frühstück.

Shwewatun Hotel (staatlich)
Toungoo Rd, an der Straße Yangon - Mandalay, T. 2 12 63, 40 Zimmer, Junior Suite und Standard, EZ US$ 38 m. Frühst., DZ US$ 51 m. Frühst., US$ 36 o. Frühst., AC, Du und WC, schlichte, saubere Zimmer, ebenerdig um einen Garten, Restaurant, akzeptiert angeblich die Visakarte

Htun Hotel
233, 30. Str., Leik Pyar Kan, T. 2 19 73, EZ US$ 10 mit Fan und US$ 13 mit AC, DZ US$ 20 mit Fan und US$ 25 mit AC, jeweils nur bei den DZ Du und WC, wirkt unpersönlich

San Francisco Guest House
Main Rd, an der Eisenbahnbrücke, EZ US$ 6 mit Fan, US$ 12 mit AC, Du und WC, DZ US$ 15, AC, Du und WC, manche Zimmer sind laut, die Räume nicht immer sauber, muffige Atmosphäre, die Zimmer in den oberen Stockwerken sind angenehmer

Silver Snow Guest House
527, Minn Road, in der Nähe des Uhrturms, DZ US$ 15, AC, Du und WC, sauber

Emperor Motel
8, Main Rd, T. 2 13 40, 2 21 08, nahe der Brücke, EZ US$ 10, DZ US$ 15 (Economy) und US$ 20 (Standard), AC, Du und WC, nicht immer sauber, vermietet Fahrräder (K 100 - 130/Tag)

Myananda Guest House
10, Main Rd, gegenüber dem Emperor Motel, T. 2 22 75, DZ US$ 10 - 12, Fan, Du und WC; DZ US$ 15, AC, Du und WC, jeweils mit Frühst., sehr freundlich, sauber, teilweise neu, organisiert ganztägige Besichtigung mit dem Taxi US$ 20 für 4 Personen

Restaurants

gibt es um den Markt herum und bei der Shwemawdaw Pagode

Panda Restaurant: Main Rd, an der Brücke schräg gegenüber dem Emperor Motel, chinesisches Essen, gut, mittlere Preislage

Three Five Restaurant: gegenüber dem Panda, chinesische Gerichte, gut und preiswert

Kyaw Swa Restaurant: 6, Main Rd, etwas teurer als die beiden obengenannten Restaurants, sehr gut

Triple Diamond Ba Maung Restaurant: Main Rd, gut und sehr preiswert

Cho Phone Restaurant: 529, Main Rd, T. 2 14 39, neben dem Silver Snow Guest House, birmanische und chinesische Gerichte, gut und preiswert

Hadaya Café: gegenüber dem Emperor Motel, Tee und reichhaltige Auswahl an Kuchen

Toungoo

Toungoo liegt ungefähr auf der Hälfte der Strecke von Yangon nach Mandalay. Sämtliche Busse halten hier zum Mittagessen. Von der früheren Bedeutung der Stadt ist heute kaum mehr etwas zu erkennen. Sie ist heute das Zentrum des Teakholzhandels. In den Wäldern zwischen Toungoo und Pyay gibt es Arbeitselefanten. Außerdem wird um Toungoo die Areka- oder Betelnußpalme angebaut.

Besichtigung

Shwesandaw Pagode

Im Zentrum der Stadt steht die vergoldete Shwesandaw Pagode aus dem Jahr 1597. In einem Pavillon an der Westseite kann man eine sitzende Buddhafigur besichtigen, die 1912 gespendet wurde. In einem anderen Pavillon finden Sie eine liegende Buddhafigur.

Myasigon Pagode

In der Myasigon Pagode werden Gemälde von den Königen von Toungoo und eine riesige sitzende bronzene Buddhafigur aufbewahrt. Auf dem Pagodengelände steht ein kleines Museum.

Am Stadtrand finden Sie den Lay Kyaung Kandawgyi, den „königlichen See", und etwas weiter westlich erreichen Sie die

Kawmudaw Pagode

Sie soll das älteste religiöse Bauwerk von Toungoo sein. Bei der Pagode erinnert ein mit Spiegelmosaiken besetzter Pfeiler an die Stelle, an der die Könige von Toungoo feindliche Armeen besiegten.

Weiter fallen viele ältere und einige neue Moscheen im Stadtbild auf.

Unterkunft

• **Vorwahl: 0 54**

Myanma Thiri Hotel
an der Hauptstraße, von Yangon kommend am Beginn des Ortes, T. 2 17 64, EZ US$ 24, DZ US$ 36, 3-B.-Zi US$ 48, 4-B.-Zi US$ 60, Du und WC, Fan bzw. AC, TV, Kühlschrank, m. Frühst., Haus im Kolonialstil, unter staatl. Leitung, ordentlich

Min Kyee Nyo Guest House
652/653, Nanda Kyaw Htin Str., T. 2 13 38, 2 16 11, US$ 8 - 10 pro Person, neu, sauber, freundlich

Myanmar A Hla Hotel (Beauty G. H.)
7/134, Bo Hmu Pho Kun Rd, T. 2 12 70, US$ 8 p. P., einige Zi mit AC, Du und WC, sonst Fan, Gemeinschaftsb.

Nansanda Guest House
Nansanda Rd, T. 2 10 89, zentral, EZ US$ 8, DZ US$ 12, Fan, Gemeinsch.b.

Restaurants

Mandalay Htamin Zai: in der Nähe des Marktes, preiswert

Panyoma: birmanisches und chinesisches Essen, gut

An der Hauptstraße und um den Uhrenturm gibt es zahlreiche Restaurants, z. B. das **Sa-kanthar** und das **Kaytumadi** Restaurant und das **Min Café.** Die Expreßbusse halten meist am **Tinechit Restaurant.**

Umgebung von Toungoo

Okedwin

Der nette Ort liegt etwa 15 km südlich von Toungoo. Er ist der Ausgangspunkt für das **Sein Ye Basiscamp**, wo Sie am frühen Morgen in der näheren Umgebung den Elefanten in den Teakholzwäldern bei der Arbeit zuschauen können. Am besten übernachtet man in der einzigen und zu teuren Unterkunft (US$ 20 pro Person) in der Nähe des Camps. Die Fahrt von Toungoo bis zum Sein Ye Camp dauert etwa 2 Stunden. Die Eintrittsgebühr für das Camp beträgt US$ 10.

Die Arbeitsperiode der Elefanten geht von Mitte Juni bis Mitte Februar, also während der nassen Jahreszeit. Es ist zum einen zu schwierig, die schweren Stämme auf trockenem Boden zu ziehen und zum anderen sind Elefanten hitzeempfindlich.

• Buchtip: Burmese Timber Elefant, von U Toke Gale

Arbeitselefanten in Myanmar

In Myanmar werden seit 1856 Elefanten in der Forstwirtschaft eingesetzt. Vor dem 2. Weltkrieg beschäftigte die Teakholzindustrie 10 000 Elefanten. Heute schätzt man die Zahl der wilden Elefanten auf 6 000 und die Arbeitselefanten auf 5 800, wovon etwa je eine Hälfte im Besitz der Myanmar Timber Enterprise und in Privatbesitz ist. In der Gefangenschaft werden jährlich 70 - 100 Tiere geboren. Um den Tierbestand konstant zu halten, müssen mindestens 150 junge Elefanten dazukommen. Bis 1995 hat man wilde Elefanten gefangen und gezähmt. Elefanten sind ab erst 17 Jahren ausgewachsen und können dann bis zu 2 t schwere Baumstämme ziehen. Im Alter von 5 - 17 Jahren werden sie für ihren zukünftigen Einsatz trainiert und dienen bis dahin als Lasttiere. Das Training übernimmt ein *oozie*, der seinen Elefanten das ganze Leben lang begleitet. Ein gesunder Arbeitselefant wird rund 20 Jahre eingesetzt. Sie arbeiten im Team - meist zwei Elefantenbullen und vier -kühe. Der Arbeitstag eines Elefanten dauert meist vier Stunden, danach wird er zum Ausruhen und Fressen in den Wald entlassen. Frühmorgens holt der *oozie* wieder seinen Elefanten. Die Basiscamps werden alle 4 - 6 Jahre verlegt, kleinere Camps sind im Umkreis von bis zu 30 km.

In neuerer Zeit gerät die lange Tradition der Arbeitselefanten durch die maschinelle Rodung in Gefahr. Die Arbeit der Elefanten ist für den Wald schonender, durch sie wird z. B. der Wald nicht durch Straßen zerstört.

Danubyu

Die kleine Ortschaft liegt am Ufer des Ayeyarwady ca. 80 km nordwestlich von Yangon.

Anfahrt

Bus: Abfahrt von der Busstation in Kyeemyindaing Tsp. in Yangon
Auto: gegenüber v. Danubyu muß man mit einer Fähre übersetzen
Schiff: von Yangon aus möglich

Besichtigung

Danubyu ist von Reisfeldern, Bananenpflanzungen und Fischzuchtteichen umgeben.

Kyaik Kalon Pun Pagode

In der etwa 200 Jahre alten Pagode stehen sehr schöne Buddhafiguren aus Bronze. Daneben liegt ein Kloster.

Pyi Lone Pagode

Sie liegt etwas außerhalb des Ortes. Hier finden Sie 399 aufrecht stehende Steintafeln mit Inschriften von Buddhas Lehre.

Taung Kyaung Taik

In diesem Kloster sehen Sie das Grab des berühmten Volkshelden Maha Bandoola, der 1824 im Krieg gegen die Briten starb. In Sichtweite liegt der umkämpfte Befestigungswall. Über dem Grab erhebt sich seine Statue.

Weitere Sehenswürdigkeiten sind der **Markt,** eine kleine *cheroot*-Fabrik und die Goldsucher, die in Hütten auf den Sandbänken des Ayeyarwady leben. Mit Spezialbooten suchen sie im Fluß nach Gold.

Unterkunft

Ayar Shwe Mye Guest House
Four Quarter Cooperative Guest House

Hinthada

Die Stadt liegt am Ayeyarwady etwa auf dem halben Weg nach Pyay.

Anfahrt

Zug: von Pathein (5 Std.); Strecke Yangon - Pyay, aussteigen in Letpadan, dann mit dem Schiff oder pick-up weiter
Bus: von Yangon, Pathein, Danubyu und Thandwe möglich

Besichtigung

U Ba Yeh Pagode

Sie wurde vor etwa 200 Jahren von einem Minister in Auftrag gegeben.

Ngamyethna Pagode

Sie steht seit 1887 an dieser Stelle am Ayeyarwady. Im Innern befinden sich viele verschiedene Buddhastatuen und bunte *Nat*figuren.

Umgebung von Hinthada

Natmaw

Ein 3rädrige Taxi fährt vom Markt von Hinthada (K 10 pro Person) zum 10 km entfernten Dorf Natmaw. Hier ist eine 76 m lange liegende Buddhafigur zu bestaunen. Das kleine Museum in einem Garten zeigt Fotografien vom Bau der Figur.

Pyay (Prome)

Anfahrt

Bus: lokaler Bus: Abfahrt Ecke Shwebontha Str. und Bogyoke Aung San Str. in Yangon, täglich, Abfahrt 9.30 Uhr, Ankunft 16.30 Uhr, K 200, auch von Mandalay und Bagan aus möglich

Expreßbusse: alle Expreßbusgesellschaften fahren von Yangon (Fahrzeit 5 Std.), von Mandalay (Fahrzeit 10 Std.), Pathein (7 - 8 Std.) und Bagan (4 Std.), z. B. Golden Shuttle, Abfahrt vom Highway Bus Centre im Norden von Yangon um 8.00 und 12.00 Uhr von Yangon und Pyay, Fahrzeit ca. 5 Std., K 400

Weitere Busverbindungen von/ nach Pyay:
Kyauk Padaung: 3mal tägl.,10 Std, K 400; Toungoo: 1mal tägl., 13 Std., K 550; Magway: 3mal tägl., 5 Std., K 200; Meiktila: 3mal tägl., 12 Std., K 500; Pathein: 1mal tägl., 8 - 10 Std., K 350;
Pick-up: vom Highway Bus Centre in Yangon, 7 - 8 Std., K 400
Zug: Expreßzug No. 71 up, ab Yangon 13.00 Uhr, an Pyay 20.00 Uhr; No. 72 down ab Pyay 22.00 Uhr, an Yangon 05.00 Uhr
Auto: von Yangon gibt eine neue mehrspurige Schnellstraße, eine der besten Straßen in ganz Myanmar, Fahrzeit 4 Std., Mietpreis US$ 40 - 50 für einen Tag; für Autos ist auch die Querverbindung nach Toungoo möglich (schlechte Straße, im Monsun kaum befahrbar)
Schiff: von Mandalay tägl. außer Mi und Sa um 5.30 Uhr, US$ 20 - 40, Dauer 4 Tage; von Bagan: Abfahrt vom Nyaung U Jetty, täglich

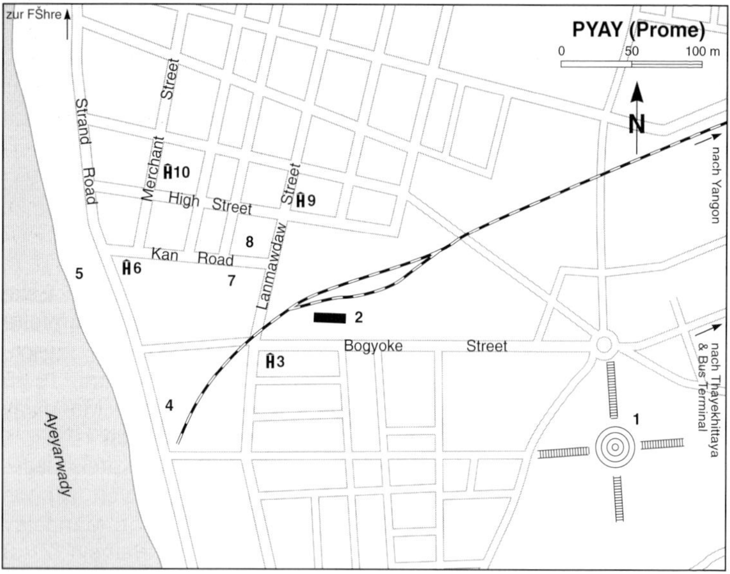

1 Shwesandaw Pagode	6 Pyay Hotel
2 Bahnhof	7 Meiywetwar Restaurant
3 Aung Gabar Guest House	8 Post
4 San Francisco Restaurant	9 Shwemyodaw Guest House
5 Hlaing Ayeyar Restaurant	10 Pangaba Guest House

außer Do und So, um 5.00 Uhr, Ankunft zwei Tage später gegen 20.00 Uhr, US$ 14 auf dem Deck und US$ 28 in der Kabine. Getränke und Essen mitbringen! Das Schiff fährt von Pyay weiter nach Yangon, tägl. außer Do um 6.00 Uhr, Fahrzeit 2 ½ - 3 Tage, US$ 18 auf d. Deck u. US$ 36 i. d. Kabine. Stop in Myanaung mit Anschluß für den Zug nach Pathein. Tickets beim Inland Water Transport Büro. Weitere Möglichkeiten von Pyay aus: Schiff nach Henzada, mit der Fähre über den Ayeyarwady nach Letpadan, dort umsteigen in den Zug oder Bus nach Yangon oder von Henzada weiter nach Pathein.

Besichtigung

Pyay liegt am östlichen Ufer des Ayeyarwady 285 km von Yangon entfernt, etwa auf halbem Weg nach Bagan. Für den Ausflug von Yangon aus muß man mit 2 Tagen rechnen. Pyay ist heute eine Hafenstadt mit aufstrebender Industrie. In der Nähe werden neuerdings Ölfelder ausgebeutet. Die Gegend ist bekannt für ihre goldenen Lackwaren.

Shwesandaw Pagode

Geöffnet von 7.00 - 20.00 Uhr noch freier Eintritt, eine Gebühr ist aber zukünftig zu erwarten.

Die Pagode wurde 1753 erbaut und 1841 von König Tharrawaddy restauriert. Sie ist eine kleinere Kopie der Shwedagon Pagode in Yangon. In jeder Himmelsrichtung führt ein überdachter Treppenaufgang mit kleinen Läden den Hügel hinauf. Der Hauptaufgang im Westen ist flankiert von zwei großen *chinthes.* Daneben ist eine neue aufwendige Liftkonstruktion gebaut worden (Auffahrt K 5). Am Ende des Aufgangs befinden sich zu beiden Seiten je vier große sitzende Buddhafiguren. Der Ostaufgang wird von einer riesigen sitzenden Buddhastatue und der Hsehtatgyi Pagode beherrscht. Die Buddhafigur schaut zur Shwesandaw Pagode. Sie wurde 1919 erbaut und war damals mit etwas über 60 m die höchste sitzende Buddhastatue in Myanmar. Sie ist jedenfalls so hoch, daß man keine Möglichkeit gesehen hat, sie zu überdachen. Die Pagodenanlage ist der der Shwedagon Pagode sehr ähnlich. Der Stupa, der vier Haare von Buddha, einen Zahn, ein Gewand, einen Schal und einen Gürtel enthält, steht auf einer 4 000 m² großen Terrasse und ist von 83 kleinen goldenen Pagoden umgeben. In geschnitzten Andachtspavillons sehen Sie eine stehende, eine liegende und eine sitzende Buddhafigur. Ein Besuch am frühen Abend ist besonders schön: Von oben haben Sie einen bezaubernden Blick auf den Ayeyarwady und die

Stadt. Bei Einbruch der Dunkelheit wird die Pagode angestrahlt.

Im November findet ein großes Pagodenfest statt.

Shwe Phone Pwint Bibliothek und Museum

Sie liegt an der Hauptstraße fast schräg gegenüber der Shwesandaw Pagode. Die Bibliothek erinnert an eine Leihbücherei. In einem Nebenraum sind einige wenige archäologische Funde von den Ausgrabungen in der Umgebung ausgestellt.

Shwe Phone Pwint Pagode

Der Osteingang ist von zwei *chinthes* bewacht. Die Pagode wurde unter der Regierung von König Duttabaung errichtet, um zwei Buddhastatuen einen würdigen Aufenthaltsort zu geben.

Mingyi taung und Baydayi Höhlen

Mingyi taung heißt „Hügel der Könige". In der linken Höhle steht die Statue eines Einsiedlers, in der mittleren eine Buddhastatue und in der rechten die Statue von Baydayi (der Mutter von König Duttabaung).

Nachtmarkt

Er wird täglich von 18.00 - 21.00 Uhr aufgebaut.

Unterkunft

• Vorwahl: 0 53

Mingala Garden (Flying Tiger Garden)
Aung Lan Rd, Aung Chan Tha Quarter, in der Nähe der Payagyi Pagode, T. 2 10 18, 2 11 06, 2 21 79, EZ US$ 36, DZ US$ 42, AC, Du und WC, Bungalows um einen kleinen See, etwas außerh., s. schön, organisiert evtl. Ausflug zu Arbeitselefanten u. typ. Dörfern

Pyay Hotel
ehemaliges staatl. Hotel, Ecke Kan und Strand Rd, T. 2 18 90, 20 Zi, EZ US$ 15 - 25, DZ US$ 25 - 34, AC, TV, Kühlschr., Du u. WC am Gang, Restaurant

Myat Guest House
222, Bazaar Str., T. 2 13 61, DZ US$ 15 - 20, schöne Zimmer mit AC, Du und WC, einf. Zi mit Fan, zentrale Lage

Shwemyodaw Guest House
353, Lanmadaw Str., T. 2 19 90, DZ US$ 15 - 20, Gemeinschaftsbad, Fan bzw. AC, kleine Zimmer, sauber

Santhawada Guest House
378, Lanmadaw, T. 2 16 76, EZ US$ 12, DZ US$ 24, AC, Du und WC

Pangaba Guest House
342, Merchant Rd, T. 2 12 77, in der Nähe des Pyay Hotels, s. einfache Zimmer, US$ 5 - 7 pro P., Du und WC, Fan, sauber, Fahrradvermietung, neuer Anbau ist geplant, dann höhere Preise

Phyu Sin Guest House
1456, Bogyoke Str., gegenüber dem Bahnhof, einfach, EZ US$ 6, DZ US$ 12, einige Zi mit AC, sonst Fan, Gemeinschaftsbad

Aung Gabar Guest House
1463, Bogyoke Str., T. 2 13 32, ab US$ 6 pro Person, Gemeinschaftsbad, Fan, kleine, dunkle, laute Zimmer

Sakhantar Guest House
gegenüber der Shwesandaw Pagode

Restaurants

Mingala Garden: siehe auch bei Unterkunft, gut
Pyay Hotel: Strand Rd, vorwiegend chinesische Küche
Meiywetwar Restaurant: gegenüber der Post, nahe dem Pyay Hotel, gutes birman. Essen, schließt um 19.00 Uhr
Hlaing Ayeyar Restaurant: Strand Rd, vom Pyay Hotel geht man die Straße zum Fluß, schöner Blick über den Ayeyarwady und die dahinterliegende Hügelkette, gute birman. und chin. Küche
San Francisco Restaurant: 775, Strand Rd, T. 2 18 13, südl. des Hlaing Ayeyar Restaurants, gute chin. Küche
Ahpulay Chinese Restaurant und **Paradise Restaurant:** an der Strand Rd am Fluß, gut, chinesische Küche
Shweyinmar: bei der Shwesandaw Pagode, für mohinga empfehlenswert
Coffee- und Teashops finden Sie entlang der Bogyoke Street

Umgebung von Pyay

Thayekhittaya (Srikshetra)

Anfahrt

Zug: von Pyay nach Hmawza um 7.00, 10.00 und 17.00 Uhr, K 20, 15 Minuten Fahrzeit
Auto: ist die bessere Möglichkeit, dreirädriges Taxi ca. K 400/Std.
Fahrrad: in Pyay verleihen die meisten Guest Houses Fahrräder

Thayekhittaya ist eine der ältesten Pyu-Städte. Sie liegt 8 km südöstlich von Pyay am linken Ufer des Ayeyarwady. Srikshetra ist der alte Name in Sanskrit.

Thayekhittaya wurde von König Duttabaung vor etwa 2 400 Jahren gegründet. Die Blütezeit der Stadt soll zwischen dem 5. und 9. Jh. gelegen haben. Die Stadt war damals von einer Stadtmauer aus grünglasierten Ziegeln umgeben. Sie hatte zwölf Tore und Pagoden an jeder der vier Ecken. In der Stadtanlage gab es über 100 Klöster und einen prächtigen Palast. Die Gebäude waren mit Gold und Silber reich verziert. König Anawrahta zerstörte und plünderte 1057 die Stadt und zog mit seiner Beute zu seiner neuen Hauptstadt Bagan. Hier in Thayekhittaya wurden die frühesten Inschriften in Myanmar gefunden. Mit den Ausgrabungen, die immer noch andauern, begann man bereits 1964.

Besichtigung

Das Gelände ist sehr weitläufig und nur bis in das Dorf **Hmawza** mit dem Auto befahrbar. Dort befindet sich ein kleines Museum. Vom Museum aus können Sie sich für K 350 - 400 einen Ochsenkarren mieten. Zu Fuß dauert es leicht 3 Stunden. Kinder gehen gerne mit und zeigen Ihnen den Weg.

Heute ist die 13 km lange Stadtmauer größtenteils zerfallen. An einigen Stellen ist sie sogar noch

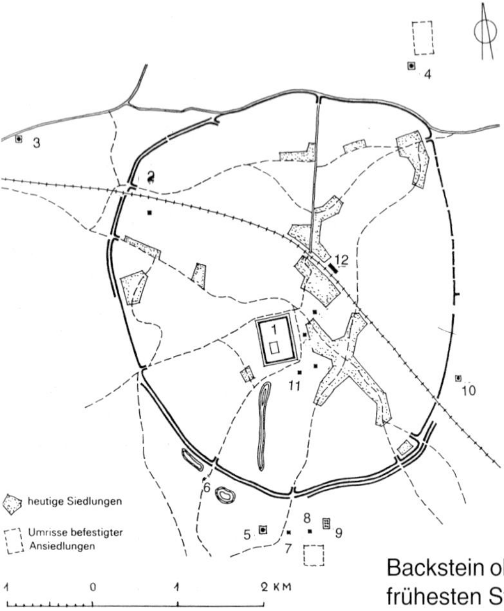

1 Zitadelle m. Palast
2 Shwedaga-Tor
3 Payagyi Pagode
4 Payama P.
5 Bawbawgyi P.
6 Yahandagu T.
7 Bebe Tempel
8 Leymyetnah T.
9 Grab von Prinzessin Peikthano
10 östl. Zegu T.
11 westl. Zegu T.
12 Bahnhof von Hmawza

in beachtlicher Höhe erhalten, manchmal sind nur noch Grundmauern zu sehen. Ein Teil der Teerstraße, die durch das Gelände führt, läuft wie auf einem Damm auf dieser Stadtmauer. Alle Stupas und Tempel stammen aus der Zeit vor der großen Blüte der Stadt Bagan.

Payagyi oder Zedikyi Pagode

Sie steht an der Straße Pyay - Bagan am Ortsausgang nördlich der Stadtmauer. Der Stupa soll noch aus dem 1. - 2. Jh. n. Chr. stammen, ist 50 m hoch und aus Backstein ohne Putz. Er gehört zur frühesten Stilepoche. Die Payagyi Pagode markiert eine der vier Ecken der früheren Anlage. An zwei anderen Eckpunkten befinden sich die Bawbawgyi und die Payama Pagode.

Payama Pagode

Sie steht inmitten von Reisfeldern, ebenfalls nördlich der Stadtmauer. Im 19. Jh. wurde sie mit einer neuen Spitze geschmückt. Der Stupa ist aus unverputztem Backstein und zählt zum konischen Typ.

Östlicher Zegu Tempel

Er ist aus Backstein gebaut und

etwas kleiner als der Bebe Tempel. Früher beherbergte er eine Steintafel mit einem Buddha-Relief. Der Tempel gilt als der Prototyp für die später errichteten Tempel in Bagan

Westlicher Zegu Tempel

Von ihm sind nur noch die Überreste des Sockels zu sehen. Wahrscheinlich war der Tempel quadratisch und besaß zwei Eingänge.

Bawbawgyi Pagode

Diese Pagode ist ein wuchtiger Ziegelbau mit einer Höhe von 46 m. Er gilt als der älteste in dieser Region und wurde teilweise renoviert. Über den fünf niedrigen Terrassen erhebt sich ein kegelförmiger Stupa.

Bebe Tempel

Dieser Tempel soll aus dem 10. Jh. stammen. Er erhebt sich auf einem quadratischen Sockel, sein Eingang liegt im Osten. Der Tempel ist mit reliefartigen Platten verziert. In seinem Inneren ist eine sitzende Buddhafigur zu sehen, die von zwei Schülern flankiert ist, deren Kleidung an die tibetischer Mönche erinnert.

Der Bebe Tempel wird als Prototyp von einigen Tempeln in Bagan gesehen.

Leymyetnah Tempel

Dieser kleine quadratische Ziegelbau, der vermutlich im 9. Jh. errichtet wurde, hat vier Eingänge. In der Mitte ist eine quadratische Stützsäule, die an jeder Seite mit Steintafeln geschmückt war, die einen sitzenden Buddha zeigten. Um diese zentrale Säule verläuft ein gewölbter Säulengang. Das Dach ist terrassenartig angeordnet.

Die sechs großen Gefäße aus Stein sollen als Urnen verwendet worden sein. Eine Prinzessin von Beikthano soll hier bestattet sein.

Museum von Hmawza

Öffnungszeiten: Di - So von 9.00 - 16.00 Uhr

Das Museum ist nicht sehr reichhaltig bestückt. Die meisten Fundstücke aus den hiesigen Ausgrabungen werden im National museum in Yangon und im Victoria and Albert Museum in London aufbewahrt.

Sie können in Hmawza lediglich Buddha-Reliefdarstellungen auf riesigen Steintafeln, Urnen und Votivtafeln mit Inschriften, kleine, ca. 5 cm große Buddha-Figuren aus Bronze (fast 1 500 Jahre alt!), Bronzeglöckchen, 20 Goldblätter mit Inschriften aus dem 5. Jh., Fotos von den Ausgrabungen und einen Lageplan sehen.

Hmawza

Das Dorf Hmawza ist ein typisches Beispiel für eine traditionelle bäuerliche Ansiedlung in Myanmar. Die Einwohner bauen Reis, Gemüse und Blumen an; Transportmittel ist hier noch der Ochsenkarren.

Shwedaung

Anfahrt

pick-ups: vom Busbahnhof östl. v. Pyay den ganzen Tag über immer, wenn das Auto voll ist, K 15
Fahrrad: von Pyay aus möglich

Der Ort Shwedaung liegt etwa 12 km südlich von Pyay am Ayeyarwady an der Straße Pyay - Yangon. Er lebt vor allem von seiner Textilindustrie (am Flußufer) und dem Anbau von Reis, Gemüse, Tabak und Palmen.

Besichtigung

Shwemyetman Pagode

In dieser Pagode kann man die einzige Buddhastatue der Welt sehen, die eine Brille trägt. Sie soll aus purem Gold sein, ist 2 m lang und etwa 10 kg schwer.

Die jetzige Brille ist wahrscheinlich bereits die vierte: die erste wurde gestohlen, die zweite wurde in den Körper der Statue eingemauert und die dritte wurde einem britischen Commander für seine Frau, die an einer Augenkrankheit litt, geschenkt. Die aktuelle Brille wurde von einem reichen Myanmaren gespendet.

Die Legende erzählt, daß König Duttabaung die Pagode 443. v. Chr. bauen ließ. Zu der Zeit, als die Buddhastatue vollendet war, erblindete der König. Die Pagode ist im Laufe der Jahrhunderte zugewachsen und wurde erst viel später wieder entdeckt. Die heutige Buddhastatue stammt aus dem Jahr 1865.

Shwenattaung Pagode

Für den lohnenden Abstecher zu diesem buddhistischen Heiligtum biegt man bei Shwedaung von der Hauptstraße ab und fährt ca. 5 km in Richtung Ayeyarwady. Von weitem schon sieht man den Hügel mit der goldglitzernden Pagode aus der Ebene emporragen. Es heißt, daß Buddha selbst diesen Platz ein Jahr nach seiner Erleuchtung besucht hat.

Die Pagode soll, so erzählt die Legende, von Menschen und *Nats* gebaut worden sein. Sie war zuerst nur 5 m hoch, während der Regierungszeit von König Thihathu von Pyay wuchs sie auf fast 10 m, und König Kyanyit erhöhte sie später auf 13 m. Dann stockte sie König Duttabaung auf 28 m auf, und dank vieler Spenden erreichte sie später eine Höhe von 35 m. 1858 erschütterte ein Erdbeben die Gegend, wobei der Schirm herunterfiel. Wieder mit Hilfe von Spenden wurde sie renoviert und kam auf ihre endgültige Höhe von 37 m.

Die Pagode ist reichlich verziert und ähnelt in der Anlage etwas der Shwedagon Pagode. Um sie herum stehen zahlreiche andere kleinere Pagoden.

Im März wird dort jährlich ein großes, achttägiges Pagodenfest abgehalten. Für die 20 000 Gläubigen werden dann Hütten zum Übernachten gebaut, die nach dem Fest wieder abgerissen werden. Es finden auch Theateraufführungen und Tänze statt.

Unterkunft und Restaurants

Shwedaung Hotel im Zentrum
Restaurants, die hauptsächlich Nudelgerichte servieren, finden Sie entlang der Hauptstraße.

Ahkauk

Anfahrt

Auto: ist am besten, für einen Ausflug von Pyay dort im Mingala Garden Hotel nachfragen
Motorboot: für etwa 2 Std. mieten

In Ahkauk können Sie Buddhafiguren sehen, die in den Sandstein des 40 - 50 m hohen Steilufers gehauen sind. Für den halbtägigen Ausflug von Pyay fahren Sie über die neue Brücke auf die andere Uferseite des Ayeyarwady, von dort zunächst in Richtung Ahkauk-Berge (ca. 1 Std.), dann flußabwärts. Sie müssen sich dann ein Boot mieten, da diese sehenswerte Anlage nur vom Fluß aus zu sehen ist.

In Nischen, die zum Teil in vier Reihen übereinander angeordnet sind, befinden sich sitzende, vereinzelt auch stehende Buddhafiguren. Die Anlage soll vor dem 18. Jh. entstanden sein.

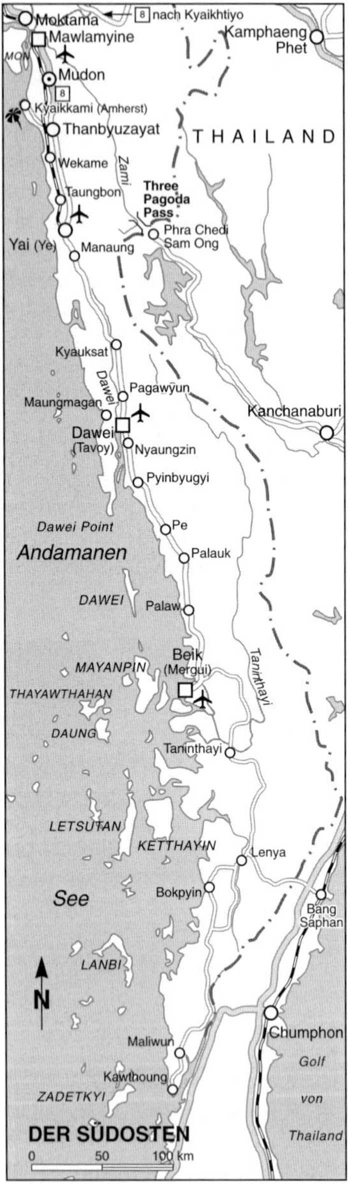

Der Südosten

An der Ostküste Myanmars am Golf von Martaban, erstreckt sich von der Mündung des Sittoung Rivers bis etwa Ye die Heimat der Mon. Hier kämpften die Mon und die Karen bis in die jüngste Zeit um einen Zugang zu den entfernten Grenzübergängen entlang der thailändischen Grenze.

Dies ist auch der Grund, warum Touristen die Fahrt in den Südosten lange verweigert wurde. Es ist auch heute noch nicht möglich, eine Erlaubnis für eine Fahrt südlich von Kyaikkami und Setse zu erhalten, da ab hier Autoreisen immer noch als gefährlich gelten (Straßenüberfälle)!

Kyaikhtiyo Pagode
(Goldener Felsen)

Die Kyaikhtiyo Pagode oder der „Goldene Felsen" liegt zwischen Bago und Thaton, 160 km von Yangon und 65 km von Bago entfernt. Seit kurzem ist der „Goldene Felsen" zu jeder Jahreszeit und im Moment auch ohne behördliche Erlaubnis zugänglich. Nur während des Monsuns wird manchmal eine Genehmigung verlangt. Da sich diese Situation aber sehr schnell, je nach politischer Lage, wieder ändern kann, sollten

Kyaikhtiyo Pagode - der Goldene Felsen

Sie sich vorher bei MTT oder in einem Reisebüro erkundigen. Sowohl MTT als auch die Reisebüros organisieren geführte Touren und besorgen gegebenenfalls Genehmigungen. Sollten Sie zum Goldenen Felsen fahren wollen, informieren Sie sich am besten schon am Tag Ihrer Ankunft über die aktuellen Bestimmungen.

Ist eine Genehmigung erforderlich, beantragen Sie diese möglichst eine Woche vorher bei dem Ministry of Foreign Affairs, T. 2 28 44, 2 28 45, 2 28 46, Fax 2 29 50, 2 17 19, Pyay Rd, Yangon. Ohne behördlichen Erlaubnisschein wird der Ausflug an der Brücke über den Sittoung-Fluß enden, da dort ein Militärposten steht, der die Genehmigung und den Paß sehen möchte. Früher bekam man an diesem Posten einen bewaffneten Soldaten zur Sicherheit bis zum „Goldenen Felsen" mitgeschickt. 1986 und 1987 war dieses Gebiet ausnahmslos wegen der Rebellen gesperrt.

Die günstigste Zeit für eine Tour zum Goldenen Felsen ist von November bis Februar. Während dieser Monate kann es nachts recht kühl werden. Ab März bis Mai wird es sehr heiß. Notfalls ist der Ausflug auch in der Regenzeit möglich. Sie müssen sich dann allerdings darauf einstellen, daß es unter Umständen ununterbrochen heftig regnet und es in den höheren Regionen auch häufig neblig ist.

Anfahrt

Es gibt Pauschalangebote von MTT (sehr teuer) und den privaten Reisebüros in Yangon. Sie können sich aber die Anfahrt leicht selbst organisieren. Für den Fall, daß gerade eine Erlaubnis verlangt wird und Sie keine besitzen, aber trotzdem fahren wollen, ist es ungünstig, auf der Hinfahrt mit dem Bus bzw. Auto zu fahren. Es gibt Kontrollposten, die die Papiere prüfen. Im Zug soll nie kontrolliert werden. Auch auf der Rückfahrt wird an der Straße selten kontrolliert.

Bus: *Öffentlicher Bus:* Ticketbüro Ecke Shwebontha und Bogyoke Aung San Str. (unauffällig im Hauseingang und schwer zu finden; am besten lassen Sie sich im Hotel einen Zettel schreiben, mit dem Sie Passanten nach dem genauen Weg fragen können), 1 - 2 Tage vorher buchen, K 400, Abfahrt von der Busstation um 9.30, Fahrz. ca. 7 Std.; zur Busstation fahren Sie mit dem gelben Bus Nr. 51 von der Myanmar Foreign Trade Bank in der Maha Bandoola Garden Str. b. Obelisken, K 6, Fahrz. 45 Min.

Privater Bus: vom Highway Bus Centre in Yangon, K 500, dauert einen ganzen Tag, Sie müssen bei der Anreise mit dem Bus in jedem Fall z. B. im Kyaikhtiyo Hotel im Basislager Kinpun übernachten.

von Bago vom Busbahnhof (im Südwesten der Stadt) am frühen Morgen, Rückfahrt um 12.00 Uhr, K 200, dauert etwa 5 Stunden, von Kyaikhtiyo geht es dann mit einem pick-up zum Basislager Kinpun.

Pilgerbus: von Yangon Abfahrt Ecke Shwebontha und Anawrahta Str. um 4.00 Uhr, Rückfahrt am nächsten Tag um 11.00 Uhr.

Zug: US$ 4

Bago ab	Kyaikhtiyo
03.15 Uhr	05.45 Uhr
05.30 Uhr	07.15 Uhr
09.20 Uhr	11.50 Uhr
Kyaikhtiyo ab	Bago an
12.15 Uhr	14.45 Uhr
15.10 Uhr	17.40 Uhr
17.00 Uhr	19.15 Uhr

Da die Züge oft Verspätung haben, rechnen Sie ruhig mit einer Fahrzeit von 2 ½ - 3 Stunden;

Yangon ab	Kyaikhtiyo
05.00 Uhr	09.40 Uhr
08.00 Uhr	12.30 Uhr
Kyaikhtiyo ab	Yangon
11.40 Uhr	16.10 Uhr
23.20 Uhr	04.35 Uhr

Vom Bahnhof fahren pick-ups nach Kinpun jede halbe Stunde zwischen 6.00 und 17.00 Uhr, K 80, Fahrzeit 45 Min.

Auto: von Yangon ca. US$ 50/Tag, je 4 - 5 Std. Fahrzeit, von Bago aus 1 ½ - 2 Std. weniger, US$ 30; dann weiter mit einem pick-up vom Basislager zum 2. Lagerplatz: pro

Weg K 3000 für das ganze Auto (es wartet dann oben für die Rückfahrt), K 200 pro Person; in diesem Fall fährt das Auto erst, wenn es voll ist (25 Personen).

Verschiedene Vorschläge zur Planung des Ausfluges:

- **1 Tag:** Abfahrt von Yangon gegen 5.00 Uhr (ca. 4 - 5 Std. Fahrzeit), oder Sie fahren am Vortag nach Bago und besichtigen diesen Ort; Ankunft am Basislager Kinpun gegen 10.00 Uhr; Fahrt auf der Ladefläche eines Lasters (mit dem mitgebrachten Auto nicht erlaubt) ca. 1 Std. zum 2. Lagerplatz, zu Fuß noch eine knappe Stunde; Zeit für ein Mittagessen und die Besichtigung: 2 Stunden; wieder am Basislager Kinpun zwischen 15.00 und 16.00 Uhr. Dieser Vorschlag ist so nur durchführbar, wenn alles reibungslos klappt.
- **2 Tage:** Anfahrt wie oben beschrieben. Bei diesem Vorschlag haben Sie Zeit, alles zu Fuß zu gehen (da die Straße jetzt betoniert ist, fahren nur bei ungewöhnlich starken Regenfällen keine Autos auf den Berg). Übernachtung oben am Berg; Rückweg ab 8.00 Uhr zu Fuß oder mit dem Auto; auf dem Rückweg könnten Sie Bago besichtigen.
- **3 Tage:** Programm wie beim ersten Ausflug; Weiterfahrt nach Thaton, Hpa-an und Mawlamyine.

Aufstieg

Die ganze Strecke zu Fuß dauert mindestens 4 Stunden, ohne Pausen gerechnet. Mit dem Auto 1 Stunde) bis zum 2. Lagerplatz Yathetaung und dann noch etwa eine Dreiviertelstunde zu Fuß. Im Basislager können Träger für das Gepäck (K 50 - 100) und Sänften für Personen (US$ 5) angemietet werden. Für den Rückweg ausschließlich zu Fuß müssen Sie mit 3 Stunden ohne Pausen rechnen.

Streckenlänge: knapp 12 km
Höhenmeter: etwa 1100

- Eintritt: US$ 6, mit Videokamera US$ 8

Falls Sie von Yangon mit dem Auto fahren, erreichen Sie Bago auf einer vielbefahrenen, relativ neuen Straße, die aber jetzt bereits in einem schlechten Zustand ist. Hinter Bago kommen Sie durch ein ausgedehntes Reisanbaugebiet. Nach etwa 3 Stunden überqueren Sie den Sittoung-Fluß. An der Brücke steht ein Kontrollposten, bei dem Sie Ihren Paß vorzeigen müssen. Ab jetzt befinden sich im Mon-Staat. Entlang der Straße sehen Sie Cashewbäume, Gummibäume und Ölpalmenhaine. Die Straße wird immer enger und kurviger. Eine Stunde später erreichen Sie den Ort Kyaikhtiyo. Dort gibt es ein Museum mit einer Ausstellung über die Kunst der Mon. In Kyaikhtiyo biegen Sie links ab und

„Sänften“ am Goldenen Felsen

fahren in Richtung der Berge. Nach 15 km erreichen Sie das **Kinpun Base Camp,** den Ausgangspunkt für den Aufstieg. In diesem Basislager gibt es ein Büro von MTT, in dem Sie Ihre Eintrittsgebühr begleichen und nochmal Ihren Paß vorzeigen müssen. Achtung: es kann vorkommen, daß oben das Ticket und der Paß kontrolliert wird! Für den Aufstieg bzw. die Auffahrt wird Ihnen manchmal ein bewaffneter Soldat mitgeschickt. Nehmen Sie für den Weg Kyats in kleinen Noten für Spenden mit.

Das Basislager ist zur Pilgerzeit ein lauter und lebendiger Ort mit Musik aus Lautsprechern, Teestuben und Restaurants. Am Weg nach oben gibt es gegen eine freiwillige Spende immer wieder die Möglichkeit, grünen Tee zu trinken, so daß Sie nur wenig Getränke tragen müssen. Einheimische geben dem *Nat* Bo Bo Gyi, dem Wächter der Berge und des Weges, eine Spende. Seit kurzem existiert eine steile betonierte Straße bis zu dem zweiten Lagerplatz *Yathetaung.* Hier warten schon Buben und Männer, die Ihnen das Gepäck für K 50 - 100 in geflochtenen Kraxen nach oben tragen wollen.

Falls Sie sich für den Fußmarsch entschieden haben, gehen Sie auf einem Weg, der sich zunächst durch üppigen Bambuswald schlängelt, dazwischen wachsen immer wieder Bananenstauden; kleine Bäche sind zu überqueren. Anfangs stehen entlang des Weges Hütten, wo bunte Limonaden, Suppen, Tee, Flöten, Spielsachen (vor allem Gewehre), Orchideen, Affenschädel, Affenblut, Tigerschädel, Felle, Heilmittel, Sonnenhüte aus Stroh und Wanderstöcke angeboten werden. Souvenirs kaufen Sie besser auf dem Rückweg. Am Weg stehen Meilensteine, die jede volle Meile angeben (insgesamt 7 ½ Meilen). In der Regenzeit verwandeln sich die Wege in Bäche. Am Wegrand können Sie immer wieder kleine *Nat*-Schreine und Buddhastatuen entdecken. Ungefähr auf halber Strekke kommen Sie zur *Ye Myaung Gyi Pagode.* Daneben sind die letzten größeren Essensstände. Ein gutes Essen bekommen Sie z. B. im Mi Tha Su Restaurant.

Im letzten Drittel des Aufstiegs gehen Sie am Kamm über sieben Hügel bergauf und bergab. An zwei Stellen kommen Sie an größeren Findlingen vorbei, denen bereits schon ein kleiner Stupa aufgesetzt wurde und die vermutlich in den nächsten Jahren vergoldet werden. Sie passieren dann noch das Kyaikhtiyo-Hotel. An der Plattform, dem Beginn des Pagodenbereichs, müssen Sie Ihre Schuhe ausziehen.

Die Einheimischen glauben, daß bei dreimaligem Besuch alle ihre Wünsche, wie Reichtum, Kraft und Glück, in Erfüllung gehen werden.

Es besteht auch die Möglichkeit, den Berg von Sittaung aus zu besteigen. Dieser Weg ist kürzer, aber viel steiler und deshalb sehr wenig begangen.

Kyaikhtiyo Pagode

Die Kyaikhtiyo Pagode ist mit 5 m Höhe ziemlich klein. Der Name leitet sich aus der Sprache der Mon ab und bedeutet „Pagode, getragen auf dem Kopf eines Einsiedlers". Sie steht auf einem vergoldeten Findlingsblock, der den Eindruck erweckt, als würde er jeden Moment in die Tiefe stürzen. Der Legende nach hält ein Haar Buddhas den Fels fest. Klöster, Andachtshallen, Gasthäuser und Andenkenstände befinden sich in der näheren Umgebung. Frauen ist es nicht erlaubt, ganz zu dem Goldenen Felsen hinzugehen. Männer können Goldplättchen auf den Findlingsblock anbringen.

Der Ausblick ist wunderbar: im Osten sieht man die blauen Martaban Berge, in der Ferne die Berggipfel von Thailand, zum Süden hin Dschungel und die blauen Wellen des Golfes von Martaban und schließlich im Westen die Pagode von Bago. Ein Sonnenuntergang dort oben ist ein eindrucksvolles Erlebnis.

Die **Sage** nennt König Tissa als den Erbauer der Pagode im 11. Jahrhundert. Er erhielt ein Haar Buddhas von einem Eremiten. Dieser Eremit hatte dieses Haar viele Jahre in seinem eigenen Haarknoten aufbewahrt. Eine Bedingung stellte der Eremit dem König: er müsse einen Felsen finden, der die Kopfform des Eremiten habe. Darauf solle er eine Pagode bauen, in der das Haar aufbewahrt werden würde. Bei der Suche nach diesem Felsen war *Thagyamin,* der König der *Nats,* behilflich. Er fand den Felsen auf dem Meeresgrund und brachte ihn mit einem Schiff zur Spitze des Berges. Dieses Schiff versteinerte dann und wurde zur Kyaukthanban Pagode. Sie ist heute noch ein paar hundert Meter von der Kyaikhtiyo Pagode entfernt zu finden.

Die neue **Dhammasetkya Pagode** steht etwas unterhalb von der Kyaukthanban Pagode und bietet einen schönen Ausblick. Ganz in der Nähe der Dhammasetkya Pagode befinden sich die **Lwanzedi** und die **Myazede Pagode.** Eine von ihnen wurde bei einem Erdrutsch durch starke Regenfälle zerstört und wieder aufgebaut. Nordöstlich der Kyaikhtiyo Pagode findet man die schöne **Moksotaung Pagode,** die auch ein beliebtes Fotomotiv ist. Weiter das Tal hinunter ist die **Kyeepasuck Höhle.** Hinter der Moksotaung Pagode findet man nach ca. 800 m Entfernung die **Kyaikhsiyo Pagode** und nach ca. 4,5 km von der Kyaikhtiyo Pagode gerechnet die **Kyaukhtatkyee Pagode.** An der Westseite gegenüber dem Kyaikhtiyo Hill sind die **Rathetaung** und die **Myazeintaung Pagode,** weiter südwestlich auf einem der höheren Berge die **Soontaung Pagode.**

Unterkunft und Restaurants

Pan Myo Thu Guest House
einfache Unterkunft im Kinpun Basislager, ca. US$ 7 pro P., sehr freundlich
Sea Sar Guest House und Restaurant Kinpun Basislager, sehr einf., US$ 3 - 6 pro P., chin. Küche, sehr freundlich
Golden Rock Hotel
nach 15 Min. vom 2. Lagerplatz, DZ US$ 48, Du u. WC, 1998 eröffnet, schöner Blick auf den Goldenen Felsen
Kyaikhtiyo Hotel
am Gipfel, buchen unter T. (01)3 15 63 in Yangon, 69, Theingyi Str.; 18 Zimmer, DZ US$ 44, o. Frühst., Du und WC, selten fließendes Wasser - dann nur eiskaltes Wasser aus Eimern, oft kein Strom (Taschenlampe nicht vergessen!), feuchte Zimmer; kleine Hütten 4-B.-Zi pro P. US$ 7, WC und Wasser im Freien, o. Frühst.; Abendessen um 19.00 Uhr, Frühstück ab 6.30 Uhr
Pilgerunterkünfte bei der Kyaikhtiyo Pagode (man muß etwas den Berg hinuntergehen) sind für Touristen nur erlaubt, wenn das Kyaikhtiyo Hotel ausgebucht ist, US$ 5 pro Person
Restaurants und Essensstände finden sich rund um den Goldenen Felsen.
Golden Dragon oder Shwenagar R.: liegt etwas unterhalb des Goldenen Felsens, erkennbar an zwei goldenen Drachen am Giebel des Hauses, ko-

stenlose Übernachtung, wenn man dort zu Abend ißt und frühstückt, die Mahlzeiten sind im Vergleich etwa doppelt so teuer, Besitzerin spricht englisch
Panyoma Rest.: in Kyaikhtiyo, chin.
Sea Sar Rest.: Kinpun Basislager, gut

Kyaikhtiyo

Kyaik-Paw-Law Pagode

543 v. Chr. soll Buddha hier im Alter von 80 Jahren vorbeigekommen sein. In der Pagode steht eine der vier Buddhastatuen, die König Ashoka der Legende nach von Sri Lanka über das Meer schickte, um den buddhistischen Glauben zu verbreiten.

10 km nördlich von **Bilin** stehen auf einem Hügel zwei Statuen von *Arhats,* die ebenfalls ausgesandt wurden, um die Lehre Buddhas in die Welt zu tragen. Die Einheimischen bringen diesen Statuen große Verehrung entgegen.

Zokthok

Etwa bei der Hälfte der Strecke Kyaikhtiyo - Bilin zweigt die Straße nach Zoktok meerwärts ab. Hier sehen Sie die

Kyaik Tizaung Pagode

Die achteckige Pagode steht auf einem Steinsockel, dem hier vorkommenden rötlichen Laterit. Schon die Khmer stellten mit Laterit Skulpturen und Bauten her. Neben der Pagode leben Mönche in einem Kloster.

Etwa 1 - 1 ½ km weiter südöstlich ist in **Hsindat Myindat** eine Skulpturenwand zu sehen. Die 40 m lange und 2 m hohe Lateritmauer zeigt Löwen- und Elefantenreliefs.

Die Strecke von Bilin bis Mottama ist mit Straßendörfern praktisch ununterbrochen besiedelt. Die Hütten und Häuser stehen unter Bäumen und Palmen. Ab 17.00 Uhr ist ein sehr beschauliches Abendleben zu beobachten: am Ortsrand waschen sich Frauen und Männer getrennt an den Ziehbrunnen, Tiere werden nachhause gebracht, die männlichen Jugendlichen spielen im hochgebundenen longyi Fußball, Familien sitzen am Straßenrand.

Thaton

Thaton, auch bekannt als Suvannabhumi (= das „Goldene Land"), liegt auf dem Weg von Bago nach Mawlamyine, etwa 65 km von Kyaikhtiyo entfernt. Nach dem 3. Buddhistischen Konzil im 3. Jh. v. Chr. wurden die Missionare Sona und Uttara nach Thaton geschickt, um für den buddhistischen Glauben zu werben. In seiner weiteren Geschichte war Thaton ein wichtiger Hafen mit Verbindungen nach Sri Lanka und Südindien. 1057 zerstörte König Anawrahta die Mon-Stadt und brachte König Manuha von Thaton zusammen mit 30 000 Gefangenen nach Bagan.

Das alte Thaton war umgeben von einer Stadtmauer, von der heute nur Reste zu sehen sind.

Besichtigung

Shwezayan Pagode

Diese schöne goldene Pagode ist die größte der Stadt und von mehreren Klöstern umgeben. Man nimmt an, daß sie ursprünglich im 5. Jh. v. Chr. von König Thuriya errichtet wurde. In jüngerer Zeit wurde sie überbaut; sie soll vier Zahnreliquien enthalten.

Thagyapaya Pagode

Sie steht neben der Shwezayan Pagode, ist aus Laterit gebaut und weist einen quadratischen Grundriß auf. Der obere Teil wurde erneuert. Über die Jahre ist auch sie immer wieder renoviert worden. Auf der obersten der drei begehbaren Terrassen befinden sich in Nischen vier stehende Buddhafiguren. An den Wänden der Terrassen sind nur noch wenige der ursprünglich 64 glasierten Tonplatten mit *Jatakas* aus dem 11. und 12. Jh. übriggeblieben.

Gegenüber der Pagode sind außerdem eine **Pitakattaik** (Bibliothek) und die **Kalyani Sima** (Ordinationshalle) zu besichtigen. In dieser neu aufgebauten Ordinationshalle findet man neuere Wandmalereien und an der Außenseite 10 *Jatakas* aus dem 11. - 12. Jh.

Unterkunft und Restaurants

Myanady Guest House u. Restaurant
65, Main Rd, T. 3 02, DZ US$ 15, AC/Fan, Du und WC, Bungalows, hat noch keine Lizenz, nimmt aber Touristen auf
Kayambyia Guest House
in einer Seitenstraße nahe der Shwezayan P., DZ US$ 10, Fan, Du u. WC, hat noch keine Lizenz für Ausländer
Restaurants gibt es im Zentrum, vor allem in Marktnähe, z. B.
Phi Tha Restaurant: T. 2 71, chinesische Küche, gut
Thamada Restaurant: chinesische und thailändische Küche, gut
Yangon Restaurant

Umgebung von Thaton

Ayetthema

In **Ayetthema** sind die Ruinen des **Forts Taikkala** zu besichtigen. Man glaubt, daß diese Stelle der ursprüngliche Standort der Stadt Thaton gewesen sei. Außerdem gibt es noch die **Myatheindan Pagode** aus dem 10. Jh.

Bayin Nyi Höhlen

Bayin Nyi Höhlen

Sie befinden sich bei dem Dorf **Sandangu**, etwa 20 km von Thaton entfernt an der Straße nach Hpa-an (etwa 500 m von der Hauptstraße abzweigen). Dieser sehr lohnende Abstecher dauert 1 - 1 ½ Stunden. Während der Regenzeit kann man oft nicht ganz mit dem Auto an das Kloster fahren. Boote bringen Sie dann dort hin und umrunden auf Wunsch (K 400) die Felsnadel.

Am Beginn der Höhle befindet sich ein kleines Kloster. In zwei Becken wird das Wasser aus heißen Quellen, dem Heilkräfte nachgesagt werden, aufgefangen. Vom Kloster aus führen Stufen zum Höhleneingang. Ein Mönch oder Kinder führen Sie mit Kerzen durch die dunkle Höhle (Taschenlampe!) mit Stalaktiten und Stalagmiten (ca. ½ Std.). Die Höhle muß barfuß begangen werden. In der Höhle sind verschiedene Buddhafiguren aufgestellt. Es ist angebracht, eine Spende für das Kloster bzw. die Kinder zu geben. Die Legende erzählt, daß hier ein Elefantenkönig gelebt habe bis ein Jäger ihn wegen seiner Stoßzähne tötete, um für eine Königin eine Krone anfertigen zu lassen.

Hpa-an

Anfahrt

Schiff: *von Hpa-an* nach Mawlamyine: 7.00 Uhr, 12.00 Uhr, 14.00 Uhr, 2 - 3 Std.; *von Mawlamyine:* 7.00 Uhr, 12.00 Uhr. 14.00 Uhr, 3 - 4 Std.; f. Touristen US$ 2 m. Kab.
Bus: *von Yangon* frühmorgens u. nachts; *von Bago* Abfahrt 4.00 und 5.00 Uhr, 8 Std.; *von Thaton* u. Mawlamyine auch Busverb.
pick-up: v. Thaton u. Mawlamyine

Hpa-an liegt am Thanlwin-Fluß im Karenstaat etwa 50 km von Mawlamyine entfernt am Fuße des markanten Zwekabin Hill. Bis 1996 war Hpa-an wegen rebellischer Aktivitäten der Karen für Touristen nicht erlaubt. Die Anfahrt mit dem Schiff vom Mawlamyine ist besonders zu empfehlen. Die Umgebung von Hpa-an wirkt sehr sauber und gepflegt, die Landschaft ist hügelig, mit Reisfeldern in den Ebenen und bizarren einzelstehenden Felsen, auf deren Spitze häufig eine Pagode gebaut ist. In der üppig grünen Stadt fällt am Fluß eine schöne goldene Pagode auf.

Besichtigung

Thit Hta Man Aung Pagode

Die knapp 100 Jahre Pagode erhebt sich auf einem hohen weißen Sockel. In ihrem Inneren steht eine große sitzende Buddhafigur.

Shweyinmyaw Pagode

Sie befindet sich direkt am Fluß nahe der Anlegestelle der Schiffe. Von weitem schon ist ihr goldener Stupa zu sehen.

Karen State Museum

Öffnungsz.: Di - Fr 9.00 - 16.00 Uhr, Eintritt: bis jetzt noch frei

Das Museum ist etwas außerhalb an einem See gebaut, südlich vom Zentrum, in etwa 20 Minuten zu Fuß zu erreichen. Es werden Kostüme, Musikinstrumente, Gebrauchsgegenstände und archäologische Funde ausgestellt.

Markt

Hauptmarkt in der Thitsa Rd. Es werden u. a. Textilien der Karen verkauft.

Unterkunft und Restaurants

• **Vorwahl: 0 35**

Prince Guest House
beim Busbahnhof, T. 2 14 58, US$ ca. 6 - 8 pro P., AC, sauber, w. Wasser

Parami Guest House
Ohndaw Rd, im Zentrum, T. 2 16 47, neu, US$ 3 - 5 per P., AC/Fan, Gemeinschaftsbad, sauber

Soe Brothers Guest House
b. Markt, T. 2 13 72, US$ 2 pro Per-

Nadelfelsen bei Hpa-an

son, Gemeinschaftsb., schmutzig

Golden Dragon Rest.: im Garten d. chin. Tempels, einf., gutes chin. Essen

Weitere Lokale und Teashops finden Sie um den chin. Tempel und am Fluß.

Umgebung von Hpa-an

Tharmanya Kloster

Anfahrt: Linienbusse und pick-ups fahren bei der Shweyinmyaw Pagode in Hpa-an ab, immer wenn das Auto voll ist, vormittags mehrmals pro Stunde, Fahrzeit 1 - 1 ½ Std., K 60 - 70

Dieses Kloster liegt auf einem der Kalksteinhügel ca. 35 km östlich von Hpa-an. Es ist über 400 Stufen erreichber. Hier lebt der Mönch Tharmanya Sa Yar Daw, der im ganzen Land sehr bekannt ist und verehrt wird. Es wird erzählt, daß sich die Vorräte des Reisspeichers bei seinem Kloster nie erschöpfen würden. Heute noch werden täglich einige Zentner Reis gekocht und verteilt.

Kawgungu Höhlen

Sie befinden sich, von Hpa-an gesehen, auf der gegenüberliegenden Flußseite, 15 km vom Dorf Myein Gale. Die letzten 5 km fährt man mit einer Rikscha oder Ponykarren. In der Höhle sind Buddhafiguren aufgestellt.

Payinnyigu Höhlen

Sie sind in der Nähe der Kawgungu Höhlen.

Shwe Gabin Kloster

Anfahrt mit einem Poniykarren oder Auto von Hpa-an

Es wurde auf den höchsten Berg in der Umgebung von Hpa-an, den gut 700 m hohen Shwe Gabin Daung, gebaut. Im Westen erreicht man das Kloster über steile Treppen, im Osten über einen nicht so steilen, aber längeren Weg. Für den Aufstieg (viele Affen!) wird man mit einer sehr schönen Aussicht belohnt.

Taung Gale Kloster

Anfahrt mit einem frühen Linienbus nach Hlaingbwe (Abfahrt am Hauptmarkt von Hpa-an), mit einem Ponykarren oder mit d. Auto

Das Kloster liegt ca. 8 km von Hpa-an entfernt. Ein Mönch dort soll zuverlässig in die Zukunft sehen können.

Mottama (Martaban)

In Mottama endet die Straße und die Eisenbahn an der Mündung des Thanlwin (Salween) Rivers. Busse und Züge bleiben hier stehen. An der Fähre müssen Sie Ihren Paß vorzeigen. In absehbarer Zeit wird eine Brücke gebaut.

Fähren: *Personenfähren* verkehren jede halbe Stunde von 6.00 - 18.45 Uhr, K 5, Fahrz. 20 - 30 Min. *Autofähren* verkehren, wenn sie voll sind, von Sonnenaufgang bis -untergang. K 50 pro P., K 50 für ein Personenauto, Fahrz. 30 Min. Mieten eines Bootes ca. K 400

Mawlamyine (Moulmein)

Anfahrt

Flug: 3mal pro W. am Sa, So und Mi v. Yangon, 35 Min., (US$ 40)

Bus: von Yangon Privatbusse, am besten mit Leo Expreß, K 1 200, Abfahrt 17.00 Uhr, Ankunft zw. 5.00 u. 6.00 Uhr (Büro in Yangon: 23 - 25, Aung San Stadium, Upper Pansodan Str., T. 25 20 01, 24 95 12, Fax: 25 20 01; in Mottama: gegenüber dem Bahnhof, T. 41; in Mawlamyine: 104, South Bogyoke Rd, T. 2 27 03)

v. Mawlamyine (Busbhf. am südl. Ende der Stadt a. d. Straße n. Ye): nach Thanbyuzayat 5 - 6mal tägl., K 150; nach Kyaikkami (Amherst) 6mal tägl., K 150; nach Dawei (Tavoy) 1mal tägl., K 800; a. d. thailänd. Grenze 1mal tägl., K 2 500

Expreßzug: von Yangon 2 Expreßzüge, 8 - 9 Std., US$ 10, 1. Kl. US$ 17, von Bago 7 ½ Std.; Tickets im Advance Booking Office, Yangon

Mawlamyine

von Mottama nach Yangon zwei Expreßzüge, Tickets einen Tag im voraus im Northern Railway Booking Office (zwischen Strand Rd und Lowor Main Rd, nördlich des Hpa- an Jetty)
von Mawlamyine nach Dawei: diese Strecke dürfen Touristen zur Zeit nicht fahren
Schiff: von Yangon 3mal pro Woche, 8 Std.; von Mawlamyine nach Dawei und Myeik (Mergui); nach Hpa-an s. bei Hpa-an
Auto: von Bago US$ 40

Die frühere Hauptstadt der Mon und drittgrößte Stadt in Myanmar mit 220 000 Einwohnern ist 270 km von Yangon entfernt. Sie liegt am Thanlwin (Salween), der Stadt ist die Insel Bilukyun vorgelagert. Im hügeligen Umland sieht man überall weiße Pagoden. Von den Hügeln aus bietet sich eine schöne Aussicht auf die wunderbare Lage der Stadt und ihre Umgebung, etwa auf den kleinen felsigen Berg Gaungsekwin mit seinen weißen und glitzernden Pagoden und einem Kloster. Dahinter zeichnen sich in der Ferne die bewaldeten Hügel der Insel Bilukyun und die Stadt Mottama ab.

Mawlamyine ist ein Hauptausfuhrhafen für Teak und Reis. Die verschlafene Stadt ist außerdem bekannt für ihre Holzschnitzereien, sein Elfenbein und die Krabben- und Fischindustrie.

Besichtigung

Auf einem Hügelrücken sind fünf Klöster und Pagoden aufgereiht.

Maha Muni Pagode

Sie steht am nördlichen Ende der Hügelkette und ist die größte Pagodenanlage in Mawlamyine. Ihre Buddhastatue gleicht vollkommen derjenigen in der Mahamuni Pagode in Mandalay.

In einem angegliederten Kloster schildern Malereien Ereignisse aus den Jahren zwischen 1920 und 1930.

Kyaikthanlan Pagode

Sie steht südlich der Maha Muni Pagode auf dem gleichen Hügel und ist die höchste Pagode von Mawlamyine. Von hier haben Sie einen schönen Ausblick auf die Stadt und den Hafen. In ihrer Anlage ist sie identisch mit der Shwedagon Pagode in Yangon.

Die originale Pagode wurde 875 n. Chr. errichtet. Sie wurde zuerst von König Ponnurat von Mawlamyine und 1538 ein zweites Mal von König Wareru erweitert. Als die Briten nach dem 1. Anglo-Birmanischen Krieg 1824 aus Tenasserim abzogen, war die Kyaikthanlan Pagode nur noch eine Ruine. Sie wurde dann von dem Regierungskommissar U Taw Le mit Spenden der Bevölkerung wiederaufgebaut. Ihre Höhe mißt 46 m, der Umfang der Basis 95 m. Es führt ein Lift (K 5) nach oben. Auf der Plattform beim westlichen Aufgang befindet sich die berühmte Glocke mit der englischen Inschrift: „This bell is made by Koonalenga, the priest, and weight 600 viss (= 960 kg). No one body design to destroy this Bell. Moulmein, March 30, 1855. He who destroyed to this Bell, they must be in the great Hell, and unable to coming out."

1 Mahamuni Pagode
2 Kyaikthanlan Pagode
3 Seidonmibaya Kyaung
4 Anug Theikdi Chedi
5 Ukhanti Pagode
6 Uzina Pagode
7 Mon-Museum
8 Dawei Jetty
9 Post
10 Breeze Rest House
11 Hpa-an Jetty
12 Zugfahrkartenschalter für den Norden
13 Japan Hotel
14 Fußgängerfähre nach Mottama
15 Hauptmarkt
16 Gefängnis
17 Thaton Jetty
18 Neuer Markt
19 Mawlamyine Hotel
20 Autofähre nach Mottama

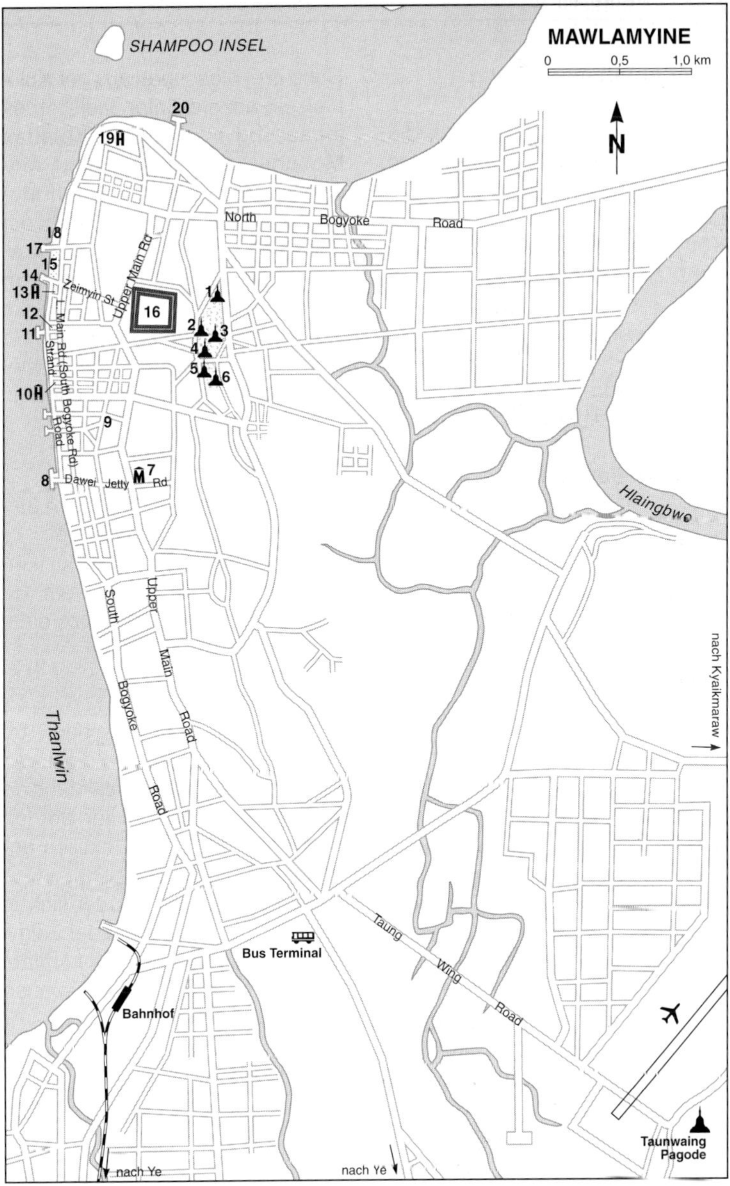

MAWLAMYINE
0
0,5
1,0 km
N
SHAMPOO INSEL
20
19
18
17
15
14
13
12
11
10
9
8
16
1
2
3
4
5
6
7
North
Bogyoke
Road
Upper Main Rd
Zeimyin St
L. Main Rd (South Bogyoke Rd)
Strand
Road
Dawei
Jetty
Rd
Hlaingbwe
South
Bogyoke
Road
Upper
Main
Road
Thanlwin
nach Kyaikmaraw
Bus Terminal
Taung
Wing
Road
Bahnhof
Taunwaing
Pagode
nach Ye
nach Ye

Seindonmibaya kyaung

Als nächstes schließt sich dieses Kloster an mit gut erhaltenen, Holzschnitzereien. Es wurde 1885 gebaut. Hier suchte die Frau von König Mindon, Königin Seindon, Schutz vor König Thibaw.

Aungtheikdi Stupa

Der Stupa ist zu je einem Drittel golden, silber und weiß.

U Khanti Pagode

Sie erinnert an den Einsiedler U Khanti, der auf diesem Hügel einige Zeit verbrachte. Eine große Buddhastatue steht in der Mitte.

Uzina Pagode

Diese Pagode steht am südlichen Ende der Hügelkette. Der Grundstein für die Uzina Pagode wurde schon im 3. Jh. v. Chr. gelegt. Von Uzina wurde sie vor ungefähr 100 Jahren renoviert. Die Pagode beherbergt eine liegende Buddhastatue und vier lebensgroße geschnitzte Figuren: Sie stellen den Kranken, den Alten, den Einsiedler und den Toten dar. Um eine sitzende und zwei stehende Buddhafiguren gruppieren sich 18 kleinere Statuen.

Darüber hinaus finden Sie im Zentrum der Stadt bei der Lower Road drei Moscheen aus der Kolonialzeit, als die Briten viele Arbeiter aus Indien holten: die **Kaladan Moschee**, die **Moghul Shah Moschee** und die **Sunni Sulati Moschee.** An der Strand Rd steht der chinesische Tempel **Htyan Haw**. Die erste Baptist oder **Judson Church** in Myanmar an der Ecke Upper Main Rd und Dawei Jetty Rd wurde von dem amerikan. Missionar Adoniram Judson gegründet.

Mon Cultural Museum

Öffnungszeiten: Mi - So von 9.30 - 16.00 Uhr, Eintritt: (noch) frei

Die Sammlung zeigt Musikinstrumente, Statuen aus dem 18. und 19. Jh. und Holzschnitzereien.

Märkte

Die Märkte sind zwischen 7.00 und 10.00 Uhr am lebendigsten.

Zeigyi: Er ist der zentrale Markt an der Lower Main Rd. Hier werden Haushaltswaren und Textilien angeboten.

New Market: Er befindet sich in der gleichen Straße wie der Zeigyi Markt. Sie können Lebensmittel wie z. B. frische Früchte, Gemüse und Fleisch kaufen.

Unterkunft

• Vorwahl: 0 32

Mawlamyine Hotel

Strand Rd, T. 2 25 60, 24 Zi, EZ US$

36, DZ US$ 48 - 60, AC, Du und WC, TV, Kühlschr., ren. Bungalows am Flußufer in gepfl. Anlage, freundl. Service, nettes Restaurant mit gutem Essen
Thanlwin Hotel
361, Lower Main Rd, Bo Kone Qtr., T. 2 2180, 15 Zimmer, EZ US$ 24, DZ US$ 36, Gemeinschaftsbad, ohne Frühst., völlig überteuert
Breeze Guest House
6, Strand Rd, T. 2 14 50, DZ US$ 10, Fan, Gemeinschaftsbad, DZ US$ 14, Fan, Du und WC, jeweils m. Frühstück, sauber, freundlich
Japan Hotel
Strand Rd, südlich des Mottama Jetty, hat noch keine Lizenz für Touristen

Restaurants

Chinesisch:
Min Thin bei der Schiffanlegestelle, **Peking** und **Badamya** in der Stadt, **Ruby Restaurant**, Lower Rd.
Birmanisch:
Daw Pu u. **Chitte Koko Maung Rest.; Shwe Myu Restaurant:** freundlich, gutes und preiswertes Essen
Mawlamyine Hotel: gutes Essen
Kismir: Teestube nahe der Shwemyaing Brücke; **Ngwe Lwin Oo Coffee Shop:** in der Roman Rd

Umgebung von Mawlamyine

Taungwaing

Dieser Hügel liegt bei Mawlamyine in der Nähe des Flughafens. Hierhin können Sie nur mit einem Auto gelangen. Auf dem Kamm ist eine Pagode gebaut, die als Reliquie ein Stück von Buddhas Robe

enthalten soll. Von der Pagode ausgehend sind 500 überlebensgroße Statuen von Buddhas Schülern den Hügel herunter in einer Reihe aufgestellt. Am unteren Ende befindet sich ein Kloster.

Gyaing se kyun

Früher wurden auf dieser kleinen Insel im Mawlamyine Fluß wegen ihrer klaren Quellen die Haarwaschzeremonien der Könige vor dem Neujahrsfest vollzogen. Die Briten nannten deshalb die Insel *Shampoo Island.* Sie können sich für K 400 ein Boot mieten und auf die Insel rudern lassen. Auf ihr steht der silberne Stupa Sandawshin, was übersetzt „heiliges Haar" heißt. Buddha soll persönlich hier gewesen sein und Einsiedlern acht Haare geschenkt haben, die im Stupa eingemauert sind. Der Brunnen für die Haarwaschzeremonien ist ebenfalls noch zu sehen. Mönche zeigen Ihnen gerne die Insel.

Heute befindet sich auf der Insel ein Meditationszentrum.

Balu Kyun oder Ogre Island

Sie ist die größte der vorgelagerten Inseln.

Höhlen

Im hügeligen Hinterland von Mawlamyine gibt es viele Höhlen, deren Besichtigung für Touristen noch nicht erlaubt ist! Von den größeren Höhlen sind zu nennen:

Kayun (Kawgaun) **Höhlen** (oder Farm Höhlen): Sie liegen etwa 15 km von der Stadt entfernt und werden von den Einheimischen gerne besucht. Zwischen Stalaktiten und Stalagmiten sind verschiedene Buddhastatuen angeordnet. Diese Höhlen werden auch „Höhlen der tausend Buddhas" genannt. Einige der Stalaktiten sind mit Ornamenten verziert.

Dammathat Höhlen: etwa 30 km entfernt

Pagat Höhlen: 40 km entfernt, am Thanlwin gelegen

Kogun Höhlen: 42 km entfernt, in der Nähe der Pagat Höhlen

Bingyi Höhlen: 75 km entfernt, am Dondami gelegen

Kyaikmaraw

Der Ort liegt südlich von Mawlamyine, etwa auf halbem Weg nach Mudon. Die Mon-Königin Banyahtaw ließ die idyllisch an einem kleinen See gelegene Kyaikmaraw Pagode 817 n. Chr. bauen. Im Innern sind Säulen, die mit Einlegearbeiten aus Marmorfliesen und Glasmosaik verziert sind, und eine sitzende Buddhastatue. Auf dem Pagodengelände befindet sich auch ein Museum mit Buddhastatuen, *chinthe* und *hintha*-Vögeln. Gegenüber der Pagode gibt es Essensstände.

Nicht weit vor Mudon fährt man an zwei auffallenden, schroff herausragenden Felsen vorbei: linkerhand steht ein Hindu-Tempel, und rechterhand wurde auf die Felsspitze die Kyauktalaun Pagode gebaut.

Mudon

Mudon liegt 30 km südlich von Mawlamyine. Bevor Sie in den Ort kommen, fällt der Blick auf den Kyauktalone Berg mit unzähligen Pagoden darauf. Mudon ist ein beschauliches Städtchen mit zwei Seen, einer schönen Pagode und Hügeln in der Umgebung sowie zahlreiche Baumwollwebereien.

Yadana Daung

Win Sein Taw Ya Kyaung

Am Ortsende von Mudon biegt man links ab durch ein mit bunten Tieren und Figuren verziertes Tor. Kurz danach stehen Hunderte von überlebensgroßen Mönchsfiguren aufgereiht bis zur Figur des liegenden Buddhas. Hier entsteht, dank der Vision eines Mönches, am Hang eines Hügels die größte liegende Buddhafigur der Welt mit 200 m Länge. Die Kosten von mindestens 8 Mio DM werden aus Spenden gedeckt. Das Innere der Figur wird als Kloster mit 200 Zimmern auf 12 Stockwerken genutzt. Im umgebenden Gelände werden noch jede Menge Stupas und Figuren gebaut und ein Bach mit Wasserfall angelegt.

Thanbyuzayat

Anfahrt

pick-up: vom Busbahnhof in Mawlamyine, 6 Abfahrten vor 12.00 Uhr, K 90; von Thanbyuzayat zurück letztes pick-up um 14.00 Uhr

In diesem Ort, ca. 65 km südlich von Mudon, befindet sich ein großer **Heldenfriedhof.** Er wird von der Commonwealth War Graves Commission instand gehalten. Hier liegen 3 770 Opfer des 2. Weltkriegs begraben, die unter dem Kommando der Japaner die Eisenbahnstrecke nach Thailand bauen mußten. Der Bau begann 1942, nach 16 Monaten war die 415 km lange Strecke mit einigen Brücken fertiggestellt. Nachdem sie 20 Monate in Betrieb war, wurde sie 1945 von den Alliierten durch Bomben zerstört. Während der japanischen Besetzung sollen 90 000 - 100 000 Arbeiter aus Myanmar, Malaysia, Indonesien und Thailand gestorben sein.

Kyaikkami (Amherst)

Anfahrt

pick-up: von Thanbyuzayat am frühen Vormittag, K 30
Auto: von Thanbyuzayat ca. K 800, von Mawlamyine ca. 2 Std.

Kyaikkami war für die Briten ein beliebter Badeort während der Kolonialzeit und ist erst seit 1996 für Touristen zugänglich.

Yaleh Pagode

Die renovierte Pagode steht auf einem Felsen direkt am Meer und ist bei hohem Wasserstand eine Insel, die mit einer Brücke vom Festland verbunden ist. Sie beherbergt 11 Haarreliquien. Es sind 21 Buddhastatuen zu sehen. Frauen dürfen nicht in die Pagode, für sie ist eine eigene Gebetshalle reserviert.

Nach der Legende soll die Pagode vom Meer angeschwemmt worden und auf diesem Felsenrücken gestrandet sein. Selbst bei hohem Wasserstand wird die Pagode nie überflutet.

Ganz in der Nähe befinden sich zwei Inseln, die sog. **Green Island und Onion Island.**

Setse

In der Nähe von Kyaikkami (½ Std. Fahrzeit) liegt der Badeort Setse mit einem langen, breiten Sandstrand und schattenspendenden Pinien. Der Strand wird fast nur von Einheimischen frequentiert. Man vermietet hier Autoreifen als Schwimmreifen. Das Wasser ist durch die nahe Mündung des

Setse

Thanlwin nicht immer klar. Für Einheimische gibt es in Kyaikkami und Setse staatliche Bungalows.

Weiter in den Süden ist die Straße für Touristen gesperrt!

Dawei (Tavoy)

Anfahrt

zur Zeit nur mit Genehmigung und per Flug möglich!

Flug: tägl. v. Yangon, US$ 75 - 85 von Myeik Mo und Sa, US$ 35 - 40 von Mawlamyine Mi u. Sa, US$ 50 von Kawthaung Do, US$ 80 - 85

Bus: v. Yangon, K 500, Fahrz. 3 T. von Mawlamyine, eine Übernachtung, aus Sicherheitsgründen wird ab dem späteren Nachmittag nicht mehr gefahren (Raubüberfälle)

Zug: v. Ye nach Dawei, neue Verlängerung der Bahnlinie v. Yangon

Schiff: von Yangon mit Myanmar Five Star Lines

Transportmittel im Ort sind Pferdekutschen oder Rikschas.

Die ersten Siedler in dieser Region waren wahrscheinlich Siamesen, der Dawei Distrikt unterstand nacheinander den Königen von Siam, Bago und In-Wa. Dawei wurde 1751 gegründet. 1752 errichteten die Briten eine Fabrik. Während des 1. Anglo-Birmanischen Krieges nahmen die Briten Dawei ein. Im September 1994 erregte ein heimlich gedrehter Bericht der BBC über den Bau der 170 km langen Bahnlinie zwischen Ye und Dawei Aufsehen, für den die Bevölkerung der umliegenden Dörfer zwangsrekrutiert wurde. Man nimmt an, daß die Regierung die neue Bahnlinie nur deshalb gebaut habe, um Soldaten und Baumaterial in das Gebiet von Dawei zu schaffen. Hier entsteht zur Zeit eine überirdisch angelegte Gaspipeline nach Thailand.

Dawei liegt am Ufer des Dawei Flusses. 18 km westlich von Dawei befinden sich mehrere kleine Inseln mit Korallenriffen, bekannt als **Middle Moscos Islands**. Die Inseln werden in eine nördliche, mittlere und südliche Gruppe eingeteilt, ihre Namen sind Maungmagan, Launglon und Henze. Über 8 km erstreckt sich der Sandstrand.

Besichtigung

Shin Mokti Pagode

König Sawthila ließ die Pagode 1438 erbauen. Im Schrein enthält sie eine Buddhafigur, die angeblich aus dem Holz eines Bodhibaumes gefertigt wurde. Drei weitere gleiche Figuren sind in Pathein, Kyaikhtyio und Kyaikkami.

Yattawmu

Diese riesige stehende Buddhafigur ist 13 m hoch. Daneben ragen drei grüne Mosaikstupas auf.

Shwetangza Pagode

Der Gouverneur Maung Shin Zaw ließ die Pagode 1762 erbauen. Im Laufe der Zeit wurde sie vergoldet.

Kyetthindaing Pagode

Die Pagode steht auf den Boden eines Friedhofs. Sie beherbergt in mehreren Gebäuden Buddhastatuen verschiedener Stile: drei liegende Buddhafiguren, eine Buddhafigur aus Smaragd und die einzige Buddhastatue mit sechs Fingern an der linken Hand.

Hpayashinmyauk Stupa

In einer Andachtshalle stehen viele Buddhafiguren. Im Pagodenbezirk ist ein *Nat*-Schrein aufgestellt.

Hsu-taungpyi Pagode

Diese Wunscherfüllungspagode steht auf einem Hügel 10 km außerhalb der Stadt. Sie hat einen silbernen und einen halb golden, halb weißen Stupa. In der Kassapa-Höhle ist eine Buddhafigur aufgestellt.

Weitere Sehenswürdigkeiten sind das **Gawthitar Yama Kloster,** in dem etwa 150 Mönche leben und der **Hafen.**

Lyaungdawmu

Etwas außerhalb von Dawei können Sie eine große liegende Buddhafigur sehen. Sie entstand 1931, ist 72 m lang und 21 m hoch. Der Kopf, die Fußsohle und die Handfläche messen jeweils 10 m. Früher soll man durch ein Nasenloch hinein- und durch ein Ohr hinausgegangen sein können.

Unterkunft und Restaurants

Sibin Guest House
staatl., äußerst einfach, pro P. K 30 im 6-Bett-Zimmer
Aung Chan Mya Restaurant: chinesische Küche, gut
Daw Khin San Restaurant: birmanische Küche, gut
Myanma San Restaurant: gut, billig
Bayda Restaurant: gegenüber dem Myanma San, gut, auch Coffee Shop
Eye Restaurant and Tea Shop: nahe der Kyetthindaing Pagode
Beik lapet-yay-zaing Tea and Coffee Shop: auch gutes Essen
Dollar Tea and Coffee Shop: bei dem Myanma Airways Büro
Meikswe Tea and Confectionery: Tea und Coffee Shop

Myeik (Mergui)

Anfahrt

Flug: von Yangon Mo, Di, Do, Fr, US$ 90 - 100
von Dawei Mo, Sa, US$ 35 - 40
von Kawthaung Di, Do, Fr, US$ 50
von Mawlamyine Mi, US$ 75 - 85
Bus: von Dawei täglich, für Touristen nicht erlaubt
Schiff: von Yangon mit Myanmar Five Star Lines

Nördlich von Myeik sollen künftig die Küstenregionen von Yehyuthe und Palaw als Badeorte touristisch erschlossen werden.

Besonders interessant ist Myeik mit seiner vorgelagerten Inselwelt als neuer Anlaufpunkt des internationalen Tauchtourismus. Im Oktober 1995 wurde auf **Thahtay Kyun Island** nach zweieinhalbjähriger Bauzeit der **Andaman-Club** mit 205 Zimmern, Swimmingpool, einem Spielcasino und Duty-Free-Shop eröffnet. Eine Buchung ist von Bangkok zu versuchen, Bangkok Sales Office, 1168/71 Floor 25-B, Lumpini To-wer, Rama IV. Rd,Thungmahamek, Sathorn, Bangkok 10120, T. (6 62)6 79-82 38-40, 2 85-64 04-7, Fax: (6 62)2 85-64 08-9. Thailänder können von Ranong aus mit dem Schiff auf die nahegelegene Insel fahren. Der Club bietet Bootsfahrten zu den nahegelegenen Inseln an. Trotzdem bewegen Sie sich in Myeik noch auf touristischem Neuland. Ihre Einwohner sind sehr freundlich und um Touristen bemüht.

Einstmals lag Myeik tief im Dschungel von Südmyanmar. Dann diente es als Hafen von Ayutthaya, einer früheren thailändischen Hauptstadt nördlich von Bangkok. Von Myeik wurden die Reisenden in kleinen Booten auf dem Fluß nach Tenasserim gebracht. Von dort führte eine befestigte Straße nach Ayutthaya. Zu dieser Zeit gehörte Myeik zu Siam (Thailand).

Auch venezianische Reisende kamen ab 1569 mit ihren Schiffen regelmäßig nach Myeik. 1687 kämpften hier die Siamesen gegen die Briten. Auch während des 1. Anglo-Birmani-schen Krieges fanden in dieser Region heftige Kämpfe statt. Von 1825 bis 1948 stand Myeik unter britischer Verwaltung.

Besichtigung

Pawdawmuaung theikdigon Pagode

Sie steht oberhalb des Meeres und der Gummiplantagen und besitzt drei goldene Stupas. Der mittlere Stupa, der größte der dreien, wurde auf einem quadratischen Sockel gebaut. Weitere vier kleine Stupas stehen auf dem Sockel. Die Pagode beherbergt eine Haarreliquie Buddhas.

Hpaya kozu Pagode

Eine Buddhafigur sitzt in einer Andachtshalle, die von einem Wassergraben umgeben ist, auf einem Lotosthron. Die orangefarbene Kuppel wird von einem *hti* gekrönt.

Ein hellblauer Stupa ist umgeben von acht verschiedenen Tieren, die jeweils einem Wochentag zugeordnet werden: für den Sonntag ist es ein Vogel, für den Montag ein Tiger, für den Dienstag ein Löwe, für den Mittwochmorgen ein Elefant mit Stoßzähnen, für den Mittwochnachmittag ein Elefant ohne Stoßzähne, für den Donnerstag eine Ratte, für den Freitag ein Guineaschwein und für den Samstag eine Schlange.

Theindawgyi Pagode

Sie wird von der Bevölkerung in Myeik am meisten verehrt. Neben einer weiträumigen Andachtshalle erhebt sich ein großer goldener Stupa, der umgeben ist von vier kleineren goldenen Stupas. Vor einer liegenden Buddhafigur steht eine riesige sitzende Buddhafigur. Ein kleines **Museum** ist der Anlage angegliedert.

Von dieser Pagode aus bietet sich Ihnen ein wunderschöner Blick auf den Hafen und auf die Pataw-Patit Insel. Ganz nahe finden Sie die **Bupaya Pagode.**

Atula Lawka Marazein Pagode

Hier können Sie eine riesige Buddhafigur besichtigen, die von vielen kleinen Figuren umringt ist.

Darüber hinaus sind der **Hafen** und der **Markt** sehenswert. Myeik besitzt auch einen Golfplatz.

Unterkunft und Restaurants

Myeik besitzt noch keine erlaubten Unterkünfte für Touristen (Ausnahme: mit einem Travel Permit)!

Annawa Hotel
staatl., neben einer Pagode mit schönem Blick auf den Hafen, Gemeinschaftsbad, Fan, Moskitonetz

Golden Pearl Guest House
n. d. Hafen, v. d. Dacht. schöner Blick, freundl. Besitzer, sauber, nimmt vielleicht Touristen auf, DZ US$ 20

Ein-Daw-Phyu Guest House
57, Kan Phya Main Rd, Gemeinschaftsbad, nicht sauber, Fan

Bamboo House Rest.: chin. Küche, sehr gut, sauber, freundlich, das Haus ist aus Bambus gebaut

Welcome Restaurant: gutes chinesisches Essen

Sakhantha Restaurant: chinesische Küche, gut

Coffeeshops: Karaweik Cold Drinks Store, Black Cat Coffeeshop und Meikset Coffeeshop

Der Archipel von Mergui

Dieser Archipel besteht aus einsamen Stränden mit Fischern und Perlentauchern und 4 800 registrierten Inseln. Es gibt noch keine organisierten Besichtigungstouren. Für einen Ausflug im Archipel müssen Sie sich ein Schiff für mindestens US$ 60 pro Tag mieten. Außerdem benötigen Sie eine Genehmigung!

Pataw Patit Island

Sie liegt am nächsten zu Myeik; man fährt vom Jetty nur fünf Minuten mit dem Boot.

Auf der Insel sehen Sie eine große **liegende Buddhafigur** in einer Halle. Die Figur wurde 1956 errichtet, ist über 60 m lang und 16 m hoch. Man kann ins Innere der Figur hineingehen.

Eine weitere, sehr ungewöhnliche Buddhadarstellung ist auf der Insel zu besichtigen. In einem Kloster wird ein liegender Buddha hier auf seinem Totenbett, umringt von seinen Jüngern, dargestellt.

Im Bereich des Klosters steht der **Su-lamani Stupa.**

In einem See wachsen angeblich die größten Lotosblumen des Landes.

King Island oder Mayanpin Kyun

Nach der Kalakyun Insel erreicht man King Island. Auf der Insel wurde 1981 eine kleine Stadt gebaut, die sogar ein Guest House besitzt. Leider hat die Insel keinen Strand zu bieten. Eine weiße Pagode begrüßt die Besucher der Insel.

Maingy Island

Sie wurde nach dem Verwaltungsbeamten von Tenasserim, Maingy, benannt. Die Einheimischen tauchen hier nach Perlen und Muscheln, fischen und suchen in den Felsen nach eßbaren Vogelnestern.

Die Seeschwalben bauen hier ihre Nester in die Höhlen der Kalksteinfelsen. Sie sind sehr schwierig zu erreichen und die Sammler riskieren dabei oft ihr Leben. Die Nester werden mit dem ausgespuckten Speichel gebaut, dann trocknen sie an der Luft und werden hart. Wenn man sie dann in Hühnerbrühe kocht, werden sie wieder weich und eßbar.

Schwalbennester sind bei den Chinesen sehr begehrt und werden sehr hoch bezahlt (pro kg angeblich US$ 1 800). Sie bezeichnet man sie auch als das „weiße Gold".

Der Westen

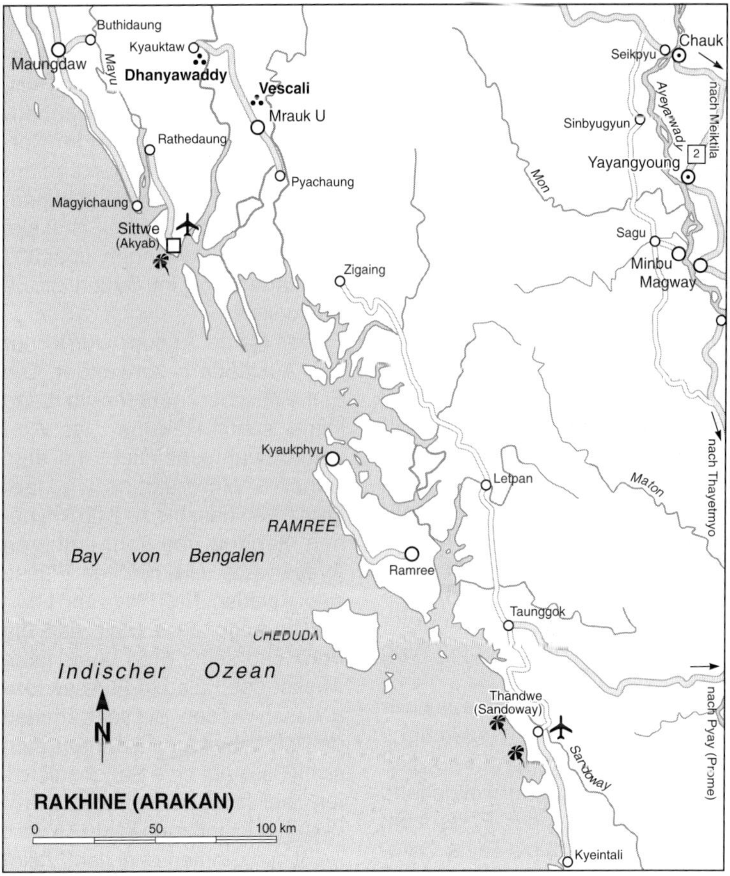

Der westliche Teil Myanmars umfaßt den Staat Rakhine (gespr. Rakain) und den Staat der Chin. Die ersten Bewohner von Rakhine waren die dunkelhäutigen und kraushaarigen Bilu, dann wanderten Inder ein, und später kamen die Tibeto-Birmanen in diese Region. Der Einfluß der Bengalen und Inder ist im Chin-Staat noch deutlich spürbar. Durch das hügelige Bergland ist dieser Staat vom übrigen

Myanmar heute noch stärker isoliert als Rakhine. Im Chin-Staat gibt es die meisten Animisten.

Nordrakhine (Nordarakan)

Für die Reise nach Nordrakhine benötigen Sie zur Zeit keine Genehmigung von MTT in Yangon. Mittlerweile könnten Reisebüros in Yangon bei Buchung auch in kurzer Zeit eine evtl. erforderliche Erlaubnis erhalten. Während des Monsuns ist es wahrscheinlich nicht möglich, einen Flug zu erhalten. Im Moment ist ein umfangreiches Brückenbauprogramm im Gange, auch das Straßennetz wird ausgebaut und verbessert. Ab Ende 1999 sollen die Bauarbeiten abgeschlossen sein. So wird es zukünftig möglich sein, zu jeder Jahreszeit Rakhine mit dem Auto zu bereisen.

Die günstigste Reisezeit für Nordrakhine ist von Dezember - Februar. Die Temperaturen sind dann angenehm und weitgehend ausgeglichen. In der Regenzeit, die dort von Juni bis Ende Oktober dauert, kann es sehr heftig regnen; oft wüten starke Stürme. In dieser Zeit stellt die Malaria immer noch ein Problem dar. Es folgt der trockene und heiße Sommer von März bis Mai.

Die Vegetation ist sehr üppig: es wachsen Bambuswälder in den bergigen Regionen, Kokospalmen, Bananen, Mangos, Betelpalmen, Orangen, Limonen, Lychees, Ananas, Papaya, Bohnen, Chilli, Reis, Tomaten, Radieschen, Blumenkohl, Gurken, Salat usw. Im Norden leben noch Elefanten und andere wilde Tiere wie Schweine, Leoparden, Wildkatzen, Schakale, Affen, Bären, Schlangen, über 300 Vogelarten und im Süden große Krokodile.

Der Name Arakan wurde nur von Ausländern verwendet. Die Einheimischen nannten ihr Land immer schon Rakhine. Das Wort kommt wahrscheinlich aus dem Sanskrit. Nordrakhine wird begrenzt von dem bis zu 3 053 m hohen Gebirge und vom mittleren Ayeyarwady. Die größten Flüsse sind: Kaladan, Naf, Mayu und Lemro. Die Legende erzählt, daß ein Prinz und seine Frau vom Hochwasser des Kaladan-Flusses fortgerissen wurden. Sie schwammen um ihr Leben und konnten sich schließlich auf eine Sandbank retten. Der Fluß wurde deshalb früher „Kulartant“ genannt. *„Kular“* heißt schwimmen und *„tant“* heißt stoppen. Die wichtigsten Verkehrsadern in dieser Region sind immer noch die Flüsse, das Straßennetz ist kaum entwickelt.

In Nordrakhine leben vorwiegend Buddhisten mit einer eigenen

Sprache und einige mohammedanische Bangladeschi als Flüchtlinge. Der Buddhismus soll in Rakhine schon während der Lebenszeit von Buddha Fuß gefaßt haben. Buddha sei, so heißt es, mit 500 Schülern hierher gekommen und habe auf dem Berg Salagiri gerastet. Die berühmte Mahamuni-Statue soll mit der Zustimmung von Buddha gegossen worden sein, als er hier weilte. Die Statue wurde in drei Teile zersägt und nach Mandalay gebracht, als das Rakhine-Reich unterging. In der Zeit von 580 v. Chr. - 326 n. Chr. regierte die Suriya-Dynastie für 906 Jahre und wurde dann von der Chandra-Dynastie abgelöst.

Rakhine war während seiner ganzen Geschichte ein unabhängiges Königreich. Die Zeugnisse der etwa zweitausendjährigen Kultur dieses Landesteiles sind heute dem Verfall preisgegeben.

Sittwe (Akyab)

Anfahrt

Flug: Die Stadt ist für Touristen nur mit dem Flugzeug erreichbar bis der Ausbau des Straßennetzes voraussichtlich Ende 1999 beendet sein wird! Von Yangon tägl. Flüge, US$ 100 einf., 1 1/2 Std.; Sa via Thandwe (Sandoway), Di von Kyaukpyu, US$ 30, 30 Min., Fahrt i. d. Stadt m. d. pick-up K 300 - 400
Schiff: v. Yangon mit der Myanma Five Star Line, kein regulärer Fahrplan, wahrscheinl. nur 1mal i. Mon., Fahrz. mind. 2 Tg., Kabine US$ 60
Auto: auf d. neuen Str. 15 - 20 Std.

Sittwe, die Hauptstadt von Rakhine, fiel nach dem 1. britisch-birmanischen Krieg an die Briten und wurde 1826 von dem britischen General Morrison zum Verwaltungszentrum ausgebaut. Im 2. Weltkrieg litt die Stadt sehr unter den Kämpfen der Japaner.

Sittwe liegt an der Mündung des Kaladan und hat 170 000 Einwohner, von denen die meisten Moslems sind. In der Nähe des „Yangon Jetty" können Sie einen Markt besuchen. Die Stadt ist der Ausgangsort für die Besichtigung der alten Königsstadt Mrauk U (Myohaung). Ansonsten bietet Sittwe noch einen langen Strand.

Besichtigung

Atulamarazein Pyilone chantha Payagyi Pagode

Sie wurde 1255 erbaut und steht im Zentrum der Stadt. Eine große Buddhastatue aus Bronze aus der Zeit um 1900 ist zu sehen.

Kyayoke Kloster

Dieses Kloster liegt neben der Payagyi Pagode. Es sind dort zwei

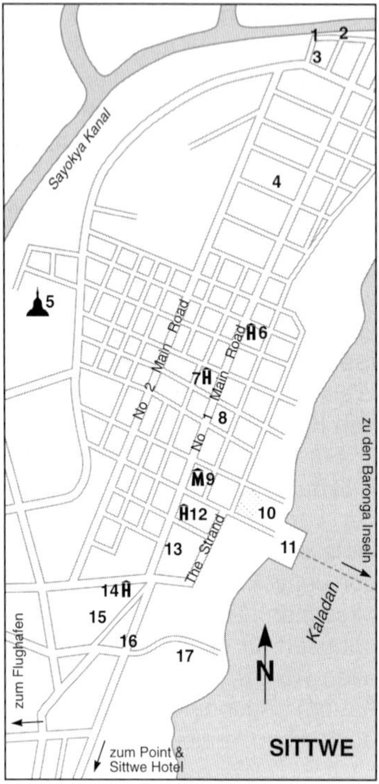

1 Jetty für staatl. Schiffe nach Mrauk U
2 Jetty für private Schiffe nach Mrauk U
3 Inland Water Transport Büro
4 Mahakuthala Kloster
5 Payagyi Pagode
6 Prince Guest House
7 Gissapa Guest House
8 Alter Uhrturm
9 Kulturhistorisches Museum
10 Hauptmarkt
11 Five Star Jetty
12 San Pya Guest House
13 Myanma Airways
14 Mya Guest House
15 Telegraphenamt
16 Neuer Uhrturm
17 Hauptpost

einer im singhalesischen und einer im birmanischen Stil.

Ko Nawin Katkyawzedi

Der goldene Stupa mit einem sehr großen Schirm wird umringt von acht kleinen Stupas.

Thanbokday Stupa

Er hat drei Terrassen und ist umgeben von kleinen Stupas.

Mahazeya Kloster

Auf dem Klostergelände war ein Museum, in dem zahlreiche Buddhastatuen, auch als Kopien von Buddhastatuen von Mrauk U, und eine große pinkfarbene Buddhafigur standen. Jetzt ist das Museum in die Nähe des Flughafens umgezogen (s. u.).

Buddermokan Moschee

Sie soll vor über hundert Jahren von zwei Kaufleuten aus Chittagong zur Erinnerung an Budder Auliah, einem bedeutenden Heiligen der Moslem, gegründet worden sein.

Rakhine State Cultural Museum

• Eintritt: US$ 3

Es ist im Zentrum der Stadt in der Nähe der Moschee. Man kann Modelle des Königspalastes von Mrauk U und einiger Tempel, Musikinstrumente und Trachten sehen.

Buddhistisches Museum

Eintritt: frei, Spende wird erwartet

Dieses Museum ist in einem neuen Gebäude beim Flughafen zu finden. Es beherbergt tausende von Buddhastatuen. Viele der ganz kleinen Figuren stammen aus Reliquienkammern der Pagoden von Mrauk U. Gläubige spendeten beim Bau einer Pagode je ein Figürchen für jedes Jahr ihres Lebens und eines extra für ein langes Leben. Einige Schalen enthalten Reliquien (Knochen) von Buddha. Weiter sehen Sie noch Buddhafiguren mit ungewöhnlichen Haltungen und Gesten.

The Point

An der Mündung des Kaladan Flusses in die Bai von Bengalen ragt eine riesige Terrasse über den Fluß. Für die Einheimischen ist sie ein beliebter Picknickplatz. Etwas weiter westlich finden Sie einen Strand mit graubraunem Sand.

Unterkunft

• Vorwahl: 0 43

Sittwe Hotel
ist in Bau, Zeitpunkt der Eröffnung noch nicht bekannt

Prince Guest House
27, Main Rd, im Zentrum, T. 2 13 95, US$ 4 p. P., Fan, Gemeinschaftsbad, sehr einfach; DZ US$ 20, AC, Du und WC, Kühlschrank

Mya oder Emerald Guest House
in d. N. d. College, T. 2 18 88, EZ US$ 3, DZ US$ 6, Gemeinschaftsbad, Fan; US$ 4 - 5 p. P., Du und WC, nicht s. sauber, Besitzer können Ausflüge nach Mrauk U organisieren

Gisspar Guest House
bei d. Post, EZ US$ 2, DZ US$ 4, freundlich, sehr einfache Zimmer

Sanpya Rest House
beim Markt, T. 2 18 84, wahrscheinl. noch nicht für Ausländer zugelassen

Restaurants

Die Spezialitäten der Küche von Rakhine sind scharfe Curries und Meerestiere. Einige Restaurants finden Sie in der Straße hinter dem Cultural Museum.

Sittwe Hotel: hat noch nicht eröffnet, Rest. im 2. St. geplant, m. AC und Blick auf das Meer

Innpaukwa Restaurant: gegenüber der Hauptpost am Flußufer, chin. und birman. Küche, Fischgerichte, gut

Sein Restaurant: chinesisch

Moe Pa Le Burmese Rest.: schräg gegenüber dem Cultural Museum

Lay Nyin Tha Restaurant: am Fluß

City of Joy Café: i. d. Nähe d. Markts

Aung Tea Shop: i. d. Nähe d. Markts

Umgebung von Sittwe

Bayonga Inseln

Die drei Inseln liegen vor der Mündung des Kaladan Flusses. Auf der östlichen Insel wird Öl gewonnen, die mittlere und die westliche Insel ist jeweils von Fischern bewohnt. Mit dem Linienschiff vom Mrauk U Jetty kann man die Inseln nur mit einer Erlaubnis erreichen. Sie können aber auch ein Boot chartern.

Mrauk U (Myohaung)

Anfahrt

Schiff: Die Stadt ist von Sittwe aus mit dem Schiff auf dem Kaladan-Fluß zu erreichen. Für die 70 km braucht man 5 - 6 Stunden. In Aungdet verlassen Sie das Schiff, und schon nach einigen hundert Metern erreichen Sie Mrauk U.
Sittwe - Mrauk U: Die Schiffe legen am Mrauk U Jetty um 7.00 Uhr ab und kommen um 12.00 Uhr an
Staatl. Schiff: Mo, Do, Sa, US$ 4 hin und zurück
Privates Schiff: Di, Mi, Fr, So, US$ 4 hin und zurück
Mrauk U - Sittwe: Die Schiffe legen gegen 13.00 Uhr ab und kommen um 18.00 Uhr an
Staatl. Schiff: Di, Do, Sa
Privates Schiff: Mo, Mi, Fr, Sa
Ticketverkauf: Inland Water Transport Office, Sittwe
Es gibt auch die Möglichkeit, ein Schiff zu chartern, K 20 000 hin und zurück.

Während der Fahrt auf dem sehr breiten Kaladan können Sie Möwen, Wildenten, Reiher, Störche und Bussarde beobachten. Nach gut 20 km passiert man die **Urittaung Pagode,** die auf einem felsigen Hügel steht. Die Pagode war in den vergangenen Jahrhunderten immer wieder instand gesetzt worden; zuletzt ließ ein Privatmann sie vergolden. Manche Schiffe halten in **Ponnagyun** am gegenüberliegenden Ufer. Der berühmte birmanische Feldherr Maha Bandoola hat hier gegen die Briten gekämpft. Nach etwa zwei Stunden biegt das Schiff in einen Nebenfluß ab. Von Mrauk U aus können Sie die weißen Pagoden der nur wenige Kilometer nördlich gelegenen alten Königsstadt Vesali erkennen. Von der Schiffsanlegestelle kann man mit einer Fahrradrikscha in 10 Minuten Mrauk U erreichen.

Mrauk U heißt „die alte Stadt“, sie wird auch die goldene Stadt genannt. Gegründet wurde sie 1430 n. Chr., sie erlebte eine lange Blütezeit, die bis 1785 dauerte. Vor der Gründung von Mrauk U gab es bereits zahlreiche Königsstädte:

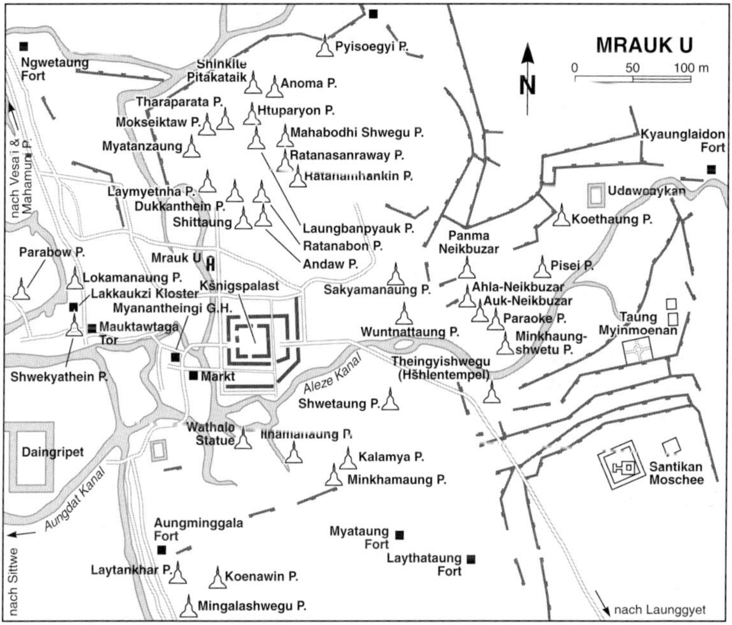

Dhanyawaddy, Vesali, Sambawet, Pyinsa, Parein, Launggret, Hkirt. Der Reichtum dieser Städte verdankte sich einer außerordentlich günstigen geographischen Lage: Die Seefahrerschiffe konnten über ein Netz von Flüssen direkt vom Meer aus die Städte erreichen. Der Boden war fruchtbar und für den Reisanbau bestens geeignet. Reis wurde auch damals schon exportiert, und so kamen fremde Kaufleute nicht nur aus den Nachbarländern, sondern auch aus den Niederlanden, Portugal und Spanien. Der Verkauf von Elefanten war ebenfalls sehr einträglich.

Das Königreich von Rakhine wurde in 12 Provinzen eingeteilt, die von Gouverneuren regiert wurden. Es war damals üblich, daß jeder Gouverneur in Mrauk U eine Pagode bauen ließ. Daher erklärt sich, daß die Umgebung mit Monumenten gleichsam überschwemmt ist. Die Tempel und Pagoden dienten als religiöse Stätte und zugleich als Befestigungsanlage. Leider wurden viele der Gebäude durch das tropische Monsunklima zerstört und vom Dschungel überwuchert. Viele aber konnten inzwischen durch Spenden restauriert werden.

Besichtigung

Königspalast

Er stand damals im Zentrum von Mrauk U und war von kleineren Hügeln umgeben, die gute Verteidigungsposten bildeten. Die Könige von Mrauk U hielten sich japanische Samurais als Wächter. Der innere, in drei Terrassen angelegte Bezirk des Palastes war umgeben von einer Mauer aus Sandsteinquadern und zudem von Wassergräben. Viele der Sandsteinquader wurden später nach Akyab gebracht, um dort den Hafen zu bauen. Innerhalb der Palastanlage waren Brunnen, künstliche Seen, Gärten und die Shwegutaung Pagode.

Die Anlage wurde viele Male erneuert, die Gebäude renoviert. Trotzdem sind jetzt nur noch die Reste der Palastmauer und drei der Wassergräben zu sehen.

Der Palast war aus Teakholz gebaut, weitgehend lackiert und vergoldet. Die Dächer zierten geschnitzte Figuren. Die Wände waren innen mit duftenden Hölzern ausgekleidet. Entlang der Decke rankten sich goldene Kletterpflanzen mit goldenen Kürbissen und Blättern aus Smaragd und Trauben aus Granat.

In der Nähe des Königspalastes wurden zahlreiche Festungen gebaut.

Archäologisches Museum

geöffnet Mo - Fr, 9.00 - 16.30 Uhr

Das Museum innerhalb der alten Palastmauer enthält eine Sammlung von religiösen Skulpturen und Ausgrabungsstücken aus der Gegend, verschiedene Musikinstrumente, Fragmente von Wandmalereien, Reliefs und Stelen aus dem 8. - 16. Jh.

Nördlicher Teil v. Mrauk U

Shitthaung Pagode

Einen knappen Kilometer nördlich der Palastanlage befindet sich die Shitthaung Pagode. Wie viele Pagoden steht sie auf einem Hügel 15 m hoch und ist damit vor der Gefahr der Überflutung geschützt. Sie wird auch „Pagode der 80 000 Buddhas" genannt, weil im Innern einer Andachtshalle sehr viele Buddhafiguren stehen. Außerdem sind noch 550 *Jataka*-Reliefs aus Sandstein zu sehen.

König Minbin hatte die Pagode 1535 erbaut, nachdem der portugiesische Angriff erfolgreich abgewehrt werden konnte. Das Gebäude aus Sandstein, das mehr wie eine Festung wirkt, wurde in nur einem Jahr errichtet; 1 000 Arbeiter waren unermüdlich im Einsatz.

Auf der ersten Plattform stehen zwei kleine Pagoden, die **Nay Ht-**

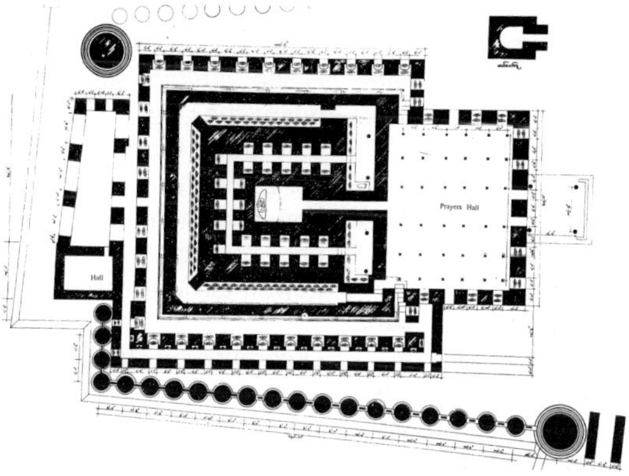

Shitthaung Pagode

wet Para (Sonnenaufgang-Pagode) und **Nay Win Para** (Sonnenuntergang-Pagode). Die Nay Htwet Para ist achteckig mit geschwungenen Seiten, der Eingang ist nach Osten ausgerichtet. Die Nay Win Para hat einen runden Sockel, auf dem der Stupa steht. Im inneren Hof befindet sich eine hölzerne Gebetshalle mit schier unzählbaren Buddhastatuen. Auf dem Weg zur Haupthalle trifft man auf einen Steinpfeiler mit Inschriften. Oben am Pfeiler ist eine Skulptur von König Minbin und seinen vier Ministern zu sehen. Gegenüber dem Eingang befindet sich eine knapp 3 m hohe Buddhafigur, die auf einem Thron sitzt.

Die Hauptpagode ist ungefähr 48 m lang, 38 m breit und 20 m hoch. An der nördlichen und südlichen Mauer stehen in regelmäßigen Abständen weitere Pagoden, jeweils eine größere und 18 bzw. 17 kleinere. Zwischen den Pagoden ist jeweils eine Steintafel in die Mauer eingelassen, die verschiedene Tiere als Relief zeigt. Im inneren Bereich stehen in Umgängen über tausend Skulpturen: Frauen und Männer in Gebetshaltung, mit Musikinstrumenten, tanzend, spielend, kämpfend. Entlang zweier weiterer Gänge sind Hunderte von Buddhastatuen in verschiedenen Größen aufgestellt. Im letzten Gang ist ein unverzierter Fußabdruck von Buddha zu sehen.

Shitthaung Pfeiler

Der sehr bekannte Pfeiler steht links vom Eingang der Shitthaung Pagode. Man nimmt an, daß er aus dem 8. Jh. n. Chr. stammt. Er soll von Vesali nach Mrauk U gebracht worden sein. Der Pfeiler ist 3 m hoch und zeigt an drei Seiten Inschriften in Sanskrit und Lotosblätter als Verzierung. Er wurde 1535 von König Minbin von Vesali nach Mrauk U gebracht.

Andaw Pagode

Sie steht 25 m nordöstlich von der Shitthaung Pagode und wurde 1521 von König Min Hla Raza errichtet. Sie enthält eine Zahnreliquie von Buddha, die König Minbin aus Sri Lanka mitgebracht haben soll. Die Pagode ist achteckig und aus Sandstein gebaut. Jeweils 16 kleine runde Pagoden aus Ziegel erheben sich an den vier Seiten. Im Osten ist eine Andachtshalle, die in einen achteckigen Raum führt. In den umlaufenden Gängen befinden sich in Nischen unzählige Buddhafiguren aus Stein. Im Mittelpunkt dieses Raumes steht ein achteckiger Pfeiler, der bis zum Dach reicht. Licht und Luft können nur durch den Eingang dringen.

Ratanabon Pagode

Sie ist nur 12 m nördlich von der Andaw Pagode auf Geheiß von König Minkhamaung und seiner Frau 1612 errichtet worden. Die Pagode ist ganz aus Sandstein gebaut und strebt in vielen konzentrischen Reihen bis auf eine Höhe von 60 m empor. Während des 2. Weltkrieges wurde die Pagode von einer Bombe getroffen und zur Hälfte zerstört; sie sieht jetzt wie gespalten aus. Früher enthielt sie eine große Glocke. Die Pagode ist völlig ohne Verzierungen, nicht einmal eine Buddhastatue ist zu finden. Außerhalb stehen noch zwei Löwen als Wächterfiguren.

Dukkanthein Pagode

100 m westlich der Ratanabon Pagode steht auf einem 10 m hohen Hügel die Dukkanthein Pagode. Sie wurde von König Minphalaung 1571 erbaut. Man erreicht sie über eine Treppe. Der glockenförmige Stupa mit zurückweichenden Terrassen ähnelt der Shitthaung Pagode. Durch ein großes Fenster dringt Licht ins Innere. An jeder Ecke der Basis steht ein kleiner Stupa. Sehenswert sind die Reliefs mit Bildern vom Leben am Hofe und die Statuen von den sitzenden Mädchen mit verschiedenen Haartrachten, die Lotosblüten opfern. Es sollen 64 verschiedene Arten von Haartrachten sein. Außerdem sind noch Nischen mit insgesamt 140 Buddhastatuen in die Wände eingelassen.

Laymyetnha Pagode

45 m weiter nordwestlich von der Dukkhanthein Pagode befindet sich die Laymyetnha Pagode. Sie wurde 1430 aus Sandstein erbaut,

nur der kleine Stupa ist aus Ziegelsteinen. Die Konstruktion ist quadratisch, die inneren Räume sind achteckig. Im Zentrum steht eine achteckige Säule, die den Turm tragen soll, der sich über der Mitte des Daches erhebt. Jede Seite des Innenraums enthält 28 Nischen mit je einer sitzenden Buddhafigur.

Myatanzaung Pagoden

Es handelt sich um Zwillingspagoden: die östliche und die westliche Myatanzaung. Sie stehen auf einem 12 m hohen Hügel. König Minsawmon ließ beide im gleichen Stil 1430 errichten.

Mokseiktaw Pagode

Sie wurde ebenfalls 1430 von König Minsawmon auf einem 30 m hohen Hügel auf zwei Terrassen gebaut. Die Pagode hat eine runde Basis und einen glockenförmigen Stupa. An der Ostseite befindet sich ein fast 10 m großer, unverzierter Fußabdruck aus Stein. Eine *Pitakataik* (Bücherei) steht auf der unteren Terrasse. Den lehrenden Klöstern war grundsätzlich eine Bücherei angegliedert.

Laungbanpyauk Pagode

Laungbanpyauk Pagode

Die Pagode wurde 1525 erbaut. Sie ist von zwei Mauern umgeben, von denen die innere Mauer mit schönen Mustern und Rosetten aus Tonplatten in acht verschiedenen Farben dekoriert ist. Der ursprünglich 37 m hohe achteckige Stupa hat keinen Schirm mehr und mißt jetzt nur noch 23 m. 16 Nischen sind um die Basis gereiht - die meisten sind leer oder den Figuren fehlen die Köpfe.

Htuparyon Pagode

Die Pagode wurde 1494 von König Minranaung erbaut und 1613 von König Minkhamaung erneuert. Die Basis ist achteckig. Jede der vier Ecken der Pagode wird von Löwenstatuen bewacht, die zwei Körper und einen Kopf haben. Heute ist von der Pagode nur noch eine Ruine übrig.

Tharapavata Pagode

Sie ist aus Stein gebaut. Entlang der ersten Terrasse der Pagode stehen Skulpturen von Löwen, Elefanten und Hirschen.

Shinkite Pitakataik

Sie ist eine der 48 Büchereien und wurde 1591 von König Minphalaung gestiftet. In ihr wurden in früheren Zeiten buddhistische Schriften aufbewahrt, wahrscheinlich auch die 30 Sets der *Tripitaka* (der dreiteilige buddhist. Kanon), die König Narapatigyi aus Sri Lanka erhielt. Der Eingang öffnet sich als gewölbter Gang nach Osten.

Pyisoegyi Pagode

Nahe der Pagode befindet sich eine der Shinkite Pitakataik gleichartige Bibliothek. Sie ist auch mit kunstvollen Skulpturen verziert.

Minthami Schleuse

Etwas weiter im Osten liegt die Minthami Schleuse, die in Kriegszeiten geöffnet wurde, um die Wassergräben zu füllen. Bei der Schleuse war ein Swimmingpool für die Prinzessin.

Anoma Pagode

Die Tochter von König Salingathu, Prinzessin Anowzaw, ließ 1501 diese Pagode bauen. Die Basis und die ersten vier Terrassen waren achteckig, die folgenden vier quadratisch. Heute ist die Pagode nur noch eine Ruine.

Minpaung Pagode

Sie wurde 1640 von Minkhamaung erbaut. Die Wände der Pagode sind mit Drachenfiguren verziert. Ein gewölbter und überdachter Gang führt in die Hauptkammer.

Mahabodhi Shwegu Pagode

Die 10 m hohe, aus Sandsteinblöcken gebaute Pagode ist glokkenförmig und durchlaufend von der Basis bis zur Spitze achteckig. Die Wände sind mit Steinskulpturen verziert, die die 547 *Jatakas* von Buddhas früheren Leben wiedergeben. Im Innern steht eine fast 2 m hohe Buddhafigur aus Stein, auf deren Sockel zahlreiche Figuren modelliert sind.

Ratanasanraway Pagode

Sie wurde von König Basawphyu 1459 gestiftet. Der Treppenaufgang und Eingang liegen im Westen. Im Innern befindet sich eine 2 m große sitzende Buddhafigur. Heute ist die Pagode in sehr schlechtem Zustand.

Ratanamhankin Pagode

Sie wurde ebenfalls von König Basawphyu 1468 errichtet, nach-

1 Goldener Felsen von Kyaiktiyo

2 oben: Shwedagon Pagode, Yangon
3 und **4** unten links und rechts: Vollmond von Kason, Shwedagon P.

5 "Giraffenfrauen"

6 Arakan Pagode, Mandalay

7 oben: Mönche, Bagan, **8** unten links: Novizen, Taunggyi
9 unten rechts: Nonnen, Mandalay

10 Festzug aus Anlaß des Eintritts ins Kloster, Pyin OO Lwin

11, 12 und **13** oben links und rechts, unten links: Festzug aus Anlaß des Eintrittes ins Kloster, **14** unten r.: Pferdekutsche, Pyin OO Lwin

15 in der Sule Pagode, Yangon

16, 17 und **18** oben links und rechts, unten l.: Szenen aus Mandalay
19 unten rechts: Blick vom Mandalay Hill

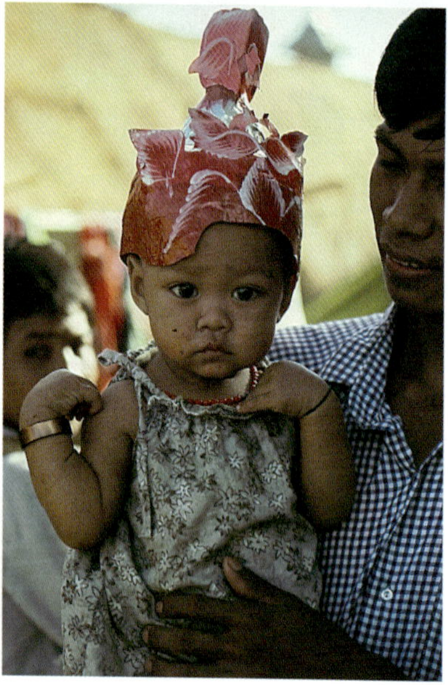

20 oben links: Zuckerrohrpresse, **21** oben rechts: Wasserverkäuferin
22 unten l.: Opfergaben, Taungbyon, **23** unten r.: Fest von Taungbyon

24 Festbarke, Inle See, **25** Markt in Taunggyi

26 Markt in Taunggyi

27 oben: Blick auf Bagan, **28** unten: Kaunghmudaw Pag. bei Sagaing

29 oben: Yangon, **30** und **31** unten links und rechts: Bago

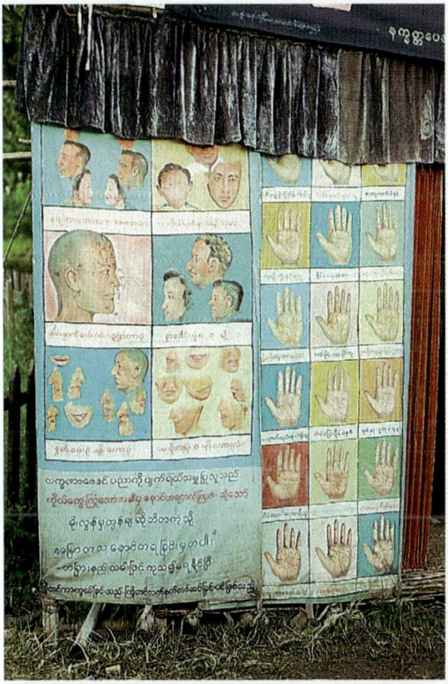

32 oben links: Yaunghwe, **33** oben rechts: in der Arakan P., Mandalay
34 und **35** unten links und rechts: Markt in Taunggyi

36 Pagode in Mrauk U, Rakhine

dem die Ratanasanraway Pagode fertig war. Jede Seite, außer die im Osten, hat einen Treppenaufgang. Der Stupa ist weitgehend zerfallen, die Mauerreste ragen noch 6 m hoch in die Höhe.

Ins Innere gelangt man durch einen höhlenartigen Gang, der mit sehr schönen Skulpturen von Vögeln, Lotosblumen und Greifvögeln verziert ist. Leider sind heute die meisten Skulpturen zerbrochen.

Östlicher Teil von Mrauk U

Sakyamanaung Pagode

Sie befindet sich 800 m nordöstlich vom Palast. König Thirithudhammaraza erbaute sie 1629. Die Form der 33 m hohen Pagode ist sehr ungewöhnlich. Ihr Grundriß gleich einer 16fächrigen Lotosblüte. Auf jeder Seite der 2. und 3. Reihe der Basis ist eine reichverzierte Nische mit einer sitzenden Buddhafigur.

Sakyamanaung Pagode

Die umgebende hohe Steinmauer hat auf der Ost- und Westseite jeweils eine Öffnung. Das westliche Tor wird von zwei imposanten Riesen in kniender Haltung bewacht. Auf der Plattform sind 12 Türmchen um die Pagode verteilt. Die Anlage ist noch in einem recht guten Zustand.

Wuntinattaung Pagode

Dies ist das älteste Gebäude in Mrauk U. Die Pagode wurde 360 m östlich vom Palast auf einem Hügel errichtet, der von den Einheimischen Wuntinattaung genannt wird. Hier wurde eine Inschrift aus dem 6. oder 7. Jh. gefunden, die den Pali-Inschriften von Sriksetra gleicht. Man nimmt deshalb an, daß zwischen Sriksetra und Nordrakhine eine kulturelle Verbindung bestand.

Winmana Reislagerhaus

360 m östlich vom Wuntinattaung befand sich eines der mindestens 40 Reislagerhäuser des inneren Stadtbereichs. Es wurde aus Steinblöcken gebaut und war von Wassergräben und einer Schleuse umgeben.

Neikbuzar Pagoden

Auf der kleinen Erhebung, dem Neikbuzar Hügel, stehen drei Pagoden von König Min Saw Oo aus dem Jahr 1527. Die südliche heißt **Auk-Neikbuzar.** Sie ist glockenförmig und beherbergt eine 3 m hohe Buddhafigur, neben der zwei *Nat*-figuren aus dem 4. - 8. Jh. stehen. Etwas weiter oben erreicht man die Ruinen der **Ahlai Neikbuzar Pagode.** Ganz oben schließlich steht die **Panma Neikbuzar Pagode.** Einige Schritte östlich von diesen drei Pagoden liegt noch eine andere Pagodengruppe, genannt **Paranyinaung**, mit acht Pagoden verschiedener Stile. In der Nähe dieser Pagoden befindet sich an einem kleinen Hügel die **Miparagyigu Höhle.** Im Hauptraum dieser Höhle sehen Sie eine 3 m hohe sitzende Buddhafigur aus Stein, die 1553 gespendet wurde.

Paraoke Pagode

Sie steht auf einem 15 m hohen Hügel und wurde von König Minphalaung 1571 errichtet. Von dem Stupa sind nur noch die untersten Reihen erhalten. In einer umlaufenden Mauer sind 29 Nischen mit sitzenden Buddhafiguren eingelassen.

In der Nähe dieses Hügels befinden sich einige wenige alte Fabriken, die Eisen schmelzen.

Minkhaungshwetu Pagode

Der Bau dieser Pagode wird König Thirithudhammaraza zugeschrieben. Sie stammt aus dem Jahr 1629 und ist mit verschiedenartigen Skulpturen verziert.

Pisei Pagode

Die Pagode enthält eine Reliquie von Buddha, steht auf einem 45 m hohen Hügel und wurde 1123 von König Kawliya gebaut. Sie hat je ein Portal auf jeder Seite. Von jedem Eingang führt Gewölbegang ins Zentrum der Pagode, wo ein Pfeiler in der Mitte aufragt.

Koethaung Pagode

Sie wurde 1553 von König Mintaikkha als eine der größten in Mrauk U gebaut. Es ist nur noch der unterste, 9 m hohe Teil der Pagode übrig. Das Wort „Koethaung“ bedeutet 90 000. Es wird angenommen, daß der Tempel einst so viele Buddhafiguren enthielt.

Nach Anweisung der Astrologen sollte die Pagode innerhalb von 6 Monaten gebaut werden. Die Arbeiter hatten deshalb nicht genug Zeit, die Sandsteinblöcke von der Rakhine-Küste herbeizuschaffen. Deshalb verwendeten sie auch Ziegelsteine und so ist sie wegen der schlechten Qualität des Baumaterials schnell verfallen.

Udawsaykan

Dies ist ein 100 x 200 m großes Becken mit Wasser. Die Könige von Mrauk U hielten dort ihre Haarwaschzeremonie ab. Vor der Zeremonie hielt sich der König gewöhnlich in einem eigens dafür gebauten Palast auf, der danach wieder abgerissen wurde. Auf der Westseite lagen ein Trainingscamp für Elefanten und die Stallungen der größten Elefantenarmee von Rakhine.

Taung Myinmoenan

Jetzt sind die Gebäude dieser Palastanlage zerstört, aber die Überreste der Ruinen zeigen noch, daß es innerhalb der Palastmauern fünf Inseln gab, jede von einem Wassergraben umgeben. Der Palast befand sich auf der mittleren Insel; sein Hauptgebäude war wahrscheinlich vergoldet. Auf den umliegenden Inseln wohnten hohe Beamte aus den Provinzen, die in einem goldenen Boot zum Palast gebracht wurden.

Kyaunglaidon Fort

Es liegt im Osten von Mrauk U an einem Hügelkamm, der sich entlang des Lemro Flusses erstreckt. Diese Festung war für die Stadt sehr wichtig, da die Artillerie von hier aus leicht die feindlichen Angriffe auf die Stadt abwehren konnte.

Santikan Moschee

Sie steht etwa 5 km südöstlich des Palastes. Die Moschee wurde 1429 erbaut.

Mintayapyin

Nahe der Santikan Moschee dehnt sich das Mintayapyin, ein königliches Reisfeld, aus.

Theingyishwegu Höhlentempel

Er befindet sich 1,5 km südöstlich des Palastes auf einem 9 m hohen Hügel. Hier errichtete König Minbin 1532 eine Ordinationshalle. Riesige Steinpfeiler wurden aufgestellt, um die Grenzen der Halle zu markieren.

Der obere Teil der Höhle ist zerstört, aber die Pfeiler und eine 3 ½ m hohe Buddhastatue sind noch erhalten.

Südlicher Teil von Mrauk U

Shwetaung Pagode

Sie steht auf dem höchsten Hügel (75 m) von Mrauk U, etwa 800 m südöstlich vom Palast, und ist schon von weitem zu sehen.

Vermutlich ließ König Minbin sie zwischen 1531 und 1553 bauen. Während des 1. Anglo-Birmanischen Krieges 1824 wurden um die Pagode Erdwälle mit Kanonen darauf errichtet.

Kalamyo Pagode

Sie steht ebenfalls auf dem Hügel, 350 m südwestlich von der Shwetaung Pagode. Auch sie wird König Minbin zugeschrieben. Bei der Kalamyo Pagode steht die **Sakkathila,** eine 2 m hohe Buddhastatue aus dem Jahr 1460.

Minkhamaung Tempel

Er befindet sich etwas südlich der Sakkathila Statue. Seine Portale sind mit hohen Reliefs verziert. Über jeder Ecke der ersten Reihe der Basis ist ein Portal mit Skulpturen zu sehen. Nahe dem Minkhamaung Tempel verläuft eine Stadtmauer. Im östlichen Teil der Mauer öffnet sich ein Tor aus behauenen Steinblöcken, dahinter liegt ein künstlicher See, der einst als Wassergraben diente. Heute versorgt er die Bewohner von Mrauk U mit frischem Wasser. Ganz in der Nähe liegt ein zweiter künstlicher See, der Letsekan.

Wathaie Statue

Etwa 450 m südlich des Palastes oder nördlich vom Letsekan See finden Sie die gut erhaltene Wathaie Buddhastatue. Sie wurde aus einem Stein gehauen und stellt mit 4 m Höhe die größte Statue in Mrauk U dar. Der ganze Körper wurde von Gläubigen vergoldet. Sie wurde 1515 von König Tazarta gespendet.

Myataung und Laythataung Festungen

Es sind dies die größten Festungen von Mrauk U, sie liegen südöstlich des Steintores.

Pankonthein Statue

Sie steht am Fuß des Sandantaung Hügels, etwa 350 m westlich der Wathaie Statue. Die Pankonthein Statue stellt einen sitzenden Buddha dar und ist nicht ganz 3 ½ m hoch. Die Vorderseite des Thrones weist die älteste Inschrift von Mrauk U auf. Die Figur stammt aus der Zeit vom 10. bis 14. Jh. Ursprünglich stand sie oben auf dem Hügel.

Jinamanaung Pagode

Sie wurde 1658 von König Candathudhammaraza erbaut, der 22 Jahre regierte. Die Pagode wurde achteckig angelegt. Vom Portal im Osten gelangt man ins Zentrum, wo sich früher eine sitzende Buddhafigur aus Bronze befand, die im

1. Anglo-Birmanischen Krieg weggebracht wurde. Die Fassaden der Portale zeigen schöne Steinreliefs. Jede der acht Ecken der Pagode wird von einer Löwenfigur mit zwei Körpern bewacht. In der oberen Reihe hält in jeder Ecke je ein Guineaschwein Wache.

Westlicher Teil von Mrauk U

Im westlichen Teil des Ortes standen auch sehr viele Pagoden, von denen jedoch meistens nur noch Ruinen übriggeblieben sind. Dieses Gebiet ist von vielen kleinen Wasserarmen durchzogen.

Lakkaukzi Kyaung Kloster

Es liegt 350 m westlich vom Palast und birgt einige alte Statuen und historische Dokumente.

Mauklawlaga Tor

Dieses 4 ½ m hohe Steintor ist noch in gutem Zustand. Es steht westlich des Lakkaukzi Klosters. In der Nähe dieses Tores war einstmals auch ein alter Palast.

Shwekyathein Pagode

In jenem Palast wurde die Tochter von König Basawphyu, die Prinzessin Sawshwekya, geboren. Sie stiftete 1471 diese Pagode. Von der Andachtshalle sind nur noch die 4 ½ m hohen Wände stehen geblieben. Die Pagode enthält eine sitzende Buddhafigur aus Stein mit überkreuzten Beinen. Die Fassade des Portals ist mit Ornamenten verziert.

Lokamanaung Pagode

Diese Pagode wurde 1658 erbaut und erhebt sich in der Ebene auf einer quadratischen Basis. Die ersten vier Reihen sind ebenfalls quadratisch. In der Mitte jeder Seite ist ein Portal, das jeweils eine Buddhafigur enthält. Jede Ecke der unteren Reihen wird von einem Guineaschwein bewacht.

An der Spitze des Stupas ragt ein ehemals vergoldeter Schirm empor. Die Pilger, die den Mahamuni Schrein und Vesali besuchen wollten, rasteten hier, wo die alte Straße nach Vesali und zum Mahamuni Schrein beginnt. Noch heute ist diese Straße bei der Bevölkerung als die „gold road“ und „silver road“ bekannt.

Parabaw Pagode

Oberhalb des Parabaw Creeks steht die große und interessante Parabaw Pagode. Sie wurde 1603 von König Minrazagyi als Zeichen des Dankes für die Geburt seiner Tochter Panthanda errichtet. Die

Pagode ist auf quadratischem Grundriß mit Ziegeln gebaut. Jede Ecke der unteren Reihen wird von einem Löwen bewacht. Im Inneren sitzt eine steinerne Buddhafigur, die der Mahamuni Statue sehr ähnlich sieht. Die Legende erzählt, daß die Figur aus dem Wasser gerettet wurde - Parabaw bedeutet „aus dem Wasser". Um die Pagode gruppieren sich neue, kleine Pagoden, die die Bewohner der nahegelegenen Dörfer bauen ließen.

Daingripet

Dies war eine europ. Siedlung am Aungdat Creek, die im 16. und 17. Jh. florierte. Eine christl. Kirche steht beim Wasserreservoir.

Der Südwesten von Mrauk U

Südwestlich vom Palast, am Launggret Creek, erhebt sich der 30 m hohe Myinwantaung Berg, der einen natürlichen Schutz vor Feinden bildete. Auf dem Hügel stehen einige Pagoden, die zur Zeit renoviert werden.

Laytankhar Pagode

Hier sitzen vier Buddhafiguren, jeweils 1,2 m hoch, Rücken an Rücken. Jede von ihnen schaut in eine andere Himmelsrichtung.

Mingalashwegu Pagode

Die glockenförmige Pagode wurde 818 von König Khittathin auf einem 8eckigen Grundriß errichtet.

Koenawin Pagode

Sie wurde ebenfalls von König Khittathin im Jahre 818 erbaut. Die Pagode aus Stein steht auf einem 8eckigen Sockel. Jede der Seitenabschnitte hat ein Portal mit einer Buddhastatue.

Mahavizayayanthi Pagode

Nahe der Koenawin Pagode steht ein Schrein mit 31 Buddhastatuen. Von hier aus hat man einen guten Überblick über das grüne Tal des Letsekan. Die Mahavizayayanthi Pagode wurde 1430 von König Minsawmon, einem der Gründer der Stadt, gebaut. In jüngster Zeit wurde sie restauriert. Von der Andachtshalle stehen nur noch die Pfeiler. Neben der Pagode liegt ein Kloster, das vom König für den Mönch Mahavizayayanthi gespendet wurde.

Unterkunft

Mrauk U Hotel: ist in Bau, voraussichtl. DZ US$ 30 - 40, AC, Du und WC

Myantheingyi Guest House: US$ 3 - 4 pro P., Gemeinschaftsbad, Fan, sehr einfach, familiär, gutes Essen auf Vorbestellung

Kyawsoe Rest House: US$ 3 pro P., sehr einfach;
Dhanyawady Guest House: schlecht;
Prince Guest House: Mrauk U Min Bya Rd, brauchbar

Weitere alte Königsstädte der Umgebung

Launggret und Parein

Man fährt auf der linken Seite des Launggret-Flusses etwa 30 Minuten von Mrauk U aus. Launggret und Parein waren einmal Hauptstädte im Königreich Rakhine. Durch die vielen Überschwemmungen des Flusses ist fast nichts mehr von ihnen erhalten.

Taungmawtaung Hügel

Auf diesem Hügel steht eine 7 m hohe Steinplatte mit Inschriften aus dem 12. Jh. Südlich des Hügels befand sich der Königspalast. Die Ruinen sind vom Dschungel überwuchert.

Im Bereich der nahegelegenen Reisfelder fand man eine Buddhastatue aus dem 13. Jh. Sie wurde jetzt in der Nähe der Straße von Mrauk U nach Minbya aufgestellt.

Kadothein Schrein

15 km südlich von Launggret steht dieser Schrein. Er wurde 1720 gebaut und blieb bis 1890 vom Dschungel bedeckt. Die Fassade ist mit Ornamenten verziert.

Pataw

Am westlichen Ufer des Launggret Creeks liegt das Dorf Pataw. 3 km weiter im Landesinneren erstreckt sich ein 8 km langer Hügel von Norden nach Süden. Auf dem höchsten Gipfel steht die kleine Ukundaw Pagode. Am östlichen Fuß des Hügels befand sich die im 16. Jh. wichtige Stadt Sigunmyo. 3 km weiter südlich des Hügels liegen riesige Felsbrocken aus hartem Sandstein. Auf acht dieser Steine finden sich **Felszeichnungen** eingeritzt, über deren Entstehungszeit und Herkunft nichts bekannt ist. Die Zeichnungen stellen folgende Szenen dar:

• Ein Schiff segelt auf den Berg zu.
• Fremde steigen aus und kommen mit den Eingeborenen zu einer Übereinstimmung. • Der Fremde drückt den Eingeborenen mit dem Knie nieder und schwingt das Schwert. • Der Fremde hat ihn geköpft und tanzt. • Ein Elefant fällt auf den Eingeborenen. • Die Wellenlinien oben zeigen, daß das Schiff gesunken ist. • Der nackte Eingeborene steht an einem Baum, um einen Eid zu leisten. • Der Fremde eilt mit Steinen beworfen davon.

Mahahti Pagode

Sie steht auf einem 15 m hohen Hügel 10 km südlich von Mrauk U. Die Pagode wurde 1120 von König Kawliya erbaut, sie wird in einem populären Lied aus dem 15. Jh. besungen. Die Pagode ist ein quadratischer Bau, jede Seitenlänge mißt fast 8 m. Im Innern befindet sich eine sitzende Buddhafigur im Mahamunistil, die überall vergoldet ist. Auf der Plattform wurden mit Hilfe von Spenden einige neue Pagoden und Gebäude gebaut.

Eine alte, mit Steinen und Ziegeln gepflasterte Straße führt vom Flußufer zur Pagode; dort führt eine Treppe mit 52 Stufen auf die Plattform der Pagode.

Kyauknyo Statue

Sie steht auf dem Hügel südlich des Dorfes Mahahti. Der Schrein, in dem die Statue früher untergebracht war, wurde im 1. Anglo-Birmanischen Krieg 1824 zerstört. Der Kopf der Statue brach dabei ab. Später wurde eine Bambushütte gebaut und der Kopf wieder auf den Körper gesetzt. Die Statue wurde dann vergoldet. Über die Entstehung der Figur berichtet die Legende, daß König Kawliya träumte, im Bett des Launggret-Flusses läge ein dunkler Stein, aus dem eine Buddhafigur gemeißelt werden solle. Die Suche wurde aufgenommen, der Stein tatsächlich gefunden und daraus die Kyaunknyo Statue gehauen.

Das Dorf **Mahahti** war im 16. Jh. ein große Stadt. Entlang des Flusses wurden gepflasterte Straßen angelegt. Zahlreiche Trinkwasserbecken finden sich noch am Fuße des Hügels.

Vesali

Der Ort liegt in einer Entfernung von 10 km nördlich von Mrauk U, eingebettet zwischen dem Ranchaung Creek und einer Hügelkette. Er ist am besten mit einem gemieteten Jeep oder pick-up (ca. US$ 8 - 10 für eine Besichtigungsfahrt) zu erreichen.

Vesali wurde 327 n. Chr. von König Mahataing Candra gegründet und war Mittelpunkt eines mächtigen Reichs. Die Blütezeit von Vesali war vom 4. - 8. Jh. Der vollständige Name ist Vesali Kyaukhlayga (= die Stadt mit Steintreppen). Diese Steintreppen führten zu dem Pier, wo damals die Segelschiffe anlegten. Reste dieser Treppen kann man noch im Nordwesten der Stadt sehen. Auf einer alten Palmblatt-Schrift wird erwähnt, daß die Stadt ein bedeutender Handelshafen war, der jährlich von mehr als tausend Schiffen angesteuert wurde.

Königspalast

Der Palastbereich ist 450 m lang und 300 m breit und von einer Mauer umgeben. Das Haupttor war im Osten. Heute steht an dieser Stelle die Nan-Oo Statue. Der Palastbereich selbst wurde nie ausgegraben, weil der heutige Ort Vesali darüber gebaut wurde.

Vesali Paragyi

Dies ist eine 5 m hohe sitzende Buddhastatue nördlich vom Palast, die aus einem einzigen Steinblock angefertigt wurde. Diese imposante Statue wurde 327 n. Chr. von Königin Thupabadevi gestiftet. Sie wird jetzt durch ein Wellblechdach vor den Witterungseinflüssen geschützt. Gläubige spenden Goldplättchen, die von Wächtern über Bambusgerüste auf den Kopf der Figur geklebt werden.

Letkettaung Kloster

Dort befinden sich zerfallene Skulpturen, welche die früheren Könige in Lebensgröße darstellten. Die Einheimischen glauben, daß im Hügel eine unterirdische Kammer sei.

Shwedaunggyi Hügel

Der Hügel ist bedeckt von riesigen Steinplatten, zerstörten lebensgroßen Statuen und Überbleibseln von vielen kleinen Buddhastatuen.

Die besser erhaltenen Skulpturen und architektonischen Fragmente wurden gesammelt; viele von ihnen werden heute im Letkettaung Kloster aufbewahrt und können auf Wunsch besichtigt werden.

Sanghayana Hügel

Der Hügel ist 20 m hoch und teilweise in Terrassen unterteilt. Die Ruinen und eine 1 ½ m hohe Statue stammen schon aus dem 6. Jh. Die Chroniken berichten, daß König Thiridhammavizaya 638 n. Chr. 1 000 Mönche von Sri Lanka auf diesen Hügel eingeladen haben soll.

Thingyaingtaung Hügel

Hier wurden die Toten begraben. Die Gebäude sind alle zerfallen. Eine sitzende Buddhafigur ohne Arme und Kopf steht noch an der Stelle des früheren Eingangs.

Museum

Das schönste Stück dieses kleinen Museums ist das gut erhaltene Steinrelief von König Surya aus dem 8. Jh. Es zeigt ihn in einer Kutsche, die von sieben Pferden gezogen wird.

Kyauktaw - Dhanywaddy

Anfahrt

Schiff: von Mrauk U nach Kyauktaw, 4 Std. Fahrz., von dort mit dem pick-up zur Mahamuni Pagode
Auto: gemietet, von Mrauk U nach Kyauktaw, 2 - 3 Std. Fahrzeit

Kyauktaw liegt ca. 60 km nördlich von Mrauk U. Von Kyauktaw nach Dhanyawaddy mit der Mahamuni Pagode sind es noch 10 km. Dhanywaddy ist die älteste Stadt in Rakhine. Sie wurde um 370 n. Chr. von König Sandasuriya gegründet. An vielen Stellen kann man noch Reste der Stadtmauer und Wassergräben sehen. Damals wurden die Städte häufig von Bergstämmen überfallen.

Dhanyawaddy war in eine innere und äußere Stadt eingeteilt. Die innere Stadt war der königlichen Familie vorbehalten. Heute ist sie mit Reisfeldern bedeckt. In der äußeren Stadt lebte das Volk. Hier waren auch die Felder und Wasserbecken für das Regenwasser An der Nordostecke des Palastes steht die Mahamuni Pagode, die eine wichtige Rolle in der Geschichte von Rakhine spielt.

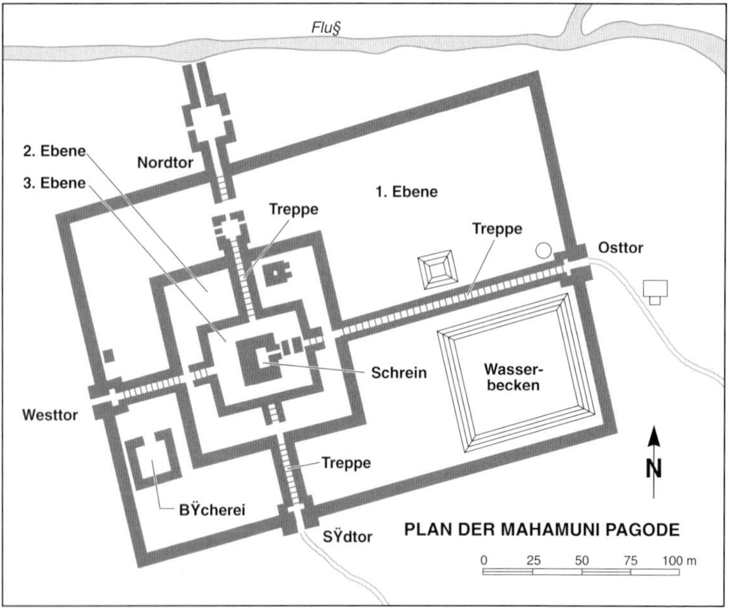

PLAN DER MAHAMUNI PAGODE

Mahamuni Pagode

Diese Pagode ist eine der bekanntesten von ganz Myanmar. Sie wurde eigens gebaut, um die Mahamunistatue aufzunehmen. Diese Statue soll das Ebenbild von Gautama Buddha sein und wird von den Buddhisten der ganzen Welt verehrt. Heute befindet sie sich in Mandalay.

Die Pagodenanlage ist auf drei Ebenen übereinander gebaut. Auf der ersten Ebene errichtete König Minkhari 1439 eine Bücherei. Eine Empfangshalle und ein Wasserbecken kann man heute noch sehen. Die zweite Ebene liegt 9 m über der ersten. Hier steht ein riesiger Banyan-Baum mit einem Baumaltar, unter dem Buddha gerastet haben soll. Unter diesem Baum soll, so glaubt man, die originale Mahamunistatue begraben sein. Die dritte Ebene befindet sich 10 m über der zweiten. Es führen überdachte Treppenaufgänge hinauf.

Im inneren Raum der Pagode ist noch das Podest vorhanden, auf dem einst die Mahamunistatue stand. Ihren Platz haben nun drei sitzende Buddhastatuen aus Stein eingenommen.

Salagiri Hügel

Er ist 75 m hoch und liegt am östlichen Ufer des Kaladan Flusses 8 km westlich der Mahamuni Pagode. Buddha soll mit 500 Schülern Rakhine besucht und auf dem Gipfel des Salagiri Hügels (*Sala* heißt Fels und *giri* heißt Hügel) gerastet haben. Jetzt steht eine Buddhastatue oben auf dem Hügel, unweit davon befinden sich eine liegende Buddhafigur und zwei kleine Pagoden.

Vom Salagiri Hügel haben Sie einen guten Blick über das Kaladantal.

Südrakhine

Ngapali und Thandwe (Sandoway)

Anfahrt

Flug: tägl. außer Mo v. Yangon nach Thandwe, US$ 60 einfach, 1 Std. Flugz., während des Monsuns weniger Flüge! Taxi nach Ngapali ca. K 800

Bus: staatl. Bus Yangon - Thandwe, dauert zwei Tage, K 1 400 von Pathein n. Ngathaingchaung, 4 - 5 Std. Fahrz., K 400; weiter nach Gwa, 6 - 7 Std., K 700; weiter nach Thandwe, ca. 9 Std., K 800
Pyay - Thandwe via Taunggok, Fahrz. ca. 8 Std., K 800, Abfahrt frühmorgens

Auto: 10 Std. Fahrzeit, ab Pyay sehr schlechte Straßen

Ngapali

Der bekannte Badeort am Golf von Bengalen liegt 9 km südlich von Thandwe an einem über 3 km langen, weißen Sandstrand mit einem hügeligen Hinterland. Sie können dort schwimmen, schnorcheln oder die nahegelegenen Fischerdörfer besuchen. 5 km entfernt befindet sich auch ein 9-Loch Golfplatz. Thandwe und Ngapali sind bei den reichen und hochstehenden Myanmaren beliebte Badeorte, wo einige auch Ferienhäuser besitzen.

Der Name Ngapali soll sich vom italienischen Napoli ableiten. Italiener kamen 1860 im 2. birmanisch-britischen Krieg an diesen Ort. Der englische Schriftsteller George Orwell lebte von 1922 bis 1928 in Ngapali und arbeitete dort in der britischen Polizeiverwaltung. Erfahrungen aus dieser Zeit verarbeitete er in seinem Roman „Burmese Days", den er später in England schrieb.

Ngapali ist ein ruhiges Fischerdorf. Strom gibt es meist nur von 18.00 - 22.00 Uhr. Der Strand von Ngapali und Thandwe ist wegen seiner vorgelagerten Korallenriffe ein Paradies für Taucher. In der Zeit von November bis Februar kann es nachts sehr kühl werden!

Die „World Health Organisation" (WHO) warnt in bezug auf das Gebiet um Thandwe und Ngapali vor der Malariagefahr.

In der näheren Umgebung liegen einige kleine Fischerdörfer, die Sie leicht mit einem Fahrrad oder zu Fuß am Strand entlang erreichen können. Fahrräder können Sie z. B. im Ngapali Beach Hotel ausleihen.

Lintha liegt nördlich von Ngapali, **Kyiktaw, Myabyin** und **Lontha** liegen südlich davon. Am Lontha Jetty kamen einst die Briten an Land. Zu den zwei vorgelagerten **Inseln Balet und Kayi** arrangiert z. B. das Zaw Restaurant zweistündige Bootsausflüge für K 1 500.

Unterkunft

• Vorwahl: 0 43

Während der Regenzeit sind wahrscheinlich alle Hotels geschlossen!

New Ngapali Beach Hotel
Chaungtha Village, T. (1 01) 27, staatl. 53 Zi, EZ US$ 50, DZ US$ 70, AC, Du u. WC, zuzügl. 20 % Tax, liegt am Meer

Ngapali Beach Hotel
T. (1 01) 28, 20 Zimmer, EZ US$ 25 - 30, DZ US$ 40 - 45, Du und WC, Bungalows am Strand, neben d. New Ngapali Beach Hotel

Shwewargyaing Hotel
26 Zi, EZ US$ 20, DZ US$ 40

Silver Beach Hotel
T. 25, oder über Yangon 29 45 87, schöne, gepflegte Bungalows am Strand a. d. Straße südl. v. Linn Thar vor d. Ngapali Beach H., 9 Bungalows mit je 2 DZ, DZ US$ 30

Linn Thar Oo Lodge

Linn Thar Village, T. 10, oder über Yangon 22 99 28, EZ US$ 10, 15 und 20, DZ US$ 20, 25 und 30, teurere Zi mit Du und WC, sonst Gemeinschaftsb. Bungalows am Strand, einfach, organisiert Bootsausflüge auf d. Inseln, vermietet Fahrräder f. K 150 - 200 pro T.
Pleasant View
2,5 km von der Linn Thar Oo Lodge, nette Hütten am Strand

Restaurants

Zaw Restaurant: schräg gegenüber dem Ngapali Beach Hotel, der Besitzer arrangiert Bootsausflüge zu den benachbarten Inseln
Kyi Nu Yeik Restaurant: neben dem Zaw Restaurant, vor allem Fische und Krabben
Ngapali Beach Hotel: nur gegen Vorbestellung, gut
Hokkay Restaurant: in Ngapali, frische Meeresfrüchte

Thandwe

Besichtigung

Die Legende erzählt, daß Buddha selbst hier geweilt und drei seiner früheren Leben hier verbracht habe. Es wurden drei Pagoden errichtet, die Andaw, Nandaw und Shwesandaw Pagode. Jede von ihnen enthält eine Reliquie und ist gerade vollständig renoviert worden. In allen drei Pagoden finden im März, Juni und Oktober Feste statt.

Andaw Pagode

Die Pagode wurde 761 von König Minzetchok erbaut und 1848 restauriert. Zwei *chinthe* bewachen den Eingang.

Nandaw Pagode

Sie steht auf dem höheren Hügel. König Minbya ließ sie im Jahre 763 errichten, um eine Rippe Buddhas darin einzumauern.

Shwesandaw Pagode

Sie wurde von König Minnyokin 784 erbaut und enthält eine Haarreliquie. 1876 wurde sie restauriert. Zwei *chinthes* stehen am Eingang. Man kann jetzt auf einer neuen Straße mit dem Auto hinauffahren.

Myabyin Kloster

Sie finden das Kloster nahe der beiden Restaurants. Nur noch wenige Mönche leben dort. Es gibt einen Stupa, der mit Glasmosaiken verziert ist, einen weiß gestrichenen Stupa und die halb zerfallene Statue eines liegenden Buddha.

Unterkunft und Restaurants

San Yelk Nyeln, Peaceful und Mala Guest House: keine Lizenz für Ausländer, nehmen manchm. Touristen auf
Restaurants sind beim Markt.

Bagan (Pagan)

Anfahrt

Flugzeug: täglich von Yangon, 6.45 Uhr, US$ 80 - 90, von Mandalay US$ 35 - 40, von Heho US$ 65 - 75, zeitweise möglich von Chiang Mai (Thailand)
Taxi vom Flughafen nach Nyaung U oder Wetkyi-in K 400, nach Old Bagan oder Myinkaba K 500
Zug: nächste Bahnstation ist Thazi, dort umsteigen in einen Bus oder ein pick-up
Bus: staatl. Busse sind langsam, es gibt private Expreßbusse z. B. Arrow Express, Mann Expr., Bagan Expr., Tiger Head Expr. und pick-ups für die gleichen Strecken.
von/nach Yangon Fahrz. 16 Std., ab16.00 Uhr, K 1 200; *von/nach Mandalay* 7 - 10 Std., ab Nyaung U 4.00 Uhr, an Mandalay ca. 14.00 Uhr, *von/nach Thazi* 3 - 4 Std., K 300; Pyay 6 Std.; *von/nach Taunggyi* ca. 10 Std., ab 4.00 Uhr, K 600; pick-up *Magway* 7 Std., K 400.
Schiff: *von Mandalay staatliches Schiff* jeden Do und So, ab 5.30, an zwischen 17.00 und 18.00 Uhr (je nach Wasserstand), US$ 10 auf Deck, US$ 30 für eine Kabine mit WC (Kabinen sind oft nicht sauber); man kann schon am Abend vorher auf das Schiff gehen und übernachten (warme Sachen mitnehmen, nachts kann es kalt sein); Essen gibt es an Bord, Ticketverkauf bei MTT in Mandalay; bei dem letzten Stop vor Nyaung U und bei der Ankunft in Nyaung U finden sich Hotelschlepper, vor allem für billigere Guest Houses, ein oder fahren bereits mit! Ihre Angebote sind meist in Ordnung.
Private Schiffe an den übrigen Tagen, ab 6.00 Uhr, an 14.00 - 15.00 Uhr, US$ 18, Ticketverkauf in größeren Hotels. Ein weiteres Schiff am Do und So, Fahrzeit 26 - 30 Std., US$ 10, bleibt nachts in Pakkoku (man kann auf dem Schiff oder im Ort übernachten), Ankunft dann am nächsten Tag vormittags.
von Nyaung U *nach Pyay:* am Mo, Di, Mi, Fr, Sa, US$ 10: ab 7.00 Uhr, 1. Tag bis Magway, 2. Tag bis Pyay, weitere 2 1/2 Tage bis Yangon
in Bagan:
Pferdekutsche: pro Std. ca. K 150, pro Tag ca. K 500 - 600 für 2 - 3 Personen, eine Nachtfahrt bei Vollmond ist besonders reizvoll
Fahrradrikscha: K 100 - 150/Std.
Fahrrad: ganzer Tag K 200 - 300, h. T. K 200 (auf Mängel achten!)
Fahrradverleih: z. B. Ayeyar Hotel, Golden Express Hotel, Myayadanar Restaurant, Mya Thi Da Hotel, Eden Motel u. vereinzelte Guest H.

Zur ersten Orientierung ist eine Pferdekutsche oder Fahrradrikscha mit einem englischsprechenden Fahrer empfehlenswert.

Alt-Bagan oder Arimaddanapura wurde von König Thamoddarit

im 2. Jh. n. Chr. gegründet. Im Jahre 849 n. Chr. besaß Bagan unter König Pyinbya (dem 34. König) eine Stadtmauer mit 12 Toren und einem Wassergraben. Die genaue Geschichtsschreibung setzt erst in der Regentschaft Anawrahtas, des 42. Königs, ein. Die Blütezeit des mächtigen Reiches Bagan lag zwischen der Regierungsperiode von König Anawrahta (oder Anirudda) in den Jahren 1044 - 1077 und der Flucht von König Narathihapati (1256 - 1287) vor der Mongoleninvasion. Das Königreich erstreckte sich in dieser Zeit von Bhamo im Norden bis weit in den Süden, vom Thanlwin im Osten nach Yoma im Westen. Bagan war den Mon als „Tattadesa“ bekannt, d. h. ausgedörrtes Land. In der Umgebung der Stadt konnte kein Reis angebaut werden. Bagan bezog den Reis von Kyaukse (135 km nordöstlich) und von Minbu (100 km südlich). Der Ayeyarwady verband Bagan mit dem Meer und dem Handel im Indischen Ozean. Es bestanden enge Kontakte zu den Nachbarländern, z. B. zu König Vijaya Bahu I von Sri Lanka. Neben den politischen und wirtschaftlichen Einflußfaktoren trat der Buddhismus als stärkste geistige Macht hervor. Archäologische Beweisstücke aus der Gegend von Beikthano (135 km südl. von Bagan) belegen, daß sich der Buddhismus hier schon ab dem 1. Jh. n. Chr. entfaltete.

König Anawrahta war mit seinem großen religiösen Eifer maßgeblich an der Verbreitung des Buddhismus in Bagan beteiligt. Seine unzähligen Ton-Votivtafeln, hergestellt, um Verdienste zu erwerben, wurden in Bagan und von Katha im Norden bis Twante im Süden gefunden. Diese Votivtafeln zeigen gewöhnlich einen sitzenden Buddha, der mit einer Hand die Erde berührt, darunter zwei Zeilen mit dem buddhistischen Glaubensbekenntnis. Die Chroniken berichten, daß ein Mönch von Thaton, Shin Arahan, zu Anawrahta nach Bagan kam und ihm die buddhistischen Gesetze predigte. König Anawrahta war rasch überzeugt und versprach, nach der Lehre zu leben und sie zu verbreiten. Ohne die buddhistischen Schriften, die *Tripitaka,* war jedoch kein Studium möglich und konnte die Einführung der neuen Religion nicht von Dauer sein. König Anawrahta wußte, daß sich in Thaton 30 Sätze der Tripitaka befanden. Er sandte einen Boten mit Geschenken zum König Manuha von Thaton und bat um die *Tripitaka.* Dieser verweigerte die Herausgabe, worauf König Anawrahta Soldaten schickte und Thaton eroberte. Auf Manuhas 32 weißen Elefanten brachte er die 30 Sätze der *Tripitaka* und seine Künstler und Handwerker nach Bagan.

Unter König Anawrahta blühte der Theravada-Buddhismus auf.

Mit wenigen Ausnahmen stammen alle Bauwerke aus dem Geiste des Theravada-Buddhismus. Dieser schloß die anderen Schulen nicht aus. Anawrahta war von der Idee einer Vereinigung aller Formen des buddhistischen Glaubens erfüllt und trat deshalb mit allen buddhistischen Königen Hinter- und Vorderindiens in Verbindung. Neben dem Buddhismus existierte damals in Bagan eine Volksreligion, die Verehrung von *Nats*. Unter *Nats* versteht man hauptsächlich Naturgeister, aber auch Geister von Personen, die eines gewaltsamen oder tragischen Todes gestorben waren. In Bagan wurde vor allem der Kult der Mahagiri- (d. h. großer Berg) *Nats* praktiziert. Sie hatten ihren Wohnsitz am Mount Popa, 70 km von Bagan entfernt. Daneben gab es noch den Mahayana Buddhismus mit seinen Bodhisattvas und den Hinduismus. Der starke Glaube inspirierte die Bewohner Bagans zu großen Anstrengungen in der Baukunst, um damit große Verdienste für das nächste Leben zu erwerben.

Die Tempel und Pagoden von Bagan wurden mit Holz und Ziegel gebaut. Die hölzernen Tempel wurden später zerstört, nur die Ziegelbauten blieben erhalten. Es gab schon seit dem 1. Jh. n. Chr. Ziegelbauten in Beikthano. Die Bauten wirkten leicht und elegant. Die Ziegel paßten ohne Zwischenräume aufeinander. Der echte Bogen als konstruktives architektonisches Element wurde in Bagan entwikkelt. Mit Ausnahme des Sarabha-Tors erfüllten alle erhaltenen Monumente in Bagan einen religiösen Zweck. Zur Aufbewahrung seiner Reliquien ließ König Anawrahta Tempel jeweils in der Stilart des Ursprungslandes erbauen. Innerhalb eines Jahrhunderts entstanden etwa 2 000 Tempel in Bagan.

Durch diese rege Bautätigkeit waren die finanziellen Kräfte des Staates bald aufgezehrt. Es kam im Volk das Sprichwort auf: „Die Pagode ist fertig und das Land ruiniert“. Zu dieser Schwächung im Innern gesellten sich Bedrohungen von außen. Die Mongolen unter Kublai Khan griffen das Reich an. Marco Polo schreibt in einem Bericht, daß die Pferde der mongolischen Reiter vor den birmanischen Kriegselefanten in Panik flohen. Der mongolische Feldherr jedoch ließ die Elefanten mit Pfeilen beschießen. So wurden diese teils getötet, teils durch Verwundung in die Flucht gejagt. Die Niederlage in dieser Schlacht von 1279 besiegelte den Untergang des blühenden Reiches von Bagan. König Narathihapati soll 1 000 Tempel und 4 000 kleinere Stupas niedergerissen haben, um aus dem Baumaterial Wälle und Befestigungen als Schutz vor den Mongolen zu bauen.

Die Könige von Bagan:

Anawrahta:	1044 - 1077
wurde von einem Büffel getötet	
Sawlu:	1077 - 1084
Sohn von Anawrahta	
Kyansittha:	1084 - 1113
Halbbruder von Sawlu	
Alaungsithu:	1113 - 1169
Narathu:	1169 - 1170
Naratheinkha:	1170 - 1174
Narapatisithu:	1174 - 1211
Htilominlo:	1211 - 1234
Kyazwa:	1234 - 1249
Uzana:	1249 - 1255
Narathihapati:	1255 - 1287

Bagan heute

Bagan liegt am Ostufer des Ayeyarwady in Zentralmyanmar, ungefähr 8 km südlich des Dorfes Nyaung U, in dessen Nähe sich auch der Flughafen befindet. Durch das radikale Abholzen während der Regierungszeit von König Anawrahta im 11. Jh. ist das Gebiet um Bagan weitgehend versteppt; es gehört auch heute noch zu den trockensten Teilen von Myanmar. Das Holz wurde damals verwendet, um die Ziegel für den Tempelbau zu brennen. Die landwirtschaftliche Nutzung beschränkt sich auf den Anbau von Erdnüssen, Sesam und Tabak.

Bagan zählt zu den größten archäologischen Stätten Asiens. Auf einer Fläche von 36 km² sind über 5 000 Ruinen zu besichtigen, von denen 64 im alten Stil wiederhergestellt wurden. Die Aufbauarbeiten sind noch immer im Gange. Bagan zählt ca. 3 000 Einwohner und hat einen dörflichen Charakter.

Am 8. Juli 1975 ereignete sich dort ein gewaltiges Erdbeben (6,5 auf der Richterskala). Viele kleinere Tempel wurden zerstört; die größeren bekamen Risse, und Buddhastatuen fielen um und wurden ganz oder teilweise zerstört. Dadurch kamen viele Reliquienbehälter zutage. Diese Schätze wurden aber gestohlen und in Bangkok zum Verkauf angeboten.

Am 1. Mai 1990 befahl die Militärregierung den Abbruch des Dorfes Bagan, mit Ausnahme der staatlichen Gebäude. Die Bewohner erhielten im April einen Brief mit der Aufforderung, Bagan zu verlassen, am 1. Mai wurden dann Strom und Wasser abgestellt. Die Besitzer der Privathäuser mußten für die Kosten des Abrisses selbst aufkommen. 5 km südlich bauten sie ihre Häuser in New Bagan wieder auf. Dort entstanden auch die neuen Guest Houses und Hotels. Die Hauptstraßen wurden vierspurig angelegt.

Bagan besteht eigentlich aus drei größeren Ortsteilen Nyaung U, Old Bagan und New Bagan und den dazwischenliegenden kleineren Dörfern Wetkyiin und Myinkaba (Bambusverarbeitung). Nyaung U ist von New Bagan (Myothit) etwa 8 km entfernt. New Bagan ist touristischer, die Hotels und Guest Houses sind dort etwas teurer.

Pagoden in Bagan - die vier Haupttypen

1. früheste Form: knollige, kugelförmige Kuppel, z. B. Bupaya, Ngakywenadaung.
2. a) Serien von zurücktretenden Terrassen, über denen sich eine zylindrische oder glockenförmige Kuppel erhebt, z. B. Lawkananda, Shwesandaw.
b) Die weiterentwickelte Form dieses Typs hat drei quadratische, zurücktretende Terrassen und eine achteckige Basis mit einer glokkenförmigen Kuppel mit einem Musterband in der Mitte, z. B. Shwezigon, Mingalazedi.
3. Basis ähnlich wie bei Typ 2, aber mit einer gerippten, schüsselförmigen Scheibe zwischen Kuppel und Spitze, z. B. Seinnyet Nyima.
4. Dieser Typ wurde den mittelalterlichen Dagobas von Sri Lanka nachmodelliert. Er hat eine glokkenförmige Kuppel auf einer kreisförmigen Basis mit einer würfelförmigen Reliquienkammer zwischen Kuppel und Spitze, z. B. Sapada.

Tempel in Bagan - die 2 Haupttypen

Grundsätzlich haben die Tempel in Bagan einen quadratischen Grundriß.

1. hohl, quadrat., ein einziger Eingang, Statue an der hinteren Wand
2. vier Eingänge, quadratischer zentraler Pfeiler, Nischen an allen vier Seiten für Bildnisse, quadratische Säulenhalle, über der Haupthalle sind zahlreiche zurücktretende Terrassen gekrönt von einem großen Stupa oder von einem kleinen Stupa mit einer Turmspitze.

Entwicklungsstufen der Tempel in Bagan:

1. früher Stil oder Mon-Stil: Anfang des 12. Jh.
Merkmale: dunkle, feierliche Innenräume, Licht fällt nur durch filigran durchbrochene Fenster (Gitter aus Stein o. Terrakotta), unregelmäßige, schräge Dächer in Verbindung mit Terrassen, z. B. Pahtothamya, Nagayon, Gubyaukgyi, Ananda.
2. später Stil oder Birmanischer Stil: Ende des 12. Jh.
Merkmale: helle, luftige Innenräume, sehr hoch, bogenförmige Eingänge, offene Fenster, oft 2stökkig, schräge Dächer verschwinden und werden durch flache Terrassen ersetzt, kleinere Ziegel werden verwendet, perfekte Bögen, 1stökkig: z. B. Thetkyamuni, Thambula, Lemyethna; zweistöckig: z. B. Htilominlo, Gawdawpalin, Sulamani.

Klöster in Bagan

Die Klöster wurden aus Ziegel und Holz gebaut, aber nur die aus Ziegel überdauerten.

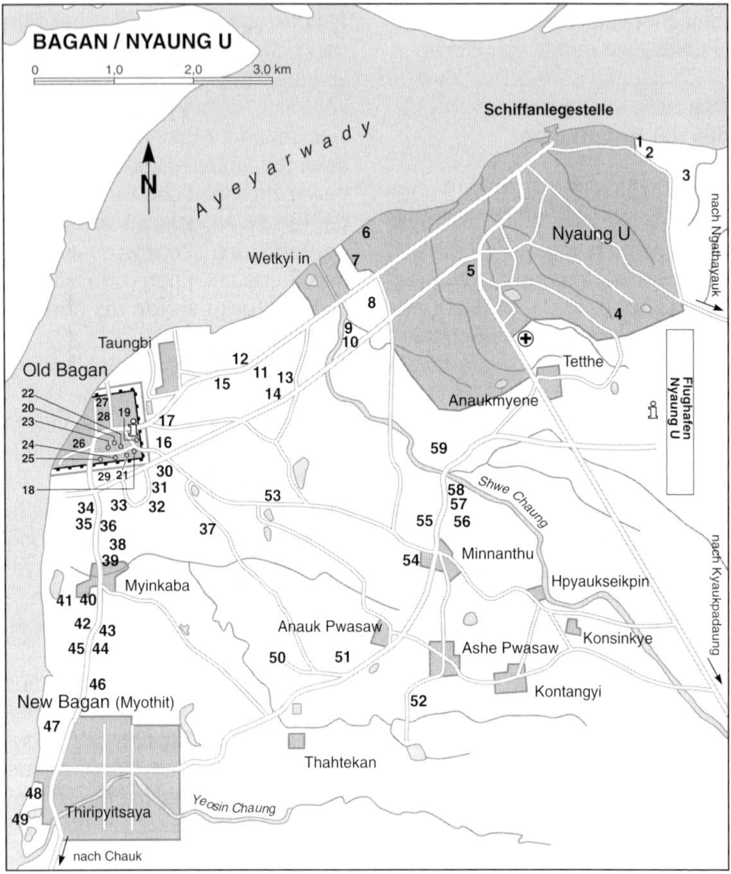

1 Thetkyamuni Tempel
2 Kondawgyi Tempel
3 Kyaukku Umin
4 Thamiwhet und Hmyathat Umin
5 Sapada Pagode
6 Shwezigon Pagode
7 Kyansittha Umin
8 Gubyaukgyi Tempel
9 Gubyauknge Tempel
10 Shinbome Pagode
11 Htilominlo Tempel
12 Upali Thein
13 Alopyi Tempel
14 Sintpatho Tempel
15 Ngamyethna Pagode
16 Ananda Tempel

17 Sarabha Tor
18 Thatbinnyu Tempel
19 Pitakattaik
20 Shwegugyi Tempel
21 Thandawgya Statue
22 Nathlaungkyaung Tempel
23 Ngakywenadaung Pagode
24 Pahtothamya Tempel
25 Mimalaungkyaung Tempel
26 Gawdawpalin Tempel
27 Bupaya Pagode
28 Mahabodhi Tempel
29 Myinpyagu Tempel
30 Myebontha Tempel
31 Lokahteikpan Tempel
32 Shwesandaw Pagode und Shinbintalaung Halle
33 Penathagu Tempel
34 Ngamyethna Tempel
35 Mingalazedi Pagode
36 Kubyaukgale Tempel
37 Dhammayangyi Tempel
38 Gubyaukgyi Tempel
39 Myinkaba Pagode
40 Manuha Tempel
41 Nanpaya Tempel
42 Apeyadana Tempel
43 Nagayon Tempel
44 Pawdawmu Pagode
45 Somingyi Kloster
46 Seinyet Ama Tempel und Seinyet Nyima Pagode
47 Thingarazar Pagode
48 Ashe Petleik und Anauk Petleik Pagoden
49 Lawkananda Pagode
50 Dhammayazika Pagode
51 Hsutaungpyi Pagode
52 Zeyaput Pagode
53 Sulamani Tempel
54 Tawagu Tempel
55 Lemyethna Tempel
56 Payathonzu Tempel
57 Thambula Tempel
58 Nandamannya Tempel
59 Winidho Tempel

3 Haupttypen (Ziegelbauten):
1. einfacher, doppelstöckiger, quadratischer Bau, manchmal mit zentraler Zelle
2. quadratischer Grundriß, zentraler Raum, umgeben von einem Gang und Zellen an drei Seiten
3. sehr sorgfältige Bauweise, rechteckig oder quadratisch, große zentrale Halle, umgeben von Zellen

Buddhabildnisse in Bagan - 6 Haupttypen:
1. sitzender Buddha in Meditationsposition, linke Hand liegt im Schoß, Handfläche nach oben gekehrt, rechte Hand hängt herunter (= Geste der Erdberührung): Buddha ruft die Erde an als Zeuge für seine großen Taten in der Vergangenheit.
2. sitzender Buddha in Moditationsposition, Hände an der Brust, Daumen und Zeigefinger der rechten Hand berühren einen Finger der linken Hand (= Geste des Drehens des Rades der Gesetze): Dieser Typus nimmt Bezug auf die Predigt im Park der Hirsche, durch die das Rad der Lehre in Gang gesetzt wurde.

3. sitzender Buddha in Meditationsposition, beide Hände liegen im Schoß, Handflächen zeigen nach oben, die rechte über der linken (= Geste der Meditation): Buddha ist hier im Zustand der Meditation dargestellt.
4. stehende, statische Position, Füße sind leicht auseinander, linke Hand nach vorne ausgestreckt, Handfläche nach außen gerichtet (= Geste der geschenkten Gaben), rechte Hand auf Brusthöhe erhoben, Handfläche nach außen (= Geste der Beruhigung).
5. stehender Buddha, beide Hände an der Brust (= Geste des Drehens des Rades der Gesetze)
6. liegender Buddha, ruhend, auf der rechten Seite liegend, die Wange auf die rechte Hand gelegt: Buddha ist hier im Moment des Ablebens gezeigt.

Bei den späteren Statuen wird der Körper immer wuchtiger, die Ohrläppchen hängen bis an die Schulter, und die Hände haben überlange Finger.

Malereien in Bagan

Bei den Wandmalereien in den Innenräumen handelt es sich nicht um echte Fresken, da auf trockenem Putz gemalt wurde: Auf weißem Kalk malte man schwarze, manchmal auch rote Umrißlinien mit Farbe (gelb, orange, rot und braun) aus. Die Wände verzierte man vorwiegend mit Reihen von kleineren Buddhafiguren. Die Friese haben ein fortlaufendes Muster von Blätterranken oder *ogre*-Köpfen. Die wichtigsten Wandabschnitte sind entweder mit kleinen Bildern von den *Jatakas* ausgefüllt oder mit großen Bildern, die das letzte Leben von Gautama Buddha porträtieren. Diese Malereien sind kulturhistorisch besonders wertvoll, weil sie die Gebäude der jeweiligen Zeit ebenso wie die Kleidung, Ornamente und Möbel abbilden. Die unteren Teile der Wand sind mit pflanzlichen und geometrischen Mustern verziert. Schöne Wandmalereien finden sich in folgenden Tempeln: Gubyaukgyi, Thetkyamuni, Kondawgyi, Pathothamya, Nagayon, Nandannya.

Terrakotta Tafeln

Sie wurden in einigen Pagoden und Tempeln gefunden. Die Tafeln dienten sowohl der Belehrung als auch zur Dekoration. Die frühen sind unglasiert (z. B. Petleik Pagode), die späteren haben eine grüne Glasur und um den Rand Bordüren mit Perlenmuster (z. B. Ananda Tempel). Die Tafeln stellen die Szenen der 547 *Jatakas* (= die früheren Leben von Buddha), in je einer Tafel dar.

4 Grundtypen der Jataka-Figuren:

• eine kniende oder hockende Ge-

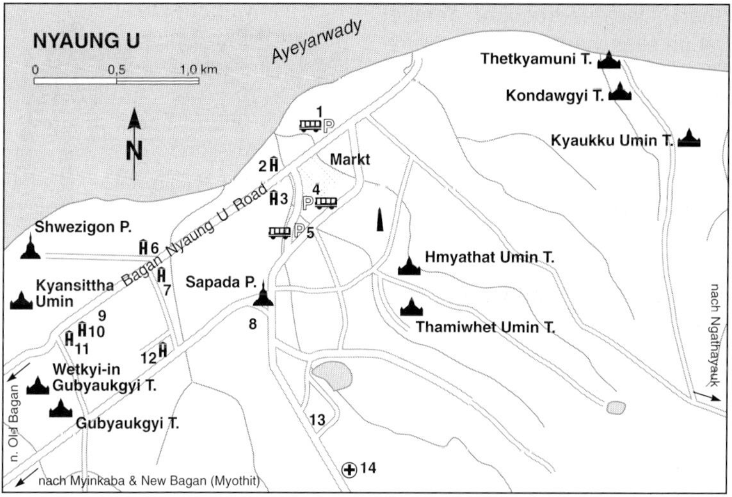

1 Busbahnhof	8 Telegraphenamt
2 Lucky Seven Guest House	9 Nation Restaurant
3 Golden Myanmar Motel	10 Aye Yeik Tha Yar Restaurant
4 Busbahnhof	11 Aung Mingalar Hotel
5 Busbahnhof	12 New Heaven Hotel
6 Pan Cherry Guest House	13 Bank
7 Royal Guest House	14 Krankenhaus

stalt, die mit den Händen gestikuliert oder einen Gegenstand reicht
• ein kniender Adorant (Anbeter)
• eine stehende Gestalt mit gesenktem oder erhobenem Arm
• eine in der Luft schwebende Figur, die in der Regel eine Gottheit darstellt.

Besichtigung

• Eintritt: US$ 10 für den gesamten Aufenthalt. Die Eintrittskarte muß man bei Ankunft im Flughafen, an der Schiffsanlegestelle oder im Hotel kaufen.

Nehmen Sie eine Taschenlampe mit, da es in vielen Tempeln schöne Wandmalereien gibt, aber keine richtige Beleuchtung.

Thetkyamuni Tempel

Dieser Tempel stammt aus dem frühen 13. Jh. Der Name kommt von einem Beinamen Buddhas (thet). Der quadratische Tempel hat an allen vier Seiten Eingänge. Über dem Hauptsockel liegen drei zurücktretende Terrassen, über denen sich ein großer Stupa erhebt. Die flammenartigen Giebel an den Portalen, die Pfeiler und die Friese sind mit Stuck verziert.

Das Innere birgt Wandmalereien mit Szenen der *Jatakas* sowie Episoden aus dem Leben des indischen Königs Ashoka und der Einführung des Buddhismus in Sri Lanka.

Kondawgyi Tempel

Der Name heißt übersetzt „großer heiliger Erdwall", weil der Tempel auf einem Erdwall steht. Er stammt aus dem 13. Jh. Über einem quadratischen Hauptblock erheben sich zurücktretende Terrassen und darüber ein großer Stupa. Innen kann man noch Gemälde von *Jataka*geschichten und Blumenmuster erkennen.

Kyaukku Umin

Der Name heißt übersetzt „Felsenhöhlentempel". Der Tempel wurde von König Narapatisithu im 12. Jh. in eine Klippe gebaut. Er war noch lange nach der Mongoleninvasion Zufluchtstätte für die aus Sri Lanka und Bago geflüchteten buddhistischen Mönche, entthronten Könige und Adelige. Erst

mit dem Tod des berühmten Mönches Aryadhama im Jahre 1637 wurde der von ihm bewohnte Höhlentempel dem Verfall überlassen. Der Tempel besteht aus einem hohen Sockel, darüber befinden sich zwei zurücktretende Terrassen, auf denen sich ein kleiner Stupa erhebt. Ein hoher Bogengang mit durchbrochenen Fensteröffnungen führt in eine große quadratische Halle. Zwei riesige Pfeiler in der Mitte tragen die darüberliegenden Terrassen. Gegenüber dem Eingang thront eine Buddhafigur auf einem Lotossitz. Oben an der Wand sind Malereien. In Wandnischen erzählen Steinreliefs aus dem Leben Buddhas.

Die Türöffnungen neben den Pfeilern führen in ein Netzwerk von Tunnelgängen, die bis tief in den Hügel reichen, wo es mit Höhlen zum Beten und Meditieren gibt. Ein Teil der Gänge ist jetzt eingestürzt.

Die **Legende** von der Entstehung der Tempel besagt folgendes:

Ein Mönch wurde von einer Frau des Ehebruchs angeklagt. Der Beklagte rief darauf die *Nats* als Zeugen an: Um seine Unschuld zu beweisen, sollte ein großer Stein stromaufwärts und ein anderer zum jenseitigen Ufer schwimmen. Beides geschah. Als der König von diesem Wunder hörte, ließ er zur Erinnerung zwei Tempel bauen. Der eine wurde Kyaukku Umin, der andere Dammba (inzwischen zerfallen) genannt.

Thamiwhet Umin und Hmyathat Umin

Diese beiden Tempel aus dem 13. Jh. liegen nah beieinander. Sie sind unterirdisch in die Seiten eines Sandsteinhügels gegraben. Ursprünglich waren sie für die Mönche gedacht als kühler, ruhiger Platz zum Beten und Meditieren. Ziegelwände teilen die Gänge in kleine Zellen.

Der Thamiwhet Umin enthält ein Buddhabildnis, einige Wandmalereien und eine Steininschrift.

Der Hmyathat Umin bietet als Besonderheit einen Gang, der in einer Zickzacklinie verläuft.

Sapada Pagode

Der Mönch Sapada kam aus dem gleichnamigen Dorf in der Nähe von Pathein. Die Legende erzählt, daß er 1181 als junger Novize den Lehrer des Königs, Uttarajiva, auf einer Pilgerfahrt nach Sri Lanka begleitete. Während Uttarajiva bald nach Bagan zurückkehrte, wurde Sapada in Sri Lanka zum Mönch geweiht. Er blieb 10 Jahre dort und studierte die Lehre Buddhas. 1191 kehrte Sapada schließlich mit vier Mönchen aus Sri Lanka zurück und gründete einen singhalesischen Orden in Bagan.

Die Sapada Pagode ist offensichtlich in einem damals üblichen Stil einer singhalesischen Pagode (*dagoba*) erbaut worden. Die Pagode hat einen runden Baukörper mit einer glockenförmigen Kuppel, darauf ruht ein würfelförmiger Reliquienbehälter und eine konisch zulaufende Spitze.

Shwezigon Pagode

• Fotoapparat und Videokamera: je K 30

Die Namen von den zwei großen und tief religiösen Königen Anawrahta (1044 - 1077) und Kyansittha (1084 - 1113) sind mit der Shwezigon Pagode verbunden. Dieser massive, vergoldete Bau ist 60 m hoch und wurde das Vorbild für alle künftigen Pagoden in Myanmar. Die Shwezigon Pagode beherbergt eine heilige Zahnreliquie von Buddha, ein Geschenk des Königs von Sri Lanka.

Die Chroniken berichten, daß König Anawrahta die Reliquie auf dem Rücken eines geschmückten weißen Elefanten befestigte. Die Reliquie sollte an der Stelle bleiben, an der sich der Elefant hinknien würde. Dies geschah dort, wo heute die Shwezigon Pagode steht. König Anawrahta begann mit dem Bau der Pagode. Nach der Vollendung der ersten drei Terrassen starb er, und König Kyansittha baute auf Anraten des königlichen Lehrers Shin Arahan die Pagode fertig. Alle Bewohner mußten Steine vom Mount Tuywin (im Osten) bringen. So wurde die Pagode in sieben Monaten und sieben Tagen fertiggestellt. Auf zwei Steinpfeilern ist eine Inschrift in Mon zu sehen, die die Geschichte des Prophetentums von Buddha und außerdem von einem großen, gläubigen König erzählt.

Der untere Teil der Pagode wird aus drei großen, quadratischen zurücktretenden Terrassen gebildet. Darauf steht eine achteckige Basis, die die Verbindung zwischen dem quadratischen Unterbau und der runden Kuppel darstellt. Die Kuppel ist glockenförmig, was auch als umgestülpte Lotosblüte gedeutet wird, und mit einem Band aus Girlanden verziert. Die konische Spitze erhebt sich direkt über der Kuppel und ist von einem Schirm *(hti)* gekrönt. Auf jeder Seite führen außen Treppenaufgänge von Terrasse zu Terrasse, die mit grün glasierten Platten mi Szenen aus den *Jatakas* verziert sind. Zum beiderseitigen Abschluß der Treppen dienten die Sockel mit überlebensgroßen Löwen als Wächterfiguren. Die Ecken der dritten Terrasse sind mit Stupas besetzt, die als Modelle der Hauptglocke anzusehen sind. Von vier Seiten führen Zugänge zu der Plattform. Der Hauptzugang liegt im Norden und wird von zwei riesigen mythischen Löwen flankiert. Auf der Plattform sind 37 Abbilder der *Nats* aufgestellt, die sich in verehrender Haltung dem Zahn Buddhas zuwenden, der zusammen mit einem Knochen Buddhas dort eingemauert sein soll. Die *Nat*schreine waren für die Bauern bestimmt, die, während sie noch ihre alten Geistergötter anbeteten, die Lehre Buddhas kennenlernen sollten. Auf der Plattform stehen mehrere Tempel und Andachtshallen in verschiedenen Baustilen. An jeder der vier Seiten ist ein kleiner, quadratischer Tempel, in dem eine Buddhafigur aus Bronze steht. Beim Hauptzugang ist noch eine in Stein gehauene *Naga* zu sehen. Nach der Legende soll eine *Naga* die Anhöhe, auf der die Pagode steht, aus dem Strombett hochgedrückt haben. An der Südseite stehen zwei grauenerregende *Nat*figuren als Wächter und Beschützer des Heiligtums. In der Shwezigon Pagode versuchte der König, den *Nat*glauben mit dem Buddhismus zu versöhnen.

Der überdachte Gang zum Tempelgelände enthält einige Verkaufsstände. Im November und Dezember findet in der Pagode ein Fest statt.

Kyansittha Umin

Dieser Tempel ist nach König Kyansittha (1084 - 1113) benannt. Man nimmt jedoch an, daß er von seinem Vater, König Anawrahta, gebaut wurde. Der Tempel ist eine niedrige, schmucklose Ziegelkonstruktion mit langen, dunklen, teilweise unterirdischen Korridoren im Inneren, die in einzelne Räume unterteilt wurde, in denen Mönche wohnten. An einigen Wänden sind interessante Wandmalereien aus dem 11. - 13. Jh. im Mon- und birmanischen Sil, z. B. die Darstellung von mongolischen Soldaten als eine Erinnerung an die mongolische Invasion unter Kublai Khan.

Der Tempel ist oft zugesperrt, aber gegen ein kleines Trinkgeld schließt eine Frau auf und führt Sie mit einer Kerze durch die dunklen Räume.

Gubyaukgyi Tempel

Der Name bedeutet „großer bemalter Höhlentempel". Der Tempel aus dem 13. Jh. liegt südöstlich von Wetkyiin (nicht zu verwechseln mit dem anderen Gubyaukgyi Tempel nahe Myinkaba).

Die pyramidenförmige Spitze erhebt sich über dem Hauptquader. Diese architektonische Grundidee ist wahrscheinlich vom Mahabodhi Tempel in Bodh Gaya in Indien übernommen. Der Gubyaukgyi Tempel ist bemerkenswert wegen seiner Malereien der *Jataka*-Szenen, die die Innenwände schmükken. Jede Szene ist auf einem kleinen quadratischen Feld gemalt. Leider wurden 1899 von Dr. Thomann viele der Wandmalereien entfernt. Außerdem ist eine Buddhastatue zu sehen.

Old Bagan

Htilominlo Tempel

Er wurde 1211 gebaut und nach seinem Erbauer, König Htilominlo (1211 - 1234), benannt. Htilominlo war ein Prinz von niederem Rang. Trotzdem wurde er zum Nachfolger von König Narapatisithu bestimmt. Der König rief Htilominlo und seine vier älteren Brüder zusammen, stellte einen weißen Schirm (= das Symbol des Königtums) in ihrer Mitte auf und schwur feierlich: „Derjenige, zu dem der weiße Schirm zeigt, möge es wert sein, König zu sein!" Der weiße Schirm zeigte auf Htilominlo. Nachdem er König wurde, erbaute er an der Stelle, an der die Wahl auf ihn fiel, einen Tempel. In den Inschrif-

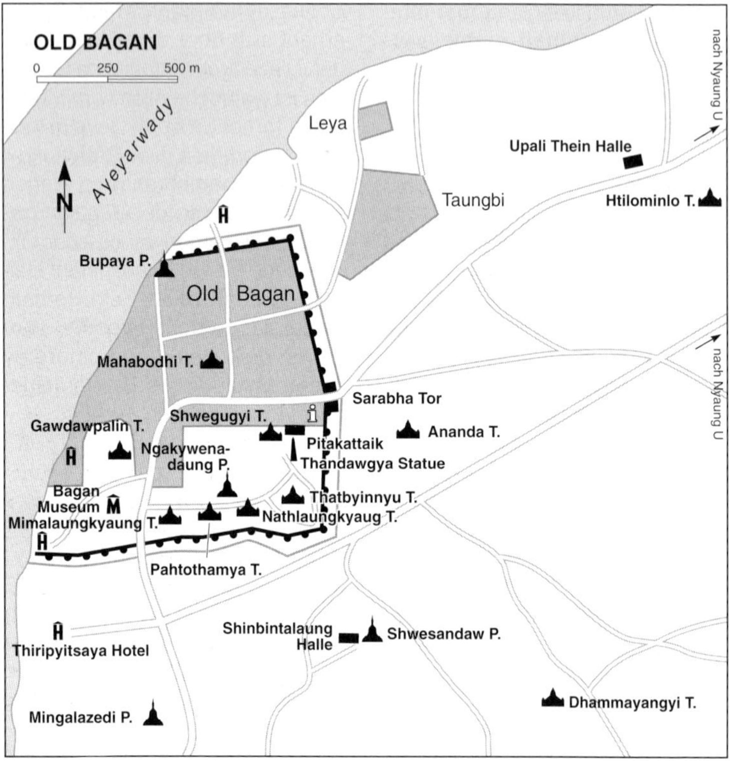

ten jedoch ist an vielen Stellen nicht von Htilominlo, sondern von Nadaungnya die Rede. Einige Historiker nehmen an, daß der Name falsch gelesen wurde.

Der Tempel ist mit seinen 46 m Höhe einer der größten Tempel von Bagan. Jede Seite des Sokkels mißt 42 m in der Länge. Eine Vorhalle im Osten und Bogengänge an den anderen drei Seiten führen in den doppelstöckigen Bau, wo in jedem Stockwerk in jeder Himmelsrichtung eine Buddhafigur steht. Von innen führt eine Treppe in den ersten Stock. Über dem oberen Stockwerk beginnen zurücktretende Terrassen, ursprünglich mit grün glasierten Sandsteinstücken reich verziert. Einige der Reliefplatten sind noch an den Gewölbeverzierungen, Friesen und Pfeilern erhalten. Interessant sind die Horoskope wichtiger Personen hoch oben an den Wänden. Über den Terrassen erhebt sich eine gekrönte Spitze.

Upali Thein

Thein werden Ordinationshallen in Myanmar genannt. Die Upali Thein liegt gegenüber dem Htilominlo Tempel. Sie wurde Mitte des 13. Jh. erbaut und ist nach dem Mönch Upali benannt. Die Upali Thein ist insofern besonders interessant, als nur ganz wenige Ordinationshallen aus der Baganperiode in gutem Zustand erhalten sind. Obwohl das Gebäude aus Ziegel gebaut wurde, scheint es eine Holzkonstruktion nachzuahmen. Es hat ein langes, zentrales Schiff mit seitlichen Gängen und geneigten Dächern. An jedem Ende des Gebäudes sind angedeutete Pfeiler und Querbalken. Angedeutete Boote schließen den Giebel und die geneigten Dächer ab. Die niedrige, mit Zinnen versehene Brüstung auf dem Dach wurde im 18. Jh. dazugefügt.

Innen befindet sich eine Buddhafigur auf einem Sockel nahe dem westlichen Ende. Die Wandmalereien stammen aus dem 18. Jh. Im Gegensatz zu den kleinen, in einzelne Felder aufgeteilten Malereien der Baganperiode sind hier die Szenen groß und fortlaufend dargestellt. Die Malereien zeigen z. B. das Erreichen der Erleuchtung durch folgende Buddhas und die Weihe einer Ordinationshalle durch König Anawrahta.

Die Upali Thein ist zur Zeit nicht geöffnet. Bei Vollmond treffen sich hier die Mönche zum Beten und Meditieren.

Ananda Tempel

Fotoapparat: K 20

Der Ananda Tempel wurde während der Regentschaft König Kyansitthas erbaut und 1090 fertiggestellt. Er gilt als ein Meisterwerk des frühen Stils. Der Tempel dient auch heute noch dem Kult. Er hat seinen Namen von dem Wort „Anandapyinnya“, was so viel wie „die unendliche Weisheit“, eines der Attribute Buddhas, bedeutet. In den Chroniken wird berichtet, daß eines Tages acht Heilige zum Hof von Kyansittha (1084 - 1113) am Mt. Gandhamadana kamen. Dieser Berg ist in den indischen Mythen einer der vier Berge, der die heilenden Kräuter beherbergt. Der zutiefst gläubige König schenkte den Heiligen ein Kloster und gab ihnen jeden Tag zu essen. Der König wünschte sich sehr, die Nandamula-Grotte zu sehen, die sich im Mount Gandhamadana befand. Die acht Heiligen konnten durch ihre Kräfte diese Grotte heraufbeschwören. Ihre Form nahm der König als Vorbild für den Bau des Ananda Tempels.

Der Grundriß des Tempels bildet ein griechisches Kreuz mit Säulengängen, ausgehend von einem quadratischen Block. Die Gesamtlänge einschließlich der Vorhallen beträgt 91 m. Der Tempel ist von einer Mauer mit vier Toren umgeben. Der Haupteingang liegt im Norden. Die Hauptmasse des aus Backstein errichteten Bauwerkes bildet ein kubischer Steinkomplex mit je 53 m seitlicher Länge. Über dem Hauptblock erheben sich zwei Reihen geneigter Dächer, gefolgt von vier zurücktretenden Terrassen, die als Basis für die Turmpyramide *(Sikhara)* und den kegelförmigen Turmhelm dienen. Mit dem vergoldeten Endteil und dem Schirm hat der Tempel eine Höhe von 51 m. Bei dem Erdbeben im Jahre 1975 ist die Spitze herabgefallen, sie wurde aber mittlerweile wieder ersetzt. Die Dächer sind mit kleinen Stupas, *Sikharas* und Wächterfiguren verziert, wie es beim Mon-Stil üblich war. Unterhalb der Zinnen der Geländer findet man lange Reihen von etwa 550 glasierten grünen Terrakottareliefs der *Jatakas* - ursprünglich sollen es 1 400 gewesen sein. Die Platten im Erdgeschoß zeigen Buddhas Sieg über Mara, jene an der Westseite furchterregende Monster von Maras Armee und die an der Ostseite die Devas mit den Glückssymbolen in ihren Händen, die über Buddhas Sieg über Mara jubilieren. Die Platten in den unteren Terrassen stellen die weniger wichtigen Leben von Buddha dar, die 389 Platten der vier oberen Terrassen bieten ausführliche Schilderungen der 10 bedeutenderen Leben. Viele wurden später mit braunroter und goldener Farbe übermalt. Das Völkerkundemuseum in Hamburg besitzt davon 200 Gipsabdrucke. Die Reliefs sind quadratisch und zwischen 33 und 16 cm groß. Jedes ist mit einer Randleiste mit einem Kugelornament begrenzt. Unter jeder Abbildung ist eine Inschrift in dem eckigen Duktus der altbirmanischen Schrift (Altbirmanisch ist eine Mischsprache aus Pali und Birmanisch).

Die Portale aus Teakholz zeigen reiche, ornamentale und figürliche Schnitzereien. Vor den vier Säulengängen stehen jeweils zwei Türwächter auf Sockeln in Bogennischen. In den Säulengängen selbst bewachen zwei weitere Türhüter den Eingang zum Hauptraum, in dem entlang der vier Seiten zwei enge Gänge parallel zueinander verlaufen. In den Gängen sind Nischen, die kleine steinerne Statuen von Buddha in verschiedenen Haltungen beherbergen. Erwähnenswert ist eine Serie von 80 Reliefs in den zwei unteren Reihen der Nischen im äußeren Gang, die das Leben Buddhas von der Geburt als Prinz Siddhartha bis zu seiner Erleuchtung darstellen. Die kleinen Fenster in den dicken Wänden erzeugen eine dämmrige Stimmung, die den Eindruck erwecken soll, man befinde sich in einer tiefen natürlichen Grotte. Der Innenraum ist in vier hochstrebende Räume unterteilt, in denen jeweils eine Kolossalstatue von fast 10 m Höhe steht. Jede Statue stellt einen von den vier in diesem Weltalter erschienenen Buddhas dar. Die Figuren an der Nord- und Südseite sind noch original, die beiden anderen sind den Originalen, die zerstört wurden, nachgebildet. Im Norden steht die Figur von Gautama mit zwei weiteren Figuren, die in Ehrerbietung vor ihm knien. Die linke Figur stellt Shin Arahan, die rechte König Kyansittha dar. Im Osten steht Kausandha, im Süden Konagama und im Westen Kassapa. Ihre Gesichter sind durch die darüberliegenden Dachfenster hervorragend beleuchtet. Die vier Statuen sollen aus verschiedenen Materialien hergestellt worden sein: Kausandha aus wohlriechendem Danza-Holz, Kassapa aus Bronze, Gautama aus Fichte und Konagama aus Jasminholz. Die starke Blattvergoldung liegt über einer Gipsschicht. Insgesamt wirkt der Ananda Tempel durch seine spitzbogenförmigen Nischen und seine Höhe fast wie eine gotische Kirche. In kleineren Nischen in den Seitengängen sind Figuren aufgestellt, die in ihrer Pose, ihrem Faltenwurf und ihren Konturen indischen Einfluß erkennen lassen.

Der Ananda Tempel ist außen und innen weiß getüncht und von weitem sichtbar. Früher waren die Innenwände mit bunten Fresken geschmückt, die Geschichten der

Mon darstellten. In zwei der überdachten Gänge zum Tempel befinden sich Verkaufsstände, die vor allem Lackarbeiten anbieten.

Das dreitägige Tempelfest findet jedes Jahr bei Vollmond im Dezember/Januar statt.

Neben dem Ananda Tempel sehen Sie das **Ananda Okkyaung,** eines der wenigen erhaltenen Klöster in Ziegelbauweise aus dem 18. Jh. In dem quadratischen Bau sind viele Wandmalereien, die Szenen aus dem täglichen Leben darstellen, wie z. B. Händler, Musikanten, beim Baden und Kochen. Das Gebäude ist oft verschlossen, ein Wärter sperrt aber gerne auf. Taschenlampe mitnehmen!

Sarabha Tor

Dieses Tor gewährte Zutritt zu der befestigten Stadt und steht noch als einziges von den ursprünglichen 12 Toren der Stadtmauer, die König Pyinbya 849 errichten ließ. Das Tor ist interessant, weil es das einzige erhaltene Stück der weltlichen Architektur ist. Die Wohnhäuser und hölzernen Paläste innerhalb der Stadtmauer sind seit langem verschwunden. Vor dem Sarabha Tor stehen die Statuen der Mahagiri-*Nats.* Sie sind die Schutzgeister Bagans. Maung Tinde auf der linken Seite und seine Schwester Thonbanhla haben ihren Stammsitz am Mount Popa.

Sarabha Tor

Thatbinnyu Tempel

Thatbinnyu heißt Allwissenheit. Der Tempel erhebt sich als mächtiger weißer Block über die anderen Tempel. Er wurde 1144 von König Alaungsithu gebaut und ist kunsthistorisch zwischen dem frühen Stil (z. B. Ananda Tempel) und dem späten Stil (z. B. Gawdawpalin Tempel) einzuordnen. König Alaungsithu gilt als Schöpfer der heutigen Musik in Myanmar. Der Thatbinnyu Tempel ist einer der frühesten mehrstöckigen Tempel. Der Grundriß ist dem des Ananda Tempels ähnlich. Der quadratische Bau hat an allen vier Seiten Säulenhallen. Über jedem Stockwerk erheben sich drei zurücktretende Terrassen, die mit zinnenbesetzten Brüstungen und Stupas an den Ecken verziert sind. Über den Terrassen des obersten Stockwerks ragt eine geschwungene Spitze empor, auf die ein schlanker, spitz zulaufender Stupa aufgesetzt ist.

Mit einer Höhe von 64 m ist er der höchste Tempel Bagans. Sowohl die enorme Höhe des Tempels als auch die vertikalen Linien der Ornamente (Pfeiler, flammenartige Bogengiebel, Stupas an den Ecken) verleihen dem Tempel einen aufstrebenden Charakter. Der östliche Säulengang hat eine zentrale Treppe, die von zwei stehenden Türwächtern bewacht wird. Die Treppe führt zu einem Zwischenstockwerk, wo ein Gang um den zentralen Bau herumläuft. Zwei Fensterreihen machen das Innere hell und luftig. Die Wände waren fast ohne Ausnahme mit Wandmalereien bedeckt; heute sind leider nur noch wenige Fresken erkennbar. Zwei Treppen führen von innen zu den Terrassen über dem östlichen Säulengang, zu denen auch von außen Treppen hochgehen. Hier sitzt eine Buddhafigur auf einem Thron aus Ziegel. Weitere enge Treppen führen zu den Terrassen der oberen Stockwerke. Die ersten beiden Stockwerke dienten als Wohnquartiere der Mönche, das dritte als Versammlungs- und Gebetshalle, in der auch eine große Buddhastatue steht, das vierte als Bibliothek und das fünfte als Basis der Pagode, wo heilige Reliquien aufbewahrt wurden.

Das Innere des Tempels ist beim letzten Erdbeben 1975 beschädigt worden. Von der obersten Terrasse hat man einen schönen Rundblick auf die vielen Tempel und Pagoden. Auch den Sonnen-

untergang über dem Ayeyarwady können Sie von hier aus genießen. Leider sind zur Zeit die Treppen aus Denkmalschutzgründen nicht mehr begehbar!

Nordöstlich vom Thatbinnyu Tempel steht der kleine Gayocho oder „Tally“ Tempel. Er ist ein Miniaturmodell seines großen Thatbinnyu Tempels. Bei dessen Bau legte man für je 10 000 Ziegelsteine einen beiseite; aus diesen Auszählsteinen wurde der Tally Tempel erbaut.

Im Südwesten vom Thatbinnyu Tempel in einem eingezäunten Kloster stehen zwei hohe Steinpfeiler mit einem V-ähnlichen Muster. Diese zwei Pfeiler trugen früher eine riesige Bronzeglocke. Die Legende erzählt von König Alaung-sithu, daß er zwei große Glocken spendete, eine für den Thatbinnyu Tempel und eine für den Shwegugyi Tempel. Sie waren aus purem Kupfer, größer, schwerer und schöner als die fünf großen Glocken, die sein Großvater, König Kyansittha, spendete.

Pitakattaik

Diese Bücherei wurde von König Anawrahta (1044 - 1077) als Aufbewahrungsort für die 30 Bände der *Tripitaka* gebaut, die er von Thaton auf den 32 weißen Elefanten von König Manuha mitbrachte. Die Bücherei ist im Grundriß quadratisch, mißt 15 m pro Seite und ist wie ein Tempel in einem zentralen Innenraum und eine umlaufende Säulenhalle eingeteilt. Durch je drei durchbrochene Fensteröffnungen dringt nur wenig Licht ins Innere. 1783 wurde die Bibliothek von König Bodawpaya restauriert. Er setzte eine Spitze auf die fünf übereinanderliegenden Dächer. Die pfauenartig verzierten Endsteine an den Ecken der Dächer sind auch im Zuge dieser Restaurierung dazugekommen. Viele Klöster in Bagan, besonders die großen lehrenden Klöster, besaßen eine angegliederte Bücherei. Die Pitaka wurden auf Palmblätter geschrieben und in hölzernen Truhen aufbewahrt.

Shwegugyi Tempel

Er wurde 1131 von König Alaungsithu (1113 - 1169) erbaut. Der Tempel wirkt elegant und verbindet stilistisch den frühen mit dem späten Stil. Die Geschichte des Tempels ist auf zwei Steinplatten, die sich an der Westseite in der Vorhalle befinden, festgehalten. Die Inschriften sind in Pali und erinnern daran, daß der Tempel am 17. Mai 1131 begonnen und am 17. Dezember 1131 vollendet wurde. Charakteristisch für diesen Tempel sind die großen Türöffnungen und die weiten, offenen Fenster, die das Innere hell und luftig erschei-

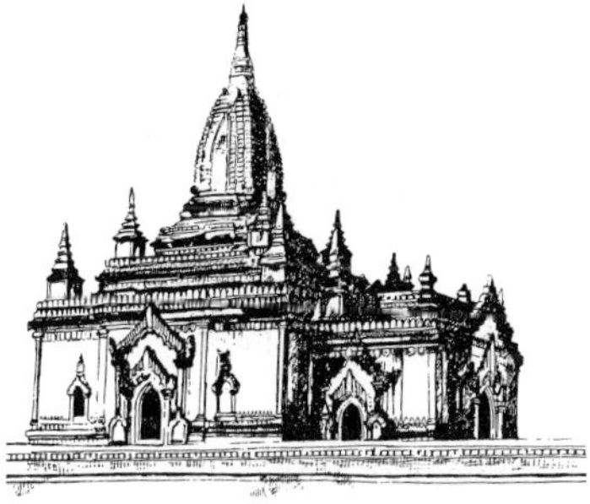

nen lassen. Der Tempel ist nach Norden ausgerichtet und steht auf einer hohen Ziegelplattform. Er kann über eine Treppe an der Nordostecke erreicht werden. Das Tempelgebäude ist quadratisch mit einer Hauptzelle und zwei gewölbten Nebenzellen. Zurücktretende quadratische Terrassen erheben sich über dem Hauptbau mit Stupas an jeder der vier Ecken. Die Ziergiebel an den Bögen, die Pfeiler, die Kapitelle und das Gesims sind mit reichem Stuck versehen.

Sein Erbauer fand im Shwegugyi Tempel ein tragisches Ende. Als König Alaungsithu sehr krank war, brachte ihn sein Sohn vom königlichen Palast hierhin. Als sich der König jedoch wieder erholte, eilte sein Sohn zum Tempel und tötete ihn durch Ersticken.

Thandawgya Statue

Diese riesige sitzende Buddhastatue ist fast 6 m hoch und wurde von König Narathihapati (1255 - 1287) errichtet. Die Figur wurde aus Ziegelsteinen gebaut, mit Gips umkleidet und hat innen einen hölzernen Kern.

Nathlaungkyaung Tempel

Übersetzt bedeutet der Name „Tempel, in dem die Geister eingesperrt sind". Dieser Tempel ist das einzige Exemplar eines Hindu-Tempels in Bagan. Man nimmt an, daß er für die religiösen Bedürfnisse der Inder in Bagan gebaut wurde. Aus einer Inschrift in tamilischer Sprache, die südlich von diesem Tempel in Myinkaba gefunden wurde, geht hervor, daß die Einwohner von Malaimandalam im 13. Jh. ein Portal für den Tempel bauten. Jetzt ist das Tor ziemlich verfallen. Die Haupthalle ist noch erhalten, der Eingang jedoch zerstört. Früher standen in der Haupthalle freistehende Figuren von Vishnu. Innen trägt ein zentraler Pfeiler die Konstruktion. Auf jeder Seite des Pfeilers sind Nischen mit Bildnissen von Vishnu, nur in der mittleren Nische fehlt es.

Ngakywenadaung Pagode

Die Pagode aus dem 12. Jh. besteht aus einer massigen Kuppel auf einer runden Basis. Sie ist 14 m hoch. Die Spitze ist nicht mehr erhalten. An manchen Stellen kann man noch grün glasierte Kacheln entdecken.

Pahtothamyo Tempel

Der 28 m hohe Tempel stammt aus dem 10. Jh. und gehört zum frühen Stil. Der Name bedeutet „Tempel der großen Fruchtbarkeit“; der Tempel wurde offenbar so genannt, weil er in der Blütezeit des Buddhismus gebaut wurde. Der untere Teil ist ein quadratischer, innen gewölbter blockförmiger Bau. Über drei zurücktretenden Terrassen erhebt sich eine wuchtige Kuppel mit 12 senkrechten Rippen. In den Hauptraum führen drei Gänge mit verzierten Bögen. Fünf durchbrochene Fenster und Dachfenster in den Terrassen geben dem Innern Licht. In Nischen stehen Buddhastatuen aus Stein. Die Wandmalereien erzählen Legenden in der Sprache der Mon und beschreiben Szenen aus den *Jatakas* und dem letzten Leben von Gautama Buddha.

Mimalaungkyaung Tempel

Der Tempel, bekannt als „der Tempel, der im Feuer nicht brennen kann“, wurde wahrscheinlich von König Narapatisithu (1174 - 1211) gebaut und später restauriert. Die rechteckige Plattform ist 4 m hoch. Man erreicht sie über einen Treppenaufgang, der von zwei Löwen bewacht wird. Die unterschiedlichen Dachformen sind von einem kleinen Stupa gekrönt. Der Name des Tempels rührt von der großen Feuersbrunst 1225 her, als die meisten anderen Gebäude aus Holz und Bambus vernichtet wurden.

Gawdawpalin Tempel

Der Name bedeutet „Thron der Ehrerbietung“. König Narapatisithu begann mit dem Bau des Gawdawpalin Tempel, fertiggestellt wurde er von dessen Sohn Zayathinga. Bei dem Erdbeben 1975 wurde er erheblich beschädigt. Er wurde renoviert, und vor kurzem erhielt er noch eine goldene Spitze. Wie der Sulamani Tempel ist dieser Tempel zweistöckig im späten Stil erbaut. Die Basis ist quadratisch mit überdachten Gängen an allen vier Seiten. Somit hat der Tempel einen Grundriß in Form eines Kreuzes. Jedes der zwei Stockwerke hat drei darüberliegende zurücktretende Terrassen, die mit Girlanden aus pflanzlichen Ornamenten, Perlschnüren, Quasten zwischen den Zähnen grinsender Ungeheuer und mit Stupas an den Ecken verziert sind. Eine gebogene Turmspitze erhebt sich über der obersten Terrasse, überragt von einem schlanken Stupa. Der Tempel hat eine Höhe von 58 m. Im Erdgeschoß läuft ein Gang um den zentralen Bereich, an dessen vier Seiten je eine Buddhastatue aufgestellt ist. Über eine enge Treppe gelangt man von innen in das obere Stockwerk, wo sich eine sitzende Buddhafigur befindet, die nach Osten schaut.

Mahabodhi Tempel

Sein Name verweist auf die Beziehungen zu dem Mahabodhi Tempel in Bodh Gaya in Indien, wo der Bodhi-Baum wuchs, unter dem Buddha erleuchtet wurde. König Kyansittha sandte Arbeiter nach Bodh Gaya, um den Tempel dort zu reparieren und um Samen von den Bodhi-Bäumen holen zu lassen. In Bagan pflanzte er dann die Bodhi-Bäume von den mitgebrachten Samen.

Der Tempel wurde von König Htilominlo (1211 - 1234) nach dem indischen Vorbild gebaut. Auf einem quadratischen, schweren Unterbau erhebt sich ein schlanker, pyramidenförmiger Turm. An der Außenseite des Turmes sind Nischen mit sitzenden Buddhafiguren eingelassen. Ganz oben ragt ein schlanker Stupa empor.

Eine Kopie dieses Tempels steht sich in Yangon auf der Plattform der Shwedagon Pagode.

Bupaya Pagode

Diese kleine Pagode liegt am Ufer des Ayeyarwady und dient heute noch für die Schiffer als Orientierungshilfe. Es wird angenommen, daß sie von König Pyusawhti, der von 162 - 243 n. Chr. regierte, erbaut wurde.Bei dem Erdbeben 1975 stürzte die Pagode in den Ayeyarwady. 1977 wurde sie originalgetreu wiederaufgebaut. Die kleine weiße Pagode erhebt sich über zinnenbesetzten Terrassenanlagen. Ihre Form mit den goldenen senkrechten Bändern und der vergoldeten Spitze mit Schirm erinnert an einen Kürbis (das Wort „Bu“ heißt Kürbis).

Die **Legende** berichtet, daß der erste König von Bagan, Thamoddarit, von vier großen Gefahren bedroht wurde: den Flughörnchen, dem Eber, den Vögeln und den Kürbispflanzen. Die Kürbispflanze hatte Triebe, die sich über das ganze Land ausbreiteten. Auch wenn man sie in der Nacht abschnitt, wuchsen sie bis zum nächsten Morgen so frisch und kräftig wie vorher. Das Land in Bagan wurde schließlich vollständig von Kürbispflanzen überwuchert. Glücklicherweise kam dann Pyusawhti mit seinem magischen Bogen und bezwang damit alle vier Gefahren. In großer Dankbarkeit erhielt er dafür die Tochter des Königs zur Frau.
Als eines Tages Pyusawhti selbst König wurde, baute er an allen Stellen Pagoden, an denen er die vier Gefahren bezwang. Eine davon ist die Bupaya Pagode.

Shwesandaw Pagode

Sie wurde von König Anawrahta 1057 angelegt. Der Name heißt

„Goldene heilige Haar-Reliquie", weil eine Haar-Reliquie dort eingemauert ist. Die Reliquie erhielt König Anawrahta vom König von Bago aus Dankbarkeit dafür, daß er ihm bei der Invasion der Khmer geholfen hatte. Ursprünglich war die Reliquie von den Kaufleuten Tapussa und Bhallika nach Myanmar gebracht und in Thayekhittaya eingemauert worden. Nach dem Fall von Thayekhittaya ließ der König von Bago drei Haar-Reliquien in einen Schrein verschließen und die vierte hob er in einer mit Juwelen besetzten Truhe auf, damit sie von verehrt werden konnte. Das letzte Haar erhielt König Anawrahta.

Die Shwesandaw Pagode gehört zum frühen Stil. Auf fünf nach oben kleiner werdenden quadratischen Terrassen erhebt sich auf einer achteckigen Basis der glokkenförmige Stupa, der mit einer konischen Spitze und einem Schirm abschließt. Auf der mittleren Treppe kann man auf steilen Stufen bis zum Stupa steigen. Von dort oben haben Sie einen schönen Überblick. Die Terrassen waren früher mit unglasierten Terrakottafliesen verziert. Ganz wenige Reste davon sind noch vorhanden. Sie gehören zu den ältesten Fliesen, die in Bagan gefunden wurden. Statt Stupas an den Ecken der Terrassen waren Statuen von Ganesha, dem elefantenköpfigen Hindu-Gott, aufgestellt.

Shinbintalaung Halle

Gegenüber dem Treppenaufgang der Shwesandaw Pagode steht die Shinbintalaung Halle. In dem rechteckigen niedrigen Ziegelbau befindet sich ein großer liegender Buddha. Er ist im Augenblick des Eintritts ins *Nirwana* dargestellt. Die 20 m lange Figur stammt aus dem 11. Jh. Normalerweise zeigt der Kopf der liegenden Figuren nach Norden, dieser weist nach Süden, weil das Gesicht der Figur auf den Shwesandaw Tempel gerichtet sein sollte.

Mingalazedi Pagode

Sie war die letzte große Pagode, die in Bagan errichtet wurde. König Narathihapati begann 1268 mit dem Bau. Aber noch bevor sie fertig war, prophezeite ein Wahrsager dem König: „Die Pagode ist fertig, das Königreich zerstört". Man interpretierte es damals so, daß das Königreich untergehen würde, wenn die Pagode vollendet wäre. Der König bekam Angst und unterbrach den Bau. Nach sechs Jahren kam ein Berater zum König und stellte ihm in Aussicht, das Königreich werde ewig dauern und die Könige würden niemals sterben, wenn er die Pagode zu Ende bauen würde. Daraufhin setzte der König den Bau fort, er wurde1274 beendet. Zehn Jahre später wollte

Kublai Khan die Unterwerfung Bagans auf friedlichem Wege erreichen. Doch als einer seiner Gesandten enthauptet wurde, rückte Kublai Khan gegen Bagan vor. König Narathihapati ließ dann angeblich 6 000 Tempel niederreißen, um damit die Stadtmauern zu verstärken. Der König floh und wurde später von seinem Sohn vergiftet. Kublai Khan besetzte 1287 Bagan.

Auf einem quadratischen Sokkel ruhen drei Terrassen mit Aufgängen an allen vier Seiten. Darüber erhebt sich auf einer achtekkigen Basis der gedrungene glokkenförmige Stupa. An den Terrassen befinden sich nur noch wenige *Jataka*tafeln.

Dhammayangyi Tempel

Der Tempel ähnelt im Grundriß dem des Ananda Tempels, ist aber größer und wirkt wuchtiger. Aus Inschriften weiß man, daß König Narapatisithu 1197 vier heilige Reliquien vom König von Sri Lanka erhielt, für die er 1198 den Tempel bauen ließ. Dieser finstere Steinkoloß entspricht vollkommen dem Grundansatz des Tempelbaus, nämlich eine Höhle oder Grotte nachzubilden. Der König soll einen Maurer eigenhändig enthauptet haben, weil er eine Nadel zwischen die Ziegelsteine schieben konnte. Die Zugänge von dem einzigen Korridor zu dem Mittelgewölbe sind vor etwa 200 Jahren auf Veranlassung eines Mönches zugemauert worden. Im Zuge der Renovierungswelle in Bagan wurden diese Mauern entfernt. Das Innere birgt eine große liegende Buddhafigur, hinter der die seltene Konstellation von zwei gleichen, nebeneinander sitzenden Buddhafiguren zu sehen ist. Reiche Stuckornamente mit prächtigen Motiven zieren Haupt- und Nebenportale, die dreigeschossige Überdachung der Fenster, die Gesimse und Pilaster. Die Pagode wurde nicht vollendet, weil der Schwiegervater des Königs diesen ermorden ließ.

In Myinkaba

Gubyaukgyi Tempel

In Wetkyiin gibt es einen Tempel, der den gleichen Namen trägt. Dieser bedeutet übersetzt „großer bemalter Höhlentempel". Die Geschichte des Tempels ist eng verbunden mit der Romanze von Kyansittha mit Thambula. Als der junge Kyansittha vor dem Zorn des Königs Anawrahta fliehen mußte, kam er zu einer Stelle, wo ein Mönch mit seiner hübschen Nichte Thambula lebte. Kyansittha verweilte dort, bis er zum Hof zurückgerufen wurde. Als er die inzwischen schwangere Thambula verlassen mußte, gab er ihr einen

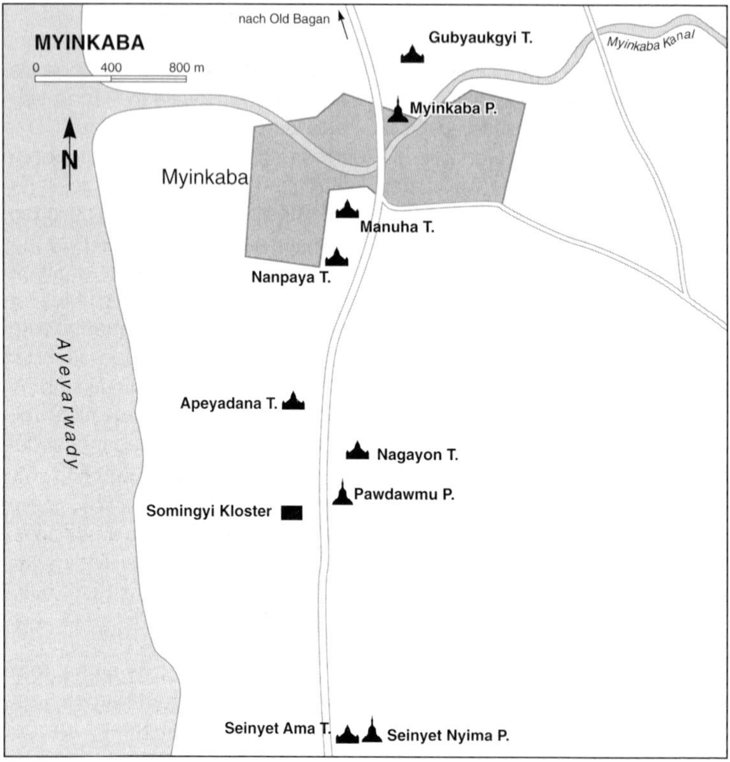

Ring. Wenn es ein Mädchen werden würde, sollte sie den Ring verkaufen, um es ernähren zu können. Bei einem Knaben sollte sie den Ring und das Kind zum Königshof bringen. Sieben Jahre vergingen, und Kyansittha war inzwischen König, als Thambula am Hof mit dem Ring und dem Knaben Rajakumar erschien. Der König war erfüllt mit Freude und machte Thambula zur Königin.

Der Gubyaukgyi Tempel wurde 1113 von Rajakumar anläßlich des Todes von Kyansittha erbaut; er wird dem frühen Stil zugeordnet. Über dem quadratischen Hauptblock erheben sich schräge Dächer und Terrassen. An der geschwungenen Kuppel sind auf jeder Seite drei übereinanderliegende Nischen mit kleinen Buddhastatuen eingelassen. Die Außenwände sind mit sehr schönen

Steinmetzarbeiten am Fries, an den Giebeln der Fenster und an den Pfeilern verziert. In dem von durchbrochenen Fenstern dämmrig erleuchteten Innern verlaufen Gänge mit Nischen, in denen steinerne Buddhafiguren aufgestellt sind. Der Gubyaukgyi Tempel ist besonders durch seine vielen schönen Wandmalereien bekannt, die zu den ältesten in Bagan gehören. Diese wurden mit Unterstützung der UNESCO renoviert. In der Vorhalle finden sich Episoden aus dem Leben von Personen, die durch ihre Verdienste ins heilige Königreich kommen konnten. In der Haupthalle sind in neun Reihen Szenen aus den *Jatakas* angeordnet, zu jeder Szene ist eine Legende in der Sprache der Mon hinzugesetzt. Die innere Wand des Eingangs zum Schrein zeigt die Erleuchtung von Tavatimsa, dem heiligen Abt, außerdem eine Darstellung von Buddha, links flankiert von Brahma mit einem Schirm und rechts von Indra (Thagya).

Vor dem Tempeleingang steht der *Myazedi-Stein*, in dem ein Text in den vier Sprachen Mon, Birmanisch, Pyu und Pali eingemeißelt ist. Man bezeichnet ihn auch als den Rosette-Stein von Myanmar. Die Entzifferung der Schriften wurde 1911 von Dr. Blagden in Angriff genommen. Daneben steht die **Mya Zedi Pagode** mit einem vergoldeten Stupa.

Myinkaba Pagode

Diese Pagode liegt am Ufer des Myinkaba-Flusses. Der Name Myinkaba wird in der Überlieferung so erläutert: Provoziert durch seinen Halbbruder marschierte König Anawrahta gegen Sokkate. Beide begegneten sich an dem Fluß, und es kam zum Kampf. Sokkates Lanze traf den Sattel von Anawrahta, Anawrahtas Lanze aber durchbohrte Sokkate, dessen Pferd mit ihm zum Fluß lief, wo er dann starb. Der Fluß trägt seitdem den Namen Myinkaba, was soviel wie „Auf dem Sattel des Pferdes gebracht" heißt. Als Anawrahta den Thron bestieg, ließ er an dieser Stelle am Myinkaba aus Reue über den Tod seines Halbbruders die Myinkaba Pagode errichten.

Sie ist ein einfacher, glockenförmiger massiver Ziegelbau auf vier niedrigen Terrassen ohne Treppen aus dem 11. Jh. Nur an dem Glockenbau ist noch etwas Stuck vorhanden. Sonst fehlt überall der Anwurf, was zu der Annahme berechtigt, daß der Bau nicht vollendet wurde.

Manuha Tempel

Dieser Tempel aus dem Jahr 1059 wird König Manuha, dem König von Thaton, zugeschrieben. Nachdem König Anawrahta Thaton besiegt hatte, brachte er den

König von Thaton ins Exil nach Bagan. In der Überlieferung heißt es, daß überall, wo der König sprach, um seinen Mund ein strahlender Glanz war. Er ließ Buddhastatuen anfertigen und als Aufbewahrungsstätte für sie den Manuha Tempel errichten.

Über dem quadratischen Bau erhebt sich zurückgesetzt ein niedriger Quader. Im Eingang steht eine große vergoldete Schüssel, in der beim Pagodenfest Reis geopfert wird. Drei riesige Buddhafiguren, die rechte Hand in der Geste der Erdberührung, sitzen nebeneinander ostwärts schauend. In einem dahinterliegenden Raum befindet sich eine liegende Buddhafigur, die den Erleuchteten beim Eintritt ins *Nirwana* darstellt. Die Figuren sind so wuchtig und groß, daß man den Eindruck hat, sie würden das Gebäude fast sprengen. Von dem hinteren Raum führen Treppen nach oben.

Während des Vollmonds im Februar/März findet das große Pagodenfest statt.

Nanpaya Tempel

Der Tempel von 1059 gehört zum frühen Stil und soll dem König von Thaton während der Jahre seines Exils in Bagan als Residenz gedient haben. Der einfache Ziegelbau ist quadratisch im Grundriß, angegliedert ist eine Eingangshalle im Osten. Die durchbrochenen Fenster zeigen am Giebel einfache Verzierungen aus Ziegel. Im Inneren steht im Zentrum ein kleiner, quadratischer Sockel, auf dem früher vermutlich eine stehende Buddhafigur oder vier Rücken an Rücken sitzende Buddhafiguren plaziert waren. Vier quadratische Steinpfeiler tragen die Dachkonstruktion. Diese Pfeiler sind jeweils an zwei Seiten mit Reliefs verziert, die Brahma auf einer Lotosblume sitzend und pflanzliche Motive darstellen. Brahma und Indra werden in den *Jatakas* erwähnt. Mit diesem Tempel lebte die Tantra-Schule weiter, die ihren Sitz in Thaton, der Hauptstadt des Mon-Volkes, hatte. Der Tempel ist manchmal verschlossen.

Apeyadana Tempel

Er befindet sich nahe dem Nagayon Tempel. Die Legende erzählt, daß dieser Tempel an der Stelle steht, an der Apeyadana auf ihren Mann Kyansittha gewartet hat, als er sich vor dem Zorn von König Sawlu (1077 - 1084), seinem Halbbruder, versteckte.

Der von König Kyansittha erbaute Tempel hat den gleichen Grundriß wie der Nagayon Tempel. Über den Terrassen erhebt sich, anders als beim Nagayon Tempel, ein niedriger, glockenförmiger Stupa, danach kommt eine schüssel-

förmige Scheibe, und als Abschluß hat er eine ungewöhnliche achtekkige Spitze. Im Innern des zentralen Raumes findet man auf der Nordseite in einer tiefen Nische eine blaß bemalte sitzende Buddhastatue. Der überwölbte Gang läuft um das Zentrum und wird auf jeder Seite von drei durchbrochenen Fenstern spärlich beleuchtet. An den inneren Wänden des Ganges sehen Sie Malereien mit Szenen von Brahma, Vishnu, Shiva und Indra, an den äußeren Wänden sind Bodhisattvas aus dem Mahayana, z. B. Avolokitesvara. Er ist sitzend dargestellt, die rechte Hand zeigt mit der Handfläche nach außen in der Geste des Schenkens, die linke Hand hält auf Brusthöhe eine Lotosblume. In der Eingangshalle befinden sich Fresken von den Lebensstationen Buddhas mit Mon-Inschriften.

Nagayon Tempel

Nagayon heißt „beschützt von der *Naga* (Schlange)". Als König Kyansittha vor König Sawlu floh, wurde er von einer jungen *Naga* beobachtet und beschützt, während er schlief. Es soll diese Schlafstelle sein, wo heute der Nagayon Tempel steht. Er ist von König Kyansittha (1084 - 1113) im Mon-Stil erbaut worden. Der noch gut erhaltene Tempel wurde zum Vorbild für den Ananda Tempel. Er hat die gleichen schrägen Dächer, die gleichen Terrassen, die gleichen Stupas in den Ecken, die gleiche Spitze und den gleichen Stupa. Der Kernbau ist viereckig und wirkt fast elegant. Das Portal im Norden ist mit grünglasierten Fliesen verziert, und in Nischen stehen Steinreliefs, die Szenen aus dem Leben Buddhas wiedergeben. Im Zentrum, einem spitzbogigen Raum, steht eine riesige Buddhafigur aus vergoldetem Holz auf einem Lotosthron. Sie ist von den sieben Häuptern einer *Naga* wie von einem Baldachin überdacht. Der Eingang zu diesem Raum wird auf jeder Seite von einer indischen Figur bewacht. Die Wände des um das Zentrum laufenden Korridors sind mit Malereien von Szenen aus den *Jatakas,* mit grün glasierten Fliesen und Nischen mit Buddhafiguren geschmückt.

Pawdawmu Pagode

Sie ist nicht ganz 5 m hoch. Über drei Terrassen erhebt sich der glockenförmige Stupa. Ungewöhnlich ist die pyramidenförmige Spitze mit einer doppelten Lotosblüte darüber und abschließend einem Kegel.

Somingyi Kloster

Die Bewohner von Bagan bauten Pagoden und Tempel als Zeichen der Verehrung Buddhas oder zum Aufbewahren der Reliquien und Statuen, Büchereien für die Aufbewahrung der Gesetze Buddhas und Klöster für die Mönche als Schützer und Bewahrer des religiösen Lebens. Das Somingyi Kloster zeichnete sich durch seine sorgfältige Ausführung aus. Es wurde im 12. Jh. erbaut, hat einen quadratischen Grundriß und an der Ostseite eine Vorhalle. Um eine zentrale Halle reihen sich an der Nord- und Ostseite Zellen. Einige Reste von Wandmalereien sind noch zu finden. Eine Treppe in der südöstlichen Ecke führte zum ehemaligen Pultdach, das nicht mehr erhalten ist, da es aus Holz war. Durch das Erdbeben 1975 wurde das Kloster ziemlich beschädigt.

Seinnyet Ama Tempel und Seinnyet Nyima Pagode

Die „Seinnyet Geschwister“, der Ama (ältere Schwester) Tempel und die Nyima (jüngere Schwester) Pagode, stehen nebeneinander. Die beiden Bauwerke aus Ziegel sollen von Königin Seinnyet im 11. Jh. gebaut worden sein, stilistisch gehören sie jedoch in das 13. Jh.

Beim Seinnyet Ama Tempel führen an allen vier Seiten Eingänge ins Innere, wobei das östliche Portal der Haupteingang ist. Über dem quadratischen Hauptbau staffeln sich vier steile Terrassen. Über die unteren drei Terrassen führen

Treppen. Im Inneren steht noch eine steinerne Buddhafigur mit einem halben Kopf und nur einem Arm. An dem geschwungenen Stupa deuten die nur noch vereinzelten Reste von Stuckarbeiten auf frühere reiche Verzierungen hin.

Die Seinnyet Nyima Pagode ist sehr ungewöhnlich. Die drei zurücktretenden quadratischen Terrassen und die Kuppel unterscheiden sich zwar nicht von den entsprechenden Bauelementen bei anderen Pagoden, aber über der Kuppel befindet sich eine gerippte, schalenförmige Scheibe (sie stellt die 'amalaka'-Frucht dar), überragt von einem gestutzten konischen Ende in der Form von übereinandergelegten Wülsten.

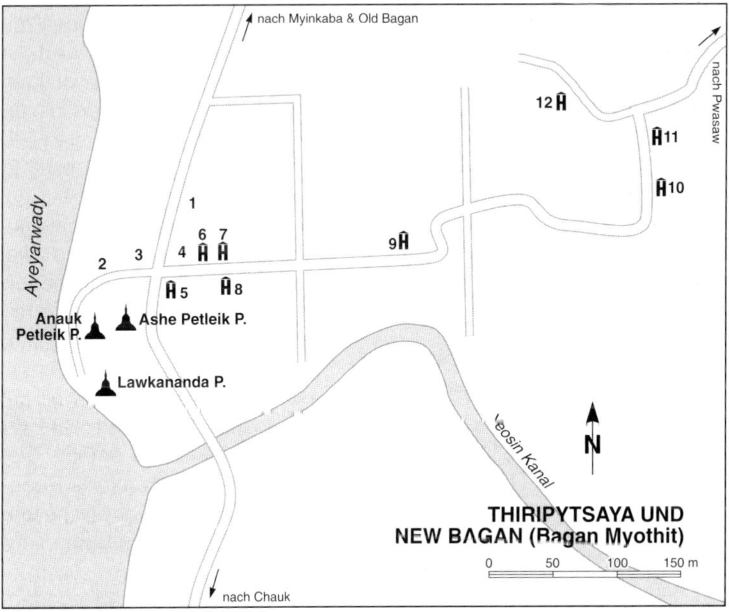

1 Tiger Head Express
2 River View Restaurant
3 Thiripyitsaya Palastruinen
4 Yar Zar Restaurant
5 Mya Thida Hotel
6 Bagan Beauty Hotel
7 Paradise Guest House
8 Bagan Guest House
9 Betelnut Inn
10 Bluebird Hotel
11 Komoran Hotel

Thiripyitsaya

Ashe Petleik und Anauk Petleik Pagoden

Die zwei Petleik Pagoden, im Osten die Ashe, im Westen die Anauk, stammen aus dem 11. Jh. und wurden von König Anawrahta erbaut. Sie haben beide eine einfache Form. Die östliche Pagode ist etwas größer. Die westliche Pagode ist besser erhalten und hat einen glockenförmigen Stupa. Die vier Nischen mit Buddhastatuen in der Kuppel sind ziemlich ungewöhnlich. Auf dem Stupa ruht eine beschädigte schüsselförmige Scheibe, bei der östlichen Pagode ist an dieser Stelle statt dessen ein würfelförmiger Reliquienbehälter.

1905 stürzten Teile der Pagoden ein. Aus den Trümmern konnte man 550 unglasierte Terrakottatafeln bergen, die Szenen aus den *Jatakas* darstellen. Die Tafeln waren in Nischen eingelassen. Heute können die Tafeln numeriert unter Dächern besichtigt werden.

Lawkananda Pagode

Sie wurde1059 von König Anawrahta errichtet und steht am Ufer des Ayeyarwady. An dieser Stelle gab es früher einen belebten Hafen. In einer überlieferten Geschichte wird berichtet, daß der König von Sri Lanka eine heilige Zahnreliquie an König Anawrahta schickte. Als das Schiff aus Sri Lanka im Hafen eintraf, stieg Anawrahta selbst bis zum Hals ins Wasser, um auf seinem Kopf die juwelengeschmückte Truhe mit der Zahnreliquie zu tragen und in den Palast zu bringen. Die Reliquie wurde in die Shwezigon Pagode eingemauert. Auf mysteriöse Weise tauchten noch vier weitere Zahnreliquien auf. Eine davon kam in die Lawkananda Pagode, die an der Stelle steht, wo die erste Reliquie ankam und König Anawrahta ins Wasser stieg.

Die Pagode hat drei achteckige Terrassen, von denen die zwei unteren über Treppen bestiegen werden können. Der glockenförmige Stupa geht in eine geringelte, konische Spitze über.

Bei den Buddhisten wird sie heute noch sehr verehrt, weil sie besagte Zahnreliquie enthält. Der Blick von der Lawkananda Pagode über den Ayeyarwady ist besonders beim Sonnenuntergang sehr schön.

Im August findet ein Pagodenfest mit Bootsrennen und abendlichen Theateraufführungen am Marktplatz in Thiripyitsaya statt.

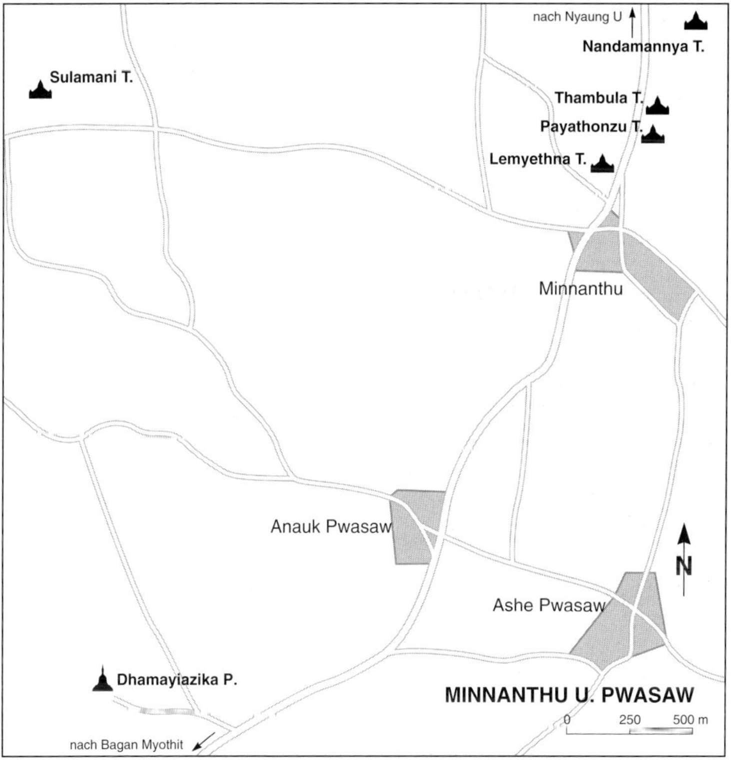

Minnanthu

Sulamani Tempel

König Narapatisithu ließ ihn 1181 bauen. Der Name des Tempels heißt übersetzt „krönendes Juwel". Der Sulamani Tempel ist zweistöckig, jedes Geschoß ist quadratisch und hat Portale an allen vier Seiten. Das obere Stockwerk ist zurückgesetzt und so hoch wie das untere. Über beiden Stockwerken erheben sich zurücktretende Terrassen mit Stuckarbeiten, glasierten Fliesen und kleinen Stupas an den Ecken. Der Oberbau und die Spitze sind beschädigt. Um das untere Stockwerk läuft ein Gang, der an jeder Seite je eine rotbraunfarbene Buddhafigur (auch das Gesicht) auf einem Podest enthält. Die Seitenwände des unteren Korridors waren bemalt. Einige dieser Fresken, vor allem die höher liegenden, kann man noch sehen. Die Motive sind Szenen aus dem täglichen Leben, z. B. der Fischfang. Erst später sind die farbigen, überlebensgroßen Buddha-, Schlangen- und *Nat*figuren entstanden. Besonders beeindruckend ist das Wandgemälde eines sehr großen liegenden Buddhas. Dazwischen finden sich auch Darstellungen von Fratzen und Horoskopen.

In unmittelbarer Nähe zum Sulamani Tempel sind innerhalb einer Umfassungsmauer über 70 Klosterzellen und eine Bibliothek zu sehen.

Dhammayazika Pagode

Das Ungewöhnliche an diesem Tempel im Mon-Stil, den man schon von Ferne aus allen Richtungen sieht, sind seine fünfeckigen Terrassen. Über den drei mit glasierten Tontafeln (*Jataka*-Darstellungen) verzierten Terrassen erhebt sich eine glockenförmige Kuppel, die direkt in die konische Spitze übergeht. An jeder der fünf Seiten der Pagode steht ein kleiner, quadratischer Tempel mit einer Buddhastatue darin. Normalerweise stehen dort lediglich vier Buddhastatuen, die die bereits erleuchteten Buddhas (Kakusandha, Konagamana, Kassapa und Gautama) darstellen. Der fünfte Buddha ist Metteya, der kommende Buddha.

Lemyethna Tempel

Er wird der „Tempel der vier Gesichter“ genannt und ist ein schönes Beispiel für einen einstöckigen Bau aus dem späten Stil. Er wurde 1223 von einem Minister des Königs Htilominlo gestiftet. Der quadratische Tempel hat Portale an allen vier Seiten, der Haupteingang liegt im Osten. An den Ekken der Terrassen stehen kleine Stupas. Auch die geschwungene Kuppel ist mit einem Stupa gekrönt. Im Inneren sind herrliche Fresken, die die 28 vorausgegangenen Buddhas und das letzte Leben von Gautama Buddha darstellen. Bei den Renovierungsarbeiten wurden einige der Wandmalereien übermalt und mit naiven Malereien versehen. Außen ist der Tempel blendend weiß angestrichen.

Payathonzu Tempel

Diese drei Tempel stehen dicht nebeneinander und sind durch unterirdische Gewölbegänge verbunden. Sie haben alle drei die gleiche Form: quadratischer Ziegelbau, darüber Terrassen und eine geschwungene Spitze. Im Inneren sind nur noch die Sockel erhalten, auf denen früher Buddhastatuen standen. Die Wände des östlichen Tempels sind bemalt, beim mittleren findet man nur wenige Malereien, beim östlichen fehlen sie ganz. Man geht deshalb davon aus, daß diese Tempel nicht vollendet wurden.

Das Entstehungsjahr der Bauwerke ist unbekannt, sie werden dem späten 13. Jh. zugerechnet.

Thambula Tempel

Er wurde von Königin Thambula 1255 erbaut und ist dem späten Stil zuzurechnen. Der quadratische Bau hat an allen vier Seiten Portale, Terrassen und darüber eine geschwungene Spitze. Im Innern sieht man noch Wandmalereien.

Nandamannya Tempel

Der kleine Tempel wurde auf Anordnung von König Kyazwa (1234 - 1249) im Jahre 1248 gebaut. Er ist quadratisch mit einem Eingang im Osten. Über dem Quader erheben sich Terrassen und ein Stupa. Die Buddhastatue im Innern ist schon etwas verfallen. Sehenswert sind die Wandmalereien mit Episoden aus dem letzten Leben von Gautama Buddha, mit dekorativen Mustern und verschiedenen anderen Darstellungen.

Sonstiges

Archäologisches Museum

• Eintritt: US$ 4
Geöffnet täglich außer Mo und Feiertage von 9.00 - 16.00 Uhr

Das neue Gebäude ist seit 1997 fertiggestellt. Es ist in folgende Abteilungen geordnet: beschriftete Steintafeln, Denkmalspflege und eine archäologische Abteilung mit Buddhafiguren aus dem 10. und 11. Jh., Stelen, Steininschriften, Votivtafeln, Terrakottaobjekten.

Die Prunkstücke sind eine Lotosblume aus Bronze mit acht hängenden Blütenblättern, eine kleine Platte mit den acht Ereignissen aus dem Leben Buddhas, eine seltene Holzstatue eines stehenden Buddhas und der Myazedi Pfeiler, ein quadratischer Steinpfeiler aus dem Jahr 1113 mit Inschriften in vier Sprachen (Mon, Pyu, Pali und Birmanisch) vom Gubyaukgyi Tempel.

Puppenspiele und Marionettentheater

Puppentheater wird abends in einigen Hotels aufgeführt, z. B.: Thiripyitsaya Hotel, New Bagan; Nanda im Nanda Restaurant, Wetkyiin; Bagan Beauty Hotel, New Bagan; Zaw Gyi, beim Ever Queen Rest. gegenüber Ayeyar Hotel

Einkaufen

Bagan ist für seine **Lackwaren** bekannt. Es gibt zahlreiche kleinere Fabriken und Familienbetriebe in Bagan und Umgebung. Gerne können Sie auch bei der interessanten Herstellung der Gefäße zuschauen.

U Ba Nyein: T. 7 00 50 und U Kan Htun: Familienbetriebe in der Main Road von New Bagan
The Golden Tortoise: in New Bagan, gute Qualität
Thayar Aye Kloster: in Old Bagan, gute Qualität, günstige Preise
Chan Thar, Ko Tin Htay: Bagan, Main Rd, sehr gute Qualität
Ever Stand, U Maung Maung & Daw San San Win: Fam.betr., Wetkyiin, i. d. Nähe d. Shwezigon P.
Bagan Lacquerware School and Museum: Old Bagan, neue Gebäude an der Straße zum Ayeyar Hotel, traditionelle Muster und Formen, gute Qualität, n. ganz billig

Als Souvenirs sind außerdem Metallwaren, z. B. Tätowiernadeln, Glocken, Figuren, Türklopfer, Opiumgewichte und Marionetten zu bekommen.

Sie können in den Geschäften für Souvenirs einkaufen, aber auch bei allen größeren Tempeln und Pagoden, wo sich Läden in den Gängen oder Stände vor den Eingängen reihen. Auch einige Teestuben und Restaurants bieten Souvenirs an.

Geldwechsel

Im Thiripyitsaya Hotel und bei MTT (neues Büro: an der Hauptstraße nach dem Sarabha Tor in einem Seitenweg, ist beschildert), T. 8 90 01

Unterkunft

• Vorwahl: 0 62

In Nyaung U:

Bagan Golf Resort
beim Golf Club, 10 Min. vom Flughafen, T. 7 02 47, Fax: 7 10 71, EZ US$ 90 und 120, DZ US$ 100, 140 und 160, Zusatzbett US$ 20, zuzügl. 20 %, 102 Zimmer, 1998 eröffnet, AC, Du und WC, w. Wasser, TV, Kühlschrank, m. Frühstück, Restaurant, Bar, Café

Thante Hotel
(es gibt auch ein Thante Hotel in Bagan!) Main Rd, T. 7 03 17, 7 03 18, Fax: (01)66 33 07, EZ US$ 25 - 30, DZ US$ 38 - 45, 3-B.-Zi US$ 48, Bungalows in Garten um einen Swimmingpool, AC, Du und WC, w. Wasser, TV, Kühlschrank, sehr schön, empfehlenswert, Restaurant und Café, freier Transfer zum Flughafen, Swimmingpool (für Außenstehende Eintritt US$ 3)

Aung Mingalar Hotel
T. 7 00 18, Fax: (01)22 82 28, gegenüber der Shwezigon Pagode, sehr schön und sauber, von der Terrasse Blick auf die Shwezigon Pagode, EZ US$ 10 - 15, DZ US$ 25 - 30, AC, Du und WC, w. Wasser, Kühlschrank, Garten, Restaurant, empfehlenswert

Zar Chi Win Hotel
Lanmadaw Rd, T. 7 01 66, EZ US$ 5, DZ 10, Fan, Gemeinschaftsbad; EZ US$ 10, DZ US$ 20, AC, Du und WC

Golden Myanmar Motel
T. 24 00 46, EZ US$ 8, DZ US$ 15, Fan, Gemeinschaftsbad, einfach, m. Frühst., teurere Zi mit AC, Du und WC, freier Transport zum Flughafen o. Schiff

Pan Cherry Guest House
T 7 01 47, n. d. Shwezigon Pag., EZ US$ 6, DZ US$ 10, Fan, Gemeinschaftsb., dunkle Zi; EZ US$ 12, DZ US$ 20, Du und WC, AC, sauber, m. Frühst., Fahrradverl.

Lucky Seven Guest House
T. 7 00 47, Main Rd, in d. Nähe d. Marktes, einf. Zimmer, EZ US$ 7, DZ US$ 13, Fan, Gemeinschaftsb., m. Frühst.

May Kha Lar Guest House
Main Rd, T. 7 00 65, 7 00 66, DZ US$ 12, AC, Du und WC

New Park Hotel
Thiripyitsaya Block No. 4, n. d. Shwezigon Pag., T. 7 01 22, Bungalows m. einf., sauberen Zimmern, sch. Garten m. Blick über den Fluß, EZ US$ 6, DZ US$ 9, Fan, US$ 10 - 12, AC, jeweils Du und WC, Fahrradverleih

Royal Guest House
T. 2 85, n. d. Shwezigon Pag., DZ US$ 8, Fan, Gemeinschaftsbad, DZ US$ 12, Fan, Du und WC, sauber, kleine Zi

New Heaven Hotel
Thiripyitsaya Block No. 5, T. 7 00 61, US$ 3 pro P., Fan, US$ 5 pro P., AC, jeweils mit Du und WC, Bungalows, m. Frühst., sauber, freundl., Organ. von Transporten u. Touren, Fahrradverm.

Golden Village Inn
Thiripyitsaya Block No. 5, T. 7 00 88, DZ US$ 6, Fan, US$ 8, AC, jeweils Du und WC, sauber, gut, freundlich

New Life Guest House
Main Rd, T. 7 01 64, EZ US$ 4, DZ US$ 8, AC, Du und WC, m. Frühstück

Eden Motel
Main Rd, beim Markt, T. 7 00 78, DZ US$ 8, AC, Du und WC, Frühst. auf d. Dachterrasse, organisiert Autovermietung, Fahrradverleih, empfehlenswert

Large Golden Pot
Anawrahta Rd, östl. v. d. Sapada Rd, a. Ortsr. a. d. Straße z. Flugh., T. 7 00 14, DZ US$ 5, einf., Gemeinschaftsb.; DZ US$ 6, Fan, Du und WC; DZ US$ 8, AC, Du u. WC, sauber, freundlich

San Yeik Nyein Hotel
Anawrahta Rd, b. d. Sapada Pag., T. 2 57, EZ US$ 4, DZ US$ 5 - 6, 3-B.-Zi US$ 6 - 7, AC, Du und WC, m. Frühst., neu, einfach, sauber, freundlich

In Wetkyiin:

Golden Express Hotel
T. 7 01 01, Fax: (01)22 76 36, an der Hauptstraße zw. Wetkyiin und Old Bagan, hübsche Anlage mit Garten, Restaurant, Bungalows, EZ US$ 20, DZ US$ 35, AC, Du und WC, TV, Kühlschrank; EZ US$ 10, DZ US$ 15, Fan, Gemeinschaftsb., jeweils m. Frühst.

New Wave Guest House
T. 2 18, a. d. Hauptstraße neben d. Golden Express H., EZ US$ 8, DZ US$ 15, Fan, Gemeinschaftsb.; EZ US$ 12, DZ US$ 18, Du und WC, jeweils m. Frühst., Wäscheserv., sauber, freundl.

Winner Guest House
EZ US$ 6, DZ US$ 12, Fan, laut

In Old Bagan:

Ayeyarwady Princess
zum Hotel umgebautes Schiff, buchen T. (01) 22 08 54, DZ US$ ca. 100 - 200

Thiripyitsaya Sakura Hotel
staatl., a. d. archäolog. Zone, T. 7 02 89, 7 02 90, Fax: 7 02 86, 68 Zi, EZ US$ 48, DZ US$ 54, 3-B.-Zi US$ 75, AC, Du und WC, w. Wasser, TV, Kühlschrank, zuzügl. 20 % Taxen, Bung. i. trad. Stil, sch. Garten, Swimmingpool, Restaurant, offizieller Geldumtausch, internationale Ferngespräche möglich

Bagan Hotel
T. 7 01 45 - 6, 7 03 11 - 12 - 13, Fax: 7 03 12, 7 01 46, Superior EZ US$ 40, DZ US$ 50; Junior Suite EZ US$ 70, DZ US$ 80; Bagan Suite EZ US$ 100, DZ US$ 120; Extrabett US$ 15, AC, Du und WC, w. W., TV, Kühlschrank, Büroservice, m. Frühst., beim Archäolog. Museum, s. schön am Flußufer gelegene Bungalowanlage in gepflegtem, naturbel. Garten, s. aufmerksamer und freundl. Service, Kreditkarten akzeptiert, Rest., Café, Bar, Tennispl., Swimmingpool ist geplant, Fitneßcentre
Ayeyar Hotel
T. 7 00 27, 7 00 54, 7 00 57, Fax: 7 00 55, schön gelegen a. Flußufer a. d. Schiffsanlegestelle d. Expreßschiffe, Standard EZ US$ 36, DZ US$ 42, Junior Suite EZ US$ 72, DZ US$, Suite EZ US$ 90, DZ US$ 96, AC, Du und WC, w. Wasser, TV, Kühlschrank, m. Frühstück, incl. Taxen, sch. Garten, Rest., Neubau u. Ren. 1996 abgeschl.
Thante Hotel
T. 7 01 44, Fax: 7 01 43, Haupthaus: EZ US$ 20, DZ US$ 24, Extrabett US$ 6, Bungalows: Economy EZ US$ 12, DZ US$ 16; Standard EZ US$ 36, DZ US$ 42, Extrabett US$ 10; Superior EZ US$ 40, DZ US$ 45, Extrabett US$ 15, jeweils AC, Du und WC, w. Wasser, TV, Kühlschrank, Wäsches., m. Frühst., incl. Taxen, sch. gelegen a. Flußufer, f. d. Besichtigungen zentr. Ausgangsp.
Tharapar Hotel
im Gebäude von MTT, EZ US$ 10, DZ US$ 15, AC, Du u. WC, zuzügl. 20 %
In Myinkaba:
Phyo Guest House
T. 7 00 86, EZ US$ 8, DZ US$ 16, Fan, Gemeinschaftsb., einf., sauber, freundlich, mit Frühstück, Fahrradverleih, etwas abseits, umgeben von Pagoden

in New Bagan (Myothit):
In New Bagan finden Sie einen Markt, die meisten Lackwarenfabriken und eine Reihe von preisgünstigen Guest Houses.
an der Main Road:
Mya Thi Da Hotel I
T. 7 00 36, DZ US$ 16 - 18, Fan, Du und WC, m. Frühst., nette fam. Atmosphäre, Wäscheservice, Fahrradverl.
Mya Thi Da Hotel II
T. 7 00 36, es gibt noch dieses ganz neue Hotel mit dem gleichen Namen, Bungalows, DZ US$ 25, AC, w. Wasser, Du und WC, mit Frühstück
Kyi Kyi Mya Guest House
T. 7 00 37, DZ US$ 8 - 9, Fan, DZ US$ 12 - 14, AC, jeweils m. Du u. WC, o. F.
Bagan Beauty Hotel
T. 7 02 32, DZ US$ 12, Fan, Gemeinschaftsb., einf., s. sauber, freundl. Besitzer, eigener Raum f. Marionettenauff., spielen auch a. W., Eintr. K 200
Betelnut Inn
T. 7 01 10, 8 Zi im Bungalow mit kl. Garten davor, 12 weitere Zi entstehen in einem angebauten Bungalow, EZ US$ 24 - 28, DZ US$ 36 - 40, AC, Du und WC, TV, Kühlschrank, s. sauber, aufmerksamer Service, Wäscheserv.
Komoran Hotel
liegt hinter d. Betelnut Inn, neu, Preisklasse vermutl. ähnl. d. Betelnut I.
Paradise Guest House
T. 2 20 09, EZ US$ 8, DZ US$ 12 - 14, Fan, Gemeinschaftsbad, einfach, sauber, netter Besitzer, mit Frühstück
Bagan Guest House
Kha Yay Str., T. 7 00 21, EZ US$ 12, DZ US$ 18, Fan; EZ US$ 18 - 20, DZ US$ 24 - 26, AC, Du und WC; jeweils m. Frühst., sauber, Rest., g. Küche
Palm Hotel
9, Thamudarit Ward, T. 2 11 92, 7 01

13, neu, EZ US$ 20, DZ US$ 28, AC, Du u. WC, sauber, schön, Rest., F.verl. an der Querstraße am Ende der Main Road: In dieser Querstraße gibt es mehrere Baustellen von Hotelanlagen, die dem unten erwähnten Blue Bird Hotel in der Anlage wie im Preis ähnlich sind. Einige Anlagen werden einen Swimmingpool erhalten.

Blue Bird Hotel

Myat Lay Str., T. 7 01 65, Fax (01) 2 78 15, , EZ US$ 36 - 42, DZ US$ 42 - 48, AC, Du und WC, w. Wasser, TV, Kühlschrank, m. Frühst., neu, sch. Anlage

In Gin Myaing Hotel

Anawrahta Ward, in der Nähe der Lawkananda Pag., T. 7 00 58, DZ US$ ca. 30, AC, Du und WC, w. Wasser, Kühl schrank, m. Frühst., neu, 8 Bungalows, 4 weitere sind i. Bau, s. schön, m. Gart.

Restaurants

Den meisten Hotels sind Restaurants mit chin., birman. und manchmal auch europ. Küche angegliedert.

In New Bagan:

River View Restaurant: T. 7 00 99, am Ayeyarwady mit wunderbarem Blick, gehört zu Skyline Travel, chin. und birman. Essen, nicht ganz billig

Sunset Garden Restaurant: am Ayeyarwady, sehr schöne Anlage mit Pavillons, nicht billig, deutscher Manager

Pwint Mar Lar Restaurant: östlich des Marktes, birman. Küche, gut, preiswert

Royal Restaurant: gut, preiswert

Yar Zar Restaurant: gut, preiswert

Bwinmalar Burmese Restaurant: sehr gut, preiswert

Shwe Ayeyar: Rest. m. Souvenirshop

Tea shops:

Yarkyaw, Bagan und Moon Café

In Old Bagan:

Ever Queen: am Ortsrand in Richtung Wetkyiin, nahe dem Sarabha Tor, chinesisches Essen, gut und sehr freundlich, mit kleinem Souvenirladen

Gateway Restaurant: beim Sarabhator, chinesisches Essen

Sarabha Restaurant: b. Sarabhator, sauber, gutes Essen, freundl., beliebt bei Travellern

Nay Chi Oo: nahe des Ananda Tempels, birman. Essen, sehr gut, preisw.

In Wetkyiin:

Nanda Restaurant: a. d. Hauptstraße, sympath., gutes Essen, normale Preise, Souvenirladen (vor allem Marionetten), führen auch Puppenspiele auf

Mya Yadana: an der Hauptstraße, birmanisches und chinesisches Essen, kleiner Souvenirladen angegliedert.

In Nyaung U:

Aye Yake Thar Yar: gegenü. d. Shwezigon P., chin. u. birman. Essen, gut

Nation: gegenüber der Shwezigon Pagode, chinesisches und auf Vorbestellung birmanisches Essen, preiswert

Kyaw Restaurant: zw. Markt u. Thante Hotel, chin. Essen, preiswert, gut

Sein Yatana Restaurant: beim Markt, nettes kleines Lokal

Sithu Restaurant: T. 7 01 73, Thiripyitsaya Ward und Khayay Rd, am Ayeyarwady, gut

Minn Myanmar Restaurant: Kyansithaw Rd, Block 5, gut, preiswert, freundl.

Greenpeace Restaurant: in einer Seitenstr. v. d. Main Rd bei d. Shwezigon Pag., Garten m. Pavillons, gut, freundl.

Peace Restaurant: Anawrahta Rd, gegenüber dem Golfplatz, mit Garten, gut

Nilar Restaurant: Lanmadaw Rd, auch indische Küche, gut, preiswert

Café neben dem Thante Hotel: gute Kuchen und Eis, AC

Bootsausflug

Mit einem Segeleinbaum, Ruderboot oder Motorboot können Sie einen beschaulichen, halbtägigen Bootsausflug unternehmen: Vom Ayeyar Hotel zum **Nathtaunt Kyaung Kloster:**
Ruderboot K 60 - 100 pro Person, Motorboot K 500 - 700 ganzes B.

Auf dem anderen Ufer des Ayeyarwady liegt das Nathtaunt Kyaung, ein altes Kloster mit schönen Holzschnitzereien. Es wird noch von ein paar Mönchen bewohnt. Auf dem Weg dorthin kommt man an der kleinen *Insel Zaylan* (Selen) vorbei. Auf der Insel leben und arbeiten Fischer, außerdem wird Gemüse angebaut.

Umgebung von Bagan

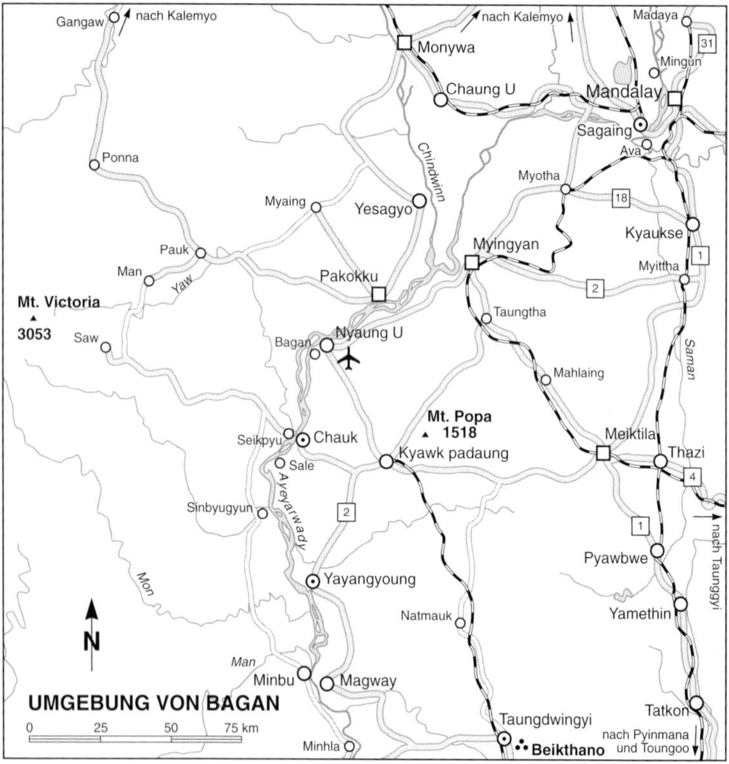

Sale

Anfahrt

Pick-up: von Nyaung U frühmorgens nach Kyaukpadaung, K 100, umsteigen nach Sale, K 300; zurück letztes pick-up von Sale um 16.00 Uhr; von Pyay umsteigen in Magway u. Kyaukpadaung, Übernachtung in Magway
Auto: *von Nyaung U*: gute Straßen via Kyaukpadaung, Fahrz. 2 - 3 Std; via Chauk sehr schlechte Straßen, Fahrz. um 4 Std.
von Pyay: Fahrzeit 6 - 7 Std.
Schiff: von Nyaung U Abfahrt 5.00 Uhr, täglich außer Do und So, Ankunft in Sale am Nachmittag, K 100

Sale ist ca. 100 km von Nyaung U entfernt. Der Ort entwickelte sich am Ende der Baganära im 12. und 13. Jh. Heute ist der ruhige Ort Sale ein religiöses Zentrum mit vielen Klöstern. Aus der britischen Periode stammen noch viele Gebäude im Kolonialstil.

Besichtigung

Die über 100 Tempel und Pagoden von Sale sind heute nur noch Ruinen.

Nan Pagode

Hier sehen Sie eine 3 m große Lack-Buddhafigur, wahrscheinlich aus dem 13. Jh. Sie soll die größte Figur in Myanmar sein, die in dieser Technik hergestellt wurde. Daneben steht ein Kloster und ein Meditationszentrum.

Hkinkyiza Kyaung

Dieses ehemalige Kloster dient heute als Bücherei. Von den vier Eingängen sind drei zugemauert.

Yoe Soe Kyaung

In der Region von Bagan gehört dieser Bau, der um 1850 entstand, zu den ältesten hölzernen Klöstern. 170 Teakholzsäulen tragen die Holzkonstruktion. Die kunstvollen Holzschnitzereien an den Wänden erzählen Szenen aus den *Jatakas.* Die geschnitzten Holzteile der über 20 m langen Halle werden von einem Metalldach vor den Witterung geschützt. In der Halle bewahren die Mönche alte religiöse Gegenstände auf. 1994 wurde das Kloster renoviert.

In Sale gibt es keine Unterkunft für Ausländer. Restaurants sind um den Markt angesiedelt.

Magway (Magwe)

Anfahrt

Bus/pick-up: v. u. n. Pyay, Kyauk Padaung, Taungdwingyi u. Yangon

Schiff: *von Pyay:* Di, Mi, Sa, K 50 - 100, flußaufw. ist es zu langsam
v. Magway n. Pyay: So, Mo, Do, Fr
Magway ist etwa 100 km von Nyaung U entfernt.

Besichtigung

Mya Tha Lun Pagode

Die Pagode wurde 1929 erbaut und 1972 renoviert. Sie liegt etwas außerhalb nördlich der Stadt am Ufer des Ayeyarwady. Die Pagode beherbergt eine Couch von Buddha aus Smaragd, die von den Brüdern Baw Kyaw und Baw Yaw gestiftet wurde. Sie brachten auch zwei Früchte mit, die die Buddhafigur im Inneren der Pagode in ihren Fingern hält. Vor der Pagode stehen zwei *chinthes.*

Minte Kyaung

Das Kloster wurde vor dem 2. Weltkrieg im Baganstil neben der Shinbin Mindeh Pagode aus dem 18. Jh. erbaut. Die Japaner besetzten das Kloster und brannten es nieder. Vor gut 20 Jahren wurde es wieder errichtet.

Unterkunft und Restaurants

- **Vorwahl: O 63**

Gon Guest House
322, 19. Str., Ywathit Qutr., im NO d. Stadt, US$ 5 p. P., AC, schön, sauber
San Yadana Guest House
beim Markt, einfach, US$ 2- 3 pro P.
Yar Zar Guest House
einfach, US$ 2 pro Person
weitere einfache Guest Houses zwischen US$ 2 - 3 pro P., jedoch ohne Lizenz für Ausländer: Ayeyar, Pyin U Lwin, Thinn Cherry, Nyein Chan Phu
Chitte Htamin-zain Rest.: billig, ind.
Sein Ya Tu Rest.: chin. u. birman. K.
Nan Han Restaurant: chinesisches und birmanisches Essen
Thahtaytha Tea Shop und **LJP Tea Centre:** gutes Frühstück

Ausflüge von Magway

Minbu

Setkaindeh Pagode

Die Pagode liegt am südlichen Ortsrand. Buddha soll hier eine Nacht geschlafen haben.

Unterkunft

Shwe Mintha Guest House
Zi mit Fan, einige teurere Zi AC, alle Zi mit Gemeinschaftsbad, sehr freundlich

Kyaung Dawya Pagode

Anfahrt

Öffentlicher **Bus:** von Minbu nach Lehkain, K 60, von dort mit einem Pferdekarren noch 7 km

Die Pagode liegt ca. 35 km

nördlich von Minbu. Die umfangreiche Pagodenanlage mit einem Kloster wird von den Einheimischen gerne besucht. Der Legende nach soll Buddha hier in einem Tempel aus Sandelholz eine Woche verbracht haben. Einige Zeit später wollten Banditen den Tempel stehlen, aber Buddha verhinderte dies, indem er den Tempel verschwinden ließ. Später wurde an dieser Stelle die Kyaung Dawya Pagode im Stil der Shwedagon Pagode errichtet. In einem der Pavillons bringen die Leute ihre Haare als Opfergabe dar.

Shwesetdaw Pagode

Sie befindet sich ca. 30 km von Minbu und ist als Tagesausflug von Magway auch mit dem öffentlichen Bus zu erreichen. Aus dem ganzen Land reisen die Gläubigen zur Shwesetdaw Pagode, um eine Kopie der Mahamuni Statue und Fußabdrücke von Buddha zu verehren. Besonders im März und April herrscht hier reges Leben. Dann werden an den Aufgängen zur Pagode Andenken, z. B. duftende Hölzer und Knochenschnitzereien, verkauft. Die Pagode liegt idyllisch an einem Flußufer, umgeben von Wald. Sie wurde Mitte des 19. Jhs. von einem Einsiedler erbaut und später von einem Mönch, der die Reinkarnation von König Mindon sein soll, wieder entdeckt.

Man findet hier die zwei einzigen Fußabdrücke von Buddha. Der eine beim Fluß wird mit einer Eisenplatte vor der Überflutung während der Regenzeit geschützt. Der oberhalb gelegene Fußabdruck soll von einem Jäger gefunden worden sein, den Indra in Form eines schwarzen Hundes dorthin führte. Die Fußabdrücke im Stein sind dick mit Gold bedeckt. Um den oberen Fußabdruck sind vier Statuen der vorhergehenden Buddhas angeordnet. Frauen dürfen sich dem Fußabdruck nicht nähern.

Auf dem gegenüberliegenden Flußufer zeigen sich viele kleine Pagoden.

In der Nähe der Shwesetdaw Pagode und Padan, an der nördlichen Route nach Rakhine, werden in den Wäldern noch Arbeitselefanten eingesetzt.

Taungdwingyi

Anfahrt

Dieser Abstecher ist kaum mit öffentlichen Verkehrsmitteln zu bewältigen.

Taungdwingyi liegt etwa 70 km südöstlich von Magway entfernt und 130 km nördlich von Pyay. **Beikthano**, eine alte Pyu-Stadt, ist 140 km von Pyay und etwa 18 km von Taungdwingyi entfernt.

Shwe Indaung Pagode

Diese Pagode mit Glasmosaikpfeilern stammt aus dem Jahr 996 n. Chr. 1992 wurde sie neu vergoldet. Der Stupa hat fünf Terrassen.

Yakhaing Payagyi Pagode

Sie wurde ebenfalls 996 n. Chr. auf einem Hügel erbaut und ist heute in einem schlechten Zustand. … jeder seiner Soldaten einen Ziegelstein für den Bau des Schreins bringen solle. In einem kleinen **Museum** werden einige Fundstücke aus den Ausgrabungen aufbewahrt, z. B. Silbermünzen, Fragmente v. Reliefs, Gefäße, Votivgaben a. Terrakotta, Stein u. Metall.

Unterkunft

Ayeyadana Pyo Guesthouse

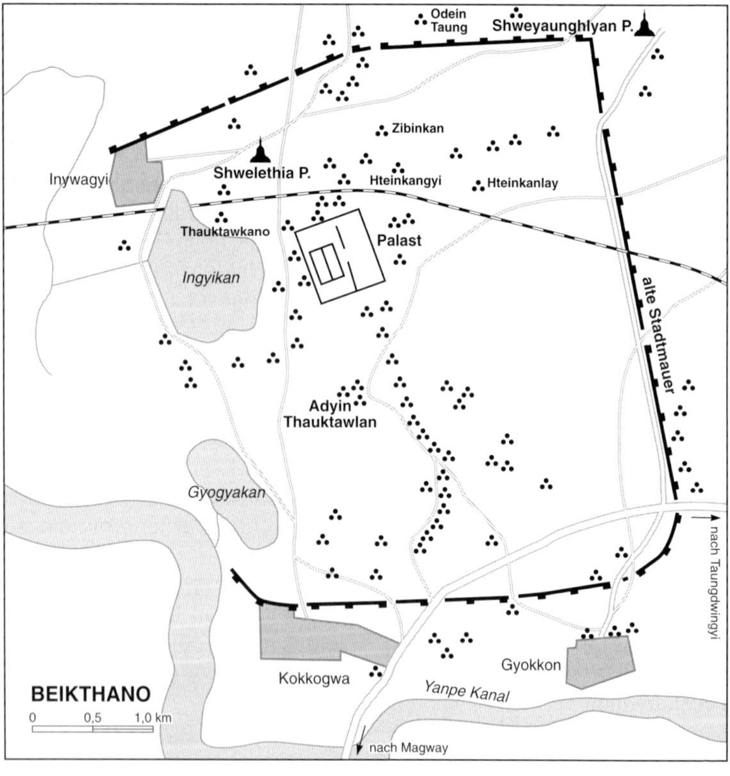

Beikthano

Beikthano bedeutet „Stadt Vishnus". Sie wurde vor etwa 2 400 Jahren von Prinzessin Panhtwar gegründet, die der Dynastie der Tagaung angehörte. König Duttabaung von Thayekhittaya nahm die Prinzessin gefangen und zerstörte die Stadt.

Beikthano ist eine Ruinenstätte, die sich auf über 9 km² erstreckt. Archäologen haben an 25 verschiedenen Stellen gegraben. Zu sehen sind noch Reste einer in einem rhombischen Grundriß angelegten Stadtmauer. Jede Seite mißt 3 km. Innerhalb dieses umgrenzten Bezirks befinden sich die Reste des Palastes. Er bestand aus einer langen Halle, die in 10 quadratische Räume unterteilt war. Außerdem liegen innerhalb der Stadtmauer noch die Ruinen von verfallenen Stupas, die südindischen Einfluß erkennen lassen.

Shweyaungdaw Pagode

Diese Pagode aus dem 14. Jh. wird von den Gläubigen nach wie vor sehr verehrt. An der Nordseite der Pagode stehen zwei Elefanten als Wächterfiguren, während die anderen Seiten von *chinthes* bewacht werden. Buddha war der Legende nach in einem früheren Leben ein Elefant. Auf dem Stupa sind 8 Darstellungen von weißen Hühnern angebracht, weil Buddha auch eine Inkarnation als weißes Huhn erlebt hatte. Alte Holzschnitzereien sind noch erhalten.

Pyinmana

Anfahrt

Bus: nach Toungoo, K 200, Bushaltestelle beim Markt
Busse von u. nach Mandalay halten oft in Pyinmana für eine Pause
Zug: Der Yangon - Mandalay Express Zug hält hier kurz

Die Stadt liegt an der Straße und Bahnlinie Yangon - Mandalay, umgeben von Kokosnußpalmen, Reisfeldern und zwei Hügelketten im Osten und Westen. Pyinmana besitzt drei Moscheen, eine katholische Kirche und drei Universitäten (Land- und Forstwirtschaft, Tiermedizin). 15 km nördlich der Stadt liegt das Yezin Forest Research Institute (eines der Handelszentren für Teakholz)

Unterkunft und Restaurants

• Vorwahl: 0 67

Mingala Kanthaw Guest House
T. 2 12 26, staatl., US$ 3 - 4 pro P., sehr einfach, Fan, Gemeinschaftsbad
Shwe Tharapu Guest House
T. 2 11 86, 175 Botaya Str., US$ 2 - 3 p. P., Fan, Gemeinsch.b., s. einf., saub.
Restaur. entl. d. Hauptstr. u. b. Markt.

Pakokku

Anfahrt

pick-up: *von Mandalay:* ab 7.00 und 11.00 Uhr, knapp 5 Std., K 90
von Bagan: am schnellsten mit einem Auto, kaum öffentl. Busse
Fähre: *von Bagan aus:* nach Kyun Chaung, von dort mit dem Auto nach Pakokku; Abfahrt 8.00, 10.00, 14.00 u. 16.00 Uhr, Fahrz. 45 Min.
von Prima aus: 11.00 und 15.00 Uhr, K 300 pro Auto

Pakokku liegt nordöstlich von Bagan auf dem gegenüberliegenden Ufer des Ayeyarwady. Die Stadt lebt vor allem vom Tabakhandel.

Besichtigung

Shwegu Pagode

Diese Pagode ist berühmt für ihre schönen Holzschnitzereien. Sie beherbergt eine Buddhafigur, die auf einem Lotosthron sitzt.

Thihoshin Pagode

Im Hauptraum steht eine Buddhastatue, die von König Alaungsithu aus Sri Lanka mitgebracht wurde und aus zehn verschiedenen Holzsorten gemacht sein soll. Die Eingangstore sind kunstvoll geschnitzt und teilweise vergoldet. In einem kleinen **Museum** in dem Pagodenbereich werden Buddhastatuen und verschiedene andere alte Stücke ausgestellt.

Im Mai/Juni wird das große Fest Thihoshin abgehalten. Besonders attraktiv sind die Aufführungen mit Marionetten und Schauspielern.

Taik und Mahawyithutayama Kloster

In beiden Klöstern sind Pali-Universitäten für je 500 - 700 Mönche untergebracht.

Pakhangyi

Der Ort mit alten Stadtmauern aus dem 19. Jh. liegt 25 km westlich von Pakkoku. Hier ist ein archäologisches Museum und eines der ältesten hölzernen Klöster von Obermyanmar zu sehen. Das Dach des größten Klosters in Holzbauweise wird von über 300 Teakholzsäulen getragen.

Im April wird ein *Nat*fest abgehalten.

Unterkunft

Die Übernachtungsmöglichkeiten sind sehr schlecht; bei einem Tagesausflug ist man auf sie auch nicht angewiesen.

Myayatanar Inn
sehr einfache Zimmer, US$ 2 p. P.
Tha Pye Nyo Guest House
pro Person US$ 1 - 2, sehr schlecht

Gangaw

Nach einer achtstündigen landschaftlich schönen Fahrt erreichen Sie Gangaw. Hier wachsen vor allem Teakbäume, deren Stämme von Elefanten und Büffeln geschleppt werden. In den dichten Wäldern leben Papageien, Affen, Pfaue und Zwerghühner sowie wilde Elefanten und Bären, die oft die Anpflanzungen plündern.

Mount Victoria

Von Pakokku fahren Sie am besten mit dem Auto über *Pauk* nach Mindat. In *Mindat* können Sie sich einen Führer und Träger organisieren. Die Tour auf dem 3 053 m hohen Mount Victoria dauert von Mindat aus drei Tage. Für Übernachtungen müssen Sie sich ein Zelt selbst mitnehmen oder eine Hütte bauen. Wenn Sie bis *Kanpetlet* weiterfahren, dauert die Tour nur noch einen weiteren Tag. Die beste Jahreszeit für diese Bergtour ist von Oktober bis Dezember. Sie befinden sich bei diesem Ausflug im Chin-Staat, für den Sie eigentlich eine Genehmigung benötigen. Die Regierung kontrolliert jedoch im Chin-Staat eher selten.

Der technisch einfache Wanderweg führt bis zum Gipfel durch Wälder. Die einheimischen Männer sind hier nur mit einem Lendentuch bekleidet. Entlang des Weges stehen immer wieder Geisterhäuser für die *Nats.*

Myingyan

Anfahrt

Busse und pick-ups: von Magway, 4 Std., K 300; von Mandalay, 3 Std., K 200; von Nyaung U, 3 Std., K 250; von Meiktila 4 Std., K 300; von Yangon, 15 Std., K 1 000
Zug: von Thazi, 1 Zug p. T., 6 Std.
Schiff: Mandalay - Bagan hält hier

Die Stadt mit 260 000 Ew liegt in der Ebene des Ayeyarwady zwischen Mandalay und Nyaung U.

Besichtigung

Yan Aung Daw Pagode

Sie hat einen glockenförmigen, vergoldeten Stupa.

Soon Lu Kyaung

Dieses Kloster im Süden der Stadt beherbergt die sterblichen Überreste des Mönches Soon Lu. Er starb vor etwa 50 Jahren und liegt hinter Glas in einem verzierten goldenen Sarg, eingekleidet in eine Mönchsrobe.

Der zweistöckige **Markt** ist sehr lebendig.

Unterkunft und Restaurants

• **Vorwahl: 0 66**
Es gibt noch keine **Unterkünfte** mit einer Lizenz für Ausländer. Die folgenden Guest Houses nehmen trotzdem Touristen auf:
Aye Thukha, Than Yadanar, Yamon und Ngwe Phyo: jeweils einfache Zimmer mit Fan und Gemeinschaftsbad, US$ 2 - 3 pro P., Fan; US$ 4 - 5, AC
Restaurants finden Sie in der Gegend um den Markt.

Mount Popa

Anfahrt

Auto: US$ 15 - 20 von Bagan
Bus und pick-up: bis Kyaukpadaung, von dort am besten mit dem Taxi, dauert etwas lange, Rückfahrt spätestens um 16.00 Uhr antreten!
pick-up: kann man sich mit anderen Touristen zusammen mieten, für 12 - 14 Personen US$ 25
Kleinbus: mit AC, für 7 - 8 Personen ca. US$ 40 - 50
Größere Hotels organisieren auch diesen Ausflug

An der Straße nach Kyaukpadaung sieht man, noch nicht weit von Bagan entfernt, rechterhand den **Tuyin Mountain** aufragen. Oben am Gipfel kann man die *Tuyin Taung Pagode* erkennen, zu der viele hintereinander aufgereihte Mönchsfiguren hinaufführen.

Bei einem gewaltigen Erdbeben 442 v. Chr. schob sich der Mount Popa etwa 1 500 m aus der Ebene. Allerdings ist mit dem Namen Mount Popa als die Wohnstätte der *Nats* nicht der eigentliche Berg gemeint, sondern eine kleinere Felsnadel. Das Wort „Popa“ leitet sich aus dem Sanskrit ab und bedeutet „Herrin der Blume“, weil der Berg mit Blumen, Heilpflanzen und blühenden Bäumen bewachsen ist.

Der Mount Popa liegt 75 km südöstlich von Bagan. Er gilt als das Herz von Myanmar und als urmütterlicher Berg, auf dem man Kraft und Weisheit empfängt. Bekannt ist er im ganzen Land auch als das Zentrum der *Nat*verehrung. König Anawrahta versammelte dort sein Heer, mit dem er den Thron von Bagan errang. 50 Jahre später brachte Kyansittha seine Krieger dorthin und führte sie danach zum Sieg. Premierminister U Nu pilgerte 1961 auf den Mount Popa, um sich in der Stille eines Klosters der Meditation zu widmen.

Aufstieg

Vom Ort Kyaukpadaung fährt man noch 15 km nordwärts. Die Straße führt durch ein bewaldetes Gebiet, vorbei an einem Golfplatz, danach langsam bergauf, bis man etwa den halben Teil der Gesamthöhe des Berges gewonnen hat.

Mount Popa

Hier ragt der Mount Popa senkrecht als eine Felsnadel auf. Am Fuße des Berges liegt ein kleiner Ort mit einer Pagode und einem 1925 gegründeten Kloster.

Dort findet beim Vollmond im Mai/Juni das Geisterfest der Mahagiri-*Nats* statt. Tausende von Pilgern kommen dann in einer Prozession mit roten Fahnen (rot ist die Farbe der *Nats*), um den *Nats* ihre Opfergaben zu bringen. Manchmal sieht man auch Einsiedlermöche mit hohen, spitz zulaufenden Hüten.

Kleinere Feste finden zum Vollmond im November/Dezember, Juli/August und März/April statt.

Vor dem überdachten Treppenaufgangs haben einige Teestuben und Restaurants sowie Andenkenläden aufgemacht, die vielerlei Wurzeln als Heilmittel, Orchideen, eingelegte gelbe Blumen, Obst, Sandelholz, versteinerte Muscheln, Kadduk (eine Art süßes Fruchtmus) und Erdnüsse für die Affen feilbieten.

Der Mahagiri-Schrein - ein Tempel für alle 37 *Nats* - steht gegenüber von zwei großen Elefantenstatuen, die den Aufgang flankieren. Hier beginnt der Aufstieg (Schuhe ausziehen). Denken Sie auch daran, alle Taschen zu verschließen, da die Affen sehr aufdringlich und frech werden können. Durch die Affen ist der Treppenaufgang gegen Tagesende ziemlich verschmutzt.

Der Aufstieg dauert nur etwa eine halbe Stunde, ist aber durch die schmalen, steilen Stufen (im oberen Teil sind es steile Eisentreppen) unangenehm und etwas anstrengend. Am Weg finden Sie immer wieder Sitzgelegenheiten und Verkaufsstände.

Etwa auf halber Strecke steht ein Schrein der Mahagiri-*Nats*. Oben ist auf einem kleinen Plateau eine Tempelanlage; sie wurde 1960 gebaut. Bei klarem Wetter bietet sich Ihnen eine beeindruckende Aussicht über die Landschaft.

Die Legende berichtet vom Popa-Berg

Ein Prinz residierte in Tagaung, gelegen zwischen Mandalay und dem heutigen Bhamo. Dort lebte Maung Tin De, ein junger Schmied mit großen handwerklichen Fertigkeiten und enormer Kraft. Er verspeiste 20 Pfund Reis zu jedem Mahl und konnte zwei Hämmer von je 100 Pfund gleichzeitig schwingen. Wenn der Schmied auf seinen Amboß schlug, erbebten der Palast und die Stadt in den Fundamenten, was des Prinzen höchsten Groll erweckte. Er befahl, den furchterregenden Mann zu töten. Doch der Schmied wurde gewarnt und suchte in den Wäldern der Umgebung Unterschlupf.

Inzwischen heiratete der Prinz die schöne Schwester des Schmieds. Er glaubte, daß er nun ihren Bruder nicht mehr zu fürchten brauchte. Der Prinz ließ mitteilen, daß er ihn zum Gouverneur der Stadt ernennen wolle. Aber als der Schmied in die Stadt kam, packten ihn Soldaten, ketteten ihn an den Stamm eines Saga-Baumes und verbrannten ihn bei lebendigem Leib vor den Augen des Prinzen und seiner Gattin. Diese wollte ihrem Bruder zu Hilfe eilen und starb mit ihm in den Flammen. Der Stamm des Saga-Baumes aber brachte hinfort jedem lebenden Wesen den Tod, das sich diesem näherte. Der Prinz ließ ihn fällen und im Fluß versenken. Der Baum schwamm auf den Fluten des Ayeyarwady, bis er an die Stufen der Stadt Thiripyitsaya gespült wurde, wo Jahrhunderte später das Königreich Bagan entstand. Der König von Thiripyitsaya, Thinbinkyaung, ließ die Bilder des Schmieds und seiner Schwester in den Stamm des Baumes schnitzen. Ein heiliger Tempel war schon auf dem Gipfel des Mount Popa errichtet worden. Maung Tin De war nun der „Gebieter vom Großen Berg“ und seine Schwester die „Herrin mit dem güldenen Antlitz“.

Als Jahrhunderte später, etwa um die Mitte des 11. Jhs., König Anawrahta versuchte, den Buddhismus im Königreich Bagan auszubreiten, bildete die große Volkstümlichkeit des „Gebieters vom Großen Berg“ dabei ein starkes Hindernis.

Unterkunft und Restaurants

Popa Mountain Resort
T. und Fax: (0 62)7 01 40, 1998 eröffent, schön gelegene Bungalows kurz vor dem Mt. Popa, DZ ca. US$ 60 - 90
Popa Guest House
Popa Township, T. 17, liegt bei der letzten Siedlung vor dem Mount Popa
Forestry Guest House
am Fuß des Mount Popa
Thirizayar Guest House
einziges Hotel für Ausländer in Kyaukpadaung, EZ US$ 4, DZ US$ 7, Fan, Gemeinschaftsbad, nicht sehr sauber

In Kyaukpadaung gibt es viele, vorwiegend chinesische **Restaurants**; z. B. ist das Aung Chan Thar Restaurant und Guest House, Popa Rd, T. 5 04 08, empfehlenswert.
Außerdem befinden sich am Fuß des Mt. Popa einige Restaurants u. Cafés.

Meiktila

Anfahrt

öffentlicher **Bus:** v. u. nach Thazi, Pyinmana, Bagan, Kyaukpadaung, Magway, Mandalay u. Yangon
Bushaltest. a. d. Nords. d. Markts von u. nach Kyaukpadaung K 150 u. Nyaung U K 200, Bushaltestelle am Uhrenturm
Privater Bus: von u. nach Mandalay und Yangon mit Trade Express und Skyline Express, Bushaltestelle am Shwe Ohn Restaurant
mit Myanmar Arrow Bushaltestelle am Shwe Kauko Restaurant

Zug: die Züge sind oft sehr überfüllt, Zeiten passen nicht zu den Verbindungen in Thazi

Meiktila ist ein bedeutendes Handelszentrum an den Straßenrouten Bagan - Taunggyi und Yangon - Mandalay und für Touristen höchstens zum Übernachten oder Umsteigen interessant.

Die Stadt liegt am Meiktila See, der schon im 7. Jh. angelegt worden sein soll. Er wird vom Chaungma Fluß und seinen Nebenarmen mit Wasser versorgt. Die Hauptstraße nach Nyaung U überquert auf einer Brücke den See.

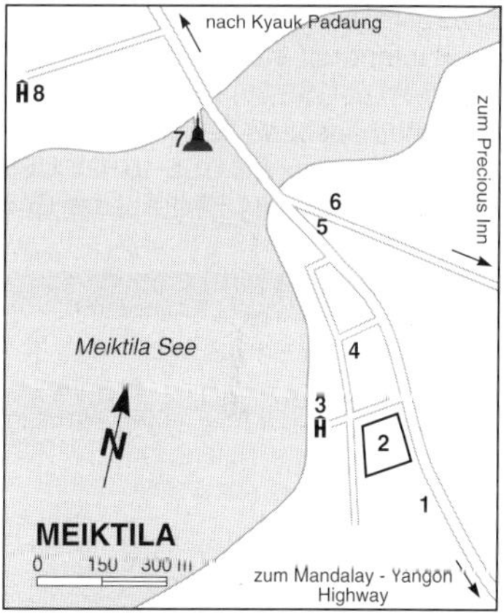

1 Express Bus Haltestelle
2 Shwebontha Kyaung
3 Honey Hotel
4 Honey Restaurant
5 Tharapu Myanmar Cuisine
6 Mon Mon Lay Restaurant
7 Antaka Yele Pagode
8 Wunzin Hotel

An einem Ende des Sees erreicht man über einen Steg die kleine **Antaka Yele Pagode**. An der Hauptstraße kommen Sie an dem **Shwebontha Kyaung** vorbei. Vor diesem Kloster stehen zwei riesige Löwen als Wächterfiguren.

Unterkunft und Restaurants

• Vorwahl: 0 64

Meiktila Hotel
T. 2 18 92, Kyikone Quarter, nördl. der Stadt an der Straße Yangon - Mandalay, 24 Zi, EZ US$ 36, DZ US$ 42, AC, Du und WC, mit Frühstück, Restaurant

Wunzin Hotel
T. 2 18 48, nahe d. See am nördl. Ufer, im Haupthaus: saubere Zimmer, EZ US$ 30, DZ US$ 36, AC, Du und WC; im Hinterhaus: zur Zeit werden manche Zimmer ren., EZ US$ 18, DZ US$ 25, Fan, Du und WC, Blick auf den See

Honey Hotel
T. 2 18 47, Pan Chan Str., i. d. Nähe d. Sees (d. Wunzin Hotel liegt am gegenüberliegenden Ufer), große u. saubere Zimmer, EZ US$ 20, DZ US$ 34, AC, Du und WC, w. Wasser; EZ US$ 10, DZ US$ 18, AC, Gemeinschaftsb.

Precious Inn
T. 2 18 18, 131 Butar Houng Str., in der Nähe des Marktes, EZ US$ 8, DZ US$ 14, Fan, Gemeinschaftsbad, teurere Zi mit AC, Du und WC

In Meiktila finden Sie viele gute **Restaurants** vor allem entlang der Hauptstraße und beim Markt.

Seng Hein Restaurant: chin., gut

Shwe Ohn Pin Restaurant: gutes chin. Essen und birmanische Curries

Honey Restaurant: nahe dem See, gutes chinesisches Essen

Restaurants am südöstl. Ende d. Sees:

Mon Mon Lay: birmanisches Essen

Tharapu Myanmar Cuisine: Curries, Biergarten

Der Osten

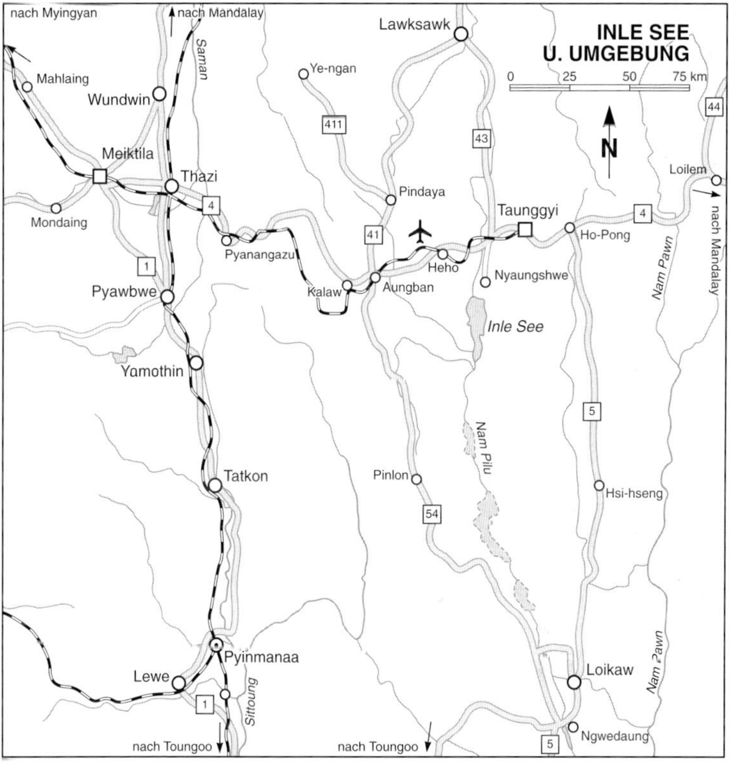

Im östlichen Teil Myanmars erstreckt sich hauptsächlich der Shan-Staat, der fast ein Viertel der geographischen Fläche ausmacht. Im Shan-Staat ist in neun Distrikte unterteilt und hier erheben sich die meisten Berge des Landes. Der größte Fluß ist der Thanlwin (Salween), der von Norden nach Süden fließt und in dessen Flußtal über die Hälfte der Shan Bevölkerung lebt. Westlich vom Thanlwin liegt das 1 000 m hohe Shan-Plateau und im Osten erheben sich die Berge entlang der Grenzen von China, Laos und Thailand. Die größten ethnischen Gruppen sind die Palaung im Nordwesten, die Kachin oben im Norden, die Akha und Lahu im Nordosten, die Wa in den nordöstlichen Bergen und die Padaung im Südwesten. In den Flußebenen wird Reis angebaut, ansonsten kommt die Haupteinnahme aus dem Opiumanbau im Norden und Südosten.

Thazi

Thazi ist der Verkehrsknotenpunkt zwischen Nord und Süd und zwischen Ost und West. Sehenswürdigkeiten bietet Thazi keine.

Anfahrt

pick-up: Die Bushaltestelle ist i. d. Nähe d. Zugbahnhofs. Hier warten große pick-ups, die n. Kalaw und Taunggyi fahren. Rikschafahrer verlangen oft überhöhte Preise!
Thazi - Kalaw: Bus K 300, pick-ups K 400 - 500, Abf. jeweils 5.30 u. 7.00 Uhr; Thazi - Meiktila K 150
Zug: nach Yangon US$ 9, n. Bago US$ 7 (jeweils ordinary class), nach Shwenyaung US$ 4 (ordinary class), US$ 7 (upper class) genaue Zeiten siehe Anhang
Auto: an der Bushaltestelle oder im Restaurant fragen, pro Tag ca. US$ 50, Fahrt nach Shwenyaung US$ 35 - 40

Unterkunft und Restaurants

Wonderful Guest House
neu, v. Chinesen geführt, US$ 4 p. P., Fan, Gemeinsch.b., gutes chin. Essen
Moon Light Rest House
a. d. Hauptstr. i. d. Nähe d. Bahnhofs, einf., US$ 4 p. P., Fan, Gemeinsch.b.
Thazi Htun Rest House
hat noch keine Lizenz, besser als das Moon Light Rest House, US$ 6 - 8
Red Star Restaurant: unten im Moon
Light Rest House: indisches Essen
Tea shops finden Sie b. d. Bushaltest.

Markttage

Die Markttage finden rollierend in der nachfolgend angegebenen Reihenfolge statt. Da es sich um 5 Orte handelt, fällt der Markttag jede Woche auf einen anderen Tag, den Sie erst an Ort und Stelle erfahren können.

1. Kalaw und Shwenyaung
2. Pindaya und Nyaungshwe
3. Heho
4. Taunggyi und Inle See (schwimmender Markt)
5. Pwehela (liegt a. d. Weg von Westen nach Kalaw)

Kalaw

Anfahrt

Bus: von Thazi nach Kalaw, Abfahrt 5.30 Uhr, K 300, 3 Std.
von Kalaw nach Taunggyi, Abfahrt frühmorgens, K 300, 3 Std.
Kalaw - Mandalay, Bus kommt von Taunggyi, hält an der Hauptstraße um ca. 7.00 Uhr, K 1 500, 6 - 7 Std.
Kalaw - Inle See, K 200, 2 Std.

1 Krankenhaus
2 Kino
3 Markt
4 Pineland Inn
5 Aung Chan Tha Chedi
6 Aung Chan Naung Chedi
7 May Palaung Restaurant
8 Dama Yon Tempel
9 Zwe Man Thit Restaurant
10 Myoma Kyaung mit der Su Taung Pyi Pagode
11 Moschee
12 Post
13 Bahnhof
14 Kalaw Hotel
15 „Christ the King“ Kirche

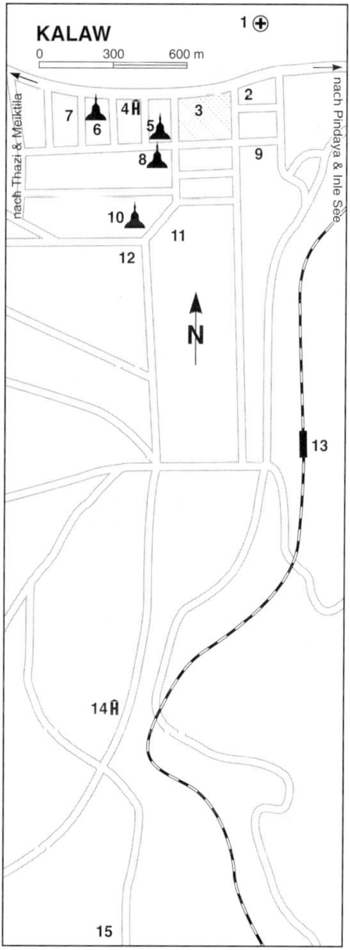

pick-up: Bagan - Kalaw ca. K 800 Nyaung Shwe - Kalaw ca. K 200
Auto: Bagan - Kalaw US$ 45, Mandalay - Kalaw US$ 40, Kalaw - Nyaung Shwe US$ 10
Von Bagan aus ist es am bequemsten u. schnellsten mit einem Mietauto über Mt. Popa, Thazi, Kalaw oder von Mandalay mit dem Zug nach Thazi, dann mit dem Auto nach Thazi und Kalaw,
Zug: von Thazi nach Shwenyaung, US$ 6, Fahrzeit knapp 8 Std.
Flug: nach Heho, von dort mit dem pick-up nach Kalaw

„Liebe dein Vaterland und respektiere das Gesetz“ steht auf einer Tafel am Ortseingang. Kalaw liegt 71 km westlich von Taunggyi auf einer Höhe von 1340 m; es ist ein ehemaliger britischer Luftkurort, angelegt am Ende des 19. Jhs., mit Häusern im Kolonialstil. Kalaw wurde von den Amerikanern im 2.

Weltkrieg als Versorgungslager benutzt, um Waffen auf der Burma Road für die Streitkräfte von Chiang Kai Shek von Lashio nach China zu bringen. Überbleibsel sind die heute noch fahrenden Willy Jeeps. Heute hat Kalaw 25 000 Einwohner - Shan und Chinesen sowie Nepalesen, Pakistani und Inder, die mit der British Indian Army hierher kamen.

Auch in Kalaw findet alle fünf Tage ein Markt statt, bei dem man die Angehörigen verschiedener Bergstämme mit ihren traditionellen Trachten beobachten kann: die Paoh in ihrer schwarzen Kleidung mit den Turbanen aus Frottee, die Palaung mit ihren bunten Hüten und roten, blauen und grünen Jakken und (selten) die Padaung mit ihrem Halsschmuck aus bis zu 28 Ringen („Giraffenfrauen").

Kalaw wirbt mit seinen schönen Spazierwegen durch die Pinienwälder; wahrscheinlich werden nur die wenigsten Touristen Zeit haben, sie zu benutzen. Von Kalaw aus kann man nahegelegene Dörfer der Palaung besuchen, z. B. Ta Yaw und Shwe Min Phone.

Besichtigung

Theindaung Kloster

Dieses Kloster steht auf einem Hügel über dem Ort. Man hat von dort oben eine schöne Aussicht.

Aung Chan Tha Pagode

Der Stupa ist mit golden glasierten Mosaiken verkleidet.

Dama Yon

Gegenüber dem Stupa steht dieser Tempel.

Shweohnmin Pagode und Höhlen

Diese Höhlen stammen aus der gleichen Zeit wie die Höhlen von Pindaya. Vor dem Höhleneingang stehen 34 verschiedene weiße Stupas. Die Haupthöhle befindet sich auf einer Anhöhe über einem gespaltenen Felsen, von dem man sagt, daß er durch die Kraft von Buddha zusammengehalten wird. Man geht durch einen großen Raum vorbei an einer Buddhafigur tiefer in die Höhle, wo am Ende des engen Ganges rechts fünf Buddhafiguren stehen - die vier vergangenen und der zukünftige Buddha. Insgesamt beherbergt die Höhle ca. 140 verschiedene Buddhafiguren. Vor der Haupthöhle führen Treppen zu weiteren kleineren Höhlen, die man teilweise besichtigen kann. Taschenlampe nicht vergessen!

Gegenüber dem Höhleneingang sehen Sie eine Klosteranlage, in der außergewöhnliche Buddhafiguren aus den Höhlen aufbewahrt werden, z. B. eine Figur geflochten aus Bambusstreifen, mit Lack überzogen und vergoldet (soll über 1 000 J. alt sein), und einige ganz schwarze Figuren. Ein Mönch führt Sie gerne zu den Figuren.

Ausflüge von Kalaw

Bergdörfer der Shan und Palaung

Für diese Wanderung müssen Sie sich einen Führer nehmen. Er kostet etwa US$ 15 - 20 für einen Tag (Kalaw Hotel) oder US$ 5 - 7 pro Person (Parami Motel). Wenden Sie sich an das Kalaw Hotel, Pine Land Inn, Parami Motel, Golden Kalaw Guest House oder an den Pater der „Christ the King Church", wo man Ihnen gerne behilflich ist. Neuerdings gibt es das New Land Trekking-Büro, das 1 ½tägige Touren für US$ 10 pro Person anbietet. An der Umgehungsstraße von Kalaw steht ein Hinweisschild.

Der Weg ist ca. 18 km lang und führt über mehrere Hügel. Für eine Strecke muß man mit 6 Stunden rechnen. Wenn es regnet, ist der lehmige Boden sehr glitschig und kaum begehbar. In den Dörfern sehen Sie die großen Langhäuser der Palaung. Ihre Bewohner leben vom Anbau von Tee, Mais, Bananen und Tabak. Ihre Tracht ist dunkelblau mit grellfarbigen Turbanen.

Die Trekking Routen beginnen an der Theindaung Pagode. Der lehmige Weg führt durch eine hügelige Landschaft auf und ab durch Teeplantagen, Orangenhaine und Bergreisfelder. Man kommt durch drei Dörfer:

Toungmigyi: Hier wohnen die *Paoh*, die vom Trocknen der Blätter des *tanape*-Baumes (werden zum Einrollen des Tabaks für Zigarren verwendet) leben. Die Ernte beginnt im Juli.

Panaban: Etwa nach einer Stunde erreicht man das zweite Dorf. Hier leben die *Palaung*, die als Experten des Teeanbaus gelten. In den Langhäusern wohnen bis zu vier Palaungfamilien. Ihre Tracht tragen sie nur zu festlichen Anlässen, so z. B. wenn sie zum alle fünf Tage stattfindenden Markt nach Kalaw kommen.

Das dritte Dorf wird auch von den Palaung bewohnt und kann nach 20 Minuten erreicht werden.

Unterkunft

• Vorwahl: 0 81

Kalaw Hotel

84, University Rd, T. 5 00 39, 5 01 91, 26 Zimmer, EZ US$ 19 - 40, DZ US$ 28 - 45, mit Fan, Du und WC, ohne Frühstück, liegt etwa 1 km außerhalb idyllisch auf einer kleinen Anhöhe und ist umgeben von einem gepflegten Garten. Von den Briten 1915 im Kolonialstil erbaut, war es bis vor kurzem staatl., wurde jetzt von einer Hotelkette übernommen und soll renoviert werden. Momentan sind die Zimmer sehr einfach und heruntergekommen, ein Restaurant befindet sich im Haus mit ordentl. Essen zu brauchbaren Preisen

Pine View Inn
10, University Rd, T. 5 00 20, DZ US$ 24, w. Wasser, Du und WC, mit Frühstück, neu, sehr schön, sauber

Dream Villa Motel
Zatila Rd, (5) Quarter, T. 5 01 44, EZ US$ 15 - 18, DZ US$ 20 - 24, Du und WC, mit Frühst., schöne Villa im Kolonialstil, neu renoviert, sauber, freundl.

Winner Hotel
an der Hauptstraße, T. 5 00 21, DZ US$ ca. 20, AC, w. Wasser, Du und WC

Sun Flower Motel
von Thazi kommend direkt am Ortseingang auf der linken Seite der Hauptstraße, farbige Bungalows, DZ US$ ca. 20 - 24, w. Wasser, Du und WC

Pine Land Inn
T. 5 00 20, direkt an der Hauptstraße, EZ US$ 5 - 6, DZ US$ 10 - 12, w. Wasser, Gemeinschaftsb., mit Frühst., einf. Zimmer mit dünnen Bretterwänden, hellhörig, Restaurant im Erdgeschoß

Parami Motel
Merchant Str., T. 5 00 27, DZ US$ 8, w. W., Gemeinschaftsbad; DZ US$ 10 - 12, Du und WC; Suite m. 2 DZ US$ 30 (ehemalige Wohnung), Du u. WC, TV, jeweils m. Frühst., sauber, gutes Rest.

Golden Kalaw Guest House
64, Natsin Rd, in der Nähe vom Markt, T. 5 01 08, DZ US$ 8 - 10, Fan, w. W., Gemeinschaftsbad, einfach, sauber

Restaurants

Thirigayhar Restaurant: 7, Main Rd, gemütliches Holzhaus, birman., ind. und chin. Gerichte, sehr gut

May Palaung Restaurant: 5, Zatila Rd, in einer alten Villa, in einer Seitenstraße im Zentrum, nettes Lokal, chin., birman. und Shan Essen, sehr gut

Zwe Man Thit Restaurant: vorwiegend chinesisches Essen, sehr gut

Dragon oder Naga Restaurant: an der Hauptstraße, chinesisches Essen

Kalaw Hotel Restaurant: 84, University Rd, chin. u. europ. Essen, ordentl.

Pine Land Inn: ordentliches chinesisches und birmanisches Essen

Parami Motel: Merchant Rd, birman. Essen, gut

Royal Tea Garden: beim Kino, bei den Einheimischen beliebt

Mi Thazu Teashop: Tee und chapatis

Lachmi Tea House: Tee, chapatis und curries

Pindaya

Anfahrt

Bus: von Nyaung Shwe K 150
von Kalaw nach Aungban K 30, weiter nach Pindaya K 300, Abfahrt frühmorgens; Fahrz. 2 - 3 Std., man muß in Pindaya übernachten!
von Taunggyi: Abfahrt 14.00 Uhr, Fahrz. ca. 5 - 6 Std., K 400 - 500
von Pindaya nach Taunggyi: Abf. 6.00 Uhr, letzter Bus um 13.00 Uhr

Auto: von Kalaw ca. US$ 20, von Nyaung Shwe oder Taunggyi, ca. US$ 30 - 40, Fahrzeit Kalaw - Pindaya 1 ½ - 2 Std., Nyaungshwe - Pindaya 3 - 4 Std.; mit dem Auto ist es ein Tagesausflug ohne Übernachtung!

Transport in Pindaya: Pferdewagen, v. d. Bushaltestelle ca. K 80

Pindaya liegt auf etwa 1 200 m und ist 40 km von Aungban und 50 km von Kalaw entfernt. Die Straße ist schlecht und eng und von vielen Lastwagen befahren. Sie führt dorthin durch eine hügelige, beschauliche Landschaft mit in Terrassen angelegten Reisfeldern, Tee- und Tabakplantagen, Kohl-, Kartoffel- und Ananasfeldern und Wäldern. In dieser Gegend leben die Danu und die Paoh. Pindaya ist ein kleiner Ort (15 000 Ew), der sich um den rechteckigen Natthamikan See schmiegt. Im Ort sieht man oft zum Trocknen aufgestellte Rahmen mit Papier aus Maulbeerblättern. Mit diesem Papier bespannt man Schirme, die von einigen Familien hergestellt werden. Die Hauptsehenswürdigkeiten von Pindaya sind jedoch die Höhlen, die bis zu 150 m tief in den Kalksteinfelsen der U Min Hügel führen.

Besichtigung

- Eintritt: US$ 3 für die Höhlen Taschenlampe nicht vergessen!

Shwe U Min Pagode (Golden Cave Pagoda)

Sie ist auch als „Pindaya Cave“ bekannt und genießt seit dem 12. Jh. die Verehrung der Gläubigen

Der Name Pindaya setzt sich zusammen aus dem Wort „pinku“, das übersetzt Spinne heißt, und aus „ya“, zu deutsch bekommen. Die Legende erzählt von sieben Prinzessinen, die vor tausenden von Jahren am See von Pindaya spielten. Als es zu dunkel wurde, um heimzugehen, beschlossen sie, in den Höhlen zu übernachten. Aber um Mitternacht kam eine riesige Spinne, die mit ihrem Netz den Eingang der Höhle versperrte. Ein zufällig vorbeikommender Prinz hörte die lauten Hilferufe der Prinzessinen. Er tötete die riesige Spinne mit Pfeil und Bogen und rief „pinkuya“, d. h. ich habe die Spinne getötet. Als Dank erhielt der Prinz die jüngste der Prinzessinen zur Frau, mit der er glücklich zusammenlebte.
Der Name Pindaya soll sich von diesem Ausruf ableiten und die Bewohner sollen die Nachfahren dieses Prinzen und dieser Prinzessin sein.

Die Höhleneingänge liegen am Berghang über dem See. Man kann die Höhle entweder auf einer überdachten Treppe mit 200 Stufen vom See aus erreichen oder man fährt mit dem Auto auf die halbe Höhe und setzt seinen Weg auf einem überdachten Treppenaufgang mit kleinen Läden, die vor allem Tee (kostenlose Proben werden an jedem Stand angeboten) und Zigarren verkaufen, fort. In der Kalksteinhöhle mit Stalagmiten und Stalaktiten stehen in mehreren sehr hohen Räumen 8 094 Buddhafiguren in den verschiedenen Größen. Sie sind aus Bronze,

Marmor oder Gips und mit Goldplättchen beklebt. Vom ersten großen Raum, in dem eine große, vergoldete, sitzende Buddhastatue von vielen kleineren Statuen umringt ist, gelangt man in weitere ineinandergehende Räume. Figuren in allen Größen und Ausführungen stehen dort in einem engen Durcheinander am Boden und in Nischen an den Felswänden. Die Statuen wurden hauptsächlich von Pilgern gespendet. Die niedrigen, kleinen Höhlen, in die man nur kriechend hineinkommt, dienen als Meditationsräume.

Außen sind es nur ein paar Meter zu weiteren Höhlen. Im ersten Raum steht auch dort eine große vergoldete Buddhastatue mit vielen kleineren daneben. Weitere Höhlenräume mit Buddhastatuen schließen sich an. Vom Höhleneingang aus bietet sich Ihnen ein herrlicher Blick auf Shan-Pagoden und auf die hügelige Landschaft, von den Einheimischen auch die „Schweiz von Myanmar" genannt.

Beim Vollmond im Februar/März findet ein großes Fest statt, zu dem Tausende von Pilgern anreisen. Überall werden Verkaufsstände und Essensbuden aufgestellt und Tänze aufgeführt.

Padah Lin Höhlen

Bei Pindaya, in der Nähe von Yengan, befinden sich außerdem die Padah Lin Höhlen. Hier wurden vorgeschichtliche Funde gemacht. An den Wänden sind noch Reste von Malereien, z. B. eine Hand, ein Bison, ein Teil eines Elefanten und ein Fisch zu sehen.

Diese Höhle ist nicht immer öffentlich zugänglich!

Unterkunft und Restaurant

• Vorwahl: 0 81

Pindaya Hotel
5, Main Str., T. 5 01 44, 33 Zi, EZ US$ 25 - 30, DZ US$ 32 - 40, Du und WC, Fan bzw. AC, liegt direkt am See am Weg zu den Höhlen, war bis vor kurzem staatlich und wurde jetzt von einer privaten Hotelkette übernommen, freundlich, gutes Restaurant

Myit Phyar Zaw Gyi Hotel
317, Zaytan Quarter, T. 2 32 57, am See in d. Nähe d. Marktes, DZ US$ 15, w. Wasser, Du und WC, neu, sauber

Diamond Dragon Hotel
im Ortszentrum, US$ 5 - 6 pro Person

Diamond Eagle Guest House
nahe am See, hat noch keine Lizenz für Ausländer, US$ 2 - 3 pro Person

Kyanlite Restaurant: an der Straße, die in d. Ort führt, chinesisches Essen

U Aseik Restaurant: birmanisches Essen, preiswert

Teik Sein Restaurant: Shan-Gerichte

Loikaw

Anfahrt

pick-up: von Aungban und vom Inle See, K 600 - 700, 6 - 7 Std.

Flug: So, Mo, Di, Do v. Yangon (US$ 60), So u. Do von Heho (35)
Zug: täglich von Kalaw/Aungban, Eisenbahnstrecke 1994 fertiggestellt, Abfahrt frühmorgens, Fahrzeit 8 - 10 Std., US$ 3, nur Ordinary Class, Verpflegung ist durch Händler an den Bahnhöfen mögl.
Auto: von Kalaw oder Toungoo (für Touristen z. Z. verboten), 5 - 6 Std.
Schiff: zu buchen z. B. bei Tour Service Centre King Rabbit, Nyaungshwe (in der Nähe des Marktes), US$ 55 pro Boot für max. 4 Personen, Abfahrt 5.30 Uhr, Ankunft Poku (oder Pekhon) 12.00 Uhr, von dort mit dem pick-up nach Loikaw, K 150, Fahrzeit noch 1 Std. (morgens kann es kalt sein, Getränke mitnehmen!). Die Bootsfahrt ist für Touristen illegal, und kann nicht immer durchgeführt werden.

Loikaw ist im Moment wahrscheinlich nur mit einem Permit zu erreichen. Einfacher ist es dorthin zu fliegen, aber am schönsten ist es, mit dem Boot zu fahren.

Wenn Sie mit dem Auto fahren, kommen Sie nach etwa 35 km von Kalaw an der Straße nach Loikaw zu dem gepflegten Dorf **Pin Laung** mit einer schönen Pagode an einem Teich. Hier leben vorwiegend die Paoh. In der Umgebung erstrecken sich Reisfelder und kleinere Teegärten (grüner Tee). Die Zugstrecke führt durch das Gebirge mit schönen Ausblicken auf die malerische Umgebung. Wenn Sie sich für den wunderschönen Ausflug mit dem Boot entscheiden, durchqueren Sie nach dem Inle See noch drei kleinere Seen, die untereinander mit Kanälen verbunden sind. An den Ufern liegen Dörfer mit Häusern auf Pfählen.

Loikaw liegt über 1 000 m hoch, ist 150 km von Kalaw entfernt und gehört zu einem Gebiet, das politisch immer noch instabil ist. 1998 war es für Touristen nicht mehr erlaubt, Loikaw zu bereisen. Diese Situation kann sich von heute auf morgen ändern. Zuverlässige Information darüber erhalten Sie z. B. in Kalaw und Nyaung Shwe.

Loikaw ist die Hauptstadt des Kayah-Staates. Zwei Seen, der Naungyar und Htingalian, ein Fluß, Biluchaung, und ein bizarrer Berg, Taungkweh, bilden die malerische Kulisse der verschlafenen Stadt, in der es fast keinen Autoverkehr gibt. In der Umgebung leben noch ca. 7 000 Mitglieder des *Padaung-Stammes*. Früher trugen die Padaung-Frauen Messingringe um den Hals bis zu einer Höhe von 25 cm und einem Gewicht von 9 kg. Man nennt sie wegen ihrer langgestreckten Hälse auch *„Giraffenfrauen"*. Es gibt heute noch Kinder und junge Frauen mit diesen Messingringen (s. Kap. „Volksgruppen"). Wanderungen zu den Dörfern können Sie nur mit einem Führer, den Sie über Ihre Unterkunft ausfindig machen, unternehmen.

Besichtigung

Taungkweh Pagode

Auf diesem Berg steht der Taungkweh Stupa, der auf einem steilen Weg zu erreichen ist. Es handelt sich eigentlich zwei Berge, die mit einer Brücke verbunden sind. Darunter ist eine große, neue stehende, große Buddhafigur. Die Aussicht ist hier besonders schön.

Myonan Pagode

Sie ähnelt dem Ananda Tempel in Bagan. Nur Männer dürfen hinaufsteigen. Nachts wird sie angestrahlt.

Thiri Mingala Bazaar

Vor allem am Sonntag treffen sich auf diesem faszinierenden Markt die verschiedensten Volksgruppen, wie die Kayah, Shan, Paoh und auch Padaung.

Kayah State Museum

Dieses neue Museum zeigt Trachten und Gebrauchsgegenstände der vielen in der Gegend lebenden Bergvölker.

Taung Tone Lo Pagode

Sie liegt 7 km von Loikaw entfernt. In der Pagode wird ein berühmter einbalsamierter Mönch aufbewahrt.

Außerdem gibt es noch die **Badamya Cheroot Fabrik** zu besichtigen.

Ausflüge

Bis zu dreitägige Touren zu Padaung-Dörfern werden von fast allen Hotels und Guest Houses organisiert. Sie kosten US$ 5 - 7 pro Person und Tag.

Moe Pye und Hoa Ri Ko Khu

Die zwei Dörfer sind nicht weit von Loikaw entfernt. In ihnen leben noch ein paar Padaung-Frauen mit ihren Halsringen.

Nach Moe Pye fährt von Loikaw ein Bus (K 50). Alle fünf Tage findet in Moe Pye ein Markt statt, wo Sie immer einige Frauen mit Halsringen sehen können.

Das Fotografieren der Padaung-Frauen muß in Dollar bezahlt werden!

Unterkunft und Restaurants

• Vorwahl: 0 83

State Guest House No 2
vor dem Guest House ist ein Park mit Eukalyptus Bäumen, saubere, geräumige Zimmer mit Du und WC

First Kayah Inn
Daw Oo Khu Quarter, T. 2 15 51, US$ 6 p. P., Gemeinschaftsbad, mit Frühst., beim Naung Yar Sees, sehr freundlich

The Best Inn
112, Natshin Naung Rd, T. 2 15 05, neben der First Kayah Inn, US$ 6 - 8 pro Person, mit Frühst., empfehlensw.
Pearl Guest House
40, Main Rd, T. 2 12 18, pro P. US$ 6
Yin Myo Chit Restaurant: chin. K.
Meik Sct Restaurant: birman. Küche
Shwe Phar Zi Restaurant: gegenüber dem Pearl Guest House, billig

Heho

Heho liegt auf halbem Weg zwischen Aungban und Shwenyaung. Für den Inle-See-Bereich ist Heho der nächstgelegene Flughafen. Der Ort bietet sonst nichts außer ein paar Restaurants und Cafés. Die Guest Houses sind den Einheimischen vorbehalten.

Shwenyaung

Anfahrt

Zug: v. Thazi No. 143 up, Abf. 5.00 Uhr, Ank. in Shwenyaung mittags von Shwenyaung nach Thazi zwei Züge: ab 8.30 Uhr, an ca. 17.00 Uhr und ab 10.00 Uhr, an 19.00 Uhr, US$ 3 und 7 (1. Klasse)
Bus: sie fahren in der Regel nach Taunggyi, in Shwenyaung aussteigen, wenn Sie nach Nyaungshwe fahren möchten.
pick-up: Thazi - Shwenyaung, 6 - 8 Std.

Shwenyaung ist 30 km von Heho, 11 km von Nyaungshwe und 20 km von Taunggyi entfernt.

Unterkunft

Remember Inn
DZ US$ 25, Du und WC, AC, Kühlschrank, saubere und große Zi, freundl.

Inle See

Anfahrt

Flug: Mandalay Air: Yangon - Heho u. Mandalay - Heho jeweils tägl. Air Myanmar: Yangon - Heho (US$ 75) und Mandalay - Heho (40) jeweils tägl.; Heho - Bagan via Mandalay tägl. m. beiden Fluglinien
Taxi: von Heho nach Nyaungshwe US$ 10 - 12, 40 km
pick-up: von Heho nach Shwenyaung K 100, von Shwenyaung nach Nyaungshwe K 100 - 150 von Shwenyaung - Kalaw K 200, Shwenyaung - Taunggyi K 150
Zug: Yangon - Thazi (umsteigen) - Shwenyaung; Mandalay - Thazi (umsteigen) - Shwenyaung von Shwenyaung bzw. Thazi mit dem Taxi oder pick-up weiter
Bus: Mandalay - Taunggyi, K 1000, 8 - 10 Std.; Bagan - Taunggyi, K 1 000, 8 - 10 Std.; Yangon - Taunggyi, K 1 800, ab 13.00 - 14.00 Uhr, an ca. 6.00 Uhr, 16 - 18 Std. Thazi/Meiktila - Taunggyi, K 600, 5 Std.

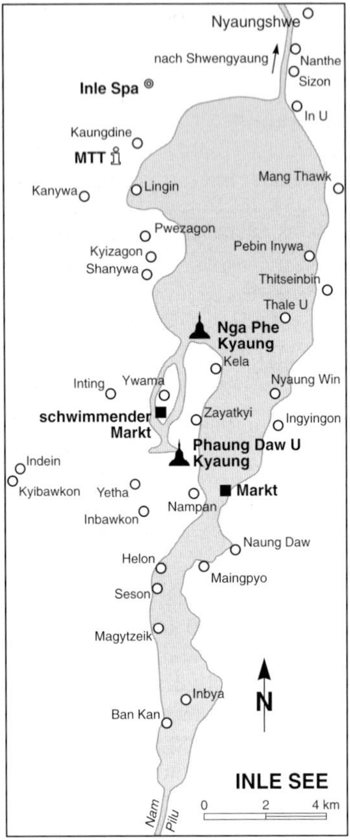

zum Inle See in Shwenyaung aussteigen, von dort mit dem pick-up nach Nyaungshwe K 80 - 100
Nyaungshwe - Taunggyi K 100, - Pindaya K 60, - Kalaw K 100
Taxi: Nyaungshwe - Shwenyaung K 1 000
am Inle-See:
Boote mit Außenbordmotor: von MTT US$ 12 oder private Boote für max. 8 Pers. K 1 600 für einen guten halben Tag. Die Boote können vom Hotel aus oder problemlos direkt am Kanal gemietet werden.
Ruderboote: sind nur für kleinere Strecken geeignet, z. B. für die Dörfer am nördlichen Ufer und im Kanal, pro Boot K 200/Std.

Am Weg von Shwenyaung nach Nyaungshwe kann man das **Shwe Yanpay Kloster** besichtigen. Das über hundert Jahre alte Kloster aus Teakholz befindet sich in einem guten Zustand.

Der Inle See, der größte See Obermyanmars, liegt auf einer Höhe von 900 m, ist 22 km lang, 10 km breit und höchstens 3 m tief. Er wird von 1 500 m hohen Bergen eingeschlossen. Am See liegen 200 Dörfer mit etwa 8 000 Einwohnern, rund 100 Klöster und viele hunderte Stupas. Er ist gesäumt von einem 5 km breiten Gürtel aus Wasserhyazinthen und Schilf, in dem die Kanäle für die Boote ständig freigehalten werden müssen. Die Bewohner der Dörfer gehören dem Stamm der Intha an. „In-tha" heißt „Leute vom See". Vor etwa 200 Jahren verschlug es die Inthas aufgrund der Kriege mit Thailand vom Andamanischen Meer im Süden Myanmars an den Inle See.

Berühmt ist der Inle See wegen der Beinruderer - hiesige Fischer, die diese Technik noch heute benutzen, um ihre Hände frei zu haben für die Netze. Dabei steht der Ruderer auf einem Bein auf dem Heck des Bootes, während das andere Bein um das Paddel geschlungen ist. Mit dem Fußpaddel wird das Boot schraubenartig vorwärtsbewegt. Es gibt auch hin und wieder Bootsrennen der Beinruderer als sportliche Veranstaltung, die Zuschauer können dabei Wetten abschließen. Ansonsten werden für längere Fahrten lange, schmale Boote mit einem lauten Außenbordmotor benützt.

Eine weitere Besonderheit des Inle Sees sind die „schwimmenden Gärten". Auf Matten oder verflochtenem Unkraut wird Schlamm angehäuft, diese kleinen Gartensegmente werden dann mit Stangen im Grund des Sees verankert. Auf ihnen baut man Tomaten, Blumenkohl, Bohnen, Auberginen und auch Blumen an.

Die Bewohner leben in Pfahlbauten über dem Wasser in der Nähe ihrer schwimmenden Gärten. Ihre Dörfer sind von vielen Kanälen durchzogen, als Transportmittel benützen sie Boote. Der Inle See wird deshalb auch das „Venedig von Myanmar" genannt. Die Leute leben von ihrem Gemüseanbau, der Fischerei und der Weberei. Die im ganzen Land getragenen Shan-Schultertaschen kommen ursprünglich von hier.

Nyaungshwe (Yaunghwe)

Ein Besuch des Inle Sees läßt sich meiner Meinung nach am schönsten gestalten, wenn man sich eine Unterkunft in Nyaungshwe sucht. Nyaungshwe ist der Hauptort am See, etwa 11 km von der Bahnstation Shwenyaung entfernt und umgeben von einer grünen Mittelgebirgslandschaft. Einst war Nyaungshwe ein Fürstentum.

Im Januar und Februar können die Nächte und der Morgen sehr kalt sein! Zum Ende der Regenzeit Ende September und Anfang Oktober finden hier das dreiwöchige Phaung Daw U und danach das Thadingyut Fest statt.

Besichtigung

Shanpalast

Öffnungszeiten (Museum): Mo - Fr 9.00 - 15.30 Uhr
• Eintritt: US$ 2

Etwa eine Viertelstunde vom Markt entfernt finden Sie den aus Stein und Teakholz gebauten Shanpalast. Außen sind nur wenige der einstmals zahlreichen Schnitzereien zu sehen. Auch von der Innenausstattung ist wenig erhalten. Im oberen Stockwerk des Museums werden originale Holzschnitzereien des Palastes ausgestellt. In einem kleinen Raum se-

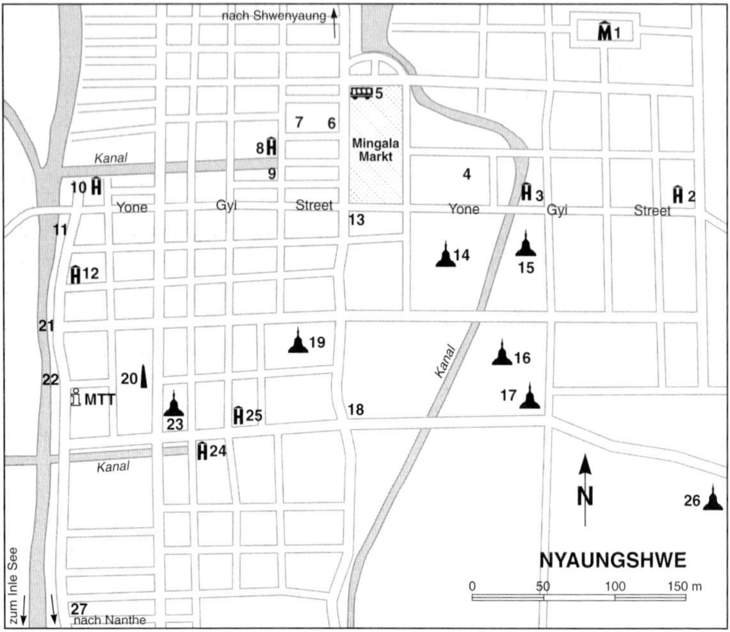

1 Shan Palast	15 Hlain Kyu Kyaung
2 Inle Inn	16 Shwe Gu Kyaung
3 Evergreen Hotel	17 Kan Gyi Kyaung
4 Sri Jagdish Hindu Tempel	18 Post- und Telegraphenamt
5 Bushaltestelle	19 Yadana Man Aung Pagode
6 Bank	20 Unabhängigkeitsdenkmal
7 Hu Pin Restaurant	21 Bootanlegestelle
8 Hu Pin Hotel	22 Nyaungshwe Restaurant und MTT
9 Sunflower Restaurant	23 Shwe Zali Pagode
10 Joy Hotel	24 Pyi Guest House
11 Bootanlegestelle	25 Golden Express Hotel
12 Shwe Hintha Guest House	26 Nigyon Taungyon Kyaung
13 Thuka Café	27 Four Sisters Restaurant
14 Yangon Kyaung (Kloster)	

hen Sie ein königliches Bett, einen Thron sowie alte Fotografien. Die umfangreichen Renovierungsarbeiten wurden 1998 begonnen.

Yadanamanaung Pagode

Die Pagode ist nicht weit vom Markt entfernt. Das Innere ist dunkelrot und golden gehalten und zeigt Bildnisse von der Vergänglichkeit der Menschen. Im äußeren Umgang der Pagode stehen Schaukästen mit verstaubten Devotionalien.

Nigyon Taungyon Kloster

Es liegt im Südosten der Stadt und ist leider mehr eine Ruine. Man sieht noch ein paar kleinere, weiße Stupas und Teile der Stuckverzierung. Das Kloster wird jedoch zur Zeit renoviert und soll nach seiner Fertigstellung als Meditationszentrum dienen.

Shwe Yaunghwe Kyaung

Etwa 1 km nördlich der Stadt liegt das Kloster aus dem 18. oder 19. Jh. Die Gebetshalle ist aus Holz gebaut. Es sind verschieden alte Buddhastatuen zu sehen.

Kyaukpyugyi Pagode

Die Pagode ist mit einem sehr schönen kurzen Spaziergang entlang am östlichen Ufer des Kanals in Richtung Süden nahe dem Dorf Nanthe zu erreichen. Oder Sie bitten den Bootsführer zu halten, wenn Sie einen Ausflug auf dem Inle See unternehmen, am besten am Rückweg. Auch diese Pagode ist dem Verfall preisgegeben. Sie sehen noch steinerne Löwen und eine gut erhaltene, sehr große, alte Buddhafigur. Daneben steht ein steinernes Kloster, in dem zur Zeit noch acht Mönche leben.

Mingala Markt

Er ist der Hauptmarkt des Ortes und morgens von den Shan sehr bevölkert. Neben Lebensmitteln werden Haushaltsgegenstände und Textilien angeboten.

Inle Spa

• Eintritt: US$ 1
Öffnungsz.: tägl. v. 7.00 - 16.00 Uhr

Etwa 15 bis 20 Minuten fährt man von Nyaungshwe in Richtung Norden nach **Kaungdine** (etwa 10 Minuten vom Inle Hotel entfernt) zu den heißen Quellen. Es gibt zwei Becken, eines für Frauen und eines für Männer.

Cheroot Fabrik

In der Nähe von Inle Spa kann man beim Rollen der traditionellen Zigarren zuschauen.

Trekkingtouren

In der Umgebung kann man Tages- und Zweitagestouren zu Höhlen, Klöstern und Dörfern der Shan unternehmen. Führer findet man z. B. am Markt, Hill Trip Services, oder King Rabbit Tour Service (Yone Gyi Rd, beim Markt, sehr empfehlenswert). Bei einer Tagestour (8 Std., K 500/Person) gehen Sie zu einer Höhle und 3 Shan-Dörfern.

Bootsausflug auf dem Inle See

Höhepunkt eines Aufenthalts am Inle See ist eine Fahrt mit einem Einbaum mit Außenbordmotor über den See nach Ywama, zur Phaung Daw U Pagode und zum Nga Hpe Chaung Kloster. Nyaungshwe ist der Ausgangspunkt für einen solchen Ausflug. Das Boot für 7 - 8 Personen können Sie über Ihr Hotel oder direkt am Jetty am Nankand Kanal chartern. Der Preis beträgt K 1 500 für das ganze Boot für einen halben Tag. Wenn Sie zwischen 8.00 und 9.00 Uhr starten, sind Sie zwischen 13.00 und 14.00 Uhr wieder zurück. Sollten Sie an dem Tag fahren, an dem der große, alle fünf Tage stattfindende schwimmende Markt abgehalten wird, empfehle ich Ihnen, bereits mindestens eine Stunde früher aufzubrechen. Das Linienschiff legt schon sehr früh ab, um rechtzeitig zum Markt dort zu sein. Dieses Schiff ist eigentlich keine Alternative, da man in Ywama zu den Sehenswürdigkeiten trotzdem mit dem Boot fahren muß und mit der Rückfahrt zeitlich zu sehr gebunden ist.

- Eintrittspreis: US$ 3 für den See und die Phaung Daw U Pagode

Von Nyaungshwe fahren Sie auf dem Nankand Kanal etwa eine Viertelstunde, bis Sie auf den See hinauskommen. Von dort aus bietet sich Ihnen die schöne Sicht auf den dunklen, von Bergen umgebenen See. Fischer stehen mit ihren Booten und den Reusen auf dem See, und auch Beinruderer sind noch oft zu sehen. Wenn Sie sich Ywama nähern, können Männer dabei beobachten, wie sie mit langen Stangen die Schlingpflanzen aus dem See holen. Die Boote sind dann so schwer beladen, daß der Bootsrand fast auf gleicher Höhe mit dem Wasserspiegel ist. Nach einer weiteren guten halben Stunde Fahrt erreichen Sie Ywama.

Ywama

In einem Kanal fahren Sie ein kurzes Stück entlang an Pfahlbauten zu der Stelle, wo auch der *schwimmende Markt* beginnt. Er findet täglich statt, aber alle fünf

Beinruderer am Inle See

Tage ist er besonders groß. Dann kommen die großen Touristenboote kaum durch das Gewimmel der kleinen Boote der Einheimischen. In ihnen werden alle Arten von Gemüse, Obst, Blumen, Benzin, Brennholz, Strohhüte und Tongefäße angeboten. Die Einkäufer sitzen ebenfalls in ihren Booten. Leider schwimmen in der Hochsaison sehr viele Boote mit Souvenirs für Touristen dazwischen.

Als nächstes werden Sie in der Regel zu verschiedenen Handwerksbetrieben gebracht, z. B. Silberschmiede, Weberei, Holzschnitzereien, Herstellung von *cheroots* (Zigarren), Blechverzierungen für Pagoden und Buddhastatuen (aus Sägemehl gepreßt, dann mit schwarzer Knete verziert und mit schwarzer Lackschicht überzogen). Sie können sich überall umschauen und einkaufen. Die Inthas sind bekannt für ihre Webarbeiten. Sie werden vorwiegend im benachbarten Ort Thar Lay hergestellt.

Phaung Daw U Pagode

Phaung Daw ist der Name des königlichen Vogels. Die Pagode stammt aus dem 18. Jh. und ist sehr gut erhalten. In ihr stehen die fünf Figuren, die von König Alaungsithu im 12. Jh. aus Malaysia mitgebracht oder ihm geschenkt wurden. Zwei der Bildnisse stellen Buddha dar, die anderen drei seine Jünger. Inzwischen ist ihre ursprüngliche Form kaum mehr zu erkennen, weil die gläubigen Männer (für Frauen ist es nicht erlaubt) über die Jahrzehnte Unmengen von Goldplättchen (3 cm dick) daraufklebten.

Während des Vollmondes im Oktober findet am Inle See seit gut 50 Jahren das Phaung Daw U oder Lichter-Fest statt. Alle Pagoden und Häuser werden mit Kerzen und Laternen erleuchtet, selbst auf dem Wasser schwimmen Lichter. Das Fest beginnt an der Phaung Daw U Pagode. Der Festzug besteht aus vielen geschmückten Booten und der königlichen Barke in Form eines großen *Hintha*-Vogels (ähnelt einem großen Huhn). In der Barke wird ein Schrein mit einer Buddhafigur mitgeführt. Im Laufe von 3 Wochen fährt die Prozession die größeren Orten am See ab. Der Endpunkt ist Nyaungshwe. Dort bleiben die Schiffe drei Tage, an denen dort ein großes Fest veranstaltet wird. Es werden Verkaufsstände und ein Freiluftkino aufgebaut, Astrologen lassen sich bei der Pagode nieder. Während dieses Festes finden auch Wettrennen der Beinruderer statt. 1968 ist das größte Festschiff bei einem Sturm gekentert. Dieses Ereignis ist auf einem Gemälde in der Phaung Daw U Pagode festgehalten. Die Unglücksstelle ist im See mit einer Säule mit einem *Hintha*-Vogel markiert.

Unter der Pagode ist eine große (Markt-)Halle mit allerlei Souvenirs (Stoffe, Metallwerkzeuge, Messer, Korbwaren, Gewichte, Shan-Taschen, Schmuck, Marionetten). Neben der Pagode am Kanal entlang haben sich kleine Restaurants und Souvenirläden angesiedelt.

Lichterfest am Inle See

Die Legende berichtet von einer Frau mit übersinnlichen Kräften, die König Alaungsithu im 12. Jh. bei seiner Reise durch den Shan-Staat fünf Figuren schenkte. Der König ließ diese in der Pagode von Yaungshwe, der früheren Hauptstadt der Shan, zurück. Die Existenz der Figuren wurde bald vergessen.

Der Vater des letzten Shan-Königs, Sir Saw Maung (er regierte bis 1949), entdeckte die Figuren wieder. Eines Tages soll er einen Lichtschimmer zwischen den Büschen gesehen haben, der ihn zu einer zerfallenen Pagode führte, in der noch die fünf Bildnisse standen. Er nahm sie mit und erlaubte den Gläubigen an drei Tagen im Jahr sie zu verehren. Da dies nicht genug war, stellte der König die Figuren in einer hölzernen Pagode, an der Stelle der heutigen Phaung Daw U Pagode, auf. Als dies immer noch nicht ausreichte, beschloß er, diese Bildnisse einmal im Jahr in einer großen Prozession 18 Tage lang mit dem Schiff von Ort zu Ort zur Verehrung fahren zu lassen.

schwimmender Markt, Ywama

Nga Phe Kyaung (Kloster)

Sie fahren auf Kanälen an schwimmenden Gärten vorbei zum 160 Jahre alten Nga Phe Kyaung Kloster. Am Inle See gibt es insgesamt 180 kleine Klöster mit etwa 500 Mönchen. Das Nga Phe Kyaung ist das älteste und eines der angesehensten unter ihnen. Von außen sieht das Kloster unscheinbar aus, das Innere ist jedoch beeindruckend. Riesig hohe Teakstämme, rot bemalt und zur Hälfte mit goldenen Mustern verziert, tragen als Säulen das Dach. Von den ursprünglich 700 Buddhafiguren stehen noch 47 goldene Figuren verteilt im Raum. Die fehlenden Figuren wurden gestohlen oder sind in Museen ausgestellt. In einer Ecke sind Bastmatten am Boden ausgelegt, auf denen Sie vielleicht von den sehr gesprächigen und gastfreundlichen Mönchen zu Tee und Knabbereien eingeladen werden. Geduldig beantworten sie die immer gleichen Fragen der Touristen. Gerne führen sie auch die dressierten Katzen vor, die durch einen hochgehaltenen Reif springen. Mittlerweile wird das Kloster schon „Monastery of the jumping cats“ genannt. Eine kleinere Spende ist angebracht.

Im Anschluß an den Besuch im Kloster fahren Sie vielleicht noch durch die schwimmenden Gärten und dann zurück.

Unterkunft

• Vorwahl: 0 81

In Nyaungshwe:

November Hotel
16, Yone Gyi Str., Nandawun Quarter, gegenüber Inle Inn, T. 2 21 07, 2 26 21, Standard EZ US$ 30, DZ US$ 36; Superior EZ US$ 40, DZ US$ 48; Suite DZ US$ 60, AC, Du und WC, w. Wasser, TV, Kühlschrank, m. Frühst., incl. Taxen, Bar, Restaurant, großes mehrstöckiges Hotel, für Reisegruppen geeignet, sauber, freundlich, abends finden oft Tanzvorführungen statt

Hu Pin Hotel
66, Kann Tha Quarter, T. 23, 25, 2 22 98, 2 15 90, am Ortseingang, westlich vom Markt, EZ US$ 30 und 50, DZ US$ 36 und 60, Extrabett US$ 15, AC, Du und WC, w. Wasser, TV, Kühlschrank, m. Frühst., zuzügl. 20 % Tax, sauber, v. Chinesen geführt, 2 mehrstöckigige Häuser, hat eigene Boote, schräg gegenüber dazugehörendes Restaurant

Nanda Wunn Hotel
80, Yone Gyi Rd, T. 2 25 13, 2 26 00, 25 Zi, neu, DZ US$ 36 und 48, AC, Du u. WC, w. W., TV, m. Frühst., motelartige Anlage, sauber, schön, Rest., Bar

Paradise Hotel
40, Museum Rd, T. 2 20 09, DZ US$ 30 - 35, Du und WC

Golden Express Hotel
19, Phaungdawpyan Str., T. 37, 11 Zi, EZ US$ 24, DZ US$ 30, 3-B.-Zi US$ 42, 4-B.-Zi US$ 54, AC, Du und WC, w. Wasser, TV, Kühlschrank

Inle Inn
Yonegyi Rd, T. und Fax: 2 13 47, EZ US$ 8, DZ US$ 15, Gemeinschaftsbad, Fan; in einem Anbau EZ US$ 20, DZ US$ 30, 3-Bett-Zi US$ 40, Du und WC, w. Wasser, jeweils zuzügl. 20 %, Restaurant, trad. Marionettentheater mit Shan-Essen K 900, manchmal wohnen dort „Giraffenfrauen“, die für US$ 3 - 5 fotografiert werden können; sauber, sehr nette freundl. Atmosphäre, organisiert Ausflüge (nicht preiswert), Boote u. Busse nach Mandalay und Bagan

Gold Star Hotel
Phaung Daw Pyan Rd, T. 2 16 35, gegenüber dem Little Inn, DZ US$ 20 - 25, Du und WC, kleine Zi, sauber

Aung Mingalar Hotel
Boat Station Rd, am südöstlichen Ortsende, DZ US$ 20 - 25, AC, Du und WC, w. W., TV, Kühlschrank, m. Frühst., Bungalows, schön, sauber, ruhig

Nawng Kham oder The Little Inn
Phaung Daw Pyan Rd, T. 2 14 48, b. d. Post, 5 Bungalows, DZ US$ 20, Du und WC, schöne Zi, sauber, freundlich, Blick auf Pagode, Fahrradverleih

Evergreen Motel
Yone Gyi Rd, T. 79, 2 22 89, liegt an

einem Kanal, EZ US$ 5, DZ US$ 10, Fan, Gemeinschaftsbad, w. W.; EZ US$ 12, DZ US$ 20, Fan, Du und WC, jeweils m. Frühst., sauber, Fahrradverl.

Pyi Guest House
35, Phaungdawpyan Rd, T. 76, 11 Zimmer, US$ 5 pro P., Gemeinschaftsbad; DZ US$ 15 - 18, Du und WC, AC, sauber, alle Zi m. Frühst., manchmal Shan-Essen mit Musik und Tanz

Gypsy Guest House
82, Canal Rd, T. 84, neu, DZ US$ 12 - 15, sauber, freundlich

View Point Floating Guest House
Strand Rd, T. 62, Pfahlbauten bei der Brücke über den Kanal in der Nähe des Drum Restaurants, DZ US$ 12 - 15, Du und WC, sauber, freundlich

Yin Yin oder Four Sisters
letztes Haus am Kanal, DZ US$ 10 - 15, Du und WC, einfach, sauber, schöne Lage am Kanal

Shwe Hintha o. Golden Duck G. H.
Strand Rd, T. 62, a. Kanal i. d. Nähe v. MTT, einf. Zi US$ 3 - 4 p. P., Fan, Gemeinschaftsb.; DZ US$ 10 - 12, Du und WC, auch Zi m. Balkon, jeweils m. Frühst., beliebt b. Travellern, Veranda z. Sitzen über d. Kanal gebaut, freundl., sauber, organ. Ausflüge, Wäscheserv.

Joy Guest House
Jetty Rd, T. 83, i. d. Nähe d. Hauptkanals, EZ US$ 7, DZ US$ 12, Gemeinschaftsb., w. W., Fan; EZ US$ 13, DZ US$ 16, Fan, Du u. WC, teilweise m. Balkon, jeweils mit Frühst., nette, freundl. Atmosphäre, einf., ruhige Zi

White Elephant Guest House
33, Mingalar Qutr., organ. Bootsausfl.

Queen Lodging House
nettes kleines Haus direkt am Kanal mit eigenem Steg und Ausflugsboot, gegenüber Golden Duck G. H., EZ US$ 4 - 5, DZ US$ 8, einfache Zi in Bungalow, w. Wasser, Gemeinschaftsbad, mit Frühst., organisiert Ausflüge u. Transporte, daneben Big Drum Restaurant

Billion Hotel
10, Yone Gyi Rd, neben Nanda Wunn Hotel, T. 10, EZ US$ 5, DZ US$ 8, Fan, Du und WC, mit Frühstück, motelartiges Hotel, freundlich

Teakwood Guest House
Kyaung Taw Anoux St, DZ US$ 8, w. Wasser, Gemeinschaftsbad, sehr gepflegt und sauber, sehr freundlich, Shan-Essen auf Bestellung K 300 - 400, Fahrradvermietung K 150/Tag

Remember Inn
Haw Str., gegenüber Shanpalast, US$ 3 pro Person, Fan, Du und WC, mit Frühstück, Bungalows, sauber, sehr freundlich, familiäre Atmosphäre

Hotels in der Umgebung

Golden Island Cottages Resort
im See bei Nampon, T. und Fax: 2 13 47, DZ ab US$ 60, AC, Du und WC, m. Frühst., Bungalows auf Stelzen, Bootzubringer von Nyaungshwe, sehr schön, Restaurant

May Haw Nann Resort Hotel
Ayo Thar Yar - Nyaungshwe Rd, T. 2 22 66, 1 km östlich von Nyaungshwe, Pfahlbauten im traditionellen Stil, DZ US$ 20 - 30, Du und WC, schön, ruhig

Innlay (Khaungdaing) Hotel
am Inle See im Dorf Khaungdaing, ca. 20 km von Nyaungshwe, T. 2 24 09, sehr schön gelegenes Hotel mit Bungalows direkt am Wasser, 30 Zi, EZ US$ 25 - 45, DZ US$ 40 - 60, daneben sind die heißen Quellen von Inle Spa

Royal Orchid
am Inle See bei Khaungdaing, T. 2 19 19, DZ US$ 30 - 55, AC, Du und WC, mit Frühst., neu, Bungalows, nicht direkt a. See, etwas abgelegen, s. schön

„schwimmende Gärten" im Inle See

Restaurants

Kleinere Gerichte sind im Markt zu den Marktzeiten erhältlich. Für die Shan-Küche sind Nudeln typisch.

Innlay Hotel Restaurant: in Khaungdaing, sehr schön am See gelegen, etwas teurer, birman. Curries und chin.

Golden Island Cottages
Restaurant auf Stelzen im See, Bootszubringer, sehr schöne Atmosphäre

Daw Aye Hla: gut

Inle Inn: Yone Gyi Rd, birmanisches Essen, Shan-Dinner mit Puppentheateraufführung, K 900, gut

Pyu Guest House: Shan-Dinner auf Bestellung, mit Folklore Show

Big Drum Restaurant: man sitzt schön in offenen Bambushütten am Westufer d. Kanals, birman. u. Shan-Ger., n. so sauber, (wird i. Kürze auch Zi verm.)

Yin Yin Sisters oder Four Sisters: letztes Haus am Kanal beim Golden Duck Guest House, die Familie (4 Schwestern) kocht für alle eine Mahlzeit; kein fester Preis, sondern man bezahlt so viel wie man will, sehr gut

Hu Pin Restaurant: gegenüber d. Hu Pin Hotel, vorwiegend chin. Küche, gut, etwas teurer, bis 21.00 Uhr geöffnet

Sun Flower Restaurant: Nudelger.

Khine Thazin: gut

Hong Kong Restaurant: chin. Küche

Golden Crown Restaurant: chin. K.

Thar Lay Inn: chinesisches Essen, gut und preiswert

Nyaungshwe Restaurant: am Kanal, staatlich, Vorbestellung notwendig

Aurora Restaurant: Yone Gyi Rd, gut, preiswert, freundlich

Shwe Pyisu Restaurant: gutes birmanisches Essen

Thuka Café: birmanische Snacks

Shwe Inlay: gute Kuchen

Village Café: birmanischer Tea Shop

Taunggyi

Taunggyi, die Hauptstadt der Shan, liegt auf einer Höhe von 1450 m, ist 45 km vom Inle See entfernt und hat 100 000 Einwohner. Die Shan sind vorwiegend schwarz gekleidet und tragen ein farbiges Tuch (Frotteetücher sind sehr beliebt) turbanartig gewunden auf dem Kopf. Die Stadt wurde 1890 von dem britischen Offizier George Scott gegründet. Er wählte diesen Standort nicht zuletzt deshalb, weil das Klima hier angenehm kühl ist. Shan-Prinzen wurden nach Taunggyi in britische Schulen geschickt, und für christliche Missionare war die Stadt ein

1 Krankenhaus
2 Edelsteinmarkt
3 Myanma Airways
4 Coca Cola Restaurant
5 Khemarat Guest House
6 Paradise Hotel
7 Skyline Express
8 Taxis und Busse
9 alter Markt
10 neuer Markt
11 Uhrturm
12 May Khu Guest House
13 Buddhistische Pagode
14 Bank
15 Sikh Tempel
16 Bank
17 Moschee
18 Maw Thiri Guest House
19 Katholische Kirche
20 YMCA
21 Post
22 Shan State Bibliothek
23 Shan State Museum
24 Taunggyi Hotel und MTT
25 St. George's Anglican Church
26 Wunscherfüllungspagode

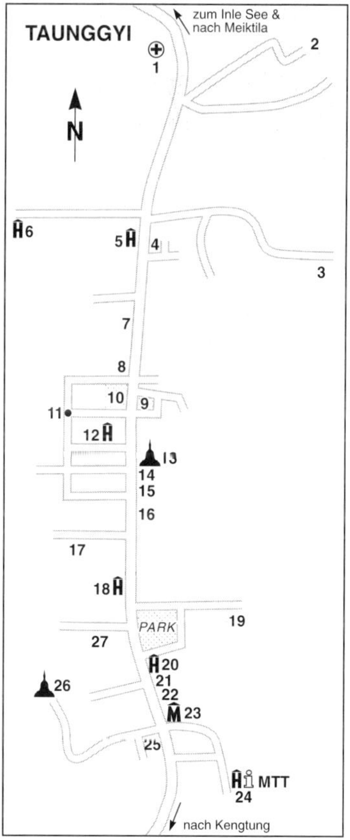

Ausgangspunkt, um von dort zu den Bergstämmen zu gelangen. Die christliche Gemeinde soll in dieser Gegend 32 000 Mitglieder zählen.

Nach Taunggyi ist eine Weiterfahrt für Touristen ohne Erlaubnis nicht gestattet. Im Gebiet hinter Taunggyi zur thailändischen Grenze regieren die Opiumkönige, die vom Militär bekämpft werden.

Besichtigung

Märkte

Hauptmarkt

Er dürfte das Interessanteste von Taunggyi sein. Täglich findet er statt, jedoch alle fünf Tage ist er besonders groß. Sehr früh reisen dann die Bewohner der verschiedenen Stämme in ihren bunten Trachten an.

Nachtmarkt

Auf dem Nachtmarkt (Beginn zwischen 18.00 und 19.00 Uhr) werden Güter des täglichen Lebens sowie Schmuggelgut aus Thailand angeboten.

Edelsteinmarkt

Er befindet sich im Zentrum.

Ma Oak cheroot Fabrik

Cheroot werden die in Myanmar sehr beliebten Zigarren genannt. Diese Fabrik liegt nordöstlich des Marktes. Sie produziert mehrere Millionen *cheroots jährlich*. Die hier beschäftigten Mädchen schaffen bis zu 1000 Zigarren pro Tag. Eine *cheroot* besteht aus einer Mischung aus getrocknetem Tabak und Holzstückchen, getrockneten Bananen oder ein paar Nüssen und Tamarindensaft. Der Filter wird aus getrockneten Maisblättern gemacht.

Shan State Museum und Bibliothek

- Eintritt: US$ 2, Öffnungsz.: Mo - Fr 9.00 - 16.00 Uhr

Es befindet sich an der Hauptstraße beim Taunggyi Hotel und enthält eine kleine Sammlung von Shan-Kostümen, Waffen, Gebrauchsgegenständen, alten Opiumgewichten, Buddhafiguren und Musikinstrumenten.

Wunscherfüllungspagode
(Wish Granting Pagoda)

Sie steht 3 km südlich der Stadt auf einem Hügel. Buddhisten aus der Umgebung kommen hierher, um sich etwas zu wünschen. In dieser neu errichteten Pagode stehen mehrere Buddhastatuen. Von dem Hügel bietet sich Ihnen ein wunderschöner Blick auf den Inle See.

An der Hauptstraße stehen ein Sikh- und Hindu-Tempel, eine Moschee und eine katholische Kirche.

Montawa Höhlen

Nach der Wunscherfüllungspagode fährt man noch einen guten Kilometer weiter zu den Montawa Höhlen. Sie wurden durch einen unterirdischen Fluß ausgewaschen. Im Eingang der Höhlen stehen zahlreiche Buddhastatuen. Taschenlampe nicht vergessen!

Wichtige Adressen

MTT Büro
im Taunggyi Hotel, T. 2 16 01

Geldwechsel
im Taunggyi International Hotel

Post
ganz in der Nähe des Taunggyi Hotels

Buchladen
Myoma Book Stall, 390, Main Road

Unterkunft

- **Vorwahl: 0 81**

Taunggyi International Hotel
Shumyawkhynn Str., Forest Quarter, T. 2 16 01, 2 11 27, am südl. Ende der Stadt a. d. Hauptstraße beim Museum, EZ US$ 30 - 36, DZ US$ 36 - 42, 3-B.-Zi US$ 54 - 63, Du und WC, w. Wasser, TV, war bis vor kurzem staatlich und wurde jetzt von einer Hotelkette übernommen, die das Hotel renoviert und mit zwei Anbauten erweitert hat, Restaurant, MTT im Hotel, Geldwechsel, manchmal sind einige „Giraffenfrauen" zum Fotografieren im Hotel

Paradise Hotel
157, Khwanyo Rd, T. und Fax: 2 20 09, 2 35 86, neues vierstöckiges Hotel un-

ter chinesischer Führung, EZ US$ 24 - 36, DZ US$ 36 - 42, Du und WC, w. Wasser, mit Frühstück, Wäscheservice, Restaurant am Dach

May Khu Guest House
an der Bogyoke Aung San Rd, nahe beim Markt, laut, etwas heruntergekommen, DZ US$ 20, Gemeinschaftsb.

Khemarat Guest House
4 B, Bogyoke Aung San Rd, EZ US$ 9, DZ US$ 12, Gemeinschaftsbad; EZ US$ 15, DZ US$ 18, Du u. WC, empfehlenswert

Sarmaing Hotel
in der Nähe des Taunggyi Hotels

Einfache Guest Houses im Zentrum der Stadt, die zur Zeit noch keine Touristen aufnehmen dürfen:
Myo Daw Guest House, Shan States Hotel, Thee Thant Hotel, Lyan You Hotel, San Pya Guest House, Mawthiri Guest House, Myodaw Guest House

Restaurants

Im Markt finden Sie einige kleine Eßlokale mit chin. und Shan Gerichten.

Summer Prints: wird von den Einheimischen empfohlen, chin. Essen
Maw Shwe Synn Restaurant: an der Hauptstraße im Zentrum, gute chin. K.
Taunggyi Hotel Restaurant: europäisches, chinesisches und birmanisches Essen, etwas teurer als die anderen
Daw Htun: Thida Str., hinter dem Markt, Shan-Küche, Spezialitäten sind die Nudelgerichte, Reis mit Schweinefleisch und gebratenem Tofu.
Lyan You Restaurant: vor allem Nudelgerichte
Coca Cola Restaurant: chin. Küche
Taunggyi Café: Tee und Kuchen
City Tea Shop: Tee und Snacks
Shwe Le Maw: Tee, g. Kuchenauswahl

Kengtung (Chiang Tung, Kyaing Tong)

Anfahrt

Flug: von Yangon (US$ 115) und Heho (90) Mo, Mi, Fr, Sa
Organisierter Ausflug von Mae Sai in Thailand über den Grenzort Tachilek
Kengtung ist für Touristen derzeit nur per Flug erreichbar! Auf dem Landweg dürfen momentan nur Einheimische reisen, aktuelle Situation in Taunggyi erfragen.
Bus: Shan-Express von Taunggyi, 2 Tage
Auto: 6 - 8 Std.

Seit kurzem dürfen Touristen in Gruppen über 10 Personen von Thailand aus über den Landweg von Mai Sai via Tachilek in das 170 km entfernte Kengtung reisen. Das Visum gilt für maximal vier Tage. Ein viertägiges Visum kostet US$ 18 - 20. Sie müssen Ihren Paß und drei Photos abgeben und einige Papiere ausfüllen. Der Pflichtumtausch beträgt US$ 100 in 100 FEC. Mit dem pick-up kostet es von der Grenze nach Kengtung ca. K 500 oder Baht 150. Auf thailändischer Seite können Sie in Chiang Rai auch für US$ 50 - 100 einen Jeep mieten. Die Grenzstation ist täglich von 6.00 - 18.00 Uhr besetzt, jedoch müssen Sie (am Hinweg) spätestens um 10.00 Uhr die

Grenze überschreiten. Die sehr schlechte Straße, die sich 10 Stunden lang durch das felsige Gebirge windet, bildet auch die Hauptroute für die Schmuggler von Heroin, Opium und jungen Mädchen, die dann in den Bordellen von Bangkok landen. Die Thais beginnen jetzt mit dem Bau einer neuen Straße. Einmal pro Woche gibt es auch einen Flug von Chiang Rai (US$ 150 hin und zurück) und von Tachilek nach Kengtung (US$ 25).

Von Taunggyi führt eine von Lastwagen sehr stark befahrene schlechte Straße nach Kengtung. Etwa 20 km östlich von Taunggyi liegt an der Straße nach Kengtung der kleine Shan-Ort **Hupong.** Hier sehen Sie eine schöne Pagode und in der Nähe Wasserfälle.

Kengtung ist die Hauptstadt des östlichen Shan Staates und des Goldenen Dreiecks. Sie liegt 460 km von Taunggyi und 160 km von Tachilek entfernt und ist um einen See herum angelegt. Während des 2. Weltkrieges war Kengtung von den Japanern und Thailändern besetzt. Heute ist der Ort für den Opiumhandel ein wichtiger strategischer Punkt, denn von hier aus führen Straßen nach Laos, Thailand und China. Die Einheimischen sprechen in Kengtung einen nordthailändischen Dialekt. Ausländer dürfen sich innerhalb eines Radius von 25 km (ausgen. die Straße n. Tachilek) um die Stadt bewegen.

Besichtigung

Märkte

Hauptmarkt

Er ist der Hauptanziehungspunkt der Stadt. Bis etwa 10.00 Uhr wird dort ein sehr farbenfroher Markt abgehalten, zu dem die Angehörigen verschiedenster Stämme kommen. Dem Besucher bietet sich eine ethnische Vielfalt. Besonders auffallend sind die Ekaw-Frauen: Sie schmücken ihre Haarpracht mit Silberplättchen, Schellen und roten Wollzöpfen, tragen Ketten aus Glasperlen und dunkelblaue Kleider mit Bolero, einen Faltenrock und Wadenbänder. Vertreten sind außerdem die Volksgruppen der Akha, Shan, Khun (quergestreifter grüner Longyi) und Lahu (schwarze Kleidung mit Webmustern). Verkauft werden Dinge des täglichen Bedarfs, Waren aus China und Thailand, traditionelle Kleidung der Akha und Lahu, Flöten der Lishu, Musikinstrumente, alte Münzen, Lackwaren.

Wasserbüffel Markt

An der Hauptstraße von Taunggyi findet zweimal pro Woche am südlichen Stadtrand von Kengtung dieser Markt statt.

Maha Myat Muni Pagode

Der Tempel wird von den Gläubigen stark besucht. Im Innern

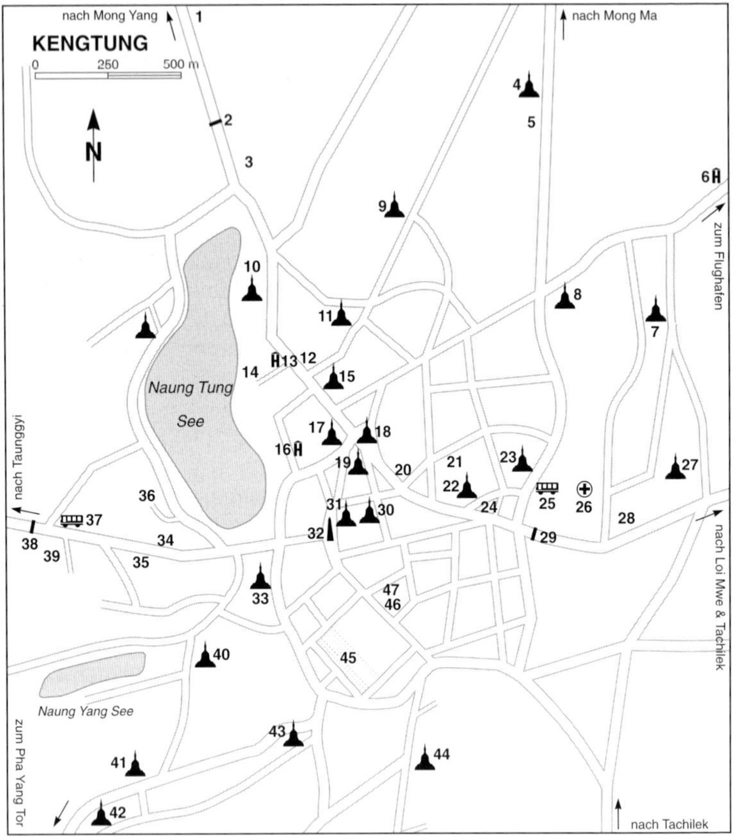

steht eine bronzene Buddhastatue, die 1920 in Mandalay gegossen wurde. Für den Transport von Mandalay brauchte man 1 ½ Monate. Der Tempel hat vier Eingänge. Gegenüber befinden sich das Wan Phat und das Ho Khoang Kyauk Kloster.

Sunn Taung Pagode

Der goldene, 66 m hohe Stupa steht auf dem Zom Tong Hügel und ist schon von weitem zu sehen. 1951 wurde er zum fünften Mal renoviert. Das Innere ist mit schönen Wandmalereien ausgeschmückt.

1 Harry's Trekking	23 Wat Ho Kat
2 Naung Pha Tor	24 Golden Banyan Restaurant
3 American Baptist Kirche	25 Busse nach Tachilek
4 Wat Yang Kon	26 Krankenhaus
5 Töpferei	27 Wat Jom Mai
6 Win Guest House	28 Moschee
7 Wat Naung Kham	29 Paleng Tor
8 Mangala Kyaung	30 Maung Mai Kyaung
9 Wat Kae Min	31 Maung Ming Kyaung
10 Wat Noi Naw	32 Unabhängigkeitsdenkmal
11 Wat Jong Kham	33 Wat Asok
12 Immigration Office	34 Myanma Airways
13 Noi Yee Hotel	35 Telegraphenamt
14 Keng House Restaurant	36 Röm.-kath. Mission u. K.
15 Wat Chiang Ying	37 Busse nach Taunggyi
16 Kyaing Tonge Hotel	38 Yang Kham Tor
17 Wat Pha Kaew	39 Wasserbüffelmarkt
18 Wat Pha Jao Lung	40 Wat Chiang Khom
19 Wat Ho Kong	41 Wat Si Naw
20 Kino	42 Wat Mahabodhi
21 Tai Khun Restaurant	43 Wat Tuya
22 Wat Chiang Jan	44 Wat Pha That Jom Mon

Thittabindaung Pagode

Diese Pagode stammt aus dem 18. Jh. Daneben steht das **Zowmoon Matyan Kloster.** Es beherbergt Kopien der fünf Bildnisse Buddhas von der Phaung Daw U Pagode am Inle See.

Maingpyin Kloster

Es steht im Zentrum der Stadt und kann eine Reihe von Buddhabildnissen vorweisen.

Weitere Sehenswürdigkeiten sind der **Naungtong See** mit dem Keng House Floating Restaurant und einem kleinen **Zoo**, zahlreiche **katholische Kirchen** mit Missionen und ein **Golfplatz**.
Außerhalb der Stadt, ca. 6 km in südlicher Richtung, gibt es heiße Quellen (Eintritt K 25).

Ausflüge

Kaba Aye Pagode

10 km nördlich von Kengtung steht auf einem Hügel diese Pagode. Sie wurde von den Wa ge-

baut und stellt ein Modell der Kaba Aye Pagode in Yangon dar.

Trekkingtouren

Wanderungen zu nahegelegenen Dörfern der Palaung, Lahu, Shan, Wa, Khun und Akha sind erlaubt, wenn Sie in einer Gruppe mit einem Führer mit Lizenz gehen. Führer finden Sie im Kyainge Tong Hotel, Harry's Guest House, PM Private Motel und im privaten Khemarat Tour Guide Centre in der 14, Zaydangyi Rd. Das Übernachten in diesen Dörfern ist nicht offiziell erlaubt!

Die Dörfer der Palaung sind 5 bis 7 km von Kengtung entfernt, die anderen Volksstämme leben etwas weiter weg, teilweise in den Bergen.

Loimwe

Der Ort war eine „hill station" der Briten. Er liegt 33 km südöstlich von Kengtung auf einer Höhe von 1 600 m. Sie sehen dort noch einige alte Häuser aus der Kolonialzeit und eine katholische Kirche. Die Anfahrt ist nur mit einem angemieteten Auto möglich und führt durch Wälder und Reisterrassen und an einen See. Loimwe ist der Ausgangspunkt für drei nahegelegene Dörfer, die von den Akha, Lahu und Wa bewohnt werden.

Unterkunft

• Vorwahl: 1 01

Kyainge Tong Hotel
Bungalows mit großzügigen Zimmern, staatlich, EZ US$ 30, DZ US$ 36, Gemeinschaftsbad, Fan; EZ US$ 36, DZ US$ 42, AC, Du und WC, w. Wasser

PM (Private Motel)
2, Airport Rd, T. 2 13 90, 2 14 38, US$ 10 pro Person, w. Wasser, Gemeinschaftsbad, mit Frühstück, Führer zu den Volksstämmen US$ 10/Tag bis 5 Personen, US$ 15/Tag bis 10 Personen, größere Gruppen US$ 20, Mietauto ca. K 4 000, empfehlenswert

Harry's Guest House
132, Mai Yang Rd, T. 2 14 18, im Norden der Stadt, einfache Zimmer, US$ 5 pro Person, Gemeinschaftsbad; Harry führt zu den Volksstämmen

Noi Yee Hotel
i. Zentrum, US$ 10 p. P. in Mehrbettzi.

Win Guest House
an der Straße zum Flughafen, etwas außerhalb, ruhig, EZ US$ 25, DZ US$ 30, Du und WC

Noch ohne Lizenz für Ausländer sind das **Barami Motel, Kyi Lin Star Guest House und Hsam Ywat Guest House.** Sie werden etwa US$ 10 p. P. kosten.

Restaurants

Golden Banyan Restaurant: gegenüber dem Kyi Lin Star Guest House, chinesische Küche
Lokthar Restaurant: chin. Küche
Aung Tha Bye Restaurant: gegenüber dem Kino, birmanische Küche
Law Tin Lu Restaurant: chin. Küche
Keng House Restaurant: chin. Küche
Tai Khun Restaurant: Shan Küche

Mandalay

Anfahrt

Flug: täglich von und nach Yangon (US$ 100), Bagan (40), Heho (40); Mandalay wird von Myanma Airways, von Air Mandalay und Yangon Airways angeflogen.
vom Flughafen in die Stadt: Taxi K 400, oder Bus Nr. 10 und 12, K 5
Es soll ein neuer Flughafen südlich von Mandalay bei Tada U gebaut werden.
Bus: Expreßbusse Yangon - Mandalay - Yangon tägl., ab 17.00 Uhr, an ca. 7.00 Uhr, K 1 800 - 2 000, mit Abendessen und Frühstück; Bagan - Mandalay - Bagan tägl., ab 4.00 Uhr, an ca. 16. 00 Uhr; Taunggy - Mandalay - T. täglich
Busgesellschaften: Ticketverkauf gegenüber dem Bahnhof, Transport zum Busbahnhof K 500;
Leo Expreß, Mandalay, 388, 83. Str., zw. 32. u. 33. Str., T. 3 18 85; Yangon, 23 - 25, Aung San Stadium, Upper Pansodan Str., T. 25 20 01, Fax: 25 20 01, K 2 000, empfehlenswert.
Myanmar Arrow Express, 337, Ecke 83. und 32. Str., T. 2 34 04,
New Orient Express, 404, 83. Str. zw. 23. und 33. Str., T. 3 15 53.
Trade Express, 82. Str. zw. 27. und 28. Str.
Tiger Head Express, fährt auch nach Taunggyi und Pyin Oo Lwin.
pick-ups nach In-Wa, Sagaing, Amarapura
Zug: Bahnhof in der 78. Str., südl. vom Mandalay Fort, von und nach Yangon, Thazi, Myitkyina tägl., Fahrpläne siehe im Anhang
Schiff: nach Nyaung U (Bagan): *staatl. Schiff* jeden Mi und So, ab 5.30 Uhr, an ca. 17.00Uhr, US$ 11 auf Deck, US$ 33 in der Kabine, man kann am Abend vorher auf das Schiff gehen.
Private Expreßschiffe an den übrigen Tagen, ab 6.00 Uhr, an ca. 14.00 Uhr, US$ 18, keine Kabine; Ticketverk. bei MTT o. über d. H.
Auto: Von Bagan nach Mandalay ca. US$ 50
in Mandalay
Linienbusse: sie sind immer überfüllt und stellen ab 17.00 Uhr ihren Betrieb ein; pick-ups von privaten Gesellschaften (sind schneller, verkehren öfter, kosten wenig mehr) fahren die gleichen Routen wie die Linienbusse.

- Nr. 1: zum Zegyo Markt und zur Maha Muni Pagode
- Nr. 2: zur Anlegestelle für die Schiffe nach Mingun, zum Bahnhof (blauer Bus)
- Nr. 4: zum Mandalay Hill und Zegyo Markt
- Nr. 5: zum Mandalay Hill über das Mandalay Hotel und Anlegestelle nach Mingun
- Nr. 6: zur Maha Muni Pagode und Zegyo Markt
- Nr. 7: zur Rücks. d. Mandalay Hill

- Nr. 8: über die Maha Muni Pagode nach In-Wa und Amarapura, Abfahrt an der Ecke 27. und 84. Str. (gelber Bus)
- Nr. 12: zum Mandalay Hill und Flughafen (roter Bus)

Ansonsten fahren die Busse am Glockenturm am Zegyo Markt ab. Stadtbusse kosten je nach Entfernung K 4 - 7.

Jeep: sie werden in Mandalay manchmal noch als Taxi verwendet. Hauptstandplätze: Flughafen (in die Stadt K 300), Zegyo Markt und vor größeren Hotels, Mietpreis pro Stunde ca. K 600 - 700

Taxi*:* dreirädrige, orangefarbene Autos *(Thounbein)* und meist blaue kleinere pick-ups, stehen vor größeren Hotels und am Zegyo Markt, Mietpreis ca. K 500/Std.

Pferdekutsche *(tonga)***:** eher für kurze Strecken, K 200/halber Tag, K 300 - 400/Tag. Viele Fahrer fungieren auch als Fremdenführer und bieten für einen halben oder ganzen Tag eine Stadtrundfahrt an.

Fahrradrikscha: für sie gilt das gleiche wie für die Tonga

Fahrradverleih: Mietpreis ca. K 300/Tag, z. B. Bagan Tea Shop, 26. Str. zwischen 80. und 81. Str., sowie 184, 83. Str. zw. 25. u. 26. Str.

Außer bei den Bussen und Linien-pick-ups müssen Sie über den Preis verhandeln!

Rikschas und Tongas dürfen nicht mehr direkt am Bahnhof stehen, man findet sie an der nächsten Seitenstraße, die vom Bahnhof wegführt. Außerdem dürfen sie nicht alle Straßen befahren.

Stadtrundfahrten:

Rikscha oder Tonga: Der Fahrer fährt zu allen wichtigen Sehenswürdigkeiten und Werkstätten. Dauer 6 - 7 Std., Preis: ca. K 500

Dreirädriges Auto oder kleineres pick-up: kostet für eine Besichtigungstour etwa K 800

MTT und größere Hotels bieten zu den Hauptreisezeiten geführte Touren an.

Am einfachsten ist es, wenn Sie sich Ihre Besichtigung von einem (gut Englisch sprechenden) Rikscha- oder Taxifahrer individuell zusammenstellen lassen. Sie können aber auch mit den öffentlichen Bussen fahren. Dies dauert zwar länger und ist unbequemer, hat aber den Vorteil, daß Sie zeitlich unabhängig sind.

Geschichte

König Mindon beschloß 1857, seine bisherige Hauptstadt Amarapura zu verlassen und in das 5 km entfernte Mandalay zu ziehen, das damals noch ein kleines Dorf war und Yadanabon hieß. Alle Einwohner von Amarapura mußten auf Befehl des Königs unter Androhung der Todesstrafe mit ihm nach Mandalay übersiedeln. Der Überlieferung nach wurde der König zu diesem Schritt durch einen Traum

Shwenandaw Kyaung

veranlaßt, in dem ihm seine Hofastrologen prophezeiten, daß der Buddhismus eines Tages in einer Stadt am Fuße des Hügels von Mandalay blühen werde. Zwei Jahre danach (1859) weihte König Mindon seinen neuen Palast feierlich ein. Heute kann man noch die Ruinen bewundern: die Mauern mit den Zinnen, die schweren Holzpforten unter zierlichen Glockentürmchen und die Wassergräben, wo die Lotosblumen blühen. Die Kunst von Mandalay knüpft an die Tradition von Bagan an, dessen berühmteste Tempel in der neuen Hauptstadt nachgebaut werden. Besonders die Holzarchitektur erreichte in Mandalay ihren Höhepunkt.

König Mindon führte eine große Anzahl von Reformen durch: das Münzsystem wurde eingeführt, und es wurden an die Steuereinnehmer Gehälter statt der vorherigen Provisionen ausgezahlt. Er stärkte den Ministerrat und ließ zu, daß ein Mitglied dieses Rates dem König widersprechen durfte. Er stellte auch politische Beziehungen zu den Briten und Franzosen her. Im Ausstausch gegen Reis und Teakholz wurden daraufhin Maschinen nach Myanmar gebracht. König Mindon schickte junge Myanmaren zum Studium nach Großbritannien und Frankreich. Unter ihm wurde auch das 5. Buddhistische Weltkonzil zur Reinigung der Lehre einberufen, um dann eine verbindliche Lehrmeinung festzulegen, die in 729 Marmortafeln eingemeißelt wurde.

Bis zur Regierungszeit von König Mindon war es üblich, daß der erstgeborene Sohn der Nachfolger wurde. Es geschah nicht selten, daß ein später geborener Sohn, der an die Macht wollte, seine Vorgänger ermordete. Da kein königliches Blut vergossen werden durfte, wurde das Opfer in einem Sack aus rotem Samt verschnürt und entweder in den Fluß geworfen oder von Elefanten zertrampelt. Dabei wurde laute Musik gespielt, um die Schreie zu übertönen. König Mindon bestimmte seinen Nachfolger, um diese Ermordungen zu verhindern. Dem Blutvergießen setzte er damit allerdings kein Ende - daraufhin wurde oft der Erwählte umgebracht.

1878 starb König Mindon. Sein Nachfolger war König Thibaw, Sohn einer der 45 Frauen von König Mindon. Die übrigen Prinzen ließ König Thibaw umbringen oder schickte sie in die Verbannung. Er heiratete seine Halbschwester Suppayalat. Die beiden machten viele der Reformen von König Mindon wieder rückgängig.

König Thibaw herrschte als Despot. Es war äußerst gefährlich, ihm schlechte Nachrichten zu überbringen. Ein Berater z. B. warnte den König vor der überlegenen britischen Armee. Dieser Berater wurde dann als „Weib“ beschimpft, was so viel bedeutete wie „Feigling“, und vom Hof verbannt. Als Folge dieser Haltung Thibaws zögerten die Höflinge, den König von einem Ultimatum der Briten im Jahr 1885 zu unterrichten. Die Briten waren wegen der Verzögerung aufgebracht und schritten zum Angriff.

So kam es zum 3. Britisch-Birmanischen Krieg. Die Briten rissen alle Gebäude innerhalb der Stadtmauer nieder mit Ausnahme des Zentrums des königlichen Palastes. Die Bewohner mußten sich außerhalb der Stadtmauer ansiedeln. Nach 14 Tagen war der Krieg vorbei. König Thibaw und seine Gemahlin wurden in einem Pferdewagen zum Ayeyarwady gefahren und dann mit einem Schiff ins Exil nach Indien befördert. Später, als Königin Suppayalat Witwe wurde, erhielt sie die Erlaubnis, nach Yangon zu gehen. Ihr Grab ist noch heute in der Nähe der Shwedagon Pagode zu sehen.

Das Volk war nicht bereit, die unerwartete Niederlage ihres Königs hinzunehmen. Da es immer wieder Aufstände gab, sahen sich die Briten gezwungen, während der folgenden fünf Jahre 32 000 Soldaten und 8 500 Militärpolizisten nach Myanmar zu bringen. Im 2. Weltkrieg wurden zwei Drittel von Mandalay im Kampf gegen die

Eine Hofdame berichtet über Königin Suppayalat, die letzte Königin von Myanmar:
„Meine Königin war nicht schön, aber ihre Augen waren groß und dunkel, klar und wundervoll wie ein See, in dessen Tiefe ein geheimnisvolles Feuer glüht. Ihre Stimme hatte den süßen, hellen Klang eines silbernen Gongs. Ein eigenartiger Zauber umschwebte sie und zog alle an, die sie liebte. Doch wehe, wenn sie haßte, dann war sie unversöhnlich, stolz, unnahbar und leidenschaftlich. Kostbaren Schmuck und schöne Gewänder liebte sie über alles.

Als man meiner Königin die schreckliche Nachricht brachte, daß die Fremden durch die Straßen marschierten, fing sie an zu begreifen, daß alles verloren sei. In wildem Schmerz warf sie sich auf das weiße Pflaster des Palasthofes und weinte bitterlich. Halb so lang, wie es dauert, einen Topf Reis gar zu kochen, lag meine Königin weinend und jammernd auf der Erde. Sie ließ sich ihre Augen kühlen und legte ihren kostbarsten Schmuck an. Von britischen Soldaten wurde das Königspaar in der Dunkelheit in einem Wagen an den Ayeyarwady gebracht. Das Volk stand am Ufer und weinte.“

Japaner zerstört. Viele Tempel wurden danach im alten Stil neu errichtet.

Mandalay ist von Yangon 688 km entfernt und liegt etwa 100 m über dem Meeresspiegel. Die mit 670 000 registrierten Einwohnern zweitgrößte Stadt Myanmars besitzt einen bedeutenden Flußhafen und ist der Ausgangspunkt für die Überlandroute nach China. Mandalay ist außerdem das religiöse Zentrum von Myanmar mit vielen Klöstern und Mönchen (es sollen 50 000 sein) und der kulturelle Mittelpunkt von Nordmyanmar. Hier wird die Kunst des Harfeschlagens und des Marionettenspiels gepflegt. Mandalay ist schließlich auch das Zentrum vieler Handwerkskünste wie Silberschmieden, Bronzegießen, Steinmetzarbeiten

1 Golfplatz
2 Militärfriedhof
3 Yadanapon Zoo
4 Kyauktawgyi Pagode
5 Kuthodaw Pagode
6 Sandamuni Pagode
7 Shwenandaw Kyaung
8 Atumashi Kyaung
9 State School of Music and Drama
10 GPO
11 Busse nach Lashio
12 Classic Hotel
13 Shwekyimyint Pagode
14 Garden Hotel
16 Busse nach Taunggyi
17 Mandalay Museum
18 Central Telephon Office
19 Uhrturm
20 Nylon Ice Cream Bar
21 Myanma Airways Büro
22 Zegyo Markt
23 Air Mandalay Büro
24 Hauptbusbahnhof
25 Ayeyarwady Hotel
26 Pyigyimon Restaurant
27 Mandalay Swan Hotel & MTT
28 Mandalay View Inn
29 Mya Mandalar Hotel
30 Too Too Restaurant
31 Hindu Tempel
32 Everest. Restaurant
33 pick-ups nach Pyin Oo Lwin
34 pick-ups nach Monywa
35 Eindawya Pagode
36 Hotel Sapphire
37 Popa I und Popa II Hotel
38 Bahnhof
39 Honey Garden Restaurant
40 Pacific Hotel
41 pick-ups nach Amarapura In-Wa und Sagaing
42 Setkyathiha Pagode
43 pick-ups nach Pyin Oo Lwin
44 Shanghai Hotel
45 Shwe In Bin Kyaung
46 Thakawun Kyaung
47 Jade Markt
48 Tiger Hotel
49 Power Hotel
50 Kin Wun Kyaung
51 Royal Garden
52 Universität
53 Mahamuni Pagode

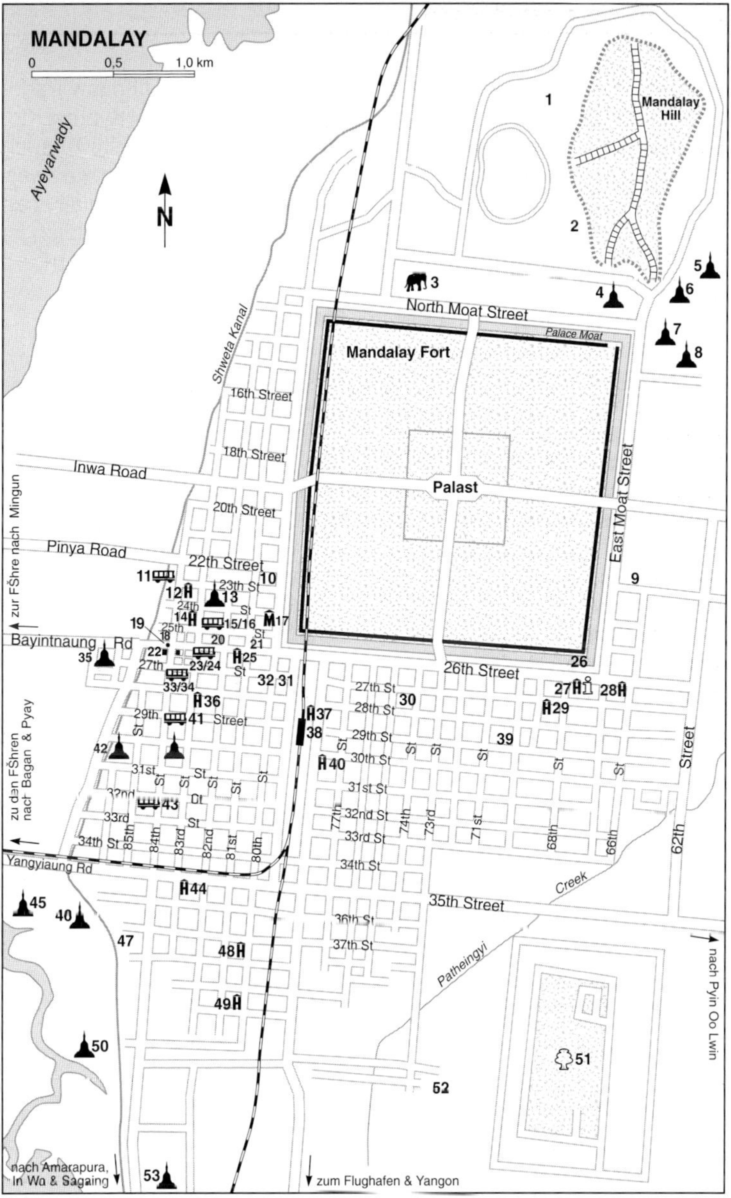
MANDALAY
0
0,5
1,0 km
Ayeyarwady
N
Mandalay Hill
1
2
3
4
5
6
7
8
9
10
North Moat Street
Palace Moat
Mandalay Fort
Shweta Kanal
16th Street
18th Street
Inwa Road
Palast
20th Street
East Moat Street
Pinya Road
22th Street
23th St
24th
25th
St
11
12
13
14
15/16
17
18
19
20
21
22
23/24
25
26
Bayintnaung Rd
35
27th
33/34
26th Street
27th St
27
28
28th St
29
30
31
32
36
37
38
39
29th
41
Street
29th St
30th St
40
42
31st
32nd
33rd
34th St
43
31st St
32nd St
33rd St
34th St
85th
84th
83rd
82nd
81st
80th
77th
74th
73rd
71st
68th
66th
62th
Yangyiaung Rd
44
35th Street
Creek
45
47
36th St
37th St
48
49
50
51
52
53
Patheingyi
zur Fähre nach Mingun
zu den Fähren nach Bagan & Pyay
nach Pyin Oo Lwin
nach Amarapura, In Wa & Sagaing
zum Flughafen & Yangon

in Marmor, Elfenbeinschnitzen, Besticken von Wandteppichen, Seidenweben.

1981 und 1984 zerstörten große Feuer ganze Stadtteile. Beim schrecklichsten Brand 1981 wurden 35 000 Menschen obdachlos. Seitdem der Handel nicht mehr staatlich kontrolliert ist, erlebt Mandalay einen Boom. Viele wohlhabende chinesische Händler kamen über die Grenze und ließen sich hier nieder. Die Grundstückspreise stiegen rasant an, und fast nur noch chinesische oder ausländische Investoren können Hotels, Restaurants und Läden bauen. In einer Anweisung der Regierung von 1995 wurde verlangt, daß alle Menschen, die in Holzhäusern leben, diese innerhalb der nächsten sechs Monate abreißen und aus Stein neue errichten sollten.

Die heutige Stadt ist komplett nach geometrischem Muster eingeteilt - die Straßen schneiden sich im rechten Winkel, die langen, breiten Straßen in Ost-West-Richtung werden mit „Road" und auch mit Buchstaben (A, B...), und die Straßen in Nord-Süd-Richtung werden mit „Street" bezeichnet und im amerikanischen Stil durchnummeriert.

Besichtigung

Die Besichtigung des Mandalay Hill der Kyauktawgyi Pagode, Sandamuni Pagode, Kuthodaw Pagode, des Shwenandaw Kyaung Klosters und des Atumashi Kyaung können zu Fuß unternommen werden, da diese Anlagen relativ nah beieinander liegen. Ansonsten ist eine Rikscha empfehlenswert.

Mandalay Hill

• Eintritt: US$ 3
Bus Nr. 4 oder 6

Der Hügel ist 240 m hoch und muß barfuß auf einer überdachten Treppe mit ungefähr 1 700 Stufen bis zur Spitze erstiegen werden. Es gibt vier Aufgänge - zwei im Süden und je einer im Norden und Westen. Seit 1993 führt auch eine Straße (Taxi K 500, pick-up von der Mahamuni Pagode K 10) bis fast zum Gipfel, und neuerdings wurde auch ein Lift und eine Rolltreppe gebaut.

Nach einer Legende wird jeder ein langes Leben haben, der den Berg besteigt. Vier Aufgänge führen im Zickzack mit Verzweigungen durch die bewaldeten Hänge. Die Treppenaufgänge werden unterbrochen von Plattformen mit Garküchen und Plätzen zum Beten und Meditieren. Man sitzt dort im Schatten, ißt, trinkt, raucht seine *cheroot* oder hält ein Schläfchen.

Etwa auf halber Höhe befindet sich ein Tempel mit drei Knochen von Buddha, den *Peschawar-Re-*

liquien. Nach der Legende sollen Buddhas Knochen drei Jahrhunderte nach seinem Tod von dem indischen König Ashoka verschiedenen buddhistischen Zentren zugeteilt worden sein. Peschawar erhielt drei davon, die dort in einem Schrein aufbewahrt wurden. Im 11. Jh. wurde der Stupa zerstört, aber der Schrein blieb erhalten. Im Jahre 1908 wurde er von den Briten entdeckt. Da Peschawar inzwischen muslimisch geworden war, entschieden die Briten eine Übergabe an die Burmese Buddhist Society, die daraufhin den Bau des Tempels am Mandalay Hill veranlaßte.

Nach zwei Dritteln des Aufstiegs gelangen Sie zur *Shweyattaw* - einer großen, stehenden Buddhafigur, die mit dem Arm genau auf den Platz zeigt, wo König Mindon 1855 seinen Palast erbaute. Der König hatte die Statue einige Jahre zuvor aufstellen lassen. Die jetzige Statue ist nicht das Original, diese verbrannte 1882. Daneben ist eine Statue von Ananda - ein Schüler von Buddha - aufgestellt, der Buddha bei seinem Besuch auf den Hügel begleitet haben soll. Hier sollen Buddha und Ananda einer Dämonin begegnet sein, die sich aus Ehrfurcht ihre Brüste abschnitt. Die Dämonin und ihre Brüste sind als Skulpturen aufgestellt. Bis etwa 1990 endete hier der Aufstieg. Alle weiteren Anlagen wurden danach gebaut. Auf der nächsten Plattform sehen Sie die Statuen eines alten, eines kranken und eines toten Mannes. Ein großer und zwei kleinere Vögel hakken einer liegenden Figur ins Fleisch. Auf der nächsten Plattform sind Teestuben und Andenkenbuden, die Sandelholzketten, Holzschnitzereien, bestickte Mützen und Taschen und allerlei Kitsch verkaufen. Ein paar Stufen höher kommt man in eine große offene Halle, an deren Eisenträgern gemalte Bilder hängen und kleinere Buddhastatuen mit bunten Lämpchen stehen. Über sehr steile Stufen erreichen Sie dann eine Plattform mit zwei offenen Hallen mit

weißen Stupas und Gockelfiguren sowie Essensbuden, einem Spielplatz, einigen Andenkenständen und schattenspendenden Bäumen. Auf Höhe des Wendeplatzes der heraufführenden Straße steht ein Stupa mit einer spiegelmosaikverzierten Spitze und einer vergoldeten Henne. In den vier Himmelsrichtungen ist jeweils eine Nische eingelassen, in der sich eine Buddhafigur befindet. Auf der nächsten Plattform erhebt sich auf einem Quader ein weißer, eckiger Stupa und auf einem gestuften Sockel ein weißer, runder Stupa. Auch hier gibt es in den vier Himmelsrichtungen jeweils eine Nische mit einer kleineren Buddhafigur. Die Stupas sind umgeben von kleinen, spiegelbesetzten Stupas und einer hängenden Glocke. Auf der folgenden Plattform ragen innerhalb von spiegelmosaikbesetzten Säulenreihen viele kleine Stupas empor, manche mit vergoldeten Schirmtürmchen. An den vier Ecken im Mittelbereich stehen grüne Figuren von Dämonen, gefolgt von 25 kleineren Figuren. Dazwischen sind verschiedene Figurengruppen vor Buddhastatuen plaziert, z. B. ein Jäger mit Hund und Jagdwerkzeug. Zuoberst steht die Wunscherfüllungspagode, Two Snake Pagode genannt. Dieses neue, große Gebäude wird von vielen Säulen, verziert mit Spiegelmosaik, getragen. In jeder Himmelsrichtung ist eine sitzende Buddhafigur aufgestellt.

Die Aussicht von hier oben ist sehr beeindruckend. Sie blicken auf die Reisfelder und viele weiße Stupas auf das Gold des Klosters Shwe Nandaw, die Shan-Berge und den Ayeyarwady bis zu den Hügeln von Sagaing. Durch diese Ebene zogen einst die Heere der Pyu und der Könige von Bagan. Während Sie schauen ertönt das Gebimmel von Glöckchen oder hin und wieder der Widerhall eines Gongs.

Wenn Sie am späteren Nachmittag hinaufsteigen, erleben Sie die schöne Stimmung beim Sonnenuntergang.

Kyauktawgyi Pagode

• Eintritt: US$ 3
Nur bis 17.00 Uhr geöffnet!

Sie steht beim Südaufgang zum Mandalay Hill gegenüber den zwei großen weißen *chinthes.* 1853 wurde auf Geheiß von König Mindon mit dem Bau der Pagode begonnen, nach 25 Jahren war sie fertiggestellt. Die Buddhastatue im Innern ist aus einem einzigen riesigen, leicht grünlich schimmernden Marmorblock, der aus den Steinbrüchen von Sagyin (wenige Kilometer nördlich von Mandalay) stammt, gemeißelt. Die eingelegten Juwelen sind unecht. Die Legende erzählt, daß 10 000 Männer für den Transport der 800 Tonnen schweren Statue auf einem eigens dafür gegrabenen Kanal zur Pagode 13 Tage benötigten. In der Pagode ist das einzige originale Gemälde von König Mindon zu sehen. Außerhalb reihen sich je 20 Figuren an den vier Seiten um die Pagode, die die Jünger Buddhas darstellen.

Im Gang zur Pagode befinden sich ein paar Verkaufsstände; Astrologen und Handleser bieten ihre Dienste an. Im Oktober findet ein einwöchiges Fest statt.

Sandamuni Pagode

• Eintritt: 2 US$

Sie wurde über dem Grab von Prinz Kanaung, dem jüngeren Bruder von König Mindon errichtet. König Mindon hatte ihn zu seinem Nachfolger auserkoren. Aus diesem Grund töteten ihn zwei der Söhne von König Mindon. Im Innern der Pagode steht eine Buddhastatue, die König Bodawpaya von Amarapura 1802 gießen ließ und die 1874 in die neue Hauptstadt Mandalay gebracht wurde. In kleinen Stupas stehen eine große Anzahl von Marmortafeln mit Inschriften aus dem *Tripitaka.*

Kuthodaw Pagode

• Eintritt: US$ 2

Innerhalb eines Gevierts, umgeben von einer je 250 m langen Mauer, steht der zentrale Stupa, der 1857 von König Mindon nach dem Vorbild der Shwezigon Pagode in Nyaung U gebaut wurde. Der Name Kuthodaw bedeutet „729 Pagoden" - so viele sind dort nämlich in geordneten Reihen aufgestellt. In den kleinen Pagoden stehen Marmortafeln, in die buddhistische Lehrtexte eingemeißelt sind. Diese Inschriften entstanden nach der 5. Buddhistischen Synode 1871/72. Zur damaligen Zeit wurden Texte auf Palmblätter geschrieben, diese Bücher hatten nur eine begrenzte Lebensdauer. So gravierte man den Wortlaut der Lehre Buddhas auf Marmorplatten. Zuerst entwarfen vier Mönche und

an die 5 000 Helfer die Texte auf Palmblättern und kopierten sie dann innerhalb von acht Jahren auf beide Seiten der Marmorplatten. Ursprünglich waren die Buchstaben mit Gold eingelegt. Die 729 Platten sind in drei Reihen um die zentrale Pagode angeordnet. Sie stehen senkrecht in offenen kleinen Pagoden, so daß sie vor Regen und Sonne geschützt sind. Drei weitere Inschriften fügte man 1921 an der Nordostecke dazu, die an die großen Taten von König Mindon erinnern sollen. Die in dieser Pagode aufgestellten Tafeln werden auch das „größte Buch der Welt" genannt. Es wird behauptet, daß man zum Lesen dieser 729 Tafeln 450 Tage, bei jeweils acht Stunden, braucht. Eine neuere Abschrift füllt immerhin 38 Bände zu je 400 Seiten.

Shwenandaw Kyaung

• Eintritt: US$ 3

Ein ehemaliges, aus Teakholz gebautes Gemach des alten Königspalastes dient heute als Kloster. Es liegt südlich der Kuthodaw Pagode. Es ist das einzige erhaltene Gebäude des Königspalastes und stand ursprünglich innerhalb des Königspalastes bis es König Thibaw 1880 an die jetzige Stelle versetzen ließ. Die anderen Gebäude zerstörte 1945 ein großes Feuer.

Barfuß steigt man über Treppen auf die rund um das Kloster laufende schmale Veranda. Die Wände sind außen kunstvoll mit geschnitzten mit Figuren von *Nats* und *Ogres* verziert und innen größtenteils vergoldet. Die Säulen im Hauptraum bestehen aus riesigen Teakholzstämmen, die auf rotem Grund zur Hälfte vergoldet sind. An ihnen hängen Fotos von König Thibaw und seiner Frau und von König Mindon. Der Hauptraum enthält eine Nachbildung des königlichen Thrones, eine Buddhastatue und eine goldene Couch, auf der König Thibaw meditierte. Ein zweiter Raum ist nicht öffentlich zugänglich. Gegenüber dem Kloster ist eine neue buddhistische Universität für 500 Mönche.

Atumashi Kyaung

• Eintritt: US$ 2

Dieses Kloster befand sich gegenüber dem Shwenandaw Kloster, 1890 brannte es ab. Nur ein mächtiger Treppenaufgang und stuckverzierte Grundmauern blieben von dem Holzgebäude, das König Mindon 1857 bauen ließ, übrig. 1995 verwandelte sich diese Anlage in eine Großbaustelle. Die einst terrassenförmig angelegte weiße Pagode ist originalgetreu nachgebaut worden. Im Innern der Pagode befand sich ein schön verzierter Schrein mit purpurnen und goldenen Gehängen und samtenen Teppichen und eine Buddhafigur mit einem riesigen Diamanten auf der Stirn, der jedoch schon vor dem Brand gestohlen wurde.

Mandalay Fort (Königspalast)

• Eintritt: US$ 5, Tickets bei MTT im Mandalay Hotel oder am Osteingang (Paßvorlage!)
Öffnungsz.: Mo - Fr 8.00 - 18.00 Uhr, Sa u. So nicht immer geöffnet

König Mindon baute die befestigte Palastanlage von 1857 - 1859. Sie war gleichsam eine Stadt in der Stadt. Die umgebende Ziegelmauer ist größtenteils noch original. Sie ist pro Seite 2 km lang, 8 m hoch und 3 m dick. Es gab 12 Tore zur Stadt, drei an jeder Seite. Eines wurde nur für den König geöffnet und eines nur für das Heer. Fünf Brücken überspannten den 6 ½ m breiten und 3 m tiefen Wassergraben, der 10 km lang um die ganze Anlage verlief. Dieser Wassergraben wurde 1995 von Gefangenen und „freiwilligen Helfern" vom Schlamm gesäubert und von Hand befestigt. Dazu mußte jede Familie von Mandalay ein Mitglied als Arbeitskraft oder Geld zur Verfügung stellen. Die umliegenden Holzhäuser mußten von ihren Besitzern eigenhändig abgerissen werden, damit man den Uferstreifen als Park anlegen konnte. Die Familien bekamen dafür etwa 50 km entfernt ein Stück Land zugewiesen.

Die Gebäude im Palastbereich waren teils aus vergoldetem, mit Schnitzwerk versehenen oder mit Glasmosaik verziertem Teakholz, teils aus Ziegeln gebaut. Der berühmte Löwenthron stand in der Mitte einer Säulenhalle. Heute ist er im Nationalmuseum in Yangon zu besichtigen. Weiter gab es noch Audienzhallen, kleinere Thronräume und Pavillons. Parallel zur Mauer liefen Straßen mit Bäumen, an die sich Holz- und Bambushäuser mit Gärten reihten. Den Palast selbst schützten zwei weitere Umzäunungen, wovon die äußere aus Teakholz bestand und 400 m lang war mit je einem Tor an jeder Seite. Das am Wasser liegende Nordtor wurde nur von den königlichen Barken benützt. Die innere Umfassung war aus Ziegel und hatte zwei Tore: das im Zentrum öffnete man nur für den König, das andere für die Bediensteten. Dieses Tor war so niedrig, daß selbst der Kleinste sich bücken mußte.

Ein brahmanischer Brauch verlangte, daß in den Fundamenten der Stadt Menschen beiderlei Geschlechts und jeden Alters lebendig eingemauert wurden. Ihr Geist schützte dann den Platz vor allen schlecht gesinnten Personen. Auch in diesem Palast folgte man dem Brauch: es wurden 52 Menschen lebendig begraben. Außerdem mauerte man an den vier Ekken des Walles je einen Krug, gefüllt mit Öl, ein, um vor allen Arten von Schäden bewahrt zu werden. Solange diese Krüge ganz waren, war, so hieß es, die Stadt sicher. Königliche Astrologen überprüften sie alle sieben Jahre. Bei ihrer dritten Inspektion 1880 war nur noch ein Krug in einem zufriedenstellendem Zustand. In diesem Jahr grassierte eine Pockenepidemie, ein riesiger Rubin aus den Kronjuwelen verschwand, und ein Tiger entkam aus seinem Käfig im königlichen Garten. Um die Geister wieder wohlwollend zu stimmen, unterschrieb der König ein Dekret, daß 600 Menschen geopfert werden sollten. Panik setzte bei der Bevölkerung ein, viele verließen mit dem Schiff die Stadt. Daraufhin widerrief man das königliche Mandat. Einige Gefangene jedoch vergrub man unter den 12 Toren.

Der Palast wurde zu Ehren von Lord Dufferin, der Mandalay 1886 besuchte, in Fort Dufferin umbenannt. Das Fort diente unter der britischen Herrschaft als Truppenunterkunft. 1942 nahmen die Japaner Mandalay ein. Das Fort brannte bei den Kämpfen mit den Japanern und Indern nieder. Der Palast ist jetzt originalgetreu rekonstruiert. Der neuerbaute Glaspalast enthält aber nur einige wenige Überbleibsel aus den alten Gebäuden. Das **Shwenandaw Cultural Museum** (Eintritt: US$ 3) zeigt Statuen von wichtigen Persönlichkeiten aus Myanmar. Den rekonstruierten Aussichtsturm (1990 fertiggestellt) mit seiner spiralförmig hinaufführenden Außentreppe können Sie besteigen. Er ist das Wahrzeichen von Mandalay. Im Westen des Palastbereichs ist ein Modell der damaligen Palastanlage aufgestellt. Die große Audienzhalle mit ihrer in sieben Reihen übereinander gestaffelten goldenen Spitze und dem geschnitzten Dach kann man auch besichtigen. Ursprünglich wohnten dort in 133 Räumen die 53 Frauen des Königs und seine Konkubinen. Außerdem finden Sie in der Nordostecke die Gräber einiger Mitglieder der königlichen Familie und das Mausoleum von König Mindon. Im Süden der Anlage steht ein Denkmal, das an die Unabhängigkeit Myanmars erinnert. Das Fort wird heute vom Militär als Sitz eines Armeekommandos genutzt. Truppen in Stärke von 10 000 Mann sind innerhalb der Mauern stationiert.

Diese Palastanlage ist nicht besonders aufregend. Sollten Sie sich zu einer Besichtigung entschließen, beginnen Sie am besten am Süd- oder Osttor und nehmen Sie sich eine Rikscha, da die Anlage sehr weitläufig ist. Fotografieren ist verboten!

Mahamuni o. Arakan Pagode

• Eintritt: US$ 4
öffentlicher Bus: Nr. 1 (blau), 5 (rot) und Nr. 6 (blau)

Sie liegt etwa 3 km südlich des Zegyo Marktes auf dem Weg nach Amarapura. König Bodawpaya baute die Pagode 1784 als Aufbewahrungsstätte für die Mahamuni Statue aus Rakhine. Die Mahamuni Pagode gilt nach der Shwedagon Pagode als das bedeutendste buddhistische Heiligtum Myanmars. Sie ist auf dem Areal der in Schutt zerfallenen Königsstadt Amarapura errichtet worden. Im Innern der Pagode steht die vermutlich älteste und größte bronzene Buddhastatue von ganz Myanmar.

In der Mahamuni Pagode

Archäologen datieren sie auf 146 n. Chr. Sie wurde von König Bodawpaya in einem Krieg mit Rakhine erbeutet (s. Farbteil).

Die fast 4 m hohe Statue brachte man in drei Stücken von Akyab über die Berge nach Mandalay. Nach der Legende gelang es nicht, die Teile zusammenzusetzen. Da erschien Buddha selbst und umarmte die Bronzestatue siebenmal. Die drei Teile fügten sich dann so zusammen, daß es nicht möglich ist, die Fugen zu erkennen. Die Buddhastatue sitzt auf einem 2 m hohen Sockel in der sog. Zeugnisstellung, bei der die rechte Hand die Erde berührt. Heute spenden die Gläubigen Goldplättchen, die von Männern auf die Figur, mit Ausnahme des Gesichts, gelegt werden. Diese Tätigkeit kann man inzwischen auch live auf den Fernsehgeräten, die in den Gängen hängen, verfolgen. Die Goldauflage soll mittlerweile 15 cm dick sein. Sogar die Rubine, Saphire und Jadesteine, die die Brust. verzierten, wurden mit Gold überdeckt. Das Fotografieren ist verboten! Der Bereich für Frauen ist abgeteilt und liegt 6 m hinter dem Bereich der Mönche. Das Gesicht der Mahamunistatue wird jeden Morgen zwischen 4.00 und 5.00 Uhr in einer Zeremonie von Mönchen gewaschen.

Die Pagode brannte 1884 ab und wurde dann wieder aufgebaut.

> Die Legende erzählt, daß diese Statue schon zu Lebzeiten Buddhas als sein Ebenbild geschaffen worden sei. Als Buddha Rakhine verlassen und weiterziehen wollte, war das Volk sehr traurig. Buddha, der ihre Wehklagen vernahm, hauchte dieser Statue seinen Atem ein, die daraufhin seine Züge bekam.
> Es gibt nur fünf Ebenbilder Buddhas, die der Überlieferung nach zu seinen Lebzeiten geschaffen wurden: zwei befinden sich in Indien, zwei im Paradies und diese eine in der Mahamuni Pagode.

252 mächtige Pfeiler tragen die sieben übereinandergestaffelten Dächer mit vergoldeten Stuckverzierungen, die Andachtsräume und die Arkaden. An den Wänden sind Gemälde, die die Strafen der Hölle in drastischen Formen zeigen. Im Hof stehen in einem kleinen Gebäude sechs Bronzefiguren: zwei Krieger, drei Löwen und der dreiköpfige Elefant Erawan. Sie stammen aus dem 12. Jh. und wurden von König Bodawpaya zusammen mit der Mahamuni Statue von Rakhine mitgebracht. Ursprünglich waren es 30 Figuren, die fehlenden 24 wurden von König Thibaw eingeschmolzen, um Kanonen daraus herzustellen. Bis 1431 standen sie in Angkor Wat in Kambodscha, dann kamen sie nach Ayutthya in Thailand und schließlich nach Bago. Von dort holte sie König Razagyi nach Rakhine. Den Statuen werden heilende Kräfte zugeschrieben, wenn man den entsprechenden Körperteil an der Statue berührt. In einem Seitenraum hängt ein riesiger, 5 t schwerer Gong. Er wurde von Spendengeldern 1960 gegossen. Auf Hunderten von Steintafeln sind Inschriften von den Stiftungen für religiöse Zwecke. In einem kleinen Museum werden Statuen und Buddhafiguren gezeigt.

Während des Vollmonds im Februar findet das große Mahamuni Pagodenfest statt.

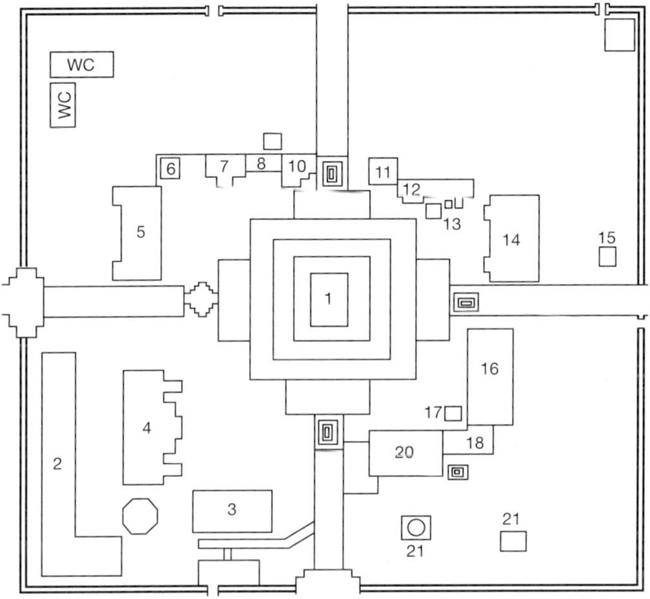

Grundriß der Mahamuni Pagode

1 Mahamuni Statue
2 Stein mit Inschrift
3 Mogaung Dhammayon
4 Fußabdruck von Buddha
5 Bücherei
6 Sammadevanat Schrein
7 Bronzegong
8 Bronzestatue aus Arakan
9 Museum
10 großer Gong
11 Wasserstelle
12 Bronzeglocke
13 Pahosin Uhrturm
14 Museum für Malereien
15 Stein mit Inschrift
16 Museum
17 Stein mit Inschrift
18 Shinuppagutta Schrein
19 Takuntaing Fahnenmast
20 Museum
21 Brunnen

Zum Pagodeninnern führt in jeder Himmelsrichtung je ein überdachter Gang mit vielen Läden. Hier finden Sie ein reiches Angebot an Souvenirs wie Korbwaren, Bronzewaren, Messingartikel, Silberwaren, Schmuck, Jade, Elfenbein, Schirme, Spielzeug, Marionetten, Gongs, Kleidung, Stoffe...

In einem Tempelteich kann man Schildkröten und Fische füttern, um sich Verdienste zu erwerben.

Shwe In Bin Kyaung

Das sehenswerte Kloster befindet sich in der 35. Rd. Es stammt aus dem 19. Jh., ist ganz aus Teakholz gebaut und besitzt sehr schöne Holzschnitzereien und Gemälde. Momentan leben hier nur noch sechs Mönche. Der reiche chinesische Kaufmann U Set Shwin heiratete eine Frau aus Myanmar, für die er dieses Kloster bauen ließ.

Set Kya Thiha Pagode

Sie liegt in der 31. Rd südlich des Zgyo Marktes. Die Pagode wurde im 2. Weltkrieg zerstört und danach wieder aufgebaut. Sie enthält eine 5 m hohe Bronzestatue Buddhas, die 1823 auf Anordnung von König Bagyidaw in In-Wa gegossen wurde. 1849 brachte man die Statue nach Amarapura und 1884 nach Mandalay.

Der Bodhibaum am Eingang wurde von dem früheren Premierminister U Nu gepflanzt.

Eindawya Pagode

Die komplett vergoldete Pagode steht am Ende der 26. Street etwas nordwestlich von der Set Kya Thiha Pagode. König Bagan Min erbaute sie 1847.

Die Buddhastatue darin besteht aus Chalzedon (einer Mischung von Quarz und Opal) und soll 1839 aus Bodh Gaya (Indien) gebracht worden sein.

Shwe Kyi Myint Pagode

Sie wurde 1167 von dem verbannten Sohn von König Alaungsithu, Prinz Minshinzaw, erbaut. Die Pagode steht in der Nähe des Zegyo Marktes in der 24. Rd zwischen der 82. und 83. Str.

Die Buddhastatue im Innern ist aus dem 12. Jh., ebenso wie die aus dem Königspalast gerettete Sammlung von Buddhastatuen aus Gold, Silber und Kristall.

Mandalay Folk Art Museum

• Eintritt: US$ 3, Öffnungszeiten: Mi - So, 10.00 - 16.00 Uhr

Dieses neue große Museum befindet sich an der Ecke 34. und 80. Str., gegenüber der Südostecke des Mandalay Fort beim Mandalay Swan Hotel. Es wird eine relativ uninteressante Sammlung von Gebrauchsgegenständen und Bekleidungsstücken gezeigt, die König Thibaw und seine Frau Suppayalat zurückließen, als sie 1885 von den Briten verbannt wurden. In einer *Bibliothek* sind wichtige buddhistische Schriften ausgestellt.

Diamond Jubilee Clock

Dieser Glockenturm mit einer Uhr wurde zum 60jährigen Regierungsjubiläum von Königin Victoria errichtet. Er steht am Zegyo Markt und stellt für den Ortsunkundigen eine gute Orientierungshilfe dar.

Wasserbüffel bei der Arbeit

Am Ende der C Rd bei der 22. Str. und am Pier bei der 26. Str. können Sie am Ayeyarwady - am besten vormittags - Wasserbüffel dabei beobachten, wie sie schwere Teakholzstämme ans Ufer ziehen, die den Fluß herunterreiben.

Yadanapon Zoo

• Eintritt: K 5

Er liegt gegenüber der Nordseite der Mauer des Forts. Sie sehen eine kleine Sammlung von Tieren.

Yadanapon Resort

• Eintritt: K 20. Öffnungszeiten: täglich von 6.00 - 19.00 Uhr

Am Fuße des Mandalay Hill neben dem Zoo liegt dieser kleine Vergnügungspark mit einem 50-m Becken mit großer Rutschbahn, Spielplatz, Karaoke-Restaurant (bis 22.00 Uhr geöffnet).

State School of Music and Drama

Sie befindet sich bei der East Moat Rd. Dort können Sie den Studenten beim Musizieren, Singen und Tanzen zuschauen.

Marionettentheater

Mandalay Marionettes and Culture Show im Garden Villa Theatre: T. 2 45 81, 66. Str. zwischen 26. und 27. Str., nahe dem Mandalay Swan Hotel, während der Saison täglich um 20.30 Uhr, die Aufführung dauert ca. eine Stunde. Der Marionettenaufführung folgt traditionelle birmanische Musik, man kann auch Marionettenfiguren kaufen. Eintritt K 600

Pyigyimon Restaurant: täglich um 19.00 Uhr, selbe Truppe wie bei der Mandalay Marionettes and Culture Show. Die Aufführungen sollen derzeit nicht mehr stattfinden.

Grand und Ambassador Rest.: In den beiden Restaurants auf dem Dach des Zegyo Marktes finden Marionettenaufführungen statt.

Moustache Brothers: 39. Str. zwischen 80. und 81. Str., klassische birmanische Tänze, Eintritt bis 5 Personen US$ 15, ab 6 Personen US$ 20, Beginn 20.00 Uhr. Die Aufführung findet im Wohnzimmer unter Beteiligung der ganzen Familie statt.

Handwerksbetriebe

Die meist kleinen Handwerksbetriebe sind oft schwer zu finden. Es ist sehr ratsam, sich einen Führer oder einen ortskundigen, englischsprechenden Rikscha- oder Taxifahrer zu nehmen.

Blattgoldherstellung (gold beating)
ist im Südosten von Mandalay in der 37. Str. zwischen 78. und 77. Str. im Myetparyat Quarter und entlang der 78. Str. zwischen 35. und 36. Str. zu beobachten. Die jeweiligen Häuser findet man leicht durch die deutlich hörbaren dumpfen Schläge.

Ein Goldkügelchen wird zwischen Hirschlederlappen gelegt und mit riesigen, 10 kg schweren Hämmern hauchdünn geschlagen. Die Goldplättchen werden so leicht dabei, daß sie in der Luft schweben können. Dann werden sie von unberührten Mädchen zwischen Ölpapier gelegt. In den Pagoden des ganzen Landes verkauft man die Goldplättchen an die Gläubigen (K 20 - 25), die sie den Buddhastatuen auflegen.

Die Technik der Blattgoldherstellung kam über Südindien und Sri Lanka etwa um 1050 nach Myanmar. Das Gold stammt aus den Flüssen von Nordmyanmar.

Steinmetzbetriebe
finden Sie hauptsächlich rund um die Mahamuni Pagode und an der 84. Str. in Richtung Amarapura

Bronzegießereien
sind entlang der Hauptstraße nach Amarapura und in Kyi Thum Kyat bei Amarapura

Glocken und Gongs
Ihre Herstellung können Sie in den Werkstätten beim Myohaung Bahnhof beobachten.

Holzschnitzereien
werden im östlichen Aufgang der Mahamuni Pagode und an der 84. Str. in Richtung Amarapura hergestellt.

Silberschmiede und Silberwarenindustrie
haben ihren Hauptstandort in Ywataung bei Sagaing.

Elfenbeinschnitzereien
sind gegenüber der Bushaltestelle an der Mahamuni Pagode, im östlichen Aufgang der Mahamuni Pagode und in der 36. Str. zwischen 77. und 78. Str. zu finden.

Seiden- u. Baumwollwebereien sehen Sie in Mandalay gegenüber dem Osteingang des Königspalastes und an der Ecke der 62. und 19. Str. In Amarapura steht fast in jedem Haus ein Webstuhl.

Daw Su & Son: T. 2 28 17, Eastern Town Nandawshei, Sagaingdan Qtr.,trad. Seidenweberei m. Verk.

Manaw Myae: 200, 84. Str., zwischen 33. und 34. Str., T. 2 22 26, traditionelle Handweberei

Acheik Lunyargyaw: 62. Str. bei der 19. Str., T. 2 26 17

Teppiche u. Wandbehänge (kalaga) stellt man hauptsächlich zwischen der Bahnlinie und 78. Str. im Shwe Che Doe Quarter her.

Tin Maung U: 26, 72. Str., Werkstätte mit Laden

Sandar Tun: 254 - 256, 62. Str., zwischen 26. und 27. Str., T. 2 27 01, Werkstätte mit Laden

U Sein Myint: 42, 62. Str. oder Sangha University Rd,

Bambuspapier
wird in der 37. Rd zw. 80. und 81. Str. hergestellt, wird auch für die Blattgoldherstellung verwendet.

Buddhistische Schriften
werden auf Lackbrettchen geschrieben, man findet sie entlang der 83. Str. zw. 38. und 37. Str. und entl. d. 38. Str. zw. 82. und 83. Str.

Jadebearbeitung
in Minthazu und Kyawzu, zwei Dörfer am südlichen Stadtrand von Mandalay. Hier wird Jade geschnitten, poliert und zu Schmuck verarbeitet. Etwas nördlich davon findet täglich von 10.00 - 13.00 Uhr der 86. Str. bei der 38. Str. ein Jademarkt statt. Vorsicht! Hier gibt es auch wertlose Stücke.

Läden für Kunsthandwerk
Sehr viele Läden finden Sie in den Gängen zur Mahamuni Pagode.

Im *Zegyo Markt* sind nur wenige Läden, die kunsthandwerkliche Dinge verkaufen.

Yadanapura Art Centre: am westlichen Ende der 78. Str. in Richtung Flughafen, staatlicher Laden mit hochwertigen Handwerksarbeiten und Schmuck. Rechnung evtl. für den Zoll aufheben!

Law Ka Nat: 85, 28. Rd zwischen 73. und 74. Str.

U Sein Myint: 42, 62. Str. (Sangha University Rd). Wandbehänge, in seinem Haus sammelt er schöne handwerkliche Stücke

Sein Win Myint: zwischen 26. und 27. Str., Wandbehänge

Nan Myint: 198, 29. Str., zw. 80. u. 81. Str., T. 3 35 11, Kunsthandwerkliche Dinge, Elfenbein- und Holzschnitzereien, Silberschmuck, Gegenstände aus Bronze, Lackwaren

Sandar Tun: 254, 62. Str., zw. 26. und 27. Str., T. 3 62 99

Pam Mya: an der Straße von Mandalay nach Sagaing, er ist ein bekannter Holzschnitzer

Mann Shwe Gon: 27. Std. zw. 72. u. 73. Str., Wandbehänge, Puppen

Shwe Cin Nin Si: 84. Str. zwischen 29. und 30. Str.

Manaw Myae: speziell Dinge der Kachin (Kleidung, Taschen, Silberwaren), 1, 30. Str. zw. 77. und 78. Str., T. 2 52 26 und 200, 84. Str., zw. 33. und 34. Str. (Handweberei)

Märkte

Zegyo Markt (gespr. sedscho) schließt ab 16.00 Uhr!
Er liegt bei der Aung San Rd an der 84. Str. und ist einer der größten Märkte Myanmars. Er wurde von dem Italiener Caldrari entworfen, der 1903 erster Sekretär in der Verwaltung von Mandalay war. Vor einigen Jahren wurden die alten Marktgebäude abgerissen und durch ein vierstöckiges Warenhaus mit Rolltreppen ersetzt. In vielen kleinen Läden werden einheimische, chinesische und thailändische Waren angeboten. Früher konnte man hier noch Angehörige der verschiedenen Bergvölker (Chin, Kachin und Shan) sehen.

Mingala Bazaar
Der kleine, lebendige Markt befindet sich an der Ecke 73. und 30. Str. nahe dem General Hospital.

Bayagyi Bazaar
Er liegt in der Nähe der Mahamuni Pagode und ist spezialisiert auf religiöse Artikel.

Nyaung Pin Bazaar
Er ist der größte Markt für frische Lebensmittel aller Art.

Chinatown
Hier finden Sie viele chinesische Läden und Garküchen.
Nachtmarkt
Er findet jetzt in der 84. Str. zwischen 26. und 28. Str. von 18.00 - 21.00 Uhr statt. Hier werden vor allem illegal eingeführte Waren aus Thailand und China angeboten, z. B. Radios, Uhren, Jeans, T-Shirts, Werkzeug.

Wichtige Adressen

• **Vorwahl: 02**
Medizinische Versorgung
Mandalay's People's Hospital: in d. Nähe d. Bahnhofs, 77. u. 30. Str.
Aye Thiri 24 Hour Special Clinic: 26 (B) Rd, zwischen 72. und 73. Str., T. 3 27 64, 3 27 66
Zahnarztpraxis: Dr. Mu Mu 251, 81. Str. zwischen 22. und 23. Str.
Thu Kha Thit Sar Pharmacy: 209, 83. Str., zwischen 26. und 27. Str., T. 2 50 20
MTT
Hauptbüro: Ecke 27. und 68. Str., an der Ecke in einer Seitenstraße neben dem Mandalay Swan Hotel, nur Information, kein Ticketverkauf Öffnungszeiten: täglich von 8.00 - 18. 00 Uhr
im Mandalay Swan Hotel, 26. Str. T. 2 25 40, nur noch übergangsweise besetzt, tägl. v. 10.00 - 20.00 Uhr geöffnet, Ticketverkauf nur bis 14.00 Uhr! Geldwechsel möglich.
weitere Schalter:

Mandalay Lager Beer

Es scheint, daß die junge Generation von Myanmar die „Bierkultur" für ihren neuen Lebensstil entdeckt hat. Jedoch, dieses Phänomen ist nicht neu - Bier braute man schon vor über 100 Jahren in Myanmar. Unter der Regierung von König Mindon im 19. Jh. wurde am Königshaus bereits Bier als medizinisches Getränk genossen. Lange Zeit blieb das Bier dem Königshaus und wenigen hochstehenden Personen vorbehalten.

Die Produktion im größeren Stil begann ein Jahr nachdem die Briten Thibaw, den letzten König von Mandalay, entthronten. Sie richteten in einer Kanonenfabrik eine Brauerei ein, um die britische Armee mit Bier zu versorgen. Bald kam auch die einheimische Bevölkerung in den Genuß des Bieres.

Das Bier wurde zunächst nur in Fässern unter dem Namen „E. Dyer & Company" vertrieben. Nach 1934 begann man mit der Flaschenabfüllung und kreierte dann den heutigen Schriftzug „Mandalay". Unter der japanischen Besetzung in den Jahren von 1942 - 1945 wurde Bier nur noch für die japanische Armee gebraut. Nach der Unabhängigkeit 1948 wurde die Brauerei staatlich. Seit 1994 ist die Brauerei im Joint Venture mit einer Firma aus Singapur.

Obwohl es inzwischen einige andere Biere gibt, die mit großem Werbeaufwand eingeführt werden, ist die Beliebtheit des Mandalay-Biers bei der Bevölkerung ungebrochen.

m *Bahnhof,* T. 2 25 41, täglich von 14.00 - 16.00 Uhr geöffnet
am *Flughafen*

Geldwechsel
im *Mandalay Swan Hotel*, 26. Str.
Myanma Economic Bank, 26. Str. zw. 82. und 83. Str., nahe der südwestlichen Ecke der Palastmauer
MTT, siehe oben

Hauptpost
81. Str.,Ecke 22. Str. Das Postamt soll jedoch in die 22. Str. Ecke 22. und 91. Str. verlegt werden.
Geöffnet von 9.30 - 16.00 Uhr

Telegraphenamt
25. Str. Ecke 80. Str., in der Nähe der Hauptpost. Hier sind internationale Verbindungen möglich.

Transport

Fluggesellschaften

• Myanmar Airways
25. und 80. Str.

• Air Mandalay
23, 82. Str. zwischen 25. und 26. Str., T. 2 74 39, 3 15 48

Inland Water Transport
Gawwein Jetty, 35. Str. T. 2 14 67

Busgesellschaften
Bagan Express: Ecke 82. und 32. Str. vor allem pick-ups nach Bagan
Kyaw Express: T. 2 76 11
Leo Express: T. 3 18 85, 388, 83. Str., zwischen 32. und 33. Str.
Myanmar Arrow Express: T. 2 34 04, 32. und 83. Str.
Nyaung U Mann: Ecke 26. und 82. Str. am Busbahnhof, pick-ups
Rainbow: T. 2 88 09, 262 B, 29. Str. zwischen 82. und 83. Str.
Silver Cloud Express: T. 2 65 35
Skyline Express: Ecke 26. und 82. Str. am Busbahnhof
Trade Express: T. 2 70 92, 200, 83. Str. zwischen 27. und 28. Str. gegenüber dem Modern Hotel

Reisebüros

*Free Bird Travel:*197, 28. Str., zwischen 79. und 80. Str., T. 3 54 32
Sun Far Travel: 269, 82. Str., zwischen 27. und 28. Str., T. 2 89 09
Tour Mandalay: Myint Soe Villa, 45, 85. Str., zwischen 29. und 30. Str., Wahdan Quarter, T. 2 15 99

Unterkunft

Sedona Hotel
an der Kreuzung der 26. und 66. Str., an der südöstl. Ecke des Palastes, 247 Zi, Luxushotel, T. 3 64 88. Fax: 3 64 99, E-mail: sedona @kepland.com.sg, Superior Room EZ US$ 180, DZ US$ 200; Deluxe Room EZ US$ 200, DZ US$ 220; Premier Room mit Balkon EZ US$ 280, DZ US$ 280; Club Room US$ 260; Club Suite US$ 260; Ambassador Suite US$ 700; Royal Sedona Suite US$ 1 200; Extrabett US$ 25, zuzügl. 20 % Tax, AC, Du und WC, TV, Kühlschrank, m. Frühstücksbuffet, Swimmingpool, Fitneßcentre, Bürocentre, Läden, Tennisplatz, Café, Bar, mehrere Rest., Apartments, s. schön, freundlicher und aufmerksamer Service

Novotel Mandalay
9, Kwin (416-B), 10. Str., T. 3 56 38,

typisches Wohnhaus

Fax: 3 56 39, 3 56 88, achtstöckiger Bau am Fuß des Mandalay Hills, 1997 eröffnet, 206 Zi, 13 Suiten, DZ ab US$ 150, AC, Du und WC, TV, Kühlschrank, zuzügl. 20 % Tax, m. Frühst., Swimmingpool, Fitneßcentre, Friseur, Restaurant, Diskothek, Folklore Show

Mandalay Swan Hotel

Ecke 26. und 68. Str., T. 2 24 98, -99, 2 25 00, Fax: 3 56 77, staatl., 112 Zi, Suite, Standard, Economy, EZ US$ 45 - 50, DZ US$ 80, 100, 140, 160, AC, Du und WC, TV, zuzügl. 20 % Tax, Kreditkarte wird akzeptiert, frisch renoviert, Rest., Bierg., Tennispl., Swimmingpool, beliebt b. Reisegruppen, off. Geldumtausch, Büro v. MTT im Haus, schön

Pacific Hotel

Ecke 30. und 78. Str., gegenüber dem Bahnhof, T. 3 25 07, 3 25 08, 1998 eröffnet, ab DZ US$ 80, AC, Du und WC, TV, Kühlschrank, mit Frühstück, schön

Tiger Hotel

628, 80. Str. zw. 37. und 38. Str. T. 2 31 34, 28 Zi, DZ US$ ab 80, AC, Du u. WC, TV, Kühlschrank, nicht so empf.w.

Hotel Venus

28. Str.. zwischen 80. und 81. Str., T. 2 42 29, 2 56 12, liegt im Zentrum, DZ US$ ab 80, AC, Du und WC, zu teuer

Myit Phyar Ayer Hotel

568, 80. Str. zw. 33. und 34. Str., T. 2 72 42, Fax: 3 56 46, 36 DZ, 3 EZ, EZ US$ 30, DZ US$ 50 - 75, AC, Du und WC, TV, m. Frühst., kleiner Swimmingpool u. Rest. a. d. Dach, 6 Stockw. o. Lift, sauber, empfehlensw.

Universe Hotel

83. Str., zw. 27. und 28. Str., beim Modern Hotel, T. 3 32 46, ca. US$ 30 p. P.

Emerald Land Inn

9, 14. Str. zw. 87. und 88. Str., T. 2 69 90, Fax: 3 56 45, in der Nähe des Shwetachaung Kanals, 18 Zi in 2 Gebäuden,

Mandalay

By the old Moulmein Pagoda, lookin' lazy at the sea,
There's a Burma girl a-settin', and I know she thinks o' me;
For the wind is in the palm-trees, and the temple-bells they say:
'Come you back, you British soldier; come you back to Mandalay!'

Come you back to Mandalay,
Where the old Flotilla lay:
Can't you 'ear their paddles chunkin' from Rangoon to Mandalay?
On the road to Mandalay,
Where the flyin'-fishes play,
An' the dawn comes up like thunder outer China 'crost the Bay!

'Er petticoat was yaller an' 'er little cap was green,
An' 'er name was Supi-yaw-lat - jes' the same as Theebaw's Queen,
An' I seed her first a'smokin' of a whackin' white cheroot,
An' a-wastin' Christian kisses on an 'eathen idol's foot:
Bloomin' idol made o'mud -
Wot they called the Great Gawd Budd -
Plucky lot she cared for idols when I kissed 'er where she stud!

On the road to Mandalay...

When the mist was on the rice-fields an' the sun was droppin' slow,
She'd gut 'er little banjo an' she'd sing 'Kulla-lo-lo!'
With 'er arm upon my shoulder an' 'er cheek agin my cheek
We useter watch the steamers an' the hathis pilin' teak.
Eliphints a-pilin' teak
In the sludgy, squdgy creek,
Where the silence 'ung that 'eavy you was 'arf afraid to speak!

On the road to Mandalay...

But that's all shove be'ind me - long ago an' fur away,
An' there ain't no 'buses runnin' from the Bank to Mandalay;
An' I'm learnin' 'ere in London what the ten-year soldier tells:
'If you've 'eard the East a-callin', you won't never 'eed naught else.'

No! you won't 'eed nothin' else
But them spicy garlic smells,
An' the sunshine an' the palm-trees an' the tinkly temple-bells;

On the road to Mandalay...

I am sick o' wastin' leather on these gritty pavin'-stones,
An' the blasted English drizzle wakes the fever in my bones;
Tho' I walks with fifty 'ousemaids outer Chelsea to the Strand,
An' they talks a lot o' lovin', but wot do they understand?
Beefy face an' grubby 'and -
Law! wot do they understand?
I've a neater, sweeter maiden in a cleaner, greener land!

On the road to Mandalay...

Ship me somewheres east of Suez, where the best is like the worst,
Where there aren't no Ten Commandments an' a man can raise a thirst;
For the temple-bells are callin', an' it's there that I would be -
By the old Moulmein Pagoda, looking lazy at the sea;

On the road to Mandalay,
Where the old Flotilla lay,
With our sick beneath the awnings when we went to Mandalay!
On the road to Mandalay,
Where the flyin'-fishes play,
An' the dawn comes up like thunder outer China 'crost the Bay!

Rudyard Kipling, 1890 (Originaltext)

EZ US$ 25 - 35, DZ US$ 50 - 70, AC, Du und WC, mit Frühst. zuzügl. 20 % Tax, sehr schön, Swimmingpool mit großer Wiese, Dachterrasse, Wäscheservice, etwas außerhalb gelegen, gutes Hotel in dieser Preiskl., freier Transport zum Bahnhof bzw. Flughafen

In-Wa Hotel

Ecke 66. und 23. Str., T. 2 70 28, in der Nähe des Mandalay Forts am Wassergraben, 54 Zi, Suite und Standard, 1991 eröffnet, Bungalows, EZ US 36 - 45, DZ US$ 45 - 60, AC, Du und WC, Restaurant, für größere Gruppen geeignet, auch empfehlenswert

Mandalay View Inn

17-B, 66. Str. zw. 26. und 27. Str., T. 2 23 47, Fax: 3 12 19, 5 Zi, nicht so luxuriös wie das Emerald Land Inn, aber zentraler, EZ US$ 30 - 35, DZ US$ 40 - 50, AC, Du und WC, TV, Kühlschrank, mit Frühst. sehr sauber, freundlich, empfehlenswert

Mya Mandalar Hotel

Ecke 26. und 68. Str., T. 2 12 83, staatl., soll privatisiert werden, 24 Zi, EZ US$ 36 - 40, DZ US$ 42 - 45, AC, Du und WC, Restaurant mit Garten, Swimmingpool (meist ohne Wasser), freundl.

Golden Express Hotel

6/43, 9. Str, Kywesekan, T. 7 03 82, 2 87 67, liegt in Richtung Flughafen, gehört zur Golden Express Hotel and Trade Ltd., 10 Zi, EZ US$ 25 - 35, DZ US$ 34 - 50, AC, Du und WC, brauchbar

Power Hotel

686, 80. Str. zw. 39. und 40. Str., bei d. Mahamuni Pag., T. 2 46 90, 3 24 06, 72 Zi, DZ US$ 38 - 55, AC, Du und WC

Unity Hotel

Ecke 27. und 82. Str., T. 2 88 60, Fax: 3 24 79, liegt zentral, DZ US$ 45, AC, Du und WC, m. Frühst., TV, sauber, freundl., sämtl. Transfer frei, g. Rest.

Dream Hotel

152, 27. Str. zw. 80. und 81. Str., T. 2 60 54, Fax: 3 56 56, wird von einer ind. Familie geführt, EZ US$ 13, DZ US$ 20, AC, Gemeinschaftsbad; EZ US$ 23 - 35, DZ US$ 35 - 46, 3-B.-Zi US$ 65, AC, Du und WC, TV, mit Frühst.

Bonanza Hotel

Ecke 82. und 28. Str., T. 3 10 31, Fax: 3 56 62, chin. Besitzer, neu, US$ 15 - 20 pro P., AC, Du und WC, TV, sauber

Peacock Lodge

5 Myaypadethar Str., East Maha Zeyabon, nahe dem Mandalay Swan Hotel, T. 2 20 92, geräumige Zi, EZ US$ 25, DZ US$ 35, AC, Du und WC, empf.w.

Shanghai Hotel

Ecke 35. und 83. Str., T. 2 24 90, DZ US$ 30 - 45

Manmyo Hotel

am Hauptbahnhof, T. 2 68 89, 12 Zi EZ US$ 18, DZ US$ 25, viel Lärm von den Zügen, nicht sauber

Palace Hotel

269, 80. Str. zw. 39. und 40. Str., T. 2 14 22, 45 Zi, von Chin. geführt, EZ US$ 25 - 28, DZ US$ 35 - 45, AC, Du u. WC, TV, schl. Serv., schmutzig, teuer

Hotel Sapphire

223, 83. Str. zwischen 28. und 29. Str., T. 2 41 29, 2 73 29, EZ US$ 20, DZ US$ 30, AC, Du und WC, TV, mit Frühstück, sauber, laut, kleine Zimmer

unter US$ 15 pro Person:

Garden Hotel

174, 83. Str. zw. 24. und 25. Str., hinter d. Nylon H., T. 2 76 57, Fax: 3 10 47, EZ US$ 6 - 10, DZ US$ 15 - 18, Fan, Gemeinschaftsbad; EZ US$ 12 - 16, DZ US$ 25 - 40, 3-B.-Zi 45, AC, Du und WC, TV, jeweils m. Frühst., schöne Dachterrasse

Classic Hotel
59, 23. Str., zw. 83. und 84. Str., T. 2 56 35, Fax: 3 28 41, neu, EZ US$ 15 - 20, DZ US$ 25 - 30, AC, Du und WC, TV, Kühlschrank, m. Frühst., sauber, freundlich, empfehlenswert
Yadanar Supon Hotel
12 A, Aungsitthe Ward, Yezarni Rd, Nan Shie, T. 3 10 19, 3 10 20, 8 DZ, 2 EZ, liegt in der Nähe des Palastes an einem Bach, nicht ganz zentral, Bungalows mit Garten, EZ US$ 15, DZ US$ 25, Extrabett US$ 5, AC, Du und WC, TV, Kühlschrank, m. Frühst., freie Transfers, sauber, sehr freundl., sehr aufmerksamer Service, fam. Atmosphäre, empfehlenswert, Ticketservice, vermietet auch Autos (US$ 35 pro Tag m. Fahrer) und organ. Besichtigungen
Man Ayeyarwady Hotel
Ecke 29. und 80. Str., nahe dem Bhf., T. 2 70 44, US$ 7 p. P., Gemeinschaftsbad, o. Frühst.; EZ US$ 15, DZ US$ 30, Du und WC, m. Frühst., es kann etwas laut sein durch die Karoake Bar
Taung Za Lat Hotel
61, Ecke 81. und 26. Str., T. 3 39 67, 3 63 14, 2 13 10, Fax: 3 53 59, gegenüber dem Sabai Pyu, 136 Zimmer, EZ US$ 6 - 8, DZ US$ 10 - 12, Fan, Gemeinschaftsbad; EZ US$ 10, DZ US$ 15, Fan, Du und WC; EZ US$ 15, DZ US$ 25, AC, Du und WC, etwas heruntergek., seit 1996 neue DZ US$ 30 - 35, jeweils m. Frühst., sauber
YMCA
Ecke 25. und 81. Str., befindet sich noch in Bau
Coral Rest H. o. Thandar Aung M.
131, 80. Str. zw. 27. und 28. Str., T. 2 44 07, EZ US$ 10 - 12, DZ US$ 16 - 18, einfach, nicht sauber
Modern Hotel
83. Str. zw. 27. und 28. Str., T. 2 87 15, US$ 13 pro Person, AC, Du und WC
Sea Hotel
80. Str. zw. 35. und 36. Str., T. 2 41 42, EZ US$ 13, DZ US$ 18, AC, Du u. WC
Kaung Myint Hotel
80. Str. zw. 30. und 31. Str., T. 2 27 90, US$ 10 pro Person, AC, Du und WC
Popa Hotel I
neben dem Bahnhof, T. 2 19 88, EZ US$ 10, DZ US$ 15, 3-B.-Zi US$ 20, Fan, Gemeinschaftsbad; EZ US$ 20, DZ US$ 25, Fan, Du und WC; EZ US$ 30, DZ US$ 35, AC, Du und WC
Natural Inn
am Ende der 23. Str., zw. 80. und 81. Str., T. 3 43 36, etwas außerhalb des Zentrums, einfache Zimmer US$ 6 p. P.; EZ US$ 15 - 20, DZ US$ 20 - 25, AC, Du und WC, zu teuer, schlecht
Royal City Hotel
27. Str. zw. 76. und 77. Str., DZ US$ 20 - 25, AC, Du u. WC, gr. Zi, m. Frühst.
Royal Guest House
41, 25. Str. zw. 82. und 83. Str., T. 2 29 05, 2 82 99, zentrale Lage, in der Nähe des Busbahnhofs, beliebter Travellertreff, kleine Zimmer, EZ US$ 4, 6, 8, DZ US$ 8, 10, 12, Fan bzw. AC, Gemeinschaftsbad, teurere Zi mit Du und WC, freundlich, einfach eingerichtet, sauber, Auto mit Fahrer US$ 15/Tag für Ausflüge in die Umgebung, US$ 25/Tag nach Monywa; Fahrrad K 150/Tag
E. T. Hotel
129, 83. Str., T. 2 54 91, EZ US$ 8 - 10, DZ US$ 13 - 15, AC, Du und WC
Sabai Pyu Guest House
58, 81. Str. zwischen 25. und 26. Str., T. 2 53 77, zentrale Lage, um die Ecke ist das Royal Guest House, EZ US$ 6 - 10, DZ US$ 10 - 15, Fan, Gemeinschaftsbad; EZ US$ 10 - 12, DZ US$ 12 - 18, 3-B.-Zi US$ 30, AC, Du und WC, alle Zimmer mit Frühstück (ser-

viert auf der schönen Dachterrasse), freundlich, einfach eingerichtet, sauber

Nylon Guest House

176, 25. Str., Ecke 83 Str., T. 3 34 60, 2 73 09, DZ US$ 10 - 14, Fan, Gemeinschaftsbad, kleine Zi; DZ US$ 25, AC, Du und WC, TV, jeweils mit Frühstück, schöne Dachterrasse, empfehlenswert

New York Hotel

82. Str. zwischen 27. und 28. Str., T. 2 89 17, neu, DZ US$ 22 - 25, AC, Du und WC

Ayeyarwady Hotel

26. Str., zw. 81. und 82. Str., T. 2 28 48, 3 43 32, US$ 5 p. P., Fan, Gemeinschaftsbad, teurere Zi mit AC, Du und WC, nicht immer sauber

Central Hotel

156, 27. Str. zw. 80. und 81. Str., T. 2 58 65, freundlicher ind. Besitzer, ruhig, US$ 5 p. P., Gemeinschaftsbad; US$ 7 p. P., AC, Du und WC

Si Thu Hotel

29, 65. Str. zw. 30. und 31. Str., T. 2 62 01, nur wenige Zimmer, EZ US$ 5 - 7, DZ US$ 10 - 12, 3-B.-Zi 18, Fan, Du und WC am Gang, sehr familiär und freundlich, auf Wunsch wird ein Essen gekocht

A. D. 1 Hotel

Eindawya Sintada Str. zw. 87. und 88. Str., T. 3 45 05, US$ 3 p. P., Fan, Gemeinschaftsbad, große Zimmer in einem alten Haus

Restaurants

In allen größeren Hotels finden Sie Restaurants mit chinesischer, birmanischer und oft auch europäischer Küche. In den letzten Jahren eröffneten laufend neue, vor allem chinesische Restaurants.

Chinesische Restaurants

finden Sie besonders zahlreich in der 83. Str., zwischen 26. und 25. Str. nahe dem Zegyo Markt

Pyigyimon Royal Barge Restaurant: staatl., 26. und 66. Str., an der Südostecke des Wassergrabens gegenüber dem Mandalay Swan Hotel, T. 2 67 79, der königlichen Barke von König Bodawpaya (Gründer von Mandalay) originalgetreu nachgebaut, man kann s. schön auf d. Terrasse am Wasser sitzen, Menü ab US$ 10, große Auswahl an Fischgerichten, oft Tischreservierung nötig, an manchen Tagen tradit. Folklore-, Tanz- und Puppentheateraufführungen während des Essens

Golden Duck: 192, Ecke 80. und 16. Str., T. 3 68 08, chinesische, thailändische, birmanische und europäische Gerichte, geöffnet von 10.00 - 21.30 Uhr, gehobenere Preisklasse

Honey Restaurant: 70. Str. zw. 28. und 29. Str., nördl. vom Fußballstadion, T. 2 40 98, geöffnet v. 9.00 - 22.00 Uhr, ausgezeichnete Küche, etwas teurer, Hauptgericht ca. K 600, man kann im Freien in Pavillons essen

Eternal Restaurant: Ecke 27. und 64. Str., Aung Daw Mu, T. 2 10 29, 3 33 35, g. chin. u. birman. K., etwas teurer

Mann Restaurant: in der 83. Str., zw. 26. und 25. Str., um die Ecke vom Royal Guest House bei Travellern beliebtes Lokal mit gutem Essen, preiswert

Min Min: 194, in der 83. Str., zw. 26. und 27. Str., T. 2 63 42, auch birman. Gerichte, gut und preiswert, kein Bier, gegenüber dem Royal Guest House

Htaw Yin Restaurant: 396, 81. Str. zw. 30. u. 31. Str., T. 2 27 67, etwas teuer

Bamboo Restaurant: 73. Str., Mogoke Mandalay Rd, T. 2 45 94, am Fuß des Mandalay Hill, teuer

Grand Restaurant: Zaycho Block B, 84. Str., T. 2 79 87, beim Zegyo Markt, auf dem Dach, teuer
Ambassador Restaurant: auf dem Dach des Zegyo Marktes, T. 2 89 04, große und teure Menues mit birmanischen Sängern und Tänzern
Lucky Hotel: 84. Str. bei der 35. Str., auf d. Dach, Bar, Cabaret, sehr teuer
Rainbow Restaurant: an der nordwestl. Ecke der 23. und 84. Str.; in dem dreistöckigen Haus ist eine Bäckerei im Erdgeschoß und Speiseräume in 1. Stock und im Freien auf dem Dach, preisgünstig, mittelmäßiges Essen
Shwenandaw Restaurant: 28 - 29, 73. Str., Ecke 29. Str., T. 2 45 88, gut, sauber, preiswert, empfehlenswert
Shwe Let Yar Restaurant: 226, 83. Str. zwischen 27. und 28. Str., gut, preiswert
Thinn Padauk Restaurant: 29, 26-B Rd zw. 63. und 64. Str., gut, preiswert

Birmanische Küche

Abends werden in der 80. Str. zwischen 28. und 30. Str. viele Essensstände aufgebaut, die schmackhafte Gerichte anbieten.
Too Too Restaurant: 27. Str. zwischen 74. und 75. Str., sehr gut, traditionelle und typische Gerichte, ist bekannt für seine Fisch- und Krabbencurries, bei Einheimischen beliebt, schließt um 20.00 Uhr
Aung San Restaurant: 82. Str. zw. 33. und 34. Str., gut, mittlere Preisklasse
Sa Khan Thar Restaurant: 24, 72. Str. (Main Rd) zw. 27. und 28. Str., T. 2 10 66, sehr gut, mit Terrasse und schönem Garten, relativ preiswert
Daw Yi Yi Restaurant: 80. Str. zwischen 17. und 18. Str., sehr gut
Ya Manya Restaurant: 30. Str., gegenüber dem Bahnhof, bekannt für Mohinga (myanmarisches Frühstück)
Aye Myitta: 81. Str., zwischen 35. und 36. Str., sehr gut
Barman Beer Bar: 76. Str. zw. 26. und 27. Str., T. 2 56 23, geöffnet von 7.00 - 22.00 Uhr, auch europäische, indische und chinesische Gerichte sowie Frühstück

Food Centre

gibt es in der Nähe des Bahnhofs und um den Zegyo Markt.
Hpeq-Htouq-Kyaw: Ecke 30. und 80. Str., gut und preisgünstig

Shan Küche

Restaurants mit Shan Gerichten sind besonders an der westlichen Seite des Wassergrabens am Mandalay Fort bei der 23. Str. angesiedelt. Shan Restaurants bieten morgens oft schmackhafte Nudelgerichte (Shan khauk swe) an.
Shan Family Restaurant: 80. Str. zw. 28. und 29. Str., sehr empfehlenswert
Lashio Lay Restaurant: 65, 23. Str., zw. 83. und 84. Str., beim Classic Hotel, T. 3 85 00, gr. Ausw., s. gut, preisw
Lashio und Taunggyi Restaurant: beide Lokale sind in der gleichen Straße wie das Lashio Lay Restaurant, gut
Thai Yai Restaurant: 84. Str., bei der 23. Str., serviert auch Thai-Ger., s. gut
Pan Cherry Restaurant: an der nordöstlichen Ecke der 25. und 83. Str., beim Royal Guest House, gut

Indische Küche

Indische Restaurants finden Sie vor allem in der Umgebung der Hindu und Sikh Tempel und der Moschee im Bereich der 81. und 26. Str.

Marie Min: 27. Str. zw. 74. und 75. Str., sehr gutes vegetarisches Essen, netter Familienbetrieb, bei Touristen beliebt, preiswert, daneben betreibt die Familie einen Souvenirshop, Besitzer macht gute Sightseeing-Touren

Myoma Restaurant: 27. Str. zwischen 80. und 81. Str., gut, empfehlenswert

Punjab Food House: 80. Str., bei der 27. Str., geöffnet von 8.30 - 19.30 Uhr, einfache, gute Küche

Everest Restaurant: 27. Str., gegenüber dem Punjab Food House, geöffnet von 7.00 - 19.00 Uhr, gute vegetarische Gerichte, kein Bier

Thinn Biryani Restaurant: 28. Str., zwischen 81. und 82. Str., geöffnet von 6.00 - 22.00 Uhr, sehr gut

May Myo Biryani Restaurant: 83. Str., zw. 28. u. 29. Str., gegenüber d. Hotel Sapphire, geöffn. 10.00 - 22.00 Uhr, gut

Taj Restaurant: 194, 83. Str. zw. 26. u. 27. Str., auch chin. u. birm. Ger., gut

Tea und Coffee Shops

Annawa Bar und Restaurant: 177, Ecke 29. und 83. Str., T. 2 35 06, sehr schöner Dachgarten

Shells Café oder Pyi Moe Shwe: 26. Str. zw. 81. und 82. Str., geöffnet von 6.00 - 18.00 Uhr, gutes Frühst., gute und reichhaltige Kuchenauswahl

Pinya Cold Drink: 74. Str. zwischen 27. und 28. Str.

Nylon (Nai Lon) Ice Cream Bar: 176, 83. Str. zw. 25. u. 26. Str., gegenüber d. Mann Rest., gute Ausw. v. Eissorten

Olympia Café: neben der Nylon Ice Cream Bar

Dawn Tea House: beim Bahnhof, sympathische Atmosphäre

Marie Min: 27. Str. zwischen 74. und 75. Str., gutes Lassi

Min Thiha: Ecke 72. und 28. Str., geöffnet von 6.00 - 16.00 Uhr,

Savoury Burger: 121, 37. Str. zwischen 77. und 78. Str.

Sagain

Umgebung von Mandalay

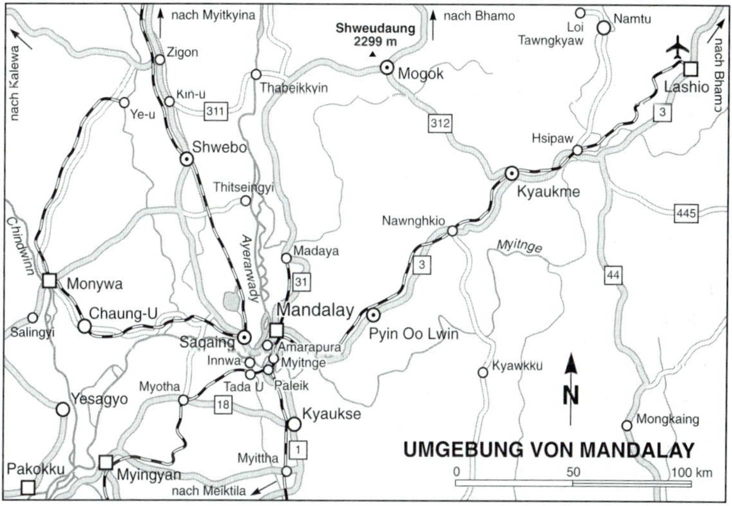

Amarapura, In-Wa (Ava) und Sagaing

Nach dem Niedergang von Bagan kam im frühen 14. Jh. zuerst Sagaing, bald gefolgt von In-Wa, an die Macht. Amarapura wurde erst im 18. Jh. Hauptstadt.

Diese drei alten Königsstädte lassen sich nur dann gemeinsam an einem Tag besichtigen, wenn Sie zum einen früh starten und zum anderen ein Auto mieten. Mit öffentlichen Verkehrsmitteln entstehen zu lange Fahr- und Wartezeiten.

Amarapura

Anfahrt

Bus: Nr. 8, Abfahrt von der 84. und 27. Str., am Zegyo Markt, jede halbe Stunde, lassen Sie sich vom Busfahrer die Haltestelle zum Aussteigen sagen

gelbe **pick-ups:** von der Ecke 28. und 83. Str.

Taxi: ca. US$ 15 - 25

Fahrrad: ca. K 150/Tag, nach Amarapura braucht man ca. eine ¾ Stunde

Pferdekutsche: ca. K 700/Tag

Einst war Amarapura eine blühende Königsstadt. Der Name kommt aus der Pali-Sprache und bedeutet „Stadt der Unsterblichen". Amarapura wurde 1781 von König Bodawpaya, der seinen Sitz von In-Wa nach Amarapura verlegte, gegründet. 1819 starb König Bodawpaya. Sein Körper wurde verbrannt und die Asche wurde in einem Behälter aus Samt in den Ayeyarwady geworfen.

Sein Enkel Bagyidaw verlegte 1823 die Hauptstadt wieder nach In-Wa. 1841 wurde Amarapura unter der Regierung von König Tharrawaddy (einem Bruder von Bagyidaw) erneut Hauptstadt. 16 Jahre später, als König Mindon an der Macht war, bestimmten Astrologen Mandalay zur neuen Hauptstadt.

Amarapura liegt 11 km südlich von Mandalay, hat 10 000 Einwohner und lebt heute hauptsächlich von der Seiden- und Baumwollweberei und dem Bronzeguß.

Besichtigung

Für die Besichtigung müssen Sie etwa 2 - 3 Stunden rechnen. Wenn Sie mit dem Bus fahren, steigen Sie bei einem Markt aus, überqueren die Straße und gehen über den Markt zu einer Sandstraße, die zur U Bein Brücke führt. Beiderseits am Weg stehen typische Wohnhäuser mit Ziehbrun-

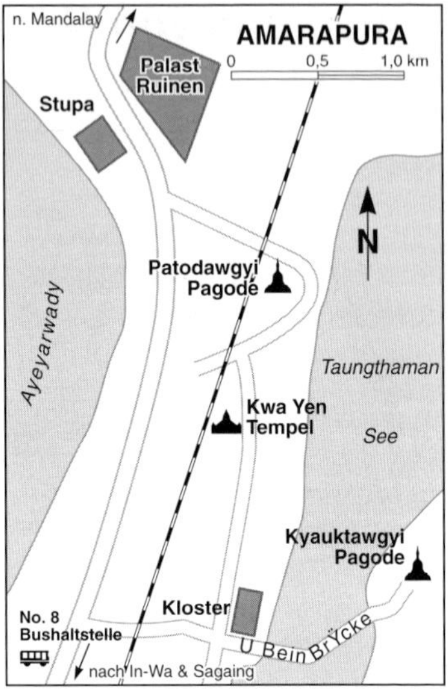

nen und Webstühlen. Nach etwa 20 Minuten kommen Sie zu einigen Pagoden und in der Folge zur U Bein Brücke.

Königspalast

Vom Palast selbst ist nichts mehr erhalten. Der Palastbereich war im Grundriß quadratisch. In den umgebenden Mauern befanden sich 12 Tore, über denen sich hölzerne Pavillons erhoben. Die Ziegelsteine der Mauern trug man für den Bau von Straßen und der Eisenbahnlinie ab. An jeder Ecke der Palastmauer stand eine Pagode, die alle heute noch erhalten sind. Der Palastturm und das Schatzhaus sowie die Gräber von

König Bodawpaya und König Bagyidaw sind hier ebenfalls noch zu sehen.

Mahagandayon Kloster

Es ist eines der größten Klöster Myanmars, das während der Fastenzeit über 1 000 Mönche beherbergt. Gegründet wurde es Anfang der 50er Jahre. Hier wird die ursprüngliche Lehre Buddhas auf sehr hohem Niveau gelehrt. Zum Kloster gehört auch eine bekannte Mönchsuniversität.

Patodawgyi Pagode

König Bagyidaw ließ die noch gut erhaltene Pagode 1820 bauen. Der Stupa im indischen Stil erhebt sich gut 50 m hoch über fünf Terrassen, von denen die unteren drei mit weißen Marmorplatten geschmückt sind, die Szenen aus den *Jataka*-Geschichten zeigen. Außerdem ist noch eine große Bronzeglocke zu sehen: sie ist 2,30 m hoch, 24 t schwer und hat 2,50 m im Durchmesser.

Kwa Yen Tempel

Nicht weit von der Patodawgyi Pagode liegt dieser sehenswerte chinesische Tempel. Er wurde 1773 von chinesischen Missionaren errichtet, 1810 brannte er ab und 1847 wurde er wieder aufgebaut. In Amarapura arbeiten heute 20 000 Chinesen vor allem in der Seidenweberei.

Kurz nach dem Ortsausgang von Amarapura in Richtung Mandalay ist ein chinesischer Friedhof.

Taungthaman See und U Bein Brücke

Diese Brücke ist mit ihren 1 200 m Länge die längste Teakholzbrücke der Welt. Sie ist nach ihrem Erbauer, dem früheren Ortsvorsteher U Bein, benannt. Die 1784 gebaute Brücke führt über den Taungthaman See, der zur heißen Jahreszeit bis auf ein Rinnsal ausgetrocknet ist und als Akkerland genutzt wird. Die Teakholzstämme für den Bau der Brücke kamen größtenteils aus dem Königspalast von In-Wa, der abgebaut wurde, als die Hauptstadt nach Amarapura verlegt wurde. Reste der einstigen Vergoldung kann man nicht mehr finden. Auf der Brücke spenden Pavillons mit Sitzbänken Schatten.

Während der Regenzeit können Sie sich mit einem hübsch bemalten Ruderboot über den See fahren lassen (K 400). Am Beginn der Brücke stehen entlang dem Seeufer viele Eß- und Trinkbuden. Der See ist für die Einheimischen ein beliebtes Ausflugsziel. Auf dem Weg über die Brücke treffen Sie oft sehr gesprächige Mönche.

U Bein Brücke

Kyauktawgyi Pagode

Sie steht am jenseitigen Ende der U Bein Brücke in dem typisch birmanischen Dorf **Thaungthaman.** 1847 wurde sie nach dem Modell des Ananda Tempels in Bagan erbaut und ist heute die am besten erhaltene Pagode in der Gegend von Amarapura.

Über breite Stufen und durch riesige Portale gelangen Sie ins Innere, wo Sie eine gewaltige sitzende Buddhafigur aus Sagyinmarmor sehen. In den Fensteröffnungen sind insgesamt 88 Steinfiguren von den Schülern Buddhas und 12 Ma-nusihas (= Fabelwesen, halb Mensch, halb Tier) aufgestellt. In den vier Eingängen sehen Sie Fresken, die besonders gut im östlichen und südlichen Eingang erhalten sind. Es sind Schilderungen vom Leben am Hof und vom All-tagsleben, von der Ankunft der Europäer in Myanmar und von den Wohltaten des Königs für sein Reich. Außerdem sind astronomische Kalender dargestellt.

Bagaya Kyaung

Dieses Kloster liegt am Ortsausgang. Es wurde Ende des 19. Jhs. gebaut. 700 Mönche leben heute dort. Zwischen 10.00 und 11.00 Uhr kehren die Mönche mit ihren Reisschalen zurück zur gemeinsamen Mahlzeit.

Daneben ist 1995 ein Klostergebäude nach dem alten Vorbild errichtet worden, das im 2. Weltkrieg von den Japanern zerstört wurde.

Außerdem gibt es in Amarapura das „Saunders Weaving Institute" (Institut für Webkunde).

Im nahegelegenen Dorf **Kyi Thun Khat** sind viele Bronzegießereien angesiedelt.

In-Wa (Ava)

Anfahrt

Bus: Nr. 8 oder gelbes Sammeltaxi von Mandalay bzw. Amarapura aus, vor der Sagaing Brücke aussteigen

Schiff: von der Sagaing Brücke aus verkehren in der Regenzeit Fähren (K 5) und gecharterte Motorboote (K 300) n. In-Wa, Rückfahrt zw. 17.00 u. 18.00 antreten! Von Sagaing aus fährt das ganze Jahr über eine Fähre nach In-Wa.

In der trockenen Jahreszeit kann man von der Sagaing Brükke aus hinübergehen oder mit dem Auto hinüberfahren.

in In-Wa

Pferdekutsche: K 200 für die Besichtigungstour, während der Regenzeit fährt man auf teilweise sehr schmalen Dämmen.

Ruderboot: bei extremem Hochwasser sind auch die Wege auf den Dämmen überflutet, und man kann dann mit dem Ruderboot zu den im Wasser stehenden Gebäuden fahren.

• Eintritt: US$ 4

Der alte Name für In-Wa ist „Ratnapura", was soviel wie „Stadt des Juwels" bedeutet. In-Wa wurde 1364 von Thado Minbya gegründet und nach dem Ende des Königreichs von Bagan für über 300 Jahre die neue Hauptstadt. 1752 wurde In-Wa von den Mon eingenommen und zerstört. König Bodawpaya erklärte 1783 Amarapura zur neuen Hauptstadt.

Heute zeigt In-Wa wenig von dem einstigen Glanz, weil die birmanischen Könige bei ihrem Residenzwechsel die alten Teile der verlassenen Stadt zum Aufbau der neuen Königsstadt verwendeten.

In-Wa ist von Mandalay 21 km entfernt und liegt auf einer künstli chen Insel, die durch zwei Kanäle entstand, die den Ayeyarwady mit dem Myitnge verbinden. Die Stadtmauer verlief im Zickzack, die Grundrißlinien sollen einen sitzenden Löwen darstellen. Heute ist nur noch ein Rest der Stadtmauer erhalten. Einst standen hier Gebäude aus drei Perioden: aus jener von König Nyaungyan ab 1597, dann von König Hsinbyushin ab 1763 und schließlich von König Bagyidaw ab 1832. Heute befinden

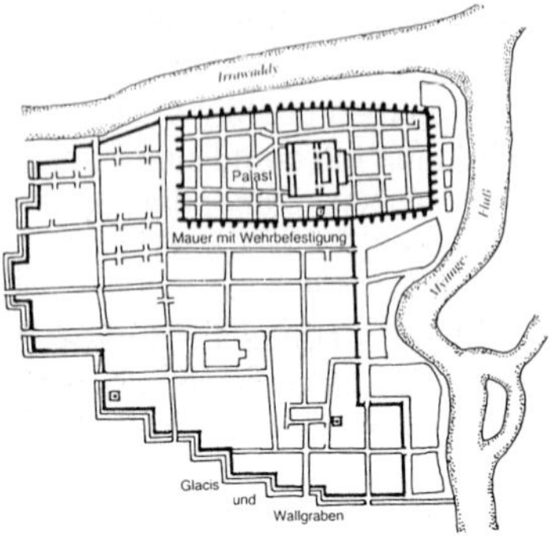

sich innerhalb der ehemaligen Stadtanlage Dörfer, und viele der Ruinen sind überwuchert.

Besichtigung

Nanmyin

Dieser 27 m hohe Wachturm ist das einzige Überbleibsel des Palastes von König Bagyidaw. Bei einem Erdbeben 1838 stürzte der obere Teil ein. Seine Grundmauern sanken schief in den Boden, weshalb er auch der „schiefe Turm von In-Wa“ genannt wird.

Maha Aungmye Bonzan Kloster

Königin Nanmadaw Me Nu, die Frau des Königs Bagyidaw, ließ es 1818 für ihren Geliebten, den königlichen Abt Nyaunggan Sayadaw, bauen. Dieses Gebäude ist den üblicherweise aus Holz gebauten Klöstern in Stein nachgebildet worden. Von der einst reichen Stuckverzierung der Außenwände sind noch ein Pfau (damaliges Symbol von Myanmar), ein Hase (Symbol für Schlauheit), Sonne und Mond erhalten. Im Innern steht auf einem mit Glasmosaik verzierten Sockel eine Buddhastatue. Das Kloster wurde bei dem Erdbeben 1838 stark beschädigt. 1873 ließ die Tochter von Königin Me Nu das Gebäude renovieren.

Gedenkstein für Dr. Adoniram Judson

Diesen Gedenkstein finden Sie beim Maha Aungmye Bonzan Kloster. Dr. A. Judson verfaßte 1849 das erste englisch-birmanische und 1852 ein birmanisch-englisches Wörterbuch. Er kam 1813 nach In-Wa und wurde 1824 wegen Spionageverdachts für ein Jahr von König Bagyidaw eingesperrt.

Gaung Say Daga Tor

Dieses ist das Nordtor der hier noch gut erhaltenen hohen Stadtmauer. Es wird auch das „Tor der Haarwaschzeremonie“ genannt. Während des Thingyanfestes im April findet das rituelle Haarewaschen statt, um den König der *Nats,* Thagyamin, gebührend zu empfangen.

Von hier aus bietet sich Ihnen ein wunderschöner Ausblick auf die Klosterhügel von Sagaing und die Sagaing Brücke.

Bagaya Kyaung

Dieses schlichte Kloster ist ganz aus fast schwarzem Teakholz gebaut. Besonders beeindruckend sind die 20 m hohen dicken Teakholzstämme im Innern, die als Säulen - es sollen 267 Stück sein - das Dach tragen. Außerdem befindet sich eine goldene Buddhastatue im Innern. Das Kloster steht inmitten der ehemaligen königlichen Reisfelder.

Htilaingshin Pagode

Sie wurde von König Kyansittha von Bagan gebaut und ist in den letzten Jahren renoviert worden. Hier versuchen oft Kinder, (neue) tönerne Pfeifen für K 150 zu verkaufen. Hin und wieder sollen die Bauern heute noch beim Pflügen alte Pfeifen finden. Sie bestehen aus einem 3 - 8 cm langen, tönernen Pfeifenkopf, z. B. in Vogelform, und einem Bambusrohr als Pfeifenstiel.

Ava Fort

Etwa 15 Minuten zu Fuß entfernt liegen südlich der alten Stadt die Ruinen des Ava Forts, das während der Regierungszeit von König Mindon entstand.

Bettelschalen

In-Wa ist heute bekannt für die Herstellung der schwarzen Bettelschalen für die Mönche. Sie werden in einer kleinen Fabrik innerhalb der Stadtmauern produziert.

Tada U

Vom südlichen Stadttor von In-Wa führt eine Dammbrücke aus Ziegel zu dem Dorf Tada U (bei Panya), das für eine kurze Zeit die Hauptstadt des frühen Shan-Königreichs war.

Shwe Kyetyet und Shwe Kyetkya Pagode

Auf der Straße südlich von Mandalay biegt man vor der großen Brücke nach Sagaing rechts ab in ein kleines, ursprüngliches Dorf, wo die beiden Pagoden stehen. Die Shwe Kyetkya Pagode liegt in der Dorfmitte. Der Treppenaufgang ist mit bunten *Nagas* verziert. Im Innern steht eine Buddhastatue. Die Shwe Kyetyet Pagode ist eine Ansammlung von Stupas, die direkt am Ayeyarwady auf einer Klippe stehen. Den Eingang flankieren zwei gelbe *chinthes*. Sie ist am schönsten vom Fluß aus zu sehen.

Sagaing

Anfahrt

Bus: Nr. 8 oder gelbes Sammeltaxi von Mandalay (K 15) bzw. Amarapura, Fahrzeit 45 Minuten, Rückfahrt vor 17.00 Uhr antreten!
pick-up: von Sagaing auf den Hügel von 7.30 - 15.30 Uhr, K 10
• Eintritt: US$ 4 für den gesamten Sagaing Hügel

Sagaing liegt am Ayeyarwady, 22 km südwestlich von Mandalay. Der Sagaing Hügel ist für seine 600 Klöster, in denen ca. 5 000 Mönche und Nonnen leben, bekannt. Außerdem gibt es hier an die 100 Meditationszentren.

Bevor Sie Sagaing erreichen, fahren Sie über die Sagaing oder In-Wa Brücke. Sie ist 1 ½ km lang und eine von den zwei Brücken, die den Ayeyarwady überspannen. 1934 wurde sie von den Briten erbaut und acht Jahre später im 2. Weltkrieg von ihnen selbst wieder zerstört, um die japanischen Truppen aufzuhalten. Nach ihrer Reparatur wurde die Brücke 1954 für den Verkehr freigegeben. Das Fotografieren der Brücke ist verboten! Für die Überfahrt wird eine Gebühr erhoben. Am Fuß der Brücke können Sie die Ruinen des **Thabyedan Forts** sehen. Im 3. Krieg gegen die Briten 1886 waren hier birma-nische Truppen stationiert.

Sagaing wurde nach dem Fall von Bagan 1315 gegründet und 1322 unter dem Shanfürsten Athin Kaya die neue Hauptstadt. Sein Enkel Thado Minbya verlegte später die Hauptstadt nach In-Wa. Das Wechselspiel wurde fortgesetzt: Alaungpayas Sohn Naungdawgyi erhob Sagaing für den Zeitraum von 1760 - 64 wieder zur Hauptstadt. Als er starb, war In-Wa wieder die Hauptstadt. 1942 nahmen die Japaner Sagaing ein.

1988 wurden bei einer Demonstration gegen die Regierung fast 400 Studenten und Mönche erschossen und in den Ayeyarwady geworfen.

Besichtigung
Das westliche Sagaing

Ponnya Shin Pagode

Von der Sagaing Brücke aus haben Sie bereits einen schönen Blick auf die Pagoden, aber die schönste Aussicht bietet sich Ihnen von der 30 m hohen, goldenen Ponnya Shin Pagode. Sie steht auf einem Hügel und kann über einen längeren Treppenaufgang oder vom Marktplatz aus bequem mit dem Auto erreicht werden. Die Pagode wurde 1312 von U Ponnya, einem Minister von Athin Khaya (Gründer v. Sagaing), gebaut. Zwei Bettelschalen als Reliquien werden dort aufbewahrt.

Htupayon Pagode

König Narapatigyi von In-Wa erbaute sie 1444. 1838 zerstörte sie ein Erdbeben, die Wiederaufbauarbeiten, die 1849 unter König Pagan Min begonnen wurden, sind nicht zu Ende geführt worden. Heute ist nur noch ein runder Sockel mit drei darübergestaffelten Terrassen mit Nischen zu sehen. In der Hütte daneben werden Steininschriften aus dem 14. und 15. Jh. gezeigt.

Aungmyelawka oder Eindawya Pagode

Sie liegt am Fluß in der Nähe der Htupayon Pagode. Die Pagode wurde von König Bodawpaya um 1783 aus Sandstein nach dem Vorbild der Shwezigon Pagode in Bagan gebaut. Um die Pagode reihen sich mehrere *chinthes.*

Ngadatkyi Pagode

Die Pagode mit fünf Terrassen wurde 1657 von König Pindale erbaut. Sie beherbergt die größte sitzende Buddhafigur von Obermyanmar.

Datpaungzu Pagode

Beim Bau der Eisenbahnlinie nach Myitkyina mußten einige im Wege stehende Pagoden weichen. Ihre wertvollsten Bestandteile wurden gesammelt und in der Datpaungzu Pagode verbaut.

Umin Thonze Pagode

Sie wird auch „Pagode der 30 Höhlen" genannt und ist 1643 von einem Mönch errichtet worden. Im halbdunklen Inneren bilden 45 vergoldete sitzende Buddhastatuen einen Halbkreis.

Höhle von Tilawkaguru, Lawkakmankin Pagode, Mipaukkyi Pagode

In diesen Stätten sehen Sie jeweils Wandmalereien, die z. T. aus dem 17. Jh. stammen.

Das östliche Sagaing

U Min Kyaukse Pagode

Zu ihr führt ein kilometerlanger überdachter Aufgang hinauf. Vom Hügel aus bietet sich Ihnen einen schöner Blick über den Ayeyarwady bis nach Mandalay.

Der Pagode ist das Kloster *Shwe Ume Kyaung* angeschlossen.

Pa Ba Kyaung

Dieses Kloster aus dem 11. Jh. liegt sehr beschaulich auf einem Hügel. Hier leben sehr viele Novizen, die von Mönchen in der Lehre Buddhas unterwiesen werden.

Hsinmyashin Pagode

Sie wird auch die „Pagode der vielen Elefanten“ genannt, weil viele große steinerne Elefanten entlang der Gänge zur Pagode standen. Auch ihre Tore wurden von 6 m hohen Elefanten bewacht.

Die Pagode liegt an der Hauptstraße nach Kaunghmudaw. Sie wurde von König Monhyin von In-Wa 1429 gebaut und enthält Reliquien aus Sri Lanka. Ein Erdbeben beschädigte 1485 die Pagode, ein weiteres im Jahre 1955 zerstörte sie endgültig. In den letzten Jahren wurde sie wieder aufbaut.

Kaunghmudaw Pagode

Anfahrt

Bus: von der Endhaltestelle des Busses Nr. 8 aus Mandalay an der nächsten großen Straße rechts einbiegen zum Standplatz der grünen Sammeltaxis (K 5); Abfahrt, sobald das Auto voll ist. Die Rückfahrt ist etwas schwieriger, da die Autos meist voll sind und nur dann anhalten, wenn jemand aussteigt.
Taxi: es ist die empfehlenswertere Transportmöglichkeit, weil keine Wartezeiten entstehen.

• Eintritt: US$ 3

Die Pagode liegt 10 km nördlich von Sagaing an der Hauptstraße. Falls Sie vorhaben nach Monywa zu fahren, liegt die Kaunghmudaw Pagode am Weg. Sie ist die bedeutendste Pagode im Gebiet von Sagaing.

1636 von König Thalun nach Vorbildern aus Sri Lanka gebaut. Die Kugelform wird auch so gedeutet, der König habe hier die Brust seiner Lieblingsfrau nachbilden lassen. Die Pagode enthält Zahn- und Haarreliquien sowie die Bettelschale aus Smaragd von König Dhammapala aus Sri Lanka, die vorher in der Mahazedi Pagode in Bago aufbewahrt wurden.

Über drei Terrassen erhebt sich die blendend weiße, 46 m hohe Kuppel. Zusammen mit den Terrassen ist der Bau fast 50 m hoch. In den Nischen der untersten Terrasse stehen 120 *Nat*- und *Deva*-figuren (himmlische Wesen). Außen sind 812 Steinpfosten in einem Kreis um die Pagode angeordnet. Sie sind jeweils 1 ½ m hoch und im oberen Teil ausgehöhlt. In diese Nischen werden Öllämpchen für das Lichterfest Thadingyut gestellt, das zum Vollmond im Oktober/November stattfindet. In einem kleineren Gebäude ist eine 2,6 m hohe, gut erhaltene Marmorplatte mit Inschriften ausgestellt, die die Einzelheiten der Konstruktion der Pagode beschreiben. Das Innere ist mit Spiegelmosaiken verziert.

Die Statuen stammen aus Ruinen der Gegend und werden mit bunten Lämpchen erhellt.

Hinter der Pagode liegt ein kleiner See, der dadurch entstanden sein soll, daß man die Erde zum Brennen der Ziegel weggegraben hat.

Ein anderer See in der Nähe, **Myitta Kan,** gilt als heilig, da angeblich noch nie ein Blatt der um ihn herumstehenden Bäume in sein Wasser gefallen ist.

Ywataung

Dieses Dorf auf dem Weg von Sagaing zur Kaunghmudaw Pagode ist bekannt für seine Silberschmiede. Entlang der Hauptstraße gibt es zahlreiche Läden und Werkstätten.

Taungbyon

Das Dorf liegt 32 km nördlich von Mandalay am Shwetachaung Kanal. Der Ausflug nach Taungbyon ist nur während des *Nat*festes interessant.

Anfahrt

Zug: K 10, nicht empfehlenswert
Taxi: K 400 - 600
Schiff: K 15

Taungbyon Schrein

Eigentlich gibt es nur die Möglichkeit, mit dem Auto dorthin zu fahren, da alles andere zu lange dauert. Idyllisch wäre die Anfahrt mit einem Boot.

Anfang August, während des Vollmonds, wird in Taungbyon eine Woche lang ein Geisterfest zu Ehren der Brüder Shwepyingyi und Shwepyinnge (d. h. „älterer und jüngerer Minderwertiges Gold") abgehalten. In einem Umzug werden die großen Holzfiguren, die die Brüder darstellen sollen, durch das Dorf getragen und einer rituellen Waschung unterzogen. An den letzten drei Tagen finden Tanzaufführungen statt. Heute ist das Fest auch ein malerischer Jahrmarkt.

Das Fest geht bis in die Zeit von König Anawrahta zurück. Die Brüder waren die Söhne eines indischen Kriegers und einer Wilden aus den Wäldern des Mount Popa. König Anawrahta tötete den indischen Krieger und nahm seine Söhne im Palast auf. Sie bekamen je ein Stück Gold, das mit Kupfer vermischt war. König Anawrahta ließ dann die Taungbyon Pagode erbauen. Die beiden Brüder sollten je einen Ziegel dazugeben. Sie vergaßen dies aber und wurden deshalb hingerichtet.

Südlich von Mandalay

Paleik

Fährt man hinter Amarapura ein kleines Stück weiter südlich und überquert den Myitnge Fluß, erreicht man Paleik. Hier sind mindestens 325 Stupas errichtet worden. In dem Bereich der Mwayhpaya oder Snake Pagode stehen 17 Stupas. In der Pagode selbst findet man noch eine sehr alte Buddhastatue.

Eines Tages fanden Besucher drei Pythonschlangen, die sich um die Statue geringelt hatten. Eine davon legte neun Eier. Inzwischen sind drei Schlangen gestorben, über deren Gräbern jeweils ein Stupa errichtet wurde. Momentan sollen noch zwei Schlangen dort leben.

Sintkaing

Von Paleik nur 15 Minuten entfernt ist das Dorf Sintkaing. Hier treffen Sie auf die Hpa-lin-bo Pagode, die von zwei *chinthe* bewacht wird. Sie sehen einen kleinen liegenden Buddha, die Figur eines Buddhas, der zu seinen fünf Schülern predigt, einen Fußabdruck von Buddha und die vergoldete Mannhpaya Statue.

An dieser Stelle soll König Anawrahta gelebt haben, bevor er 1077 von einem wilden Büffel getötet wurde. Daran erinnert eine Plastik, die einen weiblichen Frosch darstellt, der den Körper seines toten Partners auf dem Rücken trägt.

Kyaukse

Der Ort liegt eine Stunde südlich von Mandalay und ist berühmt für sein Elefantentanzfest im Oktober. Bei der Ortseinfahrt stehen zwei große Elefanten aus Stein. Am Stadtrand werden zwei Staudämme von *Nat*-Schreinen beschützt. Vier Buddhafiguren schauen von einem Hügel herunter.

Besichtigung

Shwemoktaw Pagode

Sie ist die am meisten verehrte Pagode der Stadt, nahe dem Markt.

Kyauk-thinbaw

Dieses Meditationszentrum ist in Form eines Schiffes gebaut und liegt auf halber Höhe des Shwethalyaung Hill. In unmittelbarer Nähe stehen 19 Buddhafiguren. Die Einheimischen glauben, daß man reich wird, wenn man zu diesen Figuren betet.

Bis zu dem Meditationszentrum kann man fahren, die Shwethalyaung Pagode oben am Hügel können Sie jedoch nur zu Fuß erreichen.

Shwethalyaung Pagode

Sie wird König Ashoka zugeschrieben und wurde 1028 von König Anawrahta renoviert. In der Pagode wird eine Kopie der Zahnreliquie von Sri Lanka aufbewahrt.

Ein heiliger Elefant wurde vom König ausgesandt, der den Platz für die künftige Aufbewahrung der Zahnreliquie bestimmen sollte. Als er den Gipfel des Shwethalyaung Hügels erreichte, kniete sich der Elefant nieder und fällte somit die Entscheidung für diesen Platz.

Westlich von Mandalay

Monywa

Anfahrt

pick-ups: in Mandalay von der 27. Str., Ecke 83. Str., oder vom Busbahnhof Ecke 26. und 82. Str., zwischen 4.00 und 15.00 Uhr alle 45 Min., ca. K 800, Fahrz. 3 - 4 Std.
Bus: in Mandalay vom Busbahnhof Ecke 26. und 82. Str., fahren dreimal täglich, K 500, 6 - 8 Std.
Auto: ca. US$ 30 - 45, Fahrz. ca. 3 Std., empfehlenswert vor allem dann, wenn Sie noch weitere lohnende Abstecher beabsichtigen
Zug: *von und nach Mandalay* täglich viermal, US$ 6, Fahrzeit 5 - 6 Std., siehe Fahrpläne im Anhang! Die Fahrzeit der Züge und Busse ist zu lange. Da die hauptsächlichen Besichtigungen in der Umgebung liegen, ist man trotzdem auf ein Auto angewiesen.

Monywa wurde während der Baganperiode gegründet und wird in einigen Inschriften von Bagan auch erwähnt. Der Ort war unter dem Namen Thalawaddy bekannt und erhielt erst 1888 seinen jetzigen Namen. Monywa wurde die Hauptstadt des unteren Chindwin Distrikts. 1956 wurde die ganze Stadt von einer Feuersbrunst zerstört. Mit dem Bau der Eisenbahnlinie von Mandalay nach Monywa im Jahr 1903 durch die Briten erlebte die Stadt einen großen Aufschwung. Heute ist Monywa, 136 km westlich von Mandalay gelegen, eine geschäftige Handelsstadt mit mehr als 100 000 Einwohnern und sechs Märkten.

Von Mandalay fährt man die Ausfallstraße an der Mahamuni Pagode vorbei, dann über die Sagaing Brücke und passiert dann die Kaunghmudaw Pagode. Von da ab fahren Sie in der Flußebene des Chindwin mit Feldern und hohen Palmen. Nach drei Vierteln des Weges finden Sie linkerhand einige Glasnudelfabriken, die Nudeln auf Stangen trocknen. In Monywa herrscht am Fluß ein geschäftiges Treiben, dort werden die Boote be- und entladen. Von hier aus kann man auch flußabwärts mit dem Schiff fahren.

Besichtigung

Leh-di Kyaung

Dieses Kloster liegt im nordöstlichen Teil von Monywa und wurde 1886 von Leh-di Sayadaw gebaut. Heute dient es als buddhistische Universität. In einer 1925 errichteten Halle stehen 806 Steintafeln mit Inschriften (ähnlich denen in Mandalay) in Pali und Birmanisch.

Shwezigon Pagode

Der Stupa, um den vier ogres sitzen, ist zur Hälfte golden und zur Hälfte rotbraun. Der untere Teil des Stupas ist mit Szenen aus dem *Jataka* bemalt. Ein riesiger sitzender Buddha und ein Bodhibaum mit zwei glasierten Fischen darunter sind hier ebenfalls zu besichtigen. Der Eingang wird von zwei großen *chinthes* bewacht.

Sutaung Pagode

Der goldene Stupa ist schon von Ferne zu sehen. Hier wird eine Buddhastatue aus der Bagan-Zeit und eine Figur des Leh-di Sayadaw verehrt.

Markt

Die Regierung baute in der Nähe des Monywa Hotels einen neuen Markt. Vorher war an dieser Stelle ein Friedhof der Moslem. Die Einheimischen fürchten sich jetzt vor den möglicherweise zurückgebliebenen *Nats* und besuchen deshalb weiterhin lieber den alten Markt nahe am Fluß.

Unterkunft

• Vorwahl: 0 71

Monywa Hotel
Ah-Lone Rd, T. 2 15 49, 2 15 81, 24 Zi, Bungalows, neu renoviert, EZ US$ 25 - 30, DZ US$ 30 - 36, AC, Du und WC, TV, Kühlschrank, m. Frühst., freundl., schöner Garten, gutes Restaurant

Great Hotel
Bogyoke Str., am Stadtrand an der Hauptstraße, T. 2 19 30, 2 13 69, US$ 6 p. P., Fan/AC, Du und WC, m. Frühst.

Central Hotel
liegt direkt im Zentrum am Uhrturm, DZ US$ ca. 15, nicht so sauber

Thein Than Guest House
beim Uhrturm, T. 2 12 75, DZ US$ 10, Fan, einfach, freundlich

Restaurants

Daw Tin On Restaurant: im W der Stadt bei d. Stadthalle, birman. Essen
Pann Cherry: Bogyoke Str., T. 2 13 69, am Uhrturm 50 m ostwärts in einer Seitenstraße, chinesisch, sehr gut, preiswert, sauber
Paradise und Shine Restaurant: beim Uhrturm, chin. Küche
Dagon Restaurant: Myinmu Rd, chin.
Ye Pau Restaurant: Shandaw Rd, schwimmendes Restaurant
Coffeeshops
Zawtika Cold Drinks and Bakery
Kanbawza Cold Drinks

Umgebung von Monywa

Moe Nyin Thanboddhay Pagode

geöffnet von 6.30 - 17.00 Uhr
• Eintritt: US$ 3

Wenn Sie in Richtung Monywa fahren, erreichen Sie kurz vor der Stadt den Abzweig zur noch etwa 11 km entfernten Hauptattraktion, die Thanboddhay Pagode. Die äußerst sehenswerte und beeindruckende Anlage steht isoliert in einer Ebene und ist von einer Mauer umgeben. Der Bau wurde 1939 von dem sehr verehrten Mönch Moe Nyin Sayadaw mit Hilfe von Spendengeldern veranlaßt und nach 14 Jahren Bauzeit vollendet.

Der Eingang ist flankiert von zwei gigantischen Elefanten aus Stein. Innerhalb der quadratischen Mauer gehen Sie an einigen Verkaufsständen mit Sandelholzstücken vorbei und kommen dann zu zahlreichen Pilgerwohnstätten, Stupas, Tempeln, alle bunt bemalt und reich verziert sowie zu einem Picknickplatz um einen großen Bodhibaum. Rechts vom Eingang steht die riesige, 43 m hohe Pagode. Mit ihren reichen Verzierungen und Türmchen wirkt sie fast gotisch. Sie ist berühmt wegen ihrer 582 257 Buddhafiguren, die außen wie innen überall in kleinen Nischen stehen. Im etwas unübersichtlichen Innenraum sehen Sie zahlreiche meterhohe stehende Buddhafiguren. In dem massiven Stupa sollen 7 000 heilige Gegenstände, Reliquien und Edelsteine eingemauert sein.

Vor dem Tempel liegen zwei Teiche mit Fischen und Schildkröten, die man für K 5 füttern kann. Die inneren Beckenwände sind mit bunten Reliefs geschmückt.

Bodhi Tahtaung Pagode

Fährt man die Straße weitere 6 km erreicht man diese Pagode. Bodhi Tahtaung heißt „Pagode der 1 000 Bodhibäume“, und so viele sollen in diesem Areal gepflanzt sein. Um einen Stupa sind an einer Seite viele gleichartige Elefanten und an den zwei anderen Seiten viele identische Buddhafiguren aufgereiht. Daneben befindet sich noch ein Kloster.

Ein paar Schritte weiter ist ein gerade fertiggestellter Stupa. Auf einem Feld davor sitzen mehr als 1 000 neue, lebensgroße Buddhafiguren auf dem Boden, von denen jeder noch einen Schirm erhalten wird. Sie schauen alle in Richtung eines sehr großen liegenden Buddhas am nicht mehr weit entfernten Berghang.

Aung Sakkya Pagode

Diese Pagode steht vor dem liegenden Buddha am Berghang. Sie ist 75 m hoch und auf einer 70 m hohen Basis errichtet. Mit einer Gesamthöhe von 145 m ist sie aus allen Richtungen von weitem zu sehen.

Die Pagode ist von 1 060 kleineren Stupas umgeben. Im hinteren Bereich der Pagode führt innen ein schneckenförmig aufsteigender Gang um den Kern des Stupas. In den Wänden sind kleine Buddhafiguren eingelassen.

Oben angelangt, können Sie einen schönen Rundblick genießen.

Liegender Buddha von Bodhi Tahtaung

Schon von Ferne erkennen Sie die riesige liegende Buddhafigur am Hang des Po Khaung Berges östlich der Bodhi Tahtaung Pagode. Sie wurde erst 1991 gebaut und mißt 90 m Länge. Der Kopf ist 19 m hoch. Die Figur liegt auf einer gemauerten Couch von knapp 100 m Länge und 19 m Breite. Bemerkenswert ist, daß die aus Ziegel gebaute Figur hohl ist. Besucher können innen von der Wade bis zum Kopf gehen. In diesem höhlenartigen Raum sind etwa 9 000 nur 30 cm große verschiedene Buddhastatuen (stehend, sitzend, liegend) aus Metall aufgestellt. Diese liegende Buddhafigur wird von den Gläubigen sehr verehrt und immer von vielen Pilgern besucht (siehe Farbbild auf der hinteren Umschlagklappe).

Vom Fuß des Hügels bis zum Liegenden Buddha sind 500 bemalte, überlebensgroße steinerne Mönchsfiguren hintereinander in einer Prozession aufgereiht. Weitere Figuren, z. B. eine monumentale Buddhafigur auf einem knieenden Elefanten, und unzählige kleine Stupas sind noch im Entstehen.

Twin Hill

Sie fahren 30 km weiter nördlich von Monywa nach Budalin, von diesem Ort fahren Sie 10 km nach Westen in Richtung Fluß. Dort erhebt sich, noch 3 km vom Fluß entfernt, der über 200 m hohe Twin Hill. Der 50 m tiefe Kratersee mit einem Umfang von 5 363 m soll vor 5 Millionen Jahren durch einen Meteoriten entstanden sein. Vermutlich durch ein Auseinanderbrechen des Meteoriten bedingt, gibt es ganz in der Nähe einen zweiten Einschlag mit einer ähnlichen Erhebung.

Kyaukka

Das Dorf Kyaukka liegt 16 km östlich von Monywa und ist im ganzen Land für seine Lackwaren bekannt. Sie sind einfarbig schwarz oder rotbraun und billiger als die von Bagan. Entlang der Straße nach Kyaukka wachsen Tamarindenbäume.

Besichtigung

Shweguni Pagode

Die 30 m hohe Pagode wurde im 14. Jh. gebaut, sie enthält Fresken aus dem 17. Jh. und eine vergoldete Buddhastatue. Vor der Pagode und im Eingangsbereich werden u. a. Lackwaren von Kyaukka verkauft. Ende Mai findet jedes Jahr ein Pagodenfest statt. Die Pagode ist einen halben Kilometer vom Tantaluk Fluß entfernt, wo die Regierung hübsche Bungalows für Touristen bauen will.

Htan Za Lote Wasserfall

Er liegt nördlich von Kyaukka. Es wird eine Parkgebühr von K 20 erhoben; für das Schwimmen muß man K 70 bezahlen.

Die Besichtigungen von Monywa und Umgebung sind in einem Tagesausflug von Mandalay aus unterzubringen, allerdings nur mit einem Auto. Wenn Sie den nachfolgend beschriebenen Ausflug nach Phowin Taung und Shwebataung anhängen möchten, müssen Sie in Monywa übernachten. Am Rückweg ist dann die Besichtigung von Sagaing und der Kaunghmudaw Pagode möglich.

Phowin Taung und Shwebataung

Anfahrt

Fähre: mit dem Auto übersetzen, letzte Fähre zwischen 17.00 und 18.00 Uhr, Person K 5, Auto K 375, (eine Brücke ist geplant)
• Eintritt: für beide Orte US$ 2

Diese beiden sehr sehenswerten Orte liegen gegenüber von Monywa auf der anderen Seite des Chindwin. Sie müssen mit einer Fähre übersetzen, um dann am westlichen Ufer in **Nyaungbingyi Seik** anzukommen. Von hier fahren Sie noch etwa 20 km nach Salingyi und Phowin Taung und gelangen nach einer halben Stunde zu den faszinierenden Höhlenanlagen.

Phowin Taung

Phowin Taung liegt 300 m hoch in hügeligem Gelände. Der Aus-

Phowin Taung

gangspunkt ist das Dorf **Minzu**, wo Sie am Ortseingang eine Tafel mit einem Lageplan der verschiedenen Höhlen der Umgebung finden. Nach Angaben der Archäologen gibt es hier in den Sandsteinbergen Höhlen mit insgesamt etwa 450 000 Buddhastatuen. Sie sollen von dem Pyu-König Bannava, seiner Frau und den Ministern gestiftet worden sein. Hier wurde auch das Skelett eines Menschen gefunden, der vor 30 Mio. Jahren gelebt haben soll.

Ein überdachter Treppenaufgang führt zur Haupthöhle. Die Höhlen sind in Form von Nischen mit Buddhafiguren und begehbare Höhlen, in denen große sitzende und liegende Buddhafiguren sowie oft gut erhaltene Wandmalereien zu besichtigen sind. Auf dem Weg durch das Gelände kommen durch das Rufen von Frauen ganze Rudel von Affen, die dann gefüttert werden wollen (K 50).

Shwebataung

Der Ort liegt in der Nähe von Phowin Taung. Hier sehen Sie viele, aus dem 11. Jh. stammende, aus Sandstein gemeißelte Buddhafiguren, einen Elefant, einen Frosch und zwei kürzlich renovierte Buddhastatuen, die bemalt sind. Diese Höhlenanlage erreicht man über eine schluchtartig in den Sandstein geschlagene Treppe.

Shwebataung

Alaungdaw Kassapa Figur

Fährt man die Straße nach Phowin Taung noch etwa 90 km nordwestlich (nur mit einem gemieteten Auto möglich) weiter, finden Sie die Figur des ruhenden Alaungdaw Kassapa. Die letzten 25 km durch den Dschungel muß man entweder zu Fuß oder auf einem Elefanten überwinden. Dieser Ausflug dauert von Monywa aus gerechnet bei trockenem Wetter 3 Tage. Bei nassem Wetter muß man einen Teil der Straße mit dem Ochsenkarren zurücklegen. Dann allerdings dauert der Ausflug 5 Tage. Übernachtet wird im Zelt. Diese Tour kann Myathiri Travels & Tours, s. unter Reisebüros oder große Anzeige, organisiert werden. Sie kostet von Mandalay aus ca. US$ 350 für 2 Personen.

Kassapa ist der Name eines Jüngers von Buddha, der die 1. buddhistische Synode nach Buddhas Tod einberufen hatte. Seine sterblichen Überreste sollen an diesem Platz aufbewahrt werden.

Nördlich von Mandalay

Mingun

Anfahrt

Bus: Nr. 2 vom Zegyo Markt zur Anlegestelle des Schiffes am Ma Yan Chan Jetty an der 26. Str.
Schiff: Linienschiff: Fahrz. hin ca. 1 ½ Std., zurück eine knappe Stunde (K 20). Das Linienschiff fährt, wenn es voll besetzt ist. Starten Sie früh - zwischen 7.00 und 8.00 Uhr! Letztes Schiff zurück zw. 15.00 und 16.00 Uhr. Das Linienschiff ist derzeit nicht mehr für Touristen erlaubt! Sie müssen sich jetzt am Ma Yan Chan Jetty ein Boot für K 2 000 (max. für 10 P.) chartern.

• Eintritt: US$ 3

Mingun liegt 11 km nördlich von Mandalay am rechten Ufer des Ayeyarwady und ist mit dem Schiff zu erreichen.

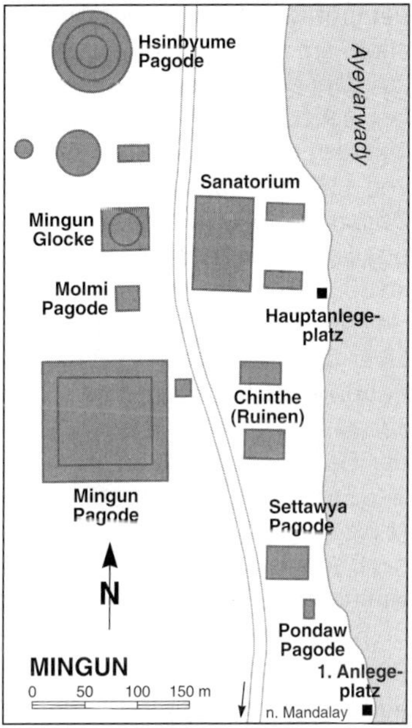

Besichtigung

Es gibt eine nördliche Anlegestelle direkt am Dorf und eine davon südliche gelegene etwa 15 Gehminuten entfernt. Wenn Sie die Wahl haben, sollten Sie im Dorf aussteigen. Von da aus fuhrt ein Weg durch die Anlage Daw U Zoon, ein methodistisches Sanatorium für alte Menschen. In letzter Zeit wird man von lästigen Kindern bedrängt, die sich als Führer anbieten, was überhaupt nicht erforderlich ist.

Mingun ist das Ergebnis des größenwahnsinnigen Königs Bodawpaya, der in Jahr 1784 von Rakhine mit der Mahamuni Statue und 20 000 Sklaven anreiste, um hier seine Ideen zu verwirklichen.

Glocke von Mingun

Sie ist die größte hängende intakte Glocke der Welt. In Moskau gibt es eine noch größere Glocke, aber diese hat einen Riß. König Bodawpaya ließ die Glocke 1790 gießen. Der Glockengießer wurde nach Vollendung dieses Meisterwerks vom König getötet, damit er nicht noch einmal ein so großes Exemplar gießen konnte.

Die Glocke hat einen Durchmesser von 5 m, ist 4 m hoch und fast 90 t schwer. Jeder darf sie mit einem Holzstock anschlagen. Die Glocke war ursprünglich in der Mingun Pagode. Ein Erdbeben zerstörte jedoch die Träger, an der die Glocke hing. Seitdem wird sie in einer offenen Halle gezeigt.

Hsinbyume Pagode

Sie steht unweit der Glocke. König Bagyidaw, der König Bodawpaya auf den Thron folgte, ließ sie 1816 zum Andenken an seine verstorbene Frau Hsinbyume bauen.

Die schneeweiße Pagode wurde dem Sulamani Tempel von Bagan nachgebaut. Sie steht auf sieben gewellten Terrassen, die die sieben Meere der buddhistischen

Kosmographie symbolisieren. Der Berg Meru ist nach diesem Weltentwurf das Zentrum der Erde. Auf den begehbaren Terrassen befinden sich Nischen mit *Nats, Ogres* und *Nagas*, die den Berg Meru bewachen. Das Erdbeben von 1838 beschädigte auch diese Pagode, 1874 ließ sie König Mindon renovieren.

Die dahinter liegenden Berghänge sind mit Klöstern und kleineren Pagoden übersät. Sie sind alle durch schattige Wege miteinander verbunden.

Mingun Pagode

König Bodawpaya von Amarapura begann 1790 mit dem Bau der größten Pagode des Königreiches, um damit seine Göttlichkeit zu bezeugen. Er verließ seinen Palast in Amarapura mit seinen Handwerkern. Auf einer Grundfläche von 150 m^2 sollte die 150 m hohe Pagode errichtet werden. Sie war erst über 50 m hoch, als der König im 20. Jahr nach Baubeginn starb. Sein Nachfolger gab den Bau auf. Über der quadratischen Basis erheben sich fünf zurücktretende Terrassen. An jeder Seite sind an der Basis Portale. 1838 zerstörte ein Erdbeben einen großen Teil. Nach den kühnen Plänen von König Bodawpaya sollten noch 4 034 Statuen aus Gold und Silber und 36 Steinfiguren in der Pagode aufgestellt werden. In einem Gebäude nebenan werden grün-, braun- und gelbglasierte Tonplatten aufbewahrt, die Szenen von den fünf Buddhistischen Konzilen darstellen. Etwas weiter südlich stehen zwei große *chinthes* in Ziegelbauweise zerbrochen am Ufer. Ursprünglich waren sie 33 m hoch. Zur Zeit können Sie noch (barfuß natürlich!) auf die Pagoden hinaufsteigen.

Pondawpaya Pagode

Legt das Schiff an der südlichen Stelle an, kommen Sie zur Pondawpaya Pagode. Sie ist nur 5 m hoch und wurde als das Modell für die Mingun Pagode gebaut

Settawya Pagode

Sie liegt direkt am Ayeyarwady und ist mit ihrem blendend weißen Anstrich weithin sichtbar. Ihr Treppenaufgang reicht bis an das Wasser. Im Innern der Pagode ist ein Fußabdruck Buddhas aus Marmor. Die 1811 fertiggestellte Pagode war die erste von König Bodawpaya gebaute Pagode in Mingun.

Das Mingun *Nat*-Festival findet zwischen dem 5. und 10. Tag des Monats Tabaung (Februar/März) statt.

Halin (Halingyi)

Anfahrt

Bus und **pick-up:** *von Mandalay:* verschiedene private Gesellschaften fahren stündl. von 6.00 - 15.00 Uhr vom Busbhf. ab; ca. K 200
von Monywa: Abfahrt jeweils wenn das Auto voll ist, K 80 - 100
von Mogok: Abfahrt um 5.00, 6.00 und 7.00 Uhr, ca. K 400 incl. der Kosten für die Fähre über den Ayeyarwady, Fahrzeit ca. 6 Std.

Halin war einst eine bedeutende Stadt der Pyu. Sie kann erreicht werden über die Straße Mandalay - Shwebo. Halin und Shwebo liegen in der flachen Ebene des Ayeyarwady.

Nach der Legende soll der indische Prinz Mahasamata die Stadt vor vielen tausend Jahren gegründet haben. Der letzte Pyu-König hat sie angeblich durch einen glühenden Aschenregen zerstört.

Der Ort war umgeben von einer 3,5 km langen Stadtmauer mit 12 Toren. In der Mitte befand sich die Palastanlage, von der heute nur noch ein paar Mauerreste zu sehen sind. 1964 fand man dort eine riesige Steintafel aus dem 8. und 9. Jh. mit südindischen Inschriften, die Auskunft über die Pyu geben.

Shwebo

Shwebo liegt 80 km nördlich von Sagaing an der Bahnlinie nach Myitkyina. Der Ort war im 18. Jh. für nur vier Jahre Hauptstadt. Das Grab von König Alaungpaya, der in Shwebo geboren wurde, ist mit einer Inschrift in englischer Sprache noch erhalten. Shwebo war bereits im 3. Jt. bereits besiedelt. Heute kann man wie in Halin nur noch wenig von dem Königssitz erkennen. Einen Überblick erhält man vom Myo Daunt Chedi.

Kyaung Myaung

Anfahrt

Bus von Shwebo, ca. 1 Std.
Der Ort liegt am Ufer des Ayeyarwady, 25 km östlich von Shwebo.

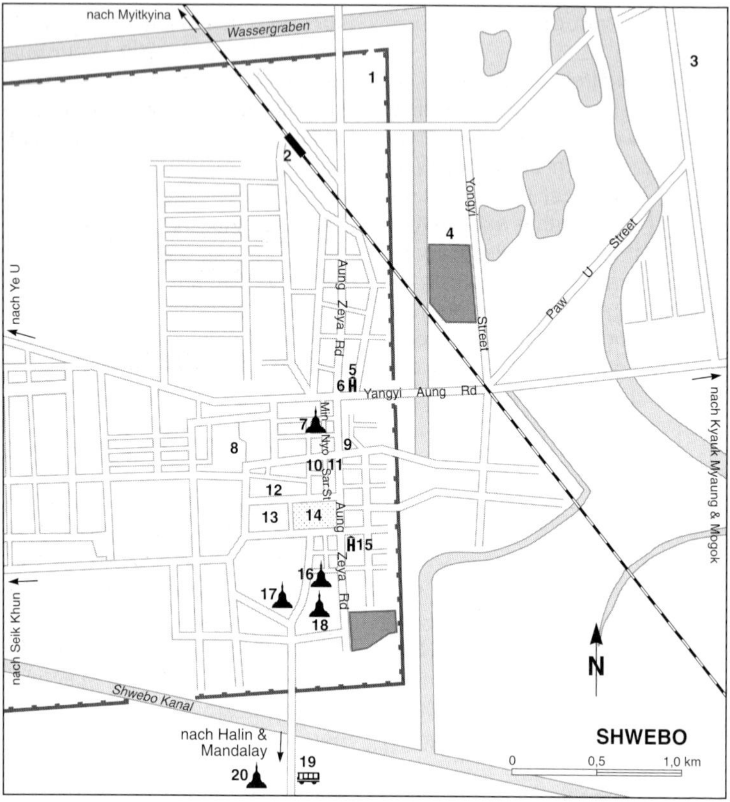

1 Myo Daunt Chedi
2 Bahnhof
3 Golfplatz
4 Immigration Office
5 Zin Wai Lar Guest House
6 Ngwe Zin Yaw Restaurant
7 Shwekyettho Pagode
8 Post
9 Eden Restaurant
10 Khine Thazin Restaurant
11 Shwe Taung Restaurant
12 Grab von König Alaungpaya
13 Alaungpayas Palast (Ausgr.)
14 Markt
15 Tun Tauk Guest House
16 Chanthaya Pagode
17 Shwe Daza Pagode
18 Chanthayagyi Pagode
19 Busstandplatz
20 Aung Myae Su Taung

Hier werden in zahlreichen Töpfereien, die man gerne besichtigen darf, große Wasserkrüge hergestellt. Vor allem während der trokkenen Jahreszeit sieht man Goldschürfer am Fluß. In Kyaung Myaung kann man mit einer Fähre übersetzen, um auf eine der Hauptrouten nach Mogok zu treffen.

Tagaung

Anfahrt

Schiff: von Mandalay nach Bhamo, siehe im Anhang

Die Stadt liegt etwa 200 km nördlich von Mandalay am Ayeyarwady. Das Linienschiff von Mandalay nach Bhamo hält nur auf Wunsch in Tagaung. Es kommt aus Zeitgründen nur eine Schiffsreise flußabwärts in Betracht. Mit dem Auto ist Tagaung gut erreichbar.

Tagaung gilt als Wiege der birmanischen Kultur. Die erste Stadtgründung soll im 6. Jh. v. Chr., also noch vor Buddhas Geburt, durch einen indischen König erfolgt sein. In einer Inschrift aus dem 12. Jh. wurde die Stadt zum ersten Mal erwähnt. Die Ausgrabungsstätten liegen in dem Teil, der „Alt Bagan" genannt wird. Die Stadt war von einer Mauer mit einer Seitenlänge von 1,2 km umgeben. Die Westseite wurde vom Fluß weggespült. Innerhalb der Mauern befinden sich die Reste der Shwezigon Pagode; es sind nur noch die Terrasse und ein Teil des Stupas erhalten.

Nordöstlich von Mandalay

Pyin Oo Lwin (Maymyo)

Anfahrt

Zug: Nr. 131 up täglich von Mandalay mit der Endstation in Lashio, ab 4.30 Uhr, an 9.00 - 10.00 Uhr, US$ 6, nach Lashio US$ 11, nicht empfehlenswert, zu lange Fahrzeit
pick-up: Abfahrt immer wenn das Auto voll ist zw. 5.00 und 15.00 Uhr, Ecke 32. und 82. St, K 500 (hinten) und K 600 (vorne), Fahrzeit hin 2 ½ - 3 Std., zurück 2 - 2 ½ Std.
Taxi: v. Zegyo M., zw. 7.00 u. 15.00 Uhr ständl., ca. K 1 000 - 1 500
Mietauto: für den ganzen Tag den üblichen Satz von ca. 45 US$
in Pyin Oo Lwin
typische farbige **Pferdekutsche:** für eine kürzere Strecke K 200 - 300, K 400/Stunde, K 800 - 1 000/ ganzer Tag mit Besichtigung
Fahrrad: zu mieten beim Pyin Oo Lwin Government Rest House, am Markt, im Grace Hotel, Pacific

Umgebung von Mandalay

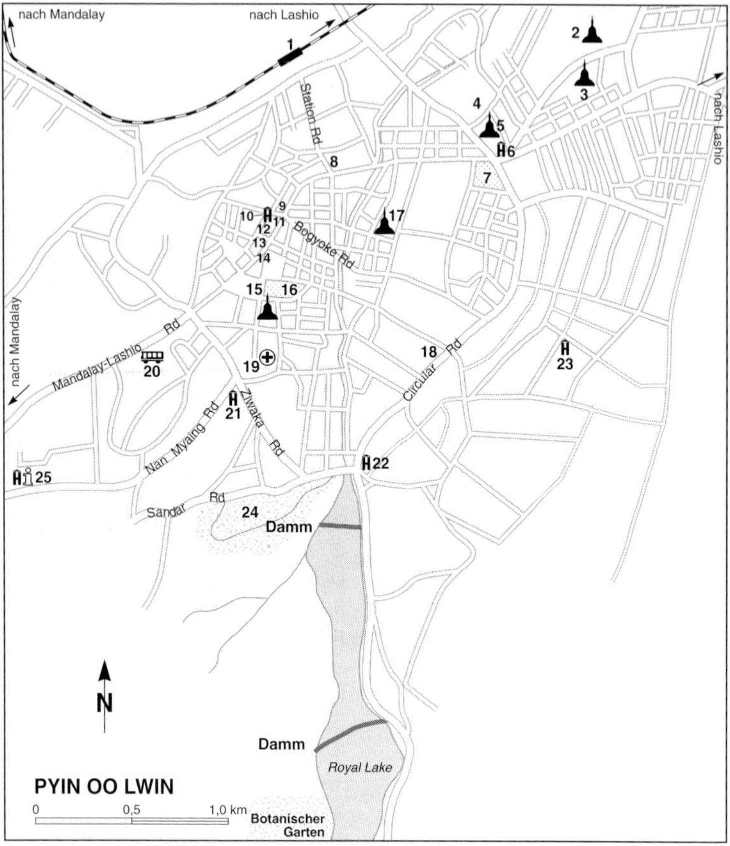

World Curio Shop und in manchen Guest H., K 50/Std., K 200/Tag
pick-up: für eine halbtägige Besichtigungstour K 300 - 400/P.

Pyin Oo Lwin liegt 69 km östlich von Mandalay auf 1 100 m Höhe. Der frühere Ortsname Maymyo rührt von Colonel May (myo heißt auf birmanisch „Stadt") her. Die Stadt ist eine alte Shan-Bergsiedlung. Wegen seines angenehmen Klimas war der Ort bei den Briten eine beliebte „hill station". Inder, Nepalesen und ehemalige Mitglieder der britischen Armee ließen sich in Pyin Oo Lwin nieder. General Ne Win besitzt dort ein Sommerhaus. Die Atmosphäre der Ko-

1 Bahnhof	14 Uhrturm
2 Shwe Myan Tin Pagode	15 Hindu Tempel
3 U Chanti Pagode	16 Hauptmarkt
4 Kantonesischer Tempel	17 Shwezigone Pagode
5 Aung Chanta Pagode	18 Post
6 YMCA	19 Krankenhaus
7 Shan Markt	20 Pick-ups nach Mandalay
8 Tawthagi Cold Bar	21 Grace Hotel
9 Shanghai Restaurant	22 Gandamar Myaing Hotel
10 Ruby Guest House	23 Pyin Oo Lwin Guest House (früher Candacraig)
11 Maymyo Restaurant	24 Golf
12 Family Restaurant	25 Nann Myaing Hotel und MTT
13 Moschee	

lonialzeit ist bis heute erhalten geblieben und macht den Ort zu einem wirklich eindrucksvollen Ausflugsziel. Die typischen geschlossenen Pferdekutschen versetzen Sie mit etwas Phantasie fast in einen Wildwestfilm.

Das Klima in Pyin Oo Lwin ist selbst in der heißen Jahreszeit angenehm. Der Ort ist von grünen Hügelketten umgeben. Eukalyptusbäume, Eichen und Pinien spenden Schatten. Es werden europäische Gemüsesorten, Kaffee, Bananen, Ananas, Erdbeeren, Baumwolle und Chrysanthemen angebaut.

Sie erreichen Pyin Oo Lwin auf einer Straße, die sich in vielen Haarnadelkurven über die Hügel windet. Etwa auf halbem Weg bei km 34 können Sie von einem Aussichtsplatz auf Mandalay und die Umgebung hinab schauen. Hier legen die meisten Fahrer eine Pause ein, um z. B. das Kühlwasser aufzufüllen. Mehrere Eßlokale laden zu einem kleinen Imbiß ein.

Besichtigung

Botanischer Garten

• Eintritt: K 50, geöffnet täglich von 7.00 - 15.30 Uhr

Er wurde 1914 von dem Gouverneur Harcourt Butler mit Hilfe von türkischen Gefangenen aus dem Krimkrieg angelegt. Die über 3 000 verschiedenen Pflanzen auf dem 240 ha großen Gelände sind mit Schildern versehen, die in lateinischer, birmanischer und englischer Sprache beschriftet sind. Die Anlage umsäumt den Kandawgyi See, an dem auch ein kleiner goldener Stupa steht. Sonntags wird der sonst sehr beschauliche

Park von vielen Einheimischen besucht. Am Eingang können Sie exotische Samen und Pflanzen kaufen.

Tayoke-hpaya Tempel

Besucher sind sehr willkommen in diesem Chinesischen Tempel. Im 1. Stock ist ein Gebetsraum, in dem die Zeremonien stattfinden.

Purcell Tower

Der Uhrturm steht am Ortseingang in der Nähe des Marktes. 1936 wurde der von dem Chemiker Purcell gestiftete Turm eingeweiht. Die Glocke des Purcell Towers soll eine von 10 Glocken sein, die zum Silbernen Jubiläum der Regierung von König Georg V. von England gegossen worden ist. Zu jeder Stunde ertönt die Melodie des Big Ben in London. Derselbe Turm steht noch in Kapstadt.

Märkte

Hauptmarkt

In dem überdachten Markt gibt es Verkaufsstände mit chinesischen, thailändischen und einheimischen Waren sowie Souvenirs und Antiquitäten von den Bergstämmen. Hauptsächlich am früheren Morgen finden sich Frauen und Männer der verschiedenen Bergstämme, vor allem der Shan, ein. Neben dem Markt befindet sich die Taungaungyi Pagode.

Shan Markt

Er liegt im Norden der Stadt an der Straße nach Lashio, geöffnet von 7.30 - 10.00 Uhr

Naungkangyi Pagode

Die Pagode steht auf einem Hügel mit einem guten Rundblick. Sie ist auf überdachten Treppen zu erreichen.

Einkäufe

Die meisten in Pyin Oo Lwin angebotenen Souvenirs stammen aus Mandalay und Umgebung. Vorsicht bei „Edelsteinen“!

Im bereits erwähnten Markt im Stadtzentrum gibt es neben frischen Lebensmitteln auch Stände mit Souvenirs der Bergstämme.

Dream Merchant Tribal Souvenir Shop: 4, an d. Hauptstr. n. Lashio, Block Nr. 6, beim Uhrturm, vor allem Gegenstände d. Bergstämme

Pacific World Curio : 75, Main Str., b. Myoma Cinema, Antiquitäten v. d. Bergstämmen, alte Uhren, Opiumgewichte, Marionetten, bestickte Wandbehänge, organisiert auch Besichtigungen, Geldwechsel

Sonstiges

MTT-Büro: im Nann Myaing Hotel

Golf Club: 18-Loch-Platz

Unterkunft

• Vorwahl: 0 85

Nann Myaing Hotel
an der Hauptstraße beim Ortseingang, T. 2 21 17, staatl., EZ US$ 43, 55, 90 (je nach Ausstattung), DZ US$ 56, 68, 104, Du und WC, w. W., 30 Zimmer in mehreren Häusern, Restaurant, guter Service, zu teuer; Visa, Master Card und American Express wird akzepiert

Thiri Myanmar Hotel
38 (B) Forest Rd, T. 2 24 83, 3stöckiges Haupthaus und Bungalows, neu, gehobene Preisklasse, Zi mit AC, Du und WC, w. Wasser, TV, Swimmingpool, Restaurant mit birman., chin. und europäischen Gerichten

Cherry Myaing Hotel
Aing Daw Rd, staatlich, 7 Zi, DZ US$ 50 - 60, Du und WC, in erster Linie für das Militär und Staatsgäste

Gandamar Myaing Hotel
Yuga Str., am Weg zum Botanischen Garten, T. 2 20 07, staatl., 5 Zi, EZ US$ 30, DZ US$ 40 - 55, Du und WC

Pyin Oo Lwin Government Rest House oder **Thiri Myaing** (früher Candacraig)
Anawrahta Rd, T. 2 20 47, 2 21 12, 9 Zi, staatl., EZ US$ 12 - 25, DZ US$ 35 - 50, Du und WC, w. W. von 6.00 - 8.00 Uhr und von 18.00 - 20 Uhr, mit Frühst., Landhaus i. Kolonialstil 1906 erbaut, gr. Garten m. Pinien, Eichen u. Eukalyptusbäumen, Restaurant, offener Kamin, Bar, Tennisplatz, ist mittlerweile etwas heruntergek., aber trotzdem schnell ausgebucht, Visa, Master Card u. American Expr. werden akzept.

Yuzana Myaing Hotel
Aing Daw Rd, staatlich, hauptsächlich für das Militär reserviert, 4 Zi, EZ US$ 15 - 20, DZ US$ 25 - 30, Du und WC

Thazin Myaing Hotel
Aing Daw Rd, EZ US$ 15 - 20, DZ US$ 25 - 30, Du und WC

Royal Parkview Hotel
H-107, Eindaw Str., T. 2 12 10, 30 Zi, neu, DZ US$ 30, Du und WC, große Zi, sauber, gut

Grace Hotel
114 (A), Nann Myaing Str., T. 2 12 30, 11 Zi, mit Garten, EZ US$ 5 - 10, DZ US$ 10 - 20, Gemeinschaftsbad, etwas außerhalb

Golden Dream Hotel
42/43 Block 5, Lashio Rd, beim Purcell Tower, T. 2 21 42, morgens etwas laut, US$ 5 - 7 p. P., w. Wasser, Gemeinschaftsb., US$ 10 - 12, Du u. WC

Ruby Guest House
im Zentrum an der Straße Mandalay - Lashio, T. 2 24 94, US$ 5 pro Person, Gemeinschaftsbad; EZ US$ 8 - 10, DZ US$ 15 - 20, Du und WC, w. Wasser

YMCA
an der Straße Mandalay - Lashio, hat noch keine Lizenz für Ausländer

Restaurants

Hauptsächlich entlang der Hauptstraße und beim Markt sind Restaurants zu finden.

Chinesische Küche
empfehlenswert sind z. B. das Shanghai, Layngoon, Hong Kong Chinese Restaurant, Maymyo Restaurant und Happy Restaurant, alle an der Hauptstraße

Birmanische und indische Küche
Burmese Family Rest.: Familienbetrieb, 13, Block 4 im Markt, bei Einheimischen beliebt
Mithaza Rest.: birmanisch, gut, preisw.
Aung Padamya Restaurant: 28, Thu Mingalar, geöffn. von 11.00 - 18.00 Uhr

Birmanische und englische Küche
Nann Myaing und Thiri Myaing Hotel
Shan-Küche
Nudelgerichte der Shan im Markt
Indische Küche
Aung Padamyar Chitty Restaurant: Thumaingala Quarter, 44 Block 28, vegetarische und indische Gerichte
Tea und Coffee Shops
Win Shwezin Café: in der Nähe des Marktes, typisch birman. Tea Shop
Hlaing Tea Shop: beim Markt, im nepalesischen Stil, Frühstück und Snacks
Tawthagyi Cold Bar: an der Straße zum Bahnhof, gute Milchshakes

Ausflüge

Pwe Kauk Wasserfälle

Sie liegen 8 km nordöstlich der Stadt an der Straße nach Lashio. Sie sind nicht besonders beeindruckend. Für die Einheimischen gibt es hier einen beliebten Picknickplatz.

Mit einem Fahrrad erreichen Sie diesen Wasserfall in einer Stunde. Bequemer ist es mit dem Auto oder pick-up.

Auf dem Weg zu den Pwe Kauk Wasserfällen können Sie drei Shan Dörfer anschauen: **Mogyopyit, Yechando** und **Ye Ngeye.**

Von Pwe Kauk können Sie in einer Stunde zu der Höhle **U Naung Gu** gehen, die einige Buddhastatuen enthält. Hierfür müssen Sie sich z. B. in Pwe Kauk einen Führer suchen.

Peikchin Myaung Höhlen

Anfahrt: gemietetes pick-up, ca. K 2 000, 1 Std.

Sie befinden sich etwa 28 km von Pyin Oo Lwin. Sie können von den Pwe Kauk Wasserfällen auf der Straße nach Lashio weiterfahren und erreichen sie nach 20 km. In dieser natürlichen Höhle entspringen zahlreiche Quellen mit klarem Wasser, das in einem Bach durch die Höhle fließt und Heilkräfte besitzen soll. Im Innern stehen viele (neue) Buddhastatuen und Modelle von den berühmtesten Pagoden des Landes zwischen Stalaktiten und Stalagmiten, die von bunten, blinkenden Lichtern erleuchtet werden.

In der Höhle müssen Sie barfuß gehen! Bei den Höhlen gibt es einfache Restaurants.

Anisakan Wasserfälle

Anfahrt: vor dem Kino in Pyin Oo Lwin stehen Jeeps nach Anisakan, K 200 - 300 pro Person

Diese befinden sich 8 km südwestlich von Pyin Oo Lwin. Von Mandalay kommend zweigt die Straße 10 km vor Pyin Oo Lwin nach rechts ab. Die Anisakan Wasserfälle sind wesentlich eindrucksvoller als die Pwe Kauk Wasserfälle, und man kann dort auch schwimmen. Für diesen Ausflug müssen Sie mit einem halben Tag rechnen. Vom Parkplatz an der Hauptstraße geht man etwa eine Stunde in eine Schlucht hinunter (bei Regen ziemlich glitschig). Insgesamt sind es fünf Wasserfälle.

Wetwun Wasserfälle

Sie sind 21 km entfernt. Für diesen Ausflug benötigen Sie mindestens einen halben Tag.

Shiba

Das Shan-Dorf liegt 20 km von Pyin Oo Lwin entfernt und ist für seine Puppentheateraufführungen bekannt.

Gokhteik Viadukt

Anfahrt

Zug: Strecke Mandalay - Lashio, US$ 11, von Mandalay ab 4.30 Uhr, von Pyin Oo Lwin ab ca. 8.00 Uhr, Fahrz. 2 Std. zum Gokhteik Viadukt, US$ 4
Bus: von Mandalay und Pyin Oo Lwin nach Lashio

Diese 700 m lange Eisenbahnbrücke überspannt eine knapp 300 m tiefe Schlucht. Sie wurde um 1900 von der amerikanischen Pennsylvania Steel Co. nach englischen Plänen gebaut und soll das zweithöchste Viadukt der Welt sein. Die Brücke wird Tag und Nacht vom Militär bewacht. Wer mit dem Zug fährt, kann an der Bahnstation vor der Brücke kurz aussteigen, um sich die Brücke anzuschauen. Nachdem der Zug die Brücke überquert hat, fährt er in ein Tunnel.

Das Fotografieren der Brücke ist allerdings streng verboten!

Kyaukme

Die Shan-Stadt liegt an der Straße bzw. Bahnlinie Mandalay - Lashio, zwischen Gokhteik und Lashio. Von Kyaukme zweigt eine Straße nach Mogok (noch 85 km) ab.

Kyaukme hat 150 000 Einwohner und liegt in einem fruchtbaren Tal umgeben von Hügeln mit Pagoden und Klöstern. Hier wachsen Reis, Gemüse, Bananen, Obst und Bambus. Im Zentrum der Stadt gibt es Läden, die Rubine, Saphire und Jade verkaufen.

Hsipaw (Thibaw)

Anfahrt

Zug: Route Mandalay - Lashio, etwa am Nachmittag in Hsipaw
Bus: *von Mandalay* Abfahrt 84. Str. beim Zegyo Markt, ca. 7 - 9 Std., ca. K 700; *von Pyin Oo Lwin* Abfahrt vom Markt um 6.00 Uhr, K 400

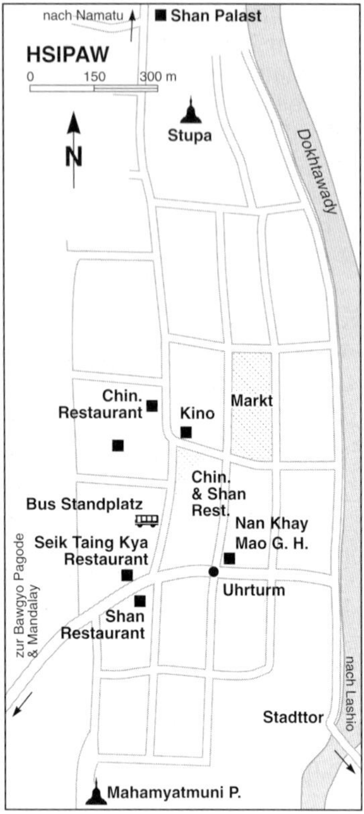

Alle Fahrer von Bussen und pick-ups legen in Hsipaw eine Pause ein, nach Lashio sind es dann noch ca. 70 km

Pick-up: von Mandalay nach Hsipaw: z. B. mit Yoma Express K 900, Abfahrt jeweils um 5.00 Uhr, täglich, Fahrz. ca. 8 Std.; von Hsipaw nach Lashio: K 500, Fahrz. ca. 3 ½ Std.

Wenn Sie von Kyaukme weiter in Richtung Lashio fahren, kommen Sie durch Hsipaw. Um in die Stadt zu gelangen, muß man von der Hauptstraße nach Lashio abbiegen und über eine Brücke fahren, die ab 18.00 Uhr gesperrt ist.

Besichtigung

Shan-Palast

Die Stadt war einst das Zentrum eines kleineren Shan-Staates. Heute ist noch ein Shan-Palast (haw heißt Palast) am nördlichen Stadtrand zu besichtigen. Hier lebte bis 1964 das letzte Shanoberhaupt mit seiner österreichischen Frau. Der Palast ist allerdings nicht offiziell geöffnet, aber der jetzige Hausherr, sein Neffe, zeigt ihn auf Wunsch den Besuchern.

Bawgyo Pagode

Im Südwesten, etwa 10 km von Hsipaw, steht die von den Gläubigen sehr verehrte Bawgyo Pagode. Es wird berichtet, daß König Alaungsithu 1113 mit seiner königlichen Barke nach Hsipaw gekommen sei und diese Pagode bauen ließ. Buddhastatuen stehen an vier Seiten des zentralen Pfeilers.

In der Pagode findet um den Vollmond im Februar/März fünf Tage lang eines der ältesten und größten-Shan Feste statt.

Theindaung Pagode

Etwa 6 km entfernt an der Straße nach Lashio steht auf einem Hügel die Theindaung Pagode. Von hier aus können Sie das ganze Tal überblicken und einen schönen Sonnenaufgang erleben.

Mahamyatmuni Pagode

Am südlichen Stadtrand steht die Mahamyatmuni Pagode, die eine große Buddhastatue beherbergt.

Markt

Auf dem schönen, quirligen Hauptmarkt finden sich frühmorgens Bergbewohner der Umgebung ein. In der Nähe südlich des Markts gibt es Werkstätten, die Schultertaschen und longyis weben.

Mit einem Fahrrad könnten Sie die nähere Umgebung erkunden, Bootsfahrten sind ebenfalls möglich.

Unterkunft und Restaurants

Nan Khay Mao Guest House
134, Bogyoke Rd, b. Uhrturm, T. 88, US$ 5 p. P., Gemeinsch.b., s. einf., laut
Aung Chan Tha Guest House
a. d. Str. n. Mandalay, T. 84, am Stadtr., ruhig, US$ 5 p. P., Gem.b., s. einfach
Ngwe Thaung Yan Guest House
a. d. Bushaltest. i. Zentrum, laut, s. einf.

Restaurants mit Shan-Gerichten finden Sie in der Bogyoke Rd und um den Markt.

Lashio

Anfahrt

Zug: täglich, *von Mandalay:* No 131 up, Abf. 4.30 Uhr, Lashio an gegen 18.00 Uhr, für Touristen ist nur die 1. Kl. mögl., US$ 11 einfach, von Mandalay bzw. Pyin Oo Lwin zahlt man immer in US$ bzw. FEC, von Lashio aus kann man möglicherweise in Kyat bezahlen.
von Pyin Oo Lwin: Abfahrt etwa um 7.30 Uhr, US$ 11
Zugkarten möglichst lange voraus kaufen, es gibt nur einen Wagon für die 1. Klasse.
Pick-up: *von Mandalay:* Abfahrt 5.00 Uhr vom Busbahnhof
von Pyin Oo Lwin: Abf. beim Uhrturm und vor dem kantones. Tempel, K 600 hinten u. K 700 vorne
Taxi bzw. Mietauto: *von Mandalay:* ca. US$ 45 - 50/Auto, 6 - 8 Std.
von Pyin Oo Lwin: Abfahrt wie bei den pick-ups, für 4 Personen, pro P. K 1 500, wesentlich angenehmer als mit dem pick-up, 6 - 7 Std.
Bus: private Gesellsch. z. B. Shwe Family, Yoma, Shan Taungtan, Pinlon; *von Mandalay:* Abfahrt 5.00 Uhr, ca. K 800, 9 - 10 Std.; kleinere AC-Vans K 1 000 - 1 500; *von Lashio* n. Mandalay: Abf. 6.00 Uhr

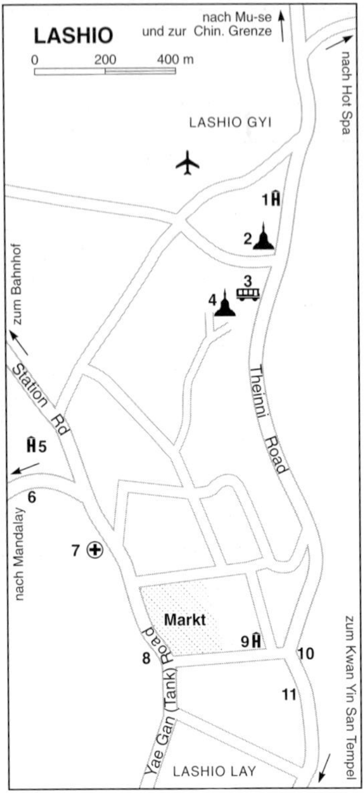

1 Nadi Ayeyar Guest House
2 Man Su Pagode
3 Busstandplatz
4 Thathana Pagode
5 Lashio Motel
6 Post
7 Krankenhaus
8 Yin Yin Restaurant
9 New Asia Hotel
10 Lashio Restaurant
11 Lite Lite Restaurant

Flug: Mo, Mi, Fr, Sa: Yangon - Heho - Lashio (US$ 125); Mo, Mi, Fr: Heho - Lashio (90); Taxi vom Flughafen in die Stadt ca. K 400. Bei d. Buchung eines Fluges nach Lashio wird in der Regel ein Travelpermit verlangt. Mit dem Zug, Auto oder Bus können Sie zur Zeit ohne Permit nach Lashio fahren.

Lashio ist der Endpunkt der über 200 km langen Bahnstrecke Mandalay - Pyin Oo Lwin - Kyaukme - Hsipaw - Lashio. Hinter Pyin Oo Lwin fährt der Zug über das Viadukt von Gokhteik nach Kyaukme. Dort findet im März ein großes Shan-Fest statt. In Kyaukme kann man umsteigen zu dem 80 km entfernten Mogok. Die Stadt ist das Zentrum des Jadeithandels und bekannt für seine Rubinminen. Von Kyaukme führt die Bahn weiter nach Hsipaw.

Von Lashio aus wurde im 2. Weltkrieg die 1 200 km lange „Burma Road“ nach Yünnan gebaut, über die Munition und Versorgungsgüter von Indien nach Kunming in Yünnan gebracht. Heute ist die Burma Road der Haupttransportweg für Drogen aus dem Goldenen Dreieck, aber auch eine Handelsstraße in das nur noch 100 km entfernte China. Teak, Jade, Zigaretten, Edelsteine und Lebensmittel werden nach China ausgeführt, Haushaltwaren, Bier, Autoersatzteile, Teppiche und Kleidung werden eingeführt. Die

Grenzorte heißen Muse und Namkham, die vor allem durch ihren alle fünf Tage stattfindenden Markt interessant sind. Für diese zwei Orte benötigt man eine Erlaubnis.

Lashio liegt 850 m hoch und hat ca. 100 000 Einwohner, davon sind 60 % Chinesen. Sie ist die Hauptstadt der nördlichen Shan-Staaten. Die Stadt ist umgeben von Bergen, Schluchten und Flüssen. Von den Seen des Mya Kan Tha Recreation Centre bietet sich Ihnen ein schönes Panorama. Besonders bezaubernd ist es hier im Winter, wenn es überall üppig blüht. Lashio ist mittlerweile eine lebendige Handelsstadt.

Besichtigung

Märkte

Das Interessanteste von Lashio sind die Märkte. Zum **Hauptmarkt** an der Bogyoke Street kommen am frühen Morgen die Shan und Palaung aus weit entfernten Tälern. Die Palaung tragen ihre malerische Tracht mit silbernen Halsketten und Silbergürteln, die ihren Rock zusammenhalten. Sie bringen vor allem Orchideen zum Markt.

Kwan Yin San Tempel

Dieser chinesische Tempel aus dem Jahr 1950 soll einer der schönsten und größten von Myanmar sein. Er steht an einem Berghang, von ihm aus bietet sich Ihnen ein schöner Blick auf die Stadt. Im Tempelinneren stehen drei Buddhafiguren auf einem Lotosthron und weiter hinten eine Statue von Buddhas Mutter. Der Tempel wird von zwei Kriegern, die auf Drachen reiten, bewacht. In der Mitte eines Schildkrötenteiches befindet sich ein Modell des Berges Meru.

Im dazugehörenden Kloster wohnen nur noch wenige Mönche und Nonnen.

Man Su Pagode

Der Stupa ist über 200 Jahre alt und ist mit Kupfer umkleidet.

Thathana hnahtaung nga Pagode

Sie enthält 28 Buddhafiguren. Auf dem Gelände der Pagode wurde 1992 die Kaba-aye Zedidaw (World Peace Pagode) errichtet. Hier befindet sich auch ein Meditationszentrum.

Sarsana Mission

Diese erst kürzlich erbaute Pagode ist ein weithin sichtbarer Blickfang.

Außerdem gibt es in Lashio noch einige katholische Kirchen,

Moscheen und viele chinesische Tempel.

Weitere, aber weniger interessante Besuchsorte sind die Yanaungmyin oder **Pawdawmu Pagode,** der kleine, mit Glasmosaiken verzierte Stupa **Myo U Zedi** und die **Jameh Moschee** von 1952.

Lashio Hot Spa

Die Quellen sprudeln fast 10 km außerhalb der Stadt in der Nähe des Flughafens. Sie können hier in sehr heißem Wasser baden. Eintritt für die Anlage K 5, für die Bäder von K 50 - 200 pro halbe Stunde, geöffn. v. 8.00 - 20.00 Uhr.

Unterkunft und Restaurants

- **Vorwahl: 1 01**

Lashio Motel
an der Kreuzung der Mandalay - Lashio Straße und der Station Rd, T. 2 17 02, US$ 15 - 20 pro P., AC, Du und WC, TV, Kühlschrank, mit Frühst., neu, staatl., Restaurant, Souvenirladen
New Asia Hotel
San Kaung Str., Qutr. 2, in d. Nähe d. Marktes, T. 2 16 22, 35 Zi, EZ US$ 6, DZ US$ 12, Du und WC, privat geführt
Yadana Theingi Hotel
1, Yay Kaw Str., T. 2 16 50, US$ 5 pro Person, Gemeinschaftsbad, einfach
Mo Shwe Li Guest House
b. Busbhf., EZ US$ 4, DZ US$ 7, Gem.-sch.b.; DZ US$ 12, Du u. WC, w. W.
Nadi Ayeyar Guest House
Theinni Rd, T. 2 17 25, EZ US$ 5, DZ US$ 8, Gem.sch.b., sauber, sch. Lage
Lwin und Dagon Guest House
einfache Zimmer, US$ 3 pro Person
Die meisten **Restaurants** servieren chinesische und Shan Gerichte.
Lashio Rest.: beim New Asia H., gut
Lite Lite Rest.: beim New Asia H., gut
Winlight Chin. Muslim R.: billig, gut
Yin Yin Burmese Rest.: b. Markt, gut

Der Norden

Mogok

Anfahrt

Bus: Verbindungen von Mandalay, Kyaukme und Shwebo
Auto: ist das einzig empfehlenswerte Transportmittel, ca. 7 Std.

Mogok ist zur Zeit nur mit einem Permit zu erreichen, das man aber einfach und schnell über Reisebüros erhält. An der sehr schlechten Straße nach Mogok sind zahlreiche Kontrollposten.

Auf dem Weg von Mandalay kommt man etwa auf der Höhe von Mogok zu dem Ort **Thabeikkyin.** Von hier aus erreicht man mit Mulis das 5 km lange und 1 km breite Mogoktal mit seinen Rubinminen, das in seiner Geschichte so umkämpft war wie kaum ein anderes Tal. Kurz nach Thabeikkyin steht die interessante *Anyathihadaw Pagode.* König Alaungsithu ließ sie bauen. Ein Elefant aus Stein bil-

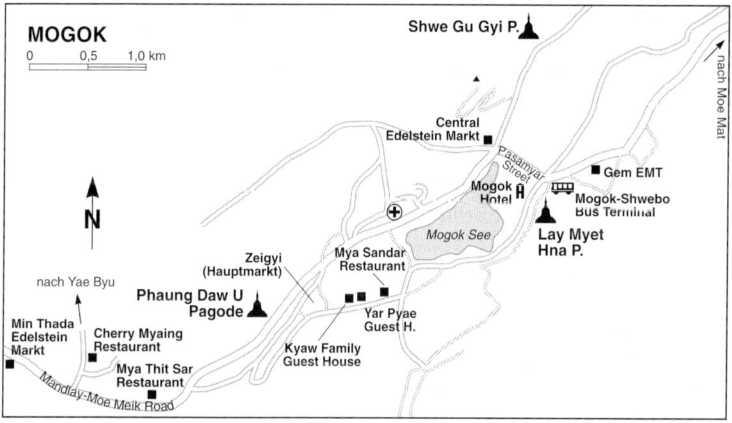

det die Basis für den Stupa, der zur Hälfte vergoldet und zur Hälfte weiß ist. Man kann in den unteren Teil hineingehen. Er enthält alte Buddhastatuen. Angeblich sollen hier in einem Teich 1 ½ m lange, zahme Hundshaie gefüttert werden, denen die Pilger Goldplättchen auf den Kopf kleben.

Auf einer holprigen Straße fährt man weiter durch malerische Täler mit Stupas und Pagoden auf den umliegenden Bergen. Der Ort Mogok schmiegt sich idyllisch um einen See und vermittelt trotz seiner 100 000 Einwohner den Eindruck eines Bergdorfes. Hier treffen sich die Rubinhändler und Schmuggler. 1889 gründeten die Briten die Ruby Mines Company, die die größten Rubine überhaupt, mit 304 und 400 Karat, fand. Die schönsten Rubine kommen aus Myanmar und nur hier gibt es sie in dem seltenen „Taubenblutrot“. Chemisch gesehen ist der Rubin ein kristallisiertes Aluminiumoxid, eine Verbindung von Aluminium und Sauerstoff. Die Rubine, auch „Blutstropfen aus dem Herzen der Erde“ genannt, findet man in Flußbetten, im Gebirge und vor allem in Höhlen. In engen, unterirdischen Gängen schlagen die Arbeiter die Steine heraus und sammeln sie in einem Korb. In Mogok und Umgebung bestehen 570 Fundstellen, die vom Militär ständig überwacht werden. Trotzdem soll die Hälfte der Funde illegal nach Thailand, China und Laos geschafft werden. Mit Einbruch der Dunkelheit beginnt auf einem Platz im Zentrum von Mogok der Schwarzmarkt, wo im Licht der Taschenlampen Rubine und Saphire gehandelt werden.

Besichtigung

Phaung Daw U Pagode

Sie beherbergt zwei Kopien der Buddhastatuen der Phaung Daw U Pagode am Inle See und ein Marmorbildnis, das im Stil dem der Mahamuni Pagode in Mandalay gleicht. Der Stupa ist mit Glasmosaiken umkleidet.

Than-ban-than-bok-daw Pagode

Sie enthält mit Rubinen und Smaragden verzierte Buddhafiguren, die in der Basis des goldenen Stupa eingeschlossen sind.

Chanthagyi Pagode

Der Stupa ist vergoldet. Im Inneren werden wertvolle Edelsteine aufbewahrt.

Kaunghmudaw Pagode

Sie liegt an einem See und ist nach der berühmten Pagode bei Sagaing benannt und stellt die kleinere Ausführung dieser Pagode dar.

Kyauk Pya-that Pagode

Die Pagode ist auf einen Hügel gebaut und kann über eine holprige Straße erreicht werden. Oben am Hügel bietet sich eine schöne Aussicht. Am Fuß des Hügels befindet sich das Kyauk Pya-that Kloster, das von kleinen Stupas mit sitzenden Buddhafiguren umgeben ist.

Hsin-bu-taung oder Spider Mountain

Auf diesem Hügel sehen Sie die Figur eines liegenden Buddhas, dargestellt beim Eintritt ins *Nirwana,* und einen spiegelmosaikbesetzten Stupa. Man kann nur bis zur Hälfte auf den Berg fahren, der Rest ist zu Fuß zu bewältigen. Dafür werden Sie mit einem herrlichen Rundblick entschädigt.

Unterkunft und Restaurants

Mogok Motel
staatlich, 42 Zi, DZ US$ 30 - 40, Du und WC, w. Wasser, TV, mit Frühstück, Souvenirshop, Restaurant
Restaurants
im Vorort Kyatpin: Myoma Restaurant und Shwe Bamar Restaurant
Mithazu Indian Restaurant und Panthe Hkaukhswehzaing (Shan)

Bhamo

Anfahrt

Auto: v. Mandalay u. Mogok mögl.
Schiff: 2mal wöchentlich, flußabwärts 40 - 42 Std.

Flug: So und Mi von Mandalay (US$ 55) und Yangon
Zug: von Mandalay nach Katha, dann mit dem Schiff nach Bhamo

Bhamo ist über 500 km nordöstlich von Mandalay, 190 km südlich von Myitkyina und nur 48 km von der chinesischen Grenze entfernt, und auf der Straße nach Myitkyina zu erreichen. Bhamo liegt am Ayeyarwady und wurde im 17. Jh. gegründet. Die Stadt zählt 12 000 Einwohner, die vorwiegend mit den in dieser Region vorkommenden Rubinen Handel treiben.

Früher war Bhamo ein bedeutender Umschlagplatz für chinesische Waren, hier begann die Karawanenstraße nach China.

Besichtigung

Markt

Er ist besonders sehenswert durch das Völkergemisch: Vertreter der Shan, Palaung, Lashi, Lishu und Kachin sind hier anzutreffen. Außerdem kommen noch Inder und Chinesen hierhin um Handel zu treiben.

Theindawgyi Pagode

Diese ursprüngliche Pagode liegt an einem Teich und wird von zwei *chinthes* bewacht. Der Stupa sieht durch das Glasmosaik silbern aus. Um den Hauptstupa stehen acht kleinere Stupas an den Kardinalpunkten, die wie bei vielen Pagoden, z. B. auch bei der Shwedagon in Yangon, die Wochentage markieren.

In einem angegliederten **Museum** sehen Sie Darstellungen aus dem Leben Buddhas und einen alten *hti.*

Taung lay-lon dat-paung-zu Pagode

Auf vier zurücktretenden Terrassen befindet sich eine Andachtshalle mit Buddhabildnissen. Über dem Dach erhebt sich ein Stupa, halb golden, halb weiß, umgeben von acht kleineren Stupas. Eine Glocke wurde im 11. Jh. von König Mahathirithihathu gespendet.

Die Ordinationshalle enthält eine große sitzende Buddhafigur, einen Pfau sowie je eine größere und kleinere Buddhafigur aus Marmor. Die freundlichen Mönche erklären Ihnen gerne die Anlage.

Sampanago

Etwa 4 km nordöstlich von Bhamo liegt Sampanago, eine alte Stadt des Shan-Königreiches aus der Zeit vor der Gründung Bagans. Sie war ein bedeutender Handelsplatz.

Heute sind aus dieser Zeit nur noch die Reste der Stadtmauer geblieben. Dort steht dort die schöne *Shwekyina Pagode.*

Unterkunft und Restaurant

Golden Dragon Hotel
US$ 10 pro Person, einfach, Führer für naheglegene Kachin Dörfer (z. B. Aungtha) können Sie hier finden
Shwenaga Guest House
US$ 5 pro Person, sehr einfach
Sein Sein Chinese Restaurant

Myitkyina

Anfahrt

Flug: Mi Direktflug von Yangon (US$ 165); Mo, Fr, Sa Mandalay - Putao - Myitkyina; Mi Mandalay - Bhamo - Myitkyina; Taxi vom Flughafen in die Stadt ca. K 300
Zug: von Mandalay, Fahrz. 27 Std.
Schiff und Zug: mit dem Schiff bis Katha, weiter mit d. Zug oder Bus
Bus: von Bhamo aus möglich, z. Zt. für Touristen aber nicht erlaubt!

Myitkyina ist 540 km von Mandalay und 50 km von der chinesischen Grenze entfernt. Der Ort zählt etwa 12 000 Einwohner und liegt im Kachin-Staat. Der größte Teil der Kachin sind Baptisten oder Katholiken. Da viele Einheimische in Missionsschulen unterrichtet werden, können Sie sich hier gut in Englisch verständigen. In der Stadt befinden sich etwa 15 Kirchen.

Für Ausländer ist Myitkyina im Moment allerdings nur mit einer Erlaubnis möglich. Sie dürfen sich dann innerhalb eines Radius von 25 km bewegen.

In Myitkyina gibt es ein sehr reichhaltiges Angebot an Früchten (z. B. Orangen, Grapefruits, Zitronen, Äpfel, Pomelos, Ananas, Avocados), Gemüse und viele Reisfelder. Die Stadt liegt in der Ebene des Ayeyarwady und ist von hohen Bergen umschlossen.

In der Umgebung leben in einem unberührten Wildreservat noch Tiger, Elefanten, Leoparden, Panther und Bären.

Während des Monsuns kann es hier sehr stark regnen und in der heißen Jahreszeit ist es oft extrem heiß.

Besichtigung

Markt

Er ist die Hauptattraktion der Stadt. Hier finden sich die verschiedenen Volksgruppen ein, wie Kachin, Karen, Inder, Gurkhas, Lishu.

Thetkya Marazein Andawshin Pagode

Sie wurde 1959 von U Nu erbaut, hat einen mit silbernen Glasmosaiken bedeckten Stupa und einen Fußabdruck von Buddha. Im Stupa werden zwei Kopien von

Zahnreliquien aus Beijing aufbewahrt, die bei Festen gezeigt werden.

Um die Pagode herum gruppieren sich einige Klöster.

Hsu-taungpyi Pagode

Diese „Wunscherfüllungspagode" liegt idyllisch am Ufer des Ayeyarwady. Ihr Eingang wird von zwei bemalten *chinthes* aus Sandstein bewacht. Der Stupa ist vergoldet. Die Pagode wurde 1113 von König Alaungsithu erbaut.

Weitere Tempel

Sheeri Shara Swathi Tempel (Gurkha Hindu Tempel), Jaame Masjid Moschee (1956 erbaut), ein chinesischer Tempel (er enthält Statuen von drei chinesischen Helden aus den vergangenen Königreichen; daneben ist eine chinesische Schule) und ein *Nat*-Schrein (mit zwei Tigern als Wächterfiguren, befindet sich an der Straße zur Fähre).

Manaofest

Jährlich im Januar wird in Myitkyina drei Tage lang mit ausgiebigem Essen und Unmengen von Alkohol gefeiert. Im Ursprung ist das Manaofest ein animistisches Fest zu Ehren der Madai, das sind himmlische Geister der Kachin.

Unterkunft und Restaurants

- **Vorwahl: 0 74**

Popa Hotel
T. 2 17 46, beim Bahnhof, EZ US$ 20, DZ US$ 30, Fan, Gemeinschaftsbad, das beste Hotel am Ort, Restaurant, einfache Zimmer, sauber

Nan Thiri Hotel
US$ 10 pro Person, Fan, Du und WC

YMCA
EZ US$ 15, DZ US$ 20, Fan, Gemeinschaftsbad, einfach, ordentlich, freundliches Personal

Manaw Guest House
US$ 10, sehr einfach

Shwe Ein Zay Chinese Restaurant: nahe dem Manaw Guest House

Weitere kleine gute Lokale finden Sie in der Bogyoke Aung San Rd.

Coffee Shops: Lucky Café and Confectionary, Phet Phu Yaung Coffee Shop, Shine Café

Umgebung von Myitkyina

In der Umgebung liegen zahlreiche *Dörfer der Kachin*, die Sie nur mit einem Führer besichtigen können. Die Kachin tragen hier dunkelblaue und grüne Longyis, die Männer aus den Bergregionen tragen Hosen.

Kraing Naw Yeiktha

9 km von Myitkyina entfernt liegt dieser Ort mit seiner traumhaften Aussicht auf den Ayeyarwady und

die Berge. Es gibt hier einige Restaurants zur Auswahl.

Myithson

Der Ort liegt 40 km nördlich von Myitkyina und ist der Ausgangspunkt für Wanderungen zu Bächen, wo Einheimische Gold waschen.

Pakkhan

Der Ort, 150 km westlich von Myitkyina, ist für seine Jade-Minen bekannt. Südwestlich von Pakkhan liegt der schöne *Indawgyi See,* der größte See Myanmars.

Putao

Anfahrt

Flug: Mo, Fr, Sa von Yangon via Mandalay und Myitkyina (US$ 75), Mi von Yangon via Myitkyina
Auto: nur während der trockenen Zeit möglich, dauert aber sehr lange, der Landweg ist für Ausländer nicht erlaubt!

Putao zählt 10 000 Einwohner verschiedener ethnischer Gruppen, vor allem Kachin und Lishu. Der Ort wirkt sehr verschlafen und liegt am Ende der Welt. Außer ein bißchen Landwirtschaft gibt es hier nichts zu tun. Transportmittel sind Ochsenkarren und Fahrräder.

Ausländer benötigen eine Erlaubnis, die sehr schwer erhältlich ist.

Besichtigung

Märkte

Das Hauptinteresse gilt den zwei Märkten: einer liegt in der Nähe des Tokyo Guest House, der andere in der entgegengesetzten Richtung.

Hier sehen Sie Angehörige der verschiedenen Bergstämme, die oft, einschließlich des Gesichts, tätowiert sind.

Taung-dan Tha-thana-pyu Pagode

Der weiße Stupa mit dem goldenen *hti* ist umgeben von acht kleineren Stupas an den acht Geburtstagspunkten. Am Eingang steht ein kleiner goldener Stupa mit acht Nischen und jeweils einer Buddhafigur darin. Daneben befindet sich ein Kloster.

Unterkunft und Restaurants

Unterkunft und Essen sind in Putao sehr teuer.
Government Guest House
mit Restaurant, DZ US$ 30
Tokyo Guest House
in der Nähe des Flughafens, einfache

Zimmer, DZ US$ 30
Sein Restaurant: chinesische Küche
Yadanapon Tea Shop: für Snacks

Hkakabo Razi

Der Hkakabo Razi ist der höchste Berg in Myanmar mit einer Höhe von 5 881 m. Er liegt im Kachin Staat und ist über das ganze Jahr schneebedeckt. Sein Name kommt aus dem Tibetischen und heißt übersetzt „schneeweißer Bergrücken“. Man muß bereits zwei Wochen marschieren, um überhaupt zum Fuße des Berges zu gelangen. Der Gipfel des Hkakabo Razi ist bis heute noch unbezwungen.

1956 mußte eine Gruppe nach 80 Tagen die Expedition abbrechen. Erst 1995 versuchte wieder eine Gruppe, bestehend aus Myanmaren und Japanern, die Erstbesteigung. Sie hatten den Berg schon bis zu einer Höhe von 5 500 m bezwungen, als sie dann nach 36 Tagen wegen eines Wettersturzes aufgeben mußten. Eine französische Bergsteigergruppe brach im gleichen Jahr auf und mußte ebenfalls aufgeben, weil sie bei schlechtem Wetter den Weg verloren.

Anhang

Literaturverzeichnis

Adler, Christian: Achtung Touristen, Umschauverlag 1983
Aris, Michael: Aung San Suu Kyi. Das Portrait. Heyne TB 19/510, 1991
Asch, Hanno: Birmanische Tage und Nächte, Berlin 1932
Aung Aung Taik: Visions of Shwedagon, White Lotus Co., Bangkok 1989
Aung San Suu Kyi: Freedom From Fear, Penguin 1991
Aye Saung: Burman in the back row. Autobiographie of a Burmese Rebel, Asia 2000, Hongkong 1989
Bechert, Heinz: Buddhismus, Staat und Gesellschaft in d. Ländern d. Theravada-Buddhism., 2. Bd, Frankf./B., 1966
Bingham, J.: U Thant, Düsseldorf 1967
Bulingame, E. W.: Buddhist Legends. Part II, Harvard Oriental Series, 1921
Boucaud André u. Louis: Burma's Golden Triangle. On the Trail of the Opium Warlords, Asia 2000, Bangk. 1992
Collis, M.: Into Hidden Burma, Faber and Faber 1954
Diezemann, Ursula: Myanmar, Goldstadt, Pforzheim, 1998
Duroiselle, C.: The Ananda Temple at Pagan, Dehli 1937
Duroiselle, D.:Pageant of King Mindon, Kalkutta 1925
Duroiselle, C.: Epigraphia Birmanica, 4 Bde, Rangun 1919 - 1936
Dutoit, J.: Jataka - Das Buch der Erzählungen aus den früheren Existenzen Buddhas, 6 Bde, Leipz. 1908-1916
Eliot, Joshua: Myanmar Handbook, Footprint Handbooks, Bath, 1997
Esche, Annemarie: Märchen der Völker Burmas, Drei Lilien Verlag
Esche, Annemarie: Die Goldene Pagode, Müller & Kiepenheuer, Hanau/M.
Fytche, Albert: Burma. Past und Present, Band 1 u. 2, London 1878
Fergusson, B.: Return to Burma, London 1962
Gebauer, Anton: Burma. Tempel und Pagoden. Erlebnisse längs der Burmastraße, Berlin 1943
Hanewald, Roland: Das Tropenbuch, Jens Peters Publikationen
Hallet, H. S.: A Thousand Miles on a Elephant in the Shan States, White Lotus Co., Bangkok
Harvey, G. E.: History of Burma, London 1925 und 1967
Heinrich, Gerd: In Burmas Bergwäldern, Berlin 1939
Herberts, K.: Das Buch der ostasiatischen Lackkunst, Düsseld. 1959
Htin, Maung: Alchemy and Alchemists in Burma, Oxford University Press 1933
Htin, Maung: Burmese Drama, Oxford University Press 1937
Htin, Maung: Burmese Folk Tales, Oxford University Press 1948
Jones Alexandra: Mandalay, Heyne TB 7753, 1994
King, Winston: A Thousand Lives away. Buddhism in contemporary Burma, Harward Univ. Press, Cambridge 1964
Köllner, Helmut: Myanmar, Nelles Guide, München, 1997
Kunstadter, P.: Southeast Asian Tribes, Minorities and Nations, Princeton 1967
Kurzrock, R.: Asien i. 20. Jh., Berl. 1972
Le Bar/Frank: Ethnic Groups of Mainland Southeast Asia, New Haven 1964
Leuenberger H.: Die Burmastraße gestern, heute, morgen. Starnberg 1943
Lewis, P. und E.: Völker im Goldenen Dreieck, Edition H. Mayer, Stuttg. 1984
Luce, Gordon: The Ancient Pyu, Journal of Burma Research Society 1937
Luce, Gordon: Essays offered to G. H.

Luce, Ascona 1967, Band I - II
Luce, Gordon: Old Burma - Early Pagan, 3 Bände, New York 1969
Ludwig, Clemens: Birma, Beck'sche Reihe Länder, Bd. 870, München, 1997 (sehr informativ)
Moisy, Claude: Birma, Editions Rencontre, Lausanne 1964
Murray, J.: A Handbook f. Travellers in India, Burma and Ceylon, London 1924
Nash, Manning: Burmese Buddhism in Everyday Life in American Anthropologist, Bd. 65, Nr. 2
Ockenfuß, Solveig: Anders Reisen: Frauen unterwegs, Rowohlt
O'Brien: Forgotten Land. A Rediscory of Burma, Penguin 1991
O'Connor, V. C.: Mandalay an Other Cities of the Past in Burma, White Lotus Co., Bangkok
Orwell, George: Tage in Burma, Diogenes Verlag 1982
Orwell, George: Burmese Days, Penguin 1989
Phayre, S. A.: History of Burma, London 1967
Prunner, G.: Meisterwerke birmanischer Lackkunst, Hamburg 1966
Ray, H.-R.: Introduction to the Study of Buddhism in Burma, Kalkutta 1936
Ray, H.-R.: Sanskrit Buddhism in Burma, Kalkutta 1936
Rockhill, W.: The Life of Buddha, London 1907
Rosiny, Tonny: Birma - das Glück des einf. Lebens, H. Erdmann Ver., 1979
Sale, Marino: Buddhismus. Lehre und Geschichte. Freiburg 1962
Schermann, Lucian: Im Stromgebiet des Irrawaddy, München 1922
Schermann, Lucian: Brettchenwebereien aus Birma und den Himalayaländern. Münchner Jahrbuch der bildenden Kunst 1913, IV. Vierteljahrheft
Schwank, Udo: Handbuch f. Fernreisen, Verlag G. Walther, Bremen
Sachs, C.: Die Musikinstrumente Birmas u. Assams, München 1917
Seitz, A.: Der Buddhismus im heutigen Birma, Rangun 1958
Smith, Nicol: Burma Road, New Y. 1942
Storz, Hans-Ulrich: Birma. Land, Geschichte, Wirtschaft. Wiesbaden 1967
Seidenstücker, K.: 12 Jataka-Reliefs am Ananda-T. zu Pagan, Münch. 1926
Theroux, Paul: The Great Railway Bazaar. By Train through Asia, N. Y., 1975
Thomann, Th.: Pagan, Stuttg. 1923
Temple, R.: The Thirty-Seven Nats, London 1906
U Myathein: Pracical Myanmar, Yangon, 1995
U Toke Gale: Burmese Timber Elephant, Yangon, 1974
Uhl, Wolfgang: Handbuch f. Rucksackreisen, Orac Pietsch Verlag
Wheeler, Tony: Myanmar, Lonely Planet, Australia, 1996
Yol, Shway: The Burman. His Life and Notions. London 1910
Yule, Henri: Reise in das Königreich Ava, Paris 1855
Yule, Henri: Narrative of the Mission to the Court of Ava in 1855, London 1858 u. Kuala Lump. 1968
Yule, Henri: The River of Golden Sand, London 1880

Adressen z. Landesinformation

amnesty international: 53108 Bonn, Heerstr. 178, T. (02 28)65 09 81
Die Armut des Volkes - Verelendung in den unterentw. Ländern, Rowohlt TB
Anders Reisen: Adressbuch - Informationsquellen von A - Z, Rowohlt TB
Anders Reisen: Tips & Tricks für Tramps und Travellers, Rowohlt TB

Burma - the alternative guide. Burma Action Group, Collins Yard, Islington Green, London N1 2XU
Burma Büro, Postfach 21 01 65, 50527 Köln, T. + Fax: (02 21)81 35 72
Deutsche-Burmesische Gesellschaft e. V: Kronstädter Str. 76, 45701 Herten, T. (0 23 66)9 19 31
Europäisch-Burmesische Gesellschaft e. V.; Hasencleverstr. 27 a, 22111 Hamburg, T. (0 40)6 55 69 44
Gesellschaft für bedrohte Völker: Postfach 20 24, 37010 Göttingen, T.(05 51)49 90 60
Solidaritätsgruppe Burma-Projekt, Silberhammerweg 78, 13503 Berlin

Tropenmedizinische Institutionen

Berlin
Landesimpfanstalt mit tropenmedizinischer Beratungsstelle, Ansbacher Str. 5, 10787 Berlin, T. (0 30) 21 22 24 63 u. 21 22 27 56
Robert-Koch-Institut des Bundesgesundheitsamtes, Nordufer 20, 13353 Berlin; T. (O 30) 4 50 31
Landesinstitut für Tropenmedizin, Engeldamm 62, 10179 Berlin, T. (0 30) 2 74 60, Fax: (0 30) 2 74 67 36
Bonn
Institut für Medizinische Parasitologie der Universität, Sigmund-Freud-Str. 25, 53127 Bonn, T. (02 28) 2 87 56 72, Fax: (02 28) 2 87 43 40
Hamburg
Bernhard-Nocht-Institut, Bernhard-Nocht-Str. 74, 20359 Hamburg, T. (0 40) 31 18 20, Fax: (0 40) 31 18 24 00
Heidelberg
Institut für Tropenhygiene am Ostasieninstitut der Universität, Im Neuenheimer Feld 324, 69120 Heidelberg, T. (0 62 21) 56 29 05 oder 56 29 99, Fax:(0 62 21) 56 59 48
Koblenz
Medizinische Parasitologie am Ernst-Rodenwaldt-Institut, (Institut für Wehrmedizin und Hygiene der Bundeswehr) Viktoriastr. 11 - 13, 56068 Koblenz, T. (02 61) 40 00 69 50 oder 30 70
München
Abteilung für Infektions- und Tropenmedizin des Fachbereiches Medizin der Universität, Leopoldstr. 5, 80802 München, T. (0 89) 33 33 22 (automat. Telefonansage), Impfauskünfte:
T. (0 89) 33 67 55; persönliche Impfberatung und Impfungen: Mo - Fr 11.00 - 12.00 Uhr, Mi und Do 16.30 - 18.00 Uhr
Tübingen
Tropenmedizin. Institut der Universität, Keplerstr. 15, 72074 Tübingen, T. (0 70 71) 29 23 64, Fax: (0 70 71) 29 60 21
Würzburg
Missionsärztliche Klinik der katholischen Mission, Salvatorstr. 7, 97074 Würzburg, T. (09 31) 79 10, Autom. Telefonans., (09 31) 7 91 28 25

Weitere Adressen in Yangon

WHO World Health Organisation, 11, Goodlife Road
UNICEF United Nations Children Fund, 132, University Avenue
Myanmar Red Cross Society, 42, Strand Road
Institut of Dental Medicine, Ecke Bogyoke Aung San Street und Shwedagon Pagoda Road
Central Medical Stores Depot, 57, Newlyn Road

Geänderte Namen

Alter Name	Neuer Name
Ava	In-Wa
Bassein	Pathein
Magwe	Magway
Martaban	Mottama
Maymyo	Pyin Oo Lwin
Mergui	Myeik oder Beik
Moulmein	Mawlamyine
Mrohaung	Mrauk U
Pagan	Bagan
Pegu	Bago
Prome	Pyay
Rangun	Yangon
Sandoway	Thandwe
Sittwe	Akyab
Srikshetra	Thayekhittay
Syriam	Tanyin
Tavoy	Dawei
Yaunghwe	Nyaungshwe
Chindwin	Chindwinn
Irrawaddy	Ayeyarwady
Salween	Thanlwin
Sittang	Sittoung
Karen	Kayin
Arakan	Rakhine
Tenasserim	Thanintharyi

Glossar

anyein-pwe	bescheidenes Fest
Arhat	asketischer Weise, Erleuchteter
Betel	Nuß d. Areka-Palme
Bilu	Dämon
Biluma	weibl. Form v. Bilu
Bodhi-Baum	Pappelfeige, Baum, unter dem Buddha die Erleuchtung erl.
Bodhisattva	altruistischer Heiliger, Erretter
Chedi/Stupa;	glockenförmiges, rel. Monument
cheroot	Zigarre
Chinlon	Ballspiel mit einem Rattanball, Nationalsport in Myanm.
Chinthe	eine Art Löwe, steht als Wächterfigur vor Pagoden
Gautama	Name Buddhas als Asket und Lehrer
Guru	Lehrer
Hintha	mystischer Vogel
Hti	„Schirm“ als Tempelspitze
Indra	Gotth. d. Himmels Wetters u. Krieges, wird gewöhnl. auf einem 3köpfigen Elefanten dargest.
Jataka	Geschichten d. früheren Leben B.s
Kalpa	unbestimmter Zeitr. eines Zeitalters
Kalouk	Glocke d. Elefanten
Karaweik	mytholog. Vogel
Karma	Schicksal
Kassapa	Vorgänger Gautama Buddhas
Konagamana	Vorgänger Gautama Buddhas
Kyaung	Kloster
Longyi	birman. Wickelrock
Madai	himmlische Geister der Kachin
Mandala	mag. Anschauungsb.
Mantra	mystische Silben
Manusiha	Fabelwesen, halb Mensch, halb Tier
Meru	hl. Berg im Zentrum d. Welt i. d. buddh. Kosmologie

Methila	Nonne
Meru	kosm. Berg im Weltzentrum
Mudra	symbol. Gesten
Naga	Schlange
Nadwin	Ohrlochstechen
Nat	gut- oder bösartige Geister, es gibt 37
Nat-kadaw	Gemahlin des Nat
Nat-sin	Schrein für die Nats
Nirwana	Erlösung v. d. ewigen Rad d. Wiedergeb., Art Himmel
Oozie	Elefantenreiter
Pali	mittelind. Sprache, hl. Sprache d. Theravada Buddhism.
paya	Name für Pagode
Pongyi	Mönch
Ponna	Astrologe, Weiss.
Pwe	Fest
Sanskrit	hl. alte ind. Sprache d. Hinduismus
Samanero	Novize
Sangha	mönch. Gemeinsch.
Saya	weiser Mann
Sidharta	Name B.s als Prinz
Shin Byu	Haareschneidezer.
Shwe	Gold, golden
Stupa	s. auch Chedi
Tazaung	offene Pavillons im Tempel- o. Pag.ber.
Thagya	König der Nats
thami	eine Art Hirsch
Thanaka	Paste aus Sandelholz, wird auf das Gesicht gestrichen
Thein	Ordinationshalle
tonga	Pferdekutsche
Tripitaka	Dreikorb, Kanon d. Theravada Buddhismus
Vishnu	Gott im Hinduismus
zat	klass. birman. Dramen auf d. Ramayana basierend
Zat-pwe	größeres Fest
Zayat	Andachtshalle im T.- o. Pag.bereich

Index

A

B

Anhang

Zugfahrpläne

Schalter

Yangon
Bogyoke Aung San Str., T. 27 40 27,
geöffnet von 06.00 - 10.00 und von 13.00 - 16.00 Uhr
„Dagon Mann“ hat einen eigenen Schalter am Bahnhof
Mandalay
78. Str., südlich vom Mandalay Fort

Route	Tag	Abfahrt	Ankunft	Preis in US$
Yangon - Mandalay				
Express No. 11 Up	täglich	06.00	21.10	33
Express No. 5 Up	täglich	17.00	08.00	33
Spezial Express No. 15 Up	täglich	18.30	08.20	38
Express No. 3 Up	täglich	19.30	10.35	33
Express No. 7 Up	täglich	21.00	11.30	33/38
Dagon Mann No. 17 Up	So, Mi, Fr	15.15	05.20	30/50
Yangon - Thazi				
Express No. 11 Up	täglich	06.00	18.00	27
Express No. 5 Up	täglich	17.00	04.15	27
Spezial Express No. 15 Up	täglich	18.00	05.15	33
Express No. 3 Up	täglich	19.30	07.15	27
Express No. 7 Up	täglich	21.00	08.05	27
Dagon Mann No. 17 Up	So, Mi, Fr	15.15	ca. 05.00	30/50
Mandalay - Yangon				
Express No. 12 Down	täglich	06.00	21.30	33
Express No. 6 Down	täglich	15.15	05.20	33
Spez. Express No. 16 Down	täglich	17.30	07.30	38
Express No. 4 Down	täglich	18.30	10.00	33
Express No. 8 Down	täglich	20.35	11.35	[illegible]
Dagon Mann No. 18 Down	Mo,Do,Sa	16.15	06.20	30/50
Mandalay - Thazi				
Express No. 12 Down	täglich	06.00	09.20	27
Express No. 12 Down	täglich	06.00	09.20	27
Express No. 6 Down	täglich	15.15	18.00	27
Spez. Express No. 16 Down	täglich	17.30	20.15	33
Express No. 4 Down	täglich	18.30	21.45	27
Express No.8 Down	täglich	20.35	23.15	27
Dagon Mann No. 18 Down	Mo,Do,Sa	16.15	19.30	33
Mandalay - Monywa				
No. 123 Up	täglich	05.35	11.30	6
No. 125 Up	täglich	13.45	19.10	6
No. 21 Up	täglich	08.35	09.55	6
No. 5 Up	täglich	15.25	17.05	6
Monywa - Mandalay				
No. 124 Down	täglich	13.20	19.20	6
No. 126 Down	täglich	06.50	12.20	6
No. 22 Down	täglich	06.20	07.55	6
No. 6 Down	täglich	13.25	15.00	6

Route	Tag	Abfahrt	Ankunft	Preis in US$
Mandalay - Lashio				
No. 131 Up	täglich	04.45	18.15	12
Lashio - Mandalay				
No. 132 Down	täglich	05.30	19.15	12
Pyin Oo Lwin - Lashio				
No. 137 Up	täglich	05.30	15.20	10
No. 131 Up	täglich	07.30	18.15	10
Lashio - Pyin Oo Lwin				
No. 138 Down	täglich	07.00	16.10	10
No. 132 Down	täglich	05.30	14.40	10
Thazi - Kalaw				
No. 143 Up	täglich	05.00	09.40	6
No. 141 Up	täglich	09.00	13.54	6
Kalaw - Shwenyaung				
No. 143 Up	täglich	09.50	12.40	6
No. 141 Up	täglich	14.00	16.35	6
Shwenyaung - Kalaw				
No. 144 Down	täglich	10.00	12.35	6
No. 142 Down	täglich	08.30	11.10	6
Kalaw - Thazi				
No. 144 Down	täglich	12.40	17.50	6
No. 142 Down	täglich	11.15	16.40	6
Yangon - Bago				
Local No. 13 Up	täglich	14.50	18.10	5/2
Bago - Yangon				
Local No. 14 Down	täglich	05.50	08.10	5/2
Bago - Kyaikhtiyo				
	täglich	03.15	05.45	4
	täglich	05.30	07.15	4
	täglich	09.20	11.50	4
Kyaikhtiyo - Bago				
	täglich	12.15	14.45	4
	täglich	15.10	17.40	4
	täglich	17.00	19.15	4
Yangon - Pyay				
Express No. 71 Up	täglich	13.00	20.00	15
Pyay - Yangon				
Express No. 72 Down	täglich	22.00	05.00	15
Yangon - Toungoo				
Local No. 19 Up	täglich	07.40	18.25	20
Toungoo - Yangon				
Local No. 20 Down	täglich	05.50	17.20	20
Yangon - Mawlamyine				
Express No. 81 Up	täglich	08.00	16.20	17/10
Express No. 83 Up	täglich	05.00	13.15	17/10
Mawlamyine - Yangon				
Express No. 82 Down	täglich	20.00	04.35	17/10
Express No. 84 Down	täglich	08.00	16.45	17/10
Mandalay - Myitkyina				
No. 55 up	täglich	07.00	09.45	27
No. 57 up	Mi, So	12.00	11.30	27
No. 59 up	Di, Fr	12.00	11.30	27

Fahrpläne für Schiffe

Schiffsrouten	Tag	Abfahrt	Ankunft	Preis in US$
Mandalay - Bagan	Mi, (Do), So	05.00	19.00	11/33
	Di, Do, Sa	05.00	19.00	18
Bagan - Pyay	tgl., außer Do, So	05.00	20.00 (2 T.)	10
Mandalay - Mingun	täglich	07.00 - 15.00	1 Std. später	K 2000 ganzes Schiff
Mandalay - Katha	Expr. jeden Mi	05.30	10.30	
	normal Mo, Fr	06.00	15.00	
Mandalay - Bhamo	Expr. Do, Sa, So	05.30	13.00	
Mandalay - Pyay	Mo, Mi, Fr, Sa	05.30	18.00 (3 T.)	ca. 35
Yangon - Pyay	täglich	16.00	05.00	
Yangon - Twante	täglich	stündlich	2 Std. später	
Yangon - Sittwe	täglich	Fahrz. 2 T.		
Yangon - Mawlamyine	täglich	16.30	05.00	
Yangon - Danubyu	täglich	06.00	21.00	
Yangon - Pathein	tägl., Express	04.00/15.00	20.00/08.45	7/21/42
Pathein - Yangon	tägl., Express	17.00	10.00	7/21/42
Yangon - Latbutta	Mo, Di, Do, Sa, So	16.00	05.30	
Yangon - Tanyin	tägl. halbstündl.	ab 05.30	45 Min. spät.	
Tanyin - Yangon	tägl. halbstündl.	letztes Sch. 18.00		
Mawlamyine - Hpa-an	täglich	06.00 - 07.00 12.00 - 13.00	10.00 - 11.00 16.00 - 17.00	2
Monywa - Kalewa	täglich	Fahrz. 4 T.		

Inlandsflüge

Anhang

Myanma Airways

Büros:

in Yangon: 104, Strand Rd, T. 6 27 12, 8 45 66, i. d. Nähe d. Strand H.
in Mandalay: 82. Str., zwischen 25. und 26. Str., T. (2) 2 25 90, 2 37 36
in Bagan: T. (62)7 01 99
in Taunggyi: Ye Htwet Oo Str., Ye Aye Kwin Ward, T. (0 81)2 15 65
Yangon - Nyaung U (Bagan) - Mandalay - Yangon: täglich am Morgen

Yangon - Mandalay - Nyaung U (Bagan) - Yangon: täglich am Nachm.
Yangon - Heho - Mandalay - Heho - Yangon: täglich
Yangon - Sittwe - Yangon: täglich
Yangon - Kengtung - Heho - Yangon: Mo, Mi, Do, Fr, Sa
Yangon - Tachileik - Heho - Yangon: So, Mo, Di, Do, Sa
Yangon - Loikaw - Heho - Kengtung - Heho - Loikaw - Yangon: So, Do
Yangon - Loikaw - Yangon: Mo, Di
Yangon - Myitkyina - Putao - Myitkyina - Yangon: So, Mo, Mi, Fr
Yangon - Kalaymyo - Mandalay - Bhamo - Myitkyina - Bhamo - Mandalay - Yangon: Fr
Yangon - Lashio - Heho - Yangon: Mo, Mi, Fr, Sa
Yangon - Thandwe - Yangon: Do
Yangon - Myeik - Yangon: täglich
Yangon - Thandwe - Sittwe - Thandwe - Yangon: Sa
Yangon - Mawlamyine - Dawei - Mawlamyine - Myeik - Mawlamyine - Yangon: So, Mi
Yangon - Dawei - Yangon: täglich
Mandalay - Bhamo - Mandalay: So

Air Mandalay

Büros:
in Yangon: 146, Dhammazedi Rd, westlich der Shwegondine Ward, Bahan Tsp., T. 52 54 88
in Mandalay: Unit G-23, 82. Str. zw. 26. und 27. Str., T. (2)7 12 58
in Bagan: Main Str., Bagan City, T. (65)8 90 01
in Bangkok: Mekong Land, 399/6 Soi Thongdor 21, T. 7 12 58 42, Fax: 3 91 72 12
in Singapur: MAS Travel Centre, 19, Taglin Rd, Tanglin Shopping Centre, T. 2 35 44 11, Fax: 2 35 30 33
Yangon - Mandalay - Heho - Yangon: So, Di, Mi, Do, Sa
Yangon - Nyaung U (Bagan) - Mandalay - Heho - Yangon: täglich
Yangon - Nyaung U - Mandalay - Yangon: täglich
Yangon - Heho - Mandalay - Nyaung U - Yangon: täglich
Yangon - Mandalay - Chiang Mai (Nordthailand) - Mandalay - Heho - Yangon: Mi
Yangon - Nyaung U - Mandalay - Chiang Mai - Mandalay - Heho - Yangon: Mo, Fr
Yangon - Thandwe - Yangon: So, Mi, Fr

Yangon Airways

Büro:
in Yangon: 22/24, Pansodan Str. T. 28 07 53
Yangon - Nyaung U - Mandalay - Myitkyina - Mandalay - Heho - Yangon: Do
Yangon - Myitkyina - Yangon: Mo, Mi, Sa
Yangon - Tachileik - Mandalay - Tachileik - Yangon: So, Di, Fr

Programm-übersicht

Reise Know-How Bücher werden von Autoren geschrieben, die Freude am Reisen haben und viel persönliche Erfahrung einbringen. Sie helfen dem Leser, die eigene Reise bewußt zu gestalten und zu genießen. Wichtig ist uns, daß der Inhalt nicht nur im reisepraktischen Teil „Hand und Fuß“ hat, sondern daß er in angemessener Weise auf Land und Leute eingeht. Die Reihe Reise Know-How soll dazu beitragen, Menschen anderer Kulturkreise näherzukommen, ihre Eigenarten und ihre Probleme besser zu verstehen. Wir achten darauf, daß jeder einzelne Band gemeinsam gesetzten Qualitätsmerkmalen entspricht. Um in einer Welt rascher Veränderungen laufend aktualisieren zu können, drucken wir bewußt kleine Auflagen.

RAD & BIKE:

Reise Know-How Rad & Bike sind Radführer von lohnenswerten Reiseländern bzw. Radreise-Stories von außergewöhnlichen Radtouren durch außereuropäische Länder und Kontinente. Die Autoren sind entweder bekannte Biketouren-Profis oder „Newcomer“, die mit ihrem Bike in kaum bekannte Länder und Regionen vorstießen. Wer immer eine Fern-Biketour plant – oder nur davon träumt – kommt an unseren Rad & Bike-Bänden nicht vorbei!

Welt

Abent. Weltumradlung (Rad & Bike)	DM 28,80	ISBN 3-929920-19-0
Äqua-Tour (Rad & Bike)	DM 28,80	ISBN 3-929920-12-3
Auto(fern)reisen	DM 34,80	ISBN 3-921497-17-5
CD-Rom Reise-Infos Internet	DM 19,80	ISBN 3-89416-658-4
Fahrrad-Weltführer	DM 44,80	ISBN 3-9800975-8-7
Der Kreuzfahrtführer	DM 48,00	ISBN 3-89416-663-0
Motorradreisen	DM 36,80	ISBN 3-89662-020-7
Outdoor-Praxis	DM 32,80	ISBN 3-89416-629-0
Um-Welt-Reise (Reise Story)	DM 22,80	ISBN 3-9800975-4-4
Die Welt im Sucher	DM 24,80	ISBN 3-9800975-2-8
Wo es keinen Arzt gibt	DM 26,80	ISBN 3-89416-035-7

Europa

Amsterdam	DM 26,80	ISBN 3-89416-231-7
Bretagne	DM 39,80	ISBN 3-89416-175-2
Budapest	DM 19,80	ISBN 3-89416-660-6
Bulgarien	DM 39,80	ISBN 3-89416-220-1
Costa Brava	DM 24,80	ISBN 3-89416-646-0
Dänemarks Nordseeküste	DM 24,80	ISBN 3-89416-634-7
England, der Süden	DM 36,80	ISBN 3-89416-224-4
Europa Bike-Buch (Rad & Bike)	DM 44,80	ISBN 3-89662-300-1
Gran Canaria	DM 32,80	ISBN 3-89416-665-7
Großbritannien	DM 39,80	ISBN 3-89416-617-7
Hollands Nordseeinseln	DM 24,80	ISBN 3-89416-619-3
Irland-Handbuch	DM 39,80	ISBN 3-89416-636-3
Island	DM 44,80	ISBN 3-89662-035-5
Kärnten	DM 29,80	ISBN 3-89662-105-x
Litauen & Königsberg	DM 29,80	ISBN 3-89416-169-8
London	DM 26,80	ISBN 3-89416-199-x
Madrid	DM 26,80	ISBN 3-89416-201-5
Mallorca	DM 36,80	ISBN 3-89662-156-4
Mallorca für Eltern und Kinder	DM 24,80	ISBN 3-89662-158-0
Mallorca, Reif für die Insel	DM 24,80	ISBN 3-89662-168-8
Mallorca, Wandern auf	DM 29,80	ISBN 3-89662-162-9
Malta	DM 32,80	ISBN 3-89416-659-2
Nordtirol	DM 36,80	ISBN 3-89662-107-6
Oxford	DM 26,80	ISBN 3-89416-211-2
Paris	DM 19,80	ISBN 3-89416-667-3
Polen: Ostseeküste/Masuren	DM 29,80	ISBN 3-89416-613-4
Prag	DM 26,80	ISBN 3-89416-204-x
Provence	DM 39,80	ISBN 3-89416-609-6
Pyrenäen	DM 39,80	ISBN 3-89416-610-x
Rom	DM 19,80	ISBN 3-89416-670-3
Schottland-Handbuch	DM 39,80	ISBN 3-89416-621-5
Sizilien - Liparische Inseln	DM 39,80	ISBN 3-89416-627-4
Skandinavien - der Norden	DM 39,80	ISBN 3-89416-653-3
Toskana	DM 39,80	ISBN 3-89416-664-9
Tschechien	DM 36,80	ISBN 3-89416-600-2
Warschau/Krakau	DM 26,80	ISBN 3-89416-209-0
Wien	DM 26,80	ISBN 3-89416-213-9

Deutschland

Berlin mit Potsdam	DM 26,80	ISBN 3-89416-226-0
Borkum	DM 19,80	ISBN 3-89416-632-0
Harz/Ost	DM 19,80	ISBN 3-89416-228-7
Harz/West	DM 19,80	ISBN 3-89416-227-9
Mecklenburg/Brandenburg Wasserwandern	DM 24,80	ISBN 3-89416-221-x
Mecklenburg/Vorpommern Binnenland	DM 19,80	ISBN 3-89416-615-0
München	DM 24,80	ISBN 3-89416-208-2
Norderney	DM 19,80	ISBN 3-89416-652-5
Nordfriesische Inseln	DM 19,80	ISBN 3-89416-601-0
Nordseeinseln	DM 29,80	ISBN 3-89416-197-3
Nordseeküste Niedersachsens	DM 24,80	ISBN 3-89416-603-7
Ostdeutschland individuell	DM 36,80	ISBN 3-89622-480-6
Ostfriesische Inseln	DM 19,80	ISBN 3-89416-602-9
Ostseeküste/Mecklenburg-Vorpom.	DM 19,80	ISBN 3-89416-184-1
Ostseeküste Schleswig-Holstein	DM 24,80	ISBN 3-89416-631-2
Rügen und Hiddensee	DM 19,80	ISBN 3-89416-654-1
Sächsische Schweiz	DM 19,80	ISBN 3-89416-630-4
Schwarzwald	DM 24,80	ISBN 3-89416-611-8
Schwarzwald/Nord	DM 19,80	ISBN 3-89416-649-5
Schwarzwald/Süd	DM 19,80	ISBN 3-89416-650-9
Thüringer Wald	DM 19,80	ISBN 3-89416-651-7

Die Autorin

Brigitte Blume, 1949 in München geboren, ist beruflich als Fachlehrerin tätig. Ihre Liebe zu Südostasien führte sie immer wieder dort hin, in den letzten Jahren vor allem nach Myanmar.